江山年鉴

JIANGSHAN ALMANAC

2016

中共江山市委 江山市人民政府 主办

江山市档案局（史志办） 编纂

方志出版社
Publishing House of Local Records

重要会议
ZHONGYAOHUIYI

12月26日至29日，中国共产党江山市第十四次代表大会

中共江山市委第十四届市委常委合影

1月15日，中共江山市委十三届十次全体（扩大）会议

1月28日至31日，江山市第十五届人民代表大会第五次会议

3月7日，江山市十五届人民政府第九次全体（扩大）会议

1月27日至30日，政协第九届江山市委员会第五次会议

2月15日，江山市机关干部大会暨招商引资工作动员会

3月30日，江山市工业大会

领导调研
LINGDAODIAOYAN

1月1日，国家体育总局党组书记、局长刘鹏（右三），浙江省人民政府副省长郑继伟（右四）在江山市考察群众体育工作

5月28日，国家旅游局局长李金早（前中）在江山市考察旅游工作

9月22日，浙江省省委副书记王辉忠（前中）在江山市调研农村生活污水治理工作

2月18日，浙江省委常委、组织部部长廖国勋（前左二）在江山市调研经济社会发展和基层党建工作

11月30日，浙江省委常委、统战部部长王永康（右二）在江山市调研统战工作

3月24日，浙江省人民政府副省长、省政协副主席黄旭明（前右一）在江山市调研乡村休闲旅游和特色小镇建设工作

3月9日，浙江人民政府副省长梁黎明（左五）在江山市调研乡村休闲旅游和商贸流通工作

8月11日至12日，浙江省副省长孙景淼（前右二）在江山市督导信访工作和调研指导综合交通工作

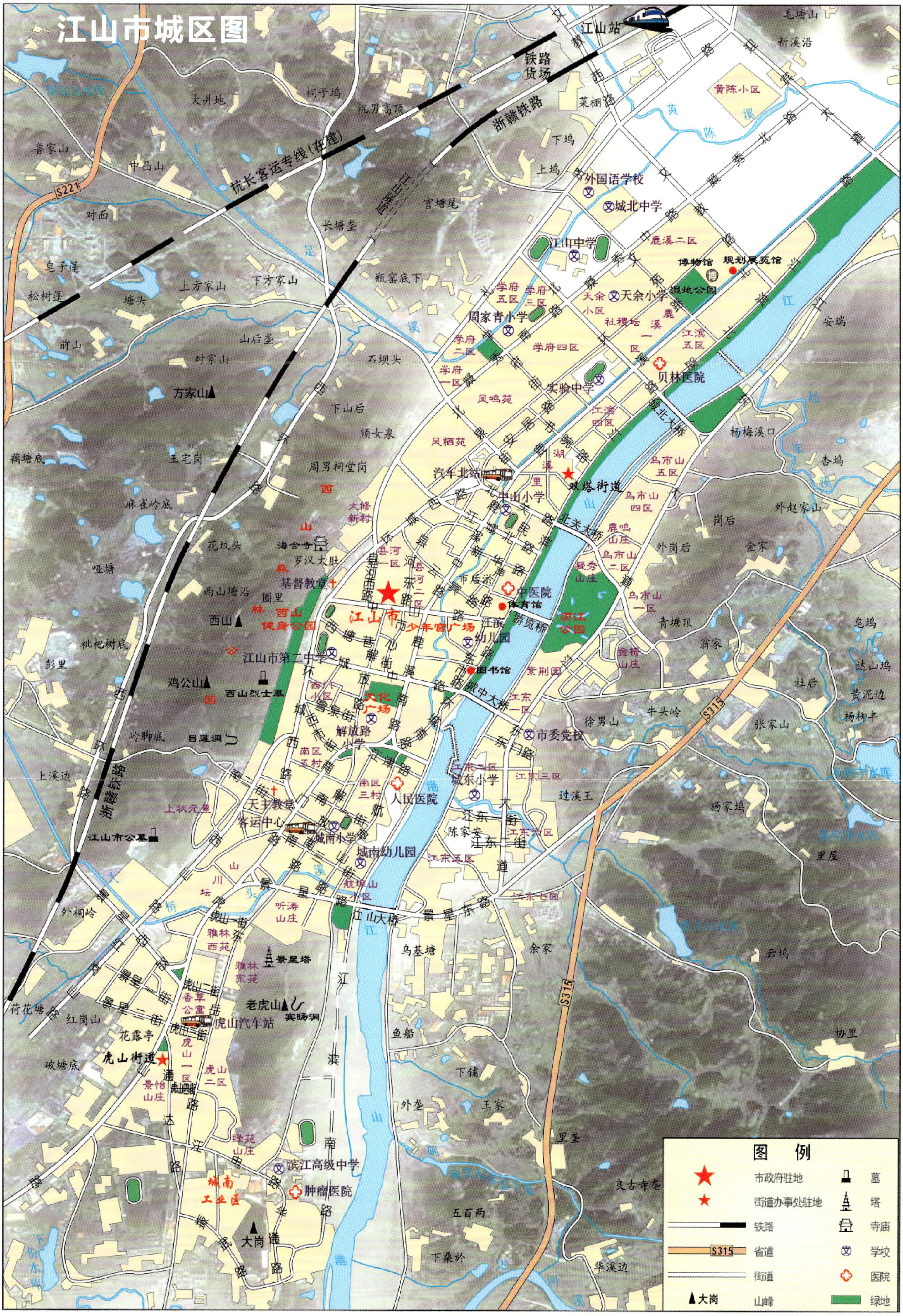
江山市城区图
图 例
市政府驻地
街道办事处驻地
铁路
省道
街道
山峰
墓
塔
寺庙
学校
医院
绿地
江山站
铁路货场
浙赣铁路
杭长客运专线（在建）
S221
S315
黄陈小区
外国语学校
城北中学
江山中学
鹿溪二区
博物馆
规划展览馆
湿地公园
天余小学
周家青小学
学府四区
实验中学
贝林医院
凤鸣苑
凤栖苑
汽车北站
双塔街道
中山小学
北关大桥
中医院
体育馆
游览桥
须江公园
江山市
少年宫广场
幼儿园
图书馆
城中大桥
江山市第二中学
文化广场
解放路小学
市委党校
人民医院
天主教堂
客运中心
城南小学
城南幼儿园
江山大桥
景星塔
老虎山
虎山汽车站
虎山街道
滨江高级中学
肿瘤医院
城南工业区
大岗
方家山
西山
鸡公山
西山烈士墓
江山市公墓
西山健身公园
基督教堂
海会寺
罗汉太肚
须女泉
周男祠堂岗
下山后
石坝头
瓶窑底下
官塘尾
长塘垄
下方家山
上方家山
山后垄
对家山
前山
松树莲
皂子莲
对面
中马山
鲁家山
大井地
桐子坞
祝男高坝
下坞
上坞
菜棚
新溪沿
毛塘山
安瑞
杨梅溪口
杏坞
外赵家山
岗后
外岗后
金家
青塘顶
翁家
皂坞
达山坞
黄泥边
杨柳丰
社后
牛头岭
徐男山
张家山
过溪王
杨家坞
里屋
云坞
协里
余家
乌基塘
鱼船
下铺
王家
外垄
里垄
五百两
下桑於
华溪边
良古寺垄
荷花塘
红岗山
花露亭
破塘底
外桐岭
上溪边
岭脚底
彭里
枇杷树底
西山塘沿
哑塘
花坟头
麻雀岭底
王宅岗
藕塘底
目莲洞
实肠洞
陈家安
江东二街
江东一区
江东三区
江东五区
江东六区
江东七区
乌市山一区
乌市山二区
乌市山四区
乌市山五区
金梅山庄
景荆园
听涛山庄
雅林西苑
雅林东苑
香草公寓
虎山一区
虎山二区
景怡山庄
缤苑山庄
南区三村
南区五村
学府一区
学府二区
学府三区
学府五区
江滨四区
江滨五区
社稷坛
大修新村

江山市地图

1：390 000

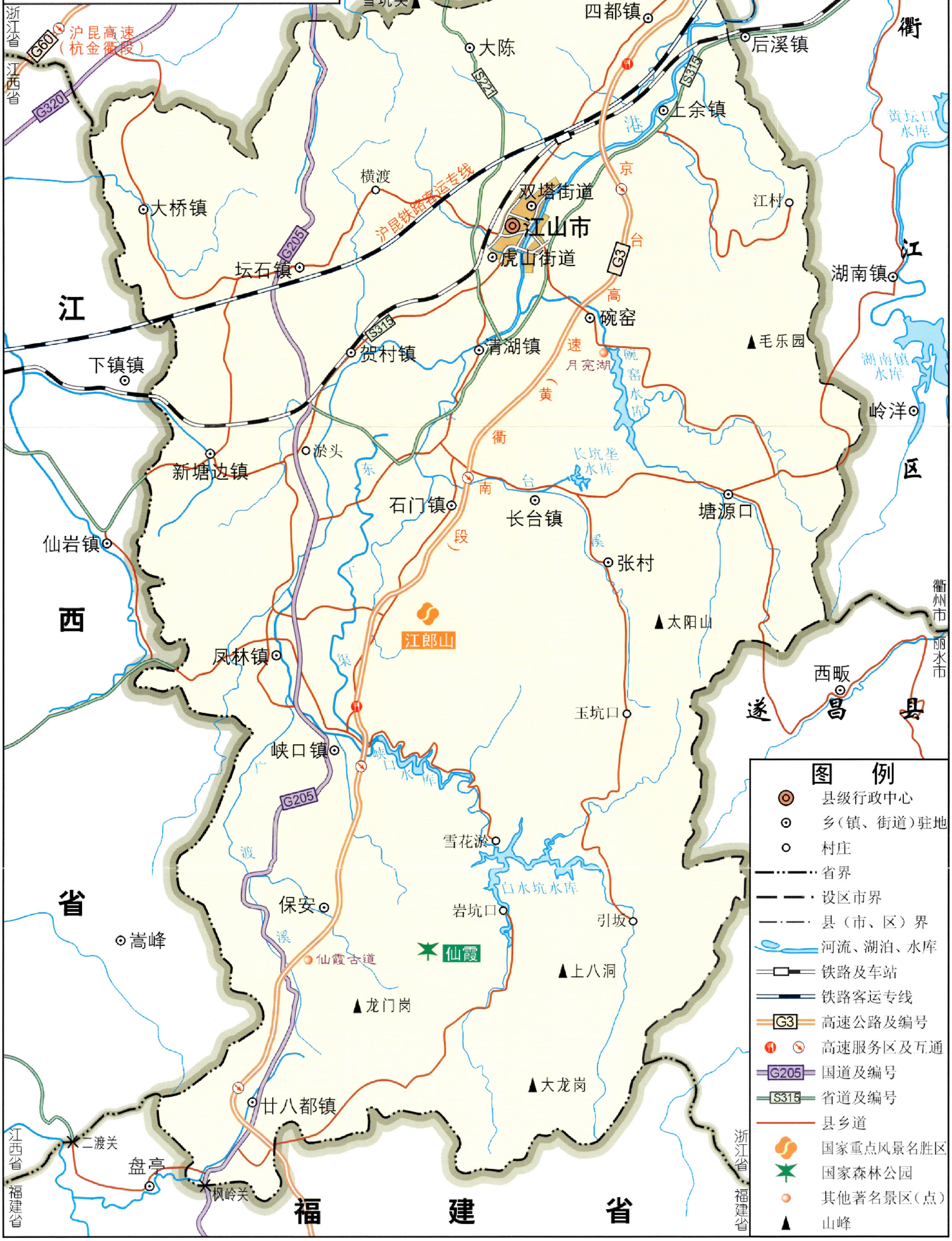

重大活动
ZHONGDAHUODONG

两学一做

5月9日，江山市召开"两学一做"专题党课暨学习教育部署会

两学一做

1. 7月1日，江山市在张村乡洪岩顶开展中国共产党成立95周年暨江浦县委成立80周年纪念活动

2. 6月30日，江山市举行庆祝中国共产党成立95周年大会

3. 7月22日，“唱支山歌给党听”江山市合唱大赛

1

2

全域旅游

1. 3月12日，2016全球户外休闲旅游大会·江山峰会在江山市召开

2. 7月14日，江山市召开全市旅游产业发展大会暨国家全域旅游示范区创建动员大会

2016第三届
江山·新塘边荸荠节
创意乡村游

全域旅游

1　4
2
3　5

1. 1月2日，第三届(江山・新塘边荸荠节)创意乡村游

2. 1月30日，保安乡“红红火火过大年”暨江山市首届龙井森林人家音乐会

3. 3月26日，“江山绿牡丹”开茶节暨亲子游主题活动

4. 7月20日，浮盖山峡谷漂流杯第五届漂流大赛

5. 12月3日，第二届廿八都古镇民谣音乐节

美丽乡村

1. 3月8日，全市农村工作会议暨创建省美丽乡村示范县动员大会召开

2. 11月3日，浙江省美丽庭院创建工作推进会在江山市召开

3. 4月7日，《那里有个名叫江山的地方》歌曲提升宣传推广座谈会

4. 12月11日，首届“美丽乡村好声音”汇演在北京人民大会堂举办，江山村歌唱响北京人民大会堂

《醉美乡村大舞台》
首届"美丽乡村好声音"汇演
主办：中国合作经济学会、中国大众音乐协会、陕西广播电视台、中共浙江省江山市委、浙江省江山市人民政府
支持：农业部经管司、农业部农研中心、国家卫生计生委宣教中心
联办：中国合作经济学会农村社区小康建设专业委员会、国家卫生计生委宣教中心社会活动部、贵州省湄潭县委、县人民政府

1

2 3

4 5

创建国卫

1. 江山市创建国家卫生城市大会战启动仪式
2. 三级联动创卫誓师大会
3. 机关干部冲锋在先
4. 党员志愿者创国卫
5. 学生积极参与创国卫

1 2
3 4
5

护航G20

1/2. 江山市平安护航G20杭州峰会誓师大会

3. 全市G20杭州峰会维稳安保决战阶段工作部署会

4. 开展护航G20杭州峰会决战行动

5. “阿毛”电力服务队组织队伍参加G20杭州峰会保电工作

1

3

2 4

文体赛事

1. 1月1日，“中国体育彩票”2016年全国新年登高健身大会在江山市举办

2. 3月13日，举办仙霞古道国际徒步大会

3. 3月31日，大陈村汪氏祠堂“交响的力量”音乐会—浙江交响乐团浪漫江山行

4. 4月15日至19日，中国江山“江郎山杯”2016年全国男子举重锦标赛暨里约奥运会选拔赛在江山市举办

5	7
6	8
9	

5. 7月30日至31日，“江郎山杯”第十一届浙江国际传统武术比赛在江山市举办
6. 11月30日，“江郎山杯”2016年中日韩国际友好举重比赛在江山市举办
7/8. 11月23日，江山100国际越野跑在江郎山—廿八都景区举办
9. 10月9日，2016全国重阳登高健身大会在江山市举办

创业创新

CHUANGYECHUANGXIN

活动剪影

1. 5月19日，江山市创业创新综合服务平台启动

2. 5月19日，快速制造国家工程研究中心江山示范中心启动

3. 12月23日，江山市举行首届“创业梦 · 江山行”创业创新大赛决赛

4. 5月18日，江山市对接多层次资本市场推进会

5. 5月18日，江山市创业创新大讲堂专题讲座

江山市对接多层次
资本市场推进会

江山市创业创新大讲堂专题讲座
创业创新大讲堂

浙江省美丽乡村
示范县

五水共治

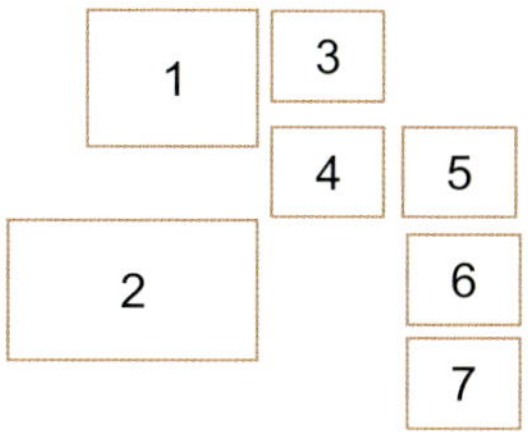

重大成效

1. 江山市荣获浙江省首批“美丽乡村示范县”称号
2. 江山市荣获浙江省优秀县（市、区）“大禹鼎”
3. 4月18日，中美联手抗日纪念馆—江山民众营救杜立特行动飞行员事迹陈列馆开馆
4. 仙霞关景区成功创建国家AAAA级景区
5. 廿八都镇成功创建全国美丽宜居镇
6. 大陈村成功创建全国美丽宜居村
7. 凤林“光谷小镇”成功入选省级特色小镇

上线

江山
EVCARD

江山市电商产业园

1 4
2 5
3

■**重大成效**

1. 11月24日，江山市手机台上线

2. 12月6日，江山EVCARD电动汽车分时租赁项目启动运营

3.1月13日，江山市农村淘宝市级服务中心在江山市电商产业园开业

4. 8月12日，江山市欧派产业园项目成功签约

5.1月18日，健盛集团·健盛江山产业园项目暨江山市百亿重点建设项目集中开工活动在健盛江山产业园项目现场举行

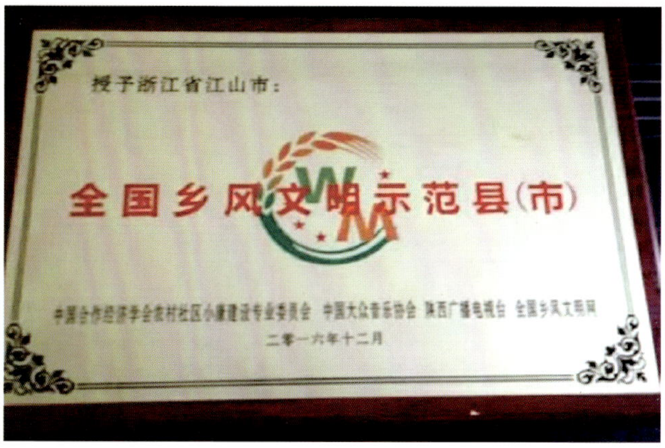

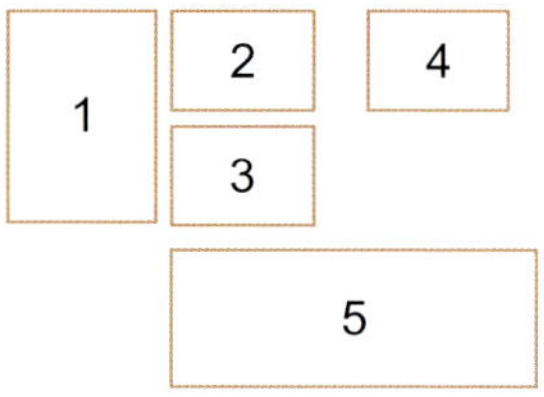

重大成效

1. 10月19日，在第四届中国民生发展论坛上，江山市获“2016全国民生示范工程优秀奖”

2. 10月14日，在2016中国（国际）休闲发展论坛上，江山市获“2016中国年度最佳投资休闲目的地”称号

3. 12月11日，江山市获“全国乡风文明示范县（市）”

4. 9月，江山市城北小学投入使用

5. 11月16日，峡口镇荣膺“全国生态文明先进乡镇”

江山市城北小学

艺术作品
WENYIZUOPIN

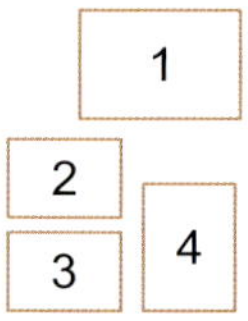

1. 《悠悠古塔》入围美国《国家地理》全球摄影大赛中国赛区地方类组别 （王华 摄）

2. 《鸟瞰古镇》获“四季廿八都”全国摄影大赛二等奖（徐秋生 摄）

3. 《古镇印象》获“四季廿八都”全国摄影大赛二等奖（吴石忠 摄）

4. 浙江省第五届“吴昌硕奖”篆刻展三等奖作品（黄江龙）

彩页摄影 沈天法 毛洪章等

江山市地方志编纂委员会

顾　　问　童炜鑫
主　　任　舒　畅
副 主 任　汪　胜　何正芳
委　　员　姜冬冬　李纯浩　王红梅　陈昂辉　张　春
　　　　　刘笑飞　刘剑锋　郑星勤　廖庆荣　姜小标
　　　　　周立武　王永华　叶方成　徐东升　毛有祥
　　　　　刘方华　徐　青
办公室主任　徐　青
办公室副主任　毛德达

《江山年鉴》编辑部

主　　编　徐　青
副 主 编　毛德达　戴明桂
编　　辑　（按姓名笔画排列）
　　　　　杨良英　姜　滔　潘海峰
工作人员　姜燕萍　廖冬平　王慧芬

编辑说明

一、《江山年鉴》旨在全面、系统地按年度记载江山市政治建设、经济建设、文化建设、社会建设、生态文明建设发展状况，为各级党政机关和社会各界人士及中外投资者了解、研究、建设江山，提供丰富翔实的资料

二、《江山年鉴（2016）》的编纂，以马克思列宁主义、毛泽东思想、邓小平理论、“三个代表”重要思想、科学发展观、习近平新时代中国特色社会主义思想为指导，坚持辩证唯物主义和历史唯物主义的立场、观点和方法，严格遵循国务院《地方志工作条例》和上级修志部门的有关规定，全面客观记载2016年江山人民在中共江山市委、市人民政府的领导下，建设幸福江山、发展地方经济的新理念、新举措、新变化、新成就和新经验，着力体现时代特征、年度特点，为江山市经济和社会发展服务。

三、《江山年鉴（2016）》，记事时间为2016年1月至12月。

四、年鉴以文字记述为主，辅以表格和图片，采用分类编辑法编纂。基本结构为栏目（类目）、分目、条目3个层次。3种标题分别以不同的字号和字体表示。分目一般设概况、综合记事、专题条目，简要记述一个行业、事业、单位的总体情况。单项工作条目是年鉴汇集资料信息的基本单位，目名以黑体字加【】引出，以便查阅。

五、年鉴以市机关各部门、乡镇（街道）和驻江单位为基本记述主体，以事物性质分类，同时，在卷首设特载、特辑、大事记和市情概览，卷末设文件选辑、文件选目和附录。全书共设39个栏目。

六、年鉴资料由全市各部门、乡镇（街道）和驻江山的省、市直属单位提供，稿件由各单位指定专人撰写，经编辑部编定，再经市委办、市府办审核后定稿。未署名的插图均由撰稿单位提供。

七、凡涉及江山市国民经济和社会发展全局性的数据，以市统计局编纂的《江山统计年鉴（2016）》为准，其他数据由各供稿单位提供。

《江山年鉴》编辑部

2017年10月

目　录

特　载

专　辑

大事记

市情概览

中共江山市委员会

江山市人大常委会

江山市人民政府

政协江山市委员会

民主党派 工商联

社会团体

军　事

法　治

公共管理

工　业

商务经济

招商引资

农　业

林　业

水利　电力

商　贸

交通运输

城乡建设

信息产业

国土资源

生态环境

经济管理

财政税务

金　融

教育　体育

科　技

卫生　计生

文化 新闻

旅 游

乡 镇 街 道

人　物

艺　文

文件选辑

文件选目

附　录

Contents

Standing Committee of Jiangshan City People's Congress

Jiangshan People's Government

Jiangshan Committee of the CPPC

Democratic Parties; Federation of Industry and Commerce

Social Organizations

Military

Political-Legal Departments

Public Administration

Industires

Business Economics

Investment Promotion

Agriculture

Forestry

Hydraulic and Electrical Engineering

Education and Sport

Technology

Health and Family Planning

Culutre and News

Tourism

Village and Street

Figures

Art and Works

Collection of Important Files

Contents of Files

Appendixes

特　　载

决胜全面小康　打造活力城市
推动幸福江山建设向更高层次迈进

——在中国共产党江山市第十四次代表大会上的报告

吕跃龙

（2016 年 12 月 26 日）

中国共产党江山市第十四次代表大会，是在我市深入实施“十三五”规划，迎接党的十九大的新形势下召开的重要会议。大会的主要任务是：高举中国特色社会主义伟大旗帜，以邓小平理论、“三个代表”重要思想、科学发展观为指导，深入贯彻落实党的十八大，十八届三中、四中、五中、六中全会和习近平总书记系列重要讲话精神，回顾总结市第十三次党代会以来的工作，研究确定今后五年的奋斗目标和主要任务，选举产生中国共产党江山市第十四届委员会和第十四届纪律检查委员会，团结带领全市各级党组织和广大党员干部群众，解放思想，开拓进取，决胜全面小康，打造活力城市，推动幸福江山建设向更高层次迈进！

一、过去五年的回顾和基本经验

市第十三次党代会以来的五年，是江山发展史上极为重要和关键的五年。五年来，我们在省委和衢州市委的正确领导下，直面各种困难挑战和风险考验，始终保持清醒坚定，紧紧依靠全市人民，以科学发展为主线，以幸福江山建设总揽全局，认真践行五大发展理念，推进全民创业创新，使这五年成为江山发展质量最好、生态环境改善最大、人民幸福指数提高最多的时期之一，胜利完成市第十三次党代会确定的目标任务。

五年来，我们致力推进创新发展，综合实力在转型升级中迈上新台阶。2016年，预计全市实现地区生产总值270亿元，是2011年的1.5倍；财政总收入24.5亿元、公共财政预算收入15.9亿元，分别比2011年增长53.1%和59%。产业结构更趋优化。启动实施“两轮驱动”发展战略，三次产业比重由9.4∶58.5∶32.1调整为7.8∶48.2∶44。输配电、门业、大健康等产业发展加快，涌现出了健盛、欧派、申达等一批行业龙头，全市亿元以上企业突破80家，新增上市公司5家。旅游业“二次创业”成效明显，2016年，预计接待游客1200万人次，实现旅游总收入72亿元，分别是2011年的1.7倍和1.9倍；江郎山AAAAA—廿八都AAAAA级景区创建通过国家级暗访，新增AAAA级景区3处、乡村AAA级景区5处，高等级景区数量位居全省前列。科技创新更趋活跃。创设科技创新创业园，引进企业20多家，设立科技创新创业基金，发放科技创新券1701万元。“四换三名”工程深入实施，工业技改投资占工业投资比重高达77.8%；国家高新技术企业增至23家，新增省级以上企业研究院3家、技术研发中心10家，授权发明专利141件；新增中国驰名商标4件、浙江名牌产品11个。发展后劲更趋有力。累计完成固定资产投资657.9亿元，实施“四大百亿”工程357项，50个项目入选省级重点项目盘子，累计争取国家专项建设基金8.77亿元。江山经济开发区顺利实现“三区合一”，管理体制机制得到总体理顺。国资管理体制改革持续深化，平台融资能力增强，累计报批征收建设用地2万亩，土地、资金等要素保障更加有力。

五年来，我们致力推进协调发展，城乡建设在一体化进程中呈现新面貌。美丽江城更加动人。城市框架进一步拉大，新增城区面积5平方公里，城市化率达51%；城北新城加快建设，金陵大酒店、大润发超市、城北小学等商贸服务、公建配套设施建成投用；城区主要入城口基本完成整治提升，江滨南路、迎宾西路等建成通车，打造了西山生态休闲区、“一江两带”、城市绿道等一批城市景观，新增绿地70万平方米，城市建设水平明显提升；国家卫生城市创建扎实推进，城市综合管理能力有效增强，我市先后荣获全球绿色城市、国家园林城市等称号。集镇建设步伐加快。贺村、峡口入选全国重点镇，峡口被评为全国生态文明先进乡镇，光谷小镇列入省特色小镇，新塘边、廿八都成功创建省首批美丽乡村示范镇；石门、保安等一批特色乡镇风貌初步展现。小城镇环境综合整治扎实推进，全市乡容镇貌、集镇秩序明显改观。幸福乡村美丽绽放。累计创建中国幸福乡村117个、五类单项村212个，建成省级美丽宜居示范村17个、省级美丽乡村特色村5个、衢州市美丽乡村精品村29个，成功打造了秀美耕读、大陈古村、保安龙井等一批精品乡村休闲旅游基地，推出6条乡村休闲旅游精品线路，我市被评为全省首批6个美丽乡村示范县之一。五年来，我们致力推进绿色发展，生态环境在整治提升中展现新优势。生态整治成果丰硕。坚定不移打好“五四三”等转型升级“组合拳”，关停退养猪场9166个，年生猪饲养量从200万头削减为70万头以内，生猪养殖“4+1”管控模式在全省推广；黑臭河、垃圾河全面消除，成功创建省“清三河”达标县，捧得“五水共治”大禹鼎。拆除“两违”建筑488万平方米，“三改”595万平方米，荣获“省无违建县”创建先进单位。高铁公路沿线、河道景区周边乱搭乱建、绿化缺失等现象基本消除，累计造林面积5万亩。生态经济加快发展。大力推广“生态+”模式，光伏新能源、生态农业、生态旅游等一批绿色新兴产业蓬勃发展，同景农光互补模式成为全国新能源行业标杆。万元GDP能耗累计下降29.1%，被评为省清洁能源示范市和省级环保模范城市。生态保障体系更加健全。城乡生态基础设施不断完善，实施农村生活污水治理工程275个。认真执行最严格环保标准，全面完成印染、制革等重污染行业整治，否决不符合国家及省级产业政策项目168个。持续开展“清洁家园”运动，投入使用新能源汽车200辆、公共自行车2050辆，生态文明理念渐入人心。

五年来，我们致力推进开放发展，发展动能在内激外联中取得新突破。经济开放度稳步提高。2016年，预计实现外贸进出口总额7.5亿美元，较2011年增长85.2%，经济外向度提高7个百分点。江山—柯桥山海协作园加快建设，招商引资“一号工程”强势推进，成立重点城市异地商会23个，累计引进市外资金214.4亿元，引进亿元以上项目115个。有效吸引优质社会资本参与峡口水库引水工程、锦绣江山外国语学校等项目建设，被评为省级PPP项目示范县。“互联网+”产业发展迅猛，创建江山电子商务产业园等5个集聚平台，培育年销售千万元以上电商企业24家，获评省电子商务示范县。对外交通网络更加健全。高铁江山站启用运行，每天始发高铁列车7趟，经停50趟，开创县级城市高铁始发北京的先河。公铁联运无水港顺利实施；205国道改造、48省道延伸和江广公路建成通车；通用机场顺利完成合作签约。改革落地卓有成效。将5月18日设立为“全民创业创新日”，成立创业创新服务中心。旅游发展公司和水务集团成功组建，卫生与计生，工商与食药监、质监等部门完成整合，综合行政执法局成立运行。建立完善“四张清单一张网”，行政审批事项由746

项精简为181项，率先实施“店小二”项目服务机制，首创项目审批直通车。资源要素市场化配置改革、服务业创新试点等一批重点改革项目深入实施；不动产统一登记全面实行。

五年来，我们致力推进共享发展，人民生活水平在民生改善中实现新提高。2016年，预计城乡居民收入分别达到37940元和20010元，分别是2011年1.7倍和1.8倍，家庭人均收入4600元以下贫困现象全面消除，获评中国全面小康十大示范县。社会保障全面加强。就业服务体系更加健全，累计新增城镇就业人员2.8万人。城乡居民养老保险、医疗保险参保率基本达到100%，低保标准、救助水平逐步提高。累计投资建设保障性安居住房1509套。社会事业长足进步。“学在江山”教育品牌全面打响，学校布局调整基本到位，教育教学质量稳步提升，顺利通过全国义务教育发展基本均衡县国家级评估。公立医院改革全面实施，城乡医疗卫生三级服务体系基本健全，医疗服务能力不断增强。文化事业繁荣发展，均等化公共文化服务体系趋于完善，成功创建省级文化先进市。大力推进农村文化礼堂建设和村歌文化事业发展，全市建成文化礼堂130多家，村歌走进北京人民大会堂，并入选G20杭州峰会国礼。成功承办全国新年登高健身大会、全国举重锦标赛、江山100国际越野跑等一批重大节会赛事。社会治理更加科学。“平安江山”建设实现“六连冠”，捧得省平安县“铜鼎”。信访维稳扎实有效，圆满完成G20维稳安保任务。“六五”普法全面完成。荣获第五次“全国双拥模范城”，实现“省级双拥模范城”八连冠。安全生产、食品药品、互联网等安全责任全面落实，非法民间融资整规、治堵治违、清剿火患等专项行动扎实开展，各类重大突发事件处置得当，社会大局保持和谐稳定。

五年来，我们致力夯实发展保障，党的建设在从严从实中得到新加强。执政能力有效提升。牢固树立四种意识，坚决贯彻落实上级各项决策部署，全市各级党组织执行力明显提高。深入开展党的群众路线教育实践、“三严三实”专题教育、“两学一做”学习教育等系列活动，更加坚定了全市党员干部的理想信念。充分发挥市委总揽全局、协调各方的领导核心作用，人大、政府、政协以及武装、群团组织等工作成效明显，统一战线更加稳固。组织保障不断夯实。基层党组织“五项规范”“六项保障”等制度得到全面落实和加强，领导联系基层“六个一”深入实施，“三民工程”标准化建设全面推广，“幸福江山连心服务”工程和村级事务准入制入选全国创新社会治理典型案例。坚持正确选人用人导向，领导班子和干部队伍建设进一步优化，干部干事创业热情得到有效激发。党风廉政建设全面加强。党风廉政建设“两个责任”全面落实，市纪委派驻机构实现全覆盖。严格落实中央“八项规定”精神、省委“六个严禁”等作风纪律，广泛开展自查自纠，认真解决损害群众利益的突出问题，始终保持整治腐败高压态势，累计立案查处各类违纪违法案件792件，纠正违反中央八项规定精神问题51人次。

回顾奋斗历程，成绩来之不易，这是党中央正确指引和上级党委强有力领导的结果，是历届市委班子打下良好基础和市四套班子共识共为的结果，是全市各级党组织、广大党员干部和人民群众团结奋斗的结果，是驻江部队、各民主党派、工商联、无党派人士、离退休老同志和社会各界朋友通力合作的结果。在此，我谨代表中共江山市第十三届委员会，向所有关心支持江山、为江山经济建设和社会发展作出贡献的同志们、朋友们，致以衷心的感谢和崇高的敬意！

唯其艰难才更显勇毅，唯惟其笃行才弥足珍贵。五年的丰富实践，积累了宝贵经验，值得我们一以贯之坚持和发扬。

——必须毫不动摇坚持加快发展第一要务。五年来，我们始终把加快发展作为一切工作的中心，不断完善发展思路，积极破解发展难题，强化落实发展举措，全力开创了江山经济社会转型发展、科学跨越的新局面。新的发展阶段，我们必须进一步强化加快发展的首位意识，聚精会神抓发展，心无旁骛促转型，才能不断激发活力、积蓄能量、厚植优势，在区域竞争上赢得主动。

——必须毫不动摇坚持“两轮驱动”第一战略。五年来，我们始终以工业强市和旅游富民为发展主攻方向，不断强化工业和旅游业的主导地位和推动能力，切实为全市实现更高能级、更高水平发展积攒了强大动能。新的发展阶段，我们必须坚持深化实施“两轮驱动”发展战略，不断提高工业和旅游业的发展牵引力和支撑力，才能引领江山发展实现新的跨越。

——必须毫不动摇坚持改善民生第一目标。五年来，我们始终践行执政为民根本宗旨，持续加大民生投入，办好民生实事，努力使发展成果更多更公平惠及全市人民，得到群众普遍点赞。新的发展阶段，我们必须坚持以人民为中心的发展理念，积极顺应并努力实现人民群众对美好生活的向往，才能得到最广大人民群众的真心拥护和支持。

——必须毫不动摇坚持生态环境第一优势。五年来，我们始终坚守生态底线，认真践行“两山”重要理论，铁拳开展环境治理，持续推进生态建设，生态环境已经成为我市发展最大的优势。新的发展阶段，我们只有践行绿色发展理念，努力把绿水青山护得更好，把金山银山做得更大，才能满足人民群众对生态环境日益提高的新要求，实现环境绿、生活富、城乡美的有机统一。

——必须毫不动摇坚持聚焦整合第一战术。五年来，我们始终牢固树立“集中力量办大事”的理念，举全市之力、凝全民之智坚持不懈抓推进，有效落实了杭长高铁建成通车等一批大事要事，为江山加快转型跨越发展打下了坚实基础。新的发展阶段，我们必须坚持重点突破和整体推进有机结合，千方百计整合集中有限资源，切实办好事关江山长远发展的大事要事，以点带面推动发展水平全面提升。

——必须毫不动摇坚持党的建设第一保障。五年来，我们始终以党的建设来保障和引领全局工作，狠抓执政能力建设，全面增强各级党组织的创造力、凝聚力、战斗力，着力打造了一支过得硬、打胜仗的“狮子型”干部队伍。新的发展阶段，我们必须落实全面从严治党的新要求，进一步发挥各级党委的领导核心作用、基层党组织的战斗堡垒作用和广大党员的先锋模范作用，为经济社会发展凝聚更多合力。

在肯定成绩的同时，我们更要清醒地认识到，我市经济社会发展中还存在一些亟须破解的矛盾和困难。一是综合实力不强、经济总量不大仍是基本市情，特别是随着民生等刚性支出持续加大，财政收支平衡矛盾日益突出，发展步伐必须进一步加快；二是经济新常态下，新旧动力转换不快，推进供给侧结构性改革任务艰巨，特别是主导产业不明显、龙头企业不多、自主创新能力偏弱等问题依然突出，产业结构必须进一步优化；三是幸福江山建设与群众期盼仍有一定差距，特别是重大基础设施配套、公共服务水平以及农民增收等方面存在薄弱环节，城乡建设水平必须进一步提升；四是仍有少数党员干部对全面从严治党的新形势不理解、不适应，特别是面对发展难题不会思考、不敢担当、不能破解，影响了全市创业创新环境和氛围的形成，干部干事创业激情必须进一步激发。

二、未来五年的展望和奋斗目标

省委十三届十次全会高屋建瓴地指出，当前的浙江，正挺立在中国特色社会主义伟大事业的潮头上、奔跑在“干在实处、走在前列”的跑道上、站在高水平全面建成小康社会的关键节点上。对照全省的历史方位，江山必须找准自己的坐标。未来五年，我们可以从四个维度来认识发展、谋划发展、落实发展：一是江山正处在决胜高水平全面小康的征程上。夺取高水平全面小康建设的胜利，省委给出的标准是必须高质量、均衡性，目标是打造全国的标杆省份。从面临的压力看，江山是全省区域发展偏慢地区之一，我们必须补上科学发展短板，这既是重大政治任务，更是江山必须要跨上的台阶；从发展的机遇看，我省高质、均衡推进高水平全面小康建设，必将体现到实实在在的政策扶持上，今后五年我们要把握住这一宝贵机遇，使江山能在新一轮发展中，率先在同类地区脱颖而出。全市上下一定要坚定信心、咬定目标，不断加快发展步伐、提升发展质量，确保江山在决胜高水平全面小康的征程上勇往直前、走在前列。二是江山正处在激发创业创新活力的进行时。市委十三届八次全会以来，我们点燃激情之火，推进全民创业创新，已经成为江山抓发展、促转型的重要着力点。当前，宏观经济下行的压力和新经济、新产业、新模式蓬勃发展的活力相伴随行，全市上下一定要卯足一鼓作气的拼劲，持续将全民创业创新引向深入，结出硕果。三是江山正处在加快转型跨越的关键点。经过历届市委、市政府和全体江山人民的不懈努力，江山的生态优势、高铁优势、平台优势正在加快积蓄、逐步释放，我们已经走到了加快转型跨越发展的关键节点。全市上下一定要紧紧围绕“两轮驱动”发展战略，心无旁骛抓落实，持续放大发展优势，以更主动的作为、更扎实的作风，为江山加快转型跨越发展贡献智慧、奋力拼搏。四是江山正处在深化幸福江山建设的新阶段。从十二届市委启动实施中国幸福乡村建设，到市第十三次党代会明确提出幸福江山建设宏伟目标，市委在追求全市人民幸福的道路上始终坚定如一，并积累了丰富的宝贵经验。站在新的历史阶段，我们要以创建国家全域旅游示范区为载体，进一步发挥优势，把扩大美丽版图、提升幸福魅力作为新一轮幸福江山建设的鲜明指向，不断丰富幸福内涵、提升幸福品质、做响幸福品牌，切实提高人民群众的幸福指数。

立足新坐标，践行新使命。今后五年全市工作的指导思想是：高举中国特色社会主义伟大旗帜，以邓小平理论、“三个代表”重要思想、科学发展观为指导，深入贯彻落实习近平总书记系列重要讲话精神，立足稳中求进的工作主基调，以“八八战略”为总纲，以“秉持浙江精神、干在实处、走在前列、勇立潮头”为新要求，始终坚持加快发展第一要务、“两轮驱动”第一战略、改善民生第一目标，生态环境第一优势、聚焦整合第一战术、党的建设第一保障，自觉践行五大发展理念，深入推进全民创业创新，确保与全省同步高水平全面建成小康社会，打造活力城市，推动幸福江山建设向更高层次迈进。

今后五年总的奋斗目标是：实现“十三五”发展各项目标任务，高水平全面建成小康社会，兑现对全市人民作出的庄严承诺；同时，始终坚持以提升区域综合竞争力为核心，以增进全市人民的幸福感和获得感为根本，努力打造华东地区最具活力城市，推动惠及全市人民的幸福江山建设向更高层次迈进。

围绕总体奋斗目标，必须着重打造“五大系统”：

——打造更具竞争力的产业发展系统。全面提升“两轮驱动”发展质效，大力振兴实体经济，建设“升级版”工业强市，创建国家全域旅游示范区，加快农业现代化步伐，实现三产结构更加合理、产业能级显著提升、创新能力不断增强、产业体系更趋完善；经济保持中高速增长，地区生产总值、人均生产总值、城乡居民收入确保增速高于全省平均水平，继续“领跑衢州”。

——打造更具亲和力的城乡人居系统。全面丰富新型城镇化发展实践，建设高品质美丽江城，打造美丽乡村“江山样本”，打赢小城镇环境综合整治攻坚战，推动城乡功能设施优化完善，人居环境美化升级，居住生活舒适便捷、收入差距持续缩小，努力实现城乡均衡化程度位列全省前列，不断筑实民生幸福的基础。

——打造更具生命力的自然生态系统。全面深化“两山”理论实践，打好“拆、治、归”转型升级组合拳，扩大和释放生态优势，推动绿色发展势头更加明显，生态环境质量继续保持全省领先，生态文明建设全面推进，生态保护机制更加健全，努力使江山的天更蓝、地更绿、水更清、空气更清新。

——打造更具推动力的社会人文系统。全面建设开放包容、幸福和谐的发展环境，社会开放水平、保障水平、治理水平和文明程度显著提升，推动协作共享发展环境不断优化，社会事业全面进步，保障体系更加完善，平安建设实现“争金夺银”，努力建设全省最平安、最和谐的城市之一。

——打造更具创造力的干事创业系统。全面优化体制机制建设，提升干事团队凝聚力、创造力，推动重点领域和关键环节改革取得重大突破，改革红利进一步释放，努力构建全省靠前、三省边际最高效的政务环境；江山创业创新精神得到大力弘扬，全社会创业创新、实干拼搏氛围更加浓厚。

打造活力城市，深化幸福江山建设，需要我们持之以恒在理念上求突破，在机制上求创新，在工作上求实效。具体工作中，必须牢牢把握好以下四条原则：

一是要解放思想，敢为人先。紧紧扭住解放思想这个“牛鼻子”，坚决摒弃“盆地”意识，在发展理念、发展思维上加快与先进地区、发达地区接轨，以解放思想激发斗志、开拓思路、突破束缚。要强化加快发展的胆识、敢为人先的魄力，推动全社会进一步凝聚争先进位的发展共识，最大限度地激发发展的主动性和创造性。

二是要抢抓机遇，敢想肯干。树立强烈的忧患意识、机遇意识，以等不起、坐不住、慢不得的紧迫感和“虎口夺食”的勇气，投身项目谋划、招商引资、要素争取、战略对接等各项工作。要力戒清谈空议，对看准的事情必须一抓到底，以功成不必在我的胸怀、夙兴夜寐的付出，推动江山在新一轮发展中赢得主动。

三是要创新机制，敢于突破。进一步厘清政府和市场边界，充分发挥市场在资源配置中的决定性作用，更好发挥政府作用。要敢于向政府自身开刀，简减程序，再造流程，提高行政效率；要少说不行，多说怎么才行，为企业和项目打开方便之门。

四是要狠抓落实，敢于担当。始终保持敢打硬仗的锐气，以项目化理念、钉钉子精神，坚决破除一切阻碍经济社会发展、禁锢创业创新活力的障碍。要树立鲜明的实干导向，以狠抓落实、担当负责作为评价、使用干部的重要标准，努力营造风清气正的政治生态环境。

三、今后五年的任务和主要举措

打造活力城市，深化幸福江山建设，要做的工作千头万绪，必须突出重点、聚集力量、狠抓关键，全力以赴落实好“十大任务”，推进江山经济社会科学跨越发展。

（一）全力推进工业强市建设。围绕建设“升级版”工业强市目标，以转型升级为主线，持续实施创新驱动战略，全面提升工业经济发展能级。一是主攻优势产业培育。引导和支持输配电骨干企业兼并重组，加快整合提升门业产业，大力发展食品饮料、健身保健、生物医药等产业，力争到“十三五”末，输配电、门业和大健康三大产业产值分别达到150亿元以上。围绕国家产业调整政策，加快改造提升传统产业和特色产业，提高块状特色经济层级和竞争力，积极引进和培育高新技术产业、战略性新兴产业，全面夯实工业发展产业支撑。顺应服务业与制造业高度融合趋势，主动对接互联网时代，突出发展工业设计、信息服务、电子商务等服务业，推动现代服务业提升发展。二是抓实企业梯队培育。坚持内培和外引并重，优选一批产业龙头企业和创新水平较高的优质企业，给予“一企一策”重点扶持，鼓励和支持企业建立现代企业制度，挂牌上市、兼并重组，着力培育一批平台型、“龙头型”企业和单打冠军企业。加大小微企业扶持力度，着力形成一批创新型、成长型企业。高度重视企业家队伍建设，尤其注重创新型、“新生代”企业家培养，浓厚尊重企业家、关爱企业家的社会氛围。三是提升科技创新能力。围绕构建科技投入多元化机制，进一步健全政府科技资金稳定增长机制和管理使用、绩效考评机制，完善优化科技创新券制度，全力拓宽科技金融信贷覆盖面和受惠面，鼓励和引导全社会加大对科技创新的投入力度。加快建立多层次、多途径产学研技术合作平台，努力把科创园打造成为创新基地，积极筹建重点产业公共科技服务中心，全面构筑具有区域特色的创新载体和功能平台。引导企业推进“两化”深度融合，深入实施“互联网+”行动和“四换三名”工程，积极建立研发中心、工程技术中心和院士工作站等科研机构，全面提升企业自主创新能力。四是整合优化平台建设。围绕打造浙西南（县域）第一工业平台目标，依托莲华山大道通车和江贺经济走廊整治提升，加快推进开发区与中心城区、城南新城、贺村小城市联通连片、一体化发展，实现公共服务设施共建共享；全力支持开发区争创省级高新园区，进一步健全和创新管理体制机制，努力把江山经济开发区打造成为产业经济的主阵地、高新产业的孵化园、招商引资的主战场、深化改革的先行区。高度重视完善峡口、四都工业功能区设施配套，加快小微企业创业基地建设。

（二）全力深化全域旅游发展。积极抢抓“后5A”时代和全域旅游发展机遇，进一步整合市域旅游规划，完善旅游功能配套，确保成功创建国家全域旅游示范区，加快打造全国一流休闲旅游目的地。一是做大做强核心景区。统筹谋划整合城市、乡村、景区旅游资源，着力打造休闲城区、中部江郎山集聚区、南部生态旅游三大板块。突出以江郎山、廿八都景区为核心，积极引导旅游重大项目、基础设施向核心景区及周边集聚，努力引进一批可游览、可体验、可休闲的旅游功能设施项目，加快推进“最江南”绿色休闲试验区、廿八都古镇二期等一批重大项目建设，切实做大核心景区体量，增强辐射带动能力。二是做优做美乡村休闲旅游。深入挖掘美丽乡村生态底蕴和文化内涵，重点推进世遗江郎、仙霞古道等六大核心景观片区和6条乡村休闲旅游精品线路建设，精心打造保安、廿八都等一批旅游风情小镇、特色乡村景区和重要景观节点。依托生态优势，加强与国内外旅游企业合作，积极引进和发展特色民宿、养生疗休、乡村酒店等新型业态，切实丰富乡村休闲旅游产品。全面开展旅游资源普查，认真做好优质资源规划、评估和管控。三是做特做精“旅游+体育”文章。全力争创月亮湖省级运动休闲度假区，谋划启动环江郎山景观大道等一批休闲运动基地建设，推出一批步行、骑行、水上运动、户外拓展等精品线路；积极组织承办并固化全国新年登高、江山100国际越野等一批国内外旅游节会、精品体育健身赛事，强化城市宣传推介，不断打响“中国·江山”品牌。同时，加快改善旅游交通、住宿、餐饮、通讯等方面条件，切实增强旅游保障能力，提升服务水平，增强竞争优势。

（三）全力建设高品质美丽江城。按照现代化城市的标准和要求，坚持精心规划、精致建设、精细管理，努力在更高起点上增强城市功能、提升城市品位、发展城市经济、塑造城市形象。一是修编完善城市规划。牢固树立“精明增长”“紧凑城市”理念，及时修编完善城市总体规划，突出以老城区为中心，以城北新城为重点，协同推进城南片区和江东片区开发建设，并适时布局新的城市启动点，着力形成层次分明、布局紧凑的城市发展框架。深化细化各类专项规划，促进多规融合，注重加强城市设计，切实保障城市空间、规模、产业有序布局，生产、生活、生态和谐共处。二是繁荣丰满城北新城。坚持打造城市“客厅”的功能定位，以高铁江山站功能提升、商贸功能提升、公共服务功能提升三个方面为着力点，加快推进站前广场及配套、锦绣江山外国语学校等项目实施，抓紧启动综合客运枢纽、旅游商业综合体、医学康复中心、文化艺术中心二期、体育馆等一批项目建设，促进人气、商气集聚。三是优化提升城市品质。进一步加大城市公共基础设施、交通路网建设力度，加快推进城市建筑垃圾收纳场、西山西路等一批城市项目实施，形成环城快速通道，着力增强城市承载功能。积极推进房地产市场平稳健康发展，加大老城区、棚户区、老旧小区改造力度，启动实施通禄门片区建设；围绕城市水系和山体，融入独特历史人文元素，全力推进“一江两带”提升、城北生态水系改造、西山休闲区、城市绿道等一批精品项目建设，着力打造山水家园城市。加快发展现代城市经济，着力增强城市发展能力。四是完善强化城市管理。充分发挥创卫工作对城市管理提升的牵引作用，加快智慧城市、海绵城市建设，着力解决好交通拥堵、环境污染等“城市病”，进一步理顺城市管理执法体制，构建多元互动的“大城管”格局，切实提高城市现代化管理水平，确保成功创建国家卫生城市。

（四）全力建设高标准美丽乡村。坚持内外兼修、点面结合，持续推进“升级版”美丽乡村建设，努力打造美丽中国“江山样本”。一是推进美丽乡村扩面提质。围绕均衡发展要求，突出加大对偏远村和薄弱村的扶持力度，努力实现幸福乡村创建全市覆盖；立足以景区化、精致化为方向，推动美丽乡村建设由点及面、连线成片，逐步从一处美向一片美迈进，切实为全域旅游发展奠定坚实基础。围绕提升乡村灵气和增进乡愁韵味，突出以“建设一座礼堂、唱响一首村歌”为载体，进一步加强对历史文化村落的保护和利用，将丰富的人文资源有机融入乡村建设，切实打造一批有内涵、有记忆、有故事的美丽乡村。二是精心扮靓美丽乡村“客厅”。突出以洁净小镇、活力小镇、特色小镇“三个小镇”建设为目标，打好集镇环境综合整治攻坚战。深入开展乱占道、乱建房等专项整治行动，落实完善集镇交通、环卫设施、绿化亮化等基础配套，切实加强集镇主次入口、步行街巷、集贸市场、街头广场等重要街区、节点建设；注重融入传统文化，启动建设一批集镇标志性地带、景观建筑，努力把集镇打造成为全域旅游的重要节点和美丽乡村的“会客厅”。积极吸引社会资本参与集镇建设开发，鼓励农民到集镇落户，聚集人气，壮大规模，切实增强集镇自我发展能力。三是加快转化美丽乡村建设成果。牢固树立“经营乡村”理念，充分依托美丽乡村的生态资源和人文优势，紧密结合乡村休闲旅游，大力发展旅游配套服务、农村电子商务、红色物业经济等产业经济，加快“美丽资源”向“美丽经济”转变，实现村集体经济和农民群众的持续增收。大力推进土地流转，强化农村土地连片开发力度，完善农村综合产权流转交易平台，着力引进一批新型农业主体发展现代农业产业园、家庭农场等规模高效农业，深入实施猕猴桃、茶叶等特色产业振兴计划，稳步提升粮食亩均产量，不断提升农业发展水平。

（五）全力建设高水平美丽生态。自觉践行“两山”重要理论，强化绿色发展导向，促使生态建设与经济发展更加协调，不断巩固和扩大我市生态发展的比较优势。一是提升生态治理能力。按照省委“三个不带入”的要求，持续打好“五水共治”“四边三化”“三改一拆”等专项组合拳，不断巩固和扩大战果，着力解决好环境污染方面的突出问题，全面夯实绿色发展基础。扎实开展能源、建设用地、水资源消耗等总量和强度“双控”行动，加快调整淘汰高耗能、高污染的落后产业和工艺，落实推进一批节能环保、资源综合利用等重大项目，提升绿色发展水平。二是深化生态环境建设。进一步加大城乡绿化彩化力度，重点加强连片生态园和环主城区、沿主要通道绿化带建设，加快废弃矿山复绿，加大植树造林和平原绿化力度，积极推进彩色城市、森林村庄、绿化特色村建设，努力绘好锦绣江山美丽画卷。围绕创建国家自然保护区、国家森林城市和国家地质公园"三大目标"，进一步加大对仙霞岭省级自然保护区、水源饮用地、生态功能区和环境敏感区、脆弱区等重点区域保护力度，全面强化生态屏障功能。三是健全生态保护机制。建立健全生态保护红线和生态综合文明评价机制，完善生态补偿和奖惩机制，落实领导干部环境保护"一票否决制"和环境损害终身追究机制。严格执行"空间、总量、项目"三位一体的环境准入制度，强化区域开发和项目建设环境风险评价，严格落实排污许可证、排污权有偿使用和交易等管理制度，明确环保监管属地化责任，实行对企业、社会主体环境损害的长期回溯追责，进一步提升环保管理水平。大力开展生态文明宣传教育，积极推广绿色生活方式，努力形成崇尚绿色的社会风尚。

（六）全力加快重大项目推进。积极抢抓当前中央、省加大基础设施建设的历史性机遇，超前谋划，主动出击，积极作为，推动我市重大项目建设再上新台阶。一是主动对接谋划项目。抢抓全省综合交通发展新机遇，积极谋划和推进义金衢上高速、衢州至江山沿江公路、江山至玉山公路、杭建衢城际铁路延伸至江山、江浦铁路、江山江航道以及二类通用航空机场等一批战略性交通项目建设；积极争取更多高铁列车始发、停靠江山，加快开通和完善江山至周边地区客运班车，努力打造三省边际立体综合交通枢纽。把握当前国家、省水利、能源等基础设施领域大投入的窗口期，着重谋划推进江山港流域综合治理、城乡燃气管网、抽水蓄能电站等一批重大水利、能源基础设施项目，力争更多项目列入上级规划盘子。二是强化举措推进项目。坚持领导挂帅作战不动摇，完善优化项目落地决策机制和审批流程，健全落实"店小二"跟踪服务、"互学互看"、督考通报等工作机制，加快推进健盛产业园、欧派产业园、江郎山通景公路等一批省、市集中开工重大项目和"四大百亿"工程建设。同时，始终瞄准"两轮驱动"主攻方向，创新招商引资体制机制，切实发挥好异地商会和在外乡贤作用，深化实施"江商回归"工程，加快推进"江山古城"、综合物流园区等一批重点项目招商。三是拓宽思路保障项目。深化国资运营体制改革，挖掘国资平台融资潜力，探索深化企业债券融资、股权融资模式，全力争取信贷支持，进一步加大 PPP 项目推广力度，努力形成多层次、多元化投入格局；继续做好"以地生财"文章，深化土地征迁"拔钉清障"行动，千方百计破解制约项目推进的资金、用地难题，确保事关江山长远发展的重大项目、基础设施按计划落地开工、建成投用。

（七）全力提升民生福利水平。始终坚持以人民为中心的发展理念，持续关注民生、改善民生，不断提升人民群众的获得感、幸福感。一是提高民生保障水平。实施更加积极的就业政策，支持创业带动就业，加强对重点群体的就业援助，加大新型职业农民培训力度。健全科学的工资水平决定机制、正常增长机制和支付保障机制，努力拓宽居民经营性、财产性收入渠道。深入实施低收入人群和经济薄弱村脱困致富奔小康工程，创新完善精准帮扶助困机制，逐步提高最低工资标准，健全最低生活保障标准自然增长机制。进一步健全以养老、医疗、住房、失业、残疾、抚恤以及社会救助等为重点的基本保障制度，着力增强社会保障服务能力。二是加快发展社会事业。贯彻落实教育优先发展战略，全面深化教育综合改革，稳步推进校长职级制、教师“县管校聘”试点等工作；持续加大教育投入，优化教育资源布局，高水平发展15年基础教育，认真补齐学前教育、职业教育等“短板”，引进发展高等教育，努力促进各阶段、城乡教育均衡发展，确保成功创建省教育现代化市，进一步打响“学在江山”教育品牌。积极对接《健康浙江2030行动纲要》，持续深化医药卫生体制改革，突出以“双下沉、两提升”为重点，不断提高医疗卫生服务水平；积极构建多元办医格局，加快乡镇卫生院标准化、规范化建设，健全完善公共卫生服务体系，努力实现优质医疗卫生资源普惠共享。鼓励社会力量参与创办和发展各类养老机构，扩大居家养老服务覆盖面。三是持续深化文化惠民。牢牢把握正确舆论方向，掌握各种舆论阵地，全面贯彻社会主义核心价值观，树立社会最美风尚。深入实施文化强市战略，积极传承弘扬优秀民俗、乡风乡愁、家风家训，鼓励支持创作有特色、有水准、有影响的乡土精品力作；加快推进文体设施、文化项目向城乡覆盖，鼓励发展动漫影视、演艺秀、工艺美术等特色文化产业，着力构建现代公共文化产业体系。

（八）全力冲刺平安建设“争金夺银”。认真总结提炼G20杭州峰会安保经验，进一步完善社会治理体系，改进治理方式，夯实治理基础，力争夺取省平安县“银鼎”，冲刺“金鼎”。一是创新社会治理体制。坚持源头防控和末端治理相结合，完善矛盾纠纷多元化解工作机制，落实重大决策社会稳定风险评估机制，有效防控各类社会风险。全面推进司法体制改革，协调做好后续工作，更好地保障服务中心大局。加强和改进依法信访工作，深入推进依法治市、以德治市，切实强化社会治理法制保障。强化互联网信息管理，提升流动人口管理服务，建立健全社区矫正人员、精神病人等特殊人群的社会关怀帮扶机制，促进其更好融入社会。二是整合社会管理资源。进一步完善“党委领导、政府负责、社会协同、公众参与、法治保障”的社会管理体制，压实各级责任，构建强有力社会治理体系。大力培育社会组织，推进政府向社会组织购买服务，积极探索多元主体参与社会治理模式。三是提高社会治理能力。加快公共安全基础设施建设，健全立体化社会治安防控体系，依法严厉打击各类违法犯罪活动，切实营造更加安全稳定的社会环境。加大安全生产工作力度，推出安全生产社会化绿色保险工作，狠抓安全生产责任落实，深化食品药品安全监管，全面彻底排查各类隐患，切实堵塞安全漏洞，有效防范和坚决遏制重特大安全事故发生，确保人民群众生命和财产安全。

（九）全力推进各项改革落地。始终坚持问题导向和效果导向，以抓重点和带整体相结合，全力推进各项改革落地，不断为经济社会发展增添强劲动力。一是聚焦试点项目，抢抓探索性改革。发挥试点探路先行的引领示范作用，切实抓好县域经济体制综合改革、省服务业强县、省农业农村体制改革、省特色小镇创建培育、省“两化”深度融合国家综合性示范区建设等国家和省赋予的改革试点任务，确保在重要领域和关键环节上取得决定性成果，努力形成可复制、可推广的改革经验。牢固树立抢喝“头口水”意识，主动向上对接，积极争取更多改革项目列入中央、省试点和相关政策资金配套，努力实现改革效益最大化。二是聚焦破解难题，抓实突破性改革。进一步加大简政放权力度，推动部门行政审批权限统一归口至窗口单位，加快乡镇（街道）“四个平台”建设，赋予贺村小城市、江山经济开发区县级行政审批权限，切实优化行政审批流程、提高审批效率。贯彻落实中央和省关于供给侧结构性改革的决策部署，主动开展工作，在化解过剩产能、淘汰落后产能、优化资源配置等方面，探索建立综合市场、经济、法治等方面的有效机制，切实增强供给能力，提高供给质量。充分发挥基层首创精神，支持各级各部门解放思想，着眼于解决我市工业发展、旅游管理、投融资体制机制等领域存在的突出矛盾和问题，自主实施探索改革，总结发现、复制推广一批改革典型。

（十）全力优化创业创新发展环境。全面叫响“创业创新在江山”口号，着力营造更加优越的创业创新环境，让创业创新引领时代潮流、占据发展主流。一是创优制度环境。牢固树立“制度重于技术”的理念，实行更加积极宽松的创业创新扶持政策，重点在放宽市场准入、规范项目核准和备案管理、优化融资环境、完善财政投入等方面，强化保障和支持。建立健全知识产权保护机制，全力维护各类主体的合法权益，落实公平竞争的市场规则，深化“信用江山”建设，全面营造服务发展、促进发展的制度环境。二是创优服务环境。引导开发区、中小企业产业基地、科创园等平台载体，开设创业创新孵化咨询窗口、制定创业创新孵化政策、健全创业创新孵化功能，努力为各类创业创新主体开通“绿色通道”，实现“拎包创业”。牢固树立“抓服务就是抓发展”的理念，充分发挥产业领导小组作用，提高项目落地决策咨询效率，认真做好服务招商、服务项目、服务企业等“三服务”工作，切实帮助企业解决实际困难，增强企业家发展信心。大力弘扬创业创新精神，持续聚焦身边的创业创新典型，进一步营造“创业光荣、创新伟大，鼓励成功、宽容失败”的创业文化环境，浓厚“为创业者加油、为创新者鼓劲、为成功者喝彩”的社会氛围。三是创优人才环境。围绕打造三省边际“人才高地”目标，进一步强化人才优先战略，健全柔性引才用才机制，切实完善优化人才政策。认真落实人才关爱评价激励机制，大力营造尊才爱才的良好环境，全面实施人才安居工程，想方设法解决人才配偶就业、子女入学、医疗保障、户籍转移、住房保障等问题，增强磁吸效应，切实引进和留住一批带资金、带技术、带项目的创业创新领军人才和各种专业实用人才。同时，深入实施“乡贤人才回归”、“江郎英才百人计划”、“江山工匠培育工程”等重大人才工程，引导和鼓励大中专毕业生回江创业就业，多途径、多层次引进和培育一批江山籍创业创新人才。

四、落实全面从严治党，着力打造“江山铁军”

实现未来五年宏伟目标，关键在党，关键在人。要深入学习贯彻党的十八届六中全会和省委十三届十次全会精神，坚持把干部队伍建设作为推进全面从严治党的主抓手和着力点，全力打造一支绝对忠诚、干事担当、干净自律、充满活力的铁一般的干部队伍，为高水平全面建成小康社会，打造活力城市，深化幸福江山建设提供坚强的组织和队伍保证。

1. 突出思想政治建设，打造绝对忠诚的干部队伍。讲政治是第一要求，干部队伍建设必须把政治标准摆在首位。讲政治，必须顾大局。拥护核心、维护核心、紧跟核心，是最大的讲政治。我们打造的干部队伍，必须是头脑清醒，政治上坚定举旗、坚决护旗，能够经受得起政治风浪考验的队伍。要教育引导广大党员干部自觉树立政治意识、大局意识、核心意识、看齐意识，坚决听党话、跟党走，落实党的决策不打折、不走样，以强烈的核心观、大局观来谋发展、抓落实、干事业。讲政治，必须守纪律。信念上的坚定，首先体现为守纪上的自觉。我们打造的队伍，必须是党性修养纯洁，坚守真理、坚守正道、坚守规矩的队伍。要全面加强党员干部理论学习，发挥好理论中心组、“江山大讲堂”、党校干部培训、支部党课等教育主阵地作用，深入开展“两学一做”、长征精神、“红船精神”等学习教育活动，系统学习中国特色社会主义理论和习近平总书记系列重要讲话精神，在提升道路自信、理论自信、制度自信和文化自信的过程中，护好风清气正的源头活水。讲政治，必须明方向。心中有信仰，脚下有力量。加快江山发展，我们需要一支明方向、严公德、正操守的队伍。要抓好思想教育这个根本，向党的理论和路线方针政策看齐，提高思想觉悟和理论水平，同时，大力推进思想解放，坚持求真务实，不断提升引领发展、服务发展的能力水平。

2. 坚持正确选人用人导向，打造干事担当的干部队伍。正确的选人用人导向是激发干部队伍战斗力、凝聚力、创造力的关键，必须始终坚持“选好人、用对人、培养人、关爱人”的理念，激励基层、注重实绩、完善梯队，推动江山干部队伍建设。要激励干事创业。坚持党管干部原则，突出重基层、重实绩、重活力等选人用人导向，大力选拔敢抓敢管、能抓落实的“狮子型”干部到重要岗位，注重从改革发展主战场、经济建设主阵地、社会治理最前沿等基层一线考察识别、选拔重用干部，不断拓宽选人用人视野和渠道，提高选人用人精准度。同时，科学统筹配备老中青干部、女干部和党外干部。要提升履职能力。针对性开展干部专题培训教育，完善上挂、下派、互派等实践锻炼机制，积极选派干部到招商引资、项目推进等一线历练，切实提高干部实战能力。注重领导班子专业匹配度，加强干部队伍专业化建设，提升干部专业化水平。重视加强基层干部能力建设，着力培养乡镇全科干部。要呵护干事担当。建立健全干部在改革创新中的容错免责机制，旗帜鲜明地为敢于担当的干部担当，为敢于负责的干部负责。完善非领导职务晋升管理办法，实施基层干部激励计划，考核和待遇等方面注重向基层倾斜，最大限度调动广大干部积极性、主动性、创造性。要推动能上能下。建立健全干部选拔任用工作全程纪实制度和责任追究制度，严格执行谈心谈话、专项约谈、提醒函询诫勉和个人有关事项报告等制度，切实加强干部日常管理监督。健全干部退出机制，深入治理干事效率低下、“中梗阻”等为官不为现象，动真格调整不适宜不胜任现职干部。破除论资排辈、平衡照顾的观念，切实优化干部成长路径。

*3. 加强党风廉政建设，打造干净自律的干部队伍。*好干部是教育培养出来的，更是从严管理出来的，必须坚持把加强党风廉政建设作为干部队伍建设的重要保障，努力实现干部清正、政府清廉、政治清明。要把纪律规矩挺在前面，认真学习贯彻廉洁自律准则、纪律处分条例、问责条例等党内法规，强化党员干部的纪律意识、规矩意识，教育引导党员干部坚持高线、坚守底线，做到内化于心、外化于行，切实把党的纪律严格执行到干部队伍建设的全过程。要把作风建设抓在手上，继续高标准落实中央“八项规定”精神和省委“28 条办法”“六个严禁”等规定，持之以恒反对“四风”，加大对“庸、懒、散、浮”等突出行为的问责力度，坚持有责必问，问责必严。同时，要研究制定新常态下干部绩效和作风评价机制，加强领导干部经济责任审计，持续深入推进机关效能建设。要把惩治腐败进行到底，巩固深化纪律检查体制改革成果，稳步推进监察体制改革，扎实开展巡察工作。加强廉洁教育和舆论引导，严格落实“两个责任”，细化责任清单，运用好监督执纪“四种形态”，加大违纪违法案件查办力度，保持惩治腐败“零容忍”高压态势。严格执行“一案双查”，着力构建不能腐、不敢腐、不想腐的有效机制，坚决维护风清气正的政治生态。

*4. 规范党内政治生活，打造严肃活泼的干部队伍。*党内政治生活是锻造党员干部党性的最好熔炉，党内政治生活松一寸，党员干部队伍就散一尺，必须把党内政治生活作为提高党性修养、增强干事激情的重要载体，努力锤炼旗帜鲜明、充满活力的党员干部队伍。要全面落实党内政治生活准则，着力增强党内政治生活的政治性、时代性、原则性和战斗性，用好批评与自我批评有力武器，让红脸出汗成为常态，不断提升党员干部自我净化、自我完善、自我革新、自我提高能力。要严格执行民主集中制，健全完善党委（党组）议事决策规则，认真执行“三重一大”事项决策制度，强化权力约束，规范权力运行；落实“三会一课”、民主生活会和谈心谈话等组织生活制度，开展严肃认真、活泼健康的思想斗争，鼓励讲真话、讲实话、讲心里话，不断清除党内各种政治灰尘和政治微生物，促进党员干部净化灵魂、增强政治免疫力。要推动领导干部发挥榜样和标杆作用，领导干部要充分认识自身岗位的特殊重要性，在思想觉悟上主动“靠前站”，在工作落实上做到“领着干”，在廉洁自律上喊响“向我看”，以实际行动化作无声的命令、强大的感召，为党员干部做好表率，让人民群众看到信心。

*5. 夯实基层组织基础，打造服务为民的干部队伍。*人民是执政的根基，人心是最大的政治，必须坚持不懈抓基层、打基础，始终保持同人民群众的血肉联系。要在推进“党建5+”建设中聚合党员干部能量，紧紧围绕基层党建“浙江二十条”和“整乡推进、整县提升”目标，建强基层队伍、壮大村级经济、提升服务水平、净化乡风民风、建设美丽家园，全面提升服务中心大局能力。要在深化“五项规范”建设中彰显党员干部先锋形象，始终坚持贯彻党要管党、从严治党要求，切实规范组织运行、组织活动、组织保障等内容，整顿软弱涣散基层党组织，扎实推进“两新”党组织扩面提质。要在实施“三民工程”中融洽党群干群关系，落实“走村不漏户、户户见干部”

长效机制，全面实施96345党员志愿服务平台建设，探索“三民工程”在线服务，推动党员干部甘当“大脚掌”，真正沉下身去了解群众所需，把服务送到群众家门口。要在培育“领头雁”过程中树立干事创业标杆，选优配强基层党组织带头人，注重多渠道选拔优秀人才充实进基层队伍，努力使每一名基层党员干部都成为社会发展的领路人、服务群众的贴心人。

各位代表、同志们，高水平全面建成小康社会，打造活力城市，深化幸福江山建设是全市人民群众的共同目标、共同追求、共同责任。市委将充分发挥总揽全局、协调各方的领导核心作用，支持人大、政府、政协履行职权职能，推动“两院”依法独立公正行使职权，巩固和发展最广泛的爱国统一战线，充分发挥民主党派、工商联、无党派人士和老干部积极作用，加强对工会、共青团、妇联、关工委等人民团体的领导，加强民宗、侨务、人民武装等工作，更好地凝聚党心民心，形成推动发展的强大力量。

各位代表、同志们，宏伟的目标鼓舞着我们，崇高的使命激励着我们。让我们紧密团结在以习近平同志为核心的党中央周围，高举中国特色社会主义伟大旗帜，团结带领全市广大党员和干部群众，不忘初心、继续前进，为高水平全面建成小康社会，加快打造活力城市，推动幸福江山建设向更高层次迈进而努力奋斗！

践行五大发展理念　推进全民创业创新 为高水平全面建成小康社会而努力奋斗

——在市委十三届十次全体（扩大）会议上的报告

吕跃龙

（2016年1月15日）

市委书记吕跃龙

这次全会的主要任务是：深入贯彻落实党的十八届五中全会、中央经济工作会议、省委十三届八次全会和衢州市有关会议精神，回顾总结我市“十二五”时期取得的主要成绩，认真分析和研究经济发展新常态下面临的机遇与挑战，科学谋划“十三五”经济社会发展总体目标与思路，审议通过《中共江山市委关于制定我市国民经济和社会发展第十三个五年规划的建议》，动员全市广大党员干部群众，践行创新、协调、绿色、开放、共享五大发展理念，推进全民创业创新，为高水平全面建成小康社会而努力奋斗。下面，我代表市委常委会，讲三个问题：

一、经济社会保持科学发展，“十二五”主要目标任务胜利实现

过去的五年，是我市发展史上极不平凡的五年。五年来，面对错综复杂的宏观环境和艰巨繁重的改革发展稳定任务，市委始终坚持以科学发展为主线，紧紧围绕建设幸福江山和打造华东地区最具活力城市的奋斗目标，团结带领全市人民，主动适应新常态，沉着应对各种

风险挑战，抢抓重大时代机遇，推进全民创业创新，使这五年成为江山发展质量最好、生态环境改善最大、人民幸福指数提高最快的时期之一，胜利实现了“十二五”确定的主要目标和任务。

1. 经济发展质量稳步提升。“十二五”以来，市委始终坚持从江山实际出发，抢抓省工业强市试点、国家低丘缓坡综合开发利用试点等机遇，拓展优化工业平台，完善“2＋2＋2＋X”现代产业培育体系，研究部署旅游业“二次创业”，推动现代服务业、现代农业加快发展。经济总量持续壮大。2015年预计实现地区生产总值260亿元，年均增长8.9%，继续高于全省平均水平；财政总收入24.4亿元，公共财政预算收入15.3亿元，年均分别增长13.4%和13.8%；实现外贸进出口总额6.5亿美元，年均增长16%；社会消费品零售总额100亿元，年均增长12.6%。产业结构持续优化。三次产业比重由2010年的9.6∶58.6∶31.8调整为7∶51.5∶41.5，主导培育产业、战略新兴产业占比进一步提高；全市工业总产值突破500亿元，新增亿元以上企业29家；完成服务业增加值99亿元，是2010年的1.8倍，江郎山——廿八都旅游区创建国家AAAAA景区顺利通过国家旅游局专家评审，清漾、浮盖山、仙霞关成功挂牌国家AAAA景区，连续承办三届中国毛氏文化节和两届江郎山国际旅游节，2015年全市接待游客1012.9万人次，实现旅游总收入60亿元，分别是2010年的2.89倍和3.07倍；粮食生产能力稳步提升，现代农业加快发展，新型农业服务体系不断完善，土地连片流转、农业“两区”建设得到大力推进。发展后劲持续增强。深入实施“四大百亿”工程建设，五年累计完成固定资产投资695亿元，引进市外资金198.6亿元，投资亿元以上项目103个，健盛产业园、娃哈哈饮品、正泰光伏等一批重大项目成功落地或建成投产，24个项目入选省级重点项目盘子；要素保障更加有力，莲华山工业园纳入省级大平台，江山——柯桥山海协作园区建设顺利推进，有效储备了城北新城、莲华山等一批城市建设和工业平台熟地；招商银行等6家金融机构进驻江山。

2. 改革创新动能加快释放。“十二五”以来，市委始终坚持问题导向，着力破除制约全民创业创新的体制机制障碍，稳步推进各类改革试点落地生根。政府职能加快转变。扎实抓好省资源要素市场化配置改革、世遗旅游专项改革、服务业改革创新试点等重点领域改革试点，旅游发展公司、水务集团顺利组建，政府与市场关系进一步厘清；全面深化行政审批制度改革，建立“四张清单一张网”，成立创业创新服务中心，开展“店小二”项目服务活动，行政审批事项由746项精简为183项，网上预受理比例达97.6%；有序推进政府机构改革，工业平台管理体制、国资管理体制和乡镇财政体制进一步完善，综合行政执法局组建成立，卫生与计生，工商与食药监、质监等部门合并到位，商检、海关办事机构进驻江山。市场活力不断激发。制定出台推进全民创业创新激励政策和行动计划，推出“5·18”全民创业创新日等系列载体活动，全市创业创新氛围日臻浓厚；市场主体创新活跃，“四换三名”工程深入实施，工业技改投资占工业投资比重达71.2%，国家高新技术企业增至22家，拥有省级以上企业研究院3家、技术研发中心

21 家，有效发明专利突破百件，成功争列国家宏观经济院国情调研基地、国家知识产权试点城市、省“两化”深度融合国家综合性试点区；积极构建企业上市服务体系，推动 1 家企业在主板、2 家企业在新三板挂牌上市；电商发展势头强劲，涌现出一批成长性较强的电商企业，阿里巴巴江山产业带顺利建成运营，成功创建省电子商务示范市。

3. *城乡发展面貌显著改善*。“十二五”以来，市委始终坚持以规划为引领，统筹推进中心城区与小城市、中心镇、重点特色镇以及中心村建设，我市被评为全球绿色城市、国家园林城市、全国休闲农业和乡村旅游示范市、“美丽中国”全国十佳旅游县和省首批美丽乡村创建先进县等称号。美丽江城建设步伐加快。按照“看得见山、望得见水、记得住乡愁”的要求，加快建设城北新城，精心打造“一江两带”、西山生态休闲景观等一批城市重要节点，完成北、西、南三面入城口整治提升，江滨南路、迎宾西路、礼贤路上跨立交等建成通车；杭长高铁江山站启用运行，每天始发高铁列车 7 趟，经停 47 趟，开创县级城市高铁始发北京的先河，205 国道改造、48 省道延伸和江广公路等项目顺利完成，二类通用机场建设纳入省规划盘子。幸福乡村建设华丽转型。五年累计创建中国幸福乡村 122 个，建成省级美丽宜居示范村 13 个、衢州美丽乡村精品村 21 个，以此为依托，大力发展乡村休闲旅游，先后创建大陈古村、醉美碗窑、秀美耕读等一批 AAA 景区，推出幸福乡村风光线等 4 条乡村休闲旅游线路，培育了保安龙井、峡口枫石等若干“小而美”特色乡村休闲养生基地，成功引入途家托管民宿模式。城镇集聚效应显著增强。“异地搬迁”工程深入实施，1.14 万名农民走出深山，落户城镇；贺村入选全国重点镇，并成功纳入省第二轮小城市培育试点，峡口省级中心镇以及石门、四都等一批重点特色镇加快建设；凤林光谷小镇列入省重点培育特色小镇。

4. *生态文明建设卓有成效*。“十二五”以来，市委始终坚持保护生态不动摇，坚定不移打好转型升级“组合拳”，推进生态环境综合治理，确保人民群众坐拥绿水青山，共享“绿色福利”。“五四三”行动深入推进。坚持将生猪养殖污染整规作为“五水共治”的重中之重，关停退养生猪养殖场 8446 个，年生猪饲养量从 200 多万头降至 95 万头以内；严格落实“河长制”，铁腕整治河道非法采砂，全面消除黑臭河和垃圾河，成功创建省“清三河”达标县；强势推进“三改一拆”，累计拆除“两违”建筑 375.7 万平方米，改造旧住宅区、旧厂房、城中村 381.3 万平方米；全面开展“四边三化”行动，“两路两侧”环境显著改善。生态基础更加扎实。深入推进“811”生态文明建设行动，不断完善城乡生态基础设施建设，鹿溪污水处理厂实现提标改造，贺村污水处理厂顺利投运，228 个农村生活污水治理工程加快实施；严格执行能源消费总量、能耗强度“双控”和新上项目“环评一票否决”制度，五年关停淘汰重污染项目 14 个，否决劝阻项目 203 个；经济开发区省级园区循环化改造示范试点启动建设，我市成功争列省清洁能源示范县。生态文化逐步形成。大力宣传“两山”重要思想，深入开展清洁家园运动，积极倡导勤俭节约、绿色低碳、文明健康的生活方式，加快淘汰黄标车，城区投入公共自行车 2000 多辆，建成健身绿道 52 公里，环保模范城市创建通过省级技术核查，10个乡镇被命名为国家级生态乡镇。

5. 社会民生事业均衡发展。“十二五”以来，市委始终坚持民生优先导向，不断增进民生福祉，推动民生事业加快发展，着力维护好和谐稳定的社会局面，我市被评为中国全面小康十大示范县（市）。就业社保不断加强。全面启动省级创业型城市创建，就业服务体系进一步健全，基本实现零就业家庭动态消除；群众收入稳步增加，2015年城乡居民收入分别达到34740元和16530元，年均增长11.5%、12.1%，全面消除家庭人均收入4600元以下贫困现象；城乡低保标准、救济标准稳步提高，五保老人集中供养率达96.8%，城乡居民养老、医疗参保率分别达到99%、98.2%；保障性住房建设快速推进，累计新建政府投资公租房1253套、8.44万平方米。社会事业全面进步。“学在江山”建设扎实有效，学校硬件设施持续改善，教育质量稳步提升，中高考成绩屡创新高，顺利通过全国义务教育发展基本均衡县评估；深化公立医院改革，城乡医疗卫生三级网络逐步健全，全国基层中医药工作先进县、省卫生城市通过复评；农村文化礼堂建设深入推进，江山村歌登上全国乡村春晚、省人民大会堂舞台，全国基层公共文化服务工作现场会在江召开，我市被评为省级文化先进市；成功承办2016年度全国新年登高健身大会；广电“一省一网”建设顺利完成。社会治理积极有为。社会治安综合防控全面提升，“平安江山”建设不断深入，我市连续五年被省委省政府命名为平安县（市）；严格落实平安责任交接制度，重大项目和重大决策社会稳定风险评估、突发公共事件和自然灾害应急处置机制、信访积案化解和“非访”防控机制进一步完善；基层人民调解队伍建设、流动人口管理、互联网宣传和虚拟社会管理全面加强；扎实开展非法民间融资整规、治堵治违、清剿火患等系列专项行动，安全生产及食品药品安全形势总体稳定。

6. 党的建设持续加强。“十二五”以来，市委始终坚持把党的建设摆在突出位置，深入践行“三严三实”，不断优化干部队伍作风，推动全面从严治党各项要求落到实处。群众路线教育实践活动扎实有效。期间，市委严格落实争当“排头兵、示范点”的工作要求，着力强化精神“补钙”，深入推进“四风”整治，不断完善制度构建，全市“三公”经费压缩61.7%，各类机构、会务大幅精减，党员干部干事激情进一步提升，活动成果得到省政协乔传秀主席批示肯定。基层基础不断夯实。深入实施“第一书记”工作法，全面推广“三民工程”标准化建设，“幸福江山连心服务”工程、村级事务准入制成功入选全国创新社会治理典型案例；基层党组织“五项规范”“六项保障”等制度得到落实和加强，大抓基层组织建设的导向更加鲜明。党风廉政建设全面强化。全面落实党风廉政建设“两个责任”，市纪委派驻机构实现全覆盖；严格落实中央“八项规定”、省委“六个严禁”等纪律规定，认真解决损害群众利益的突出问题，严厉惩处腐败分子，五年累计立案查处各类违纪违法案件665件，其中涉及科（局）级干部40人，人民群众对反腐倡廉的满意度有新的提高。

同志们，五年来我们一路风雨兼程、砥砺前行，成绩的取得殊为不易、令人鼓舞，这是全市上下解放思想、克难攻坚、奋勇拼搏的结果。在此，我谨代表市委，向市人大、政府、政协，向各级各部门、企事业单位和全市广大党员干部群众，向给予我们鼎力支持的离退休老干部、党外人士、群众团体、驻江部队，向一切为江山经济社会发展作出贡献的社会各界朋友，表示衷心的感谢和崇高的敬意！

二、认真践行五大发展理念，科学谋划我市“十三五”经济社会发展

“十三五”时期，国内外环境将继续发生深刻变化。江山实现以创业创新驱动发展的机遇和挑战并存，但总体上机遇大于挑战，仍处于大有可为的战略机遇期。从国际看，全球经济进入后危机时代，世界格局更趋复杂，各国之间的博弈异常激烈，保护主义、地缘政治以及能源、气候、粮食、极端恐怖组织等各种不稳定不确定不安全因素有所增多。但和平、发展与合作仍是世界主流，特别是随着南方国家迅速崛起，国际产业分工转移范围更广、规模更大、层次更深，新一轮科技创新和产业变革蓄势待发，将为我们利用国际资源、开拓国际市场、吸纳高端要素、推进科技创新提供有利的外部环境。从国内看，经济发展进入新常态后，增速有所放缓，传统产业转型压力加大，结构性产能过剩、房地产库存、企业成本高企、政府债务加重和金融杠杆风险等问题仍较突出。但总体上经济长期向好的基本面没有改变，以习近平为总书记的党中央审时度势，科学决策，不断创新宏观调控方式，强有力实施“一带一路”倡议及“中国制造2025”等发展战略，推动形成经济结构不断优化、发展动力持续转换、发展方式加快转变、消费结构逐步升级、新技术新业态新模式大量涌现的良好态势。特别是随着国家扩大财政赤字、松绑房地产限购限贷、加快以人为本的新型城镇化步伐、放松货币政策以及加强供给侧改革，支持实体经济、绿色发展等一揽子政策红利的落地，可以预见，未来五年的宏观政策环境将趋于宽松，为我们加快经济转型升级、发展战略新兴产业带来难得的历史机遇。从浙江省及周边看，我省以续写“八八战略”为总抓手，统筹推进全省协调发展，“十三五”时期将重点培育发展“七大万亿产业”，实施万亿综合交通工程，并进一步加大对通景公路、特色小镇、农田水利等重大基础设施建设补助力度，特别是省委通过对26个欠发达地区集体“摘帽”，出台差别化扶持政策和激励考核办法，为我们今后发展指明了方向，提供了动力。同时，我省提出的打造四省边界国家东部生态文明旅游区，有望上升为国家战略，以及衢州市委抓好“四件大事”的战略布局，江西省规划建设上饶特大城市的战略设想，这些都为我们深入推进全民创业创新，加快工业强市建设和发展生态休闲旅游，创造了难得的发展条件和广阔空间，也必将伴随着更为激烈的区域竞争。从自身发展实际看，“十三五”时期，我市将逐步从工业化中期的初级阶段向中后期阶段迈进，这一阶段，是新常态下新旧动力转换，发展方式转变，工业化与城市化、信息化深度融合的关键时期，也是社会转型时期各种矛盾交织频发的凸显期，我们既面临着互联网＋、高铁加密提速、大众休闲时代和新兴产业发展等重大机遇，也有历届市委市政府尤其是“十二五”时期经济社会发展所奠定的坚实基础和强大优势，同时我们更要清醒地认识到，我市经济社会发展过程中还存在一些固有或新的困难挑战：一是经济欠发达、综合实力不强仍是基本市情，特别是进入新常态后，新旧动力转换步伐不快，经济尤其是工业经济下行压力持续加大，加快转型发展的主旋律需进一步唱响；二是一些发展中的体制性机制性矛盾尚未根本消除，特别是政府融资平台改革后，财政保障压力增大，要素制约更加突出，资源外流现象明显，深化改革创新的力度需进一步加大；三是幸福江山建设和群众期盼还有一定差距，特别是城镇化进入瓶颈期，城乡基本公共服务水平、社会治理能力有待提升，推动民生改善的步伐需进一步加快；四是少数党员干部的纪律意识、担当意识、责任意识还不够强，工作状态欠佳，作风建设长效机制还有待完善，落实从严治党的要求需进一步努力。对此，我们必须清醒认识、勇于面对、抢抓机遇，进一步坚定信心、解放思想、开拓创新，努力化解各种矛盾制约，在压力中前行，在挑战中突破，在竞争中赶超，不断开创我市“领跑衢州”的新境界。

为此，市委通过认真分析和综合把握，提出“十三五”时期全市工作的指导思想和总体目标是：高举中国特色社会主义伟大旗帜，以邓小平理论、“三个代表”重要思想和科学发展观为指导，深入贯彻落实习近平总书记系列重要讲话精神，以“四个全面”战略布局为统领，以“八八战略”为总纲，以“干在实处永无止境，走在前列要谋新篇”为新使命，始终突出加快发展第一要务、开放创新第一动力、主体培育第一任务、生态文明建设第一优势、维护稳定第一责任、党的建设第一保障，践行创新、协调、绿色、开放、共享五大发展理念，推进全民创业创新，确保与全省同步高水平全面建成小康社会，加快建设幸福江山，全力打造华东地区最具活力城市。

具体目标是：

——经济实力更强。经济保持中高速增长，到2020年全市地区生产总值、人均生产总值、城乡居民收入确保年均增速高于全省、衢州市水平，地方财政预算收入年均增长7.5%左右，全社会固定资产投资年均增长10%以上。全民创业创新活力进一步增强，产业结构进一步调整优化，产业能级进一步向中高端迈进，新产业新业态发展取得重要突破。

——生态环境更美。生态环境质量保持全省领先，生态环境状况指数95%以上，空气质量优良率85%以上，稳固保持江山港出境断面水质达标率、城区生活垃圾处理率、主要污染物减排指标完成率“三个100%”，森林覆盖率、平原绿化率、城乡生态环境质量、美丽乡村建设水平进一步提升。

——人民生活更好。中国梦和社会主义核心价值观更加深入人心，人民文明素质和社会文明程度显著提升。城乡一体化水平、公共服务均衡化水平、社会消费水平进一步提高，城乡居民收入差距进一步缩小。劳动人口受教育年限明显增加，居民健康水平明显提高，创业就业质量不断提升，社会保障体系更加健全。低保水平逐步提高、低收入群众收入持续较快增长。

——开放水平更高。深入对接、融入国家、省区域发展战略，借力发展能力显著增强，城市对外知名度、美誉度进一步提升，国际化水平明显提高，打响“中国·江山”品牌。开放包容发展理念深入人心，招商引资取得重大突破，经济外向度、活跃度进一步提升。

——治理体系更优。重要领域和关键环节

改革取得决定性成果，治理制度化、规范化、程序化、法治化、信息化水平不断提升。人民民主更加健全，法治政府基本建成，司法公信力明显提升。党的建设制度化水平显著提升。

实现上述目标，最根本的是要把五大发展理念融入“十三五”时期我市经济、政治、文化、社会、生态文明建设和党的建设各个方面，更大力度、更高层次、更实举措推进全民创业创新，引领江山加快发展、转型发展、品质发展。在具体工作中，要牢牢把握六个“坚定不移”基本要求：

一是坚定不移照着“绿水青山就是金山银山”的路子走下去。坚持“绿色发展、生态富民、科学跨越”不动摇，持续推进生态治理，深入发掘生态优势，做深做透生态经济，不断优化城乡环境，构建绿色发展方式和生活方式，努力把绿水青山护得更好，把金山银山做得更大，实现环境绿、生活富、城乡美的有机统一。

二是坚定不移实施工业强市和旅游富民“两轮驱动”战略。坚持以建设“升级版”工业强市和全国一流休闲旅游目的地“两大目标”为指引，坚决扭住招商和项目两个“牛鼻子”，动员全市上下“大招商、招大商”“大干项目、干大项目”，不断增强“两轮驱动”牵引力，持续推进增量做大、存量做优，切实提高我市工业和旅游业发展的包容性和支撑力，努力构建现代新型产业体系。

三是坚定不移集中力量办好大事、要事。坚持重点突破和整体推进有机结合，聚焦江山工业新城建设、城北新城建设、省级美丽乡村示范县创建、江郎山——廿八都 AAAAA 景区创建以及城乡基础设施建设等事关江山长远发展的大事要事，强化统筹意识和协作意识，千方百计整合集中有限资源，强化资金、土地、人力等要素保障，以点带面推动发展水平全面提升。

四是坚定不移把改善民生福祉作为一切工作的出发点和落脚点。坚持普惠性、保基本、均等化、可持续为方向，通过更有效的工作举措和制度安排，投入更多财力用于保障改善民生，不断完善基本公共服务体系，增加公共服务供给，提高公共服务均等化水平，让全市人民共享改革发展成果。

五是坚定不移深化重点领域、关键部位的改革创新。坚持目标导向、问题导向和效果导向，以束缚创业创新活力、群众反映强烈、影响社会和谐安定的重点难点问题和体制机制障碍为突破口，进一步解放思想、大胆探索，积极对接争取，蹄疾步稳地推进重点领域和关键部位改革创新，以改革促发展、惠民生、防风险、保稳定。

六是坚定不移打造忠诚干净担当干部队伍。坚持以营造华东地区最好的干事创业环境为方向，认真贯彻全面从严治党要求，狠抓思想、组织、作风、反腐倡廉和制度建设，大力培育好班长好班子好梯队，切实打造一支过得硬、打胜仗的“狮子型”团队，带领全市人民更广泛参与创业创新全过程，形成推动发展的强大力量。

未来五年，要突出抓好以下五个方面工作，推动五大发展理念在江山落地生根。

1. 坚持创新发展，加快经济大转型。把创新摆在发展全局的核心位置，始终突出工业强市建设主阵地、旅游富民主抓手，着力形成以创新为引领和支撑的经济体系和发展模式。

一是大力推进产业创新。围绕建设“升级版”工业强市目标，积极对接“中国制造2025”和“中国制造2025浙江行动纲要”，顺应产业深度融合发展趋势和差异化发展要求，切实加强供给侧结构性改革，全力推进主导产业高端化、特色产业集群化、传统产业高新化、新兴产业规模化发展；按照现代产业集群的培育思路，创新完善产业引导和政策扶持，整合集中优势资源，加快推进健盛产业园、欧派产业园和新江化等一批重大集群产业项目建设，着力打造1—2个百亿现代产业园，力争到2020年，全市工业总产值突破750亿元。围绕打造全国一流休闲旅游目的地目标，着力做大做强核心景区，加快江郎山国际文化旅游产业发展集聚区建设，确保江郎山——廿八都旅游区成功挂牌国家AAAAA景区；做优做美乡村休闲旅游，加快保安、廿八都旅游风情小镇建设，积极推进徐霞客游线申遗，精心打磨“1＋3”乡村休闲精品旅游线；做透做精“旅游＋体育”“旅游＋文化”和健康养生等融合文章，规划启动环月亮湖运动休闲基地、江郎山绿色休闲试验区、廿八都古镇二期等一批重大项目建设，大力发展特色民宿、旅游营地等新型业态；加大市场营销力度，加强与专业团队合作，力争到2020年，旅游业增加值占GDP达8%以上，打造我市国民经济的战略性支柱产业。主动对接国家“互联网＋”行动计划，突出发展电子商务，加快发展现代商贸物流、信息服务等生产性服务业以及总部经济、楼宇经济，鼓励发展动漫影视、演艺秀、工艺美术等文化创意产业，努力实现现代服务业提速升级。围绕发展绿色高效生态农业，启动实施猕猴桃、蜜蜂、茶叶等传统特色产业振兴计划，深化现代农业功能拓展，着力构建“6＋X”农业产业体系，补齐农业现代化“短板”。二是大力推进企业转型创新。进一步激活企业家创业创新激情，以培育大企业和转型发展为方向，鼓励和引导传统企业“脱胎换骨”和兼并重组，积极向新能源、新材料、新装备等新兴领域跨界发展，努力发掘生态工业新的增长点。加快推进“两化”深度融合，深入实施“四换三名”工程，推动全市主要行业企业实施“机器换人”、打造“智能制造”、推广应用“互联网垣”。全面实施小微企业成长计划，加大政策帮扶力度，鼓励企业建立现代企业制度，加快个转企、小升规、规改股、股上市步伐，力争到2020年，我市10亿元以上企业达到5家，上市企业10家。三是大力推进科技创新。健全完善产学研技术合作等平台，加快推进科创园建设，积极筹建创业创新总部基地和重点产业公共服务中心，着力构建具有区域特色的科技创新服务体系。大力鼓励企业通过共建、托建等多种形式加快建立企业研发中心、工程技术中心、院士工作站等科研机构，引进培养高端科技人才，着力培育一批科技型企业。建立健全政府科技资金投入稳定增长的机制和管理使用、绩效考评机制，进一步完善科技创新券制度，逐步扩大科技金融信贷覆盖面和受惠面。立足质量强市、品牌立市，深入实施知识产权战略，扎实推进国家知识产权试点城市建设。四是大力推进经济体制机制创新。深化行政审批制度改革，健全“四张清单”动态调整机制，拓展完善政务服务网功能，探索开展清单以外企业投资项目不再审批改革，切实规范涉批中介服务行为，不断提升审批效能。扎实开展经济体制综合改革，全面落实城镇土地使用税、节能减排等差异化政策，建立健全以“亩产效益”为导向的资源要素差别化配置体制机制。坚持国有资产资本化价值化方向，深化财政国资管理体制改革，整合优化政府融资平台，积极推动金融创新，着力发展普惠金融、绿色金融，不断丰富金融业态，鼓励引导民间资本参与公共领域投资。坚持先行先试，扎实抓好农村“三位一体”改革和国有企业改革等改革试点工作，推动旅游发展公司、水务集团高效运行。

2. 坚持协调发展，推进市域大融合。把提高整体效能作为协调发展的基本要求，努力促进城乡之间、产城之间、基础设施建设与市域经济发展协同融合推进，着力构建和谐共融的生产生活空间。一是推进城乡协调发展。把全市作为一个整体，牢固树立“精明增长”“紧凑城市”理念，修编完善市域总体规划，细化各类专项规划，促进多规融合，注重加强城市设计，切实保障城市空间、规模、产业有序布局，生产、生活、生态和谐共处。深化美丽江城建设，围绕“一带五片、一主两副”城市空间布局，重点填充繁荣城北新城，完善商贸商务功能配置，改造提升老住宅区、老旧街区，协同推进江东片区和城南片区开发建设，进一步拉大城市框架；围绕城市发展需要，规划建设“日”字形环城快速通道，加快实施北泉街、江滨南路、西山西路、江电路等城市道路，进一步完善城市交通网络；围绕城市水系和山体，融入独特历史文化，全力推进“百里须江、美丽长廊”景观带、西山休闲区和站前广场等一批精品项目建设，进一步彰显城市“好山好水好风光”；围绕解决“城市病”等问题导向，注重统筹政府、社会、市民三大主体，致力完善基础设施和公共服务配套，促进房地产市场健康发展，切实提高城市治理能力，进一步满足群众需求。全面提升美丽集镇和幸福乡村建设水平，推动城市基础设施向镇村延伸，下大力气补齐集镇建设“短板”，积极发展特色产业，加强政策研究，努力促进农业转移人口在城镇落户，着力培育一批个性鲜明、人口集聚、辐射有力的特色精品小镇，同时加快贺村小城市建设步伐，支持峡口争列小城市、石门争创省级中心镇；坚持标准不降，加大扶持力度，努力提升中国幸福乡村创建水平，积极打造幸福乡村“升级版”，争创首批省级美丽乡村示范县。二是推进产城协调发展。坚持“以产兴城、以城聚产”，深化开发区“三区合并”，进一步理顺开发管理体制机制，加快建设中部工业园和高新技术园，深化江贺经济走廊整治提升，适时推进园区间隔地带整合，着力推动城南工业新城与贺村小城市一体化发展，实现公共服务设施共建共享，同时适度拓展峡口、四都工业功能区发展空间，加快乡镇小微企业创业基地建设，完善“一体两翼”平台设施配套。要集聚发展优势，依托中心城区和贺村、峡口等重点集镇，规划建设休闲旅游服务中心、城北商业综合体以及O2O商城、综合物流园区、电子商务产业园、智慧产业园等一批服务业发展平台，全力打造服务业发展主阵地。立足以乡镇为单元，加快推进“升级版”农业“两区”建设，深入实施“旱改水”等耕地质量提升项目，着力打造智慧农业平台、特色农业小镇。三是统筹重大基础设施建设。牢固树立大交通理念，主动对接外围交通布局网络，综合公路、铁路、水路、航空等多种运输方式，重点推进江郎山、仙霞关等通景公路建设，开工建设江山至玉山等省际县际通道，规划西移48省道，扎实推进农村公路“四个一百”工程实施；积极谋划金衢上、丽江上高速项目前期，全力争取杭建衢江城际铁路项目实施，江浦铁路、动车运用所纳入省级项目盘子，更多高铁列车始发、停靠江山；适时启动通用机场、江山江航道开发建设，着力构建三省边际多元化立体综合交通枢纽。围绕海绵城市建设要求，统筹抓好防洪减灾、饮水安全、农田灌溉，加快实施峡口水库引调水、城南城北水系连通、第三自来水厂以及山塘水库除险加固等一批水利基础设施建设，着力构建水利现代化网络体系。突出以发展清洁能源为重点，合理布局光伏、风能电站，谋划实施抽水蓄能电站等新能源项目，加快推进城区、工业园区和部分重点乡镇燃气管道铺设，全面加强现代能源设施建设。

3. 坚持绿色发展，打造美丽大生态。把生态作为最大的优势进行打造，持续推进环境治理和生态建设，切实加强资源节约集约高效利用，健全完善生态文明体制机制，努力促进天更蓝、山更青、水更绿、江山更美。一是深化生态环境治理。继续保持“五水共治”高压态势，以控源头防反弹为主线，进一步落实“河长制”，认真抓好畜禽生态养殖长效管理，加快江山港及主要支流的环境整治和生态修复，确保一江清水持续送出江山。继续强势推进“三改一拆”，大力实施城中村、旧厂区和旧住宅区改造，深化“一户多宅”整治，注重拆改并举、拆用结合，确保实现全市域基本无违建目标。积极开展环境保护大排查、大整治，统筹推进工业废气、汽车尾气、餐饮油烟、秸秆焚烧和建筑扬尘“五气共治”，实施土壤污染防治计划，加大农村“双治”工程力度，深化“清洁家园”运动，施行餐厨垃圾资源化利用和病死猪无害化处理，全面夯实绿色发展基础。二是加强生态屏障建设。按照“市域景区化”的要求，进一步加大城乡绿化彩化力度，全面加强连片生态园和环主城区、沿主要通道绿化带建设，加快废弃矿山复绿，深化“四边三化”，推进彩色城市、特色村庄、绿色社区和美丽庭院创建，努力建设美丽江山。围绕创建国家自然保护区、国家森林城市和全市域国家地质公园“三大目标”，进一步加大生态功能区、生态环境敏感区和脆弱区保护力度，打造白水坑水库“无人区”，新建国家级湿地公园1处，推进平原绿化和森林扩面提质，到2020年，力争全市森林覆盖率达71%以上、平原绿化率达27%以上，一半乡镇成功创建省级森林城镇，所有行政村全部建成森林村庄或绿化特色村。三是发展生态循环经济。主动顺应绿色循环低碳发展趋势，积极探索“生态+”模式，大力发展节能环保、生态旅游、生态农业、生态文化等产业，着力形成新的经济增长点，切实把美丽转化为生产力。立足省级可持续发展实验区创建，扎实推进省级园区循环化改造试点，开展重点用能企业能效对标活动，全面推广清洁能源和能量梯级利用项目，加快调整淘汰高耗能、高污染的落后产业和工艺，最大限度节约能源，提升资源综合利用效率。四是健全生态保护机制。严格按照环境功能区划，建立生态保护红线和生态文明综合评价指标体系，完善落实领导干部生态环境保护“一票否决制”和环境损害责任终身追究机制。严格执行“空间、总量、项目”三位一体的环境准入制度，强化区域开发和项目建设环境风险评价，构建资源环境承载力监测预警机制，启动实施排污许可证、排污权有偿使用和交易等制度，切实加强环境执法监督，进一步完善环境保护管理体系。大力开展生态文明宣传教育，积极倡导绿色生活生产方式，努力形成崇尚绿色的社会风尚，全面提升社会生态文明意识。

4. 坚持开放发展，融入区域大合作。把江山摆进更大的格局，充分发挥三省交界、海上丝绸之路的陆路通道等区位优势，主动融入经济全球化和区域合作发展战略，努力塑造全方位、多领域开放格局。一是积极探索国际交流合作。主动顺应国内外深度融合发展趋势，加快搭建对外开放平台，积极推进国际友好城市建设，全方位深化开放合作，启动推进江山“国际化”进程。用好世遗江郎山、全球绿色城市等国际金字招牌，办好江郎山国际旅游节等重要节会，强化城市宣传推介，凝聚更多国际目光，不断提升“中国·江山”品牌形象。鼓励引导我市企业树立国际化理念，瞄准国际市场，敢于“走出去”和“引进来”，全面加强与海外人才、产业、技术、经贸合作，不断拓展国际国内市场空间，争取更多市场份额。二是积极融入国家和区域开放战略。依托高铁效应，主动对接“一带一路”和长江经济带，积极融入浙江海洋经济发展示范区、舟山群岛新区、义乌国际贸易综合改革试点和温州金融综合改革实验区等四大国家战略，特别是杭州将承办G20峰会和2022年亚运会的有利契机，找准切入点，努力寻求产业发展新支撑点和新的发展机遇。紧紧抓住四省边界国家东部生态文明旅游区建设重大机遇，进一步加强我市与三省地区、长江流域地区以及台湾地区的合作交流，探索建立开放型旅游发展模式。三是深化借力发展战略。深入实施山海协作工程，持续抓好江山—柯桥山海协作产业园区建设，积极探索与上海、杭州等发达地区建立产业转移、园区建设、科技平台和金融服务等方面的合作共建，形成长效合作模式。坚持“招商引资第一工程”和市领导挂帅不动摇，立足江山资源优势，进一步创新完善招商机制，推动“招资”、“招企”向“招智”“招产”转变，推行定企招商、产业链招商和存量招商，既要“高大上”，也要“小而美”，不断提高招商实效。充分发挥在外商会等联谊平台作用，深入实施“江商回归”工程，持续推动“江山人经济”变成“江山经济”。高质量实施“人才强市”战略，突出“高精尖缺”导向，依托市场力量和企业主体，更大力度引进高层次人才和精英团队。积极开发在外江山籍博士资源，办好《江山骄子》杂志，引导在外江山籍人才积极服务家乡。

5. 坚持共享发展，建设幸福大民生。把普惠发展成果作为共享发展的目标取向，坚持尽力而为、量力而行，保证每年财政支出增量的70%以上用于民生，不断增进人民群众的获得感和幸福感。一是优先发展教育事业。围绕“办好人民满意教育”目标，全面深化教育综合改革，持续加大教育投入，优化学校布局调整，加快现代化学校建设，高质量普及15年基础教育，大力推进学前教育普惠化、城乡义务教育均衡化、特殊教育个性化，普通高等教育办学“零突破”，进一步打响“学在江山”教育品牌。紧密结合高考招生制度改革，及时跟进初中和普通高中教育方式转变，稳步提升中高考成绩。立足江山产业发展实际，深化产教融合、校企合作，提升职业教育服务工业、旅游发展能力。鼓励支持民办教育，探索多元参与的办学机制，规范社会培训机构。全面加强教师、校长队伍建设，注重培养名师、名校长，健全完善教师关爱、流动机制，不断提高师德水平和业务能力。二是加快发展医疗卫生事业。围绕省卫生强市建设，进一步深化医药卫生体制改革，加大医疗卫生基础设施投入，努力引进和培育高层次技术和管理人才，促进以人民医院为龙头的市属医院医疗水平不断提升；加快乡镇卫生院标准化、规范化建设，合理布局医疗网点，健全完善公共卫生服务网络，切实保障城乡居民享有满意、均衡、便捷的医疗卫生服务。坚持开门办医，鼓励社会力量创办特色化、规模化、高端化医疗机构，发展各类养老机构，加强居家养老服务，大力推进医养融合发展。三是繁荣发展文体等事业。牢牢把握正确舆论方向，持续深化以中国梦为主题的中国特色社会主义核心价值观宣传教育，大力弘扬江山精神，积极培育最美风尚。深入实施文化强市战略，加快文化艺术中心二期等文化设施建设，巩固充实文化礼堂等基层文化阵地和网络舆情阵地，积极发展特色文化产业，鼓励文化精品创作，着力构建现代公共文化服务体系。大力发展群众体育事业，固化新年登高健身活动，努力引进更多体育中介机构，积极承办更多国际、国内知名赛事。同时，统筹推进人口计生、双拥、档案、老干部、残疾人、红十字、慈善、关心下一代等各项社会事业全面发展。四是加大社会保障力度。加强创业创新教育培训，完善基层劳动保障平台，全力支持各类人才在江创业，以创业带动就业，推动城乡居民普遍持续增收。按照“兜住底线、不养懒汉”的要求，千方百计增强低收入人群自我发展能力，确保其收入稳步提高。建立健全更加完善的社会保险制度，大力推进灵活就业人员、非公有制经济组织就业人员、农民工等群体参保，扩大社会保险覆盖面，基本实现全民参保目标。建立健全多缴多得、多缴多报的保险机制，推动各项保险待遇持续增长，适时提高城镇职工基本医疗和城乡居民医疗保险报销比例。加快完善城乡社会救助体系，健全城乡最低生活保障制度，创新临时救助政策，不断提高社会救助整体水平。加大优待、抚恤工作力度，完善退役士兵安置政策体系，稳步提高优抚保障水平。完善以公共租赁为主的多层次住房保障体系，扩大住房保障覆盖面，改善群众居住条件。

三、全面加强和改进党的领导，为“十三五”发展提供坚强保证

加强和改进党的领导，是顺利实施“十三五”规划，高水平全面建成小康社会的根本保证。全市各级党组织要始终把推进全民创业创新摆在突出位置，不断深化对发展规律的认识，提高领导能力，强化执行能力，全面完成“十三五”规划各项目标任务。

1.全面加强党委对经济社会发展的领导。充分发挥党委领导核心作用，健全和完善党委总揽全局、协调各方的工作机制，强化全委会决策和监督作用，进一步形成党委领导下的人大、政府、政协各司其职、团结奋进的工作格局。提高决策科学化水平，完善党委研究经济社会发展战略、定期分析经济社会形势、研究重大方针政策的工作机制，健全决策咨询机制。牢固树立正确用人导向，坚持选好人、用对人、培养人、关爱人，坚持重基层、重实干、重公认、重梯队，坚持治庸、治懒、治散，深化干部人事制度改革，切实加强各级领导班子建设，探索中层干部跨部门、跨乡镇交流，使“干事创业、务实创新”成为江山干部队伍的鲜明特质。坚持依宪执政、依法执政，加强法治政府建设，推动领导干部做遵法守法用法的模范，提高党员干部法治思维和依法办事能力，善于运用法治思维和法治方式推动发展。坚持党的群众路线，创新群众工作的体制机制和方式方法，发挥工会、共青团、妇联等群团组织的桥梁纽带作用。

2. 全面加强基层党组织和基层政权建设。紧紧围绕提高基层战斗力这一核心要求，不断强化大抓基层鲜明导向，持之以恒地打基础、强基础，让党的旗帜始终高高飘扬在每一个阵地。大力实施基层党组织标准化规范化信息化建设，扎实推进“两新”党组织建设，切实规范村级运行、党员队伍、组织活动、服务内容、组织保障等工作机制，探索推广“党建+”工作模式，不断增强基层党组织的整体功能。认真落实“走村不漏户、户户见干部”长效机制，深化延伸“第一书记”工作法，全面落实村干部坐班、值班制度，确保联系服务群众的渠道始终畅通无阻。把推进项目建设、信访维稳等一线工作，作为检验基层干部能力水平的标尺，坚持每年评选“十佳驻村干部”“十大最强支部”“十大最美支书”及“干事创业最优党员”，充分发挥基层党组织战斗堡垒作用和党员干部模范带头作用。深入实施领头雁工程，稳妥抓好村级换届选举，选优育强基层党组织带头人队伍，加强后备干部培养，提高基层带头人队伍和党员队伍能力素质。切实加强基层组织造血功能建设，健全基层帮扶经费制度，关心关爱基层干部，不断夯实基层党建基础。

3. 全面加强党风廉政建设。坚持党要管党，从严治党，不断健全党委主抓直管工作机制，深化落实党风廉政建设主体责任。强化党章党规学习教育，认真贯彻执行《中国共产党廉洁自律准则》和《中国共产党纪律处分条例》，抓好省委巡视反馈问题整改，真正把纪律和规矩挺在前面，把执法与执纪贯通起来。始终保持惩治腐败高压态势，发现一起，查处一起，绝不姑息，同时强化权力运行制约和监督，着力形成不敢腐、不能腐、不想腐的有效机制。深入贯彻落实中央八项规定精神，抓牢突出问题，强化纪律约束，驰而不息正风肃纪，扎实抓好改进作风长效机制建设，让“咬耳”“扯袖”成为常态，营造风清气正、干净干事的良好政治生态。围绕纪检体制改革和“三转”要求，进一步完善纪检监察组织和干部管理制度，全力支持和保障纪检监察组织认真履行监督责任。

4. 全面加强和创新社会治理。进一步完善“党委领导、政府负责、社会协同、公众参与、法治保障”的社会管理体制，健全立体化社会治安防控体系，加快建设天网工程、校园安保、民警训练基地等安全基础设施，依法严厉打击各类违法犯罪活动，更高水平推进“平安江山”建设，力争拿到“银鼎”、冲刺“金鼎”。大力培育社会组织，扎实推进社会组织登记管理体制改革，加强社区、社会组织、社会工作专业人才队伍建设，推进政府向社会组织购买服务，积极探索多元主体参与社会治理模式。坚持源头预防和末端治理相结合，完善矛盾纠纷多元化解工作体系，落实重大决策社会稳定风险评估机制，有效防控各类社会风险，深化信访制度改革，有力化解社会矛盾纠纷。继续加强民间融资整规，强化互联网信息管理，加强舆情引导，提升流动人口管理服务，建立健全社区矫正人员、精神病人等特殊人群的社会关怀帮扶机制，促进其更好融入社会。加大安全生产工作力度，严格落实安全生产责任制，深化食品药品安全监管，及时排查化解安全隐患，有效防范和坚决遏制重特大安全事故发生，切实维护人民生命财产安全。

“一分部署，九分落实。”今后五年是一鼓作气向高水平全面小康终点线冲刺的决战决胜阶段，对江山发展有着至关重要的意义。我们要认真按照习总书记“三严三实”的要求，狠抓各项目标任务落实，把“十三五”宏伟蓝图变成美好现实。一要振奋精神再出发。激发“翻篇归零、再次创业”的斗志，勇于把已经取得的成绩看作事业新的起跑线，破除骄傲、自满、畏难情绪，强化危机、争先、赶超意识，再接再厉、连续作战，努力开创工作新局面。拿出“夙兴夜寐、只争朝夕”的干劲，时刻保持强烈的事业心和责任感，大力发扬“马上就办”精神，紧抓快办、雷厉风行，努力干出事业发展的加速度。发扬“真抓实干、一抓到底”的作风，对认准的事情，咬定青山不放松，不抓出成果绝不松手、不达目标绝不罢休，确保抓一件成一件、积小胜为大胜。二要凝聚合力抓落实。市四套班子领导要带头弘扬担当精神，牵头抓重要工作落实、牵头招商引资、牵头联系项目，为全市广大党员干部树标杆、作表率。人大、政协要始终保持“一线”状态，以“一线”标准和要求认真履职尽责，与党委中心工作合心合力合拍。各级各部门要胸怀全局、立足本职，凝聚智慧、汇聚力量，齐心协力将市委各项决策部署落到实处。全市广大市场主体要进一步认清形势、坚定信心，努力适应经济新常态，抢抓时代新机遇，推动企业快转型，不断做大做强做优企业。三要强化督查快推进。对市委《建议》确定的各项重点任务和重大举措，要及时进行分解、细化和量化，落实责任人、制定路线图、排出时间表，实行进度通报、信息反馈、对账销号等制度，形成常态化督查机制。

同志们，全面建成小康社会的美好蓝图已经绘就，冲锋号已然吹响。让我们更加紧密地团结在以习近平为总书记的党中央周围，在省委、衢州市委的坚强领导下，甩开膀子、大干五年，为高水平全面建成小康社会、加快建设幸福江山、打造华东地区最具活力城市而努力奋斗！

政府工作报告

——在市第十五届人大五次会议上

叶美峰

（2016 年 1 月 28 日）

市长叶美峰

一、“十二五”规划执行情况和 2015 年政府主要工作

“十二五”时期，是江山改革发展进程中极不平凡的五年。五年来，面对宏观环境的复杂变化、转型升级的严峻挑战，我们在市委的正确领导下，在市人大、市政协的监督支持下，深入贯彻党的十八大和十八届三中、四中、五中全会精神，凝心聚力，负重前行，较好地完成了“十二五”规划确定的各项目标任务，经济社会发展和人民生活水平迈上了新台阶。

——综合实力显著增强。预计地区生产总值从“十一五”末的 170.45 亿元增加到 262 亿元，年均增长 9%；财政总收入从 12.92 亿元增加到 24.26 亿元，其中公共财政预算收入从 8.04 亿元增加到 15.35 亿元，年均分别增长 13.4%和 13.8%；五年累计完成固定资产投资 660.15 亿元，年均增长 13.6%；社会消费品零售总额从 55.26 亿元增加到 101.97 亿元，年均增长 13%。外贸进出口总额从 3.07 亿美元增加到 6.92 亿美元，年均增长 17.7%。城镇居民人均可支配收入达到 34808 元、农村居民人均纯收入达到 16530 元，年均分别增长 11.6%、

12.1%。金融机构期末存贷款余额分别为351.67亿元、310.86亿元，是“十一五”末的1.9倍和1.88倍。

——转型升级扎实推进。三次产业结构从9.6∶58.6∶31.8调整为7∶51.5∶41.5。工业强市建设强力推进。规模以上工业总产值从230.45亿元增加到339.68亿元。筛选确立“2＋2＋2＋X”产业培育体系，配套出台工业强市扶持政策，主导特色产业增长迅速，新兴产业加快发展。成功引进大唐、娃哈哈、正泰等一批国内知名企业。莲华山工业园纳入省级大平台。完成国家低丘缓坡开发试点。新报批工业用地13468亩。“四换三名”有序推进，以“机器换人”为主的技改投资达190亿元，被评为省“腾笼换鸟”先进市、省电子商务示范县，阿里巴巴江山产业带上线投用，新增中国驰名商标4个。规模以上工业企业从230家增加到291家。国家高新技术企业增加到22家，拥有省级以上企业研究院3家、技术研发中心21家。现代服务业加速发展。列入省级服务业综合改革试点，服务业增加值从55亿元增加到99亿元。旅游业“二次创业”成效显著，江郎山世界自然遗产品牌效应不断提升，江郎山国际文化旅游产业发展集聚区列入省级示范区，江山阶“金钉子”建成省级地质遗迹自然保护区。国家A级景区由4个增加到9个，AAAA级景区达到5个，居全省最多。成功举办两届江郎山旅游节。被评为“美丽中国”十佳旅游县。大润发超市江山店、金陵大酒店、东方时代购物中心等一批服务业大项目建成投用。设立检验检疫、海关办事机构。交通、浦发、招商等6家商业银行入驻江山。现代农业加快提升。农业“两区”深化建设，新增省级现代农业园区8.3万亩，建成粮食生产功能区12.3万亩、高标准基本农田20.5万亩、垦造耕地2万亩。累计土地流转15.1万亩，流转率达51.1%。猕猴桃等特色产业加快发展。创建省级示范性家庭农场16家。累计投入农田水利建设资金2.48亿元。被评为全国休闲农业和乡村旅游示范县、全国十大生态产茶县。

——城乡面貌明显改观。对外通道建设取得重大突破，杭长高铁江山段建成通车，高铁江山站办客总数达47趟，开创县级城市高铁始发北京先河。铁路货场迁建、黄衢南高速衢州互通至江山北接线等项目建成投用，205国道和46、48省道分别完成示范改造和“白改黑”，累计投入交通基建资金约74.8亿元。“美丽江城”建设加快推进。被评为国家园林城市。城东牛头岭片区加快开发，天余、迎宾等城市区块完成征迁，收储城市建设用地4173.2亩。城市治堵深入实施，西入城口、南入城口、礼贤路上跨立交、凝秀南路延伸等节点项目相继建成，投放公共自行车2050辆，新增公共停车位1829个，新开发地下空间71.5万平方米。城市品位特色凸显，江滨南路和“一江两带”虎山段延伸工程加快建设，“五溪一渠”全面整治。城市基础设施日趋完善，坞里山垃圾填埋场、第二污水处理厂等项目建成投用，累计投入城市基建资金25.26亿元。深入开展“三改一拆”，累计拆违375.7万平方米，“三改”381.3万平方米，“无违建”村（社区）加快创建。贺村镇列入省级小城市培育试点，峡口镇省级中心镇扎实推进。幸福乡村建设纵深推进，累计创建中国幸福乡村 122 个、衢州市美丽乡村示范乡镇 7 个，被评为全国“魅力新农村十佳县市”和省“美丽乡村创建先进县”。异地搬迁、农房改造深入开展，累计搬迁安置 3641 户 1.14 万人，完成农村危旧房改造 44204 户 382.5 万平方米。

——绿色发展成效显著。在衢州率先开展生猪养殖污染整规、河道采制砂整治，关停退养生猪养殖场 8446 个，生猪饲养量从 230 万头削减到 95 万头，砂石资源得到规范管理。完成 12 个集镇污水处理设施。农村“双治”工程统筹推进，完成 217 个村生活污水治理和 100 个村垃圾分类处理。出境水、集中式饮用水水源地水质达标率均为 100%。“以峡口水库为饮用水源”的饮水工程加快实施，新解决南部供水区域 17.8 万人的饮水安全，全市 85% 人口实现城乡供水一体化。节能减排扎实推进，完成高污染燃料锅炉和黄标车淘汰任务。森林覆盖率从 68.4% 提升到 70.8%。创建省级森林城镇 6 个、国家级生态乡镇 9 个。新能源产业加快发展，正泰光伏建成华东地区规模最大的地面光伏电站，同景农光互补模式在全省推广。成功创建省清洁能源示范市和省级生态市。

——社会事业全面进步。教育现代化建设步伐加快，“学在江山”品牌初具影响。中高考成绩屡创新高。学校布局调整基本完成，投资 1.53 亿元，新建城南中学、城关幼儿园等学校 4 所，新增学额 5700 个。新增省标准化学校 50 所，标准化率达 89%。公立医院改革全面实施，邵逸夫医院江山分院成立，中医院、妇保院、第四人民医院成功创建二级甲等医院，人民医院住院综合楼全面建成。全国基层中医药工作先进县通过复评。城乡低保、职工最低工资、城乡居民及企业退休人员养老金标准不断提高，城乡居民养老、医疗保险参保率分别达到 99%、98.2%。新增保障性住房 1253 套。在全省率先实行村（社区）事务准入制，社区服务功能不断完善。社会救助体系日益完善，成功争列国家适度普惠型儿童福利制度改革试点、省级扶残助残爱心城市。文体事业齐头并进，流动文化江山经验在全国推广，成功创建省级文化先进市。文化礼堂建设打出品牌。被授予“中国村歌发祥地”称号。提炼新江山精神。书香江山建设日益浓厚。成功举办全国羽毛球、健美操、举重等重大赛事。广电“一省一网”改革顺利完成。双拥模范城实现全国“四连冠”、省级“八连冠”。平安建设扎实有效，安全生产监管体系不断完善，突发公共事件应急体系逐步建立，群众安全感普遍增强。

——政府建设持续加强。政府机构改革加快推进，工业平台管理、城市综合管理、大市场监管、国有投融资、乡镇财政保障等体制改革任务顺利完成。政府权力清单、财政专项资金管理清单、部门责任清单、企业投资负面清单编制完成，浙江政务服务网和“12345”政府服务热线建成投用。行政审批改革积极推进，非行政许可事项全面清理，行政审批事项由 746 项精简为 181 项。率先实施“店小二”服务机制，首创项目审批直通车模式。法治政府建设全面推进，政府投资等决策程序、行政法律顾问工作规则不断完善，重大决策实施跟踪评估，行政复议日益规范。“六五”普法圆满完成。被评为省法治政府建设先进单位。审计监督更加有力，廉政建设不断增强，省级政府绩效管理试点任务顺利完成，各类违纪违法案件严肃查处。主动接受人大依法监督、政协民主监督和社会监督，五年共办理市人大代表议案建议1316件、政协委员提案1260件。

刚刚过去的2015年是“十二五”收官之年。一年来，市政府在市委坚强领导和市人大、市政协有力监督支持下，以全民创业创新为动力，以“六个十大专项行动”为抓手，抢抓机遇、克难攻坚，较好地完成了市十五届人大四次会议确定的目标任务。预计全市实现地区生产总值262亿元，同比增长7%；财政总收入24.26亿元，增长6.3%，其中公共财政预算收入15.35亿元，增长6.5%；固定资产投资172.47亿元，增长14.2%；城镇常住居民人均可支配收入34808元，农村常住居民人均可支配收入18325元，分别增长8.7%、10%。

一年来，我们以“两轮驱动”为主战略，全力以赴稳增长调结构，质量效益在转型升级中不断提高。启动全民创业创新三年行动，确立了工业强市、旅游富民“两轮驱动”战略。工业强市加快建设。中部工业新城有序推进，市区至中部快速通道加快推进。推行市领导挂联服务产业等机制，食品饮料、新材料、新能源等产业初具规模。“四换三名”工程深入推进。“机器换人”为主的技改投资增长45.7%。木门家具行业列入省首批“机器换人”行业试点并召开全省现场会，全国智能制造高峰论坛、中国首届消防产品博览会在江山召开，输配电产业入选省高端装备制造业特色基地。盘活存量土地1086亩，腾出用能空间4.5万吨标煤。实现电商交易额51.12亿元，增长51.2%。阿里巴巴等农村电商服务主体成功引进，电商产业示范园启动建设。旅游业“二次创业”深入推进，国内旅游收入60.1亿元，增长19.9%。江郎山——廿八都旅游区列入国家AAAAA级景区预备目录，仙霞关AAAA级景区和月满新塘AAA级景区成功创建。清湖码头等5个节点入选徐霞客游线标志地。成功承办全国新年登高健身大会、浙江山水旅游节、衢州江郎山旅游节等一批高端节会。幸福乡村风光线、古镇养生风韵线等一批精品游线加快打造，“保安风情小镇一日游”被评为全省休闲农业与乡村旅游精品线路。“乘高铁一元游江山”掀起旅游新热潮。同时，现代农业产业化步伐加快，新建粮食生产功能区1.7万亩，东部现代农业综合区通过省级验收。有机农产品基地和示范性有机农场加快建设，通过有机农产品认证31个。全省蜜蜂产业振兴计划在江启动。成功举办江山绿牡丹开茶节、浙闽赣三省四县精品蔬果展示展销会等农业节会。中国蜜蜂博物馆浙江馆落成。

一年来，我们以有效投资为主引擎，全力以赴抓项目谋突破，发展后劲在增量扩张中有效提升。开展首届项目论坛暨项目谋划擂台赛，谋划了动车运用所等一批好项目。24个项目列入省重点。江山光谷小镇列入省第二批特色小镇。通用机场列入省二类机场规划。成功争列国家知识产权示范城市、国情调研基地、省级园区循环化改造、省级清洁能源示范市、生产性服务业集聚平台建设试点、坡地村镇建设用地试点。峡口水库引水工程是衢州地区唯一实施PPP的引水工程，成功争列省级PPP项目示范县。成立杭州、上海、深圳3个驻外招商分局，深化“点将招商”，强化招商项目信息研判，招商引资成效明显。到位市外资金45.56亿元，其中亿元以上项目25个，20亿元以上项目1个。健盛产业园、福斯特光伏、万亩猕猴桃基地等一批项目当年签约当年落地。与腾讯、抠抠等公司签订意向协议。推行重大项目领导挂帅，“百大项目、百日攻坚”行动深入推进。“四大百亿”项目开建95个，完成投资66.6亿元。娃哈哈饮料食品、正泰光伏发电等一批工业项目建成投产，公铁联运无水港、江滨南路延伸等一批基础设施项目加快建设，粮食安全保障中心、江郎山游客中心、五菱汽车配送中心等一批服务业项目建成投用。10件民生实事项目基本完成。土地利用总规调整通过省级批准。争取上级财政补助资金18.47亿元。金融机构各项存贷款余额达351.67亿元、310.86亿元。

一年来，我们以企业需求为主导向，全力以赴提信心树标杆，企业规模在难题化解中做大做强。设立规模3亿元的政府产业基金。成立首个科技创新创业基金。调度企业搭桥专项资金17.18亿元，为企业办理银行转贷25.33亿元。设立科技型中小微企业风险资金池，出借科技信用贷款5000万元。发放科技创新券790万元。设立科技创新创业园，引进企业20家。建设小微企业创业基地3万平方米，引进企业4家。“企业服务月”活动深入开展。出台衢州最优、全省领先的上市扶持奖励政策，健盛集团在主板成功上市，欧派公司进入主板发审阶段，希尔化工、科润电力在新三板挂牌，10家企业与券商签约，56家企业在上海、浙江股权交易中心挂牌。新增亿元企业10家、规模以上企业15家、个转企172家。新增国家高新技术企业2家、浙江名牌产品3个。

一年来，我们以环境再造为主攻点，全力以赴抓整治美家园，生态优势在绿色发展中更加凸显。荣膺“全球绿色城市”国际大奖。“五水共治”深化攻坚，“河长制”深入实施，黑河、臭河、垃圾河清理整治全面完成，生猪养殖污染“百日攻坚”行动集中推进，关停退养猪场4211个。农村“双治”工程深入推进，130个村完成农村生活污水治理，100个村实现垃圾分类处理。启动中小学校园污水达标排放治理工程。建成生态旅游公厕20个。出境水各项指标均达到地表水Ⅲ类标准，成功创建省“清三河”达标县。全省节水型社会建设试点县通过考核。空气质量优良率达82.4%。开展江山最美古树和最美古树群评选。仙霞关古道获浙江“十大人文古道”和“最美森林古道”称号。成功创建仙霞岭省级自然保护区。被评为全省“1818”平原绿化先进集体。在杭州隆重举行生态文明成果展暨乡村休闲旅游推介会。“中国幸福乡村”深入创建，10个五村联创村、54个单村创建村建设顺利完成。农村环境再造“六个一”工程扎实推进，一批3A级乡村旅游景区、特色鲜明主题公园、彩化风情大道加快打造。农房改造稳步推进，拆除农村旧房69.8万平方米。异地搬迁安置2000人。“赤膊墙”深入整治。新培育“一村一品”专业特色村20个。

一年来，我们以美丽宜居为主旋律，全力以赴拓空间优布局，城市品位在统筹发展中持续提升。城市基础设施加快建设，第二水厂改扩建、鹿溪污水处理厂提标改造等一批项目建成投用，48省道延伸、江广公路、高铁存车线、高铁司乘人员公寓等一批项目主体完工，站前大道、站前广场、江郎山大道绿化提升、礼贤路绿化提升等一批项目动工建设。西山百花园、城区文化墙获市民点赞。市区主要公共场所、公交停靠站和景区免费Wi-Fi实现全覆盖。新增城镇污水主管网43.2公里、燃气管网10公里。城市管理五大专项整治行动全面开展，突出抓好户外广告整治，入城道路面貌焕然一新。“两路两侧”“四边三化”专项整治行动深入实施。集镇建设管理行动启动开展。

“三改一拆”深入推进，拆违175.2万平方米，完成“三改”221.3万平方米。城区房屋征收“拔钉清障”专项行动深入推进，通禄门片区累计完成征收227户，形象进度达73.5%。城市治堵加快推进，新增第二批公共自行车，更新一批公交车和出租车，违章停车电子抓拍系统投入使用。出台促进房地产市场平稳健康发展意见，商品房销售面积32.7万平方米，增长28.1%。

一年来，我们以民生改善为主目标，全力以赴保稳定促和谐，民生福祉在社会发展中稳步提高。养老、医疗、工伤、生育、失业等五大保险实现扩面，累计新增参保12528人。城镇新增就业6319人，城镇失业人员实现再就业2660人。被征地农民基本生活保障工作稳步推进。新增公共租赁住房182套。消除4600元以下低收入农户工作全面完成。“学在江山”成效显著。高考再创历史最好成绩。顺利通过全国义务教育发展基本均衡县评估。基础教育提升工程全面启动。推行农村名师制度。石门小学、凤林初中建成投用。新创标准化学校8所，滨江中学、清湖高中成功创建省二级特色示范高中。省级卫生城市通过复查，慢病综合防控示范区通过验收。市人民医院跻身全国县级医院竞争力排行300强。“最美江山人”实行免费体检。成功举办“三山”艺术节30周年系列活动。荣获省传统戏剧特色县称号。南坞杨氏宗祠入选全国重点文保单位。成功承办全国女子举重锦标赛、全国啦啦操联赛等赛事。“平安江山”建设扎实推进，安全生产“一岗双责”有效落实，火灾等安全事故防控综合治理体系基本建成，贺村区域性火灾隐患整治通过省级验收。国家级地质灾害防治高标准“十有县”成功创建。“依法行政主题教育年”活动深入开展。债务危机重点企业帮扶工作进展顺利。信访积案有效化解。被评为“2015中国全面小康十大示范县市”。

一年来，我们以深化改革为主基调，全力以赴激活力谋发展，自身建设在提能增效中不断加强。政府机构改革有序推进，经济开发区、中部开发办、高新办实现“三区”合并，卫生计生机构完成整合，质量技术监督局职责整合划入市场监管局，启动组建综合行政执法局。行政审批制度改革有序推进，“四张清单一张网”深化建设，政府服务热线与对话平台实现整合。“店小二”服务有声有色。国资管理体制深化改革，组建旅游发展公司、水务集团。资源要素市场化配置改革深入推进，土地管理审批权限下放等16项改革任务顺利完成。扩权强镇改革进展顺利，小城市、中心镇加快建设。机关事业单位工资标准调整及养老保险制度改革工作稳步推进。

同时，政府咨询、供销、外事侨务、台湾

事务、国防动员、应急联动、民族宗教、工会、妇女、儿童、青少年、残疾人、档案、人防、通信、慈善、红十字等事业都得到了新发展。

各位代表，回顾“十二五”时期的发展和2015年的工作，成绩来之不易，这是各级领导关心支持的结果，是全市人民团结奋斗的结果。在此，我代表市人民政府，向全市人民及所有关心、支持和参与江山经济社会发展的同志们、朋友们，表示衷心的感谢和崇高的敬意！

在肯定成绩的同时，我们也清醒地认识到存在的困难和问题，主要表现在：经济总量偏小，财政收支平衡压力较大，经济转型升级任务艰巨，生态环境承载面临巨大压力，发展要素制约矛盾仍然突出，基础设施建设不能适应经济社会发展需要，少数干部开放意识不强，敢于担当、勇于负责的精神仍显不够。同时，地区生产总值、社会消费品零售总额、外贸进出口总额未达预期目标，新江化建设未达预期进展。对于这些问题，我们将高度重视，努力加以解决。

二、“十三五”时期的主要目标和任务

未来五年，我市经济社会发展既面临难得历史机遇，也面临诸多风险和挑战。我们要以创新、协调、绿色、开放、共享五大发展理念为引领，切实增强忧患意识、风险意识、责任意识，团结拼搏，砥砺奋进，努力开创江山科学发展新局面。

“十三五”时期经济社会发展的总体目标是：打造活力城市，建设幸福江山。确保经济社会持续健康较快发展，确保与全省同步高水平全面建成小康社会，基本建成与全省中等发达县市相匹配的“升级版”工业新城，基本建成与浙皖闽赣国家东部生态文明旅游区相匹配的“新标杆”旅游胜地，基本建成与“两富两美”现代化浙江相匹配的“低碳型”山水家园。

具体目标：“十三五”期间，地区生产总值年均增速7%以上、人均地区生产总值年均增速6.8%左右，公共财政预算收入年均增速7%左右，固定资产投资年均增速10%以上。城乡常住居民人均可支配收入年均增速达7.5%以上，节能减排以及各项生态指标达到或超过上级考核要求。

主要任务：

（一）坚持创新发展，加快推进转型升级。坚持“二三并举”的产业发展方针，深入实施工业强市和旅游富民“两轮驱动”发展战略，打造江山经济“升级版”。深入推进工业强市建设，深化开发区“三区合并”，打造浙西南县域第一工业平台。全力推进主导产业高端化、特色产业集群化、传统产业高新化、新兴产业规模化发展，力争建成1－2个百亿产业园。加快构筑全市域景区化发展格局，确保成功挂牌江郎山——廿八都旅游区国家AAAAA级景区，积极申报浮盖山国家地质公园，着力完善旅游公共服务体系，拓展旅游业发展空间，努力打造全国一流生态休闲度假旅游目的地，力争到2020年，旅游业增加值占GDP比重达到8%以上。提速发展现代服务业，加快“互联网＋”行动，突出发展电子商务，加快发展现代物流、信息服务等生产性服务业和总部经济、楼宇经济，培育发展文化创意产业。优化提升现代农业布局，着力推进农业“两区”绿色发展，实施“一桃二业三白”农业传统特色产业振兴计划。积极推进“两化”深度融合、旅游业融合发展，加速农业“接二连三”，大力培育特色小镇群。加强科技创新平台建设，加大科技投入，培育创业创新主体，切实增强产业创新能力。加快个转企、小升规、规改股、股上市，力争到2020年，10亿元以上企业达5家，上市企业15家。

（二）坚持协调发展，优化城乡发展格局。加快推进以主体功能区为引领的多规融合，强化城乡基础设施建设，逐步形成产城共建、城乡融合、功能清晰的市域发展格局。加快落实“优化老城、丰满城北、拓展城南、兼顾东西”的城市空间布局，做大做优中心城区，建设精品旅游城市，提升城市服务能级。完善贺村小城市配套，积极推进峡口镇争列新一轮省级小城市试点、石门镇争列省级中心镇，有效引导人口集聚。持续推进“五村联创”，完善幸福乡村建管机制，争创首批省“美丽乡村示范县”。着力推进通用机场建设，加快构建三省边际综合交通枢纽，推进服务城区、园区、景区“六纵六横”主路网建设，提升城乡公共交通智慧化、低碳化水平。完善城北、城南次干道网络，分批实施老城道路改造工程，基本建成“日”字形城市内外环道路。加快城乡环卫、信息网络、能源等公用基础设施建设，深入实施千库保安、千里渠畅、千里林道等农林水利工程，着力提高生产生活设施配套水平。深化城乡统筹综合改革，加快推进户籍制度、农村“三权”、土地制度和农业经营体制改革，全面增强农村发展活力。

（三）坚持绿色发展，加强生态文明建设。牢固树立“绿水青山就是金山银山”理念，切实加强生态文明制度建设，严格落实生态环境功能区规划，围绕重点生态功能区、生态环境敏感区划定生态保护红线，建立健全生态环境保护、财政奖惩和生态监督制度。积极提高全社会生态文明意识，加强生态系统修复和保护，加大治水治土治气治霾力度，强势推进“五水共治”“五气共治”，推进资源节约利用和节能减排，加快发展循环经济，推进江山经济开发区省级园区循环化改造试点。深化“四边三化”，推进彩色城市、特色村庄、绿色社区和美丽庭院创建，推进平原绿化和森林扩面提质，到2020年力争全市森林覆盖率达71%以上。深化资源要素市场化配置改革，加强“亩产效益”综合评价体系应用，探索构建区域性要素交易综合平台，完善运行规则和交易流程，推动土地、排污权、用能、碳排放权等资源要素市场化配置。

（四）坚持开放发展，提升区域竞争能力。坚持“引进来”与“走出去”相结合，实行更加积极的开放战略，在更大范围、更广领域、更高层次参与经济技术合作和竞争，塑造全方位、多领域开放格局。加快转变外贸发展方式，促进外贸进出口增量提质，拓展外资利用领域，优化外资投向。积极搭建区域开放合作平台，加快江山——柯桥产业合作园等协作平台建设。全面加强人才合作，高质量实施“人才强市”战略，优化人才服务环境，广开渠道引进“国千”“省千”高端人才，鼓励支持江山籍在外高级人才服务家乡。加快推动招商模式转变，推行精准招商、存量招商、资源招商，优化招商引资服务机制，健全招商项目落地机制，营造亲商安商的良好氛围。

（五）坚持共享发展，促进社会和谐稳定。

坚持以人为本，着力推进基本公共服务均等化，努力提高居民就业和收入水平，促进充分就业，积极构建和谐劳动关系。加快推进社会事业发展，全面实现教育现代化，力争实现普通高校“零突破”，统筹推进医疗卫生事业发展，基本解决城乡居民“看病难”问题。推动文化、体育产业与旅游业深度融合，促进文体事业繁荣发展。健全城乡居民基本养老保险、基本医疗保险等社会保障体系，优化社会救助体系，加强城镇危旧房改造，提高住房保障水平。强化人口综合服务，积极发展医养结合养老机构，完善养老服务体系。推进依法行政，深化行政审批制度、人事制度和政府机构改革，强化依法科学民主决策，加大反腐倡廉力度，努力营造政策最优惠、办事最便捷、服务最优良、社会最诚信、治安最稳定、环境最宽松的“六最”发展环境，全力打造有为、有效、有限、有信的“四有”政府。加强城乡社区建设和社会治安综合管理，优化“天网工程”等治安防控布局，完善社会矛盾“大调解”工作体系，着力解决人民群众最为关心的民生民安问题，持续推进精神文明创建，建设人民满意的“平安江山”。

三、2016 年政府主要工作

2016 年是启动实施“十三五”规划的开局之年，也是全面深化改革的攻坚之年。

今年，市政府工作总体要求是：全面贯彻落实中央精神，按照省委经济工作会议、衢州市委六届九次全会和市委十三届十次全会决策部署，以全民创业创新为引领，以供给侧结构性改革为主线，以“六个十大专项行动”为抓手，着力强改革、补短板、降成本，统筹稳发展、治环境、惠民生，全面增活力、强实力、添魅力，为“十三五”时期发展开好局、起好步。

综合分析发展环境和我市实际，建议今年全市经济社会发展的主要预期目标为：地区生产总值增长 7.2%；公共财政预算收入增长 7% 左右；固定资产投资增长 10%；外贸出口总额增长 6%；社会消费品零售总额增长 9%；城镇常住居民人均可支配收入和农村常住居民人均纯收入分别增长 8% 和 9%；完成省和衢州市下达的节能减排任务。

根据上述总体目标要求，今年市政府重点抓好四大方面工作：

（一）坚定实施工业强市战略，加快建设“升级版”工业新城

打造工业经济黄金廊道。将城南至贺村区域打造成为江山工业经济的黄金廊道。启动江贺经济走廊整治提升。加快产城共融、共建共享，莲华山工业区块重点推进招商引资、精心布局生产型企业，山海协作园重点布局总部型企业和生产性服务业，结合贺村小城市建设和城南新城启动，加速生产生活基础设施配套建设，有序推进峡口水库引水工程、贺村姜家公路、园区集中供热工程和园区天然气管道扩面工程。加快小微企业创业基地建设，盘活利用一批标准厂房，提升工业平台分类分层承接能力。深入推进经济开发区“三区”整合，完善开发区总体规划和各园区专项规划，明确产业布局和功能定位，整合提升江东工业园，完善峡口、四都等工业功能区配套。

推进产业转型升级。立足现有产业格局，不断整合、优化、提升产业。引导输配电产业

向智能电网、低耗节能产品发展，照明电器产业向节能环保型发展，木门产业向整木家居定制发展，消防器材产业向智能消防、消防工程发展，化工、建材产业实施改造升级和跨界发展，大力发展食品饮料、新材料、新能源等新兴产业。采取“两引一育”方式促进产业发展向产业园、生产基地集聚，重点推进健盛产业园、绿色食品（饮料）产业园、新材料产业园、欧派高端木业产业园建设。深化资源要素市场化配置改革，以要素差异化政策倒逼转型升级。

大力培育龙头企业。建立龙头企业培育库，整合一切资源，坚持内生和外引并重，优选培育10亿元以上行业龙头和“单打冠军”企业。大力推进企业债发行、股份制改造和企业上市，推动企业利用资本市场转型升级。按照“培育一批、辅导一批、推进一批、上市一批”的思路，分类指导企业实施股份制改造、股权融资、债券发行、挂牌上市，力争5家企业登陆新三板、15家企业与券商签约。积极引进国内外知名企业来江战略布点，发展生产制造基地，鼓励本地企业以资产换股权，主动投靠行业龙头企业。引导现有龙头骨干企业，主动收购“僵尸企业”，参与行业企业联合、兼并重组，实现规模扩张。

强化科技创新驱动。紧抓省“两化深度融合国家示范区”建设契机，实施智能制造示范项目10项，“互联网＋”协同制造示范项目5项，两化融合管理体系贯标试点企业5家。扎实推进以“机器换人”为重点的零土地技改项目。加快构建以科技创新创业园为主载体的多层次科技创新平台。加快推动产学研深度合作，倡导科技“引进、吸收、微创新”方式，引导企业充分利用科技市场，强化科技外联外包，加快企业技术升级。全力推进省园区循环化改造和餐厨垃圾无害化处理试点建设。支持经济开发区创建省级高新技术产业园区，大力培育高新技术企业。深入实施“江山英才”工程，积极引进高层次领军人才，大力培育应用型科技人才。加强国家知识产权城市试点建设，以“三强一制造”为抓手，引导企业打响“江山制造”品牌。

全面开展精准服务。积极运作政府产业基金、企业搭桥专项资金，适时扩大科技创新创业基金规模，用好科技创新券，做大科技型中小微企业风险资金池，通过“三金一券一池”强化江山实体经济的政府金融支持。优化金融生态环境，健全资金链、担保链风险监测预警机制，加强重点领域风险排查。积极应对企业金融风险事件，强化债务危机重点企业帮扶，打击恶意逃废债行为。扎实推进信用体系建设，探索搭建信用信息共享平台，打造“信用江山”品牌。推进“暖企行动”，建立企业风险研判与转型服务专家库机制，实施百名局长联系百家企业制度，为企业提供解困助强服务。加强企业家素质培养，保护企业家队伍，提升企业信心。

加快发展生产性服务业。鼓励企业借助第三方电商平台实施商务转型，引导经营服务向“互联网＋”转变。加快推进腾讯“互联网＋”、阿里巴巴农村淘宝、抠抠网江山运营与结算中心等项目落地实施，推进电子商务产业园、全城电商创业基地等在建项目建设。力争创建全国电子商务百强县。鼓励发展第三方物流，加强云计算、物联网等技术应用，优化物流企业供应链管理服务，加快推进综合物流园区建设，实现城市配送、农村配送、城际配送的有效衔接。积极发展研发设计服务，引进快速制造国家工程研发中心江山示范中心等一批公共研发机构，深化重点企业研究院和工业设计基地建设。同时，加快发展信息技术、节能环保、商务咨询、服务外包等生产性服务业。

（二）深入推进旅游富民战略，加快建设“新标杆”旅游胜地

推动市域景区化建设。以国家休闲区规划为统领，抢抓浙皖闽赣国家东部生态文明旅游区机遇，加快推进“一心、两轴、三区”建设，即深入推进新火车站旅游集散中心招商建设；沿仙霞古道，布局一批旅游重大项目，丰富重要节点旅游业态，重点打造一批乡村休闲精品旅游带；沿江山港，推进江山港综合治理、城南水系连通等水利项目，重点打造“百里须江・美丽长廊”；加大招商力度，加快推进江郎山国际文化旅游产业发展集聚区、“最江南”绿色休闲实验区建设，启动月亮湖省级旅游度假区创建。理顺旅游局与旅游发展公司职责，完善旅游发展政策，健全体制机制，召开旅游发展大会，推动全市旅游景区一盘棋规划、建设和发展。

加快核心景区创建提升。全力推进江郎山景区周边环境整治和廿八都古镇二期保护与开发工程建设，完成江郎山入口区整治提升、廿八都古镇南入口区景观整治，引进电动汽车分时租赁系统，开通核心景区公交专线，谋划推进通景公路建设，着力完善景区基础设施配套；引进旅游专业培训团队，建立游客服务评价反馈机制，全面提升景区管理服务水平，力争江郎山——廿八都旅游区成功创建国家AAAAA级景区。加快推进保安游客中心及停车场、仙霞古道后续整治提升等重大项目建设，深化提升景区品质。精心培育江山光谷小镇等一批特色小镇，力争新增衢州市级特色小镇2个以上。

推进乡村休闲旅游发展。启动村歌文化风俗线、醉美碗窑风行线等乡村精品游线打造，大力推进沿线重要节点整治提升。深化推进和睦彩陶文化村国家AAA级旅游景区创建提升，谋划启动张村太阳名山、塘源口洪福古村落等一批旅游景区创建提升，力争创建国家3A级旅游景区2个。完善乡村休闲旅游设施配套，有序推进民宿集聚区规划建设，力争全年新增民宿床位1200张、培育三星级以上农家乐100个、农家乐综合体5个、休闲农业示范点5个、乡村旅游特色村3个。谋划建设菌菇文博馆，策划举办彩色稻艺观光节、猕猴桃文化节等民俗节会。

丰富“旅游＋”特色产业。“旅游＋体育”。固化江郎山新年登高健身项目。启动环月亮湖运动休闲基地项目建设，策划举办铁人三项、山地竞速等体育赛事，办好全球户外休闲旅游大会江山峰会。“旅游＋文化”。深入挖掘古街区、古镇村、西砚等民间文化瑰宝，持续推进历史文化村落保护利用，有序推进徐霞客游线申遗，着力引进古民居建筑群集聚项目。“旅游＋养生”。重点加快引进江郎山国际文化休闲养生城等一批大项目。“旅游＋研学”。启动国家地质公园创建，打造中国丹霞研学旅游品牌基地。“旅游＋农业”。深入实施“一桃二业

三白”农业传统产业振兴三年行动，培育葛饮料、黄秋葵、油茶、树莓等一批新兴农业产业，丰富地方农特旅游产品。

打响“中国·江山”品牌。深化城市营销。加强与杭报集团战略合作，深化高铁营销宣传，策划举办仙霞古道山地徒步大会、七彩江山摄影嘉年华等一系列旅游节会活动，努力提升江山城市旅游品牌。创新互联网营销，加强与途家、携程、同程、阿里旅行等在线旅游电商合作，精心打造一批线上旅游产品；引导推进江山旅游微信平台、手机APP平台开发运营，重点培育一批本地“互联网＋旅游”企业。突出机会营销。对接干部职工休假疗养制度，策划推出旅游休假疗养产品，吸引G20峰会期间杭州各机关企事业单位休假人员来江旅游。力争全年接待国内游客超1200万人次，实现旅游经济总收入72亿元，均同比增长20％以上。

（三）精心扮靓全球绿色城市，加快建设“低碳型”山水家园

打好生态文明建设组合拳。保持“五水共治”高压态势，深化“河长制”，实行“一河一策”，巩固“清三河”成果，深入推进畜禽养殖规范管理，引导扶持退养户转型，防止畜禽养殖复养反弹。深化农村“双治”工程，全面完成农村生活污水治理三年建设任务，建立健全农村生活污水运行管理长效机制。全面完成中小学校园污水达标排放治理工程。深化推进节水型社会建设。加快推进仙霞岭国家级自然保护区创建。大力推进节能减排，深化重污染行业整治，强化PM2.5污染控制。强化江化环保监管，继续推进新江化建设。新增国家级生态乡镇2个。实施“四边三化”三年行动计划，开展整治年活动，集中打造一批示范点、示范区、示范线。深入实施“彩化江山”工程，新增平原绿化造林3000亩。继续强势推进“三改一拆”，探索“无违建”创建长效工作机制。

做精做美中心城区。树立“紧凑城市”理念，建立专家咨询制度，提升城市规划建设水平，划定城市发展边界和重点建设区域，完善城市组团功能，深入开展生态修复、城市修补，推进城市精明增长。深入实施城市畅通工程，完成市区至中部快速通道、江滨路城中大桥至环城南路段、西山路南段延伸、江电路延伸、生产性物流园区道路等工程建设，加快实施大型停车场地、公交场站、充电桩等城市配套项目，全面推进通用机场、清湖大道延伸、江山至玉山公路等项目前期，积极向上争取杭建衢江城际铁路、江浦铁路、动车运用所、金衢上高速等重大交通项目。全力打造“一站一山一水”城市景观特色，启动建设浙闽赣江山综合客运枢纽，完成站前广场建设和火车站片区景观配套；完善西山休闲功能，完成西山绿道和南入口建设；实施城北大桥至双塔大桥段景观亮化提升，完成虎山公园东矿复绿，确保通过国家园林城市复检。突出抓好城镇污水治理，继续实施城区排涝整治工程。加快推进城市天然气入户工程。改造老城区供水管网7公里，建设城镇污水管网30公里。

提升城市管理水平。开展“城市管理提升年”活动，全面推进城市综合行政执法，分类分批集中整治占道经营、马路市场等难点问题，打造城市秩序规范管理样板街。深入开展

土地征收“拔钉清障”，扎实推进城北、通禄门、牛头岭等重点区块房屋土地征收。深化户外广告整治，杜绝街面视觉污染。加大城市交通治堵力度，实施“路长制”管理，积极破解停车难问题，完成新一轮城乡公交经营权改造，强化出租汽车行业管理，再投1000辆公共自行车。稳步推进不动产统一登记。鼓励自住性和改善型住房需求，推动农民住宅公寓化安置和城市常住人口基本公共服务均等化，促进房地产业持续健康发展，加快推动农业转移人口市民化。

加快小城市、中心镇和集镇建设。全力推进贺村小城市建设，加大老镇区拆迁力度，争取万人集聚区、嘉凯城城市综合体等一批好项目落地，加快市第二人民医院、贺村第二小学等项目建设。积极推进峡口、石门等中心镇建设，分类引导中心镇提升发展。全面加强集镇建设管理，推进集镇基础设施改造和品质提升，加快集镇休闲文化空间、主要街道等改造建设，提高集镇人居环境质量，打造一批“环境整洁、功能完善、品质优良、管理有序、各具特色”的新集镇。

深化中国幸福乡村建设。积极创建全省美丽乡村示范县，完成10个五村联创和40个单项村创建，力争创建6个衢州市级“美丽乡村精品村”。深化农村环境再造“六个一”工程，培育一批知名乡村休闲景区、特色主题公园。搬迁安置农户2000人，拆除房屋600户。建立美丽乡村建设和风貌管控机制。完善农村居民建房管理办法，试行农民跨村建房。全面完成农村土地确权、登记、颁证工作，加快“三位一体”农民合作经济组织改革，建立完善现代农村产权服务体系。扎实推进精准扶贫，力争低收入农户增收15%以上。深化农业“两区”建设，建设粮食生产功能区1.7万亩，争创智慧农业示范点1个，创建江山市级现代农业园区10个。扎实推进低丘缓坡综合开发利用，力争新垦造耕地4000亩。加快创建省级农产品质量安全追溯示范县。力争创建衢州市级“一村一品”最佳村2个、优秀村8个、专业特色乡镇1个。引导农业主体开展无公害、绿色、有机“三品”认证，新培育认证有机农产品10个以上。加快培育一批农业特色小镇、一批特色鲜明的农村电子商务专业镇村、一批全国淘宝村。

（四）努力营造“六最”发展环境，加快建设服务型“四有”政府

深化改革，善政必简。树立“大道至简”理念，精简低效、冗余政策文件，整合出台一批简便管用的政策。深化行政审批制度改革，继续推进“四张清单一张网”建设，加快网上审批平台建设，深化实施“五证合一”登记，推进审批流程再造。深化商事制度改革，启动“便民方舟”建设，整治无良中介，完善审批直通车，继续打造“店小二”项目服务品牌。深入推进政府机构改革，加强和规范机构编制管理，规范编外用工管理。深化国资体制改革，统筹做好政府性资产“搬盘整合”，促进国有资产优化配置和有效使用，规范国有企业薪酬管理，完善旅游发展公司、水务集团运作。积极争取地方政府新增和置换债券，大力推广运用PPP模式，努力突破资金瓶颈问题。推行财政资金竞争性存放。加快推进公共资源交易平台整合。推进县域经济体制综合改革、

市县行政审批层级一体化改革、户籍制度改革和公车改革。

外引上争，大干项目。继续开展项目谋划擂台赛等活动，认真研究上级扶持政策，主动跟踪上级政策投资导向，找准本地项目与上级政策、资金扶持的对接点，超前开展产业策划和项目包装谋划。积极向上沟通衔接，建立全方位信息沟通渠道，争取项目进入国家和省重点盘子。把招商引资放在更突出的位置，进一步增加开放度、增强包容心，继续实行市领导挂帅招商、点将招商，深化驻点招商、产业招商，激励中介招商、以商招商，强化重大招商信息研判和落地服务推进，大力实施“江商回归”工程，发展“江山人经济”。重点推进米纳丝家居生产线、中机国能集中供热等一批重大项目落地建设。力争引进亿元以上项目28个，10亿元以上项目2个，实际到位资金48亿元以上。完善市领导挂联、项目问答、项目考核等机制，加大难题协调、督查推进力度，确保项目落地实施、顺利投产。安排“四大百亿”工程128项，总投资276亿元，当年计划投资78.5亿元。

繁荣事业，服务民生。切实把好民生政策关口，做到尽力而为、量力而行。加强就业创业服务，实现城镇新增就业5000人、困难人员再就业600人以上。严格被征地农民参保把关。完善新型社保体系，稳步推进机关事业单位养老保险制度改革。强化社保基金收支预算执行情况考核，确保基金运行安全。加强社会救助体系建设，大力培育慈善组织和慈善文化，夯实多层联动社会福利体系。提高低保扩面率至2.8%。加快市残疾人托养服务中心建设，启动第三公墓项目前期。深化“学在江山”品牌创建。推进教育综合改革，确保通过省级基础教育重点县验收，完成学前教育、特殊教育三年行动计划。优化调整学校布局，加快城北小学投用，启动建设上余初中和峡口小学迁建工程。建设东华理工大学产学研基地、江山中学与杭州学军中学创新人才联合培育基地，推进城北文溪初中、城北幼儿园、江东幼儿园等民办教育项目建设。启动国家卫生城市创建，深化医药卫生体制综合改革，加快县乡一体化共享中心、城北医学康复中心、第四人民医院康复综合楼等项目建设。大力推进智慧医疗，深化医养结合，鼓励公立医院与养老机构开展合作和双向转诊。实施全面二孩政策，提升计生服务管理水平。建设现代公共文化服务体系，深化流动文化服务建设，弘扬优秀传统文化，培育“书香江山”“村歌江山”“家风江山”等典型文化品牌。加快提升广播电视事业发展水平。承办全国男子举重锦标赛暨里约奥运会选拔赛、亚洲杯举重比赛，举办第三届工人运动会。推进学校等公共体育设施共享。力争蝉联全国双拥模范城。扎实办好10件民生实事。同时，加快政府咨询、供销、外事侨务、台湾事务、国防动员、民族宗教、工会、妇女、儿童、青少年、档案、通信、水库移民、红十字等各项事业发展。

依法行政，创新治理。全面推进法治政府建设，提升运用法治思维、法治方式解决问题的能力，将政府各项工作纳入法治轨道。健全民主决策机制，加大行政决策合法性审查力度，强化决策必经程序的刚性约束。充分发挥行政法律顾问风险防范作用。规范行政复议诉讼应诉工作。坚持严格规范公正文明执法，加大重点领域行政执法监督，推进行政执法与刑事司法的良性互动。强化基层人民调解，依法化解社会矛盾纠纷。大力推进政府信息公开、政务公开。编制实施“七五”普法规划。认真办理人大代表议案建议和政协委员提案。强化财政资金对“三社联动”的支持。深化基层民主法治村（社区）创建，完善村（社区）事务准入机制，完成村委会换届选举。深化平安建设，落实安全生产各项举措，加强重大隐患挂牌督办力度，健全完善火灾事故防控综合治理体系，确保无重大公共事件和较大及以上安全事故发生。积极推进社会治安防控体系建设，重拳打击各类违法犯罪行为。强化市场监管，确保群众饮食卫生、用药安全。加强应急防灾减灾体系建设，实施救灾协同联动机制。继续加强防汛防旱防台、森林消防、动植物防疫、气象灾害预警。扎实做好信访维稳工作。健全网上舆论引导机制，提高虚拟社会管理水平。

正风鼓劲，雷厉风行。全面落实党风廉政责任制，健全惩治和预防腐败体系，自觉履行党风廉政建设主体责任和“一岗双责”，不断加强行政监察和审计监督，保障权力阳光运行。严格落实中央“八项规定”、省委“六个严禁”等规定，严控“三公经费”和一般性预算支出。严肃查处各类违法违纪行为，坚决纠正部门和行业不正之风，营造风清气正的创业创新服务环境。深化政府执行力建设，发挥好考核和追责的导向作用。坚持政府工作项目化，对重大部署、重要决策、重点项目落实情况进行跟踪督查和综合考评，确保各项工作落到实处。深入实施领导负责制、行政问责制，强化行政效能监察，严厉整治行政不作为、少作为、乱作为、慢作为现象，确保政令畅通、令行禁止。

各位代表，新期待凝聚力量，新使命催人奋进。让我们在中共江山市委的领导下，以昂扬向上的工作精神、百折不挠的工作意志、尽心尽责的工作态度，同心同德、励精图治，为高水平全面建成小康社会、加快建设幸福江山、打造华东地区最具活力城市而努力奋斗！

专　　辑

“三改一拆”助推美丽江山“破茧成蝶”

须江新景（沈天法 摄）

近年来，江山摘得了全球绿色城市、全国绿化模范市、国家级生态示范区、国家园林城市、全国十佳魅力新农村县（市）、全国休闲农业与乡村旅游示范县（市）等一批“金名片”。这一系列“金名片”的取得，与一个名词息息相——三改一拆。

“拆”与“改”，寥寥数笔写之，却是一块难破的顽石。肩扛千斤，谓之责；背负万石，谓之任。2013年以来，在市委、市政府的正确领导下，全市上下以担当履行职责，以创新谋求突破，以实干汇聚合力，确保“三改一拆”工作走在全省前列。今天，站在这样的时间节点上，回眸四年“三改一拆”，从2012率先打响以“拆出发展空间，建设美丽家园”为目标的“两违”专项整治大行动，到2016年全面开展争创省“基本无违建市”活动，短短四年时间，江山演绎了精彩的城乡嬗变。在“破茧成蝶”的过程中，一幢幢现代高楼拔地而起，一处处生态园林敞开怀抱，一片片现代新区展露新姿……幸福江城绽放出朝气蓬勃的美丽容颜。

宜居新环境

在西山沿线凝秀南路左侧地块，映入眼帘的是一片片种满了波斯菊、硫华菊、孔雀菊等花卉的花海，在青翠欲滴的西山下显得格外艳丽，营造了“花木葱郁、四时皆景、鸟语花香、特色鲜明”的公园景观，为市民创造了一个健身、休闲、娱乐的城市山体花园，进一步提升了江山市主城区的形象。

西山花海改造前

西山花海改造后

“两年前，这个占地近 100 亩的百花园，还是一个掺杂着违建、垃圾堆等脏、乱、差的盲点。通过“三改一拆”，我市对老城区重点改造区块西山沿线华顿服饰等 22 家企业实施异地搬迁改造，共拆除企业用房 5.1 万平方米，建成城市主干道凝秀南路延伸段和百花园项目，让盲点变成了亮点。”市园林管理局相关负责人相告，这一“改”，既拓展了城市空间，改善了城市形象，还能打造一块城市绿肺，可谓一举三得。

无独有偶，在西入城口附近已建十年的违法建筑，拆除后，按生态化要求，及时对该区块进行整体规划设计，绿化面积 2.8 万平方米，总投资 1030 万元，将原来脏乱差的西入城口整治成为一个景观亮点；在站前里、永康里、山川坛小区，以创国卫为载体的集中专项整治，将一个老态龙钟的老小区变成了活力四射的新小区，实现华丽转身……

让卫生盲点成为美丽亮点，让旧片区成为新城区，这正是江山市在“三改一拆”进程中，与“四边三化”、创全国卫生城市等举措联动推进的成果。

双塔街道的牛头岭片区由于复杂的历史遗留问题，该村已多年没有审批过宅基地，三代同堂、违法建房等现象相当普遍，村民为合法拥有一间宅基地盖新房苦盼了一年又一年。而且，这块区域老、旧、乱、脏的现象十分突出，不仅影响“东大门”的整体形象，还与“美丽江城”格格不入。2014 年初，在市委、市政府的关心支持下，全市上下齐心协力，先后改造户数 314 户，腾出了可建用地 6.7 万平方米。目前，已投入资金 2.8 亿元，基本完成一期 190 户迁建房建设，二期 140 多户迁建房正在建设。2016 年 5 月，村民们将收集来的小区样图陈列在村部，热烈地讨论着他们未来新居的样子。在新房效果图上，一幢幢小康楼整齐划一，小桥、流水、绿地、健身场点缀其中，一个美丽家园呼之欲出。

包括牛头岭片区在内，江山市目前已经启动或正在启动有近 10 个城市有机更新区块，计划在未来五年完成“三旧”改造 500 万平方米。其中，虎山街道乌基塘区块，拆除违法建筑后，腾出了4.8万平方米土地，为城市发展拓展了新空间；上余镇片岭区块占地面积17.2公顷违建，已成功打造成一个休闲百草园。火车站两侧片区，依托城北新城建设，发展商业物流，打造成集城市宜居、交通物流为一体的城市新区……

牛头岭改造前

牛头岭改造后

“环境整洁美丽，出行便捷，生活品质也高了！”“旧城改造，没有让群众吃亏，但愿我家也能拆迁。”“城市发展好了，最终受益的还是我们老百姓。”如今，这样的感叹和心声，已成共鸣，也是对政府最好的褒奖。

今天，伴随着“三改一拆”的持续推进，美丽江城在这场“破旧立新”的战役中“破茧成蝶”，“两美”蓝图，正在一步一步从规划走进现实。

山水新家园

“绿色发展”，一直是江山人坚守生态高地所渴望实现的目标。

迈入“十三五”，江山将紧紧围绕“工业新城、旅游胜地、山水家园”的城市定位，全面勾勒一幅望得见山、看得见水、记得住乡愁的美丽乡村画卷，打造成为迈入全面小康社会标杆的山水理想家园。

“以前，村口几家木材加工厂不仅影响村容村貌，大量木屑还造成环境污染。实施拆除后，镇里鼓励我们开展景区创建，我在家里腾出几个房间，并在地里种上农家菜，邀请客人跟我们一起下地干农活，让客人充分体验到农家游的乐趣。”新塘边镇日月村多喜人家经营主毛晓霞告诉记者，现在，村里像她一样将自己的家改建成民宿的村民共有17户，这样算下来，整个日月村每天可接待住宿游客100人以上。

从2015年初开始，新塘边镇便积极开展国家AAA景区创建工作，2016年更是大手笔，拆除违法搭建厂房、猪场等违法建筑4万多平方米，并投资1200多万元按照“月满新塘，欢乐共享”的主题对景区进行建设，把猪舍改成农耕博物馆，设立了骑行驿站，发展

白沙村·无违建乡村

“骑行经济”。如今，一个环境优美的自然生态示范村展现在人们眼前：庭院绿树掩映，池塘碧波荡漾，路边垂柳依依。村内建有名优果基地100多亩，果实成熟的季节，累累硕果挂满枝头，引得游客慕名而来。

“江山风景很美，我们要让“三改一拆成为绿色崛起的引擎和发动机，成为‘美丽江山’建设中的大平台、试金石和活教材。”市“三改一拆”办负责人说。2016年，借力“三改一拆”，江山市全力推进省美丽乡村示范县和无违建景区创建，倾力打造全域旅游，推动了农村环境大变样，改造后的乡村天更蓝、水更清、山更绿。2016年以来，江山市精心打造了45个美丽乡村示范创建，累计拆除违建猪场125万平方米，成功创建203个“无猪村”和4个“无猪乡镇（街道）”，倾情打造了保安民国风情小镇、峡口创建国家卫生城镇、廿八都古镇和大陈“徽派建筑”等一批独具风格、富有乡愁记忆的“浙西民居”。

由此看到，“三改一拆”不仅仅是拆违，可以承载的东西很多很多。以其为纽带，乡村沿路沿线的发展将被精心规划、重新设计，农村休闲旅游点连线成片，必将促进当地经济的转型发展。随着三改一拆的推进，最直观的表现是，城乡更美了，环境更好了，老百姓的收入增加了，“三改一拆”为“美丽江山”增光添彩。

升级新活力

在城市发展中，会出现许多因产能落后、效益低下而被淘汰、关停的工厂。留下的大片厂区、厂房怎么办？是完全拆掉，还是继续保留？江山的选择是，让这些旧厂房成为“退二进三”的阵地，“变身”为一座座文创产业园，提升产业结构，为企业发展注入崭新活力。

事实上，破旧的厂区，不仅是企业的“鸡肋”，更是江山城市化的“疮疤”。作为“三改一拆”的重要内容，旧厂区改造一直是各方关注的焦点。

江山市工业基础比较扎实，创业经商氛围较浓厚。由于早期规划滞后，许多工业企业就扎根在城区附近，其中经济开发区城南片区就有20多家。厂多人杂，加上基础设施配套不到位，环境污染、交通不畅等问题日益突出，企业另觅“金窝”的愿望与市民要求改善生态生活环境的呼声，都越来越强烈。

无违建工业园

为企业发展拓展空间，让老城区旧貌换新颜。江山市先后制定了《老城区“退二进三”专项规划》、《关于拆违涉案企业搬迁意向的通知》等政策措施，明确提出在规划区域内“逐步退出第二产业，重点发展第三产业”，进一步做活老城改造“生态经”，提升城市功能。

浙江江山三友电子有限公司原位于城南区，其厂房从上世纪70年代起逐步扩建，因缺乏科学规划而散乱，不仅增加了各道工序之间的生产成本，也增加企业管理难度。2013年，该公司在基础设施配套完善的山海协作园区完成自动化设备改造，引进国外先进生产设备与专业技术研发人才。如今，公司厂区面貌焕然一新，年销售额在搬迁后的两年里增长30%左右。

在峡口镇工业园区内，同样是一派热火朝天的建设景象，五福门业公司年产40万套原木门生产线项目，边建设边生产，一幢办公楼正在施工，两幢崭新的厂房内，工人们正在加工木门。据企业负责人介绍，通过搬迁改造，引进国际先进的生产设备及技术，企业2016年同期的产量比往年提升一倍，继续完成厂区内基础设施建设，争取产量再翻番。五福门业成立于2006年，原先曾是江山木门产业发展过程中低小散、高污染的代表之一。2014年，借助“三改一拆”工作，五福门业适时启动了转型之路，分三期拆除改造旧厂区并加速推进标准厂房建设。如今的企业已经走上科学规范化的创新之路，产品已远销欧洲、非洲、美洲等50多个国家。

无违建住宅小区

在江山，与三友电子和五福门业一样，通过“退二进三”、腾笼换鸟，将工业旧厂房原址扩建、技术更新、提升产业效能的企业已有20多家。特别是一些老城区较大企业如国光啤酒、雷士灯具等进入工业园区，走上转型升级之路。据了解，四年“三改一拆”，共拆除150家“低小散”企业，改造旧厂区238.98万平方米，新建标准厂房9.9万平方米供拆后企业租用。

齐心聚力量

“三改一拆”需要气魄和胆略，需要理性与智慧，更需要全市上下凝心聚力。四年来，市委、市政府全盘统筹，将“三改一拆”行动作为推进新型城市化的科学举措，转变经济发展方式的有力保障，改善群众生活品质的客观要求和建设幸福新江山的必由之路。

为打好“拆违”攻坚战，我市各级领导高度重视，逢会必讲、逢拆必上、逢仗必打，以破釜沉舟的勇气和决心推动“三改一拆”工作全面推进。四年来，市委书记、市长分别主持召开动员会、座谈会、现场会和推进会达41次，多次作出重要指示批示，多次赴各地调研指导“无违建”创建工作。市人大、市政协

无违建住宅小区

深度参与“三改一拆”和“无违建市”创建工作，强化监督，献计出力。市纪委、组织部和督考办带队督查，传导工作压力，促进工作落实。市国土、规划、住建等部门和各乡镇（街道）通力协作，捏指成拳，在全市面上建立了一条线责任体系、一张网管理格局，多管齐

下，重拳出击。同时，江山市还充分发挥媒体的优势，各媒体全程跟进，立体造势，使得“三改一拆”行动顺利推进。值得一提的是，2016 年，江山市还结合“两学一做”学习教育活动，深入开展基层党员干部违建自查自纠，并通过开通“12345”群众举报热线电话和微信查处违建平台，形成了人人参与拆违、人人监督拆违、人人支持拆违的浓厚氛围。

四年来，在“三改一拆”推进过程中，我市坚持“上下齐心、联合联动”，敢涉“深水滩”，先啃“硬骨头”，打赢了多场漂亮的硬仗。

虎山街道乌基塘片区，该项目区块占地 4.8 万平方米，原有违建 2.7 万平方米，涉及从事物流、废品收购、石材加工等 10 多个业态经营户 76 家。2016 年 6 月被浙江卫视《今日聚焦》栏目曝光后，市四套班子领导连夜开会部署，由市委书记亲自督办，副市长指挥，虎山街道和相关部门全部到位，出动 1200 多人次，500 余车次，历时 40 天，全部拆除到位。

江滨南路延伸段工程 2016 年被列入江山市的“四大百亿”工程项目，为促使项目尽早动工，自“百大项目、百日攻坚”活动开展以来，市领导多次前往现场协调解决问题，各责任单位克难攻坚，使一系列制约项目开工的难题得到有效解决。2016 年 11 月 25 日上午，清湖镇七斗村房屋拆迁户郑松清，在房屋拆迁协议书上签下了名字。至此，江滨南路延伸工程红线范围内，涉及的 18 户 3355 平方米房屋和 64 户 5.8 万平方米菇棚生产性用房，全部完成拆迁。

杭长高铁集中整治现场，自 2016 年 5 月 17 日衢州市高铁沿线环境专项整治领导小组会议后，江山市上下迅速行动，14 名市领导第一时间奔赴基层进行督促指导，经信、国土、规划、住建、公安办等部门单位全力配合沿线乡镇（街道）成立拆违队伍，对老旧危房、简易厕所、钢棚及养殖场等多项整治重点，实行分片区推进，拉网式作战。短短一周，共拆除违章 147 宗 10 万多平方米，拆除彩钢棚 37 个 1.5 万平方米，并做到拆后土地 1 周内完成复垦复绿，全面上演拆违与拆后利用的“速度与激情”。

无违建河道

一个又一个违法建筑拆除，铁腕整治和联动操作齐头并进，产生了强大的震慑力，大大鼓舞了士气，同时也为“三改一拆”持续深入营造了社会舆论氛围。2016 年，江山市“三改一拆”全面提速，无论是“三改”还是“拆违”，不到 9 个月就已超额完成全年目标任务，在年度全省“三改一拆”综合排名中，稳居衢州各县市（区）首位。

“三改一拆”是发展所需、民心所向、形势所逼，江山城乡环境在“三改一拆”的推动下逐步优化，改出了生产生活新空间，拆出了转型升级新天地，赢得了群众百姓点赞。人们有理由相信，在不久的将来，一个更加充满活力、更加富有人文情怀、更加美丽宜居的幸福江山，将会在浙西大地上迅速崛起、美丽呈现！

（江山市三改一拆办）

大 事 记

1月

1月1日 “中国体育彩票”2016年全国新年登高健身大会在江山市开幕。国家体育总局党组书记、局长刘鹏，浙江省副省长郑继伟，衢州市委书记陈新，江山市领导吕跃龙、叶美峰、毛江妹、王水亮等参加。会后，2022名登高爱好者参加江郎山登山活动。

1月2日 2016年中国·江山新年登高全国山地竞速挑战赛暨全国山地竞速积分赛颁奖仪式在江山市举行。国家体育总局登山运动管理中心副主任王勇峰，浙江省体育局副巡视员扬平原，江山市领导吕跃龙、叶美峰、舒畅等出席。

1月12日 江山市农村淘宝市级服务中心在江山经济开发区山海协作园电子商务示范园开业。

1月14日 省委副秘书长、农办主任章文彪到江山市调研美丽乡村建设。全市成功建成省美丽乡村宜居示范村13个，衢州市美丽乡村精品村21个。

1月15日 市委召开十三届十次全体（扩大）会议。市委书记吕跃龙代表市委常委会作题为《践行五大发展理念 推进全民创业创新 为高水平全面建设小康社会而努力奋斗》工作报告。会议审议通过《中共江山市委关于制定我市国民经济和社会发展第十三个五年规划的建议》。

同日 “2016全面读书周暨江山书展活动“在江山市体育馆启动。活动以“绿色阅读，创业创新”为主题，推出精品书展、读书访谈、专题讲座、现场签售等系列活动，共展出3万多册图书。中国社会科学院研究员、中国明史学会会长商传，浙江省新华书店集团有限公司副总经理吕存周和江山市领导吕跃龙、舒畅等参加活动。

1月18日 健盛集团·健盛江山产业园项目暨江山市百亿重点建设项目集中开工活动，在健盛江山产业园项目现场举行。集中开工重点项目共有38个，总投资达100.1亿元。

同日 杭州学军中学与江山中学在江山市签订创新人才培养基地合作协议。

1月21日 第四届“最美衢州”十大年度人物评选活动颁奖典礼在衢州学院举行。江山市的黄茂盛、祝香凤获“最美衢州人”十大年度人物。

1月22日 江山市召开国家知识产权试点城市启动大会。

1月27日至30日 政协第九届江山市委员会第五次会议召开。王水亮作政协常委会工作报告。

1月28日至31日 江山市第十五届人民代表大会第五次会议召开。毛江妹作人大常委会工作报告，叶美峰作政府工作报告。

是月 经浙江省旅游标准评定委员会评定，仙霞关景区正式批准为国家AAAA级旅游景区。

是月 江山光谷小镇入选省级特色小镇第二批创建名单。

2月

2月1日 江山市召开纪委十三届六次全体（扩大）会议。郑国昌作纪委工作报告。

2月2日 省委副秘书长、信访局局长周维亮到江山市检查指导信访工作。

2月15日 江山市召开全市机关干部大会暨招商引资工作动员会。会议表彰2015年度乡镇（街道）、机关部门工作目标综合考评，市长特别奖等。

2月17日 省委第一巡视组向江山市反馈巡视情况。省委第一巡视组组长周益杨，衢州市委常委、纪委书记李伯来，对落实巡视反馈意见的整改工作提出落实要求，市领导吕跃龙、叶美峰、毛江妹、王水亮、舒畅等参加。

2月18日 省委常委、组织部部长廖国勋到江山市调研经济社会发展和基层党建工作。衢州市委书记陈新，衢州市委常委、组织部部长陈玲玲，衢州市委常委、秘书长李锋；江山市领导吕跃龙、叶美峰等陪同。

2月19日 市委召开理论学习中心组（扩大）学习会暨江山大讲堂第60期专题讲座。省人大常委会副主任毛光烈作题为“用好新的工业革命的机遇，加快工业的转型升级”的专题讲座。

同日 衢州市委副书记、市长杜世源走访调研江山市部分企业。

2月26日 桐乡市委书记卢跃东率党政代表团到江山市考察旅游发展情况。

2月29日 省委、省政府召开全省”五水共治”工作电视电话会议，江山市获2015年度优秀县（市、区）“大禹鼎”。市委副书记舒畅在杭州会场领奖。

同日 省文明办等单位主办“最美江山人”大型公益活动——走进江二中。江山二中学生肖屹和叶留痕因救人事迹，被评为“身边的活雷锋”。

是月 江山市廿八都古镇和大陈村入选全国美丽宜居镇。

是月 凤林镇白沙村健身点被评为省五星级生态休闲健身点。

是月 经统计，2015年江山市蜂群达23.9万箱，实现蜂业总资产值14.53亿元，蜂业规模和经济效益连续24年位居全国各县（市、区）第一。

是月 江山市科技孵化中心研发的“电水气热量物联网传感器及其远传系统”项目，通过工信部、科技部、住建部等相关部委专家的验收。

3月

3月3日　江山市开展“清塘美河”春季治水大会战暨集中义务植树活动。活动启动仪式在坛石镇潭边村洋桥自然村举行。市领导吕跃龙、毛江妹、王水亮、舒畅等参加。

3月7日　江山市召开市十五届政府第九次全体（扩大）会议。市委副书记、市长叶美峰作题为《全面营造“六最环境”加快建设幸福江山》的报告。全会通报市政府各级各部门获得衢州市级以上部分荣誉情况。

3月8日　江山市召开农村工作会议暨创建省美丽乡村示范县动员大会。

3月9日　副省长梁黎明一行到江山市调研乡村休闲旅游和商贸流通工作。衢州市委书记陈新，江山市领导吕跃龙、叶美峰等陪同。

3月10日　省政府副秘书长、办公厅主任王晓峰率省检查组，到江山市对党风廉政建设主体责任、省委十大整改行动落实情况开展检查。衢州市委常委、纪委书记李伯来，江山市领导吕跃龙、毛江妹、王水亮等参加。

3月11日　衢州市人民法院院长会议在江山市召开。

3月12日　2016全球户外休闲旅游大会·江山峰会在江山市召开。市委书记吕跃龙会见法国驻成都总领事馆副领事、阿尔卑斯——四川山地旅游开发合作处负责人、国际户外专家高宁一行。市领导叶美峰、毛江妹、王水亮、舒畅等参加。

同日　央视《工匠精神》栏目组走进江山市，就江山市赢牌体育用品有限公司创业创新故事，进行专题拍摄。

3月18日　国家一级美术师、浙江书法创作委员会副主任毛嘉仁书画精品展在江山市须江书画院开展。

同日　100余名在江山市的外籍人员聚集在峡口派出所外国人管理服务站，参与“我提倡我践行”共同护航G20杭州峰会活动。

3月23日　衢州市人大常委会主任居亚平到江山市四都镇埠头村调研。江山市领导毛江妹等陪同。

同日　《中国共产党江山历史》第二卷（1949—1978）举行首发式。

3月24日　副省长、省政协副主席黄旭明到江山市调研乡村休闲旅游和特色小镇建设工作。衢州市委书记陈新，江山市领导吕跃龙、叶美峰等陪同。

同日　衢州府院联席会议暨“僵尸企业”重组盘活推进会在江山市召开。衢州市委副书记、市长杜世源，江山市领导叶美峰等参加会议。

3月26日　衢州市电子商务突破奇点动员会暨2016三衢电商江山大会师在江山市举行。

同日　全球寒武系江山阶“金钉子”研究，入选浙江省“十二五”时期十大地质成果。

3月30日　江山市召开全市工业大会。会议表彰“十二五”时期制造业十大功勋企业家和2015年度市长特别奖企业。

3月31日　浙江省召开全省建设平安浙江工作会议暨G20杭州峰会维稳安保工作动员电视电话会议。江山市获2015年度浙江省“平安县（市、区）”称号，实现平安创建工作“六连冠”，成功捧回平安铜鼎。

4月

4月5日 江山——台湾围棋友谊交流活动在江山市须江阁举行。中国台北围棋协会秘书长秦世敏等5人，与江山市20多名中小学围棋爱好者展开对弈。

4月7日 江山市召开《那里有个名叫江山的地方》歌曲提升宣传推广座谈会。省人大常委会副主任毛光烈，江山市领导吕跃龙、毛江妹，著名词曲作家、音乐制作人陈越，著名女歌手龚玥等参加座谈会。

4月8日 台湾南投县日月村友好交流团到江山市新塘边镇日月村参观访问，开展交流联谊活动。

4月12日 衢州市委副书记江汛波到江山市调研指导美丽乡村示范县创建和农村改革工作。市领导吕跃龙、舒畅等陪同。

4月13日 江山市举行全市建设项目“互看互学”第一次现场观摩及督查推进会。市领导吕跃龙、毛江妹等参加。

同日 《今日江山》登载《纪检“老黄牛”——记市纪委副书记、监察局局长周吉云》长篇人物通讯，在全市上下引起极大反响。

4月14日 由浙江省发改委副主任李岩益带队的督查组，到江山市督查有效投资工作。衢州市委副书记、市长杜世源，江山市领导吕跃龙、叶美峰等参加。

4月15日至19日 中国江山“江郎山杯”2016年全国男子举重锦标赛暨里约奥运会选拔赛在江山市举行。国家体育总局举摔柔运动管理中心举重部部长钱光鑒、省体育局副局长吕林、江山市委书记吕跃龙等参加开幕式。本次比赛共产生24枚金牌，打破3项全国纪录。

4月16日 2016年江山绿牡丹茶推介会在杭州茶都名园举行。全国政协文史和学习委员会副主任、中国国际茶文化研究会会长周国富，江山市政协主席王水亮等参加。

4月18日 中美联手抗日纪念馆——江山民众营救杜立特行动飞行员事迹陈列馆在保安乡开馆。

同日 由求是小康杂志社组织的《中国全面小康发展报告·江山样本》编辑启动。全国共选举100个县（市、区）作为典型编辑。

4月27日 衢州市人大常委会主任居亚平到江山市调研集镇污水处理工作。江山市人大常委会主任毛江妹等陪同。

同日 浙江电视台《流动大舞台》栏目组，在贺村镇耕读村录制江山风采的文艺演出。

4月29日 “中华名城行”走进衢州文化礼堂暨开机仪式在江山市大陈乡大陈村举行。

同月 江山市大陈村被中宣部列入全国100个“宣传思想文化示范点”。

5月

5月4日至5日 省住房和城乡建设厅厅长钱建民一行，到江山市调研风景名胜区管理工作。江山市委书记吕跃龙等陪同。

5月5日 省政协副主席、民建省委会主委陈小平一行，到江山市调研民建工作。

5月5日至6日 省政协副主席、党组副书记王建满率“五水共治”调研组，到江山市调研“农村生活污水治理”工作。衢州市委书记陈新，衢州市委常委、秘书长李锋，江山市领导吕跃龙、王水亮、舒畅等陪同调研。

5月9日 市委书记吕跃龙主持召开市委常委会，传达学习省委十三届九次全会精神等议题。

同日 江山市召开“两学一做”专题党课暨学习教育部署会。市委书记吕跃龙在会上讲专题党课。叶美峰、毛江妹、舒畅等市四套班子领导参加。

同日 解放军第455医院与江山市人民医院、江山市中医院签订技术支持协议。

5月12日 衢州市人大常委会主任居亚平到江山市廿八都镇兴墩村、保安乡龙井村、凤林镇“光谷小镇”、新塘边镇勤俭村，视察民宿经济发展工作。江山市领导吕跃龙、毛江妹等陪同。

5月13日 江山市召开“百里须江·美丽长廊”“最江南”绿色休闲实验区规划会审会。市领导吕跃龙、叶美峰等参加。

5月15日 江山娜妮——海军军乐团青年女高音邱嫣在北京保利剧院举办独唱音乐会。

5月19日 衢州市政协主席俞流传到石门镇石明畜业有限公司、绿业公司峡口猪场等地检查生猪养殖污染整规工作。

同日 江山市创业创新综合服务平台集中启动，经济开发区企业服务中心、市电商产业园暨首届江山电商“煮酒论英雄”大会、快速制造国家工程研究中心江山示范中心揭牌。

同日 央视“发现之旅”《健康大本营》栏目组在江山福赐德蜂业公司采风。

5月20日 江山市二季度重点建设项目暨江山文溪初中（筹）新建工程仪式在文溪初中校园现场举行。

5月22日 保安乡化龙溪村列入首批省级培育森林人家特色村。

5月23日 江山市召开创建国家卫生城市工作动员大会。市委书记吕跃龙讲话，市领导毛江妹、王水亮、舒畅等参加。

同日 江山市举行第二届家庭文化节暨“美丽庭院”创建互看互学现场推进会。

5月24日 江山市林业技术推广站获“全国生态建设突出贡献奖先进集体”。

同日 在江山市区西塘古民居举行“书香·婺韵·茶艺”活动。市政协主席王水亮参加。

5月27日 省政协副主席、省侨联主席吴晶一行，到江山市调研乡村休闲旅游工作。

5月28日 国家旅游局局长李金早到江山市考察旅游工作。副省长梁黎明，衢州市委书记陈新，江山市领导吕跃龙、舒畅等陪同。

5月30日 江山市20名小演员在全国政协礼堂表演《童愿到畲乡》少儿舞蹈，并获得“最佳节目奖”和“优秀小演员奖”。

5月31日 衢州市农村文化礼堂建设工作现场会在江山市召开。

6月

6月2日 江山市启动国家卫生城市创建大会战。当天，市领导和各部门、各企事业单位在各自的卫生包干区开展卫生大扫除。

同日 衢州市暨江山市防御小流域山洪和地质灾害演练在峡口镇举行。

6月3日 市委召开理论学习中心组（扩大）学习会，专题学习中央、省委统战工作会议精神和《中国共产党统一战线工作条例（试行）》。省委统战部副部长张润生作专题报告。

6月14日至16日 省卫生计生委巡视员、省爱卫办主任叶真率队对江山市创建国家卫生城市进行省级考核。江山市领导叶美峰、舒畅等参加汇报反馈会。

6月15日 中加（江山）通用航空产业园洽谈会在江山市举行。加拿大通用航空协会会长林伟和江山市委副书记、市长叶美峰等参加。

同日 衢州市人大常委会主任居亚平到江山市四都镇埠头村调研柑橘产业转型升级工作。

6月17日至18日 全省基层宣讲工作暨宣讲进文化礼堂经验交流会在江山市举行。省委宣传部常务副部长胡坚，衢州市委常委、宣传部长诸葛慧艳，江山市委书记吕跃龙参加会议。

6月18日至19日 衢州市第二届“三衢杯”围棋团体巡回赛江山站在江山市举行。江山、柯城、衢江、常山、开化、龙游、巨化等7支代表队42名棋手参赛。

6月21日 江山市与国家体育总局登山运动管理中心签订关于共建全国登山户外专业示范城市的合作协议。

同日 《衢州文献集成》入藏江山市档案馆，《衢州文献集成》收录唐代至民国衢州文献238种，共200册。

6月22日 衢州市委副书记、市长杜世源到江山市调研平台型企业招商等扩大有效投资工作。

6月23日 江山市高考成绩刷新历史纪录。全市第一批上线达451人，比历史最好的年份增加18人。

6月23日至24日 江山市委书记吕跃龙率党政代表团，赴桐庐、天台、仙居等县考察全域旅游及AAAAA创建工作。

同日 江山市通过国家级出口木门质量安全示范区创建考核工作。

6月25日 江山少体校2007级学生毛倩倩，在2016年“中国体育彩票杯”全国青少年举重锦标赛中，以抓举75公斤、挺举88公斤成绩，获全国举重冠军。

6月27日 江山—柯桥“文化走亲”活动在绍兴市柯桥区进行。

6月30日 江山市举行庆祝中国共产党成立95周年大会。市委书记吕跃龙讲话，市领导叶美峰、毛江妹、王水亮、舒畅等参加。

同日 江山市成功发放首笔PPP项目贷款，全额达4000万元，用于峡口水库引水工程。

是月 全市经工商注册登记的农民合作社116家，家庭农场783家，农业龙头企业93家，资金互助组织22家，土地流转率51.1%。

7月

7月1日 江山市在张村乡洪岩顶开展中国共产党成立95周年暨江浦县委成立80周年纪念活动。市委书记吕跃龙、市政协主席王水亮为“薪火接力站”揭牌，为“薪火接力队”授旗，并和党员干部面对党旗宣誓。

7月9日 江山爱乐合唱团经典合唱《祖国，慈祥的母亲》获省声乐大赛金奖。

7月12日至13日 宁波市政协副主席陈炳水到江山市考察历史文化村落保护利用和文化旅游融合发展等工作。

7月13日 江山市举行文化礼堂带头人才艺赛决赛。

7月14日 江山市召开旅游产业发展大会暨国家全域旅游示范区创建动员大会。会上，市政府与中金国泰控股集团有限公司，浙旅集团浙江浙旅投资有限责任公司等签订战略合作协议。

7月15日 全省首个“关爱儿童之家”在保安小学揭牌。

7月26日 江山市成立中国农工民主党江山市支部。

7月29日 江山市被命名为“全国双拥模范城”，这是江山市在实现省级双拥模范城“八连冠”后，第五次获得“全国双拥模范城”荣誉称号。

7月30日至31日 “江郎山杯”第十一届浙江国际传统武术比赛在江山市举行，共有60个代表队、1032名运动员参加赛事。

是月 江山市形成民宿特色村22个，成功打造保安龙井18号、薰衣香舍、和睦大院、耕读水上屋等高档特色民宿。半年来，全市农家乐共接待游客227万人次，营业收入1.36亿元，新发展民宿客房399间，床位700余张。

是月 江山市猕猴桃种植达1525公顷，徐香、红阳新品种占98%。

8月

8月1日至2日 中央电视台副台长高峰带领《红军家族》拍摄组到江山市采风。

8月4日至5日 江山市举行江山籍海外博士家乡行活动，16位江山籍海外博士参观城市规划展览馆、博物馆、科创园等。

8月8日 江山市委十三届十一次和市十五届人民政府第十次全体（扩大）会议召开。市委书记吕跃龙作题为《补齐短板、加快发展确保如期高水平全面建设小康社会》的工作报告，市委副书记、市长叶美峰主持，会议审议通过《中共江山市委关于补短板的若干意见》。

8月10日 江山市与江山欧派门业股份有限公司签订欧派产业园项目投资协议。该项目总投资12亿元，总规划用地33.33公顷。

8月11日 衢州市人大常委会主任居亚平到江山市督查集镇建设管理工作。

8月11日至12日 副省长孙景淼一行，到江山市督导信访和调研指导综合交通工作。衢州市委副书记、市长杜世源，江山市领导吕跃龙、叶美峰等陪同。

8月12日 衢州市委副书记、政法委书记江讯波带领衢州市督查组到江山，督查平安江山建设工作。

8月15日 副省长、省政协副主席黄旭明到江山监督调研农村惠民服务工作。衢州市政协主席俞流传，江山市领导吕跃龙、王水亮、舒畅、俞根君等陪同。

同日 江山市举行日藏《天启江山县志》复制件庋藏仪式。

同日 江山女孩占谨尔（13岁）钢琴独奏音乐会在金陵大酒店中宏厅举行。占谨尔曾获第19届香港——亚洲钢琴公开赛决赛斯卡拉蒂奏鸣曲组一等奖。

8月16日 江山市与中金国泰集团和长鹿集团举行全域旅游推进洽谈会。市领导吕跃龙、叶美峰和中金国泰集团董事长郑建龙、长鹿集团董事长邹颂炫等参加。

8月17日 省人大常委会党组副书记、副主任程渭山一行到江山市督查“四张清单一张网”改革工作。

8月17日至18日 省委教育工委书记、省教育厅厅长刘希平一行到江山市调研教育现代化建设工作。

8月18日 中共中央党校“社会主义与儒家文明”项目组，到江山市调研文化礼堂建设。

8月20日 江山市举行《“千年古道·锦绣江山”文化丛书》（书画卷）第一辑首发暨第二辑启动仪式。

8月26日 省委副秘书长、省农办主任章文彪一行，到江山市考察创建省美丽乡村示范县工作。

8月27日至31日 江山市组织60名工业龙头企业、单打冠军企业、部分重点企业和涉企部门负责人，参加清华大学江山企业家现代投资管理专题研修班。市委书记吕跃龙参加结业仪式。

30日 江郎山被省林业部门评为“浙江十大名山”和“浙江最美山峰”。

9月

9月1日 市委书记吕跃龙参加为期两个月的中央党校县委书记培训班学习。

9月5日 市委召开常委（扩大）会专题学习会，学习讨论《中共中央关于辽宁拉票贿选案查处情况及其教训警示的通报》。

同日 来自刚果（金）、毛里求斯、坦桑尼亚等国家65名浙江工业大学留学生畅游廿八都古镇。

9月9日 江山市政府分别与中机国能、中民新能、正泰新能源签约金屋顶光伏富民工程项目，项目总投资31.5亿元。

9月11日至14日 台湾联合报“大陆新发现”采访组到江山市三卿口古瓷村、廿八都古镇、和睦彩陶村、江郎山等地，采访自然景观、历史风貌、特色产业等。

9月19日 江山市——美国亚利桑那州梅萨市友好交流备忘录签约仪式在江山市举行。

9月21日 第十九届浙江旅外乡贤“美丽家乡行——走进江山”推介招待会在江山市举行。

9月22日 省委副书记王辉忠一行，到江山市调研农村生活污水治理工作。省委副秘书长、省农办主任章文彪，衢州市委书记陈新、副书记江讯波，江山市领导叶美峰、舒畅等陪同。

9月22日至23日 全省“为了明天——关爱儿童之家”创建活动试点工作现场会在江山市保安小学召开。

9月28日 浙江省白芨产业发展高峰论坛在江山市举行。

9月30日 江山市在曹家坞烈士陵园举行烈士公祭活动。市领导叶美峰、毛江妹、王水亮、舒畅等参加。

是月 经中国农业国际合作促进会茶产业委员会、中国合作经济学会旅游合作专业委员会评选，江山市获“全国十大魅力茶乡”称号。

10月

10月9日 2016全国重阳登高健身大会在江山市开幕。中国奥委会原副主席、中华全国体育基金会理事长吴齐，国家体育总局登山运动管理中心主任、中国登山协会主席李致新，衢州市副市长陈锦标，江山市领导叶美峰、舒畅等出席。

同日　中国奥委会原副主席、中华全国体育基金会理事长吴齐一行，调研江山市青少年户外运动和体育后备人才培养等工作；中国老年人体协副主席盛志国一行，调研江山市老年人体育工作。

10月12日　江山婺剧研究院主演的大型原创音乐剧《寻孝》，在金华市中国婺剧院开演。

同日　中国棋院院长、中国围棋协会副主席华以刚一行，到江山市考察文化旅游工作。

10月13日　衢州市人大常委会主任居亚平一行，到江山市督查重点项目集中开展工作。

10月14日　在2016中国（国际）休闲发展论坛上，江山市获“2016中国年度最佳投资休闲目的地”称号。

10月17日　江山市“红盖头·葛饮料杯”第三届工人运动会开幕。全市共有40支企业职工代表队参赛，共设中国象棋、围棋、羽毛球、自行车等12个竞赛项目。

10月19日　在第四届中国民生发展论坛上，江山市获“2016全国民生示范工程优秀奖”。市委副书记舒畅赴京参加论坛并接受表彰。

10月21日　衢州市四季度重大项目集中开工活动在江山市欧派产业园项目现场举行，其中江山市开工18个项目，总投资78.1亿元。

10月27日　省考评验收组到江山市考评验收江山市省级精品示范道路。

10月29日　江山市北京商会成立大会暨第一次成员大会在京举行。

10月31日　全省美丽庭院创建工作推进会在江山市召开。

是月　江山市成功创建国家级出口木门质量安全示范区。

是月　江山市少体校入选首批全国少儿撑杆跳高基地。

是月　江山市95岁以上老人共522人，百岁老人共51人。

11月

11月10日　省委宣传部副部长、文明办主任黄明辉到江山市调研农村精神文明建设工作。衢州市委常委、宣传部部长诸葛慧艳，江山市委副书记舒畅陪同。

11月11日　“徐霞客游线开发与利用”学术交流会暨省社科联第三届学术年会论坛在江山市举行。浙江省委原副书记、浙江省徐霞客研究会名誉会长陈法文等参加会议。

11月15日　江山市与中金国泰集团举行月亮湖国际旅游度假区概念性规划方案对接会。市领导吕跃龙、舒畅等参加。

11月16日至17日　全省人大农业与农村工作座谈会在江山市召开。省人大常委会党组副书记、副主任程渭山，衢州市人大常委会党组副书记、副主任占跃平，江山市领导吕跃龙、毛江妹等参加。

11月17日　江山市第十五届人大常委会举行第五十七次会议，决定接受叶美峰辞去江山市人民政府市长职务，决定任命舒畅为江山市人民政府副市长并代理市长职务。

11月19日　西安市江山商会成立暨第一次会员大会举行。

11月21日　集体经济薄弱村“红色物业”经济园项目开工仪式在清湖镇举行。

11月23日　衢州市婺剧进校园活动现场会暨“江山女子腔调”婺剧振兴行动在江山市

举行。

11月24日 江山市手机台上线。

11月26日 MAXI-RACE CHINA 江山100 国际越野跑在江郎山——廿八都景区开跑，来自14个国家的1000多名选手参赛。

11月30日 省委常委、统战部部长王永康一行，到江山市调研统战工作。省委统战部副巡视员杨为敏，衢州市委书记陈新，衢州市委副书记江讯波，衢州市政协副主席、市委统战部部长余广宇，江山市委书记吕跃龙陪同。

同日 “江郎山杯”2016年中日韩国际友好举重比赛在江山市开幕。

同日 《中国名村志丛书白沙村志》编纂工作启动。

是月 江山市峡口镇获“全国生态文明先进乡镇”

是月 江山市新塘边镇、廿八都镇获浙江省首批美丽乡村示范乡镇。

12月

12月2日 闽浙赣毗连地区第四联防区代表大会在江山市召开。

12月6日 江山EVCARD电动汽车分时租赁项目启动运营。全市在高铁站、江郎山、廿八都、金陵大酒店等标志性区域建立网点。

同日 “山水相依、情亲相融”嵊泗——江山文化走亲文艺演出在江山市赵家文化礼堂举行。

12月9日 “小康同行、乡村和鸣”第八届全国村歌大赛暨2016村歌好声音评选活动在北京举行。江山市选送的《谜一样的廿八都》获全国村歌大赛第三名。

12月11日 由中国大众音乐协会主办的“美丽乡村好声音”村歌会演暨《醉美乡村大舞台》在北京人民大会堂落幕，其中《江山如画》为江山村歌专属独立篇章。市委书记吕跃龙等出席并观看演出。

同日 江山市获“全国乡风文明示范县”。

12月12日 江山——柯桥山海协作对接会在江山市举行，市委副书记、代市长舒畅等领导参加。

12月13日 江山市举办第三届项目谋划擂台赛。

12月15日 省民政厅党组书记、厅长尚清到江山市调研民政工作。衢州市委副书记、代市长徐文光，江山市委副书记、代市长舒畅等陪同。

12月17日 江山市杭州商会周年庆典暨“首届江山新锐创新创业大赛”启动仪式在杭州市举行。省人大常委会副主任毛光烈，省政协副主席陈艳华，省军区原副政委范匡夫，江山市委副书记、代市长舒畅等参加。

12月18日 来自台湾的旅游时报、城乡新闻报等媒体组成的考察团到江山市考察旅游发展情况。

12月21日至22日 衢州市委常委、公安局长王建带队到江山市检查考核2016年度平安江山建设工作。江山市委书记吕跃龙等参加汇报会。

12月22日 衢州市委副书记、代市长徐文光到江山市调研指导工作。

同日 斯里兰卡驻上海总领事拉克士塔一行，到江山市考察。

12月23日 江山市举行首届“创业梦·江山行”创业创新大赛决赛。

12月26日至29日 江山市第十四次党代会召开。市委书记吕跃龙作题为《决胜全面小康打造活力城市推动幸福江山建设向更高层次迈进》的报告。会议选举产生中共江山市第十四届委员会、中共江山市纪律检查委员会，选举吕跃龙为市委书记，舒畅、汪胜为市委副书记，郑国昌为市纪委书记；选举吕跃龙、舒畅、汪胜、汪黎云、姜方云、郑国昌、叶骏、张雪飞、王子平、何日根为市委常委。

12月28日 省人大常委会副主任毛光烈一行，到江山市开展联系代表群众主题活动。衢州市人大常委会主任居亚平、副主任童建中，江山市领导吕跃龙、舒畅、毛江妹等陪同。

12月31日 国家体育总局副局长赵勇一行，到江山市调研指导基层群众体育工作。省体育局局长孙光明，衢州市副市长陈锦标，江山市领导吕跃龙、舒畅等陪同。

是月 江山市获省“红十字工作示范县”称号。

是月 贺村镇耕读村被列为国家级“美丽宜居示范村试点村”。

是月 江山市城北社区获“全国社区侨务工作示范单位”称号。

市情概览

地理位置

江山市位于浙江省西南部，浙、闽、赣三省交界处。市境最北端位于北纬 28° 53′27″的四都镇傅筑园村柿树坞口北，最南端位于北纬 28° 15′26″的廿八都镇坚强村里山南，最东端位于东经 118° 48′48″的塘源口乡仓源村阴源东，最西端位于东经 118° 22′37″的大桥镇陈家村马车坳西。南北最长径距 70.75 公里，东西最宽处径距 41.75 公里。全市地域总面积 2019.4 平方公里。

全市边界线长 315.1 公里，东以平埂、青岗尖、石奶尖背、洪公等处与衢州市柯城区、衢江区邻接，东南以金山头、老鹰平尖、苦竹际、仙岭坑尾等山峰与遂昌分界，西北以雪坑尖、石龙岗等山峰与常山县接境，西以古山、东库、茅村弄等处与江西省玉山县为邻，西南以里塘坞、嵩峰山等地与江西省广丰县接壤，南以枫岭(大竿岭)、苏州岭等处与福建省浦城县交界。

江山市区（主城区）位于市境北部偏东，市区位于北纬 28° 44′与东经 118° 37′交点附近。2016 年末，主城区（指建成区）面积 17.5 平方公里。

历史沿革

江山历史悠久。距今 4000 年前的新石器时期，境内已有人类繁衍生息。春秋战国时期，江山为姑蔑一部分。秦王政二十五年（前 222)，属会稽郡大末县。东汉初平三年（192)，属会稽郡新安县。三国孙吴宝鼎元年（266)，属东阳郡新安县。南朝陈天嘉三年（562)，属金华郡信安县。隋朝大业三年（607)，属东阳郡信安县。唐武德四年（621)，分信安县地置须江县，为江山建县之始，隶属衢州。五代吴越宝正六年（931)，改须江县为江山县，属衢州。南宋咸淳三年（1267)，江山县改名为礼贤县，仍属衢州。元至元十三年（1276)，复名江山县，隶属衢州路。明清时期，均属衢州府管辖。民国时期，江山县曾直属于省、金华道、省第五和第三行政督察区。1949 年 5 月，江山解放，属衢州专区。1955 年，改属金华专区。1985 年，属衢州市。1987 年 11 月 27 日，国务院批准撤销江山县，设立江山市，仍属衢州市管辖。

行政区划

2016年，全市共设19个乡镇、街道。其中，街道办事处2个，即双塔、虎山；建制镇12个，即上余、四都、贺村、清湖、坛石、大桥、新塘边、凤林、峡口、廿八都、长台、石门；乡5个，即大陈、碗窑、保安、张村、塘源口。全市设行政村292个、社区13个。

2016年江山市行政村、社区设置情况

表一

乡镇街道	村民委会和社区名称	村数
双塔街道	陈村、莲塘、郑村、五家山、上耀、社后、金家、天余、缸甫底、召石、新塘坞、坳里、丰足、杨墩、和贤、路垄、黄家、灵泉、塔东、赵家，辖县前、民声、城北、周家青、乌木山5个社区	20
虎山街道	何家山、达道、孝子、平棋、彭里、江山底、荷塘、麻车、店前、金坞、溪东，辖市心、东门、南门、西门、江东、安泰、城南、桐岭8个社区	11
上余镇	山头、江村、苦叶田、木车、陶村、五程、七一、一都江、大溪滩、望江、上余、塘岭一村、塘岭二村、塘岭三村、高洋、李坪、大夫弟、方家、迎宾、湖珠、余航	21
四都镇	金山、双溪、埠头、前岭、江北、四都、上峰、傅筑园	8
大陈乡	早田坂、夏家、乌龙、大陈、大唐、红星	6
碗窑乡	协里、桑淤、源口、天井、双龙、和源、府前、达河、金龙、红石桥、碗窑、凤凰	12
贺村镇	耕读、羡家、三塘、寺后、长埂、南塘、丰益、溪淤、青塘尾、后源、水晶山底、严麻车、富益、龙头、吴村、诗坊、山底、佛堂、明星、贺山头、友爱、幸福、河东、东山头、湖前、八里坂、大贤坂、敖坪、贺村、狮峰、山塘、永兴坞、高路、华塔、乌鹰垄、万青山、陈塘、通贤、淤前、市上村、达埂、棠坂、石后、淤头、礼贤	45
清湖镇	和睦、新塘底、浮桥头、清湖一村、清湖二村、清湖三村、九村、十村、七斗、路口、毛塘、蔡家、路陈、蔡家山、童家、泉家垄、贺仓、读溪口、祝家坂、清泉、前村、乐意、东儒、华夏、花园岗、贺周	26
坛石镇	定家坞、郭丰坞、坛石、新叶、横渡、郭丰、潭边、上溪、五圳、上王、占塘、鳌头、占村	13
大桥镇	冷水、仕阳、大桥、湖游、福塘、葩坞、店边、仕阳尾、西坂、桥头、陈家、新桥、上仓、黄石、芳源	15
新塘边镇	日月、永丰、上洋、彭村、毛家仓、千坞、东亭、毛村山头、勤俭、爱丰、东陈、上平天、东山、达路边、外坞、卅六都、恩深、新塘边、塘边	19
凤林镇	花溪岙、中岗、株树、英岸、苗青头、游溪、大悲山、官田、凤里、南坞、桃源、凤祥、凤溪、高坂、茅坂、政棠、卅二都、白沙	18
峡口镇	连丰、地山岗、定村、新和、枫石、同桥、峡南、峡东、峡西、峡北、峡新、三卿口、广渡、王村、合新、柴村、大峦口、双潭	18
廿八都镇	花桥、林丰、枫溪、山峰、兴墩、浔里、坚强、周村、浮盖山	9
保安乡	龙溪、赵宅门、裴家地、西洋、后坂、保安、化龙溪	7
长台镇	长台、长兴、朝旭、华峰、长安、乾湖、贺新、花园、金檀	9
石门镇	西山、清漾、灵岗口、琚家岗、长山源、溪底、界牌、金炉、泉塘、江郎山、郎峰、达蓬、岭底、新群、延龄	15
张村乡	太阳山、塔山、先锋、秀峰、玉坑口、双合丰、琚源、龙头店、毛长甫、安顶、双溪口	11
塘源口乡	塘源、仓坂、冷浆塘、洪福、塘源口、青石、仓源、前墩、白石	9
合计	全市合计2个街道、12个镇、5个乡、292个行政村、13个社区	292

地貌河流

江山市全境分三个地貌区，东部、南部为福建武夷山脉延伸而至呈东北——西南走向的仙霞岭中低山区，海拔多在600米以上。海拔千米以上的山峰在境内有28座，其中最高峰为大龙岗，海拔1500.3米。岩石以中生代火山岩和火山碎屑岩为主，系中生代侏罗纪中期岩浆活动和火山喷发所形成。西北部为江西怀玉山脉延伸而至的低山丘陵区，海拔大多在200米至800米之间，最高峰为湖山尖，海拔859.4米。岩石以石灰岩为主，系由古生代早中期沉积而成。地表多石芽，地下多溶洞。中部河谷走廊地带，系中生代凹陷而成的绍兴——江山断裂谷西段。河谷宽窄不一，海拔多在100米至200米之间，地势相对低缓。清湖以北的冲积平坂，海拔多在100米以下，最低处为大溪滩渡船头，海拔73米。境内呈“凹”字形的三块地貌分区，构成江山半封闭盆地类地形格局，盆口向东北方向敞开，形成冬半年东北季风长驱入境。

江山港（须江）是境内最大河流，是钱塘江水系上源之一。它源于江山市双溪口乡南部浙、闽交界的苏州岭，全长134公里，境内长105公里。江山港干流分上、中、下游3段。自源头至峡口为上游，河水由南向北流，山高谷深，水流湍急，总落差千余米，已建成白水坑水库和峡口水库。峡口至贺村毛塘为中游，河水向西北流至麻溪淤，再折向北流至贺村，又折向东流至毛塘。中游水流自峡口流出山口进入海拔200米以下地区。地势低平，水流变缓，两岸多河漫滩台地，多农田、聚落分布。毛塘以下为下游，水流先向东南流至刘家埂再往东北经市区流至上余余家（余航村）进入衢州市衢江区，在柯城区与常山港汇合入衢江，下游河段落差20余米。在下游河段接纳长台溪和达河溪（已建碗窑水库）两大支流，因上游干支流修水库，加上中、下游河道采沙石，河道已失去20世纪40年代前的航运之利。境内属于长江水系的主要溪流有新塘边溪、大桥溪和廿八都溪。

气候特征

江山市属亚热带季风气候，四季分明，气候湿润，光照充足。年平均气温17.4℃，1月平均气温5.4℃，7月平均气温28.8℃，极端最高气温41.2℃，出现在2003年7月31日；极端最低气温零下7.5℃，出现在1991年12月29日。每年3—6月为雨期，多年平均年降雨量1753.8毫米。平均无霜期约为224天。

2016年，年平均气温18.7℃，比常年（17.4℃）偏高1.3℃，较常年显著偏高；日极端最高气温39.0℃，出现在7月24日；日极端最低气温零下7.8℃，出现在1月25日；年内气温≥35℃的日数为41天；年总雨量1943.7毫米，比常年（1753.8毫米）偏多189.9毫米，较常年正常；雨日199天，比常年（159.4天）偏多39.6天；年总日照时数1553.7小时，比常年（1757.7小时）偏少204小时。1月22—23日受切变和强冷空气影响，全市出现大到暴雪天气过程。24—26日，受前期降水及强冷空气影响，江山市普遍出现严重冰冻，对交通、农业、林业等有较大影响。6月1—3日，受冷空气及低涡切变影响，全市普降大到暴雨。6月11日入梅，6月内出现三次暴雨过程。其中，6月29日全市普降暴雨，部分大暴雨，最大出现在上余镇塘岭村137.9毫米。受稳定的副热带高压影响，7月江山市出现较严重的高温热浪天气，共出现15天气温≥35℃的高温天气，市区最高气温为39.0℃，出现在7月24日、25日。其中，21—31日连续11天发布高温橙色预警。受稳定的副热带高压影响，8月份江山市多晴热天气，共出现21天气温≥35℃的高温天气，市区最高气温为38.9℃，出现在8月25日。其中，16—20日连续5天发布高温橙色预警。9月15—17日，受台风“莫兰蒂”外围环流影响，江山市普降大暴雨。9月28—29日，台风“鲇鱼”外围环流影响，江山市普降大到暴雨，局部大暴雨。11月22日，受强冷空气影响，全市出现大风降温降水天气过程，48小时过程降温幅度10.5℃。1月、12月，雾霾天气较多，空气中的有害物质和粉尘较多，长时间处于雾霾天气下可诱发或加重多种呼吸系统疾病，影响心血管系统、生殖系统等全身多个系统的健康。4月6日、26日及5月上、下旬，阴雨寡照天气对农作物生长略有影响，在连续的阴雨天气下，霉菌肆虐繁殖，给市民的生活和健康带来一定的影响。7月8月，高温天气持续时间较长，范围广，强度强，其间降水少，蒸发大，旱情发展迅速，对人民生产生活，特别是农业造成一定的影响。10月21—25日，江山市出现持续5天的连阴雨天气，对秋收冬种产生不利影响。11月7—18日，出现连续阴雨寡照的异常天气，对农业生产等造成不利影响。

2016年，平均气温较常年显著偏高，年降水量较常年正常，年日照时数较常年正常。江山市阶段性、突发性气象灾害发生频繁，遭受高温、台风、雾霾、连阴雨、局地强对流、暴雨等极端天气气候事件。总体而言，2016年气候条件对农业属正常略偏差气候年景，对水利、电力、交通、林业和旅游属正常气候年景。

自然资源

江山市土地总面积2019.4平方公里(20.19万公顷)。其中，山地、丘陵共17.93万公顷，占总面积的88.8%．河谷平坂地2.26万公顷，占总面积的11.2%，俗称“九分山丘，一分水田”。全市土壤总面积19.17万公顷，其中红壤、黄壤类面积共13.69万公顷，占土壤总面积的70.91%。水稻土类面积3.49万公顷，占土壤总面积18.16%。

江山矿藏以非金属矿为主。已发现30个矿种，129处矿产地。其中，非金属矿产22种，产地99处；能源矿产2种，产地18处。烟煤、无烟煤，主要分布在凤林镇茅村弄，贺村镇石后、道塘山，清湖镇山垄、小清湖等地。石煤，分布在四都、大陈、上余、双塔丰足、坛石横渡、大桥一带，以大桥与双塔丰足最为集中。萤石矿分布在峡口、石门、长台、张村、塘源口等乡镇，地质储量约100万吨。石灰石，主要分布在市境北部的四都、上余、大陈、坛石、大桥等乡镇，储量大。其他矿种有廿八都的硅灰石，双塔赵家的磷灰石，大桥西青垄、虎山街道方家山的硬质耐火黏土等。

江山市林业用地14万公顷，森林面积14.30万公顷。森林蓄积量312万立方米，森林覆盖率达70.8%，其中生态公益林面积5.37

万公顷。江山属中亚热带北部亚热带常绿阔叶林浙闽山丘甜槠木荷林植被区，自然植被有常绿阔叶林、针阔混交林、针叶林、灌丛等15个群系，634种。国家一级保护树林有水杉、银杏、红豆杉、伯乐树、香果树、猪血木等，国家二级保护树种有香榧、金钱松、三尖杉、福建柏、鹅掌楸、樟树、花榈木、闽楠等，国家三级保护树种有青檀、天目木兰、黄山木兰等。野生动物中，国家一级保护动物的有白颈长尾雉、黄腹角雉、云豹、黑麂、金猫等，国家二级保护动物的有白鹇、鸳鸯、白鹳、鸢、穿山甲、短尾猴、大灵猫等。

人口民族

2016年末，江山市辖2个街道、12个镇、5个乡，有292个行政村、13个社区居委会，总面积2019.03平方公里，总户数197813户，户籍人口614031万人，全年出生人口7472人，出生率为12.17‰，死亡人口3516人，死亡率为5.73‰，相比出生率上升0.78个千分点，自然增长率上升6.44个千分点。

江山市共有汉族、回族、畲族、苗族、蒙古族、壮族等28个民族，汉族人口占总人口的99.6%

2016年江山市国民经济和社会发展情况

2016年，全市上下在市委、市政府的正确领导下，围绕年初市人代会确定的各项目标任务，坚持稳中求进工作总基调，以五大发展理念为指导，落实中央稳增长、促改革、调结构、惠民生、防风险的工作方针，深入实施“两轮驱动”战略，全市经济社会发展总体保持平稳的良好态势，各项事业取得新成绩。

一、综合

初步核算，全年全市生产总值277.3亿元，按可比价格计算，比上年增长7.5%。其中，第一产业增加值22.02亿元，增长1.8%；第二产业增加值134.95亿元，增长5.8%；第三产业增加值120.33亿元，增长10.8%。在第三产业中，批发和零售业增长5.6%，住宿餐饮业增长5.6%，房地产增加值增长10.4%，交通运输业增长4.1%，金融业下降2.0%，营利性服务业增加值增长30.3%，非营利性服务业增加值增长13.8%。三次产业增加值结构由上年的8.3∶50.5∶41.2调整为7.9∶48.7∶43.4。全市人均生产总值（按户籍人口计算）45276元，合6816美元，比上年增长7.3%。

全年居民消费价格比上年上涨1.5%。其中，食品烟酒类上涨4.3%，衣着类上涨0.4%，居住类上涨0.9%，教育文化和娱乐类上涨0.2%，医疗保健类上涨0.5%，生活用品及服务类下降0.2%，交通和通迅类下降1.0%，其他用品及服务类价格上涨3.1%。

全市新增就业人数6352人，有2687个城镇失业人员实现了再就业，年末城镇登记失业率为2.78%，比上年下降0.17个百分点。

二、农业和农村建设

全年实现农林牧渔业总产值38.49亿元，比上年增长2.7%。

全年农作物播种面积51046公顷，比上年下降1.5%。其中，粮食播种面积29237公顷，下降1.6%；油料播种面积9520公顷，下降1.9%；蔬菜种植面积8492公顷，增长1.4%；

果用瓜种植面积622公顷，增长11.7%。

全年粮食总产量19.95万吨，比上年下降0.2%。其中，谷物产量18.54万吨，下降0.5%。油料产量1.58万吨，下降3.5%；蔬菜产量23.95万吨，增长1.8%；果用瓜产量1.87万吨，增长13.3%。

全年完成造林面积609公顷，幼林抚育实际面积1200公顷。森林面积14.31万公顷，森林覆盖率70.8%；生态公益林面积100.12万亩。

全年肉类总产量为6.09万吨，下降8.7%。其中，猪肉4.52万吨，下降13.1%。全年生猪出栏67.27万头，下降25.5%；羊出栏1.48万只，增长20.2%；家禽出栏1240.01万只，增长11.5%。蜂蜜产量20560吨，蜂王浆产量68.48万公斤。

新农村建设成效明显，成功摘取省首批“美丽乡村示范县”称号，连续八年荣获全省优秀县（市）称号。新增省级美丽乡村示范乡镇2个、省级美丽乡村特色精品村5个。创建美丽乡村示范村31个，A级景区村18个、AA级景区11个。完成58个村农村生活污水治理。农家乐（民宿）床位数达到7000张，全年接待游客489万人次，年营业收入2.9亿元。全年培训农民2865人。安置异地搬迁农户2000人。稳步推进“一村一品”培育，新增专业特色村12个。全力推进有机农产品培育认证，新增有机农产品认证（含转换证书）18个。

三、工业和建筑业

全年完成工业增加值121.16亿元，按可比价格计算，比上年增长6.2%。规模以上工业完成总产值352.89亿元，增长3.6%，其中，重工业256.97亿元，增长1.2%；轻工业95.92亿元，增长10.6%。实现工业销售产值338.31元，增长2.2%，产销率达到95.87%。全年完成工业出口交货值27.29亿元，下降10%。

年末，全市共有规模以上工业企业单位280家，其中，主营业务收入亿元以上的企业达到84家，增加4家；大中型企业25家，增加2家。

在规模以上工业中，化学原料和化学制品制造业完成产值40.32亿元，增长0.7%；非金属矿物制品业产值17.6亿元，下降5.6%；电气机械和器材制造业产值92.71亿元，下降0.5%；木材加工和木、竹、藤、棕、草制品业产值51.28亿元，增长5.2%；农副食品加工业产值18.94亿元，增长6.4%；金属制品业产值17.43亿元，下降1.93%；电力、热力生产和供应业产值14.82亿元，增长16.1%。

建材行业中水泥产量767.03万吨，比上年增长2.9%；纺织、服装类产品中纱产量10150吨，增长4.7%；服装产量146万件，下降9.9%。

全年全社会用电量21.92亿千瓦时，比上年增长4.1%。其中，工业用电量15.18亿千瓦时，下降1.0%。

全年规模以上工业企业实现利税总额28.92亿元，比上年增长9.8%，其中利润总额19.61亿元，增长17.0%。

全年建筑业实现增加值13.87亿元，按可比价格计算，比上年增长2.6%。全市62家纳入建筑业统计范围的资质建筑业企业，年末从业人员2.52万人。全年建筑企业施工面积517.23万平方米，房屋竣工面积199.38万平方米。

四、固定资产投资和房地产业

全年固定资产投资191.62亿元，比上年增长 11.1%。其中，第一产业投资 5.52 亿元，增长 24.9%；第二产业投资 88.72 亿元，下降 0.6%；第三产业投资 97.38 亿元，增长 23.5%。民间投资 125.66 亿元，下降 1.8%。

在工业投资中，制造业完成投资 78.7 亿元，比上年增长 5.1%，其中，木材加工业投资 14.53 亿元，增长 25.1%；金属制品业投资 4.42 亿元，下降 14.7%；化学原料及化学制品业投资 6.78 亿元，下降 4.6%；工业技术改造投资 74.7 亿元，增长 14.5%。

全市基础设施投资 76.37 亿元，比上年增长 30.4%。其中，交通运输、仓储和邮政业投资 5.58 亿元，下降 3.2%；水利、环境和公共设施管理投资 55.2 亿元，增长 49.2%；电力、燃气及水的生产供应业投资 10.02 亿元，下降 19.6%；教育设施投资 3.3 亿元，增长 94.9%；文化艺术业投资 1.19 亿元，增长 74.2%。

全市房地产开发投资 17.26 亿元，比上年下降 7.5%。房地产开发施工面积 143.78 万平方米，增长 17.2%；竣工面积 77.87 万平方米，增长 227.9%；商品房销售面积 48.89 万平方米，增长 56.0%，其中住宅 30.4 万平方米，增长 39.6%，商业营业用房 4.42 万平方米，增长 324.0%。商品房实际销售额 27.86 亿元，增长 37.0%，其中住宅 21.56 亿元，增长 29.6%。

五、国内贸易

全年社会消费品零售总额 113.76 亿元，比上年增长 11.9%。其中限额以上消费品零售额 24.22 亿元，增长 18.1%；限额以下消费品零售总额 89.54 亿元，增长 10.3%。按销售单位所在地分，城镇限额以上消费品零售总额为 20.43 亿元，增长 15.1%；乡村限额以上消费品零售总额为 3.79 元，增长 37.4%。按消费形态分，餐饮收入限额以上消费品零售总额为 1.05 亿元，增长 0.9%；商品零售限额以上消费品零售总额为 23.17 亿元，增长 19.0%。

全市共有成交额超亿元的各类市场 3 个，实现成交额 46.65 亿元，比上年减少 4.72%。

六、对外经济

全年进出口总额 68066 万美元，比上年下降 2.6%，其中出口总额 65512 万美元，下降 2.1%。

全市有出口实绩的企业达 172 家，比上年增加 9 家，其中当年新启动出口业务企业 31 家。出口额在 100 万美元以上的企业有 73 家，比上年增长 10 家，其中，300 万美元以上的企业有 43 家，1000 万美元以上的龙头企业有 17 家。

全年新批三资企业 1 家，合同利用外资 201 万美元，实际利用外资 764 万美元。

七、交通、邮电和旅游业

全年完成交通运输和邮政业增加值 9.85 亿元，按可比价格计算，比上年增长 4.1%。

全年各种运输方式完成货物运输量 2882.32 万吨，其中：铁路 48.32 万吨；公路 2834 万吨，增长 11.6%。

全年各种运输方式完成旅客运输量 1102.93 万人，其中：铁路 112.76 万人，增长 22.1%；公路 990 万人，增长 6.6%。

全市机动车保有量为 101948 辆，其中民用汽车 79185 辆，挂车 832 辆，摩托车 21931 辆，摩托车比上年下降 41%。

年末全市各类公路里程 1838.73 公里，其中一级以上公路里程 173.63 公里，高速公路里程 76.28 公里。

全年完成电信业务收入 2.82 亿元，比上年增长3.6%；年末固定电话用户达6.74万户，下降16.4%；年末移动电话（通话）用户达57.5万户，增长0.3%；国际互联网用户数（不含手机）11.82万户，增长14.8%。

全年旅游总收入76.42亿元，比上年增长25.2%。其中，接待国内旅游者1244.19万人次，增长22.8%；国内旅游收入75.49亿元，增长25.8%。全年入境的旅游者38234人次，在入境的旅游者中，外国人14809人次，香港、澳门和台湾同胞23425人次。国际旅游外汇收入1643.34万美元。全市拥有旅游星级宾馆饭店8家，客房总数819间。

八、财政、金融和保险

全年实现财政总收入24.1亿元，比上年下降0.9%，其中公共财政预算收入15.9亿元，增长2.2%。在主体税种中，受“营改增”影响，营业税（地方部分）下降40.1%，增值税（地方部分）增长2.9%，企业所得税（40%）、土地使用税分别增长5.4%、14.0%。全年财政支出42.00亿元，比上年增长10.4%。

年末金融机构本外币存款余额398.11亿元，比上年末增长13.2%，本外币贷款余额302.3亿元，比上年末下降2.8%。年末金融机构人民币存款余额394.51亿元，比上年末增长12.8%，其中，住户存款246.04亿元，非金融企业存款62.59亿元，广义政府存款85.16亿元；年末人民币贷款余额302.27亿元，比上年末下降2.7%。

全市全年保费收入10.16亿元，增长8.3%。其中：寿险保费收入5.85亿元，增长13.2%；财产险保费收入4.3亿元，增长2.2%。

九、教育和科学技术

全市现有普通高中7所，在校生9413人。普通初中15所，在校生18166人。中等职业教育学校2所，在校生6295人。小学40所，在校生32677人。全市拥有幼儿园82所，在园幼儿15579人。

全市小学入学率、巩固率和升学率均为100%；初中入学率、巩固率均为100%；初中毕业升高中段的比例为97.0%，其中升入普通高中的比例为51.66%。

全市普通高中专任教师772人，初中专任教师1381人，小学专任教师1990人，幼儿园专任教师928人。

全市现有衢州市级以上高新技术企业62家，其中国家级高新技术企业23家。全年获得衢州市级以上科技进步奖7项。专利申请受理2021项，专利申请授权946项。

十、文化、卫生和体育

年末公共图书馆藏书量24.9万册。年末拥有文化馆（站）20个。广播综合人口覆盖率99.56%。有线电视用户16.73万户，其中，数字电视用户16.73万户，电视综合人口覆盖率99.56%。市档案馆馆藏档案全宗173个，共计111657卷、62582件。全年查阅档案3457人次，16323卷（件）次。

年末全市共有卫生机构213家，其中医院、卫生院25家。医疗卫生机构病床床位2175张。卫生技术人员2730人，其中，执业医师935人，执业助理医师142人，注册护士1036人。法定报告传染病发病率为310.24/10万，全市农村安全卫生饮水人口覆盖率99.55%，农村卫生厕所普及率96.16%。

全年举办市级各类体育竞赛活动54次，29672人次参加。在全省及以上各类体育比赛中，全市共获金牌21枚、银牌24枚、铜牌

32 枚，其他名次奖 117 个。

十一、人口、人民生活和社会保障

全市年末户籍人口 61.4 万人，其中，男性人口 31.52 万人，女性人口 29.88 万人，分别占总人口的 51.3%和 48.7%。全年出生人口 7472 人，出生率为 12.17‰，死亡人口 3516 人，死亡率为 5.73‰，与 2015 年相比，2016 年全市出生率上升 0.78 个千分点，死亡率下降 12.34 个千分点，自然增长率上升 6.44 个千分点，变动相对较大。

全市城镇常住居民人均可支配收入 38080 元，比上年增长 9.4%；全市农村常住居民人均可支配入 19956 元，比上年增长 8.9%。城镇居民人均生活消费支出 19280 元，比上年增长 7.5%；农村居民人均生活消费支出 13450 元，比上年增长 7.6%。居民家庭恩格尔系数（即食品消费支出占消费总支出的比重），城镇为 32.3%，农村为 36.3%。城镇居民人均住房建筑面积 45.9 平方米，农村居民人均住房面积达 80.5 平方米。

全市参加城镇基本养老保险人数为 38.15 万人，其中：职工基本养老保险人数为 13.64 万人，居民基本养老保险参保人数达到 24.51 万人；城镇基本医疗保险参保人数为 56.08 万人，其中，职工基本医疗保险人数为 10.42 万人。工伤保险、生育保险、失业保险参保人数分别达 6.97 万人、5.05 万人、4.78 万人。年末享受失业保险职工人数为 274 人。

全市有各类社会养老机构 29 个，拥有床位 3472 张，年末在院人数 1880 人。农村五保人员集中供养率达 97.1%，城镇“三无”对象集中供养率达 100%。年末全市城镇居民和农村居民最低生活保障已保人数分别为 883 人和 18636 人。

十二、资源、环境和社会公共安全

初步预计，2016 年全市万元 GDP 综合能耗下降率为 5%左右，单位工业增加值能耗下降率为 13.3%。

污染减排和专项整治取得明显成效。列入年度减排计划的重点减排项目、措施基本实施到位，推进第二污水处理厂纳管到户工程，完成乡镇污水处理站一级 A 提标改造工程，完成 22 个农村生活污水单体处理设施建设并投入运行，完成虎霸电厂脱硝改造工程，完成黄标车淘汰年度任务，完成农业减排治理项目。全面推进治水治气治废等重点整治工作，开展江东工业园雨污分流大整治、峡口、四都乡镇功能区整治，“低小散”企业专项整治，畜禽养殖专项整治；开展涂装、印刷、木业等重点行业 VOCs 废气整治、烧结砖瓦企业污染整治、餐饮油烟污染整治、水泥行业废气清洁排放改造及无机化学工业废气提标改造；开展固体废物、危险废物专项整治。

2016 年建设项目环评和“三同时”执行率达到 100%，工业危险废物无害化处理率 100%。城区空气质量良好率 88.3%，出境水质达标 98.4%，集中式饮用水源水质达标率达到 100%。

累计完成清洁生产审核企业 65 家。全市累计有 10 个乡镇获得国家级生态乡镇称号，16 个乡镇获得省级生态乡镇称号。累计创建省级绿色企业 11 家，省级绿色饭店 3 家，省级绿色家庭 24 户，省级绿色学校 21 所，省级生态教育示范基地 2 个，省级生态文明教育基地 5 个。

全年共发生各类事故 46 起，其中，受伤

20人，死亡33人，直接经济损失127.2万元。在各类事故中，工矿商贸企业共发生事故3起、死亡3人、直接经济损失75万元；道路交通共发生事故43起、受伤20人、死亡30人、直接经济损失52.2万元。

十三、城市建设

全市建成区面积17.5平方公里，人均城市道路面积23.39平方米。年末拥有出租车100辆。全年供水总量1267.72万立方米，人均日生活用水量143.48升，用水普及率100%。市区用气人口15.4万人，燃气普及率100%。市区污水处理厂1座，日污水处理能力4万立方米，污水处理率为95.42%，生活垃圾无害化处理率100%。建成区绿化覆盖率41.2%，建成区绿地率39.08%，人均公园绿地面积12.27平方米。

注：

1. 本公报数据为年度初步统计数据。

2. 全市生产总值和各产业增加值绝对数按现行价格计算，增长速度按可比价格计算。

3. 人口数为公安部门统计的户籍人口数。

4. 规模以上工业统计标准为年主营业务收入2000万元以上工业企业；固定资产投资统计标准为计划总投资500万元以上项目。

5. 资料来源：

本公报中，新增就业人口、失业人员再就业、社会保障方面等数据来自市人力资源和社会保障局；造林面积方面数据来自市林业局；农村建设数据来自市农办；全年生产电量来自市供电公司和市水利局；全社会用电量、工业用电量数据来自市供电公司；对外经济数据来自市商务局；车辆拥有量数据来自市交警大队；旅游数据来自市旅游局；财政数据来自市财政局；金融数据来自人民银行江山支行；教育数据来自市教育局；科技方面数据来自市科技局；图书馆藏书、文化站数据来自市文广新局；有线电视方面数据来自市广播电视总台；档案方面数据来自市档案局；卫生方面数据来自市卫计局；体育竞赛活动方面数据来自市体育局；人口数方面数据来自市公安局；养老机构、床位数方面数据来自市民政局；环境数据来自市环保局；社会公共安全数据来自市安监局；城市建设数据来自市城建局；电信业务、保费收入、交通运输客运量、货运量、公路里程等数据来自衢州市统计局；其他数据来自市统计局。

中共江山市委员会

综　述

2016 年，中共江山市委在浙江省委、衢州市委的正确领导下，全面贯彻落实中共十八大、十八届三中、四中、五中、六中全会和习近平总书记系列重要讲话精神，坚持以五大发展理念为指导，以推进全民创业创新为主抓手，努力践行“两山”理念，深入实施“两轮驱动”发展战略，带领全市上下攻坚克难、真抓实干，有效保持经济社会平稳健康持续发展，推动各项工作继续走在衢州前列。

【发展方向进一步明晰】 始终保持加快发展的决心和定力不动摇，积极应对经济发展新常态，认清形势、找准定位、厘清思路、明晰方向、接续创业，努力探索一条符合江山实际的科学发展道路。召开市委十三届十次全会，在回顾总结江山市“十二五”时期取得的主要成绩基础上，认真研判新的发展机遇，审议通过《中共江山市委关于制定我市国民经济和社会发展第十三个五年规划的建议》；明确“十三五”时期，全市将努力践行五大发展理念，着力干好工业强市建设、城北新城建设、国家AAAAA 级景区及全域旅游示范区创建、省美丽乡村示范县创建和重大项目建设等“五件大事”，全力推动全市经济实力更强、生态环境更美、人民生活更好、开放水平更高、治理体系更优。立足江山产业现状和资源禀赋，始终把发展更高能级工业和更高水平旅游业作为实现江山加快发展必须长期坚持的主攻方向。召开全市工业发展大会，出台《关于实施创新驱动加快工业转型发展的若干意见》《关于培育工业龙头企业和单打冠军企业的实施意见》等工业新政，力争在产业提升、企业培育、创新能力、工业投入和平台建设等五个方面力求实现重大突破，加快江山工业经济转型跨越发展；召开全市旅游发展大会，明确旅游发展方向和思路，力争到 2017 年成功创建国家全域旅游示范区，到 2020 年把旅游业打造成为国民经济战略性支柱产业，建成全国一流休闲旅游目的地。召开市第十四次党代会，选举产生了新一届市委领导班子，以打造更具竞争力的产业发展系统、更具亲和力的城乡人居系统、更具生命力的自然生态系统、更具推动力的社会人文系统、更具创造力的干事创业系统等“五大系统”为重点，全力以赴落实好推进工业强市建设、深化全域旅游发展、建设高品质美丽江城、建设高标准美丽乡村、建设高水平美丽生态、加快重大项目推进、提升民生福利水平、冲刺平安建设“争金夺银”、全力推进各项改革落地、优化创业创新发展环境等“十大任务”，实现决胜全面小康，打造活力城市，推进幸福江山建设向更高层次迈进的奋斗目标。

【经济发展稳步提升】 全年实现地区生产总值277.3亿元，同比增长7.5%；财政总收入24.1亿元，与去年基本持平，一般公共财政预算收入15.9亿元，同比增长3.3%；社会消费品零售总额113.76亿元，同比增长11.9%；外贸进出口总额7.5亿美元，同比增长8.7%。工业强市建设不断深入，明确重点培育输配电、门业、大健康“三大百亿”产业，制定出台创新驱动加快工业转型发展、培育工业龙头企业和单打冠军企业的扶持政策，全年实现规上工业总产值352.9亿元。欧派门业成功登陆A股市场，成为全国木门业的“第一股”；开展“暖企”行动，健全完善工业企业帮扶机制。旅游富民步伐加快，全年接待游客1244万人次，旅游经济总收入75.5亿元，分别增长23%和25%；江郎山游客中心启动运行，200辆新能源汽车投入使用，江郎山·廿八都成功创建国家级AAAAA景区，国家全域旅游示范区创建工作扎实推进；成功举办全球户外休闲旅游大会·江山峰会、江山100国际越野跑以及承办全国新年登高等重大活动，谋划启动了最江南、月亮湖运动休闲基地等一批重大项目建设。深化农业“两区”建设，累计建成粮食生产功能区14万亩，提升省级现代农业综合区5.27万亩；着力构建粮食、蜜蜂、茶叶、食用菌、畜禽及新兴产业“5+X”农业产业体系；荣获2016年度“全国十大魅力茶乡”、省级农产品质量安全追溯示范县、省级农产品质量安全放心示范县等荣誉称号。大力发展电子商务，加快发展现代物流业，鼓励发展商贸商务业，完成服务业增加值99亿元，成功争列省服务业强县试点；市电子商务产业园正式开园，阿里巴巴江山产业带入驻企业增至352家，健康峰业、宝格商贸、思远贸易三家企业成功获评省第一批AAAA级电子商务企业；健康蜂业获评省农村电商龙头企业。全年完成固定资产投资191.6亿元，同比增长11.1%，“四大百亿”工程累计实施130项，完成投资76.4亿元，26个项目入选省级重点项目盘子；持续开展第二届项目谋划大赛和项目落地攻坚行动，大力推进江商回归，新成立重点城市异地商会15个，总数达到23个，招商引资工作考核位列衢州市首位，全年共引进项目267个，协议总投资228.2亿元，实际到位资金48.9亿元，健盛产业园、欧派产业园成功落地；有效吸引优质社会资本参与峡口水库引水工程、锦绣江山外国语学校等项目建设，被评为省级PPP项目示范县。

【城乡事业协调发展】 致力于统筹推进中心城区与小城市、中心镇、重点特色乡镇以及中心村建设，促使城乡建设在一体化进程中呈现新面貌。城北新城加快建设，火车站站前广场及配套、锦绣江山外国语学校等项目推进迅速，城北菜场、城北小学一批商贸服务、公建配套设施建成投用；完成城区主要入城口整治提升，打造西山生态休闲区、“一江两带”一批城市景观，建设城市绿道8公里；全国卫生城市创建顺利通过国家级暗访，城市综合管理能力有效增强。小城镇环境综合整治扎实推进，全市乡容镇貌、集镇秩序明显改观；峡口荣膺全国生态文明先进乡镇，凤林光谷小镇列入省特色小镇，新塘边、廿八都成功创建省首批美丽乡村示范镇；石门、保安等一批特色乡镇风貌初步展现。积极探索出低成本可复制、乡土化可操作、长效化可坚持的美丽乡村“江山样本”，累计创建中国幸福乡村 117 个，建成省级美丽宜居示范村 17 个、省级美丽乡村特色村 5 个、衢州市美丽乡村精品村 29 个，成功打造了秀美耕读、大陈古村、保安龙井等一批精品乡村休闲旅游基地，推出 6 条乡村休闲旅游精品线路，荣膺全省首批 6 个美丽乡村示范县之一。

【生态环境展现新优势】 坚定不移践行“两山”理论，持续打好转型升级“组合拳”，推进生态环境综合治理，确保人民群众坐拥绿水青山，共享“绿色福利”。全年完成拆违 113.9 万平方米、“三改”220.6 万平方米，成功创建省基本无违建市；积极推动河长履职长效化，完成清淤除污 108 万立方米，黑臭河、垃圾河全面消除，关停复养反弹猪场、“低小散”养殖户 720 个，江山港出境水水质持续达到二类水质标准，生猪养殖“4+1”管控模式在全省推广，捧得“五水共治”大禹鼎；高铁公路沿线、河道景区周边乱搭乱建、绿化缺失等现象基本消除。大力推广“生态+”模式，光伏新能源、生态农业、生态旅游等一批绿色新兴产业蓬勃发展，同景农光互补模式成为全国新能源行业标杆；万元 GDP 能耗累计下降 29.1%，获评省清洁能源示范市和省级环保模范城市。城乡生态基础设施不断完善，鹿溪污水处理厂实现提标改造，贺村污水处理厂顺利投运，实施农村生活污水治理工程 275 个，176 个村实施垃圾分类处理；扎实推进七大重点行业专项整治污染治理，落实污染源双随机抽查制度和环境违法黑名单管理制度；持续开展“清洁家园”运动，生态文明理念渐入人心。

【民生福祉持续增进】 坚持民生优先导向，推动民生事业加快发展，维护和谐稳定的社会局面。城乡居民养老保险、医疗保险参保率基本达到 100%，低保标准、救助水平逐步提高；2016 年，城镇居民人均可支配收入 38080 元，农村居民人均纯收入 19956 元，同比分别增长 9.4%和 8.9%，“4600 元以下”贫困现象全面消除；“学在江山”教育品牌全面打响，学校布局调整基本到位，高考再创历史性佳绩，成功牵手杭州学军中学，教育质量稳步提升；公立医院改革、基层医疗卫生机构补偿机制试点、“双下沉，两提升”等医药卫生体制改革取得新突破，医疗服务能力不断增强；构建现代公共文化服务体系，大力推进农村文化礼堂建设和村歌文化事业发展，累计建成文化礼堂 130 多家，“江山村歌”走进北京人民大会堂，并入选 G20 杭州峰会国礼。扎实推进社会治理综合指挥平台建设试点工作，“平安江山”建设实现“六连冠”，捧得省平安县“铜鼎”；信访维稳扎实有效，圆满完成 G20 维稳安保任务；“六五”普法全面完成；荣获第五次“全国双拥模范城”，实现“省级双拥模范城”八连冠。

【改革创新活力加倍释放】 坚持问题导向，坚定不移地将全面深化改革推向深入，着力破除制约全民创业创新的体制机制障碍。江山经济开发区顺利实现“三区合一”，成功组建旅游发展公司、水务集团、综合行政执法局；全面深化行政审批制度改革，推进“四张清单一张网”，成立开发区企业服务中心，深化“店小二”项目服务，构建高效运转的项目审批运行机制；农村土地确权登记颁证全面推进，不动产统一登记全面实施。成功举办第二届“5·18”全民创业创新日活动和首届创业创新大赛。创业创新综合服务平台趋于完善，创设科技创新创业园、电商产业园，设立产业发展基金和科技创新创业基金；全市新增各类市场主体4650家，增长13.6%；制定出台企业实用人才队伍建设、加快人才集聚促进创业创新等人才招引、培养政策，促进各类创业创新要素向江山集聚和融合，评选第二届“全民创业创新十大先锋”；积极开展“机器换人”“四换三名”工程，工业技改投资占工业投资比重高达77.8%。新增省级以上改革试点项目14个，成功争取国家知识产权试点城市、省“两化”深度融合国家综合性示范区等重大试点项目，召开全省基层宣讲工作暨宣讲进文化礼堂经验交流会、省美丽庭院创建工作推进会等多个改革试点现场会，在省美丽乡村和农村精神文明建设会议、省推动监督执纪“四种形态”会议、省基层医疗卫生补偿机制试点工作介绍会等多个现场会作典型发言，20多个改革创新项目被《人民日报》《浙江日报》等新闻媒体宣传报道。

【党的建设全面加强】 突出以全面从严治党为主线，切实为全市经济社会发展筑起坚强保障。通过创新运用“九问一评”“三寻一补”“两学两比”等学习模式，进一步锤炼全市党员干部的党性修养；开展“党员五带头”亮身份系列行动，引导广大党员干部带头抓项目、抓推进，全力以赴对标赶超、晋位争先；突出以巡视整改为契机，专项整治为官不为、为官乱为等问题。以“党建5+”为统领，开展基层党建“整乡推进、整县提升”工作和两新党组织“双覆盖”行动，有效提升基层履职服务功能，推动基层组织全面过硬；坚持正确选人用人导向，顺利完成市、乡、村三级领导班子换届，提拔重用53位在“拆治归”、项目推进、维护稳定等重点工作中敢担当、肯负责、有成绩的好干部，进一步优化和配强领导班子和干部队伍；实行分层分类干部培养“511”工程，有效激发党员干部的干事创业热情。全面落实党风廉政建设“两个责任”，大力推进纪检监察体制改革，市纪委派驻机构实现全覆盖；坚持挺纪在前、执纪从严，积极践行监督执纪“四种形态”，严格落实中央八项规定精神、省委“六个严禁”等作风纪律；广泛开展自查自纠，认真解决损害群众利益的突出问题，始终保持整治腐败高压态势，累计开展监督检查1507次，发现问题993个，问责188人，确保正风反腐震慑常在、利剑高悬。

在江山召开的省、市重要会议和开展的重大活动

【2016全国新年登高健身大会】 1月1日，“中国体育彩票”2016全国新年登高健身大会在江山市江郎山景区倒映湖广场隆重开幕。国家体育总局党组书记、局长刘鹏，国家体育总局办公厅主任倪会忠，国家体育总局政法司司长刘岩，中央纪委驻体育总局纪检组副组长、监察局局长施泽华；浙江省副省长郑继伟，省政府副秘书长李云林，省体育局局长孙

光明；衢州市委书记陈新，衢州市委常委、秘书长李锋，衢州市副市长陈锦标；奥运冠军周苏红、孟关良等出席开幕式。江山市委书记吕跃龙主持，叶美峰等市四套班子领导参加。全国新年登高活动是国家体育总局主推的传统全民健身品牌活动，已连续举办了20年。2016年的新年登高健身大会覆盖全国30个省市区，设有72个活动地点，参与人数超百万。大会设浙江江山和北京八达岭为南北中心会场，是营造全民支持北京2022年冬奥会和杭州2022年亚运会启动遥相呼应的活动。

【省委第一巡视组巡视江山市情况反馈会】 2月17日，经省委同意，省委第一巡视组向江山市反馈巡视情况。省委巡视工作领导小组办公室负责人传达省委书记夏宝龙关于巡视工作讲话精神，省委第一巡视组组长周益扬代表巡视组向江山市领导班子进行了反馈，省委巡视工作领导小组办公室负责人和衢州市委常委、纪委书记李伯来先后对落实巡视反馈意见的整改工作提出要求，吕跃龙主持会议并作表态发言。周益扬强调，江山市委要严格按照中央和省委要求，坚持全面从严治党，认真落实主体责任，高度重视巡视反馈意见，对巡视指出的问题，要认真研究分析、分门别类处理。主要负责人要切实担负起第一责任人的责任，抓早抓小，抓好班子，带好队伍；对巡视整改落实情况，要以适当形式向社会公开，接受干部群众的监督，省委巡视工作领导小组将适时组织开展监督检查。李伯来在讲话中对江山市提出要求，要认真贯彻落实好省委书记夏宝龙、省委巡视工作领导小组指示精神，把整改工作作为当前一项重要任务，抓严、抓实、抓具体、抓出成效。要强化责任担当，切实把整改工作落实到位；要勇于动真碰硬，切实把反馈问题解决到位；要健全长效机制，切实把巡视成果运用到位。吕跃龙表态时说，全市各级各部门要深化思想认识，把抓好巡视问题的整改作为当前一项重要政治任务，以最坚决的态度、最有力的措施、最果断的行动，把整改工作牢牢抓在手上。要立即行动起来，切实做到立说立行、即知即改，坚持从根源上剖析、从要害处发力，不折不扣落实好整改任务。要抓住整改契机，自我加压、从严要求，坚决落实党风廉政建设“两个责任”，坚决把纪律和规矩挺在前面，坚决防止“四风”问题反弹回潮，不断提高管党治党水平。

【2016 全球户外休闲旅游大会·江山峰会】 3月12日，2016全球户外休闲旅游大会·江山峰会在江山市隆重召开。市委书记吕跃龙会见前来参会的法国驻成都总领事馆副领事、阿尔卑斯——四川山地旅游开发合作处负责人、国际户外专家高宁一行。江山市领导叶美峰、毛江妹、王水亮、舒畅，以及部分省市区旅游局、体育局领导，主流媒体代表，赛事机构及行业领先的户外俱乐部、跑团等团体代表参加会议。吕跃龙指出，法国阿尔卑斯山区的户外运动发展历史悠久，已经积累许多宝贵的经验；期待通过此次峰会，双方能够进一步加深了解、增进友谊、加强合作，在实现互利共赢、促进共同发展上有新突破，更好地推动户外休闲旅游产业发展；希望参会嘉宾在江山尽情享受户外运动，静心领略山水美景，充分体验风土人情。会上，与会人员围绕中国户外休闲产业发展及目的地全域旅游发展这一主题进行了研讨。中国旅游研究院专家以及国际户外专家高宁、互联网+体育中国会秘书长纪宁、

中华户外网 CEO 张海峰分别作题为《谁来保障我们撒欢儿的权利》《欧洲山地户外休闲旅游产业介绍》《中国体育产业大数据》《中华户外网与中国户外休闲产业共成长》的精彩报告。

【《那里有个名叫江山的地方》歌曲提升宣传推广座谈会】 4月7日下午，《那里有个名叫江山的地方》歌曲提升宣传推广座谈会召开，来自全国各地的一级作曲家、导演为推广提升歌曲和宣传推介江山献计献策。省人大常委会副主任毛光烈，江山市领导吕跃龙、毛江妹，著名词曲作家、音乐制作人陈越，著名女歌手龚玥等参加。毛光烈指出，江山市要继续深入挖掘歌曲内涵，丰富宣传载体和形式，最大程度发挥歌曲作用，让美丽的江山家喻户晓、深入人心。要依托村歌文化的良好基础，大力推进乡村音乐产业发展，努力将江山打造成为中国知名的乡村音乐创作、制作、传播基地。要积极弘扬传统文化，扩大群众文化共享，让乡村歌曲成为推动美丽乡村和健康中国建设的强大力量。

【2016年全国男子举重锦标赛暨里约奥运会选拔赛】 4月15—19日，中国·江山“江郎山杯”2016年全国男子举重锦标赛暨里约奥运会选拔赛在江山市举行。国家体育总局举摔柔运动管理中心举重部部长钱光鑑，省体育局副局长吕林，衢州市副市长陈锦标，江山市领导吕跃龙、叶美峰等以及全体参赛运动员、教练员和裁判员等参加。本次比赛共产生24枚金牌，打破3项全国纪录，打破世界纪录3项。

【全省基层宣讲工作暨宣讲进文化礼堂经验交流会】 6月17—18日，全省基层宣讲工作暨宣讲进文化礼堂经验交流会在江山举行。省委宣传部常务副部长胡坚，衢州市委常委、宣传部部长诸葛慧艳，江山市委书记领导吕跃龙以及部分市、县（市、区）宣传系统负责人等参加。胡坚强调，要深刻认识基层宣讲工作面临的新形势新任务，长期坚持并与时俱进、不断完善。要强化责任担当意识，突出抓好中共十八大以来党中央治国理政新理念新思想新战略的宣讲，大力开展“两学一做”学习教育的宣讲；持续推进社会主义核心价值观的宣讲。要扎实推进宣讲服务进农村文化礼堂，积极创新宣讲的形式与手段，建立健全宣讲的队伍与机制，及时传递党委、政府的声音。吕跃龙在介绍江山市工作时指出，将认真贯彻会议精神，学习借鉴兄弟县（市、区）的先进经验和做法，着力补齐工作短板，不断增强基层理论宣讲工作的针对性和实效性。

【2016全国重阳登高健身大会】 10月9日上午，2016全国重阳登高健身大会在江山隆重开幕。中国奥委会原副主席、中华全国体育基金会理事长吴齐，国家体育总局登山运动管理中心主任、中国登山协会主席李致新，中国老年人体协副主席盛志国，国家体育总局办公厅副主任、中华全国体育总会副秘书长梁纯，国家体育总局登山管理中心副主任、中国登山协会副主席王勇峰，省体育局副局长李华，衢州市副市长陈锦标，江山市领导叶美峰、舒畅等出席。

【衢州市四季度重大项目集中开工活动】 10月21日，衢州市四季度重大项目集中开工活动在江山市欧派产业园项目现场举行。衢州市委副书记、市长杜世源宣布开工，衢州市领导傅根友、赵建林、俞顺虎、毛建民、朱建华、马梅芝、汤飞帆、陈锦标、陈建良，衢州市政府秘书长金明，江山市叶美峰等市四套班子领导参加。参加本次集中开工活动的项目共158个，总投资334亿元，计划完成季度投资49亿元。

【全省美丽庭院创建工作推进会】 10月31日至11月1日，全省美丽庭院创建工作推进会在江山召开。省妇联主席劳红武，省农办副主任严杰，省妇联副主席张丽萍，衢州市委副书记江汛波，江山市领导叶美峰、舒畅等参加。劳红武强调，要深化创建意识，把各项工作落实落细落小在家庭中，不断提升群众的获得感、满意度；要突出创建目标，扩大覆盖、完善机制、丰富内涵、深化融合，确保千家万户的庭院共同美；要创新创建载体，改善工作方法、建立长效管理，保障美丽庭院持久美；要强化领导，完善组织领导体系，建立考评激励政策，力争美丽庭院创建工作取得新突破。严杰在讲话时要求，要紧跟迈向全面小康、打造美丽乡村、继续走在前列的时代步伐，把握美丽庭院创建的新机遇；要拓展美丽延伸，注重与乡愁风俗、生态自然、文化创意的融合，提升美丽庭院创建的新品质；要勇于创新实践，坚持规划引领、典型示范、产业带动，探索美丽庭院创建的新路径；要擦亮品牌窗口，彰显美丽庭院创建的新成效，让美丽庭院成为展示美丽乡村升级版的重要窗口。

【MaXi－Race China 江山100国际越野跑】 11月26日，MaXi－Race China 江山100国际越野跑在江郎山—廿八都景区隆重开跑。市委书记吕跃龙，市委副书记、代市长舒畅出席颁奖仪式。吕跃龙指出，此次活动的举办将有力推动越野跑赛事及 MaXi－Race 在中国的发展，提升江山城市形象和旅游知名度。江山市将以此次活动为契机，坚持赛事扬帆、节会为媒，继续引进、承办一批高水平的国内外赛事活动，打响“旅游＋体育”品牌，加快建设全国首批全域旅游示范区，打造全国知名休闲旅游目的地。

市委召开的重要会议

【市委十三届十次全体（扩大）会议】 1月15日，市委召开十三届十次全体（扩大）会议，深入贯彻落实中共十八届五中全会、中央经济工作会议、省委十三届八次全会和衢州市有关会议精神，回顾总结江山市“十二五”时期取得的主要成绩，认真分析和研究经济发展新常态下面临的机遇与挑战，科学谋划“十三五”时期经济社会发展总体目标与思路，动员全市广大党员干部群众，践行五大发展理念，推进全民创业创新，为高水平全面建成小康社会而努力奋斗。市委常委会主持会议，市委书记吕跃龙代表市委常委会向全会作工作报告。全会审议通过《中共江山市委关于制定我市国民经济和社会发展第十三个五年规划的建议》。全会指出，过去五年，是江山发展质量最好、生态环境改善最大、人民幸福指数提高最快的时期之一，实现了“十二五”时期确定的主要目标和任务。全会强调，要努力践行创新、协调、绿色、开放、共享五大发展理念，主动适应新常态、引领新常态，始终突出加快发展第一要务、开放创新第一动力、主体培育第一任务、生态文明建设第一优势、维护稳定第一责任、党的建设第一保障，聚焦工业新城建设、城北新城建设、省级美丽乡村示范县创建、江郎山——廿八都 AAAAA 景区创建以及城乡基础设施建设等事关江山长远发展的大事要事，大力推进全民创业创新，确保与全省同步高水平全面建成小康社会，加快建设幸福江山，全力打造华东地区最具活力城市。

【全市机关干部大会暨招商引资工作动员会】 2月15日，江山市召开机关干部大会暨招商引资工作动员会。市委书记吕跃龙作重要讲话。市委副书记、市长叶美峰主持，毛江妹、王水亮、舒畅等市四套班子领导参加。吕跃龙强调，全市各级各部门要进一步提高抓好招商引资工作的意识和能力，以虎口夺食的劲头，突出“快、准、狠”，全力以赴抓紧、抓实、抓好、抓出成效；要解放思想打好观念牌，进一步开放思维、开拓思路、开阔眼界；要聚焦中心打好产业牌，加快一批产业重点项目落地；要畅通联系打好亲情牌，持续深化江商回归工程；要优化环境打好服务牌，着力优化平台环境、服务环境、社会环境；要激发活力打好机制牌，建立健全行之有效的服务机制。

【全市农村工作会议暨创建省美丽乡村示范县动员大会】 3月8日，全市农村工作会议暨创建省美丽乡村示范县动员大会召开。市委书记吕跃龙在会上强调，要把握重点、力求实效，以决战的姿态全力以赴抓创建；要紧扣一个大目标，坚持全市域点、线、面统筹推进，确保成功创建省首批美丽乡村示范县；要打实一套组合拳，多管齐下推进生态环境优化提升，着力打造更加宜居宜业宜游的农村环境；要念好一本致富经，大力发展美丽经济，促进农民持续普遍较快增收。要奏响一部文明曲，坚持物质建设与精神文明两手抓，赋予美丽乡村内外兼修之美、古今融合之美；要牢固树立全市一盘棋理念，严格督考强落实，全力推进各项创建工作。吕跃龙与农办、大陈乡、保安乡、新塘边镇、廿八都镇签订创建省美丽乡村示范县“军令状”。邵晨曲就省委、省政府开展美丽乡村示范县创建作背景介绍，并围绕战略、目标、工作、问题以及考核五个方面要求作辅导解读。衢州市委副秘书长、市农办主任蒋国强应邀出席，叶美峰、毛江妹、王水亮、舒畅等市四套班子领导参加会议。

【全市工业大会】 3月30日，我市召开工业大会。市委书记吕跃龙在会上指出，工业兴则经济兴，工业强则江山强。全市上下要积极顺应经济新常态这一最大发展背景，遵循兴工强市这一最大发展逻辑，把握新旧动能转换这一最大发展机遇，进一步坚定信心和决心，全力以赴加快工业经济转型跨越发展；要在产业提升上实现重大突破，重点培育“三大百亿产业”；要在企业培育上实现重大突破，着力培育一批工业龙头企业、单打冠军企业和科技型、成长型企业；要在创新能力上实现重大突破，加快完善创新服务体系；要在工业投入上实现重大突破，千方百计扩大工业有效投资；要在平台建设上实现重大突破，理顺开发区职能和体制，进一步优化平台环境。叶美峰、毛江妹、舒畅等市四套班子领导参加，“十二五”时期制造业十大功勋企业家在主席台就座。

【重点建设项目“互看互学”第一次现场观摩及督查推进会】 4月13日，江山市举行重点建设项目“互看互学”第一次现场观摩及督查推进会。市委书记吕跃龙在会上强调，全市各级各部门要紧扣稳增长、调结构、促转型需求，上下同欲，大干快干，全力以赴推进重点项目建设，为实现“十三五”规划良好开局奠定坚实基础；要继续执行重大项目市领导挂帅作战工作机制，各级各部门要敢于担当，主动作为，确保项目顺利推进；要强化统筹保障，着力破除土地、资金等要素瓶颈；要围绕国家政策导向、重点投资方向，抢抓机遇，精准对接，谋划好交通、水利等重大基础设施项目，争取更多项目进入国家和省重点项目盘子，努力为“十三五”时期发展注入新动力、增添新活力。毛江妹、郑朝基、俞根君、郑国昌、章忠良、徐大清、巫小雄等项目挂帅领导参加。

【全市“两学一做”专题党课暨学习教育部署会】 5月9日，全市“两学一做”专题党课暨学习教育部署会举行。市委书记吕跃龙在会上讲专题党课。要求各级党组织和广大党员干部要坚持知行合一，把学习党章党规和习近平总书记系列重要讲话精神贯穿学习教育全过程，同做好改革发展稳定各项工作结合起来，同落实好本部门本单位的各项任务结合起来，做到“两手抓、两促进”；要力争“十三五”规划开好局、起好步，千方百计稳增长、调结构、促改革，全力以赴推动经济稳走向好，力争实现“半年红”“全年红”；要围绕“五件大事”，坚持问题导向，进一步补齐短板、扩大战果；要打赢服务保障G 20峰会这场硬仗，坚决守好浙江的西大门；要推进民生持续改善，不断增进全市人民福祉；要统筹推进基层组织建设，全面提升党建工作科学化水平。党委（党组）要扛起主体责任，领导干部要肩负起带头责任，职能部门要落实好具体责任，基层党支部要履行好直接责任，确保“两学一做”学习教育取得实实在在成效。叶美峰、毛江妹、舒畅等市四套班子领导参加会议。

【全市生猪复养反弹整治及规范化管理工作会议】 5月16日，江山市召开生猪复养反弹整治及规范化管理工作会议。市委书记吕跃龙在会上强调，要以最坚决的态度和决心，打赢生猪复养反弹整治及规范化管理攻坚战，履行好一江清水送出江山的庄严承诺。乡镇（街道）包括村一级组织要落实好属地管理主体责任，守土有责、守土尽责。相关部门要落实好监督管理责任，加强面上指导，加快推行“4＋1”监管模式；加强依法监管，依法查处各种违法行为；加强执纪问责，对相关责任人及时作出严肃处理。一级河长要落实好牵头抓总责任，协调解决一批流域环境污染问题。市委、市政府分管领导和市治水办要落实好统筹协调责任，协调推进各项治水工作，打赢生猪复养反弹整治及规范化管理攻坚战，确保不反弹、不反复。毛江妹、王水亮、舒畅等一级河长参加会议。

【杭长高铁江山段环境专项整治工作推进会】 5月17日，江山市连夜召开杭长高铁江山段环境专项整治工作推进会，迅速传达衢州市委书记陈新在杭长高铁衢州段环境专项整治领导小组第一次会议上的重要讲话精神。市委书记吕跃龙在会上强调，要用军令状的方式明确具体工作任务，以最高的标准、最快的速度、最大的力度推进杭长高铁环境整治提升工作；要立即行动起来，认真对照衢州市“八个严禁”的要求，全力以赴开展违法建筑、乱堆乱放、绿化缺失、青山白化、立面景观、企业内部环境、环境违法行为、废品收购站点、沿线景观节点等九大专项整治行动；要加强组织领导，联系市领导要当好“路长”，履行好牵头抓总职责，扎实做好措施落实、工作协调、问题督办等工作；乡镇（街道）、村（社区）要履行好整治主体责任，敢于担当、勇于破难，一项一项抓好落实；相关职能部门要加强监管、加强配合、加强服务，合力推进整治提升工作。要加强督查考核，及时交办问题，通报进展情况，严格执纪问责，督促各项整治任务落到实处。市领导俞根君、郑国昌、毛建华、王子平、宁晔、盛秋明等参加会议。

【庆祝中国共产党成立95周年大会】 6月30日，江山市隆重举行庆祝中国共产党成立95周年大会。市委书记吕跃龙在会上强调，当前，江山正朝着与全省同步高水平全面建成小康社会的宏伟目标大跨步前进，全市各级党组织和广大党员要更加清醒地认识到肩负的历史使命，深入践行“两学一做”学习教育，以更加坚定的信心、更加饱满的干劲、更加务实的作风，积极投身打造活力之城、建设幸福江山的新征程。要挺起理想信念“主心骨”，对党绝对忠诚，强化理论武装，继续发扬蛮拼精神，努力创造经得住实践、人民和历史检验的业绩。要立起纪律规矩“防火墙”，牢固树立党章意识、规矩意识、纪律意识，学党章、讲规矩、守纪律，带头在政治上讲忠诚、组织上讲服从、行动上讲纪律；要树起干事创业“风向标”，真抓实干，敢于担当，甘于奉献，做到特别能吃苦、特别能战斗、特别能奉献，真正将党员的先锋模范作用发挥出来，用自己的实际行动当好群众事业上的“领路人”。市委副书记、市长叶美峰主持，毛江妹、王水亮、舒畅等市四套班子领导出席大会。

【全市旅游产业发展大会暨国家全域旅游示范区创建动员大会】 7月14日，江山市召开旅游产业发展大会暨国家全域旅游示范区创建动员大会。市委书记吕跃龙在会上强调，推进全域旅游、促进旅游产业转型升级其时已至、其势已成，全市各级各部门要以志在必得的信心和决心，扎实推进全域旅游工作，确保2017年成功创建首批国家全域旅游示范区。要突出重点抓规划，改造提升中心城区，做大做强核心景区，加快建设美丽乡村“一县一带”，打造风情小镇，绘好一张全域旅游蓝图。抓短板，对标抓好整改提升，加快完善旅游交通网络，全力抓好旅游配套服务，打赢一场AAAAA创建硬战；抓融合，做特“旅游＋体育”，做深“旅游＋养生”，做好“旅游＋互联网”，做精一篇“旅游＋”文章。抓改革，建立协调机制，创新运行机制，搭建投融资平台，理顺一套旅游管理体制机制；抓建设，谋划储备大项目、好项目，加大招商引资力度，强化要素保障，推进一批旅游发展重大项目；全市上下要保持定力、上下协同，精细服务、提升品质，广泛发动、共建共享，崇尚实干、狠抓落实，立说立行、合力抓好全域旅游各项工作。叶美峰、毛江妹、王水亮、舒畅等市四套班子领导参加。

【市委十三届十一次和市十五届人民政府第十次全体（扩大）会议】 8月8日，市委十三届十一次和市十五届人民政府第十次全体（扩大）会议合并召开，深入学习贯彻习近平总书记系列重要讲话精神和省委十三届九次全会、衢州市委六届十次全会精神，研究部署补短板工作，审议通过《中共江山市委关于补短板的若干意见》，动员全市上下进一步统一思想，聚焦“五件大事”，扬长避短、扬长克短、扬长补短，努力补齐制约江山发展最关键、百姓需求最迫切、今后五年必须突破的“八块短板”，全面完成“十三五”规划确定的各项目标任务，确保如期高水平全面建成小康社会。会议由市委副书记、市长叶美峰主持，市委书记吕跃龙作工作报告。全会强调，要抓牢加快发展的依靠力量不动摇，坚定不移推进全民创业创新，大力实施创新驱动发展战略，充分激发企业主体的创新活力，加快建设省级高新技术产业园区，着力营造良好的创新生态环境，发挥科技创新在加快发展中的引领作用；要坚定加快发展的主攻方向不动摇，坚定不移实施工业强市和旅游富民“两轮驱动”发展战略，着力形成以更高能级工业和更高水平旅游业为支撑的发展格局。要扭住加快发展的“牛鼻子”不动摇，想方设法谋项目，千方百计招项目，克难攻坚推项目，坚定不移扩大有效投资；要强化加快发展的队伍保障不动摇，以“只有更好、没有最好”的标准，“只找办法、不谈条件”的态度，进一步解放思想，实干担当，严明纪律，着力打造一流的干事队伍，为补齐短板、加快发展提供坚强保障。

【市委常委扩大会议】 10 月 31 日，市委召开常委扩大会议，传达学习中共十八届六中全会等会议精神，研究部署江山市贯彻意见。市委副书记、市长叶美峰主持会议并讲话，毛江妹、王水亮等市四套班子领导参加。会议传达学习中共十八届六中全会、纪念红军长征胜利 80 周年大会、全省领导干部会议及衢州市委常委扩大会议精神。会议强调，要把学习贯彻中央全会精神转化为干事创业的强大精神动力，大力弘扬长征精神，干在实处、走在前列、勇立潮头。要冲刺“全年红”，紧紧围绕年度目标任务和考核要求，倒排时间计划，逐项查漏补缺，确保全面完成各项目标任务；要再夺“大禹鼎”，以更大的力度和决心打好“五四三”攻坚战；要确保“七连冠”，继承和发扬好 G20 杭州峰会维稳安保所表现出的优良作风，确保社会大局和谐稳定；要开启“新征程”，以乡镇党委换届选举工作圆满完成为新起点，迅速把工作重心转移到谋发展、干实事、抓落实上来，苦干实干拼命干，扎扎实实抓好每一项工作，在新的长征路上续写新的篇章、创造新的辉煌。

【市第十四次党代会】 12 月 26—29 日，江山市胜利召开市第十四次党代会。市委书记吕跃龙代表中共江山市第十三届委员会作题为《决胜全面小康打造活力城市推动幸福江山向更高层次迈进》的报告。会议确定未来五年奋斗目标，并选举产生了中共江山市第十四届委员会、中共江山市纪律检查委员会和江山市出席衢州市第七次党代会代表。吕跃龙强调，当前江山市正处在决胜高水平全面小康的征程上、激发创业创新活力的进行时、加快转型跨越的关键点、深化幸福江山建设的新阶段。要高举中国特色社会主义伟大旗帜，以邓小平理论、“三个代表”重要思想、科学发展观为指导，深入贯彻落实习近平总书记系列重要讲话精神，立足稳中求进的工作主基调，以“八八战略”为总纲，以“秉持浙江精神、干在实处、走在前列、勇立潮头”为新要求，始终坚持加快发展第一要务、“两轮驱动”第一战略、改善民生第一目标，生态环境第一优势、聚焦整合第一战术、党的建设第一保障，自觉践行五大发展理念，深入推进全民创业创新，确保与全省同步高水平全面建成小康社会，打造活力城市，推动幸福江山建设向更高层次迈进。要牢牢把握解放思想、敢为人先，抢抓机遇、敢想肯干，创新机制、敢于突破，狠抓落实、敢于担当的原则，着重打造更具竞争力的产业发展系统、更具亲和力的城乡人居系统、更具生命力的自然生态系统、更具推动力的社会人文系统、更具创造力的干事创业系统。要突出重点、聚集力量、狠抓关键，全力以赴落实好工业强市建设、全域旅游发展、建设高品质美丽江城、建设高标准美丽乡村、建设高水平美丽生态、加快重大项目推进、提升民生福利水平、冲刺平安建设“争金夺银”、推进各项改革落地、优化创业创新发展环境等“十大任务”，推进江山经济社会科学跨越发展。

市委办工作

【概况】 2016年，市委办公室在市委的领导下，在上级党委办公室的指导下，全面把握和深刻领会习近平总书记在中办重要讲话精神的丰富内涵和精神实质，紧紧围绕中央、省委、市委决策战略，着力增强“四个意识”，自觉践行“五个坚持”，不断提高“三服务”水平，全力助推全民创业创新，充分保障市委工作的规范高效运转，为推动江山市经济社会科学发展作出积极贡献。

【当好参谋】 面对综合文字工作量增大、领导要求提高的新情况，紧跟领导思路，紧扣发展形势，着力在“准、快、优”上下功夫，发扬“五加二”“白加黑”精神，加班加点、苦干实干。严把“出炉”关，努力多出“精品”“免检”文稿，不让领导在文字上分心，从而能腾出更多精力谋划全局性、战略性工作。2016年，先后高质量完成市委十三届十次全会、机关干部大会、工业大会、旅游发展大会、市委十三届十一次全会、市第十四次党代会、市委理论中心组学习会等一系列重要会议活动各类文稿300余份。围绕全市经济社会发展中的重大问题、群众关心的热点难点问题，先后开展市“十三五”时期经济社会发展思路、旅游+体育、产业培育、全市经济社会发展情况等事关全市发展大局的一系列调研，完成《干好“五件大事”推进全民创业创新，确保与全省同步高水平全面建成小康社会》等一系列重要调研成果，为市委的正确决策提供了科学依据。同时着力抓好成果转化，精心提炼江山市在转型升级、工业强市、项目建设、社会管理创新等方面的成功做法和特色亮点，做好向上对接，及时转化为领导报告和调研文章并向上推荐发表，先后在《浙江日报》《今日浙江》《政策瞭望》《衢州日报》《衢州通讯》等刊物上发表《建设幸福江山共奔全面小康》《打造“江山铁军”筑实坚强保障》《推进全民创业创新加快建设幸福江山》《全面从严治党要做到四个一》等文章10多篇。精心编发《江山政研》，其中旅游+体育、猕猴桃产业发展、聚焦大事补齐短板、土地生财等4篇质量高、创新性强、可操作的调研成果，得到市委、市政府主要领导批示肯定。紧紧围绕市委市政府中心工作，坚持有喜报喜、有忧报忧原则，加大本级信息编发力度，及时报送事关全局的重要情况和社情民意，使各级领导全面掌握各项工作进展情况，及时采取应对措施；加大对上报送和对外宣传力度，充分展现江山市各个阶段的重点亮点工作，全年，向中办、省委办和衢州市委办共报送各类信息700余篇，采用151篇，其中江山市一大批特色亮点工作进入上级领导的视野，党委信息主渠道作用得到充分发挥，《江山市推行生猪养殖“4+1”管控模式严防水体污染》得到省委书记夏宝龙的“江山经验要推广”批示；《江山市白沙村发展全民体育获身体乡风致富三丰收》得到衢州市委书记陈新、衢州市副市长陈锦标的批示；《江山市三举措促律师成化解涉诉信访新力量》得到衢州市委副书记江汛波的批示。加强策划，做好中心工作、重点工作、特色亮点工作对外组合宣传，全年在《浙江日报》《今日浙江》《衢州日报》《衢州通讯》等衢州市级以上党报党刊刊发稿件370多篇，其中《江山：古村落保护开发机制需完善》获得了黄旭明和熊建平两位副省长的批示，内参《缺乏统一标准影响民宿业提升发展——基层盼省有关部门尽快制定相应标准》获得了副省长黄旭明的批示。同时，以提高办刊质量为目标，抓好《江山通讯》编辑工作，紧紧围绕市委中心，及时跟进，不断创新，刊物指导性和可读性得到增强。

【抓好落实】 全力跟踪推进衢州8项重点工作、六大“补短板”任务和省集中开工项目督查，第一时间将任务目标分解落实到具体责任单位，牵头组织开展明察暗访，定期通报进度排名；狠抓杭长高铁沿线整治，牵头、配合开展各类督查活动10余次，对新发现的问题进行第一时间交办，对已整治完成点进行现场核查回访，实行“销号”管理；坚决打赢“五四三”攻坚战，协调组织全市32名一级河长带队，深入联系乡镇（街道）督查，交办问题点整治时限，以最快的速度推进生猪复养防反弹整治进度，实现全市“无猪村”全覆盖。制定《暖企专项行动督查方案》，成立督查组，对各产业领导小组、乡镇（街道）摸排出的280余个问题进行了梳理汇总，对涉及32个牵头单位的177个问题进行了专题交办，并对交办问题持续跟踪督办，形成“暖企”督查专报2期，协调帮助企业解决困难、问题300余个；以领导最关心、最重视的重大决策和重要工作部署为着力点，组织开展督查调研，定期向领导报送专报12期，其中《关于通禄门片区改造项目工作情况的报告》，对项目现状、存在的梗阻问题进行深入分析，提出一系列建议，得到市委主要领导批示肯定；牵头实行省26县考核情况预测分析周报制和日报制，先后召开考核推进会8次，督促相关责任部门向上做好对接40余次，形成专报6篇。构建分工协作、多级联动的督查工作网络，切实解决“多头督查”“扎堆督查”现象。将美丽乡村示范县创建、农村“双治”、集镇建设与管理、“五水共治”、“四边三化”等相关联的工作进行捆绑，抽调各单位业务骨干，一套人马多项任务，一把尺子量到底，提高督查的准确性，推动乡镇的工作，减轻乡镇应付接待负担。借力舆论监督，与市广电总台联合创办“本周聚焦”栏目，围绕市委、市政府工作的中心和重点展开舆论监督，采取突出重点和抓难点相结合，新闻曝光和正面宣传相结合等形式，把督查与新闻舆论监督有机地结合起来，推动各项工作的落实。

【做好保障】 充分发挥市委办承上启下、联系左右、协调各方、服务全局的作用，做到主动不盲动、到位不越位、补台不拆台，加强与各级各部门的工作交流和联系，共同做好重点工作的推进落实和重大活动的有序开展。及时贯彻落实市委安排的工作，对基层和部门请示市委的事项，及时呈批，反馈意见，绝不拖延迟办、久压不办。对部门之间需要沟通的问题，主动协调，确保政令畅通和上下协调。认真贯彻落实中央“八项规定”和省委“六个严禁”要求，按照必需、节俭的接待原则，细致周到地完成原中央政治局常委、十一届全国政协主席贾庆林，全国政协常委陈锡文，国家旅游局局长李金早等130批次、1506人次的接待任务。参与全球休闲旅游大会、全国新年登高大会、全国重阳登高大会、全省人大农业与农村工作座谈会等大型活动和会务的筹备接待工作，探索公务接待新方式，提高工作实效和水平。深入贯彻落实习近平总书记对机要密码工作“命门”“命脉”的批示精神，全年共收发办理各类电报1200余份，无一起压误、漏办、错办事故发生，全年先后保障中央、省、市各级视频会议60余次，执行应急密码通信系统演练18次，提升应急保障能力水平。根据省保密局的统一部署，组织力量对全市各乡镇部门进行第三次保密工作普查。围绕”保密宣传月”活动，结合江山市保密工作实际，开展宣传教育系列活动25次。严把文件格式关，对部门、乡镇（街道）报送的文件进行仔细校对，确保文件格式合理规范。全年共流转各类纸质文件1500多份。做好公文阅办系统日常管理，共制作网发市委各类文件300多份，分发衢州下发文件3900多份，核对网发本市各类文件2400多份，确保系统运行正常。主动牵头，组织联络，协调多个部门相互配合、形成合力，优质高效地组织保障了市第十四次党代会、市委全会、全国新年登高等各项重大活动的顺利开展。

【带好队伍】 研究出台干部专项考评机制，量化工作标准，制定出台《市委办公室干部“积分制”绩效考核办法》《市委办公室干部文字工作能力提升计划》等目标管理考核办法文件，围绕本职工作、调研理论文章、信息报道等争先创优工作开展考核，充分调动干部干事积极性。建立“老带新、师带徒”的干部结对帮带导向，加强培训和岗位练兵，提高办公室干部的参谋、文字、服务、协调等工作的综合能力。重视学习型机关建设，把加强学习放在突出位置来抓，使班子和整个办公室处在不断学习，不断创新，不断提高的良性循环之中。坚持每月召开一次办公室学习例会，提升办公室干部学习的积极性和主动性。坚持全办人员参加市委理论中心学习组、市委重大会议和支部集中学习会议，通过邀请嘉宾专家授课、领导讲课、办公室“老兵”返办述体会等多种载体的学习活动，促使干部丰富知识储备，完善知识结构，提高业务水平和文化素养。加强对干部的培养、选拔、交流，全年共有6名干部提拔职级，办公室中层干部任职严格按照《党政领导干部选拔任用工作条例》规定的执行，坚持公开公正、集体讨论的原则，通过轮岗锻炼、择优选调、完善考核等措施，形成正确的用人导向，充分调动大家的工作积极性和创造性，形成心齐劲顺、严肃活泼、团结和谐的良好氛围。

（市委办 供稿）

纪检监察工作

【概况】 江山市纪律检查委员会（监察局）下设基层纪检监察机构41个，其中乡镇纪委17个，街道纪工委2个，市纪委派驻机构22个。2016年，江山市纪委在全面从严治党中找准职责定位，发挥党内监督专责机关职能作用，增强责任担当，履行好监督责任，做到忠实履职、尽心履职、充分履职，努力推动全面从严治党在江山落地生根。江山市推动实践“四种形态”做法在中央纪委召开的座谈会上作汇报交流；拍摄的廉政微电影《面子》被省纪委网站、衢州市电视台推介。市纪委监察局获机关部门工作目标综合考评优秀等次、服务业发展工作先进单位、平安建设暨综治维稳工作先进集体等称号。

【落实“两个责任”】 抓住全面从严治党政治责任这个“牛鼻子”，细化党委（党组）主体责任、纪委（纪检组）监督责任清单，形成一级抓一级、层层抓落实的工作格局。严格执行主体责任落实情况书面、当面报告制度，乡镇（街道）、部门当面报告率分别达100%、66%。在《今日江山》“党委书记谈主体责任”专栏刊登体会文章24篇。强化上级纪委对下级党组织和党员领导干部的监督，通过约谈提醒、交办督办、廉政谈话和市纪委监察局领导班子成员分片联系等形式，指导督促主体责任有效落实。全年市纪委监察局机关共发出纪律检查建议书12份，对162名市管领导干部开展任前廉政谈话和廉政知识测试；全市各级纪检监察组织负责人同下级党政主要负责人谈话566人（次）。严格执行纪检监察组织向市纪委报告工作制度，坚持每季召开纪检监察工作例会。推行履行“两个责任”纪实制度，制作下发《履责记录本》和履行监督责任绩效报表，形成实实在在的工作支撑。严格落实“一案双查”责任追究制，以问责震慑力提高落实执行力。全年共实施“一案双查”10起，追究科级干部领导责任14人（次）。

【深化党章党规党纪教育】 开展党章、纪律处分条例、廉洁自律准则、巡视条例、党内政治生活若干准则、党内监督条例、问责条例等7部党内法规制度的学习宣传活动，将上述党内法规制度纳入民主生活会以及领导干部学习教育的重要内容。组织全市5800多名党员进行党内法规知识考试，参加衢州市廉政知识竞赛并荣获一等奖。推进清漾毛氏家规、勤俭村廉政哲学等2个廉政文化示范村建设。

【全面开展立项监督执纪】 围绕“五四三”、G20峰会维稳安保、江滨南路延伸、重大招商引资项目落地等市委、市政府重点工作和失地农民参保、商品混凝土产业发展等涉及民生利益工作情况，深化立项监督，强化执纪问责，坚决纠正有令不行、有禁不止等行为，确保政令畅通。全市各级纪检监察组织共立项169个，开展监督检查1507次，发现问题993个，问责188人。加大对“不能为、不想为、不敢为”等问题的查处，对14起“为官不为”典型问题进行通报。

【开展农村基层作风巡察】 按照“三年一轮巡”目标，紧盯农村集体“三资”和村两委成员，建立“九必谈”“五必访”工作机制，以市纪委重点巡察和乡镇（街道）常规巡察相结合的方式，集中整治基层群众身边的不正之风和腐败问题。坚持问题导向，找准农村基层存在的共性问题、典型问题，开展专题调研，堵塞制度漏洞，总结梳理出农村集体资金管理“八不准”规定，关于农村党员近亲繁殖问题的调研报告被《浙江日报》内参专栏录用。全年首轮巡察，完成巡察村108个，发现问题732个，问责73人，其中党纪立案12人，党纪重处分6人，移送司法机关处理2人。

8月19日，市委常委、纪委书记郑国昌（右四）参加第二轮农村基层作风巡查问题交办会

【持续推进作风建设】 保持“一寸不让、越往后执纪越严”的决心和韧劲，持续开展“正风肃纪”系列行动，坚持日常监督和专项检查相结合，注重发挥财政监督和审计监督作用，严肃查处违规公款吃喝、违规转移接待费、违规收送礼品礼金、私设“小金库”等问题。开展市委常委所在部门单位和国有企业“三公”经费管理使用情况专项监督检查，消除监督“盲区”。全面开展落实中央“八项规定”精神“回头看”，督促各地各部门抓好制度建设和制度执行情况的自查自纠，巩固深化纠正“四风”成果。利用“天网工程”对全市公车使用情况进行抽查，会同市车改办对全市公务用车封存情况、司勤人员安置情况进行督查。严格落实查处违反中央“八项规定”精神问题提前报告、通报曝光等制度，严把执纪尺度，严肃执纪问责。全市共查处违反中央“八项规定”精神问题18起，给予党政纪处分17人，涉及科级干部10人，市纪委下发典型问题通报6期，全市“三公”经费同比下降20.6%。

【加强换届纪律监督】 严明换届工作纪律，及时下发《关于加强换届风气监督确保换届风清气正的通知》，强调“九个严禁、九个一律”等换届纪律要求。严格落实“四必”要求，把严明换届纪律监督贯穿干部提名、推荐、考察、公示和选举等各个环节，并成立4个核查小组，对换届纪律的问题线索快速反应、快查快办，确保换届工作推进到哪一步，纪律保障就跟进到哪一步。回复涉及换届人事调整人选党风廉政意见211份，对7名人选提出建议暂缓使用的意见。

【抓好执纪审查工作】 从政治和全局高度把握执纪审查工作，推动实践监督执纪“四种形态”，切实把纪律挺在前面。坚持纪严于法、纪在法前、纪法分开，综合运用诫勉谈话、组织处理、纪律处分等方式，实现抓早抓小、动辄则咎。全年市纪委监察局机关共受理信访举报534件，全市各级纪检监察组织共开展日常谈话2624人（次），提醒教育270人（次），诫勉谈话149人（次）；处置反映问题线索217件；初步核实72件（次）；谈话函询25件（次）；了结40件（次）；立案175件，结案186件，给予纪律轻处分121人（次）、纪律重处分65人（次），其中涉及科级干部12人；涉嫌犯罪移送司法机关处理9人（次）。

【深化派驻监督】 从思想、制度和工作场所等三方面入手，推行派驻机构“三个一”标准化建设，即深化一个认识，公开一套制度，设立一个工作室，增强派驻监督的融入度、刚性度。推进派驻机构全覆盖后续工作，针对改革中碰到的有关问题，委局主要领导带队下沉调研，市纪委常委会多次专题研究，并加强与组织、编办等部门的沟通，着力解决运行模式、工作保障、干部管理等方面问题。编发《派驻机构业务工作手册》，规范派驻机构日常工作。

【加强纪检监察干部队伍建设】 协助市委建立巡察工作机构和巡察人才库，制定巡察工作实施细则。顺利完成市乡两级纪委换届工作，市纪委配备委员 21 名，其中常委 7 名；全市 19 个乡镇（街道）纪（工）委班子配备干部 82 名，其中纪委书记 19 名，副书记 16 名。强化纪检监察干部的日常教育、管理和监督，在全市纪检监察系统“两学一做”学习教育中开展“四型五心”队伍建设年活动，着力建设“纪律型、学习型、业务型、实干型”组织；开展“对标看齐补短”活动，查找并整改工作短板 40 条；举办全市纪检监察系统综合业务培训班，开设纪检监察“清风讲堂”；完善纪检监察组织领导干部单列考核机制，强化考核结果运用。严明办信办案等工作纪律，强化内部监管，对 2 名不适宜从事纪检工作的干部予以调离。

市纪委监察局机关开展“找短板、献良策”专题讨论活动

（市纪委　供稿）

组织工作

【概况】 2016 年，全市党的基层组织共 1246 个，其中党委 43 个、总支部 67 个、党支部 1136 个。全市党员 31720 名，其中预备党员 462 名，占 1.46%；女党员 5012 名，占 15.8%；少数民族党员 55 名，占 0.17%。与 2015 年相比，全市净增党员 290 名。全市新发展党员 442 名，其中女党员 157 名，占 35.52%。在全市 1664 家非公家经济控制的企业法人单位中，单独建立党委的 9 家、建立总支部的 9 家、建立党支部的 315 家、建立联合党支部的 1293 家（联合党支部 45 个）。

【“两学一做”学习教育】 5 月 9 日，全面启动“两学一做”学习教育，市委书记吕跃龙带头讲专题党课。在学习教育中，坚持先试先行，以迎宾村、大陈村、耕读村 3 个不同类型村为试点，总结提炼出“九问一评”“三寻一补”“两学两比”等不同模式，作为全市的推广操作版。坚持氛围营造，在全国首创“两学一做”主题歌曲——《我是党员》，以唱促学。从《习近平总书记系列重要讲话读本》《之江新语》等著作中，着重摘录贴近群众、易读易懂、生动活泼的语句，整合归纳为 16 项内容，汇编成方便携带的“口袋书”，全市 2 万多名农村党员人手一本。举办“重走洪岩顶”薪火接力、“讲党史、知党情”青年微党课大赛、“唱支山歌给党听”合唱大赛等 8 项活动，传递党的好声音、正能量，展现江山 31700 多名党员积极进取、健康向上的时代风采。“七一”前夕，全市集中开

7月1日，市四套班子在洪岩顶重温入党誓词

展农村“共产党员户”上墙、机关“党员3+2承诺牌”上桌，要求每名党员亮明身份，接受群众监督。其中，农村党员重点开展以“带头服从大局、带头创业致富、带头服务群众、带头尊老爱幼、带头美化庭院”为主要内容的“五带头亮身份”行动，融入中心工作，以实际行动践行合格党员标准。

【“党建5+”建设】 主动对焦“浙江省基层党建20条”和“衢州市基层党建30条”相关要求，开展以“党建5+”建设为主要内容的基层党建“整乡推进、整县提升”工作。以“党建+好班子”领跑基层建设，推广村级组织“两晋双停”机制，通过对优秀村干部实行工资晋档、岗位晋级，后进村干部实行停止履职、停发薪酬，解决村干部“届末”疲软问题，全面打造江山基层铁军战队。以“党建+好门路”破解增收难题，紧盯村级集体经济发展这块“短板”，借助清湖镇工业园区产业集聚优势，发展“飞地物业”，组织31个经济薄弱村异地联建“红色物业”经济园，共筹资3650多万元，建设5幢二层框架结构标准厂房，届时每个入园村每年将增加5万元以上的固定收入。以“党建+好服务”密切干群关系，发挥农村党组织在经济建设中的先锋作用，拓宽为民服务内容，把重心放在服务群众增收致富、创业创新上，形成“支部引领、党员带头、群众参与”的“支部创业带富”模式，带动群众发展农村电商、民宿经济等。以“党建+好乡风”深化基层治理，把家风家规建设作为党员干部的必修课，与“优学优做积分法”考评办法等结合，将从严管党治党的要求落细落小融入日常，不断激发社会正能量、引领社会新风尚。以“党建+好山水”践行两山理论，把“五水共治”“四边三化”“三改一拆”等改善农村生态环境的工作作为基层党组织的主战场，推动全市各级党组织和党员干部争先进位。同时，抓住创建省美丽乡村示范县契机，号召全市党员积极开展“美丽庭院”创建工作，引导广大党员带头美化自家庭院，建成400户示范户。

市委常委、组织部部长叶骏(右二)在清湖镇泉家垄村调研村级集体经济

【推选市乡两级党代会代表】 在乡镇党代表层面，制定以“六不能、五不宜、五优先”为主要内容的“乡镇党代表推选标准十六条”；在市级党代表层面，主动对标“资格条件11条”，确保一条不漏。牢固树立底线思维，资格审查全面从严。重点突出思想素质、政治觉悟、服务能力、群众口碑等方面，联合市纪委、公安、检察院、法院、信访、国土、计生等23个部门单位，对代表人选进行“立体式”扫描体检，确保代表的先进性、纯洁性。经过严格的甄别和审查，共取消不符合党代表候选人资格条件的人员30名。共选出乡镇党代表1003名，市第十四次党代表大会代表286名。

【两新党建工作】 首次开展江山市级以上双重管理两新组织党组织书记述职评议活动，22位两新党组织书记参加述评会。举办两新组织党务工作者业务培训班，市委两新工委成员单位、各乡镇（街道）、两新组织党组织书记、非公企业党建工作指导员等共180余人参加。组织非公有制企业和社会组织领域党组织开展“两学一做”学习教育专题活动。选派81名退居二线市管干部担任81家非公企业党建工作指导员。

【抓好县乡换届工作】 按照“绘出好蓝图、配出好班子、选出好干部、换出好面貌”的换届工作目标，着眼县乡换届需求，树立敢于担当、群众公认和重视基层的选人用人导向，选优配强党政正职，增强乡镇班子整体功能。在县乡换届中，坚持把纪律和规矩挺在前，通过大力宣传“九个严禁、九个一律”等换届纪律要求，确保换届风清气正，全市有160名在省市重点工作落实、重大项目推进中业绩突出的干部得到提拔或转任重要岗位，23名干部因年龄、岗位胜任度等原因退出领导岗位，推动干部能上能下。

【干部教育培训】 贯彻落实中央关于“大规模培训干部、大幅度提高干部素质”的战略要求，扎实推进第三轮干部教育培训工作。全年共举办各类培训班次56个，培训干部达6015人次。在培训内容设置上，突出理论教育、党性培养、能力提升、法治理念等方面的课程设置，提升干部教育培训质量和实效。通过在各培训班次中设立班委，强化对参训学员考勤、考纪的督查。制定干部教育培训函告制度，对培训不合格及领导干部网络学院学分达不到规定要求的干部，由组织部门发函，督促整改落实。

【推行干部考察“五法”】 通过探索运用干部考察“五法”，实现精准识别干部、合理配备干部的目标。“五法”，即排名法：根据干部德才表现、工作能力及岗位胜任度等，对领导班子成员进行综合排名；分层法：按照经济型、平原型、山区型乡镇以及乡镇人口数量、工作任务、离市区距离等要素，对乡镇进行分层分类，以此作为干部正反向调整的依据；两头法：在综合排名的基础上，分析汇总各单位表现“两头”干部，并以此进行激励调整和反向调整；限额法：推荐后备干部时，每位谈话对象限额推荐2—3名，防止由于人情关系等多推滥推；优选法：通过笔试、面试、无领导小组讨论等多种途径筛选出一批比较优秀的结构性干部，供人事调整时使用。

【人才引进】 全年共引进教授级专家、博士研究生等高端人才23名，新建衢州市级专家工作站1家、江山市级专家工作8家、江山市企业技术研究开发中心6家、江山市级重点创新团队2个，申报海外智力项目3个，1人进入省“千人计划”答辩环节，组织38家企业参加科技人才交流洽谈会，柔性引进国内外各类专家学者来江开展短期服务共100人次。

【人才培养】 组织228名技师、高级技师参与新一轮“师带徒”活动，举办江山市职业技能大赛，提高技能人才岗位技能水平和职业素养。先后组织全市100余家企业、388名中高级管理人员参加企业精细化管理系列培训班。组织60名工业龙头企业、单打冠军企业、部分重点企业负责人参加清华大学江山企业家现代投资管理专题研修班。培育一批新型农民，为幸福乡村建设提积蓄人才，全年共培训农村实用人才2468名。

（江　组）

宣传工作

【概况】 2016年，全市宣传思想文化战线坚持高举旗帜、围绕中心、服务大局、务实创新，牢牢把握正确导向，唱响主旋律，打好主动仗，弘扬正能量，为决胜全面小康、打造活力城市、推动幸福江山建设向更高层次迈进提供强有力的思想保证、舆论支持、精神动力和文化支撑。

【村歌献礼 G20杭州峰会】 9月，10首江山村歌作为G20杭州峰会文化礼品登上全球性的大舞台，献给参会元首嘉宾，江山村歌品牌实现历史性飞跃。

【村歌进京展演】 12月，《碗窑美》《千年清漾》《江郎与须女》《谜一样的廿八都》4首村歌唱进北京人民大会堂，参加全国首届“美丽乡村好声音”村歌会演。同时，《碗窑美》参加2017年全国村晚节目录制，《谜一样的廿八都》获第八届全国村歌大赛金奖。

【深化理论学习】 以“四个全面”战略布局在江山的生动实践为主线，以市委理论中心组学习为龙头，把中国特色社会主义理论体系，中共十八大，十八届三中、四中、五中、六中全会及“三严三实”“两学一做”等作为理论武装工作重点，贯穿于理论学习的全过程。全年编印《江山市干部夜学理论参阅》5期、发放280本；先后召开理论中心组专题学习会12次，邀请各级专家学者来江作相关专题报告；累计举办江山大讲堂6期、新闻宣传工作例会4次、市民讲坛45期、幸福乡村讲习所500多期，受众达25万余人次。

6月17日，市委常委、宣传部部长汪黎云（左一）调研基层宣讲工作

【开展“两学一做”学习教育】 制定《关于在部机关党员中开展“学党章党规、学系列讲话，做合格党员”学习教育的实施方案》，在全市开展“百场党课巡讲活动”，相继开展手抄党章100天、九问一评、党员五带头、三进三争、知识竞赛等一系列活动。此外，把“两学一做”学习教育与家风家训建设、理论

宣讲、文化礼堂建设等工作结合起来，提升学习教育的成效，激发干事创业的激情。

【开展基层党校规范化提升】 全市所有乡镇（街道）实现基层党校全覆盖，并正常开展教学活动，在交通、国税、广电、卫生计生、经济开发区、司法等重点部门单位建立党校。5家单位被评为衢州市先进基层党校，4人被评为衢州市基层党校建设先进个人。

【深入开展“最美微宣讲”】 建立由党政干部、社区工作者、乡土人才等组成的三级宣讲团，把微宣讲与十八届六中全会精神宣讲、经典婺剧进文化礼堂、五水共治、创业创新等结合起来，融入情景剧、三句半等文艺形式，不断提升理论宣讲的大众化、通俗化水平。全年共开展各类最美微宣讲活动100余场，以“最美微宣讲”为特色的江山基层宣讲工作得到省委宣传部的肯定，6月17—18日，全省基层宣讲工作经验交流会在江山市召开，江山微宣讲做法在全省得到推广，大陈村书记汪衍君被评为第二届全省“十大基层优秀宣讲员”。

【提升新闻宣传实效】 突出以工业强市建设和“旅游业二次创业”为主的经济宣传，拉高江山市经济转型发展的主基调。深化以“五四三”、“创国卫”、城市交通治堵、征兵、平安江山建设、学在江山品牌建设、美丽乡村建设等为重点的民生宣传，唱响幸福乡村建设的好声音。加快推进媒体融合发展，凸显江山发布、江山新闻网、江山信息网等新媒体平台作用，成立广播电视总台新媒体中心，江山手机台成功上线，成为衢州地区率先开通手机台的县（市、区），《今日江山》实现微信电子版阅读，创办微信公众号《唱响江山》，共推送新闻信息130余篇，提升新闻宣传效应。

【强化城市对外宣传】 利用全国登高健身大会、全球户外休闲旅游大会、全国男子举重锦标赛、全国啦啦操锦标赛、MaXi-Race China江山100国际越野跑等一系列重大节会活动，加大城市对外营销力度，不断扩大江山对外知名度、美誉度和影响力，进一步打响“中国·江山”品牌。全年在衢州市级以上新闻媒体发表稿件568篇，其中，中央级13篇，省级116篇，2016全国重阳登高健身大会和保安乡百家宴登上中央电视台《新闻联播》。

【科学管控网络舆情】 全年共编报《每日网络舆情》250期、《一周网络舆情》20期、《网络舆情专报》7期，共向全市25个单位发出《网络舆情提示单》65期，舆情提示回复率达100%。把全市90多个活跃度高、在本地影响力较大的微信公众号、微博账号统一纳入“多娇江山”网络微联盟和江山新闻网微信矩阵统一管理。加强网军队伍建设，注重网军实战演练，组织开展网评员培训10余次。依法严厉打击造谣传谣行为，对“6·13”农贸城事件造谣者进行严肃处理，得到衢州市委常委、宣传部长诸葛慧艳的批示肯定。做好G20杭州峰会、第三届世界互联网大会乌镇峰会等的重点时段网络舆情管控。峰会期间，江山市网络安全形势保持稳定，1人获得省G20杭州峰会工作先进个人称号，3名网评员得到省网信办的表扬。

【提升文化礼堂“建管用育”水平】 以“五星”创建为抓手，打好“建管用育”组合拳。发挥“文化礼堂+”的作用，把文化礼堂与家风家训、理论宣讲、传统礼仪乡风民俗等结合起来，不断丰富礼堂文化内涵。全年共新建农村文化礼堂37家，其中精品型文化礼堂

20家。建成以大陈乡大陈村为龙头的最美村歌线，以贺村镇永兴坞村为龙头的最美家风线，以石门镇江郎山村为龙头的最美风景线等3条精品文化礼堂参观游览线，并将这3条线的文化礼堂建设村组成江山市文化礼堂旅游联盟，与乡村休闲旅游一并推介。同时，举办文化礼堂带头人才艺大赛，全市共有28支队伍参与角逐。

【不断创作文艺精品】 拍摄完成《江山如此多娇》《千年古道·锦绣江山》两部城市形象专题片，并对外发布；村歌《妈妈的那碗大陈面》改拍成电影，成为全国首部文化礼堂古装影视剧；《“千年古道·锦绣江山”文化丛书》（文化卷）获得衢州市哲学社会科学优秀成果二等奖；《“千年古道·锦绣江山”文化丛书》（书画卷）第一辑出版发行，并举行首发仪式；启动中国第一部村书《大陈村书》编撰工作；由曾剑锋执导，陈浩民、黄奕等领衔主演的电视剧《斗香》在江山市开机拍摄。

【深化文明创建】 开展百家文明单位“传承家风家训·弘扬乡风文明”主题实践活动，新评选出江山市级文明单位24家，文明乡村24家，开展“迎接G20人人讲文明——做文明有礼的江山人”活动，发放宣传资料2000多份，纠违200多人次。参与美丽乡村示范县创建工作，着力提高农村文明程度，累计创建中国幸福乡村117个，建成省级美丽宜居示范村13个、衢州美丽乡村精品村28个，江山市成为全省首批6个美丽乡村示范县之一，并荣获“全国乡风文明示范县”称号。

【抓好“最美”选树工作】 深入开展“最美江山人”、道德模范等各类先进典型人物的选树和“最美衢州 身边好人”评选等活动，全年共上报60人参加“最美衢州·身边好人”评选。其中，1位入选“中国好人榜”，10位入选浙江好人榜，11位入选衢州好人榜，2位获得第五届“最美衢州人”十大年度人物，1位获得全省第二届“最美禁毒人”称号。

【推进党风廉政建设】 深入推进作风建设，切实履行管党治党责任，强势推进监督执纪，市纪委派驻第四纪检组严格执行“准则”和“条例”，完善各项制度，紧盯“三公经费”、项目招投标、公车改革等关键领域和环节，坚持抓早抓小，全年共参加部门会议151次，立项监督发现问题25个，下发通报3个，发出整改通知书12份，约谈15人，为归口部门各项工作的开展提供了坚强纪律保障。

（朱镇飞 张妙苗）

统战工作

【概况】 2016年，江山市委统战部围绕中央、省委统战工作和市委重大决策部署，按照“动起来、活起来、实起来”的思路，全面

7月16日，市委常委、统战部部长姜方云（左三）考察健盛集团

融入中心工作中，推动统战工作上新台阶，各项工作取得有效进展。其中，乡镇书记讲统战故事做法获得原省委常委、省委统战部部长王永康批示肯定。双塔街道城北社区被国务院侨务办公室评为“2016 年度全国社区侨务工作示范社区”。

【统战工作会议精神深入落实】 邀请省委统战部副部长张润生在市委理论学习中心组上就学习贯彻统战工作会议精神和条例内容作专题辅导报告，给市四套班子领导、机关部门主要负责人、乡镇（街道）党政主要领导上了一堂统战理论课。在全市统战干部和统战成员中通过举行一次学习领会、组织一次讨论交流、举办一场知识竞赛、开展一次红色教育等形式，开展以“学《条例》、学《细则》，讲纪律、讲规矩”为主题的双学双讲活动，推动全市统战系统深入学习统战工作会议精神。

江山市统战故事会

【完成民主党派换届】 召开民主党派换届专题工作会议，为民主党派换届计划制定、候选人协商、换届大会准备等提供指导、支持。5 个民主党派全部完成换届工作。同时，协助农工民主党在江山设立支部并举办成立大会。

【开展“同心·比贡献”活动】 在民主党派、知联会中开展“提供一条招商信息、谋划一个重大项目前期、撰写一篇调研报告、提出一条合理化建议、开展一次民生服务、化解一个矛盾纠纷、本职岗位有一项争先创优工作为主要内容的“同心·比贡献”活动。一年来，各民主党派组织、党外知识分子联谊会累计提供招商引资信息 10 条，提出重大项目前期建议 15 个，被市政府采纳入项目库 3 个；撰写较高质量的调研报告 10 多篇，提出合理化建议 5 个；获得省级部门以上荣誉（先进）10 个。

【抓好党外干部培养锻炼工作】 通过和市委组织部的联席会议，明确政府组成部门、各乡镇（街道）都要配备党外中层干部，为党外干部使用建立起梯队。完善和出台《政府部门与民主党派、工商联、知联会对口联系制度》《市委常委与党外人士代表谈心交友制度》《党外人士参与信访接待》等一系列制度，为党外人士履职搭建平台。在乡镇换届调整中，12 名党外干部先后得到提拔或转任重要岗位。党外干部在乡镇（街道）占 1/2 以上，其中乡镇正职 2 名。

【筹建异地商会】 成立了书记、市长亲自挂帅的“发展江山人经济领导小组”，领导小组办公室设在统战部，由统战部副部长兼任领导小组办公室主任。出台市领导挂联服务商会制度，每个商会都有一名市领导、一个部门跟踪服务，分地区组建商会，年内先后组建异地商会 15 家、乡镇（街道）基层商会 3 家。同时，争取财政每年列支经费 20 万元，创刊《江山轿子》杂志。

【抓好宗教工作】 成立市民族宗教事务服务中心，由财政全额拨款，新增事业编制 2 人。开展民间信仰活动场所登记编号工作，新审核通过 23 多处民间信仰场所。

【举办海外博士家乡行活动】 建立江山籍海外博士信息库和微信群，挖掘收集有资金、有项目、有技术、有专利、有意向的海外江山人信息资料。首次举办“江山籍海外博士家乡行”活动，20多家企业和16名海外博士进行一对一交流，其中毛存贵博士和杭开集团签订合作协议，研发项目已获省有关部门立项。

海外博士故乡行活动

【开展侨务工作】 按照机构整合要求，原市侨办与市外办正式合并为市外侨办，与市委统战部合署办公。积极寻求与美国亚利桑那州梅萨市、法国安纳西市、德国海德堡市等学习借鉴度高、互补性强的城市发展友好交流关系。其中，经省外侨办批准，与梅萨市签订友好交流备忘录。

【开展基层民主协商】 结合镇村干部星期二集中办公制度，出台实施“3353”星期二基层民主协商议事日制度，促进乡镇（街道）、村（社区）等全面开展协商民主工作。双塔街道、贺村镇等基层乡镇、部门在“三改一拆”“四化三边”“五水共治”和上余镇拆鸭场、长台长兴村搬迁砖窑厂等项目推进中等重点工作上，运用民主协商理念破难攻坚，达到了预想效果。

【加强自身建设】 根据省委统战部要求，在统战部机关会议室和每位党员干部的办公桌上都立起了“七要七禁”标牌，时刻提醒全体统战干部要对党忠诚、做合格党员、争当优秀统战干部。坚持开展“精读一本书、主讲一堂课、谋划一个项目、撰写一篇调研、联系一个点”的“五个一”活动，部机关干部听、说、读、写的能力得到有效提升。以“两学一做”等主题教育活动为载体，全面深入学习习近平总书记系列讲话精神，进一步加强对党纪国法、业务知识的学习领会。2016年，部机关先后有3名干部新提拔为市管领导干部。

（市委统战部　供稿）

机构编制工作

【概况】 2016年，市编委办坚持改革统领，注重法治思维，贯彻落实中央、省、市关于机构编制工作的指示要求，推进行政体制改革和机构编制管理创新，各项工作稳步推进，2016年度获“全省机构编制工作先进集体”、衢州市机构编制工作目标考核二等奖。

【政府机构改革和职能转变】 将江山市质量技术监督局的职责整合划入江山市市场监督管理局，重新拟定并印发江山市市场监督管理局“三定规定”和下属事业单位整合方案；做好卫生计生整合后乡镇（街道）计划生育服务站人员分流的意见征求工作，提出分流意见；深化开发区（园区）行政管理体制改革，设立国土资源局等部门在开发区的派驻机构并明确职责，推进开发区“封闭运行”；根据政企分开的要求，深化旅游管理体制改革，将市旅游局的景区经营职责划给市旅游发展公司，并做好职责划分和人员划转工作，同时建立全域旅游“1+3”管理体制；成立江山仙霞岭自然保

开展创业创新座谈会（王淑贞 摄）

护区管理机构，加强自然保护区管理。

【综合行政执法体制改革】 印发《江山市综合行政执法工作实施方案》，明确江山市综合行政执法局三定框架，确定并公布从住建局、规划局、公安局、市场监管局和人防办划转的首批实行综合行政执法的行政处罚事项479项，同时做好城管、规划监察大队的机构和人员划转，并建立市乡两级综合行政执法协调指挥机制和部门间协作配合机制。整合除“110”“119”“122”外等非紧急类政务服务热线，建立市统一政务咨询投诉举报平台。开展乡镇（街道）4个平台建设工作，印发《江山市乡镇（街道）“四个平台”建设工作实施意见》，并在贺村镇开展试点工作。

【权力清单和责任清单实现全覆盖】 梳理和公布乡镇（街道）、开发区权力清单和责任清单，实现清单全覆盖。乡镇（街道）权力清单共145项权力事项，其中法定行政权力129项、部门委托实施事项3项，审核转报事项6项、驻场办事事项4项、公共服务事项3项；开发区权力清单6项权力事项。19个乡镇（街道）责任清单中共有主要职责114项，具体工作事项1205项；明确相关责任边界12项，案例12个；事中事后监管制度382个；公共服务事项661项，其中基本公共服务450项，其他服务211项。经济开发区责任清单中主要职责11项，具体工作事项68项；明确相关责任边界3项，案例3个；事中事后监管制度6个；公共服务事项14项，为基本公共服务。深化部门责任清单，梳理公布部门基本公共服务事项92项、直接提供的服务事项218项，并将年度重点工作目标列入责任清单内容。对市卫计局（卫生和计生两部门整合）和市安监局（职业卫生监管职能移交）的权力清单进行调整。

全市机构编制实名制业务培训（姜璐 摄）

【事业单位法人登记管理】 2016年，共办理事业单位法人设立登记事项4件，变更登记事项80件，注销登记事项1件，证书补领登记事项3件。完成全市260家事业单位2015年度报告公示工作，公务员用编需求12名，其他方式选调公务员用编需求21名；同意2016年招聘事业人员用编需求91名，公开选调事业人员用编需求12名，其他方式选调事业人员用编需求13名；同意卫生系统用编需求139名，公办学校用编需求总额控制在220名以内。全市共有行政编制数2433名，实有行政人员2016人；事业单位编制数8639名，实有事业单位人员8356人。

【规范编外用工管理】 推进政府购买服务

工作，会同市教育局、财政局共同制定《关于校园安保实行政府购买服务的通知》，校园安保工作实行政府购买服务，并收回原核定的编外用工控制数150名。全市编外用工控制总数减少到2954名。全年共受理新增控制数申请20起，主要是乡镇消防员、公安局协辅警、综合执法局协管员、法院书记员等刚性用工需求，经程序审核同意16起，不同意4起，并对6起未经批准发布招聘公告情况进行制止。

【创新机构编制管理】 率先建立机构编制实名制数据核查制度，每年抽查3—4个部门单位的系统数据，实地核对台账材料，促进实名制系统数据的准确有效，扩大实名制系统数据在车改、违纪人员信息查询等方面的应用。率先建立周转编制制度，出台《江山市周转编制管理实施意见（试行）》，核出周转编制9名，缓解了部门用人紧张的工作现状；制定《江山市编办用编计划管理规划（2016年—2020年）》，通过机构编制实名制管理系统对未来五年的减员情况作出分析，科学统筹用编示率为100%。推广中文域名注册，全市党政群机关、事业单位、社团组织及村（社区）共注册中文域名587家，注册域名604个，中文域名注册单位覆盖率居全省前列。完成事业单位法人新版证书换证工作。全面实施机关、群团统一社会信用代码制度改革，65个机关单位和5个群团部门已完成赋码领证工作。

【严控机构编制总量】 建立用编计划申报核准制度，从紧控制进人。同意2017年招考公务员用编需求94名，2016年公开选调公计划管理。

（王淑贞）

对台工作

【赴台考察交流】 2016年，市台办先后组织3个公务团组，有44人赴台开展考察交流。3月，市委常委、副市长章忠良率江山市基层交流团一行13人赴台考察交流，走访台湾花莲县，南投县等，拜访台湾纵横影视公司董事长徐立功，就筹拍电影《江山》相关事项进行探讨，并达成阶段性成果。7月，市政协副主席周水仙率农业团一行13人赴台考察交流，考察台湾相关农会，学习借鉴台湾现代农业发展模式。11月，江山市农民培训团一行18人随省农办赴台开展培训学习。

【台湾围棋协会交流团到江山考察】 4月5日，“江山——台湾围棋友谊交流活动”在江山市举行，江台两地的围棋好手以棋会友，切磋棋艺。中国台北围棋协会秘书长秦世敏，中国台北围棋协会推广委员会主委郑建华，著名职业棋士秦士等5名棋手分别以一对多的形式与江山市20名中小学围棋爱好者展开激烈的较量。

【台湾南投县日月村交流团到江山参访】 4月8日，台湾南投县日月村交流团到江山，前往新塘边镇日月村参观访问。市委常委、副市长章忠良陪同。2011年，江山市新塘边镇日月村与台湾南投县鱼池乡日月村结为同名结对村，双方结合各自优势，签订旅游、文化、农业等领域的合作意向书。自结对以来，两地已先后开展6次交流联谊活动。

【台湾花莲县凤林镇交流团到江山考察】 5月31日——6月7日，台湾花莲县凤林镇镇长萧文龙率交流团一行15人到江山开展同名结对交流活动。在江期间，交流团一行前往江山市凤林镇，深入考察了光谷特色小镇、新农村建设示范村——白沙村，省级历史文化名村——南坞村等地，并开展座谈走访、村歌互动、书法表演等形式多样的交流活动。

【台湾大学生到江山考察交流】 7月4日，来自台湾的台中逢甲大学、高雄辅英科技大学等共计15名大学生到江山考察交流。台湾大学生一行先后参观清漾毛氏文化村、江郎山风景名胜区、戴笠秘宅、廿八都古镇等地。

【台湾国姓乡交流团到江山考察交流】 8月26日，台湾南投县国姓乡民代会主席罗智彬率交流团一行23人到江山考察交流。10月26日，国姓乡妇联会理事长邱美玲率团一行16人到江山考察。在江山期间，交流团分别前往峡口镇、大陈乡、廿八都镇等地开展对接交流。交流团对江山市的村歌文化、美丽庭院建设赞叹不已。

10月26日，国姓乡妇联会理事长邱美玲一行到江山考察交流（戴华龙 摄）

【台湾媒体走进江山】 9月11—14日，台湾《联合报》的《大陆新发现》采访组到江山市专题采访报道。台湾《联合报》是岛内最大媒体之一，具有跨媒体平台优势，其旗下的《联合报》《联合晚报》《经济日报》和《联合新闻网》等在岛内有较大的发行量和较高的影响力。采访组一行先后到峡口古瓷村、廿八都古镇、和睦彩陶村、清漾村、江郎山等地，通过听取介绍、实地参观、人物采访等形式，对江山市自然景观、历史文化、特色产业、物产美食等进行细致的采访拍摄。台湾联合电视台《大陆新发现》栏目制作40分钟的节目，台湾《联合报》用整版版面宣传江山，让台湾同胞了解江山市的自然风光和人文底蕴。

【江山籍旅台同胞回乡考察】 11月12日—17日，江山籍旅台同乡一行12人回乡省亲祭祖，参观清漾毛氏文化村、江郎山、廿八都古镇及市规划馆、博物馆等地，并举行“忆家乡、话两岸”座谈交流活动，共叙亲情友情，共谋两地发展。

（戴华龙）

档案史志工作

【概况】 江山市档案局（馆）与中共江山市委史志办公室一个机构、两块牌子，现有馆藏档案110785卷62965件，图书资料1.8万册，全年共接待查档人员3457人次，调阅档案10984卷次，提供档案证明7171页。

【助力省级美丽乡村示范县创建工作】 注重加强与市农办、市创建办等美丽乡村建设工作相关职能部门的沟通协调，畅通各乡镇（街道）、历史文化村沟通交流渠道。选择凤林镇白沙村作试点，通过组织档案工作现场会、业务培训、现场指导等活动，按期完成22个历史文化村落的档案整理工作。6月，确定大陈村为江山市“千村档案”建设试点村。8月，完成大陈村实体建档和“千村档案”数据录入工作。

【布置江浦县委旧址展览】 联合张村乡政府对洪岩顶江浦县委旧址进行修缮，布置中共江（山）浦（城）县委旧址户外展览，市档案局（史志办）负责史料挖掘、资料图片收集及展板文稿撰写等工作。7月1日，江山市在洪岩顶举行建党95周年暨江（山）浦（城）县委成立80周年纪念活动，激励全市人民以史为鉴，奋发图强，继承和弘扬“坚定信念、艰苦奋斗、百折不挠、扎根群众”的洪岩顶精神。市四套班子领导参加活动，市档案局（史志办）负责全程讲解。

【实施中国民众营救杜立特行动飞行员项目】 全面开展江山民众营救杜立特美军飞行员事迹调查，争取项目资金，申报的《中国民众营救杜立特行动飞行员》项目获国家重点档案专项资金145万元。市档案局（史志办）成立档案征集组，前往遂昌县北洋村、福建省武夷山市岚谷乡樟村和安徽省宁国市云梯乡毛坦村等地开展走访调查、现场拍摄、实地勘探等，收购及自行挖掘的飞机残骸共计100余件，接收进馆杜立特行动69周年纪念章1枚、江山民众廖明发应邀赴美护照机票等资料6件、书籍40余册、飞机模型2架，完成中美

4月18日，中美联手抗日纪念馆开馆仪式现场

联手抗日纪念馆文稿撰写修改、图片资料收集、布展方案确定、展馆验收等工作。4月18日，中美联手抗日纪念馆暨江山民众营救杜立特行动飞行员事迹陈列馆在仙霞关景区正式开馆，该馆全面展示市档案局（史志办）20多年持续研究江山民众营救杜立特行动飞行员事件的成果，展现中国军民为世界反法西斯战争所作出的卓越贡献。

【开展闽浙边城工委旧址史料征集】 先后走访福建浦城、闽侯、福州和浙江庆元、衢江、常山、开化、金华、磐安、龙游等地，联系浙江遂昌、缙云等地党史部门，共征集到《中共闽浙赣边区史》《龙山红旗飘》《闽侯人民革命史》等相关书籍30多本、珍贵图片1000余张、重要文件复印件100余页、重要视频2部。协助坛石镇上王村做好旧址房屋的产权收购和维修工作，扩大上王竹子林革命遗址知名度，邀请福建省闽侯县龙山会议纪念馆馆长及第一任城工部部长庄征烈士的儿子庄康星等人前来参观交流，并做好接待工作。

【发行《中国共产党江山历史（1949—1978）》】 年初，历时三年编成的《中国共产党江山历史（1949—1978）》（以下简称“江山党史二卷”）正式发行，全书38万余字。3月23日，举行江山党史二卷首发式隆重，市委副书记舒畅、衢州市委党史研究室副主任贺清峰出席并发表讲话。启动江山党史二卷赠阅活动，共向全市各乡镇（街道）、市机关各部门赠阅江山党史二卷1000余本。

【编辑出版《江山年鉴（2015）》】 12月，完成《江山年鉴（2015）》1500册的出版印刷。全书设38个栏目，200余个分目，1100余个条目，共61.2万字，全面客观记载2015年江

山市政治建设、经济建设、文化建设、社会建设、生态文明建设发展状况，为各级党政机关和社会各界人士及中外投资者了解、研究、建设江山，提供丰富翔实的资料。

【《衢州文献集成》入藏档案馆】 6月21日，《衢州文献集成》入藏仪式在市档案馆举行，市领导舒畅、汪黎云出席仪式。《衢州文献集成》共4000多万字，收录了从唐代至清末现存传世的衢州文献及民国时期的方志238种，卷帙200册。全书有一半是孤本，有将近1/5是直接记载江山经济、政治、文化、历史、社会等方面的重要文献，内涵丰富，弥足珍贵，是深入研究江山地方历史文化不可或缺的史料。

6月21日，《衢州文献集成》入藏仪式

【日藏《天启江山县志》庋藏档案馆】 8月15日，日藏《天启江山县志》庋藏仪式在市档案馆举行，叶美峰、舒畅等市领导出席仪式。《天启江山县志》是江山最早的保存完整的志书，共四册、凡十卷，分舆地、建置、籍赋、秩祀、职官、人物、杂志、艺文等八门。该县志全本在国内早已佚失，仅在日本宫内厅书陵部存有钞本全本。《天启江山县志》全本复制件终于回归江山，永久庋藏江山市档案馆，开创了江山海外征集档案的先河，填补了江山明代修纂县志的空白，对研究天启年间江山的历史沿革、天文地理、物产经济、风土人情、文化艺术等具有重要的学术价值。

【推动左坑旅游资源保护开发】 市档案局干部经过多次调查后撰写的《左坑－徐霞客留给江山旅游的宝贵资源》一文，得到市长叶美峰的批示，认为“左坑”这一旅游资源的挖掘很有价值，要求市旅游局、文广新局、大陈乡开展调研。随后，市档案局干部又多次陪同相关领导前往左坑调研考察，并协助大唐村申报重建宝陀寺、制定左坑保护开发方案等，谋划的《左坑寺旅游开发项目》被确定为2016年招商项目谋划入库项目。大陈乡已启动左坑旅游景区建设项目，宝陀寺被省民族宗教事务委员会正式批准为民间信仰活动场所。

【完成馆藏民国档案条目录入】 为有效管理、检索民国档案目录信息，保护档案原件免受磨损和破坏，市档案局安排5人专门录入民国档案条目，通过签订协议、制定著录和验收标准、指定专人验收等办法，全面完成馆藏民国档案条目录入工作。共录入案卷级条目13865条，文件级条目334452条，馆藏民国档案条目著录率达到100%。

【建设数字化档案馆】 加快推进数字档案馆建设，全年共完成统计局、农业局、林业局、水利局、人事局、教育局、团市委、卫生局等单位共11685卷、17809件档案的数字化加工，并实现在线查阅利用，形成文件级条目212896条，图像数据总页数995861页，并对2015年度267287条文件级条目，1258237页图像数据开展验收并通过。年内，馆藏档案数字化率达到52.1%。

（姜燕萍　王慧芬）

监督管理工作

【概况】 2016年，市监管办做好公共资源交易监督管理工作，全年市级平台共办理公共资源交易项目510个，交易金额256762万元。其中，建设工程项目308个，成交额102526万元，与预算金额119912万元相比节约财政资金17386万元，节约率14.50%；政府采购项目153个，交易金额17298万元，与预算金额19220万元相比，节约资金1922万元，节约率为10%；产权交易项目12个，预算金额1522万元，交易金额1732万元，资金增加率13.80%；土地出让23宗，起始价81020万元，成交价127121万元，增收46101万元。市政府新投资代建项目14个，代建面积6.34万平方米，建成代建项目12个，建成面积5.80万平方米，完成投资额8103万元。评审政府投资项目316个，审核总造价105272万元，核减财政支出3532万元，平均核减率3.36%。2016年，获“2016年度最佳满意部门（单位）”称号，在衢州市监管办组织的公共资源配置工作考核中获综合考核优秀奖。

【提升建设工程招投标规范化管理】 3月，联合市纪委派驻第二纪检组、市公共资源交易中心等相关单位，对全市2011—2015年各乡镇（街道）自行组织公开招标、邀请招标和未招标的工程建设项目（不含已进入市公共资源交易中心交易的项目）进行专项检查。与监察局等部门制定出台《关于进一步加强工程施工招标投标管理的意见》和《江山市村级工程招标投标管理实施细则（试行）》。推动政府出台《江山市政府投资项目工程变更管理办法（试行）》。其中，《江山市村级工程招标投标管理实施细则（试行）》被衢州市监管办在全市范围内予以转发。

【助力重大项目建设】 主动对接“最江南”绿色休闲实验区、江郎山——廿八都创AAAAA景区、“百里须江·美丽长廊”等重大旅游项目及“创国卫”“四边三化”“五水共治”“G20峰会维稳安保”等多项重难急任务中所涉及的项目建设、政府采购工作。针对项目前期交易中存在的问题做好指导和咨询工作。坚持不破法规破常规，敢于担当，对项目进行分类分级对待，既不突破招标投标法律法规的底线，又最大限度地推进项目进程。

【支持市内重点PPP项目的推进】 继2015年峡口水库引水工程PPP项目成功实施，2016年，又推出锦绣江山外国语学校、幼儿成长中心、中机国能热电等多个PPP项目。监管办上下牢固树立“学在先，精在前”的职责理念，集“事前参谋，事中监管，事后服务”于一体，以精湛全面的业务素能全程服务于PPP项目，年底锦绣江山外国语学校建设项目已结项、中机国能热电PPP项目已投入建设，幼儿成长中心项目已正式签约。

【平台整合、有效提升】 2016年，出台《关于明确碳排放权、用能权、排污权交易有关问题的通知》将碳排放权、用能权、排污权新纳入市级平台交易，实现建设工程、产权交易、国有土地、政府采购、农村综合产权、碳排放权、用能权、排污权等进入市级平台交易，基本形成规则统一、公开透明、服务高效、监管规范的公共资源交易平台体系。

【助力部队项目进地方平台交易】 根据中央军委新要求，部分部队非涉密建设工程项目需纳入地方公共资源交易平台交易。预算价为539万元的6531-1工程，是96171部队浙西临近地区第一个部队非涉密工程纳入地方平台交易项目。监管办会同相关部门配合做好前期指导，利用已成熟运作的投标保证金网上交退系统对该项目的投标保证金进行代收代退。6月16日，该工程中标公示结束，标志着江山市域内首个在市公共资源交易中心交易的部队工程建设项目实现成功交易。

机关党建工作

【概况】 2016年，市直机关工委坚持以邓小平理论、“三个代表”重要思想、科学发展观为指导，深入贯彻习近平总书记系列重要讲话精神，以“学党章党规、学系列讲话，做合格党员”学习教育为主抓手，强化机关党组织支撑保障经济社会转型发展的服务功能，构建完善机关党员干部队伍作风建设的常态化机制，推动机关党建工作责任制的有效落实，较好地完成市委、市政府下达的各项工作任务。

【开展“学党章党规、学系列讲话，做合格党员”学习教育】 制定《关于在全体党员中开展“学党章党规、学系列讲话，做合格党员”学习教育实施方案》，组织开展“讲政治、有信念，讲道德、有品行，讲规矩、守纪律，讲奉献、有担当”4个专题讨论，要求党员干部践行五带头，亮明身份、带头承诺，接受群众监督；组织党员开展手抄党章100天和学唱江山市自创歌曲《我是党员》活动，同时开展“九问一评”活动，对照党性开展自我剖析，发挥党员自我教育、净化、提高的主动性，增强党性意识；以联合党课的形式，组织统战部、机关工委、台办、妇联等部门党员干部举办两次“两学一做”专题党课教育；结合纪念建党95周年，开展“学党章党规、学系列讲话，做合格党员”知识竞赛活动和“两学一做”学习教育知识测试，为“两学一做”学习教育营造良好氛围。

【机关党员电化教育】 坚持每月播出一次党员电化教育课，全年共播出《践行习近平总书记“三严三实”总要求，加强党员干部的党性修养与作风建设》《与时俱进话党章》和“两学一做”专题片《做合格党员》、“两学一做”专题党课《全面从严治党 推进党风廉政建设》等12部电教片。同时于9月举办“学党章党规、学系列讲话，做合格党员”知识竞赛活动，共有45个机关基层党组织的130多名党员参加竞赛。

【机关基层组织建设】 2016年，新建党支部1个，更名机关党委1个、机关纪委1个、机关支部18个，撤销党支部1个；督促指导任期届满的机关基层党组织按期进行换届选举，有45个机关基层党组织进行换届选举，对25个机关基层党组织进行调整充实，调整党支部领导班子成员95名。全年共发展预备党员17名，预备党员转正式党员27名。

【党内教育培训】 4月，举办入党积极分子培训班，对市直机关及直属企事业单位党组织的70多名入党积极分子作党章、党史、党纪党规等有关党的基本理论、基本知识专题讲座。10月，举办市直机关党务干部培训班，培训内容主要有《中国共产党章程》《中国共产党纪律处分条例》《中国共产党发展党员工作细则》《中国共产党党和国家机关基层组织工作条例》等党内法规和机关党建工作业务知识等，来自市直机关各部门的85名机关党务干部参加学习培训。

（王　林）

党校工作

【概况】 2016年，中共江山市委党校坚持“紧贴中心、服务大局”的工作方向和“开放办学、品牌兴校”的办学方针，共举办市管领导干部进修班、年轻干部培训班、纪检综合业务培训班、村书记“两学一做”培训班、江山市初任公务员培训班、入党积极分子培训班等19个培训班，受训学员达1782人次。同时，举办安监局安全生产培训、江山市全域旅游发展提升培训班等计划外班次37个，受训学员达4233人次。2016年，中共江山市委党校在全省69个县级党校课题立项排名中位列第三。年内获全省党校系统、衢州市党校系统先进集体，还被评为衢州、江山两级2016年度先进基层党组织，江山市“六五”普法先进集体等。

【围绕中心培训】 在突出理论教育与党性教育主体地位的同时，围绕“全民创业创新”“招商引资”“五水共治”“乡村休闲旅游”等市委市政府中心工作，抓好经济、政治、文化、社会、生态、党建等方面的培训，提高党员领导干部创业创新能力和推动经济社会科学发展的能力。在师资队伍配置上强化力量，服务干部培训。建立和实行领导干部到校讲课制度，聘请江山市各级领导定期为主体班学员授课，推进领导干部到党校讲课常态化；探索和尝试教师推荐机制，及时更新调整主体班次的师资结构，拓宽师资渠道，提高培训的实效性和针对性。借助外力，加强与上级党校间的纵向合作。邀请衢州党校系统及省委党校的专家来主体班次授课，争取建立一支能够与党校长期合作的高水平的校外专家队伍，提升党校干部教育工作的整体水平。

【创新班级活动】 根据受训学员的不同，在主体班次上设置不同主题的交流活动。在市管领导干部培训班上开展“我最满意的一项工作”交流活动，通过评比挑选出数篇交流材料在《今日江山》发表。在第六期初任公务员培训班上开展“我最感动的一项工作”交流活动，全程录像并刻制光盘。市委组织部、市人劳局、市委党校相关人员全程参与交流活动，记录每位学员发言内容，使学员在竞争性课程中的表现，成为组织部门发现干部、识别干部的重要依据。

【推进科研工作】 科研方面，继续开设“创新江山”系列讲座，邀请重点乡镇、机关部门的相关领导来校传授新的工作经验和典型案例，做到科研工作与市委、市政府中心工作紧密结合。课题申报方面，有7个课题在浙江省委党校体系中国特色社会主义理论体系研究中心第十八批规划课题中立项，在衢州党校系统位列第一，在全省党校体系内也是名列前茅。11项课题在申报2016年衢州市党校系统市（县、市、区）情研究中心第九批规划课题中立项；7项课题在2016年衢州社科联研究课题中立项。在论文发表上，全年共发表论文23篇，其中《新形势下加强农村党员“政治规矩”教育路径探析》在《浙江省纪念中国共产党成立95周年理论研讨会论文选集》上发表，《探索软治理视角下的新型社会动员模式》《两美现代化浙江建设背景下农村文化软实力提升路径研究》等22篇在《衢州社会科学》《衢州论坛》上发表；科研资政方面，《新型智库视角下基层党校咨政功能提升研究》《江山市光谷小镇“全产业链融合模式”的实践及经验启示》得到衢州及江山市有关领导的批示。成果获奖方面，《唯物史观视域下中国特色社会主义共同富裕思想发展历程简析》《共同富裕视角下资本社会化实现路径研究》等14篇成果获得第十届浙江省马克思主义理论研讨会优秀奖、第十届浙江省马克思主义理论研讨会优秀奖等奖项。

【加强队伍建设】 坚持围绕“一地两库”的工作目标，着眼长远，注重教师队伍素质提升，加快“江山学者”培育。创新学习载体，开展“重读经典重温初心”、“同一本书”学术研讨、“一人一本”读书交流等活动，夯实教师理论功底。提供宣讲机会，举行校内试讲活动，鼓励新教师参加。

老干部工作

【落实老干部政治待遇】 2016年，全市共有离休干部134人，其中行政事业单位离休干部90人，企业离休干部44人，享受地厅级待遇1人，县处级待遇47人，科级待遇86人。一年来，先后组织老干部参加市委全委会报告征求意见座谈会、政府工作报告征求意见座谈会、市级党政领导班子成员述职述廉会议等各类会议、学习18次。组织老干部参观国家全域旅游示范区、省美丽乡村示范县创建等“走基层、看变化、促发展”活动6次。抓好老干部党支部建设，6位离退休干部先后获省“最美离退休干部党支部书记”、衢州市首届“最美老干部”荣誉称号。举办全市离退休干部党员“两学一做”学习教育暨2016年老干部读书班开班，200多名离退休干部参加了政治学习。

【落实老干部生活待遇】 开展以“大走访、大调研、大宣传”为主题的真情关爱大走访活动，对全市51个支部进行调查摸底，了解所需所求。对200多名老干部上门走访，征集意见建议30多条，及时回应老干部提出的问题，并一一解答落实。探望慰问61名生病住院老干部，对35名90岁以上老干部进行上门祝寿，为18名逝世老干部做好优抚、丧葬等事宜工作。对167位老干部进行体检，分2批组织70多位老干部赴常山健康休养，对未参加健康休养的138名老干部，也逐一上门走访。

【为老干部办实事解难事】 以贯彻落实中办《关于进一步加强和改进离退休干部工作的意见》精神为契机，向市委市政府提出贯彻意见和措施，为老干部争取并办理在人民医院增设老干部病房、规范统一“两节”（春节、老年节）走访慰问政策等具体事项，形成《江山市老干部医疗服务保障工作会议纪要》，全面对接落实离休干部的各项待遇。

为村民送春联

【老干部活动中心和老年大学阵地建设】 2016年，老干部活动中心日均活动人数达300多人。老年大学开设32门课程，设置50个教学班级，注册学员达2680人次。老年大学坚持创新发展，在党建工作、硬件设施改善、校园文化建设等方面取得新成绩。9月，老年大学参加“我们正年轻”衢州中老年才艺大赛，选送的节目从衢州市200多个节目突围进入32强，获2个二等奖、2个三等奖。10月，老年大学155名学员承担2016全国重阳登高健身大会2个节目展演、现场书画表演、开幕式方阵等活动，受到来自各大媒体“长枪短炮”的青睐。12月，老年大学参加2016舞动中国全国首届广场舞大赛中，从全国33个决赛队伍中脱颖而出，获2个二等奖，2个三等奖。

对老干部活动中心进行屋面翻修、瓦片更换、内部粉刷、屋子防水处理等修缮工程，改善两个阵地的教学环境和活动条件。老干部常青艺术团，送戏入部队入学校入乡村文化礼堂等义演达20多场，助力基层文化建设。

江山市老年大学第二届文化艺术节

【开展纪念中国共产党成立95周年、中国工农红军长征胜利80周年系列活动】 6月，开展“纪念建党95周年暨创建省‘美丽乡村示范县’书画展”，展出150余幅书画作品。同月，老年大学成功举办“永远跟党走”江山市老干部纪念建党95周年暨老年大学第二届文化艺术节，分摄影、剪纸、书画作品展及红歌类、戏曲类、综合类3个专场60多个节目进行会演，400多名离退休干部及老年大学学员参演。10月，开展“不忘丹心 丹青铭志——纪念红军长征胜利80周年”书画展，选展100多幅，展期半个月，当天吸引500多名观众观展。2016年，市老干部局获5年一评的“浙江省老干部工作先进集体”称号。

（周芳琴）

关工委工作

【概况】 全市共有各级关工委组织464个，其中部门关工委7个，乡镇（街道）关工委19个，社区关工委13个，民营企业关工委2个，村级关工委292个和关工小组126个，参与基层关心下一代工作的“五老”志愿者达到3800多人。

【主题教育】 3月，联合市教育局、团市委、城南小学、滴水公益服务中心等开展“弘扬雷锋精神 争做美德少年”主题月活动。通过报告会、座谈会等形式，激励中小学生争当雷锋精神新时代的传人。6月，联合市委老干部局、张村乡政府、张村小学开展“党史国史”进校园主题活动，宣讲发生在江山本地的抗战小故事，并给孩子们送去书包、书籍等礼物。6月，联合市委宣传部、文明办、教育局、新华书店等开展“逐梦路上”征文比赛。全市有198名中小学生投稿参加征文比赛。10月，联合市委宣传部、教育局、新华书店等在城北小学报告厅举行“逐梦路上”演讲比赛，全市中小学的39名学生参加演讲比赛。10月，在坛石镇上王村的竹子林（解放战争时期整个衢州地区城市工作委员会的旧址）建立青少年爱国主义教育实践基地。

城北中学福彩基金发放仪式

【帮困助学】 全年市关工委共资助贫困大学生38名，发放助学金16.8万元，其中争取到省利群阳光、福彩资助的20名，市关工

为培智学校儿童发放“六一”节礼物

委自筹资金资助的18名。6月，衢州市关工委“福彩牵手·点亮梦想”——百名贫困少年儿童专项资助公益金发放仪式在江山举行，为全市100名小学生发放资助金10万元；9月，又为70名中学生争取到福彩资助金7万元。11月，联合江山绿业有限公司、太阳山寺开展资助贫困中小学生活动，资助84名，每人给予1500元的资助，共发放资金12.6万元。

【关爱“留守儿童”】 7—8月，在贺村镇淤头村新开设了留守儿童辅导中心，开办了美术、书法、乐器兴趣班和作业专题辅导班等，邀请一批退休干部老师义务为“留守儿童”进行学习辅导。

【公益活动】 按照省关工委开展的百校万人“爱心圆梦视力健康”免费送镜公益活动要求，联合市教育局、质监局、杭州毛源昌江山分店开展“6·6”爱眼日助优扶困进校园公益活动。免费为患近视的贫困中小学生每人赠送一副价值500元的眼镜，共发放1200副，在全市各小学生中巡回开展护眼讲座、护眼义诊活动等公益活动。同时，在“六一”儿童节，看望培智学校的教师和学生，与智障儿童欢度节日。

江山市人大常委会

综　述

2016年，江山市人大常委会围绕发展大局，依法履行职权，推进民主法治，促进民生改善，为推进江山经济社会发展与民主法治建设作出重要贡献。一年来，共举行常委会会议13次、主任会议35次，听取和审议工作报告32个，作出决议决定9项，开展执法检查6次、专题询问1次，组织代表视察4次，依法任免国家机关工作人员52人次。

市人民代表大会

【市第十五届人大第五次会议】 于1月28日至1月31日在城区举行。该届共有代表238名，出席大会代表231名，因事因病请假7名。列席大会人员276名，出席政协第九届江山市委员会第五次会议的全体委员也列席会议。大会主席团36人，主席团常务主席12人，秘书长1人（兼），副秘书长4人，财政预算审查委员会12人，议案审查委员会11人。会上，市人民政府市长叶美峰作《政府工作报告》，市人大常委会主任毛江妹作《江山市人民代表大会常务委员会工作报告》，市人民法院院长崔正华作《江山市人民法院工作报告》，市人民检察院检察长郑柯迅作《江山市人民检察院工作报告》，市人民政府书面报告《江山市国民经济和社会发展第十三个五年规划纲要（草案）》，市发改局、市财政局分别书面报告《关于江山市2015年国民经济和社会发展计划执行情况及2016年国民经济和社会发展计划草案的报告》《关于江山市2015年财政预算执行情况和2016年财政预算草案的报告》。会议审议并通过上述各项报告，作出相应决议。大会依法补选王旭为江山市第十五届人民代表大会常务委员会副主任；何日森、周中太、周继仓、徐剑平等4人为江山市第十五届人民代表大会常务委员会委员。

【收到的议案和建议】 市第十五届人大第五次会议，共收到代表10人以上联名提出的议案294件。大会主席团根据地方组织法和代表法的有关规定，将本次会议收到的294件议案全部改作建议。大会还收到代表提出的建议、批评和意见17件，连同改作建议办理的议案，交市人民政府和有关机关组织办理。经过市人大常委会的有力督办和办理部门的认真办理，311 件议案建议全部办理完毕。

市人大常委会会议

【第十五届人大常委会第四十七次会议】 于 1 月 14 日在政府大楼八楼会议室举行。市人大常委会主任毛江妹，党组副书记王旭，副主任毛赛春、徐大清、徐惠民、毛建华及委员参加。市人民政府副市长巫小雄，市人民法院院长崔正华，市人民检察院检察长郑柯迅，市府办以及市人大常委会办事机构负责人列席会议。会议审议通过江山市第十五届人大常委会代表资格审查委员会关于代表变动情况和补选的代表资格的审查报告，研究召开江山市第十五届人民代表大会第五次会议的有关事项，讨论并原则通过江山市人民代表大会常务委员会工作报告。

【第十五届人大常委会第四十八次会议】 于 1 月 31 日在政府大楼八楼会议室举行。市人大常委会主任毛江妹，副主任王旭、毛赛春、徐大清、徐柏民、徐惠民、毛建华及委员参加会议。市人民政府市长叶美峰，市人民法院院长崔正华，市人民检察院检察长郑柯迅，市府办、市人大常委会办事机构负责人列席会议。会议讨论通过市人大常委会 2016 年工作要点。

【第十五届人大常委会第四十九次会议】 于 3 月 22 日在政府大楼八楼会议室举行。市人大常委会主任毛江妹，副主任王旭、毛赛春、徐大清、徐柏民、徐惠民及委员参加。市人民政府副市长巫小雄，市人民法院院长崔正华，市人民检察院检察长郑柯迅，市府办、经信局、科技局、财政局、人力社保局、江山经济开发区管委会以及市人大常委会办事机构负责人列席会议。部分乡镇人大主席、市人大代表应邀参加会议。会议听取和审议市政府关于推动企业挂牌上市、企业减负工作开展、促进工业企业技术创新等工作情况的报告。会议审议通过有关人事事项。

【第十五届人大常委会第五十次会议】 于 5 月 10 日在金陵大酒店举行。市人大常委会主任毛江妹，副主任王旭、毛赛春、徐大清、徐柏民、徐惠民、毛建华及委员参加会议。市人民政府市长叶美峰，副市长王子平、徐文，市人民法院院长崔正华，市人民检察院检察长郑柯迅，市府办、水利局、国土资源局等相关部门、乡镇（街道）负责人，市人大常委会办事机构负责人列席会议。部分乡镇人大主席、市人大代表、市政协委员、文艺界人士应邀参加会议。会议听取和审议市政府关于“百里须江·美丽长廊”“最江南”绿色休闲实验区规划情况的报告。会议讨论通过代表资格审查委员会调整名单，审议通过有关人事事项。会后，新当选的国家工作人员集体向宪法宣誓。

【第十五届人大常委会第五十一次会议】 于 5 月 24 日在政府大楼八楼会议室举行。市人大常委会主任毛江妹，副主任王旭、毛赛春、徐大清、徐柏民、徐惠民、毛建华及委员参加。市人民政府副市长章忠良，市人民法院院长崔正华，市人民检察院检察长郑柯迅，市府办、旅游局、农办、体育局、住建局等相关部门负责人，市人大常委会办事机构负责人列席会议。部分乡镇人大主席、市人大代表应邀参加会议。会议听取和审议市政府关于江郎山—廿八都旅游区创建国家 AAAAA 级旅游景区、民宿经济发展、加快促进“旅游+体育”

发展等报告。会议审议住建局、旅游局关于市人大常委会工作评议意见整改落实情况的报告，并进行满意度测评。

【第十五届人大常委会第五十二次会议】 于6月27日在政府大楼八楼会议室举行。市人大常委会主任毛江妹，副主任王旭、毛赛春、徐大清、徐柏民、徐惠民、毛建华及委员参加会议。市人民政府常务副市长俞根君，市人民法院院长崔正华，市人民检察院检察长郑柯迅，市府办以及市人大常委会办事机构负责人列席会议。会议审议通过有关人事事项。

【第十五届人大常委会第五十三次会议】 于7月25日在政府大楼八楼会议室举行。市人大常委会主任毛江妹，副主任王旭、毛赛春、徐大清、徐柏民、徐惠民、毛建华及委员参加会议。市人民政府常务副市长俞根君、副市长毛正彩，市人民法院、市人民检察院、市府办、发改局、财政局、审计局以及市人大常委会办事机构负责人列席会议。部分乡镇人大主席、市人大代表应邀参加会议。会议听取和审议市政府关于2016年上半年工作情况和下半年工作意见的报告，审议江山市2016年上半年国民经济和社会发展计划执行情况报告。会议听取和审议2015年度财政决算和2016年1—6月预算执行情况报告，作出《关于江山市2015年财政决算决议》。会议听取和审议市政府关于2015年度财政预算执行和其他财政收支的审计工作报告、关于江山市2016年地方政府债务限额及新增债务预算调整方案的议案，作出《关于批准江山市2016年地方政府债务限额及新增债务预算调整方案的决议》。会议审议通过有关人事事项。会后，新当选的国家工作人员向宪法宣誓。

【第十五届人大常委会第五十四次会议】 于8月24日在政府大楼八楼会议室举行。市人大常委会主任毛江妹，副主任王旭、毛赛春、徐大清、徐柏民、徐惠民、毛建华及委员参加会议。市人民政府副市长巫小雄，市人民法院院长崔正华，市人民检察院检察长郑柯迅，市府办以及市人大常委会办事机构负责人列席会议。部分市人大代表应邀参加会议。会议审议通过有关人事事项。会后，新当选的国家工作人员集体向宪法宣誓。

【第十五届人大常委会第五十五次会议】 于9月19日在政府大楼八楼会议室举行。市人大常委会主任毛江妹，副主任王旭、徐大清、徐柏民、徐惠民、毛建华及委员参加。市人民政府常务副市长俞根君，市人民法院院长崔正华，市人民检察院检察长郑柯迅，市府办、司法局、农办等相关部门负责人，市人大常委会办事机构负责人列席会议。部分乡镇人大主席、市人大代表应邀参加会议。会议听取和审议市政府关于低收入农户扶贫攻坚、“七五”普法规划编制等情况报告，作出《关于开展第七个五年法治宣传教育的决议》。

【第十五届人大常委会第五十六次会议】 于11月10日在政府大楼八楼会议室举行。市人大常委会主任毛江妹，副主任王旭、毛赛春、徐大清、徐柏民、徐惠民、毛建华及委员参加。市人民政府常务副市长俞根君，市人民法院院长崔正华，市人民检察院检察长郑柯迅，市府办以及市人大常委会办事机构负责人列席会议。会议作出市人大常委会关于市、乡两级人民代表大会换届选举有关事项的决定，审议通过市选举委员会和各乡镇选举委员会组成人员名单。

【第十五届人大常委会第五十七次会议】 于11月17日在政府大楼八楼会议室举行。市人大常委会主任毛江妹，副主任王旭、毛赛春、徐大清、徐柏民、徐惠民、毛建华及委员参加会议。市人民政府常务副市长俞根君，市人民检察院检察长郑柯迅，市人民法院、市府办及市人大常委会办事机构负责人列席会议。部分乡镇人大主席、市人大代表应邀参加会议。会议审议通过《江山市人民政府关于提请舒畅同志任职的议案》。会议审议通过有关人事事项，决定任命舒畅同志为江山市人民政府副市长，并作出《关于接受叶美峰同志请求辞去江山市人民政府市长职务的决定》《关于舒畅同志代理江山市人民政府市长职务的决定》。市委书记吕跃龙出席会议并讲话。会后，代市长舒畅向宪法宣誓并作任职发言。

【第十五届人大常委会第五十八次会议】 于12月9日在政府大楼八楼会议室举行。市人大常委会主任毛江妹，副主任王旭、毛赛春、徐大清、徐惠民及委员参加。市人民政府副市长巫小雄，市人民法院院长崔正华，市人民检察院检察长郑柯迅等列席会议。会议听取和审议市政府关于“十三五”规划实施情况的报告，听取和审议市政府关于市第十五届人大第五次会议代表议案建议办理情况报告、市人大常委会代表与选举任免工委关于市第十五届人大第五次会议代表议案建议督办情况报告。会议审议司法局、环保局关于市人大常委会工作评议意见整改落实情况的报告，并进行满意度测评。会议听取和审议市政府关于江山市2016年财政预算调整（草案）的报告，作出《关于批准江山市2016年财政预算调整的决议》。会议审议通过有关人事事项。会后，新当选的国家工作人员向宪法宣誓。

【第十五届人大常委会第五十九次会议】 于12月19日在政府大楼八楼会议室举行。市人大常委会主任毛江妹，副主任王旭、毛赛春、徐大清、徐惠民、毛建华及委员参加会议。市人民政府副市长宁晔，市人民法院院长崔正华，市人民检察院检察长郑柯迅，市府办以及市人大常委会办事机构负责人列席会议。会议审议通过有关人事事项，研究市、乡两级人大换届选举有关事项。会后，新当选的国家工作人员向宪法宣誓。

市人大常委会主任会议

【第十五届人大常委会第一百一十四次主任会议】 于1月4日召开，市人大常委会主任毛江妹，党组副书记王旭，副主任毛赛春、徐大清、徐柏民、徐惠民、毛建华参加会议。市政府副市长巫小雄，市府办、财政局有关负责人列席会议。会议听取和审议市政府关于江山市2016年财政预算草案编制情况汇报，巫小雄代表市政府作表态发言。

【第十五届人大常委会党组会议、第一百一十五次主任会议】 于1月12日召开，市人大常委会主任毛江妹，党组副书记王旭，副主任毛赛春、徐大清、徐柏民、徐惠民、毛建华，党组成员周中太参加会议。会议研究召开市第十五届人大第五次会议有关事项，讨论先进代表小组、代表履职先进个人、优秀代表议案建议、先进承办单位等名单以及市人大常委会工作报告，研究召开市人大常委会党组民主生活会等事项。

【第十五届人大常委会第一百一十六次主

任会议】 于2月5日召开，市人大常委会主任毛江妹，党组副书记王旭，副主任徐大清、徐柏民、徐惠民、毛建华参加会议。会议研究市人大机关日常管理工作。

【第十五届人大常委会第一百一十七次主任会议】 于2月17日召开，市人大常委会主任毛江妹，党组副书记王旭，副主任徐大清、徐柏民、徐惠民、毛建华参加会议。会议讨论并原则通过市人大常委会2016年主要工作安排，通报市人大机关2015年度优秀公务员、优秀党员推选情况。

【第十五届人大常委会第一百一十八次主任会议】 于3月11日召开，市人大常委会主任毛江妹，副主任王旭、毛赛春、徐大清、徐柏民、毛建华参加会议，市委常委、市人民政府副市长章忠良，市府办、财政局、国土资源局、人力社保局、人行江山市支行有关负责人列席会议。会议听取和审议市政府关于2015年社会保险基金预算执行情况和2016年社会保险基金预算编制情况报告，以及人行江山市支行服务实体经济发展情况报告，章忠良代表市政府作表态发言。

【第十五届人大常委会党组会议、第一百一十九次主任会议】 于3月11日召开，市人大常委会主任毛江妹，副主任王旭、毛赛春、徐大清、徐柏民、毛建华，党组成员周中太参加会议。会议讨论2016年市人大机关培训计划，研究市人大机关市管后备干部、结构性干部人选推荐名单。

【第十五届人大常委会党组会议、第一百二十次主任会议】 于3月22日召开，市人大常委会主任毛江妹，副主任王旭、毛赛春、徐大清、徐柏民、徐惠民参加会议。会议研究市人民检察院的有关人事免职事项，研究并确定市人大常委会领导及工委重点督办议案。

【第十五届人大常委会第一百二十一次主任会议】 于3月28日召开，市人大常委会主任毛江妹，副主任王旭、徐大清、徐柏民、徐惠民参加会议。会议研究4月常委会主要工作安排。

【第十五届人大常委会第一百二十二次主任会议】 于4月27日召开，市人大常委会主任毛江妹，副主任王旭、毛赛春、徐柏民、徐惠民、毛建华参加会议。会议讨论通过《关于开展大气污染防治法等法律法规执法检查的通知》、《关于开展“五水共治”工作专项监督的通知》以及《关于开展对司法局、环保局工作评议的实施方案》，研究5月常委会主要工作安排。

【第十五届人大常委会第一百二十三次主任会议】 于4月27日召开，市人大常委会主任毛江妹，副主任王旭、毛赛春、徐柏民、徐惠民、毛建华参加会议。会议研究市人大机关日常管理工作。

【第十五届人大常委会党组会议、第一百二十四次主任会议】 于5月10日召开，市人大常委会主任毛江妹，副主任王旭、毛赛春、徐柏民、徐惠民、毛建华，党组成员周中太参加会议。会议研究市人大、市政府有关人事任免事项，以及市人大常委会代表资格审查委员会人员调整名单。

【第十五届人大常委会党组会议、第一百二十五次主任会议】 于6月2日召开，市人大常委会主任毛江妹，副主任王旭、毛赛春、徐大清、徐惠民、毛建华参加会议。市政府常务副市长俞根君，市人民法院院长崔正华，市人民检察院检察长郑柯迅，市府办、公安局有关负责人列席会议。会议听取和审议市政府关于社会治安智能防控系统建设情况的报告和市人民法院、市人民检察院关于司法体制改革试点工作情况的报告，俞根君代表市政府作表态发言。会议研究市人民法院有关人事任免事项及6月常委会主要工作安排。

【第十五届人大常委会党组会议、第一百二十六次主任会议】 于6月2日召开，市人大常委会主任毛江妹，副主任王旭、毛赛春、徐惠民、毛建华，党组成员周中太参加会议。会议研究市人大机关结构性干部推荐人选。

【第十五届人大常委会党组会议、第一百二十七次主任会议】 于6月16日召开，市人大常委会主任毛江妹，副主任王旭、毛赛春、徐大清、徐柏民、徐惠民参加会议。会议研究新一届市人大常委会组成人员名额的初步意见。

【第十五届人大常委会党组会议、第一百二十八次主任会议】 于6月27日召开，市人大常委会主任毛江妹，副主任王旭、毛赛春、徐大清、徐柏民、徐惠民、毛建华，党组成员周中太参加会议。会议研究市人大、市法院有关人事事项。

【第十五届人大常委会第一百二十九次主任会议】 于6月30日召开，市人大常委会主任毛江妹，副主任王旭、徐大清、徐柏民、徐惠民、毛建华参加会议。会议听取和审议市人大常委会执法检查组关于大气污染防治、老年人权益保障、就业促进、安全生产、科技进步、公路等法律法规贯彻实施情况的报告，听取和审议市人大常委会关于“五水共治”工作情况的调研报告，研究7月份常委会主要工作安排。

【第十五届人大常委会党组会议、第一百三十次主任会议】 于7月25日召开，市人大常委会主任毛江妹，副主任王旭、毛赛春、徐大清、徐柏民、徐惠民、毛建华，党组成员周中太参加会议。会议听取和审议市财政局关于江山市2016年地方政府债务限额及新增债务预算调整方案的汇报，研究市人民政府有关人事事项。

【第十五届人大常委会第一百三十一次主任会议】 于7月25日召开，市人大常委会主任毛江妹，副主任王旭、毛赛春、徐大清、徐柏民、徐惠民、毛建华参加会议。会议讨论并原则通过市人大常委会关于对市司法局、市环保局工作的评议报告，研究8月常委会主要工作安排。

【第十五届人大常委会党组会议、第一百三十二次主任会议】 于8月4日召开，市人大常委会主任毛江妹，副主任王旭、徐大清、徐柏民、徐惠民、毛建华，党组成员周中太参加会议。会议讨论并原则通过市第十五届人大常委会领导班子工作总结，讨论市直属机关团支部委员人选推荐名单，研究市人大办公室工作分工有关事项。

【第十五届人大常委会第一百三十三次主任会议】 于8月12日召开，市人大常委会主任毛江妹，副主任王旭、徐大清、徐柏民、徐惠民参加会议。市人民政府副市长徐文，市府办、规划局、农业局有关负责人列席会议。会议听取和审议市政府关于集镇建设管理、发展壮大村级集体经济工作情况等报告，徐文代表市政府作表态发言。

【第十五届人大常委会党组会议、第一百三十四次主任会议】 于8月24日召开，市人大常委会主任毛江妹，副主任王旭、毛赛春、徐大清、徐柏民、徐惠民、毛建华参加会议。会议研究市人大常委会有关人事任免事项。

【第十五届人大常委会党组会议、第一百三十五次主任会议】 于8月25日召开，市人大常委会主任毛江妹，副主任王旭、徐大清、徐柏民、徐惠民、毛建华，党组成员周中太参加会议。会议组织学习《中国共产党问责条例》，通报江山市公务用车制度改革有关精神。

【第十五届人大常委会第一百三十六次主任会议】 于8月30日召开，市人大常委会副主任王旭、毛赛春、徐大清、徐柏民、徐惠民参加会议。会议研究“代表连心面对面”、代表进联络站活动有关事项，研究9月份常委会主要工作安排。

【第十五届人大常委会第一百三十七次主任会议】 于9月13日召开，市人大常委会主任毛江妹，副主任毛赛春、徐大清、徐柏民、毛建华参加会议。市人民政府副市长项柳福，交通运输局有关负责人列席会议。会议听取和审议市政府关于交通路网规划及建设情况的报告，项柳福代表市政府作表态发言。

【第十五届人大常委会第一百三十八次主任会议】 于9月19日召开，市人大常委会主任毛江妹，副主任王旭、徐大清、徐柏民、徐惠民、毛建华参加会议。会议讨论了选民预登记工作方案等事项。

【第十五届人大常委会党组会议、第一百三十九次主任会议】 于10月8日召开，市人大常委会主任毛江妹，副主任王旭、毛赛春、徐大清、徐柏民、徐惠民、毛建华，党组成员周中太参加会议。会议听取市人大常委会各组关于“代表连心面对面”和代表联络站活动情况的汇报，讨论部分重点议案建议集中督办事项，研究市乡两级人大换届选举有关事项及10月常委会主要工作安排。

【第十五届人大常委会第一百四十次主任会议】 于10月11日召开，市人大常委会主任毛江妹，副主任王旭、毛赛春、徐大清、徐柏民、徐惠民参加会议。市人民政府副市长毛正彩，市府办、教育局、住建局、交通局、商务局、卫计局、市场监管局、规划局、农办等有关部门负责人列席会议。会议听取和审议市政府关于学前教育布局调整、10件政府民生实事项目实施情况等报告，毛正彩代表市政府作表态发言。

【第十五届人大常委会第一百四十一次主任会议】 于11月10日召开，市人大常委会主任毛江妹，副主任王旭、毛赛春、徐大清、徐柏民、徐惠民、毛建华参加会议。会议研究市乡两级人大换届选举有关事项，研究11月份常委会主要工作安排。

【第十五届人大常委会党组会议、第一百四十二次主任会议】 于11月17日召开，市人大常委会主任毛江妹，副主任王旭、毛赛春、徐大清、徐柏民、徐惠民、毛建华，党组成员周中太参加会议。会议研究有关人事事项。

【第十五届人大常委会党组会议、第一百四十三次主任会议】 于11月17日召开，市人大常委会主任毛江妹，副主任王旭、毛赛春、徐大清、徐柏民、徐惠民、毛建华，党组成员周中太参加会议。会议研究连任代表建议人选有关事项，讨论市第十批农村工作指导员市人大机关选派人员名单。

【第十五届人大常委会党组会议、第一百四十四次主任会议】 于11月29日召开，市人大常委会主任毛江妹，副主任王旭、徐大清、徐柏民、毛建华，党组成员周中太参加会议。会议讨论市人大常委会部分工作机构调整、市人大机关党支部推荐衢州和江山市党代表有关事项，研究市直机关党支部优秀党务工作者联评、2016年代表活动经费划拨等有关事项。

【第十五届人大常委会党组会议、第一百四十五次主任会议】 于12月8日召开，市人大常委会主任毛江妹，副主任王旭、徐大清、徐柏民、徐惠民，党组成员周中太参加会议。会议听取和审议市财政局关于江山市2016年财政预算调整事项的汇报，研究市人大、市政府有关人事事项。

【第十五届人大常委会党组会议、第一百四十六次主任会议】 于12月19日召开，市人大常委会主任毛江妹，副主任王旭、毛赛春、徐大清、徐惠民、毛建华，党组成员周中太参加会议。会议研究市、乡两级人大换届选举有关事项，讨论通过市选举委员会组成人员辞职名单和各乡镇选举委员会组成人员辞职名单，并向市人大常委会会议进行通报。会议研究市政府有关人事事项。

【第十五届人大常委会党组会议、第一百四十七次主任会议】 于12月19日召开，市人大常委会主任毛江妹，副主任徐大清、徐柏民、毛建华，党组成员周中太参加会议。会议讨论市人大常委会工作报告初稿，研究近期人大常委会有关工作安排及机关人事事项。

【第十五届人大常委会第一百四十八次主任会议】 于12月30日召开，市人大常委会主任毛江妹，副主任王旭、徐大清、徐柏民、徐惠民、毛建华参加会议。会议研究近期市人大常委会有关重点工作及机关日常管理等事项。

常委会视察

【常委会视察城市建设管理情况】 4月14日，组织视察城市建设管理情况。市人大常委会主任毛江妹，副主任毛赛春、徐大清、徐柏民、毛建华及委员参加视察。市人民政府副市长章忠良，市府办、住建局、综合执法局、市场监管局、规划局、水利局负责人陪同视察。视察组实地视察“百里须江·美丽长廊”、城北彩化、西山绿道等现场，听取和审议市政府关于城市建设管理情况的汇报，章忠良代表市政府作表态发言。

【常委会视察招商引资及相关重点项目建设情况】 6月27日，组织视察招商引资及相关重点项目建设情况。市人大常委会主任毛江妹，副主任王旭、毛赛春、徐大清、徐柏民、徐惠民、毛建华及委员参加视察。市人民政府常务副市长俞根君，市府办、招商局、发改局、江山经济开发区负责人陪同视察。视察组实地视察伟屹科技产业园及智能化产品项目、天象汽车零部件制造项目建设情况，听取和审议市政府关于招商引资及相关重点项目建设情况的汇报，俞根君代表市政府作表态发言。

【常委会视察“五水共治”工作情况】 7月18日，组织视察“五水共治”工作情况。市人大常委会主任毛江妹，副主任王旭、徐大清、徐柏民、徐惠民、毛建华及委员参加视察。市人民政府副市长徐文，以及贺村镇党委书记张志军，市府办、治水办、农业局、水利局、住建局、环保局和部分乡镇等部门单位负责人陪同视察。视察组实地察看毛石明养殖场美丽生态牧场建设、棠坂溪丰益段整治提升情况，听取和审议市政府关于“五水共治”以及生猪产业转型升级、农民饮用水扩面提升、“清三河”防反弹等工作情况的汇报，徐文代表市政府作表态发言。

【常委会视察创业平台建设及运行情况】 8月9日，组织视察创业平台建设及运行情况。市人大常委会主任毛江妹，副主任王旭、徐大清、徐柏民、徐惠民、毛建华及委员参加视察。市人民政府副市长巫小雄，市府办、经信局、商务局、科技局、江山经济开发区等部门单位负责人陪同视察。视察组实地视察科创园、电商产业园，听取和审议市政府关于创业平台建设及运行情况的报告，巫小雄代表市政府作表态发言。

8月9日，市人大常委会组织视察创业平台建设及运行情况（沈天法 摄）

工作评议

【概况】 4月至12月，市人大常委会根据《关于开展对司法局、环保局工作评议的实施方案》，组织对司法局和环保局开展工作评议。整个评议工作在市委领导下进行，由市人大常委会组织实施并成立两个评议工作小组，整个评议工作共分为准备发动、调查、评议、整改提升四个阶段。评议的内容是近三年来司法局、环保局依法履行工作职责情况，主要包括：贯彻实施宪法、法律法规情况，贯彻执行党的路线方针政策和市委决议、决定情况；依法履行职责，发挥职能作用，推动发展，落实服务民生要求的情况；执行市人大及其常委会决议、决定，办理人大代表提出的议案、建议、批评和意见，以及落实市人大常委会审议意见情况；群众普遍关心和迫切需要解决问题的处理情况。

【评议司法局、环保局工作动员会】 于5月26日在国际大酒店龙翔厅召开。市人大常委会主任毛江妹，市委副书记舒畅，市人大常委会副主任王旭、毛赛春、徐柏民、徐惠民、毛建华及委员参加会议。市人民政府副市长巫小雄应邀参加会议。市委办、市府办、乡镇（街道）人大负责人，评议工作小组成员，市人大工作联络员，部分市人大代表，司法局、环保局中层以上干部参加会议。毛江妹主持会议，舒畅作讲话，王旭部署工作评议有关事项，徐惠民宣读评议工作小组名单，司法局、环保局负责人作表态发言。

【评议司法局、环保局工作会议】 于8月30日在国际大酒店龙翔厅召开。市人大常委会主任毛江妹，市委副书记舒畅，市人大常委会副主任王旭、毛赛春、徐大清、徐柏民、徐惠民、毛建华及委员参加会议。市人民政府副市长毛正彩应邀参加会议。市委办、市府办、乡镇（街道）人大负责人，评议工作小组成员，市人大工作联络员，部分市人大代表，司法局、环保局中层以上干部参加会议。

毛江妹主持会议，舒畅作讲话，王旭、徐惠民分别宣读对司法局、环保局工作的评议报告，部分基层人大代表作评议发言，司法局、环保局负责人作表态发言。

【评议意见整改落实】 于5月24日召开常委会会议，审议住建局、旅游局关于市人大常委会工作评议意见整改落实情况的报告，并进行满意度测评。于12月9日召开常委会会议，审议司法局、环保局关于市人大常委会工作评议意见整改落实情况的报告，并进行满意度测评。

代表工作

【市、乡两级人大代表换届选举】 江山市市、乡两级人民代表大会换届选举于2016年11月至2017年2月进行，市、乡两级人民代表大会代表实行同步换届选举，于2016年12月下旬选出。11月14日，在江山国际大酒店举行市、乡两级人大换届选举工作会议。市委书记吕跃龙强调，要讲政治顾大局，讲原则重程序，讲担当守纪律，扎扎实实做好各项工作，确保换届选举工作取得圆满成功。市人大常委会主任毛江妹部署换届选举工作，市委副书记舒畅主持会议，市委常委会、组织部长叶骏宣读有关文件，市领导郑国昌、王旭、毛赛春、徐大清、徐惠民、毛建华等参加会议。与会人员还组织观看了换届选举警示教育片《镜鉴》。12月25日是江山市市、乡两级人大代表换届选举投票日，全市50多万名选民依法选举产生市人大代表236名，乡镇人大代表989名。

【代表联络站、“代表连心面对面”活动】 9月，市人大常委会组织在江山的省、衢州、江山、乡镇四级人大代表853人分赴乡镇人大代表联络站，重点围绕补齐经济社会发展短板、推进全民创业创新、促进工业经济发展、打造全域旅游、发展民生事业、代表议案建议办理等方面工作，听取选民群众意见建议，共收集问题591条，并及时抓好意见建议的反馈落实。深入开展“代表连心面对面”活动，常委会组成人员走访、接待一线人大代表，共召开座谈会15次，走访代表39人，征集并反馈落实意见建议116条。

【代表主题活动】 根据省、衢州市人大的统一部署，组织在江山的省、衢州、江山、乡镇四级人大代表899人次联动开展了查找短板主题活动，围绕经济社会发展和重点民生共查找短板问题41个，提出对策建议49条，分别交政府及有关部门研究落实。根据省、衢州市会议精神要求，配合省、衢州市人大做好大气污染防治执法检查，组织发动全市各级人大代表，开展以治理污泥浊水为重点的“五水共治”专项督查，并形成调研报告报衢州市人大。根据衢州市人大的统一安排，组织衢州市人大代表江山中心组前往柯城区跨县域视察集镇建设改造提升工作。同时，做好衢州市人大代表柯城中心组到江山视察的准备工作。

其他工作

【执法检查】 4—6月，市人大常委会组成6个执法检查组，深入各乡镇（街道）、有关部门、企业，通过听取汇报、召开座谈、个别走访、实地检查等方式，对大气污染防治法、老年人权益保障法、就业促进法、安全生产法、科技进步法、公路法等法律法规贯彻实施情况进行检查。6月30日下午，召开主任会议，听取和审议各执法检查组关于大气污染防治等法律法规贯彻实施情况的报告，并将执法检查意见抄告市政府及相关职能部门，督促整改落实。11月，市人大常委会书面审查大气污染防治等法律法规执法检查意见落实情况的报告，对整改落实情况进行“回头看”。

【企业安全生产工作情况专题询问会】 于8月24日在政府八楼会议室召开。市人大常委会主任毛江妹，副主任王旭、毛赛春、徐大清、徐柏民、徐惠民、毛建华及委员参加会议。市人民政府副市长巫小雄，市府办、市安委办、教育局、民政局、人力社保局、交通运输局、旅游局、安监局、市场监管局、体育局、交警大队等单位负责人，部分市人大代表列席会议。市人大常委会组成人员结合平时调研了解到的情况，围绕中小企业安全生产、安全监管体系建设、职业病防治、城区学校高峰期交通安全等15个方面问题进行询问，市政府及相关部门、单位负责人到会接受询问，并就有关问题作出答复和承诺。

【重点课题调研】 3—10月，市人大常委会各委、室根据年度工作计划开展重点课题调研。其中，办公室、研究室、农资环工委对村级集体经济发展开展调研；法工委对加快社会养老产业发展、振兴裴家地茶产业路径开展调研；财政预算工委对深化企业职工养老保险改革、金融企业支持全民创业创新开展调研；经济建设工委对输配电产业转型升级、“十三五”期间交通框架建设开展调研；农资环工委对低收入农户扶贫开展调研；教科文卫民侨工委对学前教育发展、民宿经济发展开展调研；代表与选举任免工委对人大代表换届选举工作，补好学前教育短板、推进“学在江山”品牌建设开展调研，各重点课题调研都形成书面报告供市委、市政府决策参考。

【牵头联系输配电产业】 根据市委部署，市人大常委会领导班子牵头联系输配电产业，指导编制完成产业发展“十三五”规划，分头走访33家输配电企业，对工业项目综合（分期）验收及分割办证、融资难、土地收储等问题进行专题协调，帮助企业解决困难。

【首次举行国家工作人员宪法宣誓活动】 于1月31日在江山电影院举行，市人大常委会副主任王旭等5名新选举产生的国家工作人员郑重向宪法宣誓。市人大常委会主任毛江妹，副主任毛赛春、徐大清、徐柏民、徐惠民、毛建华及市人大常委会委员、部分市人大代表现场监誓。根据《关于组织宪法宣誓的实施细则》，江山市人民代表大会及其常务委员会选举或者决定任命的国家工作人员，以及江山市人民政府及其各部门、人民法院、人民检察院、乡镇人民政府、街道办事处任命的国家工作人员，在就职时应当公开进行宪法宣誓。这是江山市实行宪法宣誓制度以来，首次举行国家工作人员宪法宣誓活动。

【乡镇（街道）人大干部信息化建设培训会】 于4月1日在政府大楼八楼会议室举行，各乡镇人大专职主席、副主席，人大街道工委主任及乡镇（街道）人大工作联络员参加。会上，相关技术人员介绍省人大代表履职服务平台、网上代表联络站和人大议案建议处理信息系统的基本情况和架构，详细讲解三个系统的服务对象和主要功能，并进行操作演示，参训人员就系统使用中存在的问题进行现场交流。

（严　佳　周小斌　朱华俊）

江山市人民政府

综　述

【概况】 2016 年，江山市人民政府扎实推进绿色发展、转型发展、创新发展，努力践行“两山”理念，深入实施“两轮驱动”战略，抢抓机遇、克难攻坚，经济社会保持健康发展态势，圆满完成全年各项目标任务。全年实现地区生产总值 277.3 亿元，同比增长 7.5%；财政总收入 24.1 亿元，下降 0.9%，其中公共财政预算收入 15.9 亿元，增长 2.2%；固定资产投资 191.6 亿元，增长 11.1%；城镇常住居民人均可支配收入 38080 元，农村常住居民人均可支配收入 19956 元，分别增长 9.4%、8.9%。

【工业经济稳步增长】 全年完成工业增加值 121.16 亿元，比上年增长 6.2%。健盛、欧派两大产业园成功落地，捷尔世阻燃新材料、赢牌高档体育用品等项目加快建设。新增规模以上企业 13 家、国家高新企业 3 家。以“机器换人”为主的技改投资达 74.7 亿元。快速制造国家工程中心——江山示范中心成功入驻。欧派门业通过主板发审，10 家企业与券商签约，56 家企业在上海、浙江股权交易中心挂牌。成功创建国家级出口木门质量安全示范区。被评为省“两化”深度融合国家示范区、“腾笼换鸟”先进市。

【现代农业特色发展】 提升省级现代农业综合区 3513.3 公顷，新建江山市级现代农业园区 373.3 公顷。深入实施农业传统产业振兴行动。超级稻百亩示范方平均亩产创下全省新记录。获浙江省第二届“河姆渡杯”粮食生产先进市金奖。被列入农业部绿色高产高效创建首批示范县。蜂业规模和经济效益连续 25 年位居全国各县（市、区）第一。培育“一村一品”专业特色村 12 个，新增有机农产品认证 9 个。举办浙闽赣三省四县（市、区）精品蔬菜瓜果展示展销会。成功创建省级农产品质量安全追溯示范县、省级农产品质量安全放心示范县，获评“全国十大魅力茶乡”。

【旅游富民步伐加快】 高起点推进全域旅游建设，江郎山——廿八都 AAAAA 级景区创建通过国家级暗访，和睦彩陶文化村完成国家 AAA 级旅游景区创建，高等级景区数量位居全省前列。江郎山游客中心启动运行，200 辆新能源汽车投入使用。全年接待国内游客 1244.19 万人次，增长 22.8%，实现旅游总收入 75.5 亿元，增长 25.8%。下好“旅游+体育”先手棋，成功举办全球户外休闲旅游大会、全国新年登高健身大会、全国举重锦标赛，引进江山 100 国际越野跑等重大赛事活动，城市知名度、美誉度提升。网络零售额达到 24.1 亿元，被评为全省电子商务示范县，被评为美丽中国十佳旅游县。

【绿色发展卓有成效】 全力打好转型升级组合拳。“河长制”深入实施，江山港出境水质达到优秀。探索实施“南猪北养、北牧南移”模式，创建标准化美丽生态牧场 20 家，全面推行生猪养殖“4+1”管控模式。农村“双治”工程扎实推进，农村生活污水覆盖面达 94%以上，176 个村实施垃圾分类处理。衢江公路江山段被评为“四边三化”省级精品示范道路。完成拆违 113.9 万平方米、“三改” 220.62 万平方米，通过省基本无违建市创建考核验收。空气质量优良率达 88.3%。成功创建仙霞岭省级自然保护区、省环保模范城市。

【城市建管优化提升】 城市基础设施加快建设，火车站站前广场、莲华山大道、48 省道延伸、江滨南路延伸等一批基础设施项目建成完工。建设城镇污水管网 26.62 公里，完成 11 个集镇污水处理站提标改造。全力推进通禄门片区、金家村棚户区改造提升工作。城市治堵加快推进，城市公交 IC 卡投入运行，新增城市公交运营路线 14 公里，启动江贺经济走廊、西山西路等项目前期。城区主要入城口完成整治提升，打造西山生态休闲区、“一江两带”、城市绿道等一批城市景观，新增绿地 70 万平方米。国家卫生城市创建通过国家级暗访。

副市长何正芳(右二)陪同市委书记吕跃龙(右三)督查国家卫生城市创建

【美丽乡村纵深推进】 新农村建设成效明显，成功摘取省首批“美丽乡村示范县”称号，连续 8 年获全省优秀县（市）称号。新增省级美丽乡村示范乡镇 2 个、省级美丽乡村特色精品村 5 个。加快省级农家乐提升发展重点县建设。深入实施低收入农户收入倍增计划，新增试点村 3 个。推进枫石村、勤俭村等历史文化村落保护利用。成功打造“幸福乡村风光线、七彩保安风情线、古镇养生风韵线、世遗江郎风采线、醉美碗窑风行线和村歌文化风俗线”等六条美丽乡村精品线。推进美丽乡村“一县一带”建设。“江山村歌”走进北京人民大会堂并入选 G20 杭州分会国礼。

【发展活力逐步迸发】 实施“四大百亿”工程 116 个，24 个项目列入省重点。光谷小镇入围第二批特色小镇创建名单。成功争列首批省级餐厨垃圾资源化综合利用和无害化处置试点、省级农村土地确权登记颁证工作试点、首批光伏小康工程建设试点。峡口水库引水工程、中机国能热电联产等 PPP 项目开建，被评为省 PPP 工作示范县。全面推行“营改增”。

户籍制度改革启动实施。农村土地确权登记颁证工作全面推进。深化国资管理体制改革，完成旅游发展公司、水务集团组建。电商产业园建成开园。新成立重点城市异地商会 15 个，总数达 23 个。引进江商回归项目 65 个，实到资金 19.4 亿元。

11 月 12 日，副市长巫小雄参加江山市辽宁商会成立暨第一次会员大会

【百姓福祉全面增进】 圆满完成 G20 维稳安保任务。五大保险中养老、工伤、生育、事业累计新增参保人数 11752 人，医疗保险新参保 4318 人。城镇新增就业 6352 人，城镇失业人员实现再就业 2687 人。“4600 元以下”贫困现象全面消除。打响“学在江山”品牌，完成新一轮教育管理体制改革，高考再创历史佳绩。城北小学建成投用，锦绣江山外国语学校、城北幼儿园、峡口小学迁建工程等一批项目加快实施。公立医院改革、基层医疗卫生机构补偿机制试点、“双下沉，两提升”等医药卫生体制改革取得新突破。市人民医院住院综合楼建成投用，第二人民医院迁建项目加快推进。“平安江山”深化建设，安全生产“一岗双责”有效落实，未发生较大及以上安全生产责任事故。获评全国双拥模范城。

9 月 8 日，市领导叶美峰、徐柏民、毛正彩开展教师节走访慰问活动

【行政效能不断提升】 江山经济开发区实现“三区”合并，成立企业服务中心。完成综合行政执法局组建和卫生计生机构合并。“四张清单一张网”深化建设，政府服务热线与对话平台实现整合。“六五”普法圆满完成。启动公车改革。非行政许可事项全面清零。

重要会议

【市十五届政府第九次全体扩大会议】 3月7日召开。会议由常务副市长俞根君主持，市长叶美峰作工作报告。会议贯彻落实市委十三届十次全会精神，研究部署 2016 年重点工作。

【市十五届政府第十次全体扩大会议】 8 月 8 日与市委十三届十一次会议合并召开。会议由市委副书记、市长叶美峰主持，市委书记吕跃龙作工作报告，会议深入学习贯彻习近平总书记系列重要讲话精神和省委十三届九次全会、衢州市委六届十次全会精神，研究部署补短板工作。

【市十五届政府第五十四次常务会议】

1月5日召开。会议原则通过《健盛产业园投资协议书（送审稿）》《江山智慧产业园项目投资建设补充协议书（二）（送审稿）》《关于加快电子商务产业示范园发展的若干政策意见（送审稿）》《江山市行政复议诉讼应诉工作规则（送审稿）》《江山市湿地保护规划（送审稿）》《江山市2015年重大项目前期工作经费使用计划（送审稿）》《江山市行政事业单位公款竞争性存放管理暂行办法（送审稿）》《关于调整全市最低工资标准的通知（送审稿）》。

【市十五届政府第五十五次常务会议】

1月18日召开。会议原则通过《江山市国民经济和社会发展第十三个五年规划纲要（送审稿）》《江山市2016年国民经济和社会发展计划指标安排》《江山市2016年四大百亿工程实施计划（送审稿）》《江山市2016年重大项目前期工作计划（送审稿）》《江山市2016年度政府投资计划暨投资预算安排（送审稿）》《2016年市政府民生实事项目实施计划表（送审稿）》《2016年政府工作报告（送审稿）》《江山市市长特别奖评选办法（送审稿）》《2016年江山市区烟花爆竹禁限燃行动方案（送审稿）》《关于市区禁限燃烟花爆竹的通告》《关于进一步推进异地搬迁政策的若干政策意见（送审稿）》《关于开展调整城镇土地使用税政策促进土地集约节约利用工作的实施方案（送审稿）》《2016年财政预算安排（草案）》。

【市十五届政府第五十六次常务会议】

2月1日召开。会议原则通过《江山市“小微企业三年成长计划”（2015—2017）（送审稿）》《江山市市长特别奖评选结果（送审稿）》《2015年度集体、个人三等功》。

【市十五届政府第五十七次常务会议】

3月1日召开。会议原则通过工业强市建设、“五水共治”、美丽江城建设、“三农”工作、“电商换市”、旅游富民等六个十大专项工作安排及《江东工业园热电联产项目投资协议书》《江东工业园热电联产项目特许经营协议》。

【市十五届政府第五十八次常务会议】

3月21日召开。会议原则通过《315省道（衢江公路）江山段专项整治方案（送审稿）》《江山市“四边三化”315省道（衢江——高速段）整治提升规划方案（送审稿）》《江山市2016年招商引资工作考核办法（送审稿）》《江山市市场监督管理局主要职责内设机构和人员编制规定（送审稿）》《江山市乡镇（街道）、开发区权力清单（送审稿）》《卫生计生局关于要求定向培养基层卫技人才的请示》《卫生计生局关于2016年度卫生计生事业单位人才招聘计划的请示》《教育局关于2016年教师招聘计划的请示》《江山市新能源汽车分时租赁项目投资合作意向书（送审稿）》《江山市文溪初中新建项目PPP模式实施方案》《江山市文溪初中新建项目PPP项目物有所值评价报告》《江山市文溪初中新建项目PPP项目财政承受能力论证报告》《关于“府院联动”加快处置“僵尸企业”助推经济转型升级的意见（送审稿）》，会议听取关于万商城项目建设固定资产补助的情况汇报。

【市十五届政府第五十九次常务会议】

3月23日召开。会议原则通过《关于实施创新驱动加快工业转型发展的若干意见（送审稿）》《关于培育工业龙头企业和单打冠军企业的实施意见（送审稿）》《江山市工业项目综合（分期）验收及分割办证暂行办法（送审稿）》

《“十二五”制造业十大功勋企业家初评名单（送审稿）》《关于加快江山经济开发区跨越式发展的若干意见（送审稿）》《关于创新江山经济开发区行政管理体制的意见（送审稿）》《关于完善江山经济开发区财政体制的若干意见（送审稿）》《江山市政府投资项目审计监督办法（送审稿）》。

【市十五届政府第六十次常务会议】 5月10日召开。会议原则通过《江山市城镇危旧住宅房屋治理改造规划（2015—2017年）（送审稿）》《江山经济开发区管理委员会主要职责内设机构和人员编制规定（送审稿）》《江山市国家级出口木门质量安全示范区创建工作实施方案（送审稿）》《江山市临时救助实施办法（送审稿）》《关于建立江山市疾病应急救助制度的实施意见（送审稿）》《江山市被征地农民基本生活保障实施办法（送审稿）》《关于调整土地出让金中社会保障风险金计提比例的通知（送审稿）》。会议听取浙江国鑫房地产有限公司经营危机情况及关于廿八都太极湾江山驿高端休闲度假基地、廿八都岭上云间风栖坞乡村度假酒店、江郎“四季农耕”亲子乐园等服务业项目情况等两个汇报。

【市十五届政府第六十一次常务会议】 6月20日召开。会议原则通过《关于我市城北民办初中资源整合的意见建议》《江山市水库移民避险解困试点工作实施意见（试行）（送审稿）》《浙商联盟消防安保城置业有限公司关于要求变更公司股东的请示》《浙江驰骋公司要求延长物流基地项目建设周期的请示》。会议听取关于江山市城镇危旧住宅房屋治理改造工作情况及关于坛石上溪观光园、花盈原乡鳌顶国际休闲度假村等服务业项目情况等两个汇报。

【市十五届政府第六十二次常务会议】 6月28日召开。会议原则通过《新材料及锂电池项目投资协议及备忘录（送审稿）》。

【市十五届政府第六十三次常务会议】 7月11日召开。会议原则通过《S315衢江公路立面整治工作方案（送审稿）》《杭长高铁江山段沿线景观节点打造实施方案（送审稿）》《新塘水库1.6MWp渔光互补分布式光伏发电项目（送审稿）》《浙江英策电力有限公司630KWp分布式光伏电站调整投资规模的申请（送审稿）》《江山市国家全域旅游示范区创建工作实施方案（送审稿）》《浙旅集团与江山市政府战略合作框架协议（送审稿）》《江山市军人抚恤优待实施细则（送审稿）》《江山市统一政务咨询投诉举报平台建设实施方案（送审稿）》《关于要求明确姜伟锋等六位同志身份待遇的请示》。

【市十五届政府第六十四次常务会议】 7月26日召开。会议原则通过《关于要求明确四边区域整治所涉禽类养殖和食用菌种植户补助有关事项的请示》《江山市公务用车制度改革方案及相关配套政策（送审稿）》《欧派产业园项目投资协议书》《上余平滩农业休闲项目增加用地面积的请示》《江山市西山艺术博览馆项目》《江山市办公用房搬盘整合工作方案（送审稿）》《关于开展自然灾害救助责任保险附加见义勇为救助责任保险的建议意见（送审稿）》以及城北旅游休闲综合体、多多亚太娱乐城项目两个项目。会议听取了关于江山市2015年度财政预算执行和其他财政收支的审计结果报告。

【市十五届政府第六十五次常务会议】 8月

12 日召开。会议组织学习《中国共产党问责条例》和中纪委书记王岐山《用担当的行动诠释对党和人民的忠诚》署名文章，会议原则通过《江山市耕地保护补偿机制实施办法（试行）》《江山市 2016 年度基准地价更新成果》《关于支持大众创业促进就业的实施意见（送审稿）》《江山市“五水共治、四边三化、三改一拆”问题有奖举报暂行办法》《关于江山市金屋顶光伏富民工程项目的招商公告（送审稿）》《关于开展“大干五个月、冲刺二百亿”项目攻坚活动的方案（送审稿）》。

【市十五届政府第六十六次常务会议】 9月7日召开。会议原则通过《江山市国有企业内部审计管理办法（试行）（送审稿）》《江山市国有企业外派监事管理办法(试行)(送审稿)》《关于要求变更峡口水库引水工程部分管网设计的请示》《关于申报碗窑水库加固改造工程计划的请示》《关于加快物流业发展的若干意见》《〈江山市 2016 年度基准地价更新成果〉修改结果（送审稿）》《关于加快推进“三社联动”创新社会治理的实施意见（送审稿）》《关于江山市美国亚利桑那州梅萨市建立友好交流城市的请示》《关于江山市 1 － 8 月份安全生产专题工作汇报》以及百恋谷奇异世界休闲项目、江山市百家亲养老院项目、江山市人间美休闲养老中心项目、江山市樱花养老中心项目等 4 个服务业项目。

【市十五届政府第六十七次常务会议】 9月30日召开。会议原则通过《江山市旅游景区托管运营合作协议（送审稿）》《江山微电影艺术小镇项目投资建设协议书（送审稿）》《关于公开向社会引资建设江山微电影艺术小镇项目的招商公告（送审稿）》《关于加快推进江山门业转型发展的实施意见（送审稿）》。

【市十五届政府第六十八次常务会议】 10月20日召开。会议原则通过《关于加快推进残疾人全面小康进程的实施意见》《关于全面建立困难残疾人生活补贴和重度残疾人护理补贴制度的实施办法》《江山市城北旅游休闲综合体项目投资建设协议书》《站前大道北侧 1#地块国有建设用地使用权出让方案》《江山市土地整治五年规划和三年计划》《2014 － 2015 年江山市科技进步奖建议名单》《关于加快发展现代职业教育的实施意见（送审稿）》《江山市城镇住宅小区配套幼儿园建设与管理办法》。

【市十五届政府第六十九次常务会议】 12月12日召开。会议原则通过《江山市安全生产监督管理局主要职责内设机构和人员编制规定（送审稿）》《关于市旅游局与市旅游发展有限公司职责划分和人员划转的意见(送审稿)》《江山市乡镇（街道）“四个平台”建设工作实施意见（送审稿）》《关于清湖大道等 8 条道路命名和东岳路等 4 条道路起讫点调整的请示》《关于加快推进江山国大资产处置工作的建议》《关于公布市政府及市政府办公室行政规范性文件清理结果的通知（送审稿）》《关于审批〈江山市消防事业发展“十三五”规划〉的请示》《江山市信息化发展“十三五”规划（送审稿）》《江山市计划生育公益金管理办法（送审稿）》《关于我市污水处理收费征收方案的请示》《关于工业污水实行分类分档及多因子复合计收污水处理费实施意见的请示》《关于要求与浙江省担保集团有限公司开展再担保合作的请示》。

【市十五届政府第七十次常务会议】 12月30日召开。会议原则通过《江山市部分乡镇行政区划调整方案（送审稿）》《关于进一步推进户籍制度改革的实施意见（送审稿）》《关于要求批准实施〈江山市体育事业发展“十三五”规划〉和〈江山市体育产业发展“十三五”规划〉的请示》《关于要求批准实施〈江山市教育事业发展“十三五”规划〉的请示》《江山市幼儿成长中心（暂定名）PPP项目“两报告一方案”》《关于开展各类事业单位统一登记管理制度试点工作的实施意见（送审稿）》《关于中国人保江山支公司建议开展江山市小微企业出口信用险统保项目的意见》。

（吴　昊）

市政府办公室

【概况】 2016年是“十三五”规划局之年。全年，市政府办公室紧紧围绕市委、市政府的中心工作和重大决策部署，主动请缨，靠前作战，以务实高效、勤勉廉洁的工作作风，切实履行好办公室参谋助手、综合协调、服务管理、督促检查、队伍建设等职能，争当助推江山经济社会发展的前沿哨兵，为“十三五”规划开好局起好步提供有力支撑，圆满完成年度各项争先创优任务。

【发挥参谋作用】 以社会关注的热点焦点问题和群众反映的重点难点问题为工作着力点，深入开展调查研究，加强信息服务，力求吃透上情、了解外情、把握市情、掌握下情。政府调研以《2016年市政府重点调研课题安排》为指导，形成《加强国有资产经营和管理的思考与建议》《健康服务产业发展现状与前瞻》《推进生态修复和城市修补的探索与思考》等一系列调研成果，为市领导决策提供有力支撑。基层政务信息更加畅通，全年共计编发《江山政务》信息动态18期，3篇信息获国家级领导批示，5篇信息获省级领导批示。综合性、专业性文稿的起草工作坚持精品理念，高质完成市政府工作报告、市政府全体扩大会议报告、省市重要领导来江汇报等重大文稿的起草，参与政策性文件的制定，强化以文立办、以文辅政的作用。

【加强综合协调】 充分发挥办公室沟通上下、协调左右、连接内外的枢纽作用，主动适应新形势、新任务、新要求，转变工作方法；主动对接省、衢州市政府部门，主动联系全市各部门、乡镇（街道），加强统筹协调，全力推动各级各项工作有序开展。围绕重大项目建设、“五四三”工作、综合改革等工作，精心组织专题协调，提供专业指导，推进专项督查，有力确保工作落实。切实抓好人大代表议案建议、政协委员提案办理工作，共承办人大代表议案建议、政协委员提案536件，两项满意率均为100%。

【主动攻坚担当】 把担当作为自觉追求，切实培养和加强干部服务改革、助推发展的能力和水平。围绕改革创新，协助市领导推进县域经济体制综合改革、各类事业单位统一登记管理制度试点工作、国家知识产权试点城市工作等，推动改革落地开花。围绕发展第一要务，协调组织相关部门推出加快推进政府和社会资本合作、市域空间性规划“多规合一”工作、推进综合客运枢纽项目等政策意见，为发展注入新生活力。围绕省、衢州市重点工作，全员行动、全力保障，扎实开展“五四三”等专项工作。G20峰会期间，全办24小时值班，信访维稳信息及时送到，突发事件迅速处置，切实筑牢峰会举办的江山防线。

【强化政务督查】 始终紧盯目标，把抓督查作为推进工作的重要抓手，重点督查瞄准市人代会、四大百亿重点项目、招商引资、征地拆迁、信访维稳等重点中心工作以及市领导批示的其他工作完成情况，常规督查瞄准全市经济社会发展指标、民生实事项目、26个县考核、市县目标责任书等完成情况，采取明察暗访、回访检查、督查调研等多种形式，深入部门、乡镇（街道）、工程工地，严肃对标督查，以敢于碰硬、务求实效的作风，确保政令畅通，各项政府重大决策和重要工作部署落到实处。年内，多次发布政府督查通报，严肃通报相关单位执行不力事项，以强有力的督查形成倒逼压力，取得工作实绩。

【优化服务保障】 坚持"案无积卷、事不过夜"，不断优化办公室办文办会办事机制。加快公文流转速度，对签收的文件及时做好登记、呈批、传阅工作，即收即送，并做好跟踪落实。加强会议管理，严格执行会议审批制度，不断提升会议质量和效率，进一步强化会议服务。从严执行中央"八项规定""六条禁令"以及各级财经纪律，坚持厉行节俭，接待工作讲求高效，不铺张浪费，先后圆满完成全省美丽庭院创建工作推进会等重要会议和省、市领导到江考察等接待任务。规范日常财务支出，切实加强"三公"经费管理。做好办公室值班管理、设备维修更新、健康体检等后勤保障工作。完成《浙江年鉴》和《江山年鉴》等材料的编撰工作。扎实做好老干部服务管理工作，切实提高老干部服务质量。

【深化政务公开】 进一步完善政务公开制度，细化政务公开工作任务，出台《2016年江山市政务公开工作要点》，加大基层公开力度。全年各部门、乡镇（街道）主动公开各类政府信息12.8万多条，比上年增长38%；受理政府信息公开申请39件，是上年度的12倍多，全部按时办结。全面完成政府部门、乡镇（街道）和经济开发区的权力清单和责任清单编制，实现权力清单和责任清单的全覆盖。

【加强队伍建设】 以作风建设和廉洁建设为抓手，深入推进办公室队伍建设，努力打造一支敢担当、善作为、忠诚、干净的办公室铁军。积极开展作风效能建设，推动干部进村入企、挂项目、攻山头，不断提高干部干事创业的能力和服务基层的水平，不断提高工作效率。定期召开民主生活会，组织党费补缴和征缴工作，重大事项全部实行民主集中制，党章党规党纪得到严肃落实，组织生活更加规范。吸收1名年轻干部加入党组织。精心构建机关廉洁文化，把党风廉政教育作为党员干部学习培训的重要内容，贯穿于干部培养、选拔、管理等各个方面，牢固树立全体干部的廉洁意识，强壮反腐体质。

（毛世军　毛寒冰）

市人民政府咨询委员会

【开展课题调查研究】 年内，完成市领导布置的2个课题研究任务和4个临时课题调研任务。其中，《关于我市争取省级扶持最大化的几点建议》课题委托省新型城市化研究会负责完成；《促进我市体育旅游产业发展的几点建议》等其他5个课题由委机关自主完成。相关课题研究成果形成报告上报市领导，市委书记吕跃龙、市长舒畅等市主要领导分别作了重要批示。在年度全市优秀调研成果评比中，《促进我市体育旅游产业发展的几点建议》荣获一等奖，《高起点做好重大项目前期工作的对策建议》和《创新比较优势 增强招商活力》两个课题获三等奖。另根据市政府俞根君常务副市长的部署，组织全体市内委员，就江山市“十三五”规划纲要（送审稿）召开专家论证会。论证会上提出的许多建议意见最终被吸纳到市“十三五”规划的正式文稿中。

【完善咨询研究制度】 为了给委员开展咨询研究创造有利条件，年初，专门召集委员就委员建议与课题研究等工作开展进行专题布置，并就委员选题内容进行商讨。同时，专门就委员课题的选题情况及两个专业组的联系领导及联络员进行发文并上报市委市政府。在委员课题研究过程中，不定期组织委员进行相互交流，随时了解委员课题进展过程。通过一系列措施保证，年内共收到高质量的委员课题（建议）18件。

【推进简报编制报送】 年内，共编印《咨询研究》6期，主要刊登咨询委员的研究成果、省内外专家的研究文章，以供市领导及相关部门领导参阅。时任市长叶美峰与时任常务副市长俞根君分别对上报的有关简报作了批示。

【完成成果汇编梳理】 年内，完成2011－2016年成立以来的六年决策咨询研究成果的全面梳理工作，为下一步编印成册打好前期基础。

（王　霞）

机关事务

【招商引资】 建立健全招商引资的奖惩机制，对局党组各科室提供项目信息提出刚性要求，将完成招商引资工作作为考核干部的重要指标参数。2016年，接洽和山石材有限公司，该公司主营石材加工，协同规划、国土做好洽谈协调工作，基本达成相关条件，总投资额达2亿元。

【搬盘整合】 由机关事务管理局牵头，会同国资办对全市办公用房进行全面彻底的调查摸底，提出搬盘整合工作的初步方案。2016年，完成食品药品监督局与工商局合并办公，实现交通局及下属单位整合办公，土地储备中心与国土局完成整合等。同时将招商局、砂石办、监管办等在外原租用办公楼的单位实现回迁，整合利用面积达5667平方米。同时做好江山市中山人防工程（机关食堂及公车服务平台工程）的设计图审、工程预算、招投标等工作。

【公车改革】 制定出台《公务用车集中保障管理办法》《公务用车集中保障管理中心组建方案》和《公务用车社会化租车管理办法》，指导全市车改工作推进。做好平台驾驶员的选聘及平台管理人员配备，有80名参改单位驾驶员至平台工作，全部签订相应的劳务合同。全面完成车辆管理信息系统（管理软件）的建设工作，面向社会公开招考2名系统操作人员，参与派车管理工作，11月，全面启动软件派车服务，对留用公务用车安装GPS定位系统，全程监控车辆运行动态。落实公务车辆集中保障管理平台场地筹备。设立2个车辆集中保障点（大院点、招商局点），乡镇（街道）公务用车保障实行“一次性派遣，长期使用”和“就地停放、平台监管”措施。完成平台建设的办公场所、停车场地布置等。完成留用公车的择选和停用公车的处置。对停用的公车按规定封存，做好拍卖的前期工作，除平台已选用的109辆公车，其余公车就地停用封存用于拍卖或者其他处置。测算管理平台系统软件及配套设施建设、办公场所整合改建，驾驶员工资等费用，市财政已拨付年度使用资金450万元用于确保中心营运。细化车辆维修、调度及处置等工作流程，强化中心驾驶员服务和安全意识。

【会务接待】 承接并完成全国新年登高大会、创建国家卫生城市等近10个高规格大规模的重要会议活动保障任务；参与保障市第十四次党代会、市“两会”、农村工作会议等市级重要会议80多场次；较好完成国家级领导（一级警备、二级警备各1次），国家部委、省级领导及部队少将以上等50多批1500余人次到江山的接待任务。

（徐益宁）

行政服务

【概况】 2016年，江山市行政服务中心共受理各类办件315801件，办结315162件，即办294397件，办结率99.80%，即办率93.22%。各分中心窗口共受理67.56万件，办结67.43万件，办结率99.8%，群众满意率99.99%。公共资源交易中心完成进场交易项目496个，实现交易总额23.764亿元，节约资金2.5453亿元，增加国有、集体资产交易收入7.8407亿元。

【审批制度改革】 根据省、衢州市行政审批事项下放目录，以江山市所需及实际效果出发，做好下情上传和事项承接工作，在承接中做到业务培训、事项承接、流程优化“三个到位”。制定详细服务规范和标准并全部上网。首批下放96项许可事项100%进驻中心或分中心窗口办理。开展政务服务网江山平台网上运行情况专项检查，确保承接和取消的许可事项上网及时性、真实性和完整性，定期组织网上办件情况通报，强化网上运行效果。1—12月，江山平台行政权力运行系统共受理办件114707件，办结114212件，其中行政许可事项外网申报并办结1647件，占行政许可事项总办结件的5.97%，工作居省各县（市、区）前列。完成浙江政务服务“星级服务”标识规范运行及电子证照库部门证照收集、扫描等关键性工作。打造贺村镇试点样板，以点带面推动“互联网+审批”向镇、村延伸。构建公平竞争中介服务市场，印制《江山市投资项目涉及中介服务事项及机构目录（2016年版）》，涉及12个部门，24个大类事项，153家中介机构，新增收费标准和办理时限，及时向项目业主公开。

【服务平台建设】 以全市一盘棋思想，统筹抓好村级便民服务中心和分中心规范化建设。全年开展乡镇、村级便民服务中心走访指导30余次，足迹遍布19个乡镇（街道），102个行政村。兑现承诺，联合财政印发《衢州市示范型村级（社区）便民服务中心补助的通知》给予清湖镇花园岗村、清泉村等102个村级（社区）便民服务中心，每村5000元补助；年内，成功创建示范型村便民服务中心139

个，标准型村级便民服务中心 119 个，普通型村级便民服务中心 48 个，示范型中心增幅 36%；以分中心季度列会为平台，互联网+管理为抓手，加强预约服务、延时服务、暖心服务等服务品牌建设指导，确保各分中心窗口全年满意率 99%以上。再造政府采购招投标工作流程，形成合理化建议方案，报请市财政局、监管办核定流程再造，其中“企业税收违法情况审核证明条款”在政府采购资信审查环节删除后，项目流标率同比下降 50%以上，采购效率明显提升。根据不动产统一登记制度改革的要求，通过一周的紧张施工和窗口整合，调整 23 个标准窗口，为 8 月 29 日不动产登记正式挂牌启用，提供必要场地和技术保障。

【开展服务提升“双满意”活动】 综合窗口服务前移，建立以窗口一月一坐班、领导一周一带班、干部一天一值班为主要内容的大厅“三个一”主值班制度。加强后勤保障，回收食堂经营权，统一实行服务外包，科学合理设计餐厅布局，提升就餐质量和用餐环境，营造家的氛围。启动“便民方舟新启航 服务江城你我他”主题实践活动，开展微拍“最美微笑脸”“窗口 PK 赛”、征文“与中心的故事”等主题实践活动，联动衢州市中心，活动贯穿整年至 2017 年初。年内通过浙江省文明单位复评，获评衢州市行服务工作年度优秀奖、政务网建设先进奖第一名。

【开展“店小二”项目服务】 新交办 2016 年“店小二”服务项目 61 个，总投资 413.2 亿元。开展“店小二”集中服务月和项目大走访活动，强化领办项目全程代办、专人负责、限时办结和贴心服务等动态管理，走访企业 150 余家，梳理项目建设和企业发展问题 59 个。依托浙江政务服务网，通过建立事项清单、民生档案库、开发“网上开证明”网站，即以“一单一库一网”为核心内容的“江山模式”建设，精简权利事项、规范权力运行、简化优化程序，以“网上开证明”形式解决信息传递，变“群众来回跑”为“数据网上跑”。完成证明类事项调查，通过两轮清理，20 个部门 73 项证明拟初步保留。完成数据库架构，以凤林镇桃源村三民工程档案为研究样板，完成“民生档案库”软件设计。开发“网上开证明”网站，以公安局“户口注销证明”为试点，验证网上开证明的技术可行性。

（吴利慧）

来信来访

【概况】 2016 年，江山市首次实现年度“零非访”，连续 11 年衢州市信访工作考核优秀，连续两年无衢州市重点管理乡镇（街道）。全年共受理群众来信来访 2353 件 / 批，同比下降 4.7%，其中来信 1163 件，来访 1190 批 3805 人次。

【抓好重点节会信访工作】 全国“两会”、十八届六中全会、省“两会”、G20 杭州峰会、互联网大会等重点节会期间，实现“无去京非正常上访、无赴省去京集体访、无恶性滋事事件”的“三无”目标。

【推进平台建设】 全面完成统一政务咨询投诉举报平台建设，整合 31 条政务服务热线。健全和完善“12345”热线接听、交办、督查、反馈、考核等各项机制，9—12 月全市共受理群众来电 5479 件，其中“五四三”有奖举报 202 件。

【提升业务水平有效】 组织信访干部定期培训、集中轮训，邀请省信访局领导来江作“江山大讲堂”信访工作专题讲座，赴省试点县（浦江县）学习信访提速增效经验，组织信访干部到市信访局顶岗培训，对各类信访事项做到“每日巡查、每日催办”，提高信访事项办理时效。

【规范信访秩序】 围绕“依法信访、理性维权”主题，在广播、电视、信息网开设信访宣传专栏，共开展广场活动3次，发放宣传资料1200余份，借助短信、微信平台发送信息2万多条。坚持重点人员走访告知制度，累计走访200多人次。

【化解积案工作】 开展以“找短板、化积案、创标杆”为主题的信访督查“百千万”专项行动，排查交办信访积案115件，其中个体信访积案92件，群体信访积案23件。G20杭州峰会期间，整合多方资源、调动各方力量，全力做好83件督办信访积案化解疏导稳控工作。

（毛勇华　柴苑玺）

政协江山市委员会

综　述

2016 年，政协江山市委员会在中共江山市委领导下，深入学习十八届五中、六中全会和习近平总书记系列重要讲话精神，贯彻落实市委各项决策部署，广泛团结政协各参加单位和社会各界人士，高举中国特色社会主义伟大旗帜，牢牢把握团结和民主两大主题，认真履行政治协商、民主监督、参政议政职能，注重创新实践，切实提高履职水平，全力开创人民政协事业新局面，为助推全民创业创新、建设幸福江山、打造最具活力城市作出积极贡献。全年召开常委会议 10 次，主席会议 17 次，党组会议 8 次；开展 3 个重大课题的常委会（主席会议）协商，2 个课题的专委会对口协商；组织开展全民创业创新大调研活动，形成 40 篇专题调研报告。九届五次会议期间，共收到各类意见、建议 295 件，其中以大会建议案形式提出的 1 件，以提案形式提出的 294 件。共精编 7 期社情民意信息报送市委、市政府，14 篇社情民意信息被衢州市政协、省政协和全国政协采用。同时，开展茶文化研究会活动，编辑出版《江山中医医案》一书。

全体会议

【政协第九届江山市委员会第五次会议】于 1 月 27—30 日在市区举行，255 名委员出席会议。市委书记吕跃龙到会并讲话，王水亮代表政协常委会作政协第九届江山市委员会常务委员会工作报告，盛秋明作政协第九届江山市委员会常务委员会关于九届四次会议以来提案工作情况的报告。全体委员列席江山市第十五届人民代表大会第五次会议，听取并讨论市委副书记、市长叶美峰所作的《政府工作报告》和其他报告，协商讨论《江山市国民经济和社会发展第十三个五年规划纲要（草案）》等，提出意见建议。会议表彰 2015 年度优秀提案、提案先进承办单位、提案办理先进个人、五佳委员活动组、十佳政协委员、反映社情民意先进个人和优秀调研报告。会议补选副主席 1 名、常务委员 1 名。市委、市人大、市政府及市人武部、市法院、市检察院领导应邀参加开幕会和闭幕会。历届政协主席、副主席、秘书长和在江的原八届、九届政协常委；

在江的省十一届政协、衢州市六届政协委员；市机关有关部门领导，乡镇（街道）党（工）委统战委员或分管统战工作的领导、政协工委副主任；市政协委办副主任、主任科员；市人武部、驻江部队有关领导；回乡定居的“三胞代表”，回乡创业的留学生代表；市政协学习文史委特聘委员；市政协反映社情民意先进个人；市政协特聘信息联络员等列席会议。

【提交大会建议案】 九届五次会议期间，以大会建议案形式，就“开展仙霞古道保护性开发利用”提出建议，会议审议并通过大会建议案。

【收到的提案】 九届五次会议期间，共收到委员以提案形式提交的意见建议294件，经审查同意立案272件，内容涉及江山市经济建设、政治建设、文化建设、社会建设和生态文明建设各个方面。3月，市政协举行移交会，将九届五次会议期间收到的提案交由市委、市政府及有关部门办理。

常务委员会会议

【九届政协常委会第二十六次会议】 于1月19日召开，市政协主席王水亮主持会议。副主席周水仙、姜英、毛水芳、周君望、盛秋明，秘书长陈昂辉等出席会议。会议审议通过委员调整方案，政协第九届江山市委员会第五次大会日程（草案）、执行主席、会议主持人、正副秘书长名单，市政协常委会工作报告、提案工作情况报告以及有关人事事项。

【九届政协常委会第二十七次会议】 于1月28日召开，市政协主席王水亮主持会议。副主席周水仙、姜英、毛水芳、周君望、盛秋明，秘书长陈昂辉等出席会议。会议听取各组讨论情况的汇报，审议通过政协第九届江山市委员会第五次会议《关于加强仙霞古道保护与利用的建议案》。

【九届政协常委会第二十八次会议】 于1月30日召开，市政协主席王水亮主持，副主席周水仙、姜英、毛水芳、周君望、盛秋明，秘书长陈昂辉等出席会议，党组成员祝继友列席会议。副市长宁晔应邀参加会议。会议听取各组讨论政府及法院、检察院工作报告等情况汇报，审议通过政协第九届江山市委员会第五次会议决议（草案），审议通过政协第九届江山市委员会提案委员会关于九届五次会议提案审查情况的报告（草案），审议通过选举办法、候选人建议名单、总监票人、监票人名单。

【九届政协常委会第二十九次会议】 于1月30日召开，市政协主席王水亮主持会议，副主席周水仙、姜英、周君望、盛秋明、祝继友，秘书长陈昂辉等出席会议。会议审议通过市政协九届常委会2016年工作要点及任务分解方案。

【九届政协常委会第三十次会议】 于6月28日召开，市政协主席王水亮，副主席周水仙、姜英、祝继友，秘书长陈昂辉等出席会议。市委常委、副市长楼健应邀参加。会议听取全市旅游工作情况汇报，并前往保安乡龙井村民宿、仙霞古道和江郎山新游客接待中心等地，实地了解项目建设情况，提出意见建议。会议审议通过有关人事事项。

【九届政协常委会第三十一次会议】 于9月9日召开，市政协主席王水亮主持会议，副主席周水仙、毛水芳、周君望、盛秋明、祝继友，秘书长陈昂辉等出席会议。会议听取市委常委、常务副市长俞根君政府工作通报，听取市政协企业经济研究会工作情况，围绕“在新常态下如何搞好专型升级”议题开展协商交流。

【九届政协常委会第三十二次会议】 于9月29日召开，市政协主席王水亮主持会议，副主席周水仙、毛水芳、周君望、盛秋明、祝继友，秘书长陈昂辉等出席会议。市委副书记、市长叶美峰，市委副书记舒畅应邀参加。会议就“做大做强我市猕猴桃产业”常委会课题开展专题协商。

【九届政协常委会第三十三次会议】 于11月15日召开，市政协主席王水亮主持会议，副主席周水仙、姜英、毛水芳、周君望、盛秋明、祝继友，秘书长陈昂辉等出席会议。市人民法院院长崔正华、市人民检察院检察长郑柯迅、市政府办公室主任郑贤文应邀参加。会议听取2016年市政府政协大会建议案、协商意见和提案办理工作通报；听取市人民法院、人民检察院工作通报。

【九届政协常委会第三十四次会议】 于12月4日召开，市政协主席王水亮主持会议，副主席周水仙、姜英、毛水芳、周君望、盛秋明、祝继友，秘书长陈昂辉等出席会议。会议审议通过关于江山市部分乡镇行政区划调整的建议。

【九届政协常委会第三十五次会议】 于12月30日召开，市政协主席王水亮主持会议，副主席周水仙、姜英、毛水芳、周君望、盛秋明、祝继友，秘书长陈昂辉等出席会议。会议审议通过有关人事事项。

主席会议

【九届政协第七十二次主席会议】 于1月5日召开，市政协主席王水亮主持会议，副主席周水仙、姜英、盛秋明，秘书长陈昂辉出席会议。会议确定市政协1月主要工作，学习《市纪委关于转发〈浙江省纪委关于深入贯彻落实中央“八项规定”精神严明纪律要求确保2016年元旦春节风清气正的通知〉的通知》。

【九届政协第七十三次主席会议】 于1月13日召开，市政协主席王水亮主持会议，副主席周水仙、周君望、盛秋明，秘书长陈昂辉出席会议。会议审议通过市政协第九届第五次会议有关准备事项，开展机关党员民主测评。

【九届政协第七十四次主席会议】 于2月4日召开，市政协主席王水亮主持会议，副主席周水仙、周君望、盛秋明、祝继友，秘书长陈昂辉出席会议。会议确定市政协2月主要工作，学习市纪委十三届六次全体（扩大）会议精神，部署春节期间有关工作。

【九届政协第七十五次主席会议】 于3月1日召开，市政协主席王水亮主持会议，副主席周水仙、姜英、周君望、盛秋明、祝继友，秘书长陈昂辉出席会议。会议确定市政协3月主要工作，审议通过“市政协常委会2016年度工作要点分解方案”，传达衢州市政协六届六次会议精神。

【九届政协第七十六次主席会议】 于4月8日召开，市政协主席王水亮主持会议，副主席周水仙、姜英、毛水芳、盛秋明，秘书长陈昂辉出席会议。会议确定市政协4月主要工作，审议通过“九届五次会议建议案和重点重要提案领办督办方案”。

【九届政协第七十七次主席会议】 于5月3日召开，市政协主席王水亮主持会议，副主席周水仙、姜英、毛水芳、周君望、盛秋明、祝继友，秘书长陈昂辉出席会议。会议确定市政协5月主要工作，审议通过政协“提案办理协商办法”。

【九届政协第七十八次主席会议】 于6月6日召开，市政协主席王水亮主持会议，副主席周水仙、姜英、毛水芳、周君望、盛秋明、祝继友，秘书长陈昂辉出席会议。会议确定市政协6月主要工作。

【九届政协第七十九次主席会议】 于6月8日召开，市政协主席王水亮主持会议，副主席周水仙、姜英、周君望、盛秋明、祝继友，秘书长陈昂辉出席会议。会议审议通过“发展壮大农村集体经济”主席会议协商议题调研报告。

【九届政协第八十次主席会议】 于7月4日召开，市政协主席王水亮主持会议，副主席周水仙、姜英、周君望、祝继友出席会议。会议学习习近平总书记在庆祝中国共产党成立95周年大会上的讲话精神，并确定市政协7月主要工作。

【九届政协第八十一次主席会议】 于7月19日召开，市政协主席王水亮主持会议，副主席周水仙、姜英、毛水芳、周君望、盛秋明、祝继友，秘书长陈昂辉出席会议。会议审议通过“关于推进管道天然气进区入户”主席会议协商议题调研报告。

【九届政协第八十二次主席会议】 于8月8日召开，市政协主席王水亮主持会议，副主席周水仙、姜英、毛水芳、周君望、盛秋明、祝继友出席会议。会议确定市政协8月主要工作，观看换届警示录《镜鉴》。

【九届政协第八十三次主席会议】 于9月3日召开，市政协主席王水亮主持会议，副主席周水仙、姜英、周君望、盛秋明、祝继友，秘书长陈昂辉出席会议。市纪委派驻第五纪检组成员列席会议。会议确定市政协9月主要工作，审议《2016年度提案办理工作民主评议实施方案》，学习《中国共产党问责条例》。

【九届政协第八十四次主席会议】 于9月23日召开，市政协主席王水亮主持会议，副主席周水仙、姜英、毛水芳、周君望、盛秋明、祝继友，秘书长陈昂辉出席会议。会议审议“关于做大做强猕猴桃产业”常委会协商议题调研报告。

【九届政协第八十五次主席会议】 于10月9日召开，市政协主席王水亮主持会议，副主席周水仙、周君望、盛秋明、祝继友，秘书长陈昂辉出席会议。会议研究确定市政协换届相关准备工作，确定市政协10月主要工作，学习宁波市委组织部原副部长颜志定先进事迹《坚强党性涵养严正家风》。

【九届政协第八十六次主席会议】 于11月1日召开，市政协主席王水亮主持会议，副主席周水仙、姜英、周君望、盛秋明，秘书长陈昂辉出席会议。专题传达学习中共十八届六中全会、纪念红军长征80周年大会以及市委常委扩大会议精神，学习中组部有关党费收缴规定。

【九届政协第八十七次主席会议】 于11月3日召开，市政协主席王水亮主持会议，副主席周水仙、周君望、盛秋明、祝继友，秘书长陈昂辉出席会议。会议确定市政协11月主要工作，讨论市政协十届一次会议筹备工作建议方案，通过2016年市政协“大调研”活动调研报告评分结果，汇报提案办理工作民主评议和“回头看”活动情况。

【九届政协第八十八次主席会议】 于12月2日召开，市政协主席王水亮主持会议，副主席周水仙、姜英、毛水芳、周君望、盛秋明、祝继友，秘书长陈昂辉出席会议。会议确定市政协12月重点工作。审议关于部分乡镇行政区划调整的建议（草案），审议优秀委员和先进委员小组名单（草案），审议优秀提案、先进承办单位、提案办理先进个人名单（草案）。

政治协商

【常委会协商】 1月5日，市政协常委会围绕市委十三届十次全会报告（征求意见稿）、《中共江山市委关于制定江山市国民经济和社会发展第十三个五年规划的建议（征求意见稿）》，召开专题政治协商会议，市政协主席王水亮主持会议，市政协常委会组成人员，各委办室主任等参加会议。会议提出打造全国一流休闲目的地、实施人才培育战略、引进一批符合江山绿色发展的工业企业、优化学校布局、切实解决民众停车难行车难就学难就医难的民生问题等85条意见建议，供市委、市政府决策参考。市委副书记舒畅、市委常委张雪飞到会，相关意见建议被直接吸收到市委全会工作报告，部分意见被吸收到市委、市政府领导重要讲话和有关工作部署中。9月29日，市政协常委会举行“做大做强我市猕猴桃产业”专题协商会。市政协主席王水亮主持会议，市政协常委会组成人员，各委办室主任，部分政协委员及从事猕猴桃产业的代表等参加会议。市政协将“做大做强我市猕猴桃产业”作为常委会协商课题，成立课题组，深入部门乡镇、种植大户、电商企业，倾听意见呼声，深度了解猕猴桃产业发展存在的“销量与产量严重倒挂、电商‘霸主’地位受到冲击、产业化程度处于较低水平”等问题，形成调查把握详情、建言务实管用的课题报告，并结合猕猴桃产业电视专题介绍片的形式，与市委、市政府开展专题协商，提出“完善组织体系、加快提质扩面、加大科研投入、主攻电商营销、完善配套设施、培育行业龙头”等对策建议，努力促进建成“中国南方最大的猕猴桃交易市场”和“全球品质最佳的徐香猕猴桃种植基地”。市委副书记、市长叶美峰到会，对市政协积极参政议政表示肯定。认为课题报告思路清晰、分析透彻、措施务实，全市上下要统一思想，凝聚共识，系统谋划，突破瓶颈，努力推动江山市猕猴桃产业做大做强。与会市委副书记舒畅指出，要坚持政府引领、政策扶持、市场主导、项目推进，努力实现猕猴桃产业的转型升级。市委书记吕跃龙作出重要批示，认为政协的专题协商报告很好，要求市政府分管领导牵头，会同有关部门提出猕猴桃产业发展的政策意见。省政协高度关注该课题，并建议省政府引起重视。

【主席会议协商】 6月17日，市政协召开“促进村级集体经济发展”主席会议协商会。市政协主席王水亮，副主席周水仙、毛水芳、周君望、祝继友，秘书长陈昂辉，各委办室主任、相关副主任，乡镇（街道）政协工委主任及部分政协委员等参加会议。为促进村级集体经济发展，回应人民群众以及政协委员的期盼，市政协建立课题组，对江山市村级集体经济发展状况深入调研，并与市政府开展“促进村级集体经济发展”专题主席会议协商。针对江山市村级集体经济存在“三资”管理不够规范、“造血”功能明显不强、政策推动效果不佳等问题，建议加强村级集体资产管理，切实提高村级集体经济建设水平；加大财政转移支付力度，发挥政策推动效应，激发村级集体经济发展活力；充分发挥农村经济合作社的职能作用，优化村级集体经济发展模式，探索持续发展新思路。副市长徐文到会，要求市政府相关职能部门充分吸纳政协委员们的意见和建议，全力促进补齐低收入农户增收致富短板、加快推进新农村建设升级版、增强农村基层组织凝聚力和战斗力，加快推进全市村级集体经济发展。7月22日，市政协组织召开“管道天然气进区入户”主席会议协商会。市政协主席王水亮，副主席周水仙、姜英、毛水芳、周君望、盛秋明、祝继友，秘书长陈昂辉，各委办室主任、相关副主任，部分政协委员及江城管道燃气有限公司代表等参加会议。市政协将“管道天然气进区入户”确定为重点调研课题，形成课题报告，通过主席会议协商，积极建言市政府高度重视管道天然气进区入户工作，强化组织保障、政策保障和责任考核，全力加快工作进度；进一步强化管理，理顺经营机制，加强绩效考核，全力提升国有资产保值增值水平；进一步加强宣传推广，提高市民对天然气的认可程度，通过优质服务和良好信誉吸引用户，切实增加管道天然气的使用率。与会副市长王子平表示，市政府要充分吸纳政协委员们的意见和建议，全面推进江山市管道天然气设施建设和开发利用工作。

【双月协商】 3月17日，市政协召开“山区中药材基地建设”专题协商会。市政协主席王水亮，副主席周君望，市政协学习文史委成员、部分政协委员及中药材产业代表等参加会议。围绕山区中药材基地建设这一主题，提出意见和建议。副市长徐文到会听取意见和建议。8月24日，市政协召开“老旧小区治理”专题协商会。市政协主席王水亮、副主席盛秋明，市政协提案委成员、部分政协委员及社区代表参加会议，副市长王子平到会，在听取政协课题组、委员代表协商意见后，就老旧小区存在的问题、解决方案及下一步工作作了部署。

参政议政

【企业经济研究会活动】 4月20日，组织召开企业经济研究会会长（扩大）会暨企业用工管理研讨会，邀请人力社保局就《劳动合同法》进行解读，现场为企业主释疑解惑，为企业发展保驾护航。9月9日，九届常委会召开第31次会议暨企业经济研究会年会。市政协将助推工业经济发展作为企业研究会履职重点，围绕“工业强市转型升级”议题开展调研，形成了“江山门业产业转型发展的调查与思考”等高质量的调研报告18篇，与市政府开展专题协商。市委常委、常务副市长俞根君到会听取意见，对委员建言进行点评、现场交办。11月21日，借助企业经济研究会平台，举办“降成本、提信心、促发展”企业经济论坛，与市政府开展界别协商，副市长巫小雄到会听取委员发言，共同协商解决企业发展难题。研究会定期组织会员企业、有关经济管理部门共同分析国内外经济形势，应对企业经济在发展中遇到的机遇挑战，增强企业做大做强做精的信心。

【大调研活动】 持续开展全民创业创新大调研活动，组织各民主党派、工商联、知联会，以及各专委会、委员活动小组走进基层、深入群众，访民情、接地气，倾听呼声要求，反映意见建议，思考对策方法，形成40篇专题调研报告，其中“加强新生代企业家的培育，为创业创新增添活力”等20余篇调研文章上升为协商课题、提案和大会发言材料，为市委、市政府科学民主决策提供有效参考。完成市委交办的关于月亮湖如何保护与开发的重大调研课题，形成《关于开发建设月亮湖水体休闲区论证意见》报告，市委书记吕跃龙认为政协课题组的意见很好，并指示市委市政府分管领导牵头，抓紧启动月亮湖省级旅游度假区规划建设前期相关工作。主动参与乡镇行政区划调整，积极助推江山市空间布局优化和城市化发展。

【提案督办】 坚持“提案求精、办理求实”的原则，不断完善提案提出、督办、评价机制，提高提案质量和办理实效。遴选出“关于旅游+产业发展的建议”“建议出台鼓励政策，推进江山人经济回归”等25件重点、重要提案，以市委书记批办、市长领办、政协主席督办、专委会促办的形式，推动了一批事关全局性的重大问题和民生问题得到解决。制定提案办理协商办法，采用第三方评价新机制，开展提案办理民主评议、提案工作评优评先和提案工作届末“回头看”活动，持续有效地推进提案成果转化。

民主监督

【“五水共治”专项监督】 按照省政协“三级政协联动、万名委员同行、助推五水共治”专项集体民主监督活动的统一部署，围绕“五水共治”重点区域、重点河段和专项工作，成立16个专项监督小组，组织全体市政协委员和在江衢州市政协委员深入开展明察暗访、座谈讨论、精准建言。严格执行听、谈、提“三步工作法”，坚持河道整治、生猪整规、生活污水、工业污染“四必看”，鼓励和引导委员捐钱捐物亲历治水，总结推广的“接力治水”“文化治水”“跨省治水”“蹲点治水”“制作电视专题片宣传治水”等一批先进典型和创新做法，得到省政协副主席王建满的批示肯定，认为江山市政协民主监督活动既坚持群众路线，又增强针对性和有效性，有力助推“五水共治”纵深发展。

【“两路两侧”“四边三化”专项监督】 按照省、衢州市政协的要求，组织“两路两侧”“四边三化”专项集体民主监督，成立8个监督小组，由主席会议成员带队，深入省政协交办的41个问题点进行现场监督，促进及时整改。

【专题视察】 组织开展常委会、主席会议和委员小组等多个层次的视察，专题视察江贺经济走廊整治提升、新材料产业发展、仙霞古道保护、乡村民宿发展、集镇建设管理、“清塘美河”等重点工作。通过系列视察，助推工业强市和旅游富民两轮驱动战略的实施，推进民生事业建设的落实。持续推进“把峡口水库作为我市饮用水主水源、加强水环境综合整治”等建议落实到位。

6月30日，市政协主席王水亮（右二）实地察看石门镇集镇建设项目

【反映社情民意】 加大社情民意信息收集、整理、编报和反馈的工作力度。调整充实社情民意信息员队伍，完善信息员考核奖励办法，定期召开舆情分析会，确定社情民意信息采集的重点和方向。共精编7期社情民意专报市委市政府，其中“助推全域旅游示范区创建规划建设江山徒步旅游景区”“关于抓紧恢复御用名茶——江山黄茶生产发展的建议”“关于G20期间江山火车站治安联勤值班工作的几点建议”等多篇社情民意得到市领导批示，要求相关部门引起重视、采纳落实。向衢州市政协、省政协报送20余篇社情民意，“构建参与新体系，发挥监督新力量”“积极发挥委员主体作用”等多篇社情民意被省政协采用，“基层农机手缺乏，建议加大培训力度”被全国政协采用。

日常工作

【联络民主党派、工商联】 完善政协主席联系民主党派、工商联制度，定期开展座谈交流，倾听意见建议，凝聚合作共识。注重安排各民主党派、工商联、无党派人士在政协全体会议、专题协商会议、专题视察座谈会上发表意见。重视党派团体提案的办理，组织党派团体参与大调研活动。年内，各党派团体以集体名义提交各类调研报告、大会发言15篇，提案30件，社情民意信息40余篇。

【开展服务群众活动】 组织开展2次送医下乡义诊活动，累计为峡口、廿八都等乡镇630多位群众提供免费医疗服务。积极开展送文化下乡活动，组织政协委员广泛参与乡村文化礼堂建设，“基层委员谱‘国礼’，村歌唱响‘G20’”得到省政协主席乔传秀批示点赞。推动完善省级医院与江山人民医院长期合作机制，使广大市民得到更优质、便捷的医疗服务。

【文史资料征编】 挖掘底蕴深厚的江山历史文化资源，广泛征集、编辑出版《江山中医医案》一书。参与徐霞客游线申遗标志地认证工作，会同有关部门举办“弘扬霞客精神，畅游幸福江山”征文大赛。

【联谊交友】 加强与兄弟政协之间的联谊交流，积极宣传推介江山。依托政协茶文化研究会平台，深度挖掘江山茶文化内涵，举办茶产业多元化发展培训班，组织2016江山绿牡丹茶杭州推介会，弘扬江山茶文化，推进茶产业发展，提升江山市茶产业软实力。发挥须江书画院平台作用，举办江山知名书画家作品展等活动。

【增强委员履职能力】 抓好委员队伍建设，健全完善委员履职服务管理办法、委员履职量化考核实施细则，开展优秀委员、先进委员小组评选，对委员履职情况实行动态化管理和量化考核，着力提升履职实效。拓宽联络服务委员的渠道和形式，通过委员走访约谈、征求意见等，加强与委员联系，开通政协微信公众号，为委员履职提供便捷、高效载体。

【提升机关服务水平】 建立健全各专委会联系界别活动制度和“七个一”活动机制，选派机关干部担任农村工作指导员、生态指导员、企业党建指导员，选派机关干部到全国政协培训机构学习，推荐优秀年轻干部到省政协机关上挂锻炼。

【扩大政协影响力】 加强政协工作的内部交流和对外宣传推介力度，重视政协网站的日常管理更新，编印政协动态信息《江山政协》共 24 期，在市电视台开设播出《政协之声》专栏 6 期。向《人民政协报》《联谊报》和省、衢州市政协刊物投稿刊登政协工作亮点和创新做法。参加省政协组织的民生论坛，就“实体企业减负”等问题向省政府建言献策。组织开展加强履职能力建设理论研讨，《发展县级政协协商民主，促进基层问题有效解决》等理论调研文章在浙江省人民政协理论研究会上获奖。

民主党派　工商联

民　革

【概况】 民革江山市委会成立于1987年2016年末，共有党员69人。其中，担任衢州市人大代表2人、衢州市政协委员2人、江山市政协委员15人。全年，市委会成员中有2人获国家级奖励，4人获省级奖励，15人次获衢州市表彰，20多人次获江山市级及相关部门的表彰。

【参政议政】 在衢州市、江山市“两会”上，市委会和民革党员中的人大代表、政协委员共向大会提交1篇大会发言、7件集体提案和36件个人提案、议案。其中，《关于发展夜间经济，提升江山城市品位的建议》《关于加快市域西北部乡镇一体化发展的建议》《关于加强我市农产品加工业发展的建议》《关于进一步提升我市城乡社区居家养老服务照料中心运行能力和管理水平的建议》等4件提案被江山市政协确定为重点提案，《关于发展夜间经济，提升江山城市品位的建议》《关于加快市域西北部乡镇一体化发展的建议》被评为优秀提案。调研报告《新时期江山市农民增收若干问题的思考》获江山市政协“大调研”活动优秀调研报告二等奖。

【自身建设】 开设江山民革讲堂，提升全市民革党员素质和参政议政能力，传递当前政治、经济、文化、社会和生态文明建设领域的最新信息，传递多党合作智慧与正能量，提高民革党员的五种能力，邀请市委常委、统战部长姜方云作题为《民主党派成员如何更好地服务中心工作》的首期报告会，年内共开讲2期。成立江山民革书吧，共藏书近500册，分党派知识、统一战线知识、天文地理、生活常识、健康养生等，用于市委会及各支部开展学习、会议、交流、履职等各类活动。

【社会服务】 举行“情暖橘农”活动，现场义购500公斤柑橘。爱心奶粉捐赠活动，市委会前往社会福利院，培智学校，上余镇、石门镇等地敬老院，为他们送上爱心奶粉。义诊慰问抗战老兵，市委会组织文卫支部党员带着医疗器械和慰问品到所联系村杨墩村，义诊慰问原国民党抗战老兵。10月丽水市遂昌县苏村发生山体滑坡后，发动党员，共捐款近5000元。开展心肺复苏进企业活动，为浙江亚格电子有限公司、浙江天际互感器材有限公司员工介绍基础的急救知识、心肺复苏术步骤及注意事项，并现场做标准示范和指导。

11 月 23 日，江山民革书吧举行揭牌仪式

【祖统联谊】 年内，接待首届江山——台湾围棋友谊交流团、台湾国姓乡妇联会交流团，台湾媒体到江山开展“大陆新发现”专题采访。利用在台朱氏后代回家祭祖的契机，加强与他们的联系，接待回乡探亲的台湾著名人士，并赠送字画“月是故乡明，人乃家族亲”。

（叶晓婧）

民　盟

【概况】 民盟江山市支部委员会成立于 2011 年 11 月 10 日，现有盟员 17 人。江山民盟以提升支部的凝聚力、活力、学习力、战斗力、吸引力“五个力”为抓手，以江山盟员之家建设为载体，开展“魅力支部”创建活动，先后获全国民盟先进基层组织、浙江省先进民盟组织、衢州市先进盟组织等多项荣誉。2016 年，江山“盟员之家”被评为浙江省民主党派基层建设现场教学基地。

6 月 1 日，慰问江山市培智学校儿童

【参政议政】 在衢州、江山的“两会”上，民盟江山支部及支部盟员中的人大代表、政协委员共向大会提交大会发言 1 篇，提案、议案 20 件，其中《关于加快推进休闲农业发展的建议》等被列入重点提案，《建议加快江山阶“金钉子”保护开发力度，打造世界级金名片》集体提案被评为优秀提案。调研文章《关于我市新常态经济形势下科技型企业孵化和培育的若干思考》获江山市政协“大调研”活动优秀调研报告二等奖。支部盟员还关心民生、民情，2016 年共撰写社情民意、党外建议近 20 篇，其中《关于进一步减轻企业负担的建议》《鼓励银行采取措施缓解企业融资难融资贵问题》《关于盘活企业闲置资产的建议》《对新形势下高中教师配置和培养的思考》《对选考制度引发突击应试问题的思考》《让教师职评更加公平公正的几点建议》被盟省委采用。

【社会服务】 持续关心和关注特殊儿童、

12 月 10 日，民盟上海杨浦区委员会到江山盟员之家考察交流

留守儿童和老人，坚持每年“六一”儿童节到江山市培智学校看望智障儿童，定期到峡口镇、贺村镇等留守儿童较多的乡村幼儿园开展支教活动，送去体育和音乐器材等。重阳节走访抗战老兵，为他们送去节日的问候。同时，支部还组织开展植树造林、结对帮扶等一系列公益活动。

【学习交流】 2016年，“盟员之家”接待民盟中央常委、全国人大代表、民盟上海市委专职副主委沈志刚及厦门、上海杨浦、绍兴等地民盟组织、兄弟党派50批次、2000多人次。同时，江山“盟员之家”还承接衢州市委统战部2016年第一季度联席会议、浙江省民盟第二次学习实践活动交流会、浙江省社会主义学院教学实践活动等会议。

（周丹丹）

民　建

【概况】 民建江山市支部成立于2007年11月，现有会员19人，支部被衢州市委会评为2016年度“先进基层组织”，在统战部开展的“同心”比贡献活动中获得“综合先进奖”“建言献策奖”“社会服务奖”“化解矛盾奖”。主委邓柳青被江山市委、市人民政府授予“江山市G20杭州峰会维稳安保先进个人”称号；原主委毛赛春被江山市委、市政府授予“江山市第二届全民创业创新十大先锋”荣誉称号；副主委祝森根被民建省委会评为社会服务先进个人。

【参政议政】 提交衢州人大议案1件，《关于推进衢州各县市属开发区提升发展的建议》，衢州市政协提案3件，《关于加强乡村道路建设，推进盆景串点成线》《关于谋划和布局低空旅游的建议》《关于加强衢州井盖管理的建议》。大会发言1篇《关于加快“腾笼换鸟”推进经济转型升级的建议》。提交江山市政协提案8件，《关于加强超市商场食品安全监管的建议》《关于推进“机器换人”扩大有效投资的建议》《关于加快“腾笼换鸟”推进经济转型升级的建议》《关于建立美丽乡村规划，建设社会化服务平台的建议》《关于异地搬迁安置小区规划选址建设的建议》《关于老城北大桥机动车限行的建议》《关于养老院养老方式转变的建议》《关于加强电动车交通安全管理畅通市区道路的建议》《发展中蜂养殖，带动山区经济发展》。党外建议4篇，《关于江山汽车4S店集聚区交通的若干建议》《关于停止向企业收取职工退休基本医疗保险费的建议》《关于建设江山智慧旅游APP的建议》《关于在小区设置便民张贴栏的建议》。社情民意1篇，《我在江山有棵猕猴桃果树》。

【社会服务】 2016年，原主委毛赛春向慈善总会定向捐款30万元，支持新农村建设，为塘源口村村歌作词。副主委祝森根为2016全国举重锦标赛赞助18万元，为第三届工人运动会赞助8万元，为全球户外休闲旅游大会赞助8万元，为江山中专赞助7800元，为“五水共治”赞助5000元。会员祝江土为九华山捐款18万元，向江山市慈善总会捐款1万元。会员刘天辉为江西老家修路捐款10万元，通过红十字会捐款10万元，为四都镇江北村送去50箱价值5000元的节能灯。会员方秀为江山市城东实验学校捐助素描纸17箱，白纸4卷和珠光纸3卷，价值人民币25000元。会员企业江山市世邦电子商务有限公司为学龄儿童捐助读书帮扶金，9月开学初共走访贫困学龄儿童家庭4户，送上帮扶金6000元。

（王　婧）

民　进

【概况】 民主促进会江山总支部共有会员65人，分设中学、小学、文化、卫生和科技5个下辖支部。2016年江山民进总支部坚持以会内“比贡献”活动为主抓手，重点开展“参政议政主题年”“全员创优”和“书香服务”3项活动。科技支部获民进衢州市优秀基层组织和反映社情民意信息工作先进集体；会员王明清被评为民进全国参政议政工作先进个人和民进全省优秀基层组织负责人。

【参政议政】 跨支部组建6个参政建言团队开展竞赛活动，扩大会员参与面，全年被各级参政平台采用的建议40件。其中，被中央统战部和民进中央采用信息2件，省政协、省委统战部和省民进采用信息12件，衢州市政协提案4件，江山市政协提案（信息）22件。在各类媒体上刊发信息60多条。

【民主监督】 重点关注对口联系部门工作，采用调研座谈、实地察看被监督部门的工作，探讨群众关注的热点难点问题。担任政协委员的会员，参与市政协组织的民主监督小组监督活动，着重就“五水共治”工作中存在的问题提出建设性意见建议。相关会员积极参与行风监督、部门民主监督等活动，大胆履行民主监督职能。

【社会服务】 深化“书香服务”活动，组织“欢歌笑语，相约周二”“为山区孩子送温暖”“共植友谊林”“彩虹送书”“助学义卖”“结对帮扶”等一系列活动。为西藏自治区孩子捐书1000余册；依托社会资源设立“科润奖学金”“正晖助学金”，捐资50多万元；同时，开展到王村小学、横渡小学送教授艺，向四都镇困难橘农购买“爱心橘”等活动。

【调查研究】 会员王明清提出的“推进以人为核心的新型城镇化”建议被中央统战部《零讯》综合采用；会员金小伟提出“院内抗生素使用得明显控制，院外抗生素管理缺口亟须填补”的建议被民进中央采用；方勇文提出“近年农村出现大量废弃沼气池安全隐患很大，建议予以拆除填埋”的建议获副省长黄旭明批示，省能源办领导到总支听取意见，并在全省推广落实。

11月11日，省能源办领导在江山召开座谈会（祝日耀 摄）

（祝日耀）

九三学社

【概况】 九三学社江山市基层委员会成立于2009年7月，下设医卫、科技、综合3个支社。年末，共有社员42人，其中高级职称26人、女社员16人。社员中担任省人大代表1人、衢州市人大代表3人、江山市人大代表

1人，担任衢州市政协委员2人、江山市政协委员13人。年内，基层委获“九三学社全省社会服务工作先进集体”称号，连续第十六年被评为“九三学社衢州市先进基层组织”。毛水芳获“九三学社全国先进组工干部”称号，巫优良入选“江山市第十批拔尖人才”。

【参政议政】 年内，共向省人大、衢州市和江山市两级人大、政协会议提交大会发言3篇，提交提案、议案或建议42件，其中团体提案7件（衢州市政协2件、江山市政协5件）。《建议打响仙霞国家森林公园品牌，助推旅游二次创业》被列为重点提案，市委书记吕跃龙专门作了批示。《关于发展农村电子商务的建议》和《关于江山港规划城区预留生态发展空间的建议》被评为优秀提案。《关于加强村民小组制度建设的建议》获市政协年度大调研三等奖。《加快木业产业转型升级促进特色经济快速发展》等3个调研被列为九三学社衢州市委会年度重点调研课题并获优秀调研课题奖。

【社会服务】 11月24日，基层委与市中医院联合组织20位医疗专家前往塘源口乡前墩村，开展送医送药义诊服务和慰问高龄老人活动，接受服务村民300多人次，发送药品3000多元，为99岁王金雅老人送上慰问金，江山电视台“民生360”专栏作现场采访报道。12月27日，社基层委与江山农商银行城关支行，在碗窑乡凤凰村联合举办“普惠金融大讲坛”，参加活动村民400多人，现场发放《爱护人民币反假人民币》《防范电信网络新型违法犯罪》等宣传资料1000多份。基层委带领全体社员参与市委统战部组织的“江山市党外人士三学一比”活动，获得“综合先进奖”和

11月24日，基层委与中医院联合在塘源口乡前墩村义诊活动现场

“调查研究”“社会服务”“示范争先”等单项奖。

【信息宣传】 年内，基层委聘请15名社员为特约信息员，完善并执行《调查研究和信息宣传工作考评办法》。全年，共有18篇社情民意信息被上级机关采用。巫优良撰写的《农业机械大背景下亟待重视“机械手”缺乏问题》被省政协和全国政协采用。全年，被中央、省、衢州市和江山市各级新闻媒体采用的宣传报道140多条。年末，获“社衢州市委会新闻宣传一等奖”和“社衢州市委会信息工作二等奖”。社员中有2人获得浙江省和衢州市“新闻宣传”和“信息工作”先进个人。

“九三学社浙江省2016年参政议政工作研讨班”现场教学活动

【联谊交流】 用好“浙江省统一战线教育培训实践教学基地”的招牌，加强对外联谊交流，进一步建好“社员之家”。10月27日九

三学社浙江省委“2016年参政议政工作研讨班”，11月25日浙江省社会主义学院“全省民主党派专职干部研讨班”，分别到江山开展现场教学活动。全年基层委共接待社江苏省委、社南京市委、社金华市委、社义乌市委、中共衢江区委统战部、民建衢州市委等社内外、省内外客人共12批220人。年内，更新《社基层委履职成果》展板（二）和PPT影像教学培训资料。

（余乾敏）

农工党

【概况】 农工党江山支部成立于2016年7月，主任刘建英，现有党员7名，其中行政事业单位干部4人，医生1人，教师1人，经济界人士1人。党员中江山政协委员3人，衢州市政协委员1人。获得市委统战部2016年度“三学一比”综合先进奖及调研成果先进奖。

【履行职能】 围绕市委、市政府中心工作开展调查研究，履行参政议政，民主监督职能。组织撰写《关于积极应对财税改革政策影响的建议》《关于组建政府金融证券专业咨询团队的建议》《关于加大对民办普惠性幼儿园政策扶持力度的建议》等调研材料，其中《关于积极应对财税改革政策影响的建议》在江山市十届政协一次大会上发言。

【开展调研帮扶活动】 8月，参加省农工党组织的浙江之声“委员对对碰”访谈节目，省、市、县三级3位政协委员代表进行访谈直播，宣传江山市“五水共治”取得的实效。11月，组织党员赴绿然藤农场调研创意休闲农业。12月，到开发区开展工业企业发展调研。同时，与城南中学进行结对，开展中学生心理健康咨询服务活动。

（刘建英）

工商联

【概况】 2016年，市工商联围绕中心、服务大局，牢牢把握“两个健康”工作主题，以理想信念教育活动和“两学一做”教育活动为抓手，履行职能，发挥作用，各项工作扎实推进。

【基层商会建设】 完成福建、云南、川藏、江西、湖北、北京、辽宁、陕西、安徽等10个省及舟山、温州、嘉兴、台州、湖州等省内5个地市的商会组建工作。同时，加大推进乡镇商会建设力度，成立双塔、廿八都、坛石等3个基层商会。完善执委会领导班子议事制度，九届执委会99名组成人员中非公经济人士82名，占82.8%。会员数达到4000多家。

【加强企业家培训】 邀请浙江万里扬集团董事长、江山市杭州商会会长黄河清到江山作《当前制造业形势的报告会》的专题讲座。和市政协合作，邀请国税局专业人士为全市中小微企业举办“营改增”专项政策培训。组织新生代企业家60多人次赴省内外学习知名企业发展经验、考察浙商投资项目和工业园区。3月，组织总商会会员企业代表40多人以及市相关部门单位负责人，前往广州、深圳考察学习。走访腾讯科技（深圳）有限公司、深圳赢家服饰有限公司、广东袋鼠妈妈投资有限公司等企业并座谈。6月，组织50余名会员，前往诸暨大唐袜艺特色小镇、萧山浙江健盛集团总部、杭州阿里巴巴集团总部等地考察学习。

【履行社会责任】 开展“百企联百村，合力治污水”活动，引导企业节能减排。引导会员企业以主动担当的主人翁姿态投身治水新实践，为“五水共治”和美丽乡村建设献计献策、出资出力，以实际行动履行企业家的社会责任；开展“万企帮万村”精准扶贫行动。以民营企业为帮扶方，以建档立卡的贫困村为帮扶对象，通过签约结对、村企共建等形式，落实村企结对帮扶工作。江山市工商联共有95家会员企业参与帮扶行动，结对帮扶50个行政村；引导异地商会开展光彩助学活动，广东、深圳、河南、舟山、台州等地江山商会共汇集爱心善款50多万元，100名贫困大学生得到资助。9月30日，捐款丽水市光彩事业促进会3万元，支援遂昌山体滑坡抢险救灾。

【服务会员企业】 建立异地商会跟踪服务机制，组织江山在外商会会长、秘书长工作会议，来自杭州、深圳、上海、宁波等地的商会代表共同交流商会自身建设和活动开展情况。发挥商会法律维权中心作用，及时为总商会、乡镇商会会员发布维权中心资讯信息；设立法律维权中心QQ群，24小时为企业提供免费法律咨询服务；主动上门为会员企业提供免费法律服务，组织法律咨询专家组巡回走访执委单位20多家，策划举办涉企劳动用工法律培训活动。与杭州思言信息技术有限公司合作，开发《活力江山》APP平台，建立微信群、短信平台等商会手机端新媒体管理平台，实现商会会员间的沟通与生意合作。同时，为100多家会员企业订阅《浙江工商》和《中华工商时报》，让企业及时了解有关政策和动态。3月，举办市“暖企”专项行动交流座谈会，20多个部门主要领导及13个金融保险负责人参加，帮助企业解决实际困难和问题；组织执委到浙江空军体检中心进行为期两天的健康体检，关爱企业家身心健康；春节期间，总商会在全市会员企业中开展走访慰问困难职工活动，慰问企业30多家，共计慰问金6万多元。

【助推“江山人”经济】 市委、市政府成立“江山人经济”工作领导小组，工商联充分利用商会网络资源优势，营造“亲商、安商、帮商、富商”的良好发展氛围，加强与异地商会开展对接活动，上海、深圳、广东、江西、杭州、湖州、嘉兴等江山商会响应组团回江山考察投资环境。

【参政议政】 围绕推进全民创业创新、新生代企业家培育、电商换市等课题，引导会员开展调查研究，形成一批高质量的调研报告，一些意见建议转化成为领导决策的重要依据、指导工作的政策文件。其中，向市政协会议提交4件集体提案，《关于深化国资管理体制改革的思考》作为大会发言；同时，引导工商联界会员代表积极建言献策，共提出议案、提案90多件。

（市工商联　供稿）

人民团体

总工会

【概况】 2016年，江山市总工会在各级工会组织的努力下，各项工作取得显著成效和进展。市总工会集体协商先进事迹在全国、省级工会报刊、杂志广泛宣传。市总工会职工服务中心被评为省级示范中心，何家山水泥有限公司四车间机修组被评为省“安康杯”竞赛优秀班组，市总工会连续两年被衢州市总工会评为重点工作考核一等奖第一名。

【打造江城劳动竞赛品牌】 围绕“践行新理念、建功十三五”主题，突出抓好重要行业、重点区域和重点工程“定向定量专项”劳动竞赛，推动竞赛向非公有制企业、新兴产业、现代服务业拓展，企业、职工参与面分别达90%、85%以上，与市发改局、重点办联合下发《关于深入开展江山市重点项目建设立功竞赛活动的通知》，在浙江健盛集团、伟屹科技产业园等31个重点工程、重点项目开展“六比六赛”劳动竞赛。

【助推江城旅游经济发展】 2016年，总工会起草《江山市推进市外职工疗休养游江山工作实施方案》。发挥职工疗休养平台效应，引导全省职工来江山市疗休养。对相关的旅行社和酒店增设劳模（职工）疗休养接待点，以应对市外职工来江疗休养需求。

【推进江城基层工会建设】 全市新建基层工会11家，发展会员1123人，年末，全市已建工会1195家，其中独立基层工会1078家，联合基层工会117家，职工总数101236人，会员数为96250人，入会率达到98.73%。全市建有8个镇（街道）、1个经济开发区总工会和11个乡镇工会工作委员会。建有乡镇（街道）私营企业联合工会19家，村、社区工会101家，涵盖单位1396家，建会率98.3%，其中农民工数为68876人，占职工人数的68%。

【强化江城职工权益保障】 全市共有1052家企业新签订工资协议，其中新签企业31家，工资协议续签率达100%，完成单建工会工资集体协商510家，示范单位51家，确定清湖塑胶行业为行业性工资集体协商示范点，确定四都镇为区域性工资集体协商示范点。发挥法律顾问作用，全年共办结职工（农民工）案例3起，涉及农民工15人，为农民工挽回经济损失132.3万元。法律援助案件15

件，为职工（农民工）挽回经济损失421.8万元。接待处理来信、来访、来电277件次，涉及职工910多人，“12345”热线交办单完成率、满意度均为100%。

【发挥江城工会工作特色】 市总工会与市商务局、妇联、民政局、经济开发区等多家单位联合举办“情动江山 相约万隆”大型相亲活动，与市教育局联合举办“爱情练练看”大型单身青年交友联谊活动，为解决大龄职工“脱单”出谋划策；立足工会传统，举办大型文体活动，组织开展了2016年度女职工运动会、职工环河跑比赛、职工气排球赛、职工篮球赛、“五一”企业歌大合唱等一系列文体活动。培养工会后备人才，先后举办两期工会文艺摄影骨干培训班，累计培训工会文艺摄影骨干200余人。

【关怀江城困难职工群体】 开展“两节”帮扶活动，“元旦”“春节”帮扶职工2000多人次，发放慰问金200多万元，开展“夏送清凉”活动，为高温作业的一线职工发放清凉用品8000余份。继续做好困难劳模信息采集和劳模日常帮扶工作，为全市43位各级劳模做了免费体检。推行职工医疗互助保险机制，全年为179个单位的580名参加医疗互助的职工报销687861.02元。

（郑慧明）

团市委

【概况】 2016年，全市14岁至35岁青年15.1万人，其中14岁至28岁青年9.8万人，共青团员4.8万人，团青比例31.8%。团的组织覆盖情况：层级化方面，全市共有乡镇（街道）团（工）委19个，村（社区）团支部（总支）305个，机关部门团组织50个，学校团组织28个；非层级化方面，全市共建“两新”（新经济组织、新社会组织）团组织99个。围绕党政中心工作，按照团的四维工作格局，履行团的四项基本职能，团结带领广大团员青年在打造活力城市、建设幸福江山中充分发挥生力军作用。

【志愿服务系列活动】 春节前，团市委开展“新春送温暖”志愿服务系列活动，通过“帮困送温暖”“爱心接力 情暖心田”“温暖回家路”等活动，为社会困难人员、贫困青少年、老团干送去新春的祝愿与问候，为返乡农民工提供志愿服务，对农民工子女、留守儿童开展寒假自护安全教育、七彩课堂等关爱行动。同时，还组织开展“团徽闪耀·志愿有我”新春送温暖志愿主题活动“学雷锋树新风，创业创新建新功”志愿服务月系列活动。

【主题团日活动】 联合文广新局等部门举办了“4·23”世界读书日“阅读鲁迅”读书沙龙，以此纪念鲁迅先生诞辰135周年，倡导广大青年团员重拾文学经典，重温“鲁迅时代”，重塑“鲁迅精神”。4月29日，团市委组织开展“我在基层建新功”主题团日活动，来自全市有关部门单位的近10名团干部会聚一堂，畅谈基层工作体会。5月3日，团市委、市教育局在江山中学联合主办的“弘扬五四精神 践行青春誓言”入团仪式。

【举行创业创新活动】 5月5日，团市委、市商务局联合举办江山农村淘宝合伙人首届擂台赛。评选出业绩突出、表现优秀的合伙人作为“标杆”。5月16日，团市委在金陵大酒店举办青年电商创业创新论坛活动。同时，还开展“百团万人跟着河长去巡河”“中原杯”、青年台球比赛、“小青蜂”助力各大国际赛事等活动。

【举办青年微党课大赛】 6月，团市委推进“两学一做”学习教育，与市委组织部联合举办“讲党史、知党情、跟党走”青年微党课大赛。61名选手踊跃报名参加比赛，最后评选出10名“红色讲解员”，以及一等奖2名、二等奖3名、三等奖5名、优胜奖10名。

青年微党课大赛

【开展大学新生助学行动】 高考结束后，团市委及时开展助学行动，通过联络、广泛宣传、发布倡议等方式，共争取到32.5万元助学金，资助学生116名。为了争取更多的资源参与爱心助学，团市委向上争取助学项目，获得省（衢州市）希望工程、省精实公益金、都市快报、国酒茅台等助学项目的支持，并发动青年文明号单位、部门团组织和青年企业家协会会员参与结对助学。同时，还联合农商行探索实施贫困大学生带薪实习助学模式，银行在各城乡网点专门设置针对贫困大学新生的暑期实践岗位，让参与实践的学生在收获工作经验的同时获得薪资资助。

（周 婧）

妇 联

【概况】 2016年，市妇联紧扣服务大局、服务妇女、服务基层工作主题，创新性实施创富建功工程、规划引领工程、维权服务工程、素养提升工程、美丽示范工程和固本强基工程六大工程，团结引领广大妇女为幸福江山建设贡献巾帼力量。获衢州市妇联系统“十万家庭树家风”工作先进集体，2016年度“最佳满意部门”、机关部门工作目标综合考评党群综合类良好等次、基层党建工作先进集体、普法依法治理工作先进集体、省美丽乡村示范县创建工作先进单位、发展“一村一品”工作先进集体。市文化馆朱锡群荣获2016年度省三八红旗手；四都镇埠头村妇代会主任刘小英荣获2016年度百名浙江“最美妇女主任”荣誉称号；江山市大陈乡大陈村妇代会等2个单位获评衢州市三八红旗集体，江山市人民医院周珍等4人获评衢州市三八红旗手。江山农商银行中山支行周家青分理处等2个岗位获评衢州市巾帼文明岗，徐敏琦等4人获评衢州市巾帼建功标兵。

【创建美丽庭院打造“江山样本”】 以百名妇联干部联百村、千户家庭创示范、万名妇女齐参与的“百千万”巾帼行动为引领，在全市开展美丽庭院示范户创建工作，助力美丽乡村建设。依照低成本可复制、乡土化可操作、长效化可坚持的创建思路，以“洁、齐、绿、美、景、韵”六字为创建标准，开展美丽庭院创意大赛、美丽庭院互看互学现场推进会、美丽庭院精品户展播等活动，提升创建成效。全市共创建美丽庭院示范户1000户，其中党员示范户 400 户。通过以点带面、点面结合，变“盆景”为“风景”，成功打造大陈乡大陈村、新塘边镇毛村山头村等多条美丽庭院示范线，初步形成美丽庭院创建的“江山样本”，人民网、浙江日报、衢州日报等多家媒体对该项工作作了专题报道。省妇联主席劳红武对江山市美丽庭院创建工作表示肯定。10 月 31 日至 11 月 1 日，全省美丽庭院创建工作推进会在江山召开，全省各地妇联、农办等 130 余人实地参观江山市美丽庭院创建成果。

江山市第二届家庭文化节暨”美丽庭院”创建工作互看互学现场推进会

【推进农村生活垃圾分类】 将垃圾分类和美丽庭院创建工作纳入美丽乡村示范县创建工作总体部署，以美丽庭院创建为载体，打造垃圾分类升级版，助力五水共治。3 月 3 日。组织巾帼护绿队参加“清塘美河”春季治水大会战暨集中义务植树活动，向全市妇女发出“投身清塘美河 共建幸福江山”的倡议，发挥妇女“半边天”作用，带头做好垃圾分类工作，复制“贺田模式”，提高农村生活环境。全市累计开展垃圾分类整村培训 500 余次，培训妇女十万余人。全年创建 176 个垃圾分类达标村和 104 个垃圾分类示范村，建成垃圾分类兑换超市 182 个。

【深化家庭文明建设】 深入践行习近平总书记关于“注重家庭、注重家教、注重家风”重要讲话精神，开展家庭文明建设活动，挖掘家庭传统美德。“三八”节期间，与市老年书画研究会联合举办家风家训书画展，把面向全市征集到的家规家训以绘画、书法等形式展现出来，并在各农村文化礼堂中巡回展出。5 月 15 日，隆重举办“家庭文化节”，表彰“最美家庭”，表演家庭情景剧、“最美家庭”摄影展等，展示家规家训，引导良好民风。10 月 10 日，组织开展第六届“我陪父母过重阳”大型社会公益活动，深化活动理念，形成全社会尊老、爱老、敬老、孝老的良好氛围。6 月 24 日，衢州市“十万家庭树家风”现场推进会在江山市召开。

【推动妇女创业创新】 3 月 21 日，组织开展江山市妇女创业创新小额担保贷款启动仪式。全年共向创业妇女发放贷款 360 万元，扶持养殖业、来料加工等产业，帮助农村妇女脱贫。3 月 8 日，联合市人力资源和社会保障局、市就业管理服务局组织开展女职工专场招聘会，共有 25 家企业参加活动，提供岗位 146 个，需求 1025 人，300 多名女性前来应聘咨询，30 余人在当天达成就业意向。

开展江山市妇女创业创新小额担保贷款启动仪式

【推动来料加工转型升级】 10月11—13日，组织开展来料加工培训班，为经纪人提供市场信息、业务订单、技术指导等多角度的服务，20余名优秀经纪人和全市各乡镇（街道）妇联主席参加培训。在培训班上开设电商培训课程，通过分享成功电商的创业历程，引导经纪人探索线上线下融合发展新模式，发展巾帼电子商务。推荐多名优秀来料加工经纪人参加义博会、农博会等展销活动，提供展示推荐平台。扶持来料加工业，将其纳入江山市妇女创业创新小额担保贷款项目。年内，全市有来料加工一、二级经纪人1248人，固定从业加工人员5万余人，“个转企”33家，开办网店数21家，累计发放加工费4.3亿元。

【开展反家暴法制宣传】 2016年3月1日，《中华人民共和国反家庭暴力法》正式实施。市妇联开展“建设法治江山·巾帼在行动”三八妇女维权月活动，通过微信、网站、报纸等媒体，把妇女维权服务送进村居、送入家庭，送到妇女群众身边，引导家庭成员遵法、学法、用法。3月1日，联合市司法局等部门开展“庆三八·春风送法律”暨《中华人民共和国反家庭暴力法》实施宣传活动，当场向群众宣讲并发放“关爱家庭 拒绝暴力”《中华人民共和国反家庭暴力法》宣传册、平安家庭等宣传材料500余份。“三八”节期间，邀请市法院负责人作《中华人民共和国反家庭暴力法》专题讲座，全市各乡镇（街道）妇联，市机关部门妇委会及部分妇女群众百余人参加了学习。

【组织“巾帼心向党·扬帆新征程”学习教育活动】 在全市妇联系统中开展“巾帼心向党 扬帆新征程”为主题的“两学一做”学习教育活动，要求各级妇联干部学习习近平总书记系列重要讲话精神，强化党员意识，加强党性修养，坚定理想信念，打造一支政治坚定、素质过硬、作风优良的妇联干部队伍。组织开展庆“七一”党史专题讲座，邀请市档案局局长徐青作“以史为鉴 不忘初心”专题党课，引导广大妇女学党史、知党情、颂党恩，听党话、跟党走、做党的好女儿。开展“七一”送温暖活动，为贫困妈妈送上创业援助款1.5万元。

【开展“一下移两下沉”专项行动】 以“百千万”巾帼行动为抓手，做到重心下移，力量下沉、服务下沉，真正让该项行动落到实处。市妇联以执委常委为组长，以妇联执委、乡镇（街道）妇联主席、机关部门妇委会主任等百名妇联干部为组员，组建基层妇联组织建设指导员队伍，对三星级以下的145个村（社区）进行联系结对，帮助制定改进基层组织建设的工作方案，健全基层组织网络。通过访妇情问民意、送信息给项目、送法律助维权、指导美丽庭院创建等多种形式开展全方位的服务活动，让妇联干部沉下去，把妇联工作干起来。注重妇女群众主体意识的确立和妇女作用的发挥，通过建立微信群、QQ群、“两微一网”平台等，及时传递妇联好声音，与妇女群众建立无时空阻隔的网上联系；同时，以走村入户、面对面交流等方式增进妇联干部与妇女群众的感情，激发妇女群众参加妇联活动的动力。

【帮扶困境儿童】 1月13日，市教育局联合开展“心手相牵 让爱永驻”困境儿童圆梦行动，为困境儿童送上自行车、书桌等物品，圆梦他们的微心愿。7月4日，携手关工委、团市委等多家单位举行“关爱留守儿童，共享祖国温暖”留守儿童爱心书包捐赠仪式，发放100个爱心书包。7月17—18日，组织14名留守儿童到浙江大学开展演讲比赛，开拓他们的视野，丰富留守儿童的假期生活。在中秋节来临之际，开展“关爱留守儿童 助力健康成长”爱心牛奶捐赠活动，为留守儿童捐赠600箱旺仔牛奶。与市司法局等部门联合开展开展“关爱留守儿童 法治呵护成长”主题宣传活动。“六一”节期间，市四套班子领导分别走访慰问了城东幼儿园、解放路小学等学校，为孩子们送上节日的祝愿。

【关爱贫困妇女】 认真落实妇女“两癌”防治筛查工作，深入社区、家庭和企业，开展社会宣传，组织发动适龄妇女参加“两癌”免费检查。邀请专家作宫颈癌防治专题讲座，提升广大女同胞对宫颈癌的防治意识。关怀“两癌”患病妇女，争取两癌救助金近6万元，全年共计救助20名贫困“两癌”妇女。通过暖秋关爱、母亲邮包等走访退位村妇代会主任、贫困妈妈等20人。

科　协

【概况】 2016年，市科协紧扣市委中心工作，团结和带领全市广大科技工作者广泛开展科普宣传、学术交流和农民素质培训。全年争取到省科学科普资金15万元；省农函大优秀培训项目资金5.7万元；争取到衢州市科普示范乡镇资金2万元。大桥镇、石门镇和贺村小学等3家单位被评为衢州市全国科普日活动优秀组织单位，峡口镇、双塔街道周家青社区和虎山街道东门社区等7家单位获科普日优秀特色活动奖。

【科普活动周、科普日活动】 在科普活动周（5月）和科普日活动期间，组织巨化医院深入贺村镇南塘村等地开展卫生科普宣传和义诊活动5次；先后走进江山市双塔街道周家青社区、虎山街道东门社区开展了“知识产权”和“创业创新”科普知识竞赛活动；走进江山市双塔街道乌木山社区，举行“低碳生活、绿色行动”环保科普公益活动，开展“低碳生活、保护环境”的科普文艺表演，并组织科普志愿者走进须江公园捡拾垃圾活动；走进江山市双塔街道县前社区，开展“科普惠民、扶残助残、共享发展”科普文艺表演。科普活动周、科普日期间，累计开展各类活动19场次，集中展出科普图板800张次，参与公众1万余人次，免费赠送5种1万余份科普资料。同时，石门镇举办农村实用人才培训班，峡口镇科协开展食品安全知识竞赛。医学会、中医学会、数码音像协会、农口等学会开展送医下乡、送科技下乡、科技培训等科普活动。

【经常性科普工作】 年初，制订全年的送科技下乡进村（社区）总体方案，根据每个时期的科普重点，月月开展经常性的科普宣传活动。全年组织10多个学会赴贺村、峡口等地开展送科技下乡进村12次，参加的科技人员有200多人次，累计发放科普资料10多种2万余份。

【青少年科普工作】 会同教育局、团市委等联合举办第八届江山市青少年科技创新大赛。组织参加衢州市、浙江省青少年科技创新大赛，并取得较好成绩。11月，邀请浙江省科技馆流动科技馆，深入江山市贺村小学、恒泰学校、城北小学等校，举办流动科技馆进校园活动。

【科普设施建设】 筹措资金建设长台镇科普馆和周家青社区科普馆，东门社区科普活动中心在原有基础上新添了居家养老板块。全市科普画廊总数达200个。各基层单位也相应建设了一批遍布城乡的简易科普宣传栏，总长度达到1800多米。峡口镇科普活动中心年初正常开放，添置了10多件科普展品、3000册科普图书和建设20米科普画廊。全市143个科普画廊内容更新社会化服务走上了正轨，城区每月更新一次，农村隔月更新，并建立网上登记查阅系统。科普视频播放步入正轨，每天播放3个小时，内容涉及“五水共治”、养生保健、反邪教、生活科普、科技前沿等。

【农函大培训】 全年农函大培训果业蔬菜、茶业、蜂业、食用菌、电子商务等10个专业，学员1300名。其中，短期培训800多名，半月以上培训440名；培训党员干部150名、妇女500名、返乡农民工700名。为企业开展科技服务，年内承办浙江农民大学农函大校区的农村科技示范户知识更新培训，为期一周，培训全省学员126名。指导猕猴桃产业化协会，与申通快递公司对接，开设广东、湖南等6个省会的猕猴桃专线。指导帮助猕猴桃产业化协会和数码音像协会申报了省级示范性协会。

【院士工作站建设】 建立院士站站长交流制度和微信群。12月13日，浙江天蓬饲料有限公司与李德发院士举行院士工作站建立签约仪式。江山合创快速制造技术有限公司与西安交大卢秉恒院士也建立合作关系，争取尽快建设院士工作站。

（邱建武）

文　联

【概况】 2016年，市文联所属有8个文艺协会，共有市级会员605名，其中省级会员83名，国家级会员18名。新成立江山市硬笔书法家协会、江山市古今美术馆、江山市香妃越剧团。继续办好《仙霞》季刊和《江山摄影》报。组织和指导各文艺协会配合市委、市政府中心工作，开展采风、创作、联谊活动。获衢州市2015年度文联系统先进集体称号。

【举办四季廿八都全国摄影大赛】 2015年3月15日——2016年5月31日，联合浙江省摄影家协会，举办“四季廿八都”全国摄影大赛。比赛期间，先后邀请浙江省各县市摄影骨干和浦城、玉山等周边县市摄影爱好者前来采风创作4次，整个比赛共收到全国各地参赛作品3000余幅，评出二等奖4名，三等奖8名，优秀奖62名。

【举办“江郎山”杯美丽乡村征文大赛】 由中共江山市委、江山市政府、浙江省作家协会主办，江山市文联、江山市作协承办，举办“‘江郎山杯’美丽乡村”主题征文大赛。大赛历时3个月，收到全国各地征文622篇。经省级专家评选，共评出一等奖2名，二等奖5名，三等奖10名，优秀奖20名，获奖作品结集出版。

【开展“两学一做”主题文艺宣传】 围绕全市“两学一做”主题开展系列文艺宣传。举办“手抄党章”硬笔书法比赛，全市有700多名党员参加；组织“七一颂”纪念建党95周年暨“两学一做”软笔书法、篆刻比赛，获奖作品在市新华书店展出；举办“唱支山歌给党听”全市合唱比赛，经3个多月初赛、复赛，共有13支代表队获奖，其中金奖3名，银奖5名，铜奖5名；举办“两学一做”摄影比赛，收到参赛作品532幅，评出二等奖3名，三等奖6名，入选奖13名，组织奖5名；创作“两学一做”主题歌曲《我是党员》，在全市传唱。

【举办衢州市第三届水彩粉画作品展】 5月，联合衢州市美术家协会、衢州美协水彩画艺委会共同承办的“风生水起”——衢州市第三届水彩、粉画作品展，共展出水彩、粉画作品90件，其中江山作品25件。5月27日下午，在市博物馆举办开展仪式，浙江省水彩画家协会副主席、中国美术学院徐明慧教授，浙江省水彩画家协会副主席、浙江师范大学美术学院院长邱兴雄教授，浙江师范大学美术学院水彩系主任潘江龙教授及江山市相关领导出席开展仪式。

举办衢州市水彩粉画作品展

【举办江山籍书法名家毛嘉仁个人书法精品展】 3月，邀请江山籍书法名家毛嘉仁到江山举办“回仙霞·守望精神家园”主题的个人精品书法展，共展出各类作品150件。毛嘉仁出生于江山，毕业于中国人民大学书法研究班，现为国家一级美术师、中国书法家协会会员、浙江省书法家协会理事，衢州市书法家协会名誉主席，曾参加全国第四、五、六届书法篆刻展，曾获首届国际文化交流赛克勒杯中国书法大赛一等奖，有60余件作品编入作品集由全国各出版社出版，个人出版有《毛嘉仁书法作品集》。18日上午，举办开展仪式，衢州、江山两地领导和书画名家及爱好者200余人参加。

【文艺成果】 2016年度，全市有长篇小说《心路》，全英文自传体小说《酷爱》，游记《古稀汉驾“吉利”登上第三极》，电视剧本《水枪》（上），散文集《樱桃树下》，文史集《朱剑蓉诗文集》《雅儒诗声》《抗战记忆——铁蹄下的新塘边》等数部个人文艺作品出版。文艺作品频频获奖，其中：文学类，周建新的长篇小说《红豆杉旁的泥屋》被选入衢州市2016年度文艺精品扶持工程，柴薪的散文《故乡长台的记忆与乡愁》获“江郎山”杯“美丽乡村”征文比赛一等奖，曾建明的微诗《一块墓碑》获第四届徐志摩微诗大赛佳作奖，唐晋枫散文《水塘春秋》获第三届“相约北京”全国文学艺术大赛一等奖。书法类，蔡农的作品获浙江省特色小镇建设群星楹联书法大展三等奖，浙江省机关干部的“家风家训”正楷书法作品三等奖，黄江龙的作品获浙江省第五届“吴昌硕奖”篆刻展三等奖，在“西泠印社”诗书画印多项兼能创作展入展，姜燕的作品在浙江省第九届全浙书法展入展，吴裕高的作品获第八届“观音山杯”全国书法艺术大展优秀奖，徐小寅的作品在浙江省机关干部“家风家训”正楷书法作品展入展。摄影类，王华的摄影作品《悠悠古塔》入围美国《国家地理》全球摄影大赛中国赛区地方类组别，汪林郁的器材论文《暴力改装曼富图 O55CXPRO4 三脚架》在《照相机》杂志上刊出，许真的《江山市双塔》入选由中国摄影家协会主办的“2015年衢州乡村好风光全国摄影大展”，《箬山风光》组照获浙江省摄影家协会主办的“衢州古城、古镇、古村”全省摄影大赛三等奖，周勇的《大济廊桥》入选中国摄影家协会、丽水市人民政府主办的“寻梦菇乡杯”“瓯江行”丽水摄影大展。由省摄影家协会主办的四季廿八都摄影比赛中，全市共有 24 幅获奖。其中，民间文艺类，徐则文的西砚作品《残竹》在中国义乌文化交易博览会上荣获银奖，王振富的竹编作品《孔雀》在中国义乌文化交易博览会上荣获铜奖，柴国韦木雕作品《鲁迅》在中国森林产业博览会荣获创意奖银奖，胡德辉的单色剪纸《仙桃祝万福》入编同中国书画名家研究会主编、中华收藏联谊会出版的“大家气象”2016 年官方贺岁精品挂历（封面，内页），彩色剪纸作品《利市大发》入选 2016 年巴西里约奥运会“中国当代书画名家精品展”，并获“最高荣誉成就奖”，作品及个人传略入编《民族情 • 中国梦》，作品被圣保罗（巴西）艺术博物馆收藏，周春菊荣获“衢州市民间工艺大师”称号。音乐舞蹈类，在浙江省首届“唱响浙江”声乐大赛中，江山音舞协会组团参加所有项目的比赛，爱乐合唱团获得合唱成人 B 组金奖第一名，音舞协会获得衢州市“唱响浙江”选拔赛优秀组织奖，朱香鹤作词、陈宏君作曲的村歌《江郎与须女》获第三届衢州市文艺“南孔”奖，孙建平作曲的歌曲《碧水丹崖》入围 2016‘诗画浙江’50 强，何晓琴组织的音舞协会舞蹈队参加在开化县举办的全国排舞大赛，其中原创舞蹈《永恒的爱》和群舞《江南雨》均获得一等奖。戏剧类小戏，《一诺千金》获浙江省新农村建设题材小戏会演创作、导演、表演银奖，舞台剧《一江清水出江山》参加衢州市“赛水赛歌”巡演活动、央视录播，村歌走进北京人民大会堂演出，段丽燕演唱《谜一样廿八都》获村歌十大金曲奖。江山市千色影像年内拍摄微电影、网络大电影十余部，其中网络大电影《疯人乐园》网络点击量破 1000 万，获第 7 届咪咕－G 客网络电影年度盛典提名奖。千色影像公司被指定为 2016 年第十一届世界杯城市形象大使暨全球城市小组（先生）大赛上海决赛协办单位。

（毛雪芳）

残 联

【概况】 江山市残联内设办公室和综合科 2 个科室。下属事业单位“残疾人劳动服务管理所”和“江山市残疾人康复指导中心和托养中心”。江山市残疾人总数为 3.86 万人，占全市总人口的 6.36%，其中持证残疾人有 17016 人。按照残疾程度分：重度一、二级残疾人 5685 人，三、四级中轻度残疾 11887 人。按残疾类别分：视力残疾 2162 人，听力残疾 3097 人，言语残疾 239 人，肢体残疾 7891 人，智力残疾 1758 人，精神残疾 2001 人，多重残疾 424 人，一户多残 1000 多户。全市残疾人小康实现程度达到 90%以上，增幅超过全省平均水平，残疾人家庭人均住房使用面积达 37.37 平方米；城乡残疾人家庭年人均可支配收入分别达到全市城乡居民年人均可支配收入的 77.43%和 90.41%；残疾人家庭人均生活用电量达到 439.2 千瓦时。

【落实惠残政策】 根据浙民福〔2016〕23号文件精神，推动市政府出台《关于加快推进残疾人全面小康进程意见》《关于全面建立困难残疾人生活补贴和重度残疾人护理补贴制度的实施办法》两个文件。同时，市民政局、市财政局和残联三部门联合制定实施《关于印发江山市困难残疾人生活补贴实施办法和江山市重度残疾人护理补贴实施办法的通知》，落实两项补贴工作规范了程序。现已为7219名残疾人发放困难生活补贴，为4854名残疾人落实护理补贴。

【推进基层组织建设】 积极开发残疾人公益性岗位，为19个乡镇（街道）配备残疾人专职委员35名，全面完成312个村（社区）残疾人专职委员的选聘；创立“三率·五活”工作法，乡镇专职委员走访残疾人家庭的“入户率”达到100%；对残疾人基本情况、基本需求的熟悉率达80%以上；残疾人的满意率达95%以上，争做残疾人工作“五活”，即活地图、活档案、活电脑、活需求、活雷锋。6月，衢州市召开“最美衢州人·最美残疾人专职委员”现场会，江山市峡口镇吴昌国等4名残疾人专职委员被授予衢州市“最美残疾人专职委员”荣誉称号。

【完成托养设施改造项目】 协调沟通民政局、财政局和双塔街道等单位，推进各方资源共享，将双塔街道和贤村建筑面积5000平方米的养老服务中心改造为市残疾人托养服务中心，承接残疾人托养管理服务。市残疾人托养服务中心一期改造项目已于年底完工。同时，根据市政府专题会议纪要，在一期项目北侧预留10余亩土地作为二期扩建项目用地。

【摸清偏远山区残疾人底数】 推进残疾人专项调查，掌握偏远山区、农村撤扩并乡镇、撤扩并村贫困残疾人的生产、生活情况，为5000多名地处边远山区、信息闭塞的农村重度和精神、智力残疾人，提供免费上门办证和落实政策等服务。同时，加强低保扩面及两项补贴政策筛查，深化精准助残、精细扶贫政策；加强残疾人自立自强和残疾预防教育，适时开展心理疏导；分析研究一户多残户的致残原因。全市残疾人专职委员“三率”（入户率、熟悉率、满意率）分别达到100%、80%、95%。

【推进残疾人就业创业】 推进残疾人辅助性就业和电子商务创业就业，开展以发展电子商务、文化创意产业为主的残疾人孵化园（基地）创建试点。全市残疾人辅助性就业（庇护性服务）达到189人，建成或巩固11家残疾人庇护中心。完成残疾人职业技能培训379人，培训残疾人参与电商创业就业189人。

举办残疾人招聘会

【保障残疾人合法权益】 在人大、政协换届中，协调相关部门，落实好符合条件的残疾人及残疾人工作者的人大代表、政协委员推选工作。全市完成贫困残疾人家庭无障碍设施进家庭改造项目49户，完成率104%。将残疾人合法权益维护纳入市“平安建设”和乡镇（街道）年度考核内容。落实助残政策，及时、依法查处侵害残疾人合法权益的行为，防止因保障不到位或侵权行为造成严重后果和不良影响。

【推进残疾人医疗康复】 落实残疾儿童基本康复服务与补贴制度，为0—8周岁残疾儿童提供基本康复服务达104人（次），完成率176%。完成残疾人“助听、助明、助行”489例，完成率120%。落实残疾人纳入基层责任医师签约服务工作；对纳入医疗救助的精神残疾人门诊服用基本抗精神病药物个人自付部分已实行全额保障。建立“五种服务”模式，实施“家庭病床”签约服务190人。在市残疾人综合服务大楼四楼，开设康复训练室和技能培训室等，完成“中途之家”建设任务。

（刘丹林）

红十字会

【概况】 2016年，江山市红十字会锐意创新，奋力争先，召开第四次会员代表大会，为生活困难户发放救助款物18.39万元，实现单列后首例遗体捐献，新增救护培训基地2个，培训救护员1730名。

【示范县创建】 全力投入省级红十字工作示范县创建工作。成立江山市创建省级红十字工作示范县领导小组，在各媒体和户外投放大量公益广告和宣传海报。完善台账，查漏补缺，努力补齐存在的短板。突出重点，抓好亮点，将双塔街道县前社区、职教中心、新塘边镇勤俭村等作为实地考评点，精心打造。经过实地综合考评验收，被省红十字会授予省红十字工作示范县荣誉称号。

【人道救助】 开展“春送关爱、夏送清凉、金秋助学、冬送温暖”红十字四季大行动人道救助活动。累计为“两癌”妇女、贫困学子、特困户等79名困难群众发放救助金11.3万元，为537名敬老院的孤寡老人、山区困难学子、贫困家庭婴幼儿发放衣服、鞋袜、奶粉等生活物资，折合价值7.09万元。

【救护培训】 在万里职校和育仁职校新建了两个省级标准化应急救护培训基地，并配备21个心肺复苏模拟人等教学用品。在G20峰会期间，开展以“城乡男女学救护，齐心协力保峰会”为主题的救护培训，根据消防战士、社区居民、企业员工等不同类型人群开展有针对性培训，以应对安全生产中突发的意外伤害。在教育系统中挑选了20名优秀的骨干教师参加衢州市红十字会组织的救护师资培训班，为青少年宫、城南小学、中山小学、江东小学等学校的师生以及家长开展急救和防险避灾的知识讲座。

在G20峰会期间城乡群众开展急救技能培训

【生命关爱】 9月，江山市红十字会单列后实现第一例遗体捐献，也是衢州市首例新生儿遗体捐献，捐献者为出生仅十余天的婴儿，遗体被送往杭州师范大学医学院，用于婴幼儿疾病方面的医学研究。超额完成造血干细胞血样采集任务；全年累计采集干细胞血样52人份，超额超前完成衢州市红会40人份的年度任务，初筛配对成功6人，寄送志愿者高分辨血样（用于和白血病患者血样进行高分辨配对）1人份。开展器官、遗体捐献登记工作，共接受咨询30多人次，登记器官捐献志愿者7人、遗体捐献志愿者4人、角膜捐献志愿者2人。

（严　君）

军 事

人民武装

【概况】 2016年江山市人武部党委“坚持以强军目标为统揽、聚焦中心抓战备、严规肃纪改作风、凝心聚力求作为”的基本思路和工作基调为指导，不断夯实思想实践，在各项工作上取得较好的成绩，全面建设上得到较大的提高。获浙江省军区先进团党委、军事训练先进单位。

【战备工作】 修订完善“1+11”战备方案，先后投入XX余万元升级改造视频高清会议系统、民兵情报信息网、购置海事卫星电话、北斗手持终端等指挥器材。组织作战值班员上岗资格认证和战备值班分队拉动演练，规范战备秩序。共出动民兵3000人次，参与G20杭州峰会安保执勤、神舟十一号飞船应急着陆救援值班备勤和支援参建等急难险重任务。

【民兵组织整顿】 贯彻省军区嘉兴基层规范化建设观摩会和义乌“四队兼备”现场会议精神，开展基层武装部和民兵连部规范化建设，调整优化应急、支援、储备三类队伍，采取听、查、看、问、拉的方法，逐一拉动点验全市基干民兵分队，基干民兵党（团）员比例达80%以上，退伍军人比例和专业对口率分别达到65%和90%以上；在专武干部队伍建设上，协调市委对21名专武干部进行调整交流。

【征兵工作】 按照征兵“五率”量化考评标准要求，抓住适龄青年春节返乡等有利时机展开网上兵役登记，在全市9所高中开设兵役登记站，开展国防教育暨征兵宣传进校园活动，投入18万元购置设备，在全市率先使用征兵体检信息系统，实现征兵体检数字化。全

5月30日，市委常委、人武部部长张春(前左二)巡查张村乡河道

市，适龄青年，报名率比上年同期增加30%，完成新兵征集任务。大学生比例为69%，创历史新高，全市无一例退兵。

【安全管理】 以军委国防动员部安全管理暂行规定为依据，以条令学习月、“三停四查”集中教育整顿、迎接全军安全大检查、百日安全竞赛等活动为牵引，常态落实好安全制度规定，定期组织安全形势分析，落实隐患排查制度，完善整改措施。时刻盯住“人、车、枪、弹、密、酒、网”等关键环节，在时机上，严格“八小时以外”人员管控，投入3.5万元建设文体活动室，丰富干部职工文化生活，落实请销假制度，保证各类值勤值班人员在岗在位，履职尽责。紧盯兵器室、保密室、财务室等关键场所，先后投入5万元完善营院监控、消防器材、营门安防等设备，提高技防能力；在车辆管控上，紧盯技术检测、车辆派遣、私家车管控、驾驶员遵规守纪等环节，确保行车安全。在四反保密上，深抓内部防范，落实保密制度。建立与地方“610”办、公安、安全、网监等部门联动机制，及时消除各类隐患。

【海军江山综合仓库协防演练】 4月21日—26日由人武部统一计划，分队长自行组织全体人员和对接单位有关人员在任务区域现地演训，主要按收拢集结人员、现地组织点验、现地介绍情况、现地明确任务、现地组织协同与保障、现地组织训练、现地组织考核讲评的步骤实施。在高度重视、严密组织、确保安全的前提下，确保训练组织正规有序。

【应急维稳骨干跨区联训】 7月3—10日，在省军区的统筹安排下，由江山市人武部长担任集训队队长。集训队共编2个区队，下设6个班。此次集训以新形势下军事斗争准备任务为牵引，围绕省军区赋予的应急维稳专业跨区联训任务，适应后备力量转型建设需要，整合全区组训、教学、保障资源。采取“理论辅导、讲解示范、强化训练、考核验收”的方法，组织应急行动常识、相关法规政策知识的学习以及警棍盾牌术、捕俘技术，防暴队形、应急处突维稳行动组织指挥等课目的训练。

【水上救援分队综合演练】 11月25—28日按照“一队多用、一专多能”的要求，组织水上冲锋舟与皮划艇的水上操作与模拟救援训练，在三天的时间里，通过技能练习，参观见学和考核验收等学习训练，使参训人员了解掌握水上冲锋舟的操舟技术，熟悉水上救援工作的基本流程与方法，提高民兵的实际工作和组织救援能力。

【G20杭州峰会安保备勤】 G20杭州峰会期间，江山人武部参加应急处置各项行动，助力G20杭州峰会。协调运用各种力量，有效防范和应对可能发生的自然灾害、事故灾难、社会安全事件以及恐怖袭击，为G20杭州峰会成功组织，保护群众生命财产安全。共担负2类4项任务。按照“防范在先，充分准备；服务大局，统一指挥；快速反应，迅即行动；以人为本，科学救援；把握政策，稳妥处置；密切协同，周密保障”的处置原则，全力为峰会安保提供安全支撑。

【神十一飞船应急着陆保障】 在军分区应急搜救现场指挥组的领导下，成立市人武部应急搜救现场指挥组。部长张春、政委曹加明任组长，副部长周利建任副组长，主要负责区内搜索回收行动的组织计划、筹备准备工作和指导民兵应急分队展开应急搜救针对性训练，参加上级组织的指挥演练，具体组织指挥返回舱搜索、警戒、转运等行动，协调有关事项。人武部作战值班室与应急分队保持不间断联络，提前做好上级在辖区内开设“应急搜救现场指挥所”等相关准备。

【国防动员潜力核查】 10 月，根据上级关于做好国防动员潜力核查通知要求，依据国家国动委《国防动员潜力统计调查目录》，中央军委国防动员部《国防动员潜力指标体系》等文件，采取任务部署、业务培训、数据采集、分析评估等形式，基本摸清综合、人民武装、经济动员、人民防空、交通战备、信息动员、政治动员等 7 个方面 44 类潜力资源数据。

人民防空

【概况】 2016 年，江山市人防工作坚持“融入发展、统筹发展创新发展”的理念，着力推进人防与经济社会发展的全面融合，推进人防应急应战核心能力的全面提升，推进人防工作人员的效能建设和廉政建设，在防空地下室建设、结建人防工程管理、应急应战指挥平台建设、应急应战队伍建设和基层人防组织建设等方面取得新的成就，获奖。

【人防队伍规范化建设】 大力开展作风整顿和机关规范化建设，认真查找本单位在制度、管理、作风、督查落实等方面存在的突出问题，剖析原因，狠抓整改；全面实施《人防机关战备值班制度》《人防指挥所管理规章制度》《卫生责任区包干保洁制度》等 20 项制度，实行用制度管人、管事、管钱，管机器、管设备、管工作，将各项制度的执行常态化，长效化，一以贯之，一抓到底。按照“内强素质，外树形象”的总体要求，为培养“政治坚定，业务精湛，纪律严明，作风过硬，廉政高效”的人防团队，用更严的要求、更高的标准，管理好人防队伍，提升队伍素质，养成良好作风。

【防护工程和人防指挥通信系统建设】 按照《江山市城市人民防空专项规划（2005 年）》及《江山市人民防空建设“十二五”规划》要求，贯彻“长期准备，重点建设，平战结合”的工作方针，抓好自建和结建人防工程建设。建成人防指挥通信系统，依托人防专网与省市人防指挥系统互联互通，实现省、市、县、重点镇“面对面”指挥；建立电子沙盘系统、大屏显示系统、3G 指挥通信系统、地面卫星系统、移动卫星系统、全省民防信息管理系统等，完善移动指挥系统和固定指挥所各项指挥通信系统。以习近平总书记“能打仗、打胜仗”为目标，围绕“战时应战、急时应急、平时服务”的应急应战核心能力要求，坚持指通训练常态化，以满足应急救援支援型保障需求。

【人防工程管理】 健全人防工程设计审批和质量监督、竣工验收等各项规章制度，对工程全程监督，规范管理，质量把关。开展人防结建工程“三项专项”检查，重点对全市所有竣工工程进行人防设备检查，对在建人防工程进行监理资质检查，对审批项目进行图纸审查。强化人防工程标准质量，规范人防工程监督程序，加强沟通协调，使人防工程建设管理走上依法管理、依法建设的轨道。

【应急应战指挥平台建设】 建立健全人防指挥所管理制度，实行 24 小时值班，人防指挥所实现互联互通，省市视频会议系统使用良好，人防应急指挥中心为全市应急指挥提供新的平台。投入10多万元，新安装军用电台，人防指挥通信更加安全可靠。安排专项经费，加强两个重点镇指挥所的日常管理和技术维护。完善和强化人防指挥通信平台和指挥能力建设。发挥人防短波电台作用，坚持每周定期与衢州市人防办进行沟通联络，出联率为100%，连通率98%以上。组织“5·12”及“9·18”防灾、防空警报常规性试鸣，警报器终端完好率和鸣响率达100%。年内，完成对贺村镇、峡口镇2个人防重点镇应急指挥中心的设备改造建设；对各站点的防空警报管理员进行培训，提高责任心和管理能力。定期与重点镇指挥中心的互联互通，确保日常应急救援指挥通信保障。

【应急应战队伍建设】 7月，按照国动委要求，对全市10支人防专业队进行整组，对人员编制重新梳理整编，使队伍更加精干，随时可以拉动应对各类突发性事件。利用“5·12”防灾减灾日等契机，组织社区群众避难疏散演练、知识竞赛、专业队伍训练等活动，各专业队分队长、社区志愿者参加此次活动。和市环保局、江化公司以及其他企业紧密合作，新组建防化专业队，并委托中国防化学院专家编写培训教案。应急应战队伍基础不断夯实。

【人防宣传教育】 在全市13个社区和2个人防重点镇开展人防宣传教育“五进”（进学校、进社区、进党校、进企业、进网络）活动，新购买人防宣传教材2万多册，发放给中小学相关学校，组织开展人防师资培训，在企业、社区、学校开展人防宣传疏散演练。5月和9月，在全市开展人防宣传月活动，东门、乌木山等社区人防工作站组织辖区居民、学校、机关单位等开展人防知识竞赛抢答、疏散演练、人防体能竞技等综合性人防宣教活动，东门社区创办人防宣教馆，供居民参观学习和体验。根据浙江省和衢州市人防办的要求，投资2万多元，新制作人防知识宣传展板在相关企业进行宣传教育。

（黄国俊）

消防工作

【概况】 2016年，全市消防共接警175起，出动175次（含增援），出动消防车294辆次，消防人员1761人次，抢救被困人员19人，疏散人员49人，抢救财产价值1681.2万元。同比2015年，接警起数上升1.16%，出动车辆数上升19.03%，出动消防人员数上升13.76%，抢救被困人员数下降32.14%，疏散人员数下降70.66%，抢救财产价值上升340.91%。其中，共发生火灾75起，死亡0人，受伤0人，直接经济损失3367842元。同比2015年，火灾起数下降34.78%，亡人数下降100%，直接财产损失下降45.07%。成功处置“7·16”江山塘源口车辆救援、“7·30”江山保安乡玉龙酒店火灾、“8·28”江山耕读农场火灾、“10·5”江山长台花园岗正众门厂火灾、“10·17”江山仙霞酒厂火灾等应急和突发事件。在做好灭火救援工作的同时大队不断强化火灾源头管控，开展消防监督执法工作，全年共检查单位2676家次，发现火灾隐患或违法行为3914处，督改隐患3926处，下发责令改正通知书2071份，下发行政处罚决定书97份、临时查封决定书24份、责令“三停”单位20家，制发行政强制决定书7份，罚款42万元，对6人进行了行政拘留处罚。

【健全消防责任体系】 成立市委常委、常务副市长俞根君任主任，市委常委、公安局长张雪飞任常务副主任，部门、乡镇（街道）主要负责人为成员的消防安全委员会；出台岗位职责意见，明确各级党政负责人、各级各部门的消防安全工作职责，各级党政负责人同为消防工作第一责任人。建立领导带队检查常态机制，春节、“五一”、国庆等重大节日和活动期间，市消安委发建议函提请各分管副市长对所分管的行业开展消防工作检查，全年开展 9 次，发建议函 54 份。落实《江山市消防安全两类责任追究暂行办法》，已累计下发督办函 64 份，对 10 个乡镇、2 个街道、8 个部门一把手进行约谈；在 G20 安保决战阶段，成立 11 个消防专项暗访组，每日实施不间断暗访，分管领导每天 8: 30 主持督导情况汇报会，督促下发督办函 26 份，交办问题 723 件，涵盖全部 19 个乡镇（街道）及安监、商务、住建、民政、卫计等 21 部门；其间，对市场监管局因隐患整改不力，对大陈乡、石门镇因工作落实不及时进行通报批评。

【强化隐患排查整治】 深入开展 G20 安保和夏季消防检查，推动全市 19 个乡镇（街道）、18 个部门专题召开排查整治动员会，发动单位班子成员、党员干部、村（居）民组长 1500 余人，发动村居网格员 10000 余人，累计排查住宅小区、小单位小场所等 25000 余家，发现和督促整改隐患 9900 余处。紧盯重大隐患整治，常务副市长俞根君、公安局长张雪飞多次现场督导，推动隐患整改，峰会前夕 5 家重大隐患单位按时整改销案；紧盯成品油整治，商务、公安、规划、国土等部门对 38 家非法成品油企业开展集中整治，责令 28 家企业整改隐患 82 处、11 家企业关停并拆除；紧盯出租房整治，排摸发现 10 人以上出租房 38 家，发现消防隐患 168 处，按照一户一案、以奖代补整治要求，一一督促整改到位；紧盯突出违法行为整治，市政府以军令状形式将 13 个乡镇（街道）辖区内 80 家单位存在的违章搭建占用防火间距的违章建筑，交由市“三改一拆”办督办，63 家单位完成拆除，累计拆除违章建筑 2 万余平方米。

【夯实社会消防基础】 全市除贺村、峡口、长台、上余、廿八都 5 支已投入执勤的专职队外，又新建石门镇专职队，消防车辆已经到位。此外，市政府常务会议还审议通过坛石、清湖、大陈、保安组建专职消防队。75 个设有消控室重点单位全部建成微型消防站，辖区 2 个街道投入专项经费 10 万元，为所属 13 个社区统一采购装备，按标准建成微型消防站，并纳入灭火救援联勤联动系统。市政府拨付 60 万专项经费用于独立式烟感推广试点工作，组织教育、民政、农办等部门，在清湖镇召开现场会推广，全市已推广安装 13000 余个；在养老福利机构改造提升上，市政府划拨 500 万资金，专门用于全市 21 家养老院、敬老院的消防改造，统一安装智慧用电系统。在贺村竹木行业消防安全专项整治工作中，推广安装智慧用电系统，全市企业、场所共安装智慧用电系统 700 多套。

【夯实灭火救援基础】 严格按照党委议训工作要求，以实战化训练为抓手，立足现有装备和人员，贴近实战、从严从难，积极开展以初战控火为重点的班组协同、合成训练和想定作业，不断提高作战程序规范性和技战术动作安全性，强化指挥员的临机指挥和统筹协调能力以及战斗编组的独立攻坚和协同配合能力。每周至少2天开展辖区重点单位熟悉活动，并编制本级辖区六熟悉手册，落实“防消联勤”工作制度，使官兵熟悉辖区重点单位内部消防设施，掌握辖区道路水源情况，明确各种灾害事故处置对策。全年，共普查保养消火栓325个，按要求完成包括危化品企业在内的重点单位熟悉演练工作，制作完善数字化预案73份，修订作战信息卡73份，小区水源图20份，行政村信息卡132份。

【加强部队正规化建设】 坚持“从严治警、政治建警、从优待警”三警齐抓的理念，贯彻落实部队管理教育指令，开展“安全防事故教育整顿月”“条令条例学习训练月”等活动，加强经常性管理和经常性教育相结合，做到管理上严格，生活上关心。把部队正规化建设作为长期性和基础性工作来抓，结合全年各项工作的开展，组织官兵对正规化管理制度的学习教育。严格落实部队各项条例条令和规章制度；实行灵活多变的管理机制，进一步规范大中队内务管理、执勤训练、生活娱乐等工作生活秩序。坚持把队伍安全稳定作为正规化建设的首要前提，开展“安全防事故教育整顿月”和安全“五无”创建活动以及酒驾专项治理活动，深入查找部队管理中存在的漏洞和薄弱环节，从根本上加强对人、车、酒等关键环节的管理，督促落实各项安全防范措施，严防安全事故发生。

【广泛教育培训到位】 建立“安保工作动态”“火情快报”，每天在全市通报消防工作动态和火灾信息，峰会安保期间，简报《衢州江山市推行“三式”工作法 全面打赢消防安保攻坚战》获得省消防总队的转发，工作经验宣传到全省。建立“江山消防安全工作”“江山市消安办”“江山消防安全重点单位”等微信群，对各地各部门消防工作每日开展情况实时报送。利用报纸、电视、电台、城市视频，及时宣传滚动播出消防知识宣传和公益广告。峰会安保期间，江山电视台黄金时段滚动播放《关于切实加强消防安全管控力度的公告》和《浙江省公安厅关于严禁电动自行车违规停放、违规充电的通告》；移动、联通、电信三大网络运营商先后2次向全市手机用户发送消防安全提醒短信累计40万余条。针对消控室无人值班、值班人员不会操作的问题，消防部门组织72家消控室单位开展2次实践培训；针对管理人员和员工能力不足的问题，组织单位管理人员和从业人员开展专题培训28次、受训人数达3000多人。各地各部门也通过不同形式组织开展培训演练200余次，基本做到社会单位全部参加培训演练一次。

法　　治

政法委及综治

【概况】 2016年，江山市政法委围绕全民创业创新、“六大专项”等中心工作，立足政法部门职能，出台系列服务保障意见，通过项目警官、河道警长、风险评估、专项工作等有效举措机制，主动融入、全程参与，全面做好法律宣传服务、矛盾排查化解、现场安保维稳等服务保障工作。全年，共对50多个重大决策项目、“三改一拆”、“五水共治”、重大节会活动（中共十八届六中全会、第三届世界互联网大会、仙霞古道国际徒步大会、全国新年登高健身大会江山分会活动）、行政强制执行和疑难案（事）件裁判决等进行风险评估，从源头上预防化解风险点200多个。市公安局做好涉及“三改一拆”、“生猪整规”、民间融资等重点群体的排查稳控和依法打击工作，全年共排查临控涉稳人员2146人次，生成有效预警388人次，协助劝阻劝返赴京赴杭人员31人次。市法院妥善处置浙江长河房地产有限公司、江山市亿源商贸有限公司等企业破产案件，引导企业开展破产重组，盘活土地、资金等资源，全年共受理破产案件16件，审结3件。制定出台《关于为我市推进全域旅游发展战略实施提供司法保障的意见》，为江山市开启国家全域旅游示范区创建新征程、打造全国一流休闲旅游目的地提供司法保障。市检察院通过综合法律监督的方式，把司法办案与保护企业、服务企业和提振企业家信心结合起来，依法精准打击涉企犯罪，保护企业合法权益。全年共办理故意销毁会计凭证、虚开增值税专用发票等各类刑事犯罪24件26人，对11家（名）企业（企业人员）作绝对不起诉处理，对2名企业人员作出相对不

市委常委、政法委书记郑朝基（右三）督查G20杭州峰会安保工作

起诉的决定，向279家规上企业发送《涉企法律宣传手册》。市司法局围绕中心工作开展法制宣传，制作专题广告4部，刊发专题以案释法48期，发放宣传资料5万余份，展出展板20余幅，接受群众咨询3万余人次。部署开展“法律服务暖企”专项行动，共参与僵尸企业处置14家，开展企业法律体检56次，破解企业涉法难题213个，帮助企业调处纠纷82起，为企业上法制课24次，解答法律咨询640次。

【G20峰会维稳安保】 根据省委、衢州市委统一部署，江山市将“平安护航G20、守好浙西大门”作为全年首要政治任务来抓。5月，市里出台《江山市 G20杭州峰会维稳安保工作总体方案》，由市委书记、市长挂帅成立领导小组，下设工作指挥部，抽调精干力量组建实体化运作工作专班，实行集中统一领导。6月开始，全市开展反恐防暴、矛盾纠纷排查化解、治安问题整治、生产安全整治、公共安全整治等“十大专项行动”，通过在全市各领域、各行业、各系统、各辖区反复不断地问题查纠、交办督办、落地整改等，层层压实工作责任，整治风险隐患，加强行业监管。其间，市领导50多次带队深入一线暗访督查，对重点问题进行集中会商、交办处置。市指挥部重点督导，累计交办任务清单5批212项、问题清单130批1292项（整改率100%，整改到位率98%）。市纪委、检察院强化执纪问责，市纪委向3个部门单位发出监督执纪提醒函4份，对3名“一把手”和2名分管领导进行约谈；市检察院向13个部门单位发出检察建议书20封，对9个行政部门“一把手”进行集体约谈。相关职能部门切实负起监管责任，用足用好行业管理的法律法规，按照“三个一律”要求，加大严格执法、联合执法力度，累计处罚业主单位500多批次，加强了行业安全监管工作。通过全市各单位部门共同努力，实现“北京、杭州不去人，江山不出事”的工作目标。

G20杭州峰会江山市总结大会

【重大涉稳问题挂牌督办】 开展每月重大不稳定问题情况摸排、重大矛盾纠纷排查化解、重大社会风险隐患化解管控等工作，坚持滚动排查和挂牌督办相结合，落实“五定一包”责任，订立“一对一”管控处置措施，确保问题及时化解销号。全市各单位累计排查矛盾纠纷3566件，其中涉婚姻家庭邻里等各类民间纠纷达1700多起，涉土地矿产山林水利界址权属纠纷达500多起，全部由责任单位完成挂牌调处，涉及资金过亿元。

【处置重大突发涉稳事件】 发挥组织协调职能，密切关注影响社会政治稳定的热点敏感问题，按照“谁主管、谁负责”和“属地管理、分级负责”要求，督促责任部门明确责任、研究方案、落实措施、形成合力，妥善做好应对处置。成功处置“3·11”农机车过失致人死亡案件，“4·12”自焚事件，“5·14”民师利益群体聚集活动，“7·31”西城华庭物业纠纷事件，“11·17”跨地交通事故。

【重点人员稳控】 针对易肇事肇祸精神病人、重点信访人员、特殊利益诉求群体等重点对象，始终坚持情报先导，密切关注活动轨迹，掌握工作主动权。重点时段对涉恐重点人员做到“每日一见面、每事一报告”，全面掌握其活动和交往情况，杜绝漏管失控现象的发生。用好用足法律武器，对涉嫌违法犯罪的重点对象，坚决依法打击。

【平安江山建设】 抓实社会政治、社会治安、经济、安全生产、食品药品、生态环境六大安全领域的风险隐患排查化解管控，平安建设涉稳主要指标实现下降目标。全年发生刑事案件2251起，同比下降17.3%；盗窃案件同比下降21.6%；杀人、强奸、“两抢”等恶性暴力案件同比下降40%。共受理群众来信来访2353件／批，同比下降4.7%，并首次实现年度“零非访”。共发生各类事故46起、死亡33人，同比分别下降58.56%、21.43%，发生火灾75起，同比下降35.3%。全年无较大及以上事故发生。

【推进“两网融合”】 以全省两项试点工作为主抓手，破解基层社会治理新难题。开通PC终端417个、平安通手机1289部，下载安装“平安浙江APP”31272人次，形成平安通、“平安浙江APP”上报信息、综合指挥平台网上受理交办、职能部门受领办理“一条龙”工作态势，切实保证矛盾诉求第一时间发现、管理服务第一时间跟进。全市累计通过“平安浙江APP”上报信息10291条，受理办结涉及矛盾纠纷、环境卫生、违法搭建、村（居）民诉求、社会稳定隐患等各类事项12523件。

【加强行业监管】 借助G20峰会的东风，按照“谁主管、谁负责”“谁牵头谁负责”和“属地管理、分级负责”原则，对寄递物流、涉恐敏感物资、瓶装燃气、危化企业、农家乐民宿、散装汽油等重点行业安全监管事项，逐项明确牵头责任单位，有效解决了职能交叉、职责不清、相互推诿等问题。G20峰会期间，相关职能部门切实负起监管责任，有效加强了行业安全监管工作。全市36家网吧全部落实实名登记上网；109家快递门店（代理点）严格实行“收寄验视、实名登记、过机安检”3个100%安全制度；490家宾馆严格实行实名登记，其中234家农家乐（民宿）全部安装APP监管系统；全面完成52处非法销售汽柴油隐患点的集中整治，对2个销售不合格加油站点实施关停整顿，分别罚款5.3万元和5.6万元；对17家散装汽油加油站严格落实定点销售、实名登记、专机专枪加油、高清视频覆盖、汽油延伸用途管理等制度。

【健全制度机制】 坚持乡镇部门主要领导信访维稳、社会治安综合治理和平安建设工作履职情况年度述职以及平安责任交接制度，述职、交接情况纳入民主评议和实绩档案，作为评价、使用和提拔干部的重要依据。完善落实平安建设月报分析、模拟测评、集中暗访检查、问题预警交办、约谈问责和信访维稳协同配合抓落实、定期维稳形势分析、重大复杂问题会商交办、应急处置、情报信息通报等工作机制，增强工作的主动性、针对性和实效性。在各级两会、G20杭州峰会、第三届互联网大会等重要时间节点，各常委、副市长纷纷带队督查督办工作责任措施和重点人员稳控落实，市平安办参照省市暗访做法，开展7次暗访检查、督查督办活动，倒逼问题整改。持续开展全方位、多层次、宽领域的平安综治“双月”

宣传、平安“三率”宣传活动，基本实现平安宣传全覆盖、平安“三率”有提升的目标，据省统计局统计，江山市群众知晓率、参与率、安全感满意率分别达88.5%、57.9%、97.73%，知晓率、参与率位居衢州各县（市、区）第一，安全感满意率位列衢州各县（市、区）第二名。

【执法监督】 健全完善案件评查、析案明理、执法公开、过错追究等制度，组织法院、检察院、公安、司法等部门有关方面人员，对群众反映强烈的案件进行抽样评查，对上级交办的重点信访案件进行逐案评查，对20多个重大疑难案件和65件涉G20杭州峰会维稳涉法涉诉信访件进行督办、督查。完善接待制度和工作流程，每天安排委机关班子成员轮流接访，面对面解决群众诉求。全年信访接待室受理群众来访件126件，涉及人数106人次，全部予以认真答复，群众满意率达100%。

法治政府建设

【概况】 2016年，江山市法制办紧紧围绕全民创业创新的工作部署，积极作为，勇于担当，努力当好市委、市政府推进重大决策、重点中心工作的“参谋部、作战部、指挥部”，为全面建设法治政府，加快打造活力城市，推动幸福江山建设创造良好的法治环境，被列为浙江省政府立法工作基层联系点、省级行政规范性文件合法性审查机制示范点，被评为浙江省法治政府建设（依法行政）先进单位和衢州市法治政府建设（依法行政）优秀单位。

【当好政府参谋助手和法律顾问】 严把重大决策事项法制关口，在原政府常务会议法制前置审查的基础上进行扩面，将市长办公会议议题纳入审查范围，特别是对江山市基准地价更新、耕地保护补偿机制等重大决策，组织法律专家、政府法律顾问以及相关职能部门的专业人员召开专题论证会，确保政策合法合规。全年共审查涉法文件46件，提出意见193条，被采用190条，其中《关于对支持大众创业创新促进就业实施意见的合法性审查意见书》被评为全省优秀合法性审查意见书。法制保障重大招商引资项目，变事后审查为事前介入，全程参与市政府招商引资等重大合同的谈判、起草、审查修订工作，对可能出现的风险实现早把控、早防范。全年共审查行政合同42件，提出审查意见213条，被采纳212条。运用法治思维和法治方式破解难题，对通禄门改造建设工程房屋征收项目、世外桃苑度假村项目处理、江山市友立矿业有限公司涉嫌越界开采案件处理、石金矿业污染纠纷处理等工作中遇到的重大疑难问题，组织法律专家、政府法律顾问以及相关职能部门的专业人员开展案件讨论，研究提出解决对策，确保各项工作顺利推进。普遍建立政府法律顾问制度，实现政府部门和乡镇（街道）法律顾问全覆盖，并建立健全行政法律顾问履职的评价、考核及淘汰机制，充分发挥法律顾问在重大决策、推进依法行政中积极作用。

【加强备案审查规范化建设】 积极做好基层立法调研工作，对《衢州市制定地方性法规条例（草案）》《衢州市城市市容和环境卫生管理条例》等省、衢州市委托征求意见、开展调研的法规草案，通过召开座谈会、论证会等形式，广泛听取市政府法律顾问、单位法制骨干及行政管理相对人的意见建议，提出意见建议七十余条。制定省级规范性文件示范点创建实施方案，推进行政规范性文件管理制度化、规范化建设，使江山成为衢州唯一一个县级示范点。指导峡口镇建立健全规范性文件审查等相关制度，培育其成为全省三个乡镇人民政府示范点之一。对2015年12月31日前制发的行政规范性文件开展全面清理，共清理出以市政府（市府办）名义发布的行政规范性文件共392件，其中继续有效的253件，需要修改的47件，废止的67件，失效的25件。

【推进规范文明行政执法】 全面清理行政执法证件，以全省行政执法证管理系统升级改造为契机，根据新修订的《浙江省行政执法证件管理办法》的相关规定，组织对全市行政执法部门的主体资格和执法依据进行清理、梳理，修改单位信息、调整人员；对各单位现有的执法证件予以清理，注销不具有执法资格的持证人员的执法证件，严格把关行政执法主体准入，从源头规范行政执法行为。制定《2016年度行政执法监督检查工作计划》，部署推进各项执法检查，以开展“三改一拆”重点领域、特邀行政执法监督员、执法案卷评查、规范性文件管理、配套制度制定、行政复议申请权告知、行政结果公开、法律顾问履职、行政复议诉讼应诉等9项专项执法监督工作为抓手，切实加大监督力度，规范行政行为。强化行政复议逆向监督，按照“法定途径优先”原则，推进规范告知行政复议申请权，引导矛盾纠纷进入复议程序解决。健全案件审理机制，加大公开听证审理力度，对行政行为明显不当或不作为的，及时作出撤销或责令限期处理的复议决定。全年共处理行政复议案件44件，立案受理22件，审结案件20件（含上年结转），其中作出确认违法、责令履行决定各1件，撤销2件，因执法瑕疵协调申请人撤回复议申请3件，行政复议纠错率达到35%。

【强化行政应诉履职监督】 切实履行《江山市行政复议诉讼应诉工作规则》规定的应诉指导责任，督促应诉责任单位严格按照《行政诉讼法》的规定，在法定期限内做好应诉证据的收集，答辩材料的准备工作，组织应诉责任单位业务专家、法律顾问共同对拟提交的证据、答辩思路进行论证，出具审查建议。全年应对以政府为单独被告的行政诉讼案件9件，法制办出庭应诉3件，无案件败诉。严格执行《江山市行政复议诉讼应诉工作规则》关于全市各部门、乡镇（街道）应诉案件备案的规定，对其中明显违法或存在不当行为的案件，及时与被诉单位联系，协调主动依法纠正，并做好与审理法院的沟通对接，做好案件处置工作，在审结的44件需备案的行政诉讼案件中，参与协调撤诉26件，有效化解行政争议。针对《中华人民共和国行政诉讼法》修改后面临的衢州中院一审政府被诉案件、柯城法院集中审理部门乡镇（街道）被诉案件的新情况，主动加强与相关法院的沟通对接，建立诉讼案件审理情况季度共享制度，由审理法院每季度告知案件受理、审理情况，便于开展协调撤诉、执法监督等工作。

【全面加强法治队伍建设】 抓住“关键少数”，组织开展法治政府（依法行政）系列专题讲座，邀请原浙江省人民政府法制办副主任、浙江省法治评估研究会会长夏利阳，浙江财经大学法学院教授，硕士生导师张旭勇等专家讲授政府信息公开相关法律法规及相关实务知识，强化领导干部法治能力建设，提高把握政策、依法行政的能力。开展全市专（兼）职法制员动态管理，以法制信息宣传、行政调解等具体工作为抓手，加强日常履职情况通报，视情况提出更换人员建议，先后更换10余名基层法制员。法制信息工作取得明显成效，全年被省法制办采用249篇，在全省各县（市、区）排名中排名第八。引入社会监督力量，建立一支由新闻媒体工作者、社区（村）工作者、企业从业人员、法律工作者、专家学者等10人组成的政府特邀行政执法监督员队伍，完善相关工作制度，加强行政执法监督工作。

（姜甘龙）

参加2016全国新年登高健身大会浙江江山中心会场安保工作(冯华飞 摄)

公 安

【概况】 江山市公安局现内设科室23个，设派出所9个，交警基层中队7个，共有在职在编民警473人。2016年，刑事发案数同比下降17.3%，盗窃案件同比下降21.6%，恶性暴力案件同比下降40%，侵财犯罪人员起诉数同比上升5.7%。先后破获“3·25”故意杀人案、“6·16”持刀抢劫案、“6·16”致死二人交通肇事逃逸案、“2016—992”团伙贩毒案等一系列有较大影响的案件，成功处置“3·11”过失致人死亡案件、“4·12”自焚事件、“10·11”专案工作等重大涉稳舆情事件，圆满完成全国新年登高健身大会、Maxi-Race China江山100国际越野跑大赛等39项重大安保任务。全年共获得省部级荣誉12项，衢州市级荣誉24项，3名个人荣立二等功，34名个人荣立三等功，8个单位荣立集体三等功，G20期间获省级以上集体表彰奖励12项、个人表彰奖励105人次。

【抓好政治学习】 2016年，市公安局党委以“两学一做”为契机，抓党建紧紧围绕“政治学习”做文章，确定周一晚为局党委和全局各党支部的政治学习会，按照“五要”要求，督导跟进，强制入轨。局党委带头学习，喊响“学习向党委看齐”的口号，单周党委集体组织学习，双周党委成员分头前往分管联系所队组织学习。学习要求有记录、有图片，记录录入队伍管理系统，图片上局主页展示，并按统一的学习时间、学习内容、参加人员、“五要”要求，强化随机跟踪督导。按照党组织建

9月12日，市委常委、公安局局长张雪飞主持召开党委学习会(何新荣 摄)

制规定，基层所队有3名以上党员的值班组均建立党小组，进一步增强政治学习效果。

【推行管控清单】 G20杭州峰会结束后，市公安局坚持力量不减、力度不减，在G20峰会安保的基础上，应对后G20时代的防控风险，围绕“人、事、物、部位”等重点区块，量身定制“33张清单”，建成覆盖全市重点人员、重点行业、重点事物的视频监控网和综合监管网。严格实行“日清”报告和“周结”会商制度，实时掌握动态信息，并成立专项督查组，严格按照清单，采用“每周一督查一通报”的高频率管控模式，对全市范围内的重点行业场所开展反复排查、倒查、追查，定向通报相关部门，定时回访整改进度。针对涉诉涉法、政民矛盾、民间纠纷等重点疑难信访案件，实行信访案件挂联包案机制，局领导带头挂联，以达到“减数量、提效率、良发展”工作目标。

【创新最小作战单元模式】 年初，市公安局提出“每一个值班组成立一个党小组，每一个值班组建立一个作战单元”的战略思想，创新推出“5+3、3+2”最小作战单元模式，覆盖全局15个基础所队，并由业务精湛、作风过硬的支部领导或骨干民警担任党小组长，履行作战单元指挥职能。制定出台《江山市公安局反恐维稳专项训练方案》及考核细则，成立以局长挂帅的专训领导小组，长年坚持由局长带队不定期上门随机抽考模拟实战，提升各基层所队作战单元的团队协作能力、应对暴恐能力。10月27日，市公安局在设卡查缉车辆时成功破获一起特大贩毒案件，当场缴获毒品500余克。

【深化基础信息采集】 市公安局以“夯实信息基础、深挖服务潜力”为原则，全面深化基础信息大采集工作，创新推出服务窗口信息采集机制，在公安行政审批服务、出入境、车管所等公安行政服务窗口增设信息采集窗口，配套相关工作警力，实现信息采集专职化、规范化和常态化。全年采集常口、流口、单位、从业人员信息数据同比分别上升177.4%、152.6%、134.7%和158.3%，为实战应用打下坚实基础。同时，以信息采集为突破口强化警务工作，围绕“一所一品”建设目标，探索惠民便民工作经验。长台所结合《党员先锋指数考评管理办法》出台“4+2”警务模式，出入境管理大队融合《外国人积分制管理制度》推出“六个一”服务管理模式。

【建立公安微信联盟】 以“江山公安”微信公众号为中心载体，整合全局各派出所、交警、出入境等部门单位的官方微信，形成局党委的发声喉舌——江山公安微信联盟。以党建宣传，展示公安形象为主要内容，统一组稿、同时发声。党建宣传“书记带头干”系列累计推出120多期，被市委宣传部作为典型转发达50余期。同时，推进便民服务工作，每期推送交通信息、办证指南、盗抢防范等警务资讯、警情通告和安全提醒等。江山公安微信公众号关注量已达35000人次。

（冯华飞）

检 察

【概况】 市检察院坚持服务大局不动摇，强化重点打击、严把案件质量，维护社会稳定、促进公平公正，执法办案工作继续呈现平稳健康的发展态势，办案的质效进一步提升。

全年共批捕166件219人，提起公诉489件709人；严惩职务犯罪，共立案查处职务犯罪嫌疑人12人。全院共获全省政法系统先进集体、全省检察机关平安护航G20杭州峰会先进集体、衢州市G20杭州峰会维稳安保先进集体、衢州市先进基层检察院等集体荣誉11项，共获全省检察机关反贪侦查能手、全省检察公文写作标兵、衢州市检察信息工作、宣传工作先进个人、衢州市第二届控辩对抗赛选拔赛优秀辩手等个人荣誉23项。

【服务中心工作】 按照高检院18条、省院21条意见和市委"暖企"专项行动的决策部署，把司法办案与保护企业、服务企业和提振企业家信心结合起来，依法精准打击涉企犯罪，有效保护企业合法权益不受侵害；对犯错企业"轻拿轻放"，符合条件的依法从宽处理，帮助重拾发展信心。全年共办理故意销毁会计凭证、虚开增值税专用发票等各类刑事犯罪24件26人，对11家（名）企业（企业人员）作绝对不起诉处理，对2名企业人员作出相对不起诉的决定。结合办案向279家规上企业发送《涉企法律宣传手册》，帮助企业明确法律界限，堵塞漏洞，预防案件发生。

G20峰会维稳安保工作责任落实检察约谈会

【维护社会稳定】 把做好各级两会、G20杭州峰会及第三届世界互联网大会的维稳安保工作作为重中之重，为江山市实现平安创建工作"七连冠"做出贡献。G20杭州峰会期间，在市委政法委牵头组织下，健全落实情况报备、值班备勤、舆情监测等制度，深入维稳安保重点单位现场调查50余次，排查公共安全隐患128个，发送监督整改的检察建议22份，约谈责任单位13家。被省检察院和衢州市委评为"G20峰会维稳安保工作先进集体"；发送检察建议狠抓安全隐患整改的做法被省委政法委G20专刊转发。

【打击刑事犯罪】 认真履行批捕、起诉职责，突出办案重点，严厉打击严重暴力犯罪、黑恶势力犯罪、毒品犯罪、危害公共安全等严重刑事犯罪。全年共批捕166件219人，提起公诉489件709人，落实宽缓刑事政策，不批捕28人，不起诉89人（其中绝对不起诉11人，存疑不起诉12人）；严惩职务犯罪，共立案查处职务犯罪嫌疑人12人，其中涉嫌贪污贿赂犯罪9人，涉嫌渎职侵权犯罪3人；延伸监督触角，提升监督实效，共监督立案9件，追捕4人，追诉6人，提出刑事抗诉3件，改判2件，提出民事抗诉和检察建议3件，息诉5件，同步监督暂予监外执行，提出纠正意见10件，对2名违反监管规定情节严重的社区服刑人员，建议收监执行原判刑罚，监督财产刑执行案件108件。

【司法改革工作】 坚持问题导向，司法体制改革试点工作取得成功，首批19名员额检察官全部沉入办案一线，"谁办案谁负责"的司法责任制落到实处。在全省首创清单式管理的责任落实体系，将贯彻落实党委决策部署、人大决议决定和强化办案监督等工作责任纳入《检察工作责任清单》，提升检察人员服务中心大局和自觉接受监督的责任意识。改革实施以来，多项诉讼监督和司法办案工作领跑衢州，已追诉漏犯 7 人，监督立案 7 人，其中判处 10 年以上有期徒刑 3 人；办案质量和效率大幅提升，检察官人均办结案件数同比增长 77.8%，所办理的周某某贪污案、危险驾驶财产刑执行监督、洪某某羁押必要性审查等 3 起案例入选全省“精品案件”。

【检察队伍建设】 坚持从严治检和关爱激励并重，抓思想、抓素能、抓作风，全面提振队伍的精气神。通过开展“两学一做”学习教育、“江检讲坛”、“深入践行绿色司法、全力打造特色品牌”等各类主题教育活动，全院干

市检察院首批员额检察官就职暨宪法宣誓仪式

警的政治意识、大局意识、核心意识和看齐意识进一步得到强化。严格落实全面从严治党主体责任和“一岗双责”的要求，组织开展专题警示教育活动，强化对制度执行的监督检查，以对违法违纪“零容忍”的态度从严治检，保持队伍纯洁性。坚持“干什么，练什么，缺什么，补什么”，派员参加各类业务学习培训、技能训练、岗位练兵，先后有 2 人在全省竞赛中获得“检察公文写作标兵”“反贪侦查能手”称号，6 人在衢州市第二届控辩对抗赛中获团队第一、第二名，个人 4 名“优秀辩手”的优异成绩。

（毛晨曲）

法 院

【概况】 2016 年，江山市人民法院围绕司法为民、公正司法工作主线，忠实履行宪法和法律赋予的职责，为平安江山、法治江山、幸福江山建设提供坚强司法保障。全年共受理各类案件 10271 件，办结 10562 件，一线法官人均结案 258.56 件，办案质量、效率、效果等主要指标继续位居衢州市基层法院前列。获浙江省文明单位、全省优秀法院等集体荣誉 6 个，全国法院先进个人、全省社会治安综合治理先进个人等个人荣誉 27 人次。

【刑事审判突出宽严并重】 全年审结刑事案件 526 件，判处罪犯 751 人，其中判处五年以上有期徒刑 76 人，适用缓刑、拘役和单处罚金 469 人。维护公共安全和人民群众生命财产安全，审结故意伤害、聚众斗殴、抢劫、盗窃等犯罪案件 186 件 269 人。维护正常市场经济秩序，审结非法吸收公众存款、集资诈骗、组织领导传销等涉众型经济犯罪案件 21 件 43 人。保持反腐高压态势，审结贪污、受贿等职务犯罪案件 10 件 11 人。重视对未成年被告人的教育、感化和挽救，适用非监禁刑 178 件 239 人。提升审判效率，适用简易程序快速办理轻微刑事案件 292 件。重视人权司法保障，为 109 名经济困难、可能被判处三年以上有期徒刑的被告人指定辩护律师，三年以上辩护率为 99.8%。加大刑事附带民事案件调解力度，调撤率达

61.1%，被害人实际获得赔偿款140.2万元。

【民事审判注重案结事了】 审结民商事案件5814件，结案标的额22.1亿元。坚持调判结合与保障当事人诉讼权利并重，注重矛盾纠纷的实质化解。贯彻新修订的民事诉讼法及新施行的司法解释，妥善审理与群众利益密切相关的案件。审结婚姻家庭、继承等家事纠纷案件487件，倡导夫妻忠诚、家庭和睦。审结道路交通事故、医疗损害赔偿等侵权纠纷案件367件，依法支持受害方的合理诉求。审结买卖、承揽、租赁等合同类纠纷案件172件，维护诚实守信的市场秩序。审结涉企纠纷案件477件，保障企业健康发展。审结劳动争议、劳动合同纠纷案件239件，追索劳动报酬399万元，维护劳资双方和谐关系。依法妥善审理涉军案件，深化送法进军营、军地共建等活动，促进军地融合发展。

【执行工作兼顾失信惩戒】 执结案件3442件，执行到位金额2.5亿元。围绕执行征信、执行查控、执行惩戒、执行监督和执行保障五大系统建设，不断加大执行工作力度。构建严密的人、财、物查控网络，拓展查控广度和深度，对银行存款、房产、车辆等主要财产形式实现全覆盖，挤压被执行人隐匿财产的空间。构筑多层次惩戒机制，综合运用征信系统、门户网站、有线电视、微博微信、户外LED屏幕等平台，曝光失信黑名单1403例，使失信被执行人在置产置业、投融资、招投标、乘坐飞机高铁、高消费等方面处处受限。加大对逃避执行、抗拒执行的惩治力度，司法拘留65人，罚款55人，追究拒不执行判决、裁定罪1人。开展涉金融债权、涉民生、涉特殊主体等专项执行活动7次。对1万余件程序终结案件进行动态化管理。积极争取市委、市政府对法院执行工作的领导和支持，市委、市政府联合出台《支持人民法院基本解决执行难工作的实施意见》，推动构建覆盖全市的“基本解决执行难”工作大格局。

【发挥能动司法】 按照市委“加快绿色崛起，推进科学跨越”的战略目标及“三个年”活动部署，出台《关于开展“项目推进保障年”活动实施意见》，主动上门提供法律服务，营造有利项目推进、企业发展的良好法治环境。按照市委建设首批“工业强市试点县”总体部署，做好涉及结构调整、项目推进、环境保护案件的审判和执行，依法保障、引导、支持各种有利于加快实体经济发展的市场活动，努力为企业拓展生存和发展空间。出台《关于为全民创业创新提供司法保障的意见》，找准司法审判与全民创业创新的契合点，为新常态下地方经济创新发展提供坚强的司法保障。出台《关于为我市推进全域旅游发展战略实施提供司法保障的意见》，在廿八都镇设立全省首家涉旅游巡回审判站的基础上，推进旅游巡回审判机制覆盖至江郎山等重点景区，补强江山市全域旅游经济发展“司法短板”，助力打造“景美人和”的旅游“金名片”。

【服务经济转型升级】 对涉困企业的矛盾纠纷尽量以调解的方式解决，依法慎用查封、扣押、冻结等强制措施，最大限度降低司法活动对企业正常生产经营活动的不利影响，帮助企业化解危机、走出困境。针对中小微企业涉诉纠纷大幅上升等现象，及时反映问题并提出相应的对策建议。积极应对民间借贷案件高发态势，审结民间借贷纠纷案件1523件，涉案标的额5.9亿元。分析研究近五年来民间融资类案件发展趋势，形成《民间借贷案件审理情况的报告》，报市委、市政府决策参考。加强金融风险防范，构建金融司法联动协作机制，加大涉金融债权案件审判力度，审结金融借款纠纷案件705件，涉案标的额7.4亿元。

【稳妥处置“僵尸企业”】 以最高人民法院企业破产案件审理方式改革试点法院为契机，坚持运用市场机制、经济手段、法治措施化解产能过剩，让法院成为“生病企业的医院”。与市政府联合出台《关于“府院联动”加快处置“僵尸企业”助推经济转型升级的意见》，形成“政府协调支持、法院司法主导”的破产审判工作格局。共受理企业破产案件16件，审结3件，总计盘活资产近3.2亿元，释放土地资源190余亩，破产企业职工重新上岗就业600余人，重新就业率达到82%，实现破中有产的效果，创设可复制、可推广的成功经验。

【参与社会综合治理】 落实党委政府有关“五四三”转型升级组合拳和其他中心工作部署，制定实施意见，保障重大项目依法推进。抓好G20杭州峰会维稳安保工作，把好案件入口关和审理关，排摸梳理风险案件并落实责任，确保“万无一失”。深化“诉访分离”工作，畅通“由访转诉”入口，将符合条件的涉诉信访事项依法导入司法程序，有效化解信访积案。加大信访终结申报力度，备案终结12件无理信访案件，努力将涉诉信访纳入法治化轨道解决。针对审判实践中发现的经济纠纷增多、重点企业涉诉等经济发展、社会管理领域存在的隐患和问题，发送专报及司法建议8份，延伸司法活动对优化公共决策和社会治理的影响力。配置巡回审判车、设立巡回审判站，常态化开展巡回审判62次，实现矛盾化解与普法宣传双赢效果。

【健全便民利民机制】 加强诉讼服务中心的标准化、规范化建设，健全“12368”诉讼服务热线功能，完善导诉长效机制，深化“一站式”便捷服务。健全立案调查令制度，推行巡回立案、网上立案、跨域立案，充分保障当事人诉权。严格落实立案登记制，坚持有案必立、有诉必理，当场登记立案率达98.8%。设立律师咨询服务窗口，由律师驻院值班，为来访群众提供免费法律咨询及服务。加大对经济确有困难当事人的司法救助力度，减、免、缓交诉讼费82.6万元，发放司法救助金56.9万元。强化案件繁简分流，依法适用简易程序、小额诉讼程序审结案件5189件，缩短诉讼周期，减轻群众诉累。

【健全诉调对接机制】 坚持和发展“枫桥经验”，借助社会资源，拓宽矛盾化解渠道，创新纠纷调处模式。构筑“党委领导、法院引导、人民调解主导、专业调解辅助”的“大调解”格局，强化诉调衔接，探索推行引导诉前调解前置程序，建立特邀调解员“专家库”，加强和各级人民调解组织的对接。出台《关于专职调解法官制度的规定（试行）》，选派审判经验丰富、调解能力强的未入额法官在诉讼服务中心专门从事民商事案件调解工作，该项创新举措受到省高院陈国猛院长的批示肯定，相关经验在全省法院系统予以推广。加强对调解委员会、人民调解员的业务指导和培训，促进人民调解工作规范化、专业化、法制化。与司法局联合出台《关于调解协议司法确认工作实施意见》，赋予人民调解协议强制执行效力。

【健全阳光司法机制】 对照《浙江法院阳光司法指数评估体系》标准，完善立案、庭审、执行、听证、文书、审务等公开机制，持续改进薄弱环节。依法上网公开裁判文书，累计公布裁判文书6539份，倒逼法官提高司法能力。坚持网拍优先，所有涉诉资产均上网公开拍卖，网拍成交182件，成交金额1.94亿元，平均溢价率38.52%，为当事人节约佣金304万元。开通官方网站、官方微博、微信公众号，创建群众了解法院工作新“窗口”。将法制宣传与案件审判、法律服务、司法公开等工作有机衔接，开展专题普法活动，组织拍摄法治微电影，在各级各类媒体发表新闻宣传稿件200余篇，多维度唱响法治“好声音”。

【司法体制改革试点工作】 作为浙江省首批司法体制改革试点法院，扎实开展司法人员分类管理、法官员额制、司法责任制等改革试点工作，为司法体制改革全面铺开积累经验。通过“考试+考核”的方式，遴选出37名员额法官并及时分配到各业务庭，促进优秀法官资源向审判一线集聚。科学配置审判资源，探索建立以“1名员额法官+1名法官助理+1名书记员”为主的审判团队模式，减少法官事务性负担。落实院庭长办案制，完善以审判权为核心、以审判监督权和审判管理权为保障的审判权运行机制，严格落实司法责任制，健全审委会制度，完善法官联席会议制度，确保实现“让审理者裁判、由裁判者负责”，审判质效得到明显提升。江山市人民法院司法体制改革试点工作经验被省高院报送至中央政法委和最高人民法院。

【推行家事审判专项改革】 以司法体制改革及审判权运行机制改革为契机，秉持“为家庭疗伤、为社会减压、为传统续脉”的家事审判改革理念，制订《关于家事审判方式改革的实施方案》，组建专业化家事审判团队，聘任家事调解员与家事调查员，探索建立家庭财产申报、“冷静期”、人身安全保护令、案后回访帮扶等机制，推动家事案件审判方式和工作机制改革，做好、做专、做精家事审判。审结各类家事纠纷案件889件，调撤率达85.92%。

【推进“互联网+审判”改革】 以信息化建设为抓手，依托诉讼服务大厅、诉讼服务网、“12368”诉讼服务热线三位一体的诉讼服务中心，强化司法便利。启用“浙江法院律师服务平台”，代理律师可在线实现网上立案、网上提交、网上沟通、网上查询等功能，拓展司法服务新渠道。推广应用“浙江智慧法院”APP，实现案件信息云端读取、掌上查阅，满足法官和当事人移动在线服务新需求。运行网上案款管理系统，实行“一人一案一账号”，无缝对接银行，方便当事人通过现场刷卡、网上银行、手机银行和支付宝等渠道缴退诉讼费、领取执行款。推进庭审记录方式改革，通过同步录音录像代替书记员书面庭审笔录，提升庭审效率，缓解案多人少矛盾。推行简式裁判文书、电子送达及网络公告送达，提升审判效率，节约诉讼成本。强化信息化技术在卷宗管理方面的应用，方便当事人远程查阅。

【加强司法能力建设】 实施干警素质提升工程，出台《加强领导班子自身建设的意见》《加强中青年干警培养工作的意见》等制度文件，建立干警成长档案，积极探索适合干警身心特点和成长规律的培养锻炼方式。丰富培养载体，通过挂职锻炼、学习培训、员额法官讲坛、青年干警论坛等多种方式，提升干警业务素质和综合能力。大兴学术调研之风，在省级以上刊物发表调研文章5篇，获奖2人次，法官出版个人专著一部。关于小额诉讼程序适用情况的经验得到最高人民法院的肯定和推广，并被《〈最高人民法院关于进一步推进案件繁简分流优化司法资源配置的若干意见〉读本》收录。同时，加大党风廉政建设力度，分层分级开展廉政谈话，落实“一案双卡”跟踪、审务督查通报、案件廉政回访、廉情月报等制度，构筑反腐倡廉立体防线。

（周凌云）

司法行政

【概况】 2016年，市司法局着力实施“12310”司法行政提升工程，圆满完成G20杭州峰会安保工作任务，实现普法工作全面创新，干事作风切实转变，基层基础有效夯实，维稳安保、行业管理、服务中心工作能力有效提升的工作目标。全年全系统共获得各级表彰34项，其中国家级荣誉2项（市司法局被评为“六五”普法全国先进单位、虎山司法所被评为全国先进司法所），省级荣誉5项，衢州市级荣誉7项，在衢州市司法行政系统年度综合考核中排名第一，在机关部门2016综合考核中获得优秀等次，被评为2016年度最佳满意部门。

【启动“七五”普法工作】 2月，面向全市开展有奖征集“七五”普法“金点子”活动，此次征集活动覆盖全市10万余人，共征集203条普法金点子。7月18日，市委依法治市办下发《关于组织开展“七五”普法项目谋划的通知》，以项目化形式铺开全市普法工作。8月10日，召开市委依法治市领导小组成员（扩大）会议，审议江山市“七五”普法规划（审议稿）及“谁执法谁普法”责任清单。8月26日，向市委常委会汇报关于“七五”普法规划编制情况，审议通过《关于在全市公民中开展法治宣传教育的第七个五年规划(2016—2020年)》和《“谁执法、谁普法”责任清单制度》。9月19日，代表市政府向市第十五届人大常委会五十五次会议报告关于“七五”普法规划编制情况，大会根据报告作出《关于开展第七个五年法治宣传教育的决议》。8—10月，全市各部门、乡镇现已谋划、上报各类重大普法项目194个，双塔街道“法治文化周家青社区”、城北社区“禾家园法治小区”“乌木山法治文化公园”“保安乡西洋村法治文化园”等“七五”普法项目已经建成，市国税局“省级法治税务基地”普法项目，市法院的法治微电影《不忘初心》的项目进展顺利。省级法治文化建设示范点双塔街道周家青社区、双塔街道城北社区、峡口镇枫石村和市级法治文化建设示范点虎山街道东门社区相继建成。

【探索“7+1”联调模式化解信访积案】 7月，在贺村镇等地试点推行“7+1”联调机制，组建联调队伍，即1件疑难信访积案由1个指导协调组和1名乡镇包案领导、1名市级“十佳”调解员、1名骨干律师、1名乡镇司法所（信访）干部、1名驻村干部、1名村干部及1名案件涉及部门干部组成的“7+1”联合调处模式，针对每件积案具体情况分别制定调处方案，按照一案一小组，一日一分析，一周一汇总等“五个一”工作要求，展开矛盾纠纷化解，实现跨区域、跨部门的通力合作。7月15日，与贺村镇党委政府召开贺村镇重大纠纷和疑难积案联合调处工作部署会。7月22日，在贺村镇召开重大纠纷和疑难积案化解工作分析协调会。通过实施“7+1”积案联调模式，贺村镇挂牌的8件多年进京赴省上访的重点积案，有7件得到成功化解；全市共调处疑难矛盾纠纷72件，牵头成功化解1件双塔街道因感情纠纷引发的矛盾纠纷；7月22—29日，通过联调模式成功化解了1起江山籍人员在金华监狱服刑期间意外死亡的案件。

【推出社区矫正“十个全覆盖”管理模式】 在G20峰会、世界互联网大会期间等特殊时期推出社区矫正“十个全覆盖”[安全稳定情况排查全覆盖、司法所干部走访全覆盖、乡镇（街道）领导带队走访重点人员全覆盖、信息化核查全覆盖、视频通话全覆盖、告知承诺全覆盖、责任清单全覆盖、指纹人脸集中点验全覆盖、集中教育学习全覆盖、规范请销假全覆盖]管理模式，规范提升社区矫正管理工作。8月17日，组织召开特殊人群管控工作推进会，落实社区矫正“十个全覆盖”工作。8月28日—9月6日，全局干部全部进驻到各司法所，组织开展G20杭州峰会决战阶段的社区矫正安保工作，组织社区服刑人员开展不同形式的集中学习和社区公益劳动。

【开展法律服务暖企专项行动】 举办企业法律风险防范专题知识讲座，提升企业经营管理者法律风险防范意识；组织律师定期为企业开展“法律风险体检”，提供专业化、个性化法律服务，有效化解涉企矛盾纠纷；组织开展“送法进企业”活动，宣传解读涉企法律法规和惠企政策；组织骨干律师为企业上市、“僵尸企业”处置等提供法律服务。7月8日，组织召开“法律服务暖企专项行动启动仪式暨企业法律风险防范专题讲座”，邀请浙中律师事务所主任严亮奇作《企业法律风险防范》专题讲座。全市法律服务机构为62家企业进行法律体检，调处涉企矛盾纠纷85家，为企业建立防险机制60项，参与僵尸企业处置14家，破解企业涉法难题214个，为企业上法制课26场，解答企业法律咨询668次。

法律服务暖企志愿团

【推动群体性矛盾纠纷化解】 建立法律援助案件预警机制，对群体性申请援助的案件情况进行综合分析并通报相关部门，合力化解矛盾纠纷；对群体性法律援助案件实施关口前移，受理前联系调处中心介入调解，实现案结事了；指派资深律师为群体性案件提供法律援助，开展针对性普法宣传和维权工作，引导群体性纠纷当事人依法解决纠纷。全年，共受理群体性案件13起，为农民工群体维权达600余人，涉及700多万元欠薪款。11月，通过提前预警、合力调处、主动援助等途径，介入及时跟进，先后为江山市源口砖瓦有限公司讨薪案，瑞申机械有限公司讨薪案、振辉广场一房多售案件等多起群体性案件提供法律援助。

特殊人群管控推进会

【推进重点工作】 年初列出2016年度的十大重点工作，每季列出季度十大重点工作，每月推动十个重点问题的化解，全年推出十大创新工作。3月28日，印发《2016年十大重点工作分工抓落实安排》，制订局机关各科室、各司法所、法律服务机构的分工方案。通过“十大”专项工作这一抓手，打破了科室界限，由局领导或中层骨干领办、科室承办，年轻干部全部参与项目得以全面推进，调动全局干部的积极性和能动性。推行干部重大项目领办制，打造年轻干部锻炼平台，在全局形成老中青干部传帮带的浓厚氛围，增强干部之间配合力度与单位集体凝聚力，抓实全局工作清单化，助推全局各项工作得到有效落实，创新推进。

【推进基层依法治理工作】 把“民主法治村（社区）”融入美丽乡村创建、幸福乡村创建中，按照省、市的创建标准，对创建目标进行量化考核。4月13日，市委依法治市办组织开展2016年度省级、衢州市级“民主法治村（社区）”申报推荐工作。6月17日，市委依法治市办启动开展第二批衢州市级“法治文化建设示范点”申报工作。全年共创建成功浙江省级民主法治村4个（占衢州总创建数36%），衢州市级民主法治村7个（占衢州总创建数35%），衢州市级“法治文化建设示范点”4个（占衢州总创建数40%），创建力度在衢州市排在第一位。

【设立开发区司法所】 在经济开发区建立司法所，筹建开发区人民调解委员会，选优配强工作人员，履行法律服务、法治宣传、法律援助、人民调解等各项司法行政工作职能。5—11月，组织律师共走访辖区内企业50家，其中接受法律咨询50家，现场处理纠纷7起；为企业职工劳资纠纷、志愿服务纠纷、意外死亡赔偿纠纷、合同纠纷等提供法律意见书8份，撰写法律文书20余份；开展“法制教育大讲堂”系列活动包括“农民工普法宣传周”“12348法润千万家，送法进工地”“民营企业招聘会暨送法进企业活动”等，共发放宣传单5000余份，受教育人数达8000余人。

【推进司法行政工作重心下移】 出台市司法局领导联片、干部驻（挂）司法所工作机制，将11名年轻干部派驻司法所，9名中层干部挂联司法所；组织驻（挂）司法所干部熟悉司法所业务，理清工作思路，创新工作方法，推进司法行政各项工作有效开展；出台法律服务行业领导挂所干部结对工作机制，通过挂联领导干部走访法律服务所和律师事务所，检查督促律所对局各项工作的落实情况，反馈律师对管理工作意见建议。组织全局干部定期对全市20个司法所进行走访，实现所有司法所政法专编司法行政干部全覆盖；对律所进行200多人（次）走访，收集整理法律工作者诉求上百条，督促律师落实法律顾问走访制度；在G20期间，律师在进村过程中发现8起涉诉涉访案件，均及时解决。

【实施干部跨岗位交流体验活动】 实行中层干部交叉换岗，年轻干部上挂下派的交流形式（原驻乡镇干部挂科室锻炼，原科室干部下派司法所锻炼），畅通干部横向、纵向交流渠道创新实施干部跨岗位交流实践活动，在充分考虑干部个人意向的基础上，对全局所有年轻干部进行跨岗位调整，交流人员除对体验岗位工作职责承担主要责任外，还要对原岗位的工作职责承担次要责任。

（王慧平　毛　健）

公共管理

人力资源和社会保障

【概况】 江山市人力资源和社会保障局下设8个职能科室，下属6个单位。2016年，市人力资源和社会保障局获全省人力资源社会保障宣传工作先进单位，衢州市G20杭州峰会维稳安保先进集体。市社保局获衢州市社会保险工作先进单位，社保大厅获衢州市巾帼文明岗荣誉称号。劳动人事争议仲裁委获全省劳动人事争议案件处理工作优秀单位。劳动保障监察大队获全省劳动保障监察工作目标管理成绩突出单位。

【城乡就业】 借力"互联网+"，利用江山就业微平台、公共就业服务网、企业交流QQ群等，将用工信息晒上网，让求职和招聘更快更准更优，全力打造15分钟就业服务；开展农村电子商务培训"乡镇行"活动，以农业龙头企业、种养大户、合作组织为培训重点，提高农民的信息素质，调动农民利用电子商务的积极性。举办峡口镇、贺村镇SYB创业培训班4期，参加人数近200人对接阿里巴巴农村淘宝项目。开展"创业梦·江山行"创业大赛，选拔优秀创业项目，共吸引60个创业项目参赛。利用乡镇（街道）、村（社区）基层劳动保障平台，对零就业家庭、就业困难人员进行"点对点"重点帮扶、就业指导、推荐就业岗位，全年共组织各类招聘活动29场，累计参会企业733家，提供岗位6022个，需求人数21424人次，达成意向人数4921人。

【社会保险参保】 全市职工基本养老保险参保总数达136054人，比上年末净增9221人；城镇职工基本医疗保险参保总数达104300人，比上年末净增1775人；被征地农民基本生活保障（补助）累计参保人数46259人，比上年末净增1345人；工伤保险参保人数69730人，比上年末净增1084人；生育保险参保人数50426人，比上年末净增2697人；城乡居民社会养老保险参保总数245099人；机关事业单位养老保险参保总数为10515人，比上年末增加了2062人；城乡居民医疗保险参保总数为456470人。

【工资调标与退休管理】 根据国家和省人力社保厅的统一步骤，对机关事业单位工作人员的基本工资进行调标，同时调整机关工作人员的津补贴和事业单位工作人员的绩效工资，调整离退休人员的基本离退休金及补贴。按规定办理机关事业单位工作人员退休手续 249 人，办理各类工资晋升，重新确定 14268 人次。配合组织部门做好县以下机关公务员职务与职级并行制度工作，全年共审核职级晋升 392 人，并同步调整相关工资待遇。

【工伤认定】 在开展工伤认定中，立案受理工伤案件 865 件，处理完毕 865 件，进行伤残鉴定 6 批次共 317 人。其中，属于 1—4 级伤残（包括病残），即完全丧失劳动能力的有 31 人（伤残 6 人，病残 25 人）；属于 5—6 级伤残，即大部分丧失劳动能力的有 8 人；属于 7 级至 10 级伤残，即部分丧失劳动能力的有 266 人；属于够不上伤残等级的有 13 人。

【机关事业单位队伍建设】 完成 2016 年招考、选调公务员及事业单位工作人员的资格审查、笔试、面试、体检及政审工作，录用公务员 90 名，录用事业单位工作人员 80 名、选调机关事业单位工作人员 4 名。完成教育、卫生系统工作人员招考、录用 351 名。安置军队转业干部及随调家属工作，安置军转干部 7 人，安置随调家属 1 人。

【专业技术人员管理与人才引进】 做好衢州市“115 人才工程”培养工作，现考核期内共有培养人员 48 人，其中第一层次 2 人，第二层次 7 人，第三层次 39 人。开展全市各类企业职称社会化评审工作，全年共评审通过初、中级职称 2000 余人次。共建有江变科技、江变股份、红盖头博士后工作站 3 家；专家工作站衢州市级 13 家、江山市级 43 家；申报引进国外智力项目 5 个，实际到位外国和台湾地区专家 3 位，分别前往科力（德国专家）、欧派（德国专家）、江环化学（中国台湾专家）等企业开展技术指导及职工素质培训。

【职业能力建设】 全年共举办各类职业技能培训 126 期，开展职业技能鉴定 118 批次，共 7666 人获国家职业资格证书。组织 170 名技师、高级技师参与“师带徒”活动，参与率达 100%。首次举办了由政府主办的江山市职业技能大赛，共设置 8 个工种，50 支代表队 148 名选手参赛。对 28 家企业开展自主评价工作的实施，并且在首次开展木业行业高技能人才自主评价工作。通过 3 年的努力，从 2014 年起的三年间，全市有 102 家企业 2954 名员工参加各工种的培训和自主评价，通过培训以及评价鉴定，共有 1893 人获得了各等级的资格证书。其中，高级技师 14 人，二级技师 75 人，高级工 383 人。

【调解仲裁】 受理劳动人事争议案件 228 件，其中 10 人以上集体争议案件数 9 起，涉及劳动者 499 人，涉案金额 1615.48 万元，审结案件 209 件，为劳动者挽回损失 1454 万余元。根据省厅要求，加强对基层劳动人事争议调解工作的规范，在上余、贺村、峡口仲裁分庭巡回开庭 20 余起，在群众身边搭建了一个劳动争议处理平台。做好特殊工时工作制行政许可审查等工作，推进劳动关系更为和谐稳定。

【劳动保障监察】 全年共接受劳动者举报投诉 235 件，涉及人数 1004 人，追回劳动者工资 1255.49 万元，结案率 100%。依据相关法律规定开展用人单位劳动用工书面审查，完善防范拖欠农民工工资的长效机制，同时建立重大劳动保障违法案件查处情况通报制度，对用人单位违反劳动保障法律、法规或规章，定时向社会公布相关信息。

（陈博烜）

民政工作

【概况】 江山市民政局工作围绕建设"现代大民政"的总体目标，以基本民生保障体系建设为重点、加强社会治理创新，提升民政公共服务水平，全面夯实各项民政工作。2016年，获江山市机关部门工作目标综合考评中获优秀等次。江山市被省民政厅评为全省民政工作先进县（市、区）。

7月29日，江山市第五次被命名为全国双拥模范城（蓝红星 摄）

【社会救助】 市政府与各乡镇（街道）签订2016年社会救助工作责任书，确保低保占比达到2.8%以上；年底全市城乡低保共有13111户19519人（其中城镇573户，883人；农村12538户，18636人），低保占比达到3.19%。共发放低保金4665.42万元，其中城镇573户883人，发放城镇低保金314.92万元，城镇低保平均补差为357元，占城镇低保标准的58%；农村低保12538户18636人，发放农村低保金4350.50万元，农村低保平均补差为255元，占农村低保标准的55%；发放低保对象价格补贴142.41万元（城镇低保价格补贴9.87万元，农村低保价格补贴132.54万元）；低保边缘家庭对象共有217户，626人，发放价格补贴17.97万元。

【防灾减灾】 全年共投入8.89万元，新增避灾标识牌和指示牌各80块，对原有120块标识牌进行维护；共完成161个避灾安置场所建设，其中乡镇避灾中心22个，村级避灾点139个；市级储备救灾帐篷30顶、折叠木床50张、冬棉被1000床，夏被、床单、被套各600床、橡皮艇15艘、军大衣200件等。乡镇避灾中心（点）储备可折叠木床2000张，冬棉被2000床，草席1700多张，餐具1500多套。

【慈善事业】 开展"慈善一日捐"活动，共募集善款185.86万元，其中市机关部门、事业单位募集善款81.64万元，企业捐款52万元，乡镇（街道）募集善款52.22万元。全年，共募集善款1234.93万元，救助资金支出共810.64万元，惠及困难群众共5.42万人次，慈善基金累计达1656.79万元。福利彩票销售11300万元，其中中福在线销售额约6500万元，募集福彩公益金共1031元，中福在线募集650万元。

【养老服务】 与财政部门联合制定《民办养老机构财政补助实施办法》，对6家民办养老机构补助床位建设资金130.60万元，全年许可开办养老机构6家，新增床位465张。年底，经审批的民办养老服务机构共10家，核定床位为1043张，入住老人485位。全面完成65家城乡社区居家养老服务照料中心建设，出台《江山市城乡社区居家养老服务照料中心等级评定和示范点创建办法》，明确城乡社区养老服务照料中心的建设要求、服务要求、资金奖补办法，全年下拨居家养老服务照料中心建设、运行经费196万元。全市现有五保集中供养人员1132名，集中供养率达96.8%以上，供养经费从原来的每人每月751元提高到827元，全年拨付五保供养经费1123.4万元。

【儿童福利】 全市儿童福利对象1156人，全年累计发放儿童福利金238.11万元，其中孤儿53人（机构养育孤儿9人，社会散居孤儿44人），福利金53.25万元；事实无人抚养儿童26人，福利金17.22万元；困境儿童273人，福利金82.70万元；困境家庭儿童18人，福利金3.38万元；低保家庭儿童786人，福利金81.56万元。物价补贴发放1.227万元。新增对象190人，退出127人。督导员培训351人，其中村督导员309，乡镇41人。

【城乡社区建设】 成功申报省首批“社区治理和社区服务实验区”；以市两办名义印发《关于加快推进“三社联动”创新社会治理的实施意见》，对“三社联动”的目标任务、政策保障进一步明确；开展城乡社区示范点评估活动，对39个城乡社区示范点实行奖补，共补助84万元；对新取得社会工作职业资格证书的15人进行一次性人才奖励。根据市委、市政府两办印发的《关于实施星期二基层民主协商议事日制度的意见》，把每周二确定为各村、社区的民主协商日，对协商内容、协商成员、协商程序、协商成效进行规范；强化村规民约和社区公约在“五四三”中心工作的引导约束功能；探索建立乡贤参事会、互助基金会、社区共建理事会，引导各类社会力量参与社区治理，完善多层次社区居民自治组织体系，形成共建、共治、共享的新型社区治理模式。

【民间组织管理】 首次开展社会组织公益项目补助，对“滴水公益未来班”等10个公益项目补助14万元；全年共完成对5家社会组织的评估工作与3家社会组织的验收工作。

【双拥工作】 第五次获“全国双拥模范城”荣誉称号，顺利通过省双拥模范城届中检查；春节、“八一”等期间，市委、市政府为部队送上慰问款物30多万元；召开解决部队随军家属就业安置等问题的协调会，形成会议纪要。市自来水厂铺设DN200供水管道900多米解决部队用水难问题，投入费用56.43万元；江城燃气公司为部队配套安装管道燃气设施，投入资金26.9万元；市住建局投入资金5万余元对何家山通信站的篮球场进行改造，在江贺经济走廊城区段整治提升工程中，对驻江山部队范围1万多平方米的临时建筑进行拆除重建；召开驻江部队随军家属就业专场招聘会，近20家知名企业参加。

【优抚安置】 制定出台江山市《军人抚恤优待实施细则》，全年为三属人员、三年定补、复员军人、孤老复员军人、残疾军人、武装民警、部分参战人员等发放抚恤补助金1901万余元，比上年增长近30%；为586名义务兵家属发放优待金894万余元，比上年增长近40%；优抚对象住院医疗保障支出约80万元；完成85个三属证件发放工作和227名年满60周岁的农村籍退役士兵申请老年生活补助的审核、公示、信息录入等工作，完成2015年秋冬季退役士兵档案的接收、审查、登记及办理退役士兵落户手续等工作，共接收2015年秋冬季自主就业退役士兵204名，发放一次性经济补助金749万元；接收2015年冬季符合政府安排工作条件退役士兵12名，与退役士兵接收安置同步，全年参加培训并取得职业技能证书的有128多人；安排2015年冬季符合政府安排工作条件退役士兵12名，其中事业单位4名，国企及国有控股企业的5名，公益性岗位3名。出台《江山市引导社会力量参与双拥优抚工作服务实施方案》，通过购买服务方式与安泰社区聆听话廊社会工作站、周家青社区蜜蜂爱心社会工作站签订服务协议，开展社区社会工作参与双拥优抚服务，全年服务重点优抚对象68名，服务人次达到600多人次。

【殡葬改革工作】 按照市委、市政府“四边三化”整治工作统一部署，深化“四边区域”坟墓青山白化整治，下发《关于开展乡村公益性墓地绿化和“三沿五区”坟墓治理工作的通知》《江山市“青山白化”治理工作实施方案》《江山市“四边区域”青山白化坟墓长效管理办法》《关于进一开展“三沿五区”坟墓的专项治理工作的通知》等文件，共排查到8个乡镇10处整治点，通过绿化遮挡等措施，共种植柏树、红叶石栏、广玉兰等苗木5000多棵，投入绿化资金30多万元；继续保持高压态势做好殡葬执法工作，加强墓碑源头管理，在乡镇、村实施定点制售墓碑的基础上，采取定期与不定期的形式对全市39家墓碑制售店（厂）开展墓碑店检查；加强违规坟墓整改力度，重点对四都镇、上余镇公益性墓地内发生5起超标准违规的坟墓，通过批评教育已经全部整改到位；对于少数非农户籍葬入农村公益性墓地，严格按照相关规定审核，全年来共审核办理入葬人员100多个。

【婚姻登记与收养登记】 新婚姻登记处以“4A”标准进行改造提升，增设咨询台、叫号系统、颁证大厅，设立“婚姻家庭辅导室”，引进专业婚姻咨询师，免费为有需求的当事人提供法律咨询、情感辅导、心理疏导、离婚辅导等服务，在“2·14”、“5·20”、七夕等特殊日，做好应急预案工作，应对登记高峰，全年共办理国内公民结婚登记3891对，离婚登记1289对，补办结婚登记2514本，补办离婚登记95本，查询婚姻登记档案759人次，办理20件婚姻登记预约；完成2004年12月集中登记以来的10万页婚姻登记纸质档案扫描、数字化加工工作，并把纸质档案移交档案局；严格按照按规定程序办理收养登记手续，共办理收养登记38件。

刚领证的新人在婚姻登记处大厅内拍照留念（邱爱红 摄）

【区划地名】 贯彻落实市政府印发的《江山市加强地名文化保护整治不规范地名工作实施方案的通知》，对不规范地名整治工作进行部署。共发现362条地名有不规范现象，召开不规范地名整治工作会议，对江山首府、贝林景星湾等房地产公司的不规范命名进行规范。成立江山市地名文化研究会，吸收个人会员71人、单位会员18家，承担《江山市地名故事》编撰工作。同时，为配合创卫工作，对全市151块路牌进行清理整治，对破损的路牌进行修补、更换。《江山市公务用图》绘制工作已基本完成，每套共13个主题、14张A2幅面的纸质图，计划出版发行2000套；《江山市地名录》编纂也已完成，待区划调整结束后出版；《江山市地名地址库》服务器已架设完成，现已进入测试使用。

【流浪乞讨救助】全年救助站共接待生活无着的流浪乞讨人员290人，其中未成年人2名、老年人13名；护送返乡34人次。

【信访维稳】以构建现代大民政为目标，突出涉军维稳与G20维稳两项重点，畅通信访渠道，全年共受理来信51件，来访5批50人次，重要信访交办件按时报结率达100%。

（周志军　张　恬）

江山市健在百岁老人情况表

表二　　（2016年6月）

编号	姓名	性别	年龄	出生年月	家庭住址
1	姜金珠	女	107	1910.01	淤头信用社新塘边分社
2	姜兰香	女	106	1911.08	市区山川坛
3	吴德尧	男	104	1913.11	贺村镇吴村
4	周冬亭	女	103	1914.03	碗窑乡凤凰村
5	王水仙	女	103	1914.09	凤林镇高坂村
6	沈金户	女	103	1914.11	新塘边镇新塘边村
7	姜桂香	女	103	1914.11	贺村光辉村市
8	王祥根	男	103	1914.09	虎山街道金坞村
9	琚双有	女	102	1915.06	贺村镇贺村村
10	王开水	男	102	1915.05	清湖镇和睦村
11	陈美凤	女	103	1914.08	贺村镇溪淤村
12	刘双月	女	102	1915.08	碗窑乡源口村
13	郑金有	男	102	1915.09	双塔街道杨墩村
14	徐金芳	女	102	1915.10	峡口镇迎宾中路
15	郑东法	男	102	1915.11	碗窑乡双龙村
16	董平玉	女	102	1915.12	清湖镇清湖村
17	周衰友	女	102	1915.12	峡口镇三卿口村
18	郑兰凤	女	101	1916.01	双塔街道北关路
19	余亨通	男	101	1916.02	上余镇上余村
20	江日雅	女	101	1916.03	凤林镇毛坂村
21	巫梅珠	女	101	1916.04	长台镇郭家村
22	占宝凤	女	101	1916.07	凤林镇官田村

续表

编号	姓名	性别	年龄	出生年月	家庭住址
23	徐金梅	女	101	1916.03	贺村镇狮峰村
24	姜德楷	女	101	1916.04	贺村镇礼贤村
25	姜以文	男	101	1916.07	峡口镇田丰新村
26	徐爱仙	女	101	1916.10	张村乡秀峰村
27	王连英	女	101	1916.10	贺村镇东山头村
28	姜爱梅	女	101	1916.11	贺村镇铁路新村
29	汪达奎	男	101	1916.12	双塔街道书院里
30	廖双香	女	101	1916.12	长台镇下徐岗村
31	金祖英	女	101	1916.12	石门镇溪底村
32	徐多有	女	101	1916.12	新塘边镇永丰村
33	盛冬香	女	101	1916.10	上余镇余航村
34	王娜孙	女	100	1917.02	贺村镇青塘尾村
35	戴正有	男	100	1917.02	石门镇界牌村
36	汪秀香	女	100	1917.02	四都镇傅筑园村
37	毛水多	女	100	1917.03	贺村镇石后村
38	陈祥英	女	100	1917.03	四都镇傅筑园村
39	郑龙珠	女	100	1917.04	石门镇溪底村

移民工作

【概况】 2016年以来，江山市移民办贯彻落实全省和衢州市水库移民工作会议精神，以“三个年”活动为载体，以精准准扶持为导向，摸实情、出实招、求实效，水库移民后期扶持工作取得积极的成效。

【移民避险解困】 江山是全省避险解困五个试点县市之一，涉及776户、2284人、涉及专项资金3426万元，其人员和资金量占全省总量的43%，是江山市最大的水库移民精准扶持项目。7月8日，以“两办”名义印发《江山市水库移民避险解困试点工作实施意见》，避险解困试点工作全面展开。10月28日，市发改局发出立项联系单，并完成可行性研究报告。年内工程施工、监理代理及规划设计方案代理招标均已完成，施工图设计招标正在进行，土地征用进入详查阶段。同时，自建房的63户、228人已落实建房宅基地并动工建房。

【移民创业致富】 安排50%以上的移民扶持资金用于创业致富项目，谋划实施多个大型创业致富项目，重点有峡口镇移民创业集聚区标准厂房二期项目，总投资达到近2000万元，其中移民资金投入844万元，涉及峡口镇15

个移民村；清湖镇“红色经济”物业园项目，由市委书记挂帅，市委组织牵头，由市移民、财政、农办、农业等多个部门共同参与，其中移民资金计划扶持602万元，规划建设标准厂房10000多平方米，总投资4000多万元，项目建成后，将惠及全市贫困村32个，其中贫困移民村22个；贺村镇冷库厂房项目由20多个移民村联合建设，规划投资2920万元，其中移民资金计划投入600万元。

【公开透明移民扶持资金】 试行困难水库移民临时救助，对因病、因灾致贫的特殊困难移民及移民家庭给予临时专项救助。全年共有各类困难移民及移民家庭237人（户）提出救助申请，经审查核实，有202人（户）符合救助条件，其中个人患重大疾病的64人，个人因伤因病致残的29人，特殊困难移民家庭109户，现已发放临时救助款项50多万元。试行移民创业致富贴息贷款，全市共93户移民享受到创业致富贷款贴息30余万元，最高户贴息额度达到0.75万元；出台《江山市水库移民专项资金分配办法》，将除直补资金以外的全部项目资金实行因素分配、竞争分配和定向分配。

【移民项目建设】 全年，共实施水库移民后期扶持项目180多个，项目完工率、资金结报率均达90%以上的，共拨付项目资金6200多万元，为历年之最，完成省、衢州市移民办的项目与资金考核任务指标。

（周 淳）

工　业

综　述

【概况】 2016年，江山市紧扣工业强市主战略，强化创新驱动主引擎，奏响聚焦培育主旋律，推进供给侧结构性改革，打好工业转型升级组合拳，全面实现年初确定的目标任务。2016年正值"十二五"末年，在"十二五"期间，产业培育体系不断完善，输配电、门业、大健康"三大百亿"产业加快发展。支持工业龙头企业、单打冠军企业做大做强，规模以上工业总产值从297.05亿元增加到352.9亿元。引进大唐、娃哈哈、正泰等国内500强企业，启动健盛、欧派两大产业园建设，同景、虎霸、恒亮等一批传统企业实现转型升级。高标准规划建设江山经济开发区，工业新城初具规模。设立科技创新创业园，引进科研主体32家。新增国家高新技术企业10家、中国驰名商标4个。成功创建省"两化"深度融合国家示范区、国家级出口木门质量安全示范区，被评为省"腾笼换鸟"先进市。全年完成工业投资89亿元，其中以"机器换人"为主的技改投资74.7亿元，增长14.5%，获衢州县（市、区）工业投资和机器换人技术改造考核第一名。江山——柯桥山海协作园加快建设，电商产业园建成开园，设立博士后工作站4个、院士工作站3个。全面推行"营改增"。设立规模3亿元的政府产业引导基金，调度企业搭桥专项资金72.6亿元，发放科技创新券1715万元，设立科技型中小微企业风险资金池。健盛集团在上交所成功上市，4家企业在新三板挂牌，57家企业在上海、浙江股权交易中心挂牌。

【江山市信息化发展"十三五"规划】 12月12日，市政府审议通过《江山市信息化发展"十三五"规划》，加快推进多网融合，围绕"共享、整合"的发展理念，按照"智慧城市"的建设要求，建立统一高效、互联互通的数据资源体系。要积极培育新业态，主动顺应"互联网+"新趋势，扎实推进"智慧旅游"、电子商务和工业设计等高端产业发展。要加强网络安全保障，加快构建网络与信息安全的监测预警系统和应急处置保障体系，依法加强监督管理，建立健全行业标准与规范，引导信息经济安全有序发展。

【第一批工业龙头和单打冠军培育企业】

年内，根据市委市政府《关于印发培育工业龙头企业和单打冠军企业实施意见的通知》规定的程序，首批确定：工业龙头企业培育名单（6 家），分别是江山欧派门业股份有限公司（含欧派装饰公司、欧罗拉家居公司）、浙江健盛集团江山针织有限公司（含易登针织公司、思进辅料公司）、浙江同景新能源集团有限公司（含友和机械公司、江山世明公司）、浙江江山变压器股份有限公司（含江变科技公司）、申达电气集团有限公司（含申达电气制造公司、申达换热器公司、申达特种变公司、申达干变公司）、浙江江山化工股份有限公司；单打冠军企业培育名单（22 家），分别是浙江天际互感器有限公司、江山市双氧水有限公司、浙江三禾生物工程股份有限公司、浙江盛汇化工有限公司、浙江科力车辆控制系统有限公司、浙江江山恒亮蜂产品有限公司、浙江上美输配电有限公司、浙江珠峰机械有限公司、浙江江山华安电器制造有限公司、江山热威电热科技有限公司、浙江希尔化工股份有限公司、浙江为康制药有限公司、浙江康慈医疗科技有限公司、浙江国石磁业有限公司、科润电力科技股份有限公司、纪元电气集团有限公司（江山市开关厂有限公司）、浙江宝威电气有限公司、浙江冠旗纳米科技有限公司、浙江恒曼光电科技有限公司、浙江百家万安门业有限公司、浙江河图科技有限公司、浙江伦宝金属管业有限公司。

【评选“十二五”制造业十大功勋企业家】 年内，按照《关于评选江山市“十二五”制造业十大功勋企业家的通知》规定程序和评选条件，决定授予张剑星（江山南方水泥有限公司董事长）、吴水英（红火集团公司、衢州南方水泥有限公司总经理）、吴建农（浙江同景新能源集团有限公司董事长）、董星明（浙江江山化工股份有限公司董事长）、徐位吉（江山虎集团有限公司董事长）、吴水根（江山欧派门业股份有限公司董事长）、姜风（浙江健盛集团江山针织有限公司董事长）、姜忆辉（申达电气集团董事长）、蔡一坚（江山市双氧水有限公司总经理）、陈文忠（浙江江山变压器股份有限公司总经理）等为江山市“十二五”制造业十大功勋企业家称号。

【企业创业 2016 年绿卡名单】 为优化投资发展环境，推进工业强市建设，按照《关于印发江山市企业创业绿卡管理办法的通知》规定程序，审定江山市企业创业 2016 年绿卡名单是：浙江雷士灯具有限公司占仁燕、浙江杰特机电科技有限公司严子良、江山市华顺有机硅有限公司朱文、浙江驰骋商贸有限公司祝军、浙江永坚实业有限公司王笏根、浙江江山五福门业有限公司严洪科、浙江王牌门业有限公司何利明、纪元电气集团有限公司姜福军、浙江金江纺织有限公司姜方行、浙江申达电气制造有限公司姜忆辉、申达电气集团有限公司汪春祥、浙江盛汇化工有限公司姜德云。

【衢州制造业 30 强和纳税 30 强】 2016 年度衢州市制造业 30 强和纳税 30 强企业评选结果出炉，江山市共有 17 家企业入选，比上年增加 2 家。其中，入选衢州市制造业 30 强的 8 家企业，分别为浙江江山化工股份有限公司、江山虎集团有限公司、天蓬集团有限公司、江山欧派门业股份有限公司、申达电气集团有限公司、浙江雷士灯具有限公司、浙江同景新能源集团、浙江健盛集团江山针织有限公司。入选衢州市纳税 30 强的 9 家企业，分别为江山虎集团有限公司、江山欧派门业股份有限公司、浙江雷士灯具有限公司、江山南方水泥有限公司、浙江江山化工股份有限公司、浙江江山农村商业银行股份有限公司、浙江中数科技有限公司、浙江健盛集团江山针织有限公司、浙江江山变压器股份有限公司。

【三禾生物新三板挂牌】 3月，浙江三禾生物工程股份有限公司成功在新三板挂牌上市（证券简称：三禾生物，证券代码：836075），是国内唯一一家专业生产功能性红曲的上市企业，专业从事天然功能性红曲及其系列产品的研发和生产，秉承“专业生产、专业服务、专注健康”经营理念，年产天然功能性红曲500吨，产品远销美国及东南亚、欧洲等国家和地区，成为国内规模最大、最专业的功能性红曲生产企业。功能性红曲是中国传统的一种发酵产品，含有天然降脂活性物质 Mevinolinic Acid，能有效抑制血液中胆固醇的合成。公司建立中国科学院过程工程研究所生化技术浙江中试基地，拥有博士3人、高级工程师3，工程师5人，直接从事科研开发人员18人；设有检测中心和微生物研究等监控部门及科研机构，拥有进口的高效液相色谱仪（HPLC）、气相色谱仪（GC）、元素分析仪及原子吸收光谱仪（AAS）等先进的检测设备；制定严格的质量标准和品质控制流程，在传统行业中实现了标准化生产和规范化管理，通过 ISO9001:2008 质量管理体系认证、ISO22000:2005 食品安全管理体系认证、美国农业部有机产品认证、清真认证和犹太洁食认证。

【“浙江制造精品”】 根据《关于“浙江制造精品”认定推广和应用的实施意见》精神，经企业申报，各地市、有关行业协会初审后，省经信委会同省发改委、省财政厅组织专家进行了评审，经综合评定后，认定246个产品为2016年度”浙江制造精品”，其中浙江江变科技有限公司的 SBH15 三相油浸式非晶合金铁心配电变压器产品；浙江天际互感器有限公司的 LMZB-10X 系列带间隙耦合谐波电流互感器、JSZVR-12 系列大容量带熔断保护智能电压互感器；浙江江山变压器股份有限公司的节能超高压变压器榜上有名。

浙江天际自动化机器焊接手

【江山市政府质量奖】 根据《江山市政府质量奖管理办法》规定，经企业申报、部门推荐、专家评审和新闻媒体公示，市政府决定授予浙江宇安消防装备有限公司、江山虎集团有限公司（复评）、浙江金凯门业有限责任公司（复评）“2015年度江山市政府质量奖”荣誉称号，并予以通报表彰。

【央视发现之旅《工匠精神》走进“赢牌”“宇安”】 3月12日，央视发现之旅频道《工匠精神》栏目组走进江山市赢牌体育用品有限公司。30多年来，该公司一直注重产品创新和研发，以匠心做产品，用品牌塑口碑，先后拥有50多个专利，其产品在美、日、德等国家拥有一席之地。4月18日，栏目组又走进浙江宇安消防装备有限公司，该公司成为全国消防装备行业第一家入选企业。自2002年创立以来，公司把“优质、创新、合作”作为宗旨，先后荣获70项国家专利和公司保密技术，有14个产品通过国家强制性认证，特别是拥有D类灭火剂、D类灭火器、D类自动灭火系统三宗资质15个型号产品，而扑灭锂金属、锂电池火的D类干粉药剂填补了世界空白。《工匠精神》是一档以记录企业精益求精、永不言败的工匠精神，打造卓越产品的15分钟大型高清纪录片，以各行业中的精英企业为拍摄蓝本，挖掘企业发展历程、企业家奋斗故事、行业升级变迁经历等素材，通过创作加工，传递工匠精神。

服务企业

【创建企业帮扶机制】 针对一批因经营不当、投资失误等原因，导致生产经营困难、项目建设停滞的工业企业，主动将“僵尸企业”处置工作前移，创建江山市“工业困境企业组团式、个性化帮扶机制”，整合各方资源，重点帮扶主营业务收入达亿元以上或产业关联度高、债务关联复杂困境企业，通过“扶持自救一批、低效盘活一批、收储重配一批、破产清算一批”等方式摆脱困境，提质增效。全市分设5个片区成立帮扶小组，选配开发区、乡镇街道、相关部门“精兵强将”，落实工作经费和考核制度，首批对6家工业困境企业重点帮扶，经与法院协同加快资产处置和招商洽谈，其中2家已接盘或重整。

【小微企业“升规”】 实施《小微企业三年成长计划（2015—2017）》，落实市政府《江山市促进工业小微企业转型升级为规模以上企业实施意见（试行）》，全年实现“小升规”工业企业12家，超过省下达计划4家。这批新规模以上企业分别是浙江亚标汽车部件有限公司、江山市景龙矿业有限公司、浙江纪元电气科技股份有限公司、浙江超亿消防装备有限公司、江山风和家居有限公司、江山市宏辉自动化仪表有限公司、浙江三禾生物工程股份有限公司、浙江江山多娇实业有限公司、浙江宏电环保设备制造有限公司、江山大北农农牧科技有限公司、浙江昊博门业科技有限公司、浙江江山大众锅炉有限公司。

【开展“暖企”专项行动】 “暖企”专项行动是市委、市政府推进“十三五”时期工业经济良好开局的重要举措，以“访企业、破难题、提信心、促发展”为行动主题，行动内容包括走访一批企业、攻克一批难题、征集一批建议、推进一批项目。全市工业大会上集中交办解决涉企共性服务及公共配套问题10件，已完成6件、部分完成1件，继续督办3件；落实“百名局长联百企”“企业服务月”、企业指导员（新增28名），交办协调解决有关企业政策、办证、融资、就学、搬迁等个性难题173件。

【举办企业精细化管理培训】 年内，在企业发展内外环境复杂、经济运行下行压力大的背景下，市企业家协会主动问诊需求、精心设计课程、优选师资人员、引导互动交流，邀请市内外相关专家，开展节能降耗、环保减排、财务管理、现场管理4个方面的系列专题培训，来自全市100余家企业、388名中高级管理人员免费参训。

【举办企业家现代投资清华专题研修班】 8月27—31日，由分管工业副市长带队，市企业家协会组织江山市第一批工业龙头培育企业、单打冠军培育企业、行业重点企业主要负责人、相关经济业务部门负责人一行59人赴清华大学参加为期4天的企业家现代投资清华专题研修班，拓展企业家新形势下理念视野、管理素质与经营格局，也为推动培育江山市“三大百亿”产业、工业龙头和单打冠军企业加码助力。以经典讲座为主，结合现场教学、课堂互动、名企考察等环节，邀请国内具有较高理论水平、实践经验丰富的专家学者授课，内容主要包括互联网下产业发展机遇、改革与未来十年投资、人本管理与企业执行力、项目资本运营操作实务、CEO心理素质提升与心理健康、实地参观考察等模块课程，切准企业家所面对、所思考、所需要解决的现实课题。

产业培育

【创建“国家级出口木门质量安全示范区”】江山是“中国木门之都”“省木门出口基地”，省首批新型工业化产业示范基地试点单位。2016年，市政府将创建工作上升到“既是木门产业供给侧结构性改革的迫切需要，也是培育出口竞争新优势的必然选择”新高度，纳入专项考核，成立领导小组，提出《实施方案》，形成组织领导、目标计划、政策保障、挂钩考核、专项整治等高效工作机制，以经信、林业、市场监管、商务、检验检疫为核心的多个部门，建立健全质量管控、安全可追溯、风险管理、公共服务等制度体系，联合组织开展执法检查、诚信评价、政策落地等工作；一批企业完善废气净化处理系统等硬件设施，加强人才培养引进、生产工艺转型、产品更新创新、组织架构整合和规章制度提升等“软件”建设。6月，创建工作顺利通过国家专家组考核验收。

【江山蜂业连续25年位居全国各县（市）第一】作为“中国蜜蜂之乡”，江山市蜂产业通过搭上电商快车、牵手知名企业、布局休闲旅游等一系列创新模式，推动蜜蜂全产业链建设，全力实施省蜜蜂产业振兴行动计划，推进龙头企业项目建设，合力提升区域品牌影响力，蜂业生产总体保持平稳发展。全年全市累计实现蜂业总产值14.78亿元，同比增长1.73%，其中直接出口产值2400万美元，同比增长14.29%；全市蜂群保持在24.1万箱，蜂业规模与经济效益连续25年位居全国各县（市）第一。

【光谷小镇入选省级特色小镇】1月28日，省级特色小镇第二批创建名单出炉，江山光谷小镇榜上有名。江山光谷小镇选址在凤林镇，规划面积约3.51平方公里，建设用地面积27.67公顷，总投资65亿元，是一个以光伏工业为基础，以光伏发电、应用设备制造、产品研发为主导功能，以环保文化为内涵，联动生态农业、绿色经济和现代服务业的全产业链融合型小镇。

【“同景模式”】创办于2011年的同景新能源集团致力于太阳能光伏发电，是省光伏小康工程省级目录企业。2014年获中国光伏电站产品价值大奖，2016年获“2016领跑中国可再生能源先行企业第一军团100强”称号。现有申请太阳能相关自主专利70余项，获授权50余项，其中涉外专利5项（含PCT申请2项）。该企业坚持应市而变，创新驱动，五年来依托专利技术，探索出“板上光伏发电、板下农业种植”“追踪技术+农光互补”的“同景模式”，并迅速推广，步入大发展时期。2016年，由同景集团建设的光伏电站项目有10多个，总装机规模达300万千瓦，已完成180万千瓦装机，发展光伏农业10万亩以上。年内，携最新专利产品再次出席美国规模最大、最有影响力的国际专业太阳能展览会（SPI），重点展示“农、林、牧、渔光互补”的同景模式，以及自主研发的光伏联动跟踪系统。

【科力公司产品转型】 浙江科力车辆控制系统有限公司作为国家高新技术企业，通过整合优化人才、资本、科技等要素，组建由60多名工程师组成的团队。每年从销售收入中提取5%以上的资金用于科技研发，并与浙江大学、上海金属功能材料开发应用重点实验室等建立长期科技合作关系，与同济大学建立汽车制动阀技术研究开发中心，与江苏大学合作建立产学研基地，购入全球行业最先进的汽车电子水泵产品开发软件，不断加快新技术、新产品研发。拥有气制动阀、离合器操纵、液压系统、新能源汽车电控泵四大系列40多个产品，其中公司投入大量人力物力、花费2年时间成功研发出新型电动水泵，获得中车集团、宇通客车的新能源客车第一供应商份额，还获得世界500强德国曼公司（MAN）中国工厂配套资格，标志着公司的水泵系列产品由传统机械式，向机电一体化的成功转型。除电动水泵外，公司持续研发电控总阀、电控干燥器、电子真空泵等具有较高附加值的新能源汽车部件。新能源板块销售收入已经占全公司销售收入的15%，并且呈逐渐上升趋势。

【企业首次入驻国家“三同”平台】 经国家认证认可监督管理委员会批准，浙江江山有蜂缘蜂业有限公司成为江山市首家入驻出口食品企业内外销产品“同线同标同质”公共信息服务平台的企业，对推进江山市蜜蜂产业振兴三年行动方案实施，促进蜂产业转型升级具有重要意义，同时也为出口企业打开内销市场提供借鉴。“同线同标同质”公共信息服务平台是由国家认证认可监督委员会主导的食品农产品企业服务平台，旨在倡导出口食品农产品企业以出口标准生产内销产品，即出口和内销食品农产品在同一生产链条生产，实行相同的产品质量标准，从而实现内销产品与出口产品达到相同的质量水平。

【省“三名”培育试点企业】 根据《浙江省人民政府关于全面实施“三名”工程的若干意见》《关于做好浙江省第三批“三名”培育试点企业申报工作的通知》精神，经企业自愿申报，各设区市、省国资委材料初审，并推荐上报，浙江省“三名”工程建设联席会议第四次全体会议投票表决，拟确定杭州老板电器股份有限公司等35家企业为浙江省第三批“三名”培育试点企业，其中江山欧派门业股份有限公司榜上有名，由此可获省专项资金支持500万元。“三名”是指知名企业、知名品牌、知名企业家。

【省“隐形冠军”培育企业】 根据省经信委《关于培育隐形冠军，促进中小企业“专精特新”发展的通知》，经各地和有关省级行业协会推荐、征求意见、专家评审，确认2016年公布108家“隐形冠军”培育企业名单，浙江江山华安电器制造有限公司、浙江为康制药有限公司、浙江天际互感器有限公司、纪元电气集团有限公司榜上有名。

【制定关于加快推进江山门业转型发展的

实施意见》】 9月30日，市政府第六十七次常务会议审议并通过《关于加快推进江山门业转型发展的实施意见》。围绕打造“国内知名木门产业集群和中高端门业制造基地”目标，在产业集聚整合、建链补链上下功夫，做强龙头、做专配套、做精平台、做响品牌、做优环境，全面提升江山门业整体发展水平。围绕目标，培育龙头，加强领导，统筹安排，扎实推进门业产业转型升级。

平台建设

【健盛江山产业园】 总投资25亿元、用地24.67公顷、总建筑面积约30万平方米的健盛集团·健盛江山产业园项目按照“一次规划、分期实施”的方式推进，第一期项目总投资10亿元，主要上马中高档棉袜、氨纶橡筋、针织内衣生产线；二期项目总投资15亿元，围绕内销市场，实施一批“健盛之家”贴身衣物系列产品项目，此项目被列入《浙江省重大建设项目“十三五”规划》。1月18日，浙江健盛集团股份有限公司投资建设的年产10000万双中高档棉袜、1300吨氨纶橡筋线智慧工厂迁、扩建生产线项目开工建设，实施地点江山市山海协作工业区，实施单位浙江健盛集团江山针织有限公司。

【欧派产业园】 8月10日，江山市与江山欧派门业股份有限公司签订欧派产业园项目投资协议。欧派产业园项目总投资12亿元，其中固定资产投资10.5亿元，总规划用地33.33公顷，主要建设年产11万套定制柜类、室外门窗及输出订单项目，打造木门类、泛门类、木制家居类的制造基地。10月，产业园项目动工兴建。

【江东工业园热电联产项目】 20日，江山市与中机国能签订江东工业园热电联产项目。该项目是实施大气污染防治行动计划、促进节能减排的集中供热项目，也是江山市社会资本与政府合作项目之一，位于江山经济开发区江东工业园，占地面积约5.33公顷，项目一期总投资约1.8亿元，主要为江东工业园提供集中供热和部分电力供应。项目建成后，将加快推进中小锅炉淘汰步伐，改善大气污染现状，提升整体投资环境，为江山市推进其他公共配套建设项目提供经验。

【推进省两化深度融合国家示范区建设】 年内，结合产业发展特点与需求，以智能制造为主攻方向，以新一代信息技术为重要支撑，围绕培育门业、输配电、健康“三大百亿”产业、工业龙头企业和单打冠军企业，推进智能制造示范建设、互联网与工业融合创新、“机器换人”“两化”融合管理水平，提升工业自动化、网络化、智能化水平。其中，浙江健盛集团江山针织有限公司机器联网、江山欧派门业股份有限公司的烤漆A/B型门套智能自动化生产线、浙江锐帆电力科技公司军舰用应急配电柜智能化生产线及配套保密监控管理体系建设、申达电气集团浙江换热器有限公司全自动变压器散热片生产流水线技术改造、江山南方水泥有限公司财力业务一体化厂内物流等10个项目，已完成或部分完成使用。

创业创新

【百威英博“机器换人”】 2月，百威英博公司自动空瓶检测系统、自动水处理系统2

个“机器换人”项目投入使用。自动空瓶检测系统可以通过图像检测空瓶瓶底、瓶身、瓶口的缺陷，在0.09秒内对啤酒瓶全方位自动扫描成像后，自动剔除不合格的瓶子，大大提高工作效率和产品合格率；自动水处理系统，根据用水量自动控制进水量，通过设定液位自动控制贮罐的存水量，自动调pH值，自动根据设定值加氯，具备自动定时清洗功能，系统处理后的水再经过紫外灯杀菌后自动恒压送到各用水点，保证水质100%达到啤酒生产标准要求，提高废水的回收率。

【举办首届“创业梦·江山行”创业创新大赛】 10月27日至12月23日，举办首届“创业梦·江山行”创业创新大赛。参赛项目以江山市作为项目实施地进行设计，须符合国家现行法律法规和国家产业政策，符合江山市重点产业发展导向：三大百亿产业（输配电、门业、大健康），新能源，新材料，现代农业，旅游文化，互联网+等；需提供可行性商业（创业）计划书，拥有合法的知识产权（无知识产权纠纷）；具有商业开发价值，实际用途广泛，市场发展空间大，带动就业能力强；江山籍在外创业者、科研人才回江山创业，以及本市企业转型升级等相关项目，同等条件下优先；每个参赛团队限报一个项目，团队参赛人数不超过3人，分“参赛报名、项目初选、赛前辅导、决赛环节”四个阶段进行。大赛共征集市内外88个新项目团队，进入决赛的12个项目富有创意、技术先进、可行性强，其中纳米植物炭黑的推广和应用项目获一等奖。

【研制国内同类型容量最大电弧炉变压器】 由申达电气集体新研制的两台HSSPZ－120000KVA/33KV电弧炉变压器出口阿联酋迪拜，这国内同类型中容量最大的电弧炉变压器。该产品容量大、电压低、电流大，对设计和制造能力要求非常高，公司专门组织高级技术人员进行攻关，专题研究、论证可行性和技术方案之后，以节能、环保、低噪音的标准独立完成方案设计。为确保方案精准无误，公司专门邀请沈阳变压器研究院、西变集团等国内变压器生产及技术中心顶尖专家，对技术设计图纸进行专家审查。经严密的论证测算后，花了5个月时间进行精心制造，最终顺利完成出口订单。这两台电弧炉变压器的研发制造成功，标志着申达电气集团技术水平实现新的突破，改变我国此类大容量特种变压器产品长期依赖国外进口的历史，为国家冶金行业采用先进的国产设备打下坚实基础。

经济开发区

【概况】 2016年，江山经济开发区紧扣打造浙西南第一工业平台的目标，以全民创业创新为引领，以“体制创新年、项目推进年、招商引资年”三个年活动为中心，全力推进开发区跨越式发展。全区完成工业总产值237.52亿元，同比增长8.5%，其中规上企业完成工业总产值220.65亿元，同比增长9.6%；实现入库税收6.4亿元，同比增长6.5%；完成进出口额18327万美元，同比增长5.6%，其中出口额17557万美元，同比增长9.5%；全区固定资产投资完成75.5亿元，同比增长12.78%。累计新引进项目20个，其中10亿元以上项目2个，协议总投资额23亿元，累计到位资金31.3亿元。

【启动企业服务中心】 5月19日，正式成立企业服务中心，中心设发改、经信、商务、市场监督、供电等11个窗口，开发区历史上第一次核发营业执照，开出第一张规划工程许可证，颁发第一份动工许可证，基本实现项目审批封闭运行，企业办事不出区。开通“重点项目审批直通车”，依托企业服务中心平台，发挥各个派驻机构授权到位的优势，对项目进行虚拟供地和并联审批，提高项目推进的审批时效。国土所在欧派产业园项目上实行当天项目会审，当天土地挂牌，压缩审批时间，比以往提前20天。

企业服务中心的第一张营业执照

【抓好招商引资】 全年新引进项目19个，其中5亿元以上项目1个，10亿元以上项目2个，到位资金31.3亿元。以大项目招商为突破口，从谈判桌上将总投资11亿元的新材料及锂电池项目夺至江山；以平台型企业招商为新举措，将总投资12亿元的欧派产业园项目成功落户在莲华山工业园，同时依托欧派公司入驻平台之际引进总投资5亿元的名雅居项目。划出33.34公顷土地作为小微企业创业基地建设，首批土地推出后就成功引进5个“小而美”的豹项目，分别是家乐福门业、远和家居、加枫建材、宇鑫塑胶、亿正电工。

【推进项目攻坚】 按照“签约项目抓落地、落地项目抓开工、开工项目抓竣工、竣工项目抓投产”总体要求，全力推进项目建设进度。全年完成固定资产投资64.5亿元，同比增长14%，完成年度计划的100.7%，其中工业技改投资完成投资39亿元。全年，开发区列入四大百亿工程项目38项，当年计划完成投资27.5亿元，全年开建37项，开建率达97.3%，完成投资27.6亿元，完成年度目标的100.3%。富达、国盛源、中机国能等省集中开工项目全部动工建设，健盛产业园项目四号厂房完成一层全部立模，钢筋完成50%；三号厂房完成一层柱头钢筋对焊，基础继续回填中；二号厂房基本完成基础，开始回填；一号厂房基础挖方完工；倒班楼完成47个基础桩基浇筑。开展“百日攻坚”推进“推进五大专项”行动，完成三晟化工、好风景、江山多娇等企业的综合验收工作。

【推进配套建设】 全面推进莲华山工业园、江东工业园五期及高新技术园基础设施配套建设。完成土方平整500万立方米；完成藕塘路、西山路部分、兴工八路灯道路4.5公里；完成贺村江东区污水管网二期2公里的污水管道铺设。推进公共配套设施建设，开通园区公交班线，实现园区与市区的全线贯通，方便企业职工上下班、沿线村民出行；全力推进总投资4500万元的电商产业园建设。5月19日，电商园正式开园，引进宝格商贸、冒个泡商贸等10多家知名电商企业；快速制造国家工程研究中心——江山示范中心已于5月19日正式启动。

【抓好征地拆迁工作】 抓住征地拆迁这一“牛鼻子”工程，推进土地“拔钉清障”专项行动。全年完成土地征收 66.67 公顷，累计拆除房屋 18000 余平方米，筹集发放土地征收款项 1.8 亿元。3 月 19 日，莲花山快速通道全线贯通。实施腾笼换鸟工程，收储科力汽配、易登针织、美伊服饰、恒曼光电等工业用地，重新出让给科润电力等企业，盘活企业闲置资产。全年收储工业用地约 13.33 公顷。

商务经济

外向型经济

【外贸出口】 2016年，全市实现外贸进出口总额45亿元，同比增长3.21%，略高于全省3.0%的增速。其中，出口43.31亿元，同比增长3.75%，进口1.69亿元，同比下降8.83%。全市自营进出口企业数量达到172家，进口企业数量达到34家。出口商品主要有节能灯、木门、变压器等，出口的国家有169个，出口市场主要为亚洲、欧洲、欧盟、美国、东盟、非洲。组织企业境内外展会拓市场，加大新兴市场开拓力度，重点组织五家木门企业抱团参加南非约旦联展，开拓非洲新兴市场。成功创建出口产品质量安全示范区。

【利用外资】 全市实到外资764万美元，新批外商投资企业1个，为台湾客商投资的浙江国实光能科技有限公司项目，合同外资151万美元。办理变更事项11件，其中新批外资项目1个，注销外商投资企业批准证书（或台港澳侨企业批准证书）4件，其他实质性变更事项6件，非实质性变更备案2件。实施商务部《外商投资企业设立及变更备案管理暂行办法》，完成浙江米纳丝家居有限公司公司股权变更备案、江山市普诺旺斯生态农业发展有限公司增加注册资本的备案。

【对外经济合作】 全年完成境外投资项目1个，为浙江裕蜂行进出口有限公司在南非开普敦设立集蜂产品包装、加工、销售于一体的合资公司，投资总额在50万美元。意向境外投资的企业达9家，主要集中在输配电、农业、木门等行业，投资目的国以东南亚、非洲为主。全年劳务输出人数为82人，同比下降31.7%，输入国家主要分布在亚洲和非洲地区，亚洲的新加坡和日本以从事电子机械工、钢筋工为主，非洲市场的主要是阿尔及利亚，以会计师、厨师为主。

组织木门出口企业进行参展营销能力培训活动

电子商务

【概况】 全年实现网络零售额24.13亿元，同比增长76.91%，增速远超全省平均水平。全市现有注册网店4300多家，同比增长34.4%，电子商务直接解决就业岗位2900个，间接带动就业岗位7200个。电商增长势头强劲，“双十一”当天实现网络零售额11075.22万元，在衢州市排名第一。

【电子商务平台】 建成并投入运营的电商园区4个，包括获评省电商创业创新园区的江山市电商产业示范园，定位工业电商转型的亚格电商创业园，基于网商培育的青年网商孵化园，凝聚农村电商的清泉电商创业园。总建筑面积超6万平方米，入驻企业55家。线上平台阿里巴巴·江山产业带入驻企业512家，其中规上企业107家。

【电子商务主体】 成功培育电商销售额超亿元企业1家，五千万元以上企业3家，千万元以上企业24家。涌现出一批电商示范企业，电商示范带头人。宝格商贸获评衢州地区唯一一家省级电子商务示范企业，思远贸易、健康蜂业等2家企业被评为省级农村电子商务龙头企业，宝格商贸、思远贸易、健康蜂业等3家企业获评省级首批AAAA级电商企业。思远贸易总经理郑贞栋被评为省农村电商创业示范青年，驰骋控股总经理祝军被评为省农村电商创业带头人。

【农村电子商务】 农村电商示范创建出成效，贺村镇淤头村、清湖镇新塘底村成功创建中国“淘宝村”、浙江省电子商务专业村，清湖镇清泉村成功创建浙江省电子商务专业村。农村电商服务网点布局不断完善，新增村级服务网点239个，其中农村淘宝服务站85个，“丰收e站”服务站154个，行政村覆盖率达到80%。农产品网络销售形势喜人，全年全市猕猴桃销售总量6万吨，网销达到5.3万多吨，占销售总量近九成。此外江山粽、江山糕、江山橘等一批农特产品网上销售渠道也逐渐打开，鸽蛋销量天猫排名全国第一。2016年阿里公布数据，江山农产品电商全国排名第二十二位。

国内贸易

【概况】 2016年，全市实现社会消费品零售总额113.76亿元，同比增长11.9%，增速位列衢州各县市区第二。限额以上社会消费品零售总额24.22亿元，同比增长18.1%。其中:限额以上城镇社零20.43亿元，同比增长15.1%，限额以上乡村社零3.79亿元，同比增长37.4%；限额以上批发业实现零售0.30亿元，同比增长7.8%，限额以上零售业实现零售22.85亿元，同比增长19.2%，限额以上住宿业实现零售0.18亿元，同比下降15.7%，限额以上餐饮业实现零售0.89亿元，同比增长5.9%。

【抓好项目建设】 以项目建设为抓手，推动商贸流通业跨越式发展，加强协调对接，全力做好7个服务业510工程项目、1个重大项目前期项目、1个市政府民生实事项目、7个电商换市十大专项等重点项目建设。协调巨油能源5万立方米成品油库项目事项，跟踪推进加油站点改造提升。开展项目谋划大比武，将谋划领域由商务商贸领域扩大到全市经济和社会发展的各个领域。

【挖掘消费潜力】 做好全国消费促进月浙江活动，面向全市开展促消费活动的征集工作。组织优质产品，举办啤酒美食节、汽车展、婚庆博览会、装饰材料展和购物节促销等系列活动，刺激城乡居民消费。做好市场拓展，有计划地组织江山市商贸企业参加全国性、行业性会展。做好北京浙江名品中心、宁波食博会等会展的组织参展工作。推动批发零售、住宿餐饮企业“限下”升“限上”12家。

【护航 G20 平安稳定】 开展系列整治活动，打造商务领域新秩序，全力保障 G20 峰会、世界互联网大会等重要节点的平安稳定。开展成品油领域监管整治，全方位排查、限时整改告知、开展督查回访、严格日常管控，联合相关部门全面铺开成品油行业专项整治行动。监测出不合格油品2批次，拆除非法流动加油车2辆；检查加油站排查解决隐患131处；拆除加油机39台，罐体注水封口13个，现场清理油罐9个，现场清理油桶137桶，处罚2家加油站10.9万元，取缔非法流动加油车7辆。大范围开展商务领域安全排查整治。对城区四小场所进行消防安全隐患地毯式排查，共检查场所326家，整治问题130多个；排查梳理出重点行业6个、重点单位154家，对重点行业及重点单位的部分单位实行负责人约谈制，按照风险程度实行分级管理。

散装水泥

【概况】 全市水泥产量、散装水泥供应量、散装率均有不同程度提高，4家水泥企业水泥年产量767.03万吨，同比增长2.86%，与上年基本持平，其中散装水泥供应量617.32万吨，同比增长5.8%，散装水泥供应率为80.53%，比上年提高2个百分点。2016年，全市水泥使用量56.46万吨，同比减少0.7%，其中散装水泥使用量45.29万吨，同比增长9.2%；散装水泥使用率80.22%，比上年提高7.3个百分点。预拌混凝土使用量33.79万方，同比增长11.2%；预拌砂浆使用量2.22万吨，同比增长62.8%。

【预拌混凝土下乡】 2月1日，《浙江省商务厅关于表彰预拌混凝土下乡第一批试点达标县（乡镇）的通报》通报表彰江山市为浙江省第一批预拌混凝土试点达标县（市、区），四都镇、清湖镇、碗窑乡、贺村镇、双塔街道为试点达标乡镇（街道）。4月，经市财政局、商务局研究同意，预拌混凝土下乡补助范围由试点乡镇、街道扩展到全市乡镇、街道，补助执行时限间延长至12月31日。全年农村个人建房使用预拌混凝土673余户，使用量达4.39万方，完成年初试点目标任务（500户）的134.6%，累计补助农村个人建房户560户，发放补助金额1343660元。

【预拌砂浆推广】 4月，根据上级文件精神，市商务局、住建局联合出台《江山市加快发展预拌砂浆应用实施办法》，为加快江山市预拌砂浆发展提供政策保障。6月，组织召开预拌砂浆工作推进会，专题组织政策解读，部署落实工作。同时加强日常的工地检查和督促，整理“禁现”区域内的建设工程情况，从工程立项开始就开展跟踪宣传，在建设过程中组织常态化的巡查，随时掌握建设进度和预拌砂浆使用情况，做好“禁现”宣传和协调服务工作。

【专项资金管理】 根据财政部要求，自2016年2月1日起停止向水泥企业征收散装水泥专项资金，对建设单位暂缓预收专项资金。已有66家建设单位签订《补缴暂缓预收的专项资金承诺书》。全年共有12家建设单位申请退还结算散装水泥专项资金233728.9元。5月，通过《今日江山》刊登公告，对2009年度上缴的散装水泥专项资金预收款进行一次性清理，共清退103家建设单位的散装水泥专项资金1318366.9元。

（王　霞）

招商引资

综 述

【招商活动】 2月15日，江山市召开机关干部大会暨招商引资工作动员会。市委书记吕跃龙强调，全市上下要进一步坚定信心，振奋精神，主动出击，虎口夺食，努力以招商引资工作大突破引领“十三五”规划开好局、起好步。3月20日，举行江东工业园热电联产项目签约仪式。3月24—25日，举办2016年度全市招商引资业务培训班，邀请专家做专题讲座，组织考察学习龙游开发区、“年年红”红木特色小镇项目。6月12日，召开招商引资工作推进会暨业务培训会。7月12日，娃哈哈集团有限公司董事长兼总经理宗庆后一行到江山考察。7月20日，举行花盈原乡·鳌顶国际休闲度假村项目签约仪式，保安乡与华盛达控股有限公司代表袁建华签订项目开发协议书。8月10日，与江山欧派门业股份有限公司签订欧派产业园项目投资协议，欧派产业园项目总投资12亿元，其中固定资产投资10.5亿元，总规划用地33.35公顷。9月9日，金屋顶光伏富民工程项目集中签约，项目总投资31.5亿元。10月19日，江山市委副书记、市长叶美峰考察银江集团参观。12月18日，来自台湾地区的全国旅游时报、城乡新闻报、指传媒等媒体相关负责人组成的考察组，到江山考察旅游发展情况。

【招商成果】 2016年，全市引进招商引资项目267个，协议总投资228.21亿元，实际到位资金48.86亿元，其中工业项目到位资金38.09亿元，引进或落地的亿元以上项目30个，10亿元以上产业项目3个，分别是欧派产业园（已开工）、銚盟新材料项目（注册备案）、城北旅游综合体项目。

招商举措

【市领导挂帅招商】 全市34名市级领导挂帅50个招商项目，其中市委、政府领导每人挂帅2个项目，人大、政协领导挂帅1个项目，实行“一名市领导、一个项目、一个责任单位、一套班子、一抓到底”。每个挂帅项目由市财政安排5万元工作经费。

【主要领导外出招商】 年初，全市机关干部大会暨招商引资动员会提出市级领导每月不少于3天外出招商引资，部门单位主要领导每月不少于4天外出招商引资，建立《外出招商引资审批报告制度》，要求外出招商报两办审批、反馈招商情况。

【季度督查】 建立“每月一通报、每季一督查、年终一考核”的督查机制，每季度市督考办牵头，统计局、发改局、招商局参与，对全市招商引资工作进行督查、通报，推动责任单位积极参与谋项目、抓招商、促投资、助落地。

【完善专业工作机制】 制定《关于进一步完善招商引资工作机制的意见》，成立项目谋划、信息研判、专业谈判、服务接待、落地推进5个工作小组，建立项目谋划机制、信息研判机制、专业谈判机制、协调服务机制、落地推进机制，进一步完善招商项目落地程序。实行重大招商项目月分析评估研判和推进、重大招商项目滚动谋划推介机制，全市共上报在谈大项目信息313条，其中亿元以上项目信息129条，5亿—10亿元项目信息25条，10亿元以上项目信息30条，有90条招商项目信息经过市重大招商引资项目信息研判会议研判，有17条信息被纳入市领导挂帅招商项目。同时，坚持在杭州、上海、深圳3个驻外招商局开展招商引资工作。

江商回归

【筹建异地江山商会】 年初，制定《关于建立江山市异地商会、乡镇（街道）商会挂联服务制度的通知》，明确挂联商会的市领导和联系服务部门，在高位驱动和机制运行上保障商会与政府部门间的良性互动。由市委统战部牵头，在原有8个异地商会的基础上，收集在外商界、政界、科教界的知名人士信息，更新、扩容江山籍在外知名人士信息数据库，加强联络沟通，打好亲情牌，拓宽信息渠道，为招商引资和异地商会组建提供大量信息。年内筹建北京、福建、湖北、山东、成都等17个异地商会，全市异地商会数达25个。其中，招商局牵头筹建温州、金华、福建、湖北、山东5个异地江山商会，参与筹建北京、成都、西安、川藏、安徽、江西、湖州、台州等异地江山商会，参加宁波等异地江山商会年会。

【完善江商信息资料】 收集在外商界、政界、科教界的知名人士信息，不断更新、扩容建立江山籍在外知名人士信息数据库，推进江商回归。通过各种机会、场合，加强联络沟通，打好亲情牌，拓宽项目信息渠道，为江山市招商引资提供大量项目信息。全年，引进“江商”回归项目65个，实到投资额19.37亿元。

山海协作

【山海协作活动】 6月，结对区杭州市下城区领导到江山开展山海协作工程对接工作，并签订结对帮扶协议。12月，结对区杭州市江干区招商局领导到江山开展山海协作工程对接工作，并签订结对帮扶协议。绍兴市柯桥区先后到江山商谈山海协作共建事宜。在“江山—柯桥山海协作工程暨产业园”第八次联席会议上，双方就“十三五”期间的山海协作工作达成初步共识，其间还签订江山——柯桥旅游合作意向书，柯桥区向江山市捐赠100万元山海协作资金。12月12日，在江山市举行江山

—柯桥山海协作对接会，两地进一步加强交流、合作，对接会上举行帮扶资金捐赠仪式，柯桥区向江山市捐赠各类帮扶资金440万元，其中山海协作新农村建设帮扶资金150万元。江干区与江山市坛石镇新叶村结对、下城区与江山市清湖镇华夏村结对，两区共捐赠新农村建设帮扶资金35万元。

【山海协作项目】 丰富协作内涵，着力构建多层次、宽领域、全方位的合作交流山海协作格局，共开展互访交流200多人次，争取项目资金帮扶，实施群众增收、社会事业新农村建设合作项目30个，到位资金150万元。围绕促进农民创业就业，增收致富，以项目为载体，推进“山海协作”三农经济项目发展。清湖镇华夏村石口自然村在杭州市下城区经合办支持下，建设通村大道；新塘边镇上洋村、爱丰村、外坞村、东山村，贺村镇礼贤村、乌鹰垄村，虎山街道荷塘村，大桥镇黄石村，长台镇长台村，上余镇一都江村、方家村，碗窑乡达河村，坛石镇郭丰坞村、五圳村、鳌头村、定家坞村、上王村、上溪村、新叶村，凤林镇凤溪村、苗青头村，双塔街道赵家村、黄家村在柯桥区发改局的帮扶下分别完成道路硬化、健身公园建设、污水治理、市村庄绿化、姚家溪河道治理等项目。组织企业参加兰洽会、义博会等展会活动，帮助企业销售产品8000万元。为企业争取展位费补助达39200万元，为逸含化纤、欣凌纺织、雅江金通水电等企业争取到财政贴息资金。获衢州市山海协作工程考核结果一等奖。

【产业园建设】 1月16日，在柯桥召开“江山——柯桥山海协作产业园”第七次联席会议。5月12日，在江山召开“江山——柯桥山海协作工程暨产业园”第八次联席会议。“江山——柯桥”山海协作产业园“开发建设投资进度”“引进项目到位资金同比增长幅度”“项目平均投资强度”等三项指标按照时序进度全部完成。在全省10个省级山海协作产业园考核中取得第一名。获得省山海协作产业园考核奖励资金和基础设施补助资金2800万元，围绕产业园建设，完成标准农田指标调剂137.13公顷。

（市招商局　供稿）

农 业

综 述

【农业产业化】 2016 年，全市拥有江山市级以上农业龙头企业 92 家，其中国家级 1 家（恒亮）、省级 8 家（天蓬、绿业、松兴、农贸城、金凯、福赐德、健康、欧派）、衢州市级 36 家、江山市级 47 家。新增衢州市级农业龙头企业 2 家，新评定江山市级农业龙头企业 2 家。拥有省级无公害农产品产地 47 个、国家无公害农产品 48 个、绿色食品 15 个、有机食品 30 家企业 61 个产品。特色产业规模户“三品一标”覆盖率达到 70%，完成无公害产地认定面积 4000 多公顷，绿色食品生产基地面积近 667 公顷，有机农产品认定面积 1333 余公顷，认证产品抽检合格率 100%，三品比率达到 55%，标准化率达到 63%。

【家庭农场】 全市共有经工商注册登记的家庭农场 897 家，其中农业 605 家，林业 221 家，水利 71 家。按企业登记类型划分，有个人独资企业注册登记的 292 家，个体工商户注册登记的 605 家，涉及粮油、果蔬、畜禽、水产、食用菌、林木、茶叶等多种产业，注册总资本达 5.28 亿元，经营总面积达 7020 公顷。全年新评定 12 家江山市示范性家庭农场。至年底，全市共有 72 家各级示范性家庭农场，其中江山市级示范性家庭农场 71 家，衢州市级 49 家，浙江省级 22 家。

【休闲观光农业】 继续在保安乡箬山梯田举办油菜花节，在凤林镇开展彩色水稻田间创意，流转了 9.33 公顷水田用于种植彩色水稻 8 个创意图案。创建 5 个衢州市级休闲观光农业示范点，耕读农业科技有限公司、人尔生态科技股份有限公司申报创建全国休闲农业与乡村旅游星级企业。保安风情小镇一日游、创意田园体验之旅、绿色健康养生之旅 3 条线路创建衢州市休闲观光农业精品线路。保安乡被评为全省休闲农业与乡村旅游示范乡镇、石门镇秋实家庭农场被评为休闲农业与乡村旅游示范点。举办各类节会 5 个，促进农旅结合，丰富休闲农业内涵。休闲观光农业园区面积 2033.33 公顷，休闲观光人数 60.57 万人次，产值 1.65 亿元，休闲观光农业助农增收 8200 万元。

【农业项目资金】 全年各类农业项目资金 16565.24 万元，其中衢州市级以上项目 13690.24 万元，耕地地力保护、规模种粮、农

旱稻秧苗基地

机购置等直补资金4532.91万元。

【农产品质量安全“两县”建设】 以“保障农产品质量安全和维护公众健康”为目标，将省级农产品质量安全放心县与农产品质量安全追溯示范县“两县创建”紧密结合，坚持产管并重，组织产地监测田园清洁活动，强化农业投入品市场监管，加大农产品质量安全抽检力度，推行农产品质量追溯管理。全市快速检测4100多批次，市内定量检测157批次，衢州市以上定量检测106批次，产品合格率达100%。市（县）级以上示范性主体追溯率100%，其余各类生产主体建立质量追溯30家，蔬菜、茶叶、食用菌等主要农产品生产基地实现质量安全可追溯管理全覆盖。推进特色品牌农业发展，加大“三品一标”认证力度，全市拥有无公害农产品产地43个、无公害农产品47个、无公害农产品基地面积4000公顷，绿色食品15个、基地面积666.67公顷，有机农产品61个、面积1333.33公顷，国家地理标志保护农产品2个。成功创建省级农产品质量安全放心县。

【现代农业园区提升】 打造现代农业园区升级版，提升省级现代农业综合区3513.34公顷，新建江山市级现代农业园区11个373.33公顷。整合省级财政扶持资金420万元，投资800万元提升建设各类现代农业园区6个。通过集聚资源要素、提升产业层次、延伸产业链条、拓展农业功能等途径，创新农业生产、经营、管理方式和资源利用方式，培育农业“一区一镇”（农业产业集聚区和特色农业强镇）新平台，按照省“一区一镇”建设实施方案，制定了江山蜂产业集聚区、江山绿牡丹茶产业集聚区、长台蜂业强镇、塘源口绿色果业强乡、保安休闲观光农业强乡等5个创建方案。长台蜂业特色强镇建设已列入省首批农业“一区一镇”创建名单。

【粮食功能区建设】 整合水稻产业提升、千亿斤粮食增产工程、水稻生态补贴等项目资金6756万元，建成粮食生产功能区1133.33公顷，共涉及13个乡镇（街道）20个田畈。至年底，全市累计建成粮食生产功能区9333.34公顷，创建省级粮食生产功能区3个。

【深化生猪养殖污染整治和规范管理】 深化生猪养殖污染整治和规范管理，打赢生猪复养反弹整治及规范化管理攻坚战，全年对排查出的185个复养反弹猪场全部关停，3075头存栏生猪全部清退，拆除猪场21个1917平方米，对80个超量养殖场按相关规定全部整改到位，对72个污染隐患全部整治到位。全市现有184个规模生猪养殖场，全部通过治理设施达标验收。同时，创新推行控量监管、排放监管、智慧监管、联动监管和零排放养殖等“4+1”生猪养殖管控模式，得到省委书记夏宝龙、副省长黄旭明的批示肯定。浙江卫视、《浙江日报》等多家知名媒体也先后报道江山市生猪养殖整规工作先进经验。加快推进美丽牧场建设，建成美丽生态牧场20家，其中市绿业有限公司柴村猪场被命名为省级美丽牧场。探索“走出去”和“引进来”畜牧业发展路子，市绿业公司与内蒙古科左后旗签订协议，投资1亿元建设占地43.33公顷生猪养殖场；引进新疆鑫宝集团计划投资10亿元，建设饲养量60万头的湖羊养殖基地。市农业局被评为全省畜牧业转型升级先进集体。

【农业机械化】 全市拥有植保无人机7台，秸秆还田机械8台，水稻精量穴直播机1台，油菜精量穴直播机5台，大中型拖拉机170台，水稻插秧机145台，谷物联合收割机333台，油菜收割机25台，粮食烘干机155台，全年农业机械总动力达40.95万千瓦，比上年增0.86%。其中，大中型拖拉机增加25台，增长17.2%；插秧机增加6台，增长4%；收割机增加73台，增长28.07%；烘干机增加72台，增长55%；引进首台水稻直播机。全年落实农机补贴资金868.7246万元，其中中央补贴资金708.0246万元，省级补贴资金112.49万元，县级补贴资金48.21万元，受益农户442户，总补贴机具706台，农业机械报废补偿资金18.5万元。江山市农业现代化发展水平与发展速度综合评价得分79.9分，位于全省82个县（市、区）第31名，在26县中排名第二，列衢州市首位。市农业局被评为2016年度全省农机购置补贴政策落实绩效考核优秀单位。市农机管理总站获得2016年度全省农机科技知识推广普及三等奖。

【农业三项补贴政策综合改革试点】 完善规模种粮和耕地地力补贴政策体系，保护种粮农民利益，引导种粮大户多种粮、种好粮。其中，早稻生产在政策的引导下，比2015年增加806.67公顷，增幅达到47.26%。全年规模种粮补贴资金发放1313.11万元，耕地地力发放补贴金额3082.85万元。

【推进农村土地确权登记颁证工作】 江山市是省农村土地承包经营权确权登记颁证工作试点县，被列入市6个十大专项工作、市创建省美丽乡村示范县指标任务及局十大重点工作。至年底，全市19个乡镇（街道）273个应确权村已全部开展并基本完成土地调查测绘工作。完成调查测绘13万户，实测面积2.3万公顷，比合同面积增加3400公顷，增加17.3%；大陈乡、大桥镇、四都镇等基本完成公示工作，其余乡镇（街道）村陆续开展公示。

【规范农村“三资”管理】 落实相关的“三资”管理制度，强化规范管理，严格票据收付审核，付出票据实行先审核后付款；严格执行村集体资金管理“八不准”规定；组织开展400多人次的农村“三资”管理工作业务培训；联合开展全市农村集体资金管理专项督查，及时整改发现的问题；参加市纪委牵头组织的市级农村基层作风巡查工作，农经站全年共派出7人次全程参与市级二轮7个村的巡查工作。江山市被评为全国农村集体“三资”管理示范县。

【推进土地流转】 全市土地流转面积累计10860公顷，2016年新增653.33公顷，流转率55.27%；单宗30亩以上、流转期限5年以上规模连片流转面积5960公顷；百亩以上经营主体247个，流转面积4753.34公顷。

【农民信箱工程】 至年底，全市浙江农民信箱注册用户34998户，规范用户数34975户，其中开通掌上农民信箱用户4279户。通过农民信箱短信平台发送个人邮件59777个，群发邮件822个，发送个人短信57416条，群发短信967条。发布各类信息525条，其中发布“每日一助”服务信息183条，农产品买卖信息342条，反馈联系3700多人次，成交额400多万元。建立农产品地方馆，宣传本市特色、优质、放心农产品101个，收集宣传采摘游、农展会等信息30条。开展浙江农民信箱万村联网工程建设，全市305个行政村（社区）建成符合农业现代化评价指标的网站，建站率100%，其中符合农业现代化评价指标的行政村（社区）网站305个，农业信息化水平达100%。长台镇乾湖村、贺村镇耕读村、贺村镇乌鹰垄村、碗窑乡双龙村、塘源口乡仓坂村等5个村网站被评为省级季度之星。江山市农民信箱工作获评浙江农民信箱工作考核优秀单位。

粮食和特色产业

【粮食生产】 全年，全市粮食播种面积29240公顷，粮食总产19.95万吨。其中，水稻播种面积22973公顷，水稻总产17.48万吨。2016年，石门镇泉塘村泉塘畈高产攻关田亩产1024.13公斤，刷新浙江省水稻单产新纪录，获浙江省第二届“河姆渡杯”粮食生产金奖。

【畜牧业生产】 全市生猪饲养量下降明显，家禽饲养量增长。生猪饲养量69.43万头，同比减少30.51%；生猪出栏46.47万头，同比减少33.67%。家禽饲养量1648.37万只，同比增长0.61%；家禽出栏1281.81万只，同比增长0.42%。家禽养殖以肉鸡养殖为主，全市肉鸡养殖量1363.67万只，同比增长3.47%。全市主要畜禽（猪、禽）养殖产值14.4亿元，同比下降14.18%。

【食用菌生产】 全市食用菌栽培总量1.15亿袋，其中工厂化金针菇1971万袋，秀珍菇5960万袋，占全年食用菌栽培总量68.96%。鲜菇总产量4.45万吨，产值3.5亿元。工厂化金针菇、秀珍菇是江山市食用菌当家主导品种，黑木耳、香菇、灵芝、草菇等品种正在加快推广。2016年，江山白菇获全国果菜产业十佳市场口碑地标品牌和全国果菜产业百强地标品牌。

【果菜生产】 全市蔬菜（包括西甜瓜、草莓）复种面积9140公顷，同比上年增加646.67公顷，增长7.61%；总产蔬菜25.95万吨，同比上年增加1.74万吨，增长7.18%；总产值4.11亿元，同比上年增加0.17亿元，增长4.31%。其中，蔬菜面积8644.67公顷，总产量23.012万吨，总产值3.596亿元；西甜瓜面积486.67公顷，总产量2.92万吨，总产值0.478亿元；草莓面积8.67公顷，总产量0.018万吨，总产值0.036亿元。新发展蔬菜基地13.53公顷，新创建衢州市蔬菜标准园区2个，成功举办浙、闽、赣三省四县（市、区）2016年精品蔬菜瓜果展示展销会。名品蔬菜知名度得到提升，其中秀地黄秋葵获“浙江省名牌农产品”和“2016 年浙江农博会金奖产品”并入选为杭州 G20 特供蔬菜；太泰农业发展有限公司生产的雪藕在浙江电视台与浙江宾馆 G20 厨师团队合作打造的《乡宴》节目中被列为参赛食材。市经济特产站被评为江山市 G20 杭州市峰会维稳安保先进集体。

【中药材生产】 全市种植中药材主要品种有覆盆子、黄精、白芨、葛根、铁皮石斛、元胡、贝母、白花蛇舌草、金银花、白术、灵芝、米仁、竹荪、金线吊葫芦、红虎刺、大叶青、莲茵陈、夏枯草、七叶一枝花、麦冬、何首乌等 20 多个，主要分布在虎山、保安、碗窑、凤林、塘源口、张村、上余、大陈、四都、清湖等乡镇。全年种植面积 689 公顷，总产量 1426 吨（干品），总产值 17239 万元，比上年面积增加 467.73 公顷，增长 211.39%；总产量减 405 吨（因上年统计有鲜品），减少 22.12%；总产值增 8418 万元，增长 95.43%。

【茶叶生产】 全市茶园面积 3400 公顷，茶叶总产 2100 吨左右，产值 1.58 亿元。4 月 16 日，江山绿牡丹茶首次在杭州举行品牌推介会。江山绿牡丹茶主题曲《生活如茶》被浙江省委宣传部作为 G20 杭州峰会文化礼品赠送给与会嘉宾。绿我刚茶还在第四届中国茶博会上被评为“有影响力的区域品牌”。2016 年度江山市获“全国十大魅力茶乡”称号，并连续四年获得“全国重点产茶县”荣誉称号。

【蜂业生产】 全市蜂群 23.9 万箱，总产值 14.98 亿元，其中养蜂产值 3.82 亿元、经销加工产值 10.96 万元、直接出口产值约为 2000 万美元。蜂业规模与经济效益连续 25 年位居全国各县（市）第一。

江山蜂产品亮相浙江农业博览会

农业行政执法

【农业综合执法】 全年查处农业违法案件 16 个（其中植物检疫案件 1 个），罚没款共 41228 元，处置举报投诉 17 起。监督抽检农业投入品 320 批次，农产品样品 76 个，对一起销售有毒有害物质含量超过国家标准的葡萄案农药残留超标案进行查处，罚款 3000 元。签订和发放“百草枯水剂禁用大限将至，销售及使用行为将被严查”“关于做好高锰酸钾、硝基化肥等易制爆物品及高毒农药经营监管的告知书”“饲料生产企业安全常识”“关于禁止销售和使用杀扑磷农药的告知书”“兽药产品实施二维码管理告知书”“农业生产安全告知书”等各种资料 2360 份。农业执法智能系统办案率达到 100%，执法大队制作选送的“绿剑扬威筑平安”新闻作品获“农村信息报”组织的农业执法优秀短新闻评选视频类一等奖，办理的《经营假农药案》案卷被评为全省规范案卷。

【开展高毒高风险农药和敏感农资管控专项行动】 开展禁用“百草枯水剂”的宣传、

管控和高毒（限用）农药经营专项整治工作。检查农资经销店138家，收缴“百草枯水剂”1712瓶427.6千克，对经营台账不健全的高毒（限用）农药农资经销店责令整改。加强高锰酸钾、硝基化肥等易制爆物品及高毒农药的管控，造册登记封存硝基化肥319725公斤、高毒农药克百威449公斤、水胺硫磷2063.7公斤、氧乐果1968.8公斤、磷化铝47.27公斤、溴敌隆鼠药52.1公斤、硫丹7.6公斤、高锰酸钾5公斤。

动植物疫病防治

【动物疫病防控】 对重点场所落实动物防疫监管责任人，坚持24小时值班制度。强化动物防疫屏障，组织开展冬春季重大动物疫病防控，全面加强生猪定点屠宰管理，加大动物卫生监督执法力度，强化畜产品安全监管、病死畜禽无害化处理监管，严格同步实施动物产地检疫与“瘦肉精”检测，确保了畜产品质量安全。市动物卫生监督所荣获2015年度全省动物卫生监督执法办案先进单位，蜂产品出口预警体系建设工作第八年获得省级考评优秀。

【植物疫情防控】 实施柑橘苗木产地检疫0.27公顷，共计7.1万株；水稻繁种32.2公顷。在上余镇五程村、四都镇傅竹园村、大陈乡早田坂村、凤林镇凤溪村和廿八都镇花桥村设立13个柑橘黄龙病疫情监测点，开展柑橘疫情监测。首次在双塔街道金椅山庄一小区内发现全国植物检疫对象“扶桑棉粉蚧”并进行铲除；全市加拿大一枝黄花发生面积14公顷，其中轻发生面积6.78公顷，中发生面积5.79公顷，重发生面积1.4公顷，农果地1.23公顷，路边及其他12.77公顷。开展加拿大一枝黄花春秋二季防控28.65公顷次。首次对83.33公顷发生水稻细菌性条斑病的稻田进行统一防治。江山市植物检疫站办理的“调运未依照《植物检疫条例》有关规定办理植物检疫证书的种苗案”获全省植物检疫优秀案卷。

（吴建忠　邵梦婷）

农业综合开发

【陈家畈高标准农田建设项目】 该项目共投资1680万元，其中省以上财政补助1400万元，市财政配套280万元。项目治理面积666.67公顷，新建灌渠30条11.169公里，新建排渠20条8.177公里，新建泵站1座，新建堰坝1座，新建渠系建筑物182处；新建机耕路32条14.876公里（全部硬化），修建机耕路1条0.068公里，新建机耕桥2座；实施水稻高效生产技术和油菜高产优质栽培技术两项科技示范推广项目，示范推广面积26.67公顷，购买小型仪器设备1台，培训人员80次。

【黄基畈高标准农田建设项目】 该项目共投资1596万元，其中：省以上财政补助资金1330万元，市财政配套266万元。项目治理面积633.33公顷，新、修建灌渠13条7.591公里，新建排渠11条6.610公里，新建机耕路16条10.649公里，新建机耕桥1座，修建机耕桥1座，修建蓄水池1座，修建泵房10座总功率65千瓦，新、修建堰坝6座总长78米，配套渠系建筑物206处；实施“太空莲—黑皮果蔗”高效生产技术示范推广项目，示范推广面积5.33公顷，培训人员40次。

【乌达畈高标准农田建设项目】 该项目共

投资 504 万元，其中：省以上财政补助资金 420 万元，市财政配套 84 万元。项目治理面积 200 公顷，新、修建灌渠 15 条 4.934 公里，新、修建排渠 5 条 1．791 公里，配套渠系建筑物 84 处，新、修建机耕路 3.274 公里，新建机耕桥 1 座；实施高效生产技术示范推广项目，示范推广面积 20 公顷，培训人员 40 次。

【产业化经营补助项目】 江山市猴王猕猴桃专业合作社“江山市千亩猕猴桃基地建设项目”总投资 825 万元，其中省以上财政补助 371 万元，市财政配套 41 万元，合作社自筹资金 413 万元。新建微灌设施 100.4 公顷，钢筋砼架 96.67 公顷，蓄水池 200 立方米，道路硬化 1 公里，冷藏设施 150 立方米，山区基地生产运输设备 2 套，高级无损测糖选果设备 1 套，新品种推广示范 94.67 公顷，引进华特、金艳等新品种 6.67 公顷。浙江红盖头农业科技有限公司“560 亩葛根种植示范基地新建项目”项目总投资 510 万元，其中：省以上财政补助 229 万元，市财政配套 26 万元，企业自筹资金 255 万元。新建基地种植支架 26.33 公顷，单体大棚 3600 平方米，农用道路硬化 320 米，水泥晒场 700 平方米，生产用房 756 千方米，蓄水池 360 立方米，喷灌 3.33 公顷，仪器设备购置 3 台，引进葛良种 37.33 公顷。猕猴桃特色园内的神农猕猴桃专业合作社和产业化项目实施补助的福赐德蜂业提供的猕猴桃、蜂产品成功特供 G20 峰会；《江山猕猴桃特供 G20》在 2016 年中国有农业综合开发杂志第 11 期刊登。年内，有江苏连云港和丽水、舟山等地农发同行到江山学习考察。

（柴小娟）

林　业

综　述

【概况】 2016年，市林业局紧扣“绿水青山就是金山银山”重要思想，围绕“两轮驱动”战略，弘扬生态理念、改善生态环境、发展绿色产业、巩固生态成果，完成市委、市政府及上级林业部门下达的各项工作目标任务。截至年底，江山市森林覆盖率70.8%，平原林木覆盖率25.52%，森林保有量14.29万公顷，重点公益林6.67万公顷，湿地3866.67公顷。市林业局被省林业厅评为“先进集体”，“森林衢州”考核名列首位。

【创建仙霞岭自然保护区】 仙霞岭保护区的创建自2015年5月开展以来，相继完成公益林扩面、协议签订、区内各类资源科考以及总体规划编制等中心工作，顺利通过省级评审，2016年5月3日，省政府批复同意建立省级自然保护区。保护区范围以江山市廿八都镇周村村高峰为中心，东至浙江与福建省界的社屋坑山背，南至省界平水黄，西至周村、兴墩两行政村边界，北至周村村横坑，土地总面积6990公顷，其中林业用地6896.14公顷，非林业用地93.86公顷，分别占土地总面积的98.66%和1.34%。其中，以廿八都野猪浆猕猴保护小区（伯乐树保护区）和龙井坑天然次生林为重点划定核心区2979.32公顷（42.62%），沿核心区向外拓展765.22公顷范围为缓冲区（10.95%），缓冲区外围3245.46公顷为实验区（46.43%）。省级自然保护区创建成功后，市林业局在媒体上广泛宣传的同时，邀请省林勘院、浙江自然博物馆以及浙大、浙师大、浙江农林大等高等院校，组成专家组对仙霞岭自然保护区进行综合科学考察，年中开展各类资源的补充调查，布放75台红外相机，邀请中科院动物所、北京自然博物馆、南开大学等30多家高等科研院校80多位国内外专家学者对保护区进行首轮昆虫科考，并邀请省林科院带队的《浙江植物志》项目组进行植物补充调查。

【实现G20杭州峰会期间“零火情”】 在G20峰会期间，市林业局实行大宣传，《禁火令》到村到户。7月29日，江山市政府颁布《森林禁火令》，除电视、报纸、广播、宣传车、敲锣喊话等常规宣传外，还创新多种宣传方法，扩大宣传面，将森林消防理念传达到全市每一村、每一户、每一人，形成浓厚的森林消防氛围。要求全市所有乡镇（街道）挨家挨户发放《禁火令告知书》，并与村民签订承诺书，确保将相关规定传达到每一户、每一人；向全市所有中小学校发放《禁火令告知书》，要求家长签字回执，提高儿童、青少年等特殊人群对森林防火的认知。同时，针对当时杭州等外地游客增多现象，在高速出口向进入江山的外地车辆发放森林消防宣传单，告知当地森林消防形势，提醒外地人员注意事项；采取市领导包干到乡镇（街道）、乡镇（街道）领导包干到村的模式，层层抓落实，确保工作无死角。全市 19 个乡镇（街道）优先足额保证森林消防经费，每个行政村每日安排不少于 20 人，采用人海战术，展开大巡查，做到有烟必查，发现野外用火行为立即制止。8 月 27 日开始，市林业局全体人员放弃双休日提前展开大巡查，全局分为 13 个巡查组分区域对全市所有林区实行全覆盖巡查；成立以所有乡镇（街道）等森林消防责任单位人员为主体的全市森林消防微信群，及时掌握动向，组织专项力量对铁塔、电路沿线地区进行隐患排查，对沿线寺庙、公墓、孤坟等安排专人管控。全市森林消防扑救应急力量进入一级战备状态，各层次森林消防队集结待命，实现立体布防。林业局森林消防队分为 3 组 24 小时值勤待命，全市 16 支市级半专业森林消防队值勤战备，其中 2 支在指定地点集结待命；乡镇（街道）每天安排一支大于 10 人的森林消防队集结待命，构筑浙西森林防火的铜墙铁壁，成为衢州市唯一的“零火情”县。

【启动国家森林城市创建】 2008 年，江山市成功创建省级森林城市。2016 年，江山市林业局在获悉“十三五”期间，国家林业局将国家森林城市创建延伸到县（市、区）消息后，根据比对 22 项国家森林城市主要指标，认为江山市创建国家森林城市的基础与条件已经成熟，提出整合资源力量，加快生态建设，到 2018 年成功创建国家森林城市的建议。市委市政府根据林业局建议，启动这一重大举措，并编制好规划，制定相关政策，组织力量，认真抓好这项工作。

林业生产

【绿化造林】 全市共新增平原绿化面积 539 公顷，完成提升改造 204 公顷、人工造林 70 公顷、迹地更新 408 公顷、四旁植树 92 万株。完成各类珍贵树种苗木种植 52.3 万株，其中省赠送苗木 28.1 万株，共落实 18 乡镇（街道、林场）75 个村（企事业单位）110 块山场种植省赠送苗木珍贵树苗。造林绿化面积比上年增加 35%，为历史最高值。将绿化工作与“五水共治”“四边三化”“三改一拆”等市委、市政府中心工作相结合，面上高起点规划，点上高标准指导，全市共完成河道绿化面积 16.4 公顷，“三改一拆”复绿面积 9.6 公顷。

【森林系列创建】 营造创建国家森林城市和省级森林城镇、森林村庄的良好氛围，组织由市四套班子领导参加的全市“清塘美河”春季治水大会战暨集中义务植树活动；启动国家森林城市创建，完成规划编制等前期文本，并报国家林业局初审，创建进度居省内同批次首位，成功创建 1 个省级森林城镇（贺村镇）、4 个省级森林村庄、24 个衢州市级森林村庄。

【林业种苗培育】 积极与上级部门对接沟通，争取各类项目资 248.4 万元。珍贵彩色树种培育项目，培育珍贵彩色树种66万株，其中培育浙江楠、浙江樟、枫香等一类苗（一年生小规格容器苗）36万株，培育檫树、无患子等二类苗（一年生大规格容器苗）10万株，培育浙江楠、南方红豆杉等三类苗（二年生苗）20万株，该项目计划总投资178万元，其中争取省财政资金173.4万元，实施单位自筹4.6万元。中央林木良种补贴项目，培育林木良种苗190万株，其中培育杉木、松、楠木等为主的良种苗木150万株；培育油茶良种嫁接苗40万株。该项目计划投资55万元，其中争取中央财政补贴50万元，实施单位自筹5万元。在衢州市花卉苗木互看互学评比活动中，市林业种苗良种繁育推广中心基地和市绿业公司苗木基地分别被评为一等奖和三等奖。

林业产业

【木材加工产业】 全年实现林业总产值178亿元，其中一产12亿元，二产136亿元（木门产值78亿元），三产30亿元。金凯门业被评为国家林业重点龙头企业，3家企业被评为省林业重点龙头企业，并成功创建全国首家出口木门质量安全示范区，欧派产业园项目正式动工。

【绿色富民产业】 全年新发展猕猴桃面积150公顷，由市林业局上报的《江山市全力打造“中国猕猴桃之乡”的主要做法》受到副省长孙景淼的批示肯定，在9月召开的“G20杭州峰会”上，江山猕猴桃凭着优良品质成为峰会特供食品，供应商神农猕猴桃合作社被授予“G20杭州峰会食材总仓供应企业”；成立市中药材协会，全年新发展林下中药材套种面积333.34公顷，其中黄精、覆盆子、白芨等三大主推品种发展势头强劲；完成衢州市下达的柑橘产业转型发展工作任务，共完成橘园淘汰283.53公顷、橘园流转285.13公顷、建立大棚10.7公顷、低效橘园改造282公顷、优良品种推广30.33公顷、培育家庭农场35户，各项指标均超过衢州市下达任务。

【森林旅游产业】 为扩大森林旅游知名度，开展了“最美”系列评选活动，江郎山被评为“省最美山峰、十大名山”，廿八都雪岭被评为“省最美峡谷”，峡口镇广渡村2株一级古银杏被评为“省十大最美银杏树王”。塘源口猕猴桃小镇被命名为省第二批森林特色小镇，廿八都镇兴墩村等4个村被命名为省第二批森林人家。

林政管理

【林地征占用管理】 全市共办理林地占用58起，面积40.16公顷，收取森林植被恢复费350.93万元；发放林木采伐许可证317份，16762立方米；共查验登记外来木材59.75万立方米，与上年同期相比减少9%。完成林权流转26起，面积546公顷，金额862万元。

【林政执法】 全年开展7次专项检查及行动，其中3次林地专项检查、2次采伐专项检查和2次野生动物资源保护整治行动。在林地专项行动中，共排查发现9起非法占用林地案件，全部立案查处。同时，对当年国土局转报的26起涉林垦造耕地项目逐一现场核对，严格按照省禁十个范围要求，把好选址关；通过采伐专项行动，深入排查各地发证存在的问题，形成书面通报，督促各地整改。承接全省在江举办的采伐及林地管理培训，提升林业干部业务水平；通过野生动物专项行动，排查整改全市16家驯养繁殖企业排污情况，其中2家不符合要求的被关停。同时，开展“清网行动”，收缴非法猎捕工具40副、野生动物或其制品25件，立案查处非法捕鸟4起。

【二类调查】 “二类调查”是十年一次的森林资源数据本底调查。市林业局争取到市财政资金603.97万元，省级补助60万元，并根据省技术标准和相关要求，制定出台调查实施方案，依托浙江和福建两省林勘院的技术力量开展二类调查具体工作，年内全面完成省控样地和外业小班调查等外业作业，并通过省级质量核查。

【松材线虫病防治】 全年共清理枯死松木666.67公顷、385吨，开展化学防治1000公顷，建设健康林66.87公顷，开展“绿剑行动”查处疫木案件6起，其中一起是浙江省首起外来松材线虫病疫木刑事案件，所有防治任务均超出省厅下达指标，成灾率控制在0.8‰以内，全市森林病虫害处于可控状态，无突发性重大疫情发生。

林业改革

【集体林权制度】 全市通过公共交易平台完成林权流转29起，面积570公顷，金额913万元；落实林权变更3起，面积33公顷；开展林权抵押贷款8起，金额980万元，全市当年累计贷款发生额4179万元；成功发放2015年林权抵押贷款贴息412397元。

【林业科技】 强化林业科技成果应用，大力推广猕猴桃纯花粉授粉、林下药材标准化栽植等先进实用技术，促进林农省工节本增产增效。市林业技术推广站被国家林业局评为全国生态建设突出贡献先进集体。国有林场相继实施森林休闲养生、珍贵树种示范基地等项目，被省人民政府评为“国有林场改革工作先进集体”。

（姜文海）

水利　电力

综　述

【概况】 2016年，江山市水利局谋划总投资达22.4亿元的“百里须江·美丽长廊”江山港流域综合治理项目，并完成有关前期工作，同时成功列入全省践行新时期水利工作方针先行试验区、全省农业水价综合改革试点、第九批中央财政小型农田水利项目县。年内，祝秋英荣膺衢州市第一届最美水利人。市水利局被省水利厅评为2016年度全省市县水利工作综合考核优秀单位，获江山市集体三等功。

【江山港流域综合治理】 谋划“百里须江·美丽长廊”——江山港流域综合治理项目，总投资达22.4亿元，成功挤进中央中小河流治理规划、省水利发展“十三五”规划“百河综治”项目、全省“百项千亿防洪排涝工程”、重大水利工程、六江固堤等项目盘子。年内，完成前期规划、立项、可研批复，成功争取到3.36亿元国家专项建设基金。该项目是全省农发行系统第三批中第一个到位的基金项目，也是全省农发行系统第三批中获得基金第二多的项目。年内，从相关部门和有关乡镇抽调的人员已全部到位，集中办公。启动段的初步设计文稿已完成并进入审查阶段。

【清污（淤）和水利工程标准化管理】 河湖库塘清污（淤）工作代表衢州市成功迎检。全年完成清污（淤）108万立方米，完成率112.5%；完成投资4596万元。11月底，省河湖库塘清污（淤）考核组对该项工作给予高度评价，实际清淤方量在省第三方检测中全省排名第二，综合考核优秀。水利工程标准化管理创建工作一次性通过省级抽查复核。12月中旬，江山市水利局作为非水利工程标准化管理示范县，代表衢州迎检，并一次性通过省级抽查复核。

【水利工程建设】 年初，开展“大干项目、干大项目”解放思想大讨论，组织中层以上干部外出学习参观。7月，开展以“走进项目、帮助项目、服务项目”为主题的有效投资推进月。11月、12月，对项目推进情况及建设资金使用情况进行半月一通报。全年累计完成投资4.74亿元，其中“五水共治”水利投资4.6亿元。续建项目中，2014年、2015年碗窑灌区续建配套与节水改造项目全部完工验收，第六批小农水重点县2014年度项目完成完工验收，2015 年度项目大部分完成完工验收，2016 年度项目完成 70%。总投资 2.37 亿元的江山市峡口水库引水工程基本完成管道铺设。新建项目中，江山港路陈段、三桥溪口段治理工程等中小河流治理项目通过完工验收，江山港溪淤段治理工程完工，江山港碗窑段、湖前段治理工程完成主体工程建设；花园垄水库除险加固工程通过完工验收，茹菇塘除险加固工程完成主体工程建设；双塔街道农民饮用水工程基本完工；大桥溪山洪沟治理项目完成主体工程建设。

【提升管理水平】 创建省级节水型企业 1 家、省级节水型灌区 1 个，进行建设项目水资源论证 3 起，将 18 家年取水量 2 万立方米以上的用水户全部纳入强制计划用水管理范围，完成 5 处日供水规模 200 吨以上的农村饮用水源地保护范围划定。加强渔业生产管理，查处、打击电鱼、毒鱼等违法行为，并通过江山信息网、今日江山、微信等媒体发布协查通报，起到很好的打击震慑作用。

（毛　斌）

6 月 2 日，衢州市暨江山市防御小流域山洪和地质灾害演练在峡口镇枫石村举行

峡口水库

【概况】 江山市峡口水库管理局是市政府直属事业单位，于 2009 年由江山市白水坑水库工程建设指挥部和原江山市峡口水库管理局合并组建。下辖江山市水利水电开发有限公司，管理白水坑、峡口、峡里湖、肩头弄、贺社、山溪蓬、木西坂等 7 座电站，共 22 台机组，总装机容量 59120 千瓦，年平均发电量 1.4 亿千瓦时。管理局内设 9 个科室：办公室、监察室、人事科、财务科、渠道管理科、企业管理科、水库管理科、项目科、环境保护所。2016 年，上网电量达到 1.95 亿千瓦时，比上年增加 650 万千瓦时，增长率 3.35%。发电收入 9794 万元，比上年增长 4%。

【优化管理】 投资 29 万元，将 106 公里渠道分为 7 个标段进行渠道沿岸清淤保洁社会化管理。充分提高工作效率，实现渠道沿线岸洁水绿；加快电站管理机制改革，根据实际情况，对存在较大安全隐患、收不抵支的白坑电站进行关停，有效降低运维成本和消除安全隐患。

【招商引资】 全年共实到项目 11 个，在谈项目 10 个。其中，投资 1800 万美元的江山娃哈哈饮料食品有限公司多功能生产线已在 11 月进入设备调试安装阶段；投资 1.2 亿元的鹿苑生物养生基地项目已动工建设；由浙江创固塑胶有限公司投资 5500 万元的高密度聚乙烯五金紧固件生产线项目落户莲华山开发区，已完成土地摘牌程序，进入开工前的准备阶段；浙江富江生态农业有限公司投资 2.5 亿元的霞岭龙隐生态休闲度假区项目完成项目设计后，并通过市服务业办审核。

【项目建设】 推进碗窑水库灌区（峡口片）2010年度节水续建配套调增项目，该项目总投资1147.43万元，10月底全面开始施工建设；库区隔离栅项目，投资18.6万元，装设1.5公里长的峡口水库库区隔离栅二期工程。库区隔离栅防护网安装总长为5.9公里；技术改造项目，投资56.9万元，对白水坑电站自动化保护装置进行升级改造。

【缓解旱情】 编制更加切合实际的配水计划，通过短信通知沿途乡镇灌溉信息，全年共为灌区输送水量4500万立方米，缓解灌区农田旱情；保障沿线乡镇生态用水需求，陆续完成对茹菇塘、青口、东塘、联家弄、白马泉等水库的充塘充库，充库量1000万立方米。

【确保G20峰会期间安全】 以平安护航G20，全面提高安全保障为抓手，按照“全方位、无遗漏、不留死角”的要求，投资20多万元增加大坝物理防护及门卫安防设施，对白水坑、峡口水库等5个内保重点部位实行24小时倒班制。峰会期间，全局参与巡查人员200多人次，巡查重点部位次数达300多次，阻止进入库区无关车辆500多辆次。

【安全培训】 从各电站安全生产实际出发，制定安全巡查路线，完善隐患排查制度，确保全年安全生产无事故。5月，组织值长和接令员参加衢州调控机构值班人员资格认证培训取证，提高职工理论业务水平和安全生产意识。10月，贺社、峡里湖电站通过农村水电安全生产标准化三级评审，提高水电安全生产管理水平。12月，邀请省水利水电学院4位专家教授，为全局各电站90余名电站人员进行为期5天的业务培训，提高电站一线运行人员的安全生产意识和业务能力。

【安全度汛】 3月24日，白水坑水库通过水利部的安全运行管理督查，并对照督查组提出的意见建议，落实整改到位，水库运行安全得到加强。5月9日，白水坑水库水位345.02米，超梅汛期汛限水位1.22米，于下午1时开闸泄洪，其间管理局强化落实防汛责任制，加强值班值守，完成白水坑、峡口水库安全度汛任务。

峡口水库泄洪

【确保饮用水源地安全】 制定年度水资源保护活动方案，在第24届世界水日、第29届中国水周期间，开展水源保护宣传周活动，活动期间共发放宣传单1000余张；加大库区库面保洁力度，实行“一日一巡查，一月一打捞，一季一清理”的“三个一”方法开展库面保洁，利用“五四”青年节、江山市创建国家卫生城市等时间节点，提升库区整体生态卫生环境；持续开展库区环境执法，打击破坏水源地污染行为。全年共执法185次，其中联合峡口派出所开展执法7次，参与人员923人次，收缴渔具142副、丝网440副、电瓶5只，劝阻游泳人员达100多人次。

（熊晓军　姜　科）

碗窑水库

【概况】 2016年，碗窑水库管理局在推进项目建设、保护饮水资源、发挥水库综合经济效益等方面做了大量工作，取得明显成效。7月27日，碗窑水库加固改造工程初步设计方案通过省水利厅会审。9月20日，长坑垄水库除险加固工程通过竣工验收。9月30日，完成2015年度碗窑水库维修养护项目。10月12日，省水利厅厅长陈龙赴碗窑水库视察加固改造项目前期和标准化管理创建工作。10月30日至12月底，完成碗窑电站自动化改造项目。11月17日，江山市长坑垄水库标准化管理创建通过验收。

【推进饮用水源保护】 通过组建巡查队伍、实施水源保护隔离栅三期工程、取水口装设监控设施、购置夜航船、建设垃圾清运码头等举措，深化一级饮用水源地保护治理。继续健全组织保障，完善工作机制，形成宣传、隔离、巡查、防护、监督“五张网”，使水源保护区管理秩序得到持续改善，水质指标日趋优化。

【开展水库管养分离】 通过持续多年的制度创新、职能优化和队伍培养，逐步实现管理规范化、养护专业化、人员资质化，有效保障水库安全运行能力，水管体制单位维修养护与工程管理相分离模式初现雏形。完成长坑垄水库桃树坞坝水毁修复、引水渠渠堤护坡、总干渠华清桥渡槽护坡、水源保护隔离栅工程等维修养护专项项目10个，投入维修养护经费350余万元，并于11月15日通过验收。

【发挥水库综合效益】 年初，召开防汛专题会议，开展水雨情预测和汛情会商。通过科学决策，精确制定水库蓄水方案及发电计划，及时腾空库容，蓄水拦洪，全年未进行开闸泄洪，实现防汛安全与发电效益双赢。碗窑电站全年累计发电8118万千瓦时，发电尾水用于

水源保护义务巡逻员巡航（郑冬雅 摄）

达河溪及江山港生态应急放水 3 次以上，持续时间 6 天左右。

【推进项目管理建设】 与省水利厅对接沟通，推进水库大坝加固改造工程前期相关工作。6 月，由省水利水电勘测设计院编制完成《浙江省江山市碗窑水库加固改造工程初步设计报告（送审稿）》。7 月，通过省水利厅审查，总概算 9550 万元，12 月，通过批复。全年通过申报维修养护、环境保护、移民扶持、山塘整治等项目，争取省级、市级、部门补助资金近 200 万元。

【确保安全生产无事故】 实施安全生产网格化和水利工程标准化“两化”平台建设。结合开展宣传教育、安全检查、职工培训、知识竞赛、安全演练等活动载体，增强安全生产责任意识和安全管理水平，实现安全生产“横向到边、纵向到底”的稳定格局。9 月，长坑垄水库、长安水库顺利通过小型水库标准化验收。碗窑水库水利工程标准化工作有序开展，碗窑电站争创一级小水电安全生产标准化单位。

（郑冬雅）

电力工业

【概 况】 江山电网共有 220 千伏变电所 2 座，总容量 69 万千伏安；110 千伏公用变 8 座，总容量 71.3 万千伏安；35 千伏公用变 13 座，总容量 21.62 万千伏安。35 千伏输电线路共 29 条，总长 250.8 千米。10 千伏线路 170 条，总长 2084.7 千米。10 千伏配变 3955 台，总容量 107.2 万千伏安。2016 年，全社会最高负荷 34.8 万千瓦，同比增长 7.21%。全社会用电量 21.92 亿千瓦时，同比增长 4.13%。

【推进电网发展】 先后开展《江山市“十三五”新一轮农网改造升级规划》《“十三五”配电网规划滚动编制》《江山市电力设施布局规划》《江山市电力综合管线规划》等多个规划的编制工作，并顺利通过政府评审。编制上报《江山市 2017 年配网建设与改造可行性研究报告》《江山市中心村电网建设与改造可行性研究报告》等一批电网建设报告。协调完成 220 千伏郎峰输变电工程项目核准、所址详勘、线路初勘和 110 千伏山海输变电工程前期事项，为江山电网“十三五”时期的有序建设奠定了基础。全年公司电网建设投资 1.30 亿元，新建 10 千伏线路 312.7 千米，新上或增容配变 320 台，新增配变容量 2.6 万千伏安，新建开闭所 3 座，改造开闭所 5 座，35 千伏变电所全部实现双主变运行。

【抓好配网管理】 建立健全配网“三长”运维制度，深入推进高低压运“一体化，查找输、变、配设备运维管理薄弱点，挖掘同类设备潜在隐患，对家族性缺陷进行分析总结。以项目建设和运维管理为抓手，通过配变新增布点和配变利旧增容等手段，逐步消除配变超载、重载等现象。做好 220 千伏仙霞变单主变运行风险分析及运行方式调整。开展线路通道清理专项行动，排查 10 千伏线路 101 条，改善线路通道环境。根据配电网标准化建设创建要求，结合实际探索“12345”管理模式，严把施工安全、质量和工艺关，提高工程质效。0.4 千伏白沙东台区线路改造工程评审得分全省第一，先后被授予省公司“配电网建设改造优质工程”、国网公司“配电网百佳工程”等荣誉称号。

【深化供电服务】 推进业扩全流程信息公开与实时管控机制，强化部门协同应用，协同作业应用率达100%。以低压业扩报装“一岗制”快速响应作业为突破，实施集预约派单、跟踪督办、智能互动为一体的快速响应和服务质量管控作业模式，快响应用率100%。推进“互联网+电力营销”智能互动服务体系建设，深化供电服务快响作业平台应用，引导客户开展线上办电申请。完成4.3万户电力微信、2.3万户掌上电力APP、0.54万户“95598”网站等电子服务渠道推广工作，实现高、低压客户线上办电业务渗透率100%。对接政府，协助完成重点项目招商引资、城区景区环境整治、重大活动保供电等各项目标任务。

（周兴旺　陈方武）

商　贸

粮　食

【概况】 2016年，市粮食局深入开展“两学一做”学习教育活动，围绕“守住管好天下粮仓，做好‘广积粮、积好粮、好积粮’三篇文章”的总部署，树立“大粮食”的工作理念，结合全市粮食工作实际，着力推进项目建设，实现粮食工作健康发展。全年共收购早稻订单20374吨，向3242户农户发放早稻订单奖励资金1222.5万元。国有粮食收储企业经营粮食12万吨，实现销售收入7200万元，实现利润245万元。全系统完成工业总产值7600万元，完成固定资产投入1200万元。新引进且固投1000万元以上项目2个，上报重大前期谋划项目9个。年内，获得浙江省粮食收购先进单位和衢州市粮食安全责任制考核优秀单位。

【推进粮食安全工作】 不断完善粮食安全工作运行机制，每季度定期召开粮食安全协调小组会议，协调解决相关问题。发挥粮安办的组织协调作用，设立专职的粮安办副主任负责各项具体工作，加强各部门沟通交流，做好台账的整理和资料的完善，确保各项工作落实到位。市政府与各乡镇、街道签订《粮食安全工作责任书》，将粮食安全考核列入市政府对各乡镇的综合考核中。同时，将衢州市政府与江山市签订的粮食安全责任书任务分解给相关部门，明确工作内容和责任部门，责任明确，严格考核，奖惩分明。

【推进项目建设工作】 为提升江山市粮食仓储能力，保障粮食安全，在江山国家粮食储备库仓库实施拆建工程。该项目总投资预算3600万元，拆9幢老仓库，新建散装平房仓6幢，从2016年1月起至2018年12月，分两期实施。第一期拆3建2工程，于9月开工，土建部分已经完工。开展粮食仓储设施建设，加大对中心粮库的仓储设施投入，完成危仓老库建设。2015——2016年项目总投资465万元，比原定计划多投资30万元，完成各项危仓老库的改造工作。

【抓好早稻收购】 2016年，早稻订单工作形势复杂，任务重，经过多方协调，严格按照“农户自报—村级公示—乡镇初审—农业部门核实面积—粮食部门核实数量—粮食部门发放售粮卡”规定程序运作。同时，帮助粮农解决融资问题，对 6.67 公顷以上的种粮大户开展预订单政策，大户根据签订的订单合同在银行贷款（基准利率），20 户种粮大户获得早稻订单质押贷款 600 余万元，向 19 户种粮大户发放预购定金 150 万元。在早稻收购期间，提供一体化服务，帮助农户卖“舒心粮、明白粮、放心粮”，使早稻订单成为农户种地收入的重要来源。全年，共收购早稻 20374 吨，全面完成 17700 吨的省级储备订单早稻收购任务，为种粮农户争取到省级订单奖励资金 1062 万元，向 3242 户农户发放早稻订单奖励资金 1222.5 万元。

【优化地方储备结构】 落实省政府下达的地方储备粮储备计划，做到储备粮规模、仓储、费用“三落实”。新增储备粮规模为 15000 吨，分两年完成。2015 年增加储备数量 8150 吨，2016 年增加储备数量 6850 吨，全面完成新增储备粮任务。晚稻谷 9000 吨占总规模比重 31.58%，成品粮储备 450 吨，其中晚粳米 50 吨，晚籼米 400 吨，晚稻米比例达到 100%。创新异地代储模式，省要求江山市储备小麦 3500 吨，经请示省和衢州后，联系江苏省阜宁县和山东省滕州市进行异地代储，节省轮换差价 50 万元以上。

【创新发展粮食经营】 按照粮食市场化的要求，加强对下属企业粮食收储公司的管理，在做好政策性业务的同时，利用现有的资金优势、仓储优势、人才优势、客户优势、品牌优势和地区优势，开展经营性业务，经济效益在衢州各县市经营业务发展中名列前茅。全年国有粮食收储企业经营粮食 12 万吨，实现销售收入 9000 万元，实现利润 245 万元。同时，利用军供站这一平台，开展优质粮油经营业务，成品粮油经营达到 766 吨，实现利润 38 万元。

（周娇梅）

供销合作

【概况】 2016 年，江山市供销合作社联合社系统实现销售总额 12.82 亿元，同比增长 17.5%；利润总额同比增长 13.68%，社有资产保值增值率 6.6%。其中：农产品购进额 21.1 亿元，同比增长 30%。获 2016 年度全省供销社系统综合业绩考核优秀奖，2016 年度全省代销社系统信息宣传先进单位，2016 年度衢州市供销社系统信息宣传先进单位，王琼获 2016 年全省供销系统信息宣传先进个人。

【构建“三位一体”农民合作经济组织体系】 以江山市被确定为全省“三位一体”改革第一批推进县（市）为契机，开展市、乡两级农合联组建工作。3 月，调查摸底部分农民合作经济组织，赴义乌、仙居等县市考察学习“三位一体”改革经验。4 月，会同市农办研究制定“三位一体”改革实施方案，并根据省里审核反馈意见多次对方案进行内容修改和完善。5 月，经省农村改革试验区工作联席会议批复同意，市委以市委发〔2016〕22 号文件批转各乡镇（街道）和有关部门实施。6 月上旬，选择大陈、塘源口乡作为农合联组建试点乡镇，指导做好会员申报、民政登记、章程起草、会议筹备等工作，协调落实筹建申请、社团预登记等事项。6 月中旬，牵头召开全市农合联组建业务培训会，编印《筹建乡镇农民合作经济组织联合会示范资料》，成立 3 个联络组，全面铺开乡镇农合联组建，同步启动市级农合联筹建。6月下旬，全市19个乡镇（街道）先后召开农合联成立大会，宣告挂牌成立。6月29日，按照“农合联执行委员会一般依托同级供销社执行管理机构组建”要求，市农合联召开成立大会，选举产生农合联领导班子。全市农合联共有会员800多名，茶叶、蜂产品、猕猴桃等主要产业骨干主体基本加入农合联。11月上旬以来，根据农合联运作实体化、规范化要求，与市府办、财政局、金融办、农商行等部门单位联系对接，研究提出农民合作基金设立、农信担保公司组建方案、农民资金互助会资金管理办法和相关政策扶持建议。11月7日，以市农合联名义向市政府上报《关于要求落实涉农服务有关政策的请示》。

市农合联成立大会

【项目合作建设】 以江山&腾讯“互联网+”项目被列为全市“十大”招商重点项目为契机，谋划推进“互联网+”项目引进工作。1月14日，牵头召开江山市相关部门与腾讯公司工作视频会议，初步商定在“智慧商圈”“在线金融”“在线旅游”等四大板块开展合作，明确具体工作推进和子项目对接事宜，计划组建全市智慧商圈第一梯队。牵头开展“智慧停车系统”项目引进工作。5月，赴杭州与银江集团洽谈对接“智慧停车”项目引进事宜。9月下旬，与银江集团共同研究制定《江山市智慧停车建设规划建议书》，细化量化“需求分析”“总体建设思路”“管理服务平台建设”“停车联网管理”及“智慧停车APP”等方面内容，商定通过“PPP”投资方式，谋划该项目落户江山。10月，时任市长叶美峰率团赴银江集团参观考察，就“智慧停车”等项目达成初步合作协议。12月，市政府成立江山市城市智能停车PPP项目推进工作领导小组，着手启动智慧停车项目建设。抓好城南再生资源分拣中心项目启动前期工作。4月，先后制定《“分拣中心”项目建议书》《“分拣中心”项目建设情况报告》《关于进一步完善“分拣中心”建设相关管理办法的意见》等项目建设资料。6月以来，与市府办、财政、规划、发改、国土等部门协商对接，先后完成立项申请、项目备案、土地使用协议签订、规划设计方案制定、工程预算方案出台等各环节工作，协调落实项目施工图纸审查修改、建设工程规划许可审批、项目选址地质勘探、工程造价估算核对、项目资金评审等方面工作。10月下旬，市供销（集团）总公司向市财政局提交《关于要求拨付江山市城南再生资源分拣中心建设资金的请示》，全力争取市财政资金支持。

【农业社会化服务惠农】 2月上旬开始，组织工作人员及时了解农民用药施肥需求，督促农资经营企业与外地农资生产企业取得联系并下单，积极与种植大户、农民合作社、家庭农场等市场主体落实春耕农资供应计划，采取“统一进货、统一配送、统一定价、统一服务承诺”四统一方式，畅通供应渠道，直接面向农户。春耕备耕期间，储备复合肥1112吨、尿素1079吨、碳铵1106吨。全年，依托系统内1个配送中心、123家农资连锁（加盟）店，供应农资商品28836吨，供应量占全市需求的70%以上，实现“量足、价平、质优”。探索推广农资综合服务，发挥2家庄稼医院、1家植保合作社、2家农技合作社作用，组织庄稼医生深入田间地头，宣传普及农资应用知识，定时向农户发布农情信息，引导广大农户科学施肥，合理用药，提供咨询服务300多次。落实市级化肥淡季储备制度组织实施工作，超额完成全市农资淡季储备3000吨任务。

【农产品流通助农】 发展农产品经营主体和经营网络，指导农贸城通过收购、分拣、包装，将农产品运往各地销售，同时与超市、学校、酒店签订供销合同，建立长期合作关系；帮助“康圣果蔬”等合作社通过“农超对接”“农企对接”等形式，实现农产品流通多渠道。3月中旬，建立“农产品经纪人协会”“供销社电商特战旅”微信群，与“网易衢州站”签订《网易衢州主题系列报道合作协议》，为农业主体项目洽谈、信息共享提供便利，全年对外宣传推介江山市农特产品8次。4月上旬，市供销（集团）总公司与市场主体合作共建“宜客沐秋坊”客户端，开展农产品行情分析、包装设计、电商分销等业务，线下与30多家种养大户签订合作协议。5月下旬，组织“乡村淘郎峰服务站”等9个涉农主体的青年创业者，参加全省农村实用人才和新型职业农民农产品电商技能（衢州）培训班，对农村电商等方面知识进行“充电”。全系统电商销售额3815万元，同比增长35.6%。

【基层组织建设提升】 指导农民合作社建立健全“三会”机构，以种养大户为重点吸收社员，按比例实行盈余返还与利益二次分配。培育并申报省社系统、国家总社系统合作社示范社各1家。全系统合作社农民股本占89%，入社社员4876户，带动农户30356户。9月上旬，争取到省供销社项目扶持资金54万元，帮助“林山茶叶”合作社在保安乡建设“古道茶楼”名茶展示展销中心，培育茶叶示范园150亩。根据《江山市农产品经纪人信用等级评定及授信管理办法》，会同农产品经纪人协会、农商行，按照评定标准和程序，确定经纪人信用等级，开展经纪人等级评定，实行“贷款优先、利率优惠、授信倾斜、灵活担保”等政策扶持，为16名经纪人评定等级，发放创业贷款135万元。

【开展市区废品回收站点专项整治】 根据全市创国卫部署要求，牵头开展市区废品回收站点专项整治，对市区13个废品收购点进行全面排查梳理，针对占道经营、无证经营、乱堆乱放、环境脏乱差等问题，制订专项整治计划，实施个性化整改方案。6月中旬开始，每天组织工作人员巡查各站点经营状况，督促相关业主进行卫生整改，全力保持经营场所内外环境整洁、有序。9月上旬以来，会同市场监管、综合执法等部门和街道，联合开展专项整治行动，加强巡查整治力度，向各站点发放《关于市区废旧物资回收站点专项整治的通知》，依法取缔无证经营户2户，投资20多万元，对部分站点围墙进行加固并粉刷，并制作宣传横幅，清运垃圾等。5月以来，组织机关干部对解放路、雪泉街等包干区段集中开展专项清理，清运垃圾杂物50多车，调处西门社区所属的洪山殿巷和前圳交叉路口垃圾小屋污染问题，与综合执法局对接清理人行道上违建铁皮小屋1间、无主僵尸排挡车3部。深入包干区居民宿舍楼、宾馆、饭店、小超市和市区13家废品回收站点、29处出租房（店面）等场所，发放病媒生物防治药物，宣传“除四害”知识，清除卫生死角35处，消灭病媒生物孳生地7处，开展消杀活动44次。

【G20杭州峰会维稳】 3月下旬，研究制定《江山市供销联社G20杭州峰会维稳安保工作方案》，建立健全应急联动处置工作预案，成立维稳安保工作领导小组，部署安排“备战、临战、实战、决战”4个阶段工作。5月下旬，召开供销社系统G20杭州峰会维稳工作动员会，明确目标举措，切实履行维稳职责。6月底以来，针对维稳工作老情况、新问题，定期召开阶段性推进会，深入排查化解机关内部安全、信访维稳、安全生产（公共安全）、出租房（店面）管理等4个层面不稳定因素，严格落实24小时值班制度，采取有效对策与措施，不断压实平安责任。G20峰会维稳期间，整改公房消防问题2个，化解矛盾纠纷7个，消除企业、出租房（店面）安全隐患6个。

【长效机制建设】 落实全面从严治党主体责任，严格把好“三位一体”改革、社有资产监管、专项资金申报等“4个关口”，有效执行政务公开制度，主动回应社会关切。围绕8个监督检查项目，通过内部监督、专项检查、个别约谈等形式，开展各类监督检查11次，发现问题1个，发出整改通知书1份。10月下旬，根据《加强行政事业单位内控制度建设实施意见》，成立内部控制工作领导小组，逐项自查相应制度建立及落实情况，健全完善单位主要负责人承担内部控制建立与实施责任、权力运行制约、预算管理、政府采购、资产管理、合同管理、不相容岗位与职责分离控制等方面制度。11月底，制定出台《江山市供销联社成员社对联合社工作评价办法》，各归口企业、农民合作社对市社在“改革发展、为成员社服务”等方面进行书面综合评价，参与率100%，优秀率90%以上。

（王　琼　毛浏涛）

烟　草

【概况】 在深化改革和转型提升的大背景下，江山市局（分公司）克服“控烟力度加大、市场销量饱和、外来烟民流失、公务消费减少”等诸多不利因素，攻坚克难，全力做好卷烟销售工作。全年，共销售各类卷烟21960箱，同比下降5.92%；完成含税销售额8.17亿元，同比下降6.05%；实现利税2.27亿元，同比下降0.32%。全年为扶贫济困捐款14.2万元。年内，被评为全省烟草系统安保单位。

【专卖管理】 “利剑2号”“百日会战”“整治无证无照”多管齐下，突破“常规式”，开启“轮休制”，实行24小时连续工作制，全面贯彻“最坚决的态度、最有效的手段、最严厉的措施”查处原则，着力提升市场净化率，严防卷烟非法流通。全年共查获各类违法卷烟案件94起，同比增加38.24%，其中5万元或20件以上案件24起，同比增加14.29%；查获各类违法卷烟16011条，其中国产真品卷烟（含走私烟）15733条，案值191万元，假冒烟279条，案件标值5.4万元，走私烟335条，案件标值5.4万元。完成国标网络案一起，判刑3人。移送工商19起。

【许可证管理】 全年共受理各类行政许可申请1225份，其中新办148份歇业139份、延续799份、变更23份、补办5份，注销110份。全市共有持证户2951户，许可证总量控制平衡，保持稳中有降。

【对标及降本增效】 落实对标管理工作，2016年在全省分层分类对标综合评价中取得同组第5名。营造“降本增效”氛围，开展全员、全过程、全方位的企业降本增效管理，以预算管理为导向，定额标准为红线，严控各项可控费用，借“营改增”试点工作助推企业降本增效。全年三项费用总支出3007万元，同比下降7.29%。三项费用率4.3%，同比下降0.06%。其中，可控费用支出309万元，同比下降24.89%。

（周育梅）

盐　业

【概况】 2016年，浙江省盐业集团衢州市盐业有限公司江山分公司（局）实现销售收入1202万元，比上年增长4.5%；实现利润总额146万元，比上年增长86.2%。

全年累计购进盐产品3067吨，比上年增长9.3%，完成年计划2660吨的115.3%，其中小包装1992吨，比上年增长26.1%，完成年计划1800吨的110.7%；累计销售盐产品3398吨，比上年增长1.7%，其中小包装2042吨，比上年增长13.3%。

【推进海盐战略】 推进以澳洲海盐为重点的精品盐战略，并作为营销的一号工程，在大型卖场和超市增加专柜和导购标志。5月试点以来，澳洲海盐销量逐月增长，占小包装比重不断提高，全年澳洲海盐销量236.0吨，其中精品澳洲海盐销量达到20.5吨，占小包装比重分别达到11.6%和1.0%，全部达到上级考核目标。

【落实集团管控】 按照集团公司《集团管控实施方案》要求，第一时间成立领导小组，认真宣传贯彻集团公司管控实施方案；与衢州市公司、江山有关部门做好对接联系，做好吸收合并涉及的产权变更、证照注销等各项工作，完成房产、土地、电力、电信、供水、车辆等产权上划衢州公司的过户变更登记，注销原江山公司的营业执照、银行开户许可证、税务登记证、社保、住房公积金等证照；在过户和证照注销变更过程中，获得江山有关部门减免契税9.34万元、交易费2.43万元和土地出让金近百万元的优惠。

【加强盐改宣传】 组织员工学习国务院《盐业体制改革方案》，提高对盐业体制改革的认识；召开座谈会、上门宣传等方式向食盐零售经营户、用盐单位大力宣传盐改方案。依法抓紧抓好市场监管，加强盐业市场检查的频率和对边际地区和重点用盐户的检查，全年出动205人次，检查经营户和食品用盐户1361家。参加省际边界地区盐业协调会，加强与边际地区盐业部门联系，防止私盐冲销。3月15日，联合江山市市场监督管理局、江山市消费者权益保护委员会等有关单位在江山大润发广场举办纪念“3·15”国际消费者权益日活动，展出展板20幅，接受群众咨询102人次，发放宣传资料355份。5月14日，联合江山市卫计局、疾控中心等部门单位，在该市贺村镇贺村广场开展“防治碘缺乏病”宣传活动，引导居民科学补碘，展示碘缺乏病宣传横幅1条、展板5板，发放健康读本200余本，发放宣传扇环保袋低钠盐等物品，接受群众相关知识咨询150余人次。

（华建平）

交通运输

综 述

【概况】 2016年，全市共有25个交通项目列入市政府投资计划，计划投资5.0亿元，全年实际完成投资5.02亿元。其中，48省道延伸工程全年完成投资19677万元，累计完成投资64185万元；江广公路全年完成投资5920万元，累计完成投资23338万元；江郎山大道绿化提升全年完成投资560万元，累计完成投资3000万元；农村公路改造提升工程被市政府列为民生实事项目，全年完成投资1560万元；投资2000万元，完成花峡线整治提升工程。

【工程管理】 遵循“公开、公平、公正、科学、择优”的原则，公开招投标选择工程施工和监理单位，打击和查处围标、串标、转包和违法分包等行为。对48省道延伸至黄衢南高速江郎山互通工程、江山到广丰公路工程、江郎山大道绿化提升工程的质量、施工安全、环境保护、费用、进度、合同、文件资料及工程例会进行全方位的监督和管理，做到工程质量受控有序。严格设计变更和计量管理，工程变更需业主、设计、监理、施工单位四方代表到现场确定变更意向，工程计量由现场办、监理、施工单位三方共同到场测量，否则工程量不予确认。对工程质量进行事前控制、事中控制、事后控制，完善企业自检、社会监理、政府监督和业主负总责“四级”质量保证体系。建立施工单位信用管理台账，对照信用评价要求，按季度组织考评与核查，实行信用评价动态管理。完成双江线竣工验收、48省道延伸工程交工验收及江广公路中间验收工作，配合审计局做好48省道延伸和江广公路工程的跟踪审计工作。

【项目前期】 全年谋划兰溪至江山公路江山清湖至凤林段公路工程、江山市淤头至衢州绿色产业集聚区贺村姜家公路工程、江山市综合交通客运枢纽、江山至玉山公路等项目前期，其中兰溪至江山公路江山清湖至凤林段公路工程、江山市淤头至衢州绿色产业集聚区贺村姜家公路工程被列入省交通重点建设项目。

【安全生产】 强化源头管理，把好安全生产关，2010年以来未发生重特大交通责任事故，水上交通连续39年无事故。全力以赴，确保平安护航G20峰会，开展以入杭包车、普通货运、超限超载等为特定对象的专项整治活动，完成杭州峰会安保工作任务，对交通运输行业重点领域、重点部门、重点环节开展地毯式、滚动式、“翻箱倒柜”式排查，共排查客运站2家、客运企业10家、水运企业1家、危险货物运输企业3家、物流基地2家、3579家普通货运和个体运输户、汽车租赁企业140家、2个渡口、各类船舶21艘，以及交通在建项目19个，施工企业41家，监理企业19家。完成道路事故多发点段挂牌整治3处，其中省级1处、衢州市级2处，江山市本级1处。被评为省、衢州市交通运输系统平安护航G20峰会先进集体。

8月17日，市委常委、副市长项柳福（左二）现场协调推进重大交通项目扫尾工作

公路养护

【概况】 2016年，公路养护共完成投资1.1亿元。其中，江山市南入城口整治提升工程全年完成投资400万元，累计完成投资7500万元；G205山深线江山贺村互通至茅坂段公路养护大中修工程投资4500万元，实施“白改黑”、修复安全设施等；S315“四边三化”提升工程投资1900万元，打造4个景观节点；衢州市普通国省道干线公路预防性养护工程（G205江山段）投资800万元，对沥青路面进行预防性养护；江山市农村公路大中修工程投资1300万元，对大花线、墩贺线等路线进行大中修；花峡线改造提升工程投资2000万元，改善路况，提升绿化品质；清南线改造提升工程投资约200万元，进行沥青路面加层，绿化提升。

【路政管理】 结合“四边三化”“两路两侧”工作，共查处路政违章案件2481件，拆除违章建筑2808平方米，拆除非公路标志标牌2103块，清理违章堆积物14341平方米，整治马路市场18个；查处超限车辆208辆，卸货12037.49吨；投入90多万元完成省级事故多发点段和衢州市级事故多发点段治理；投资250多万完成旅游标识安装，支持江郎山——廿八都旅游区创建国家AAAAA级旅游景区；完成省、衢州市交办的“四边三化”整治任务；行政审批12件，办结率100%。

运输管理

【概况】 全市有客货运输车辆4777辆，其中营运客车总数328辆，营运货车总数4449辆（不含农用车）。公路客运量为990万人次，公路货运量为2834万吨。汽车维修企业（经营点）130家，驾校12家，全年培训学员15237人，货运驾驶员从业资格培训8期，培训学员265人。全市共有客运班线63条，19个乡镇（街道）全部通客运班车，城乡客运班车通达率100%。

【城乡公交】 年内开通到莲华山工业园区

公交车，并投入6辆油电混合新能源公交车。帮助企业向政府争取车辆更新资金，协助园区制定109路和118路园区公交专线客运服务质量考核管理办法，调整103路和118路城市公交线路。开通江山高铁站直达江郎山景区及廿八都景区的首条旅游直通车。与邮储银行江山市支行合作实施城市公交IC卡项目。依托浙江驰骋公司旗下的“左邻右舍”与“生活驿站”两个连锁品牌便利店布点及人员、网络优势，建设12个机关事业单位站点、4个封闭式小区站点，增加支付宝借车、手持pos移动借还车功能。启动公共自行车服务系统第二期项目建设，截至年底，共新增46个公共自行车服务站点、1000辆自行车。全市共建设服务站点106个，投入公共自行车2050辆。

【物流建设】 配合抓好江山驰骋物流基地、江山虎物流基地的建设，2016年江山驰骋物流基地投资1086万元，完成驰骋物流基地冷链物流及配套建设项目。引导城区货运配载点、托运部向物流基地集聚，做大做强物流基地。完善农村物流配送体系，形成以干线物流为支持，以驰骋物流配送中心为依托的农村物流配送连锁体系。至年底，全市共有物流公司95家，开辟有义乌、宁波等省内和上海、南昌、福州、广州、山东、湖南、湖北等省外90多条货运专线，与全国300多个大中城市实现货运直达。拥有驰骋物流、江山虎物流2家衢州市级物流龙头企业，宏运化工、正达运输、正宇运输、同岳物流、方达物流、福得物流、安驰物流等7家江山市级物流龙头企业。其中同岳物流率先启动甩挂运输模式，成为浙江省第二批、衢州市唯一一家试点企业，方达物流公司探索“以气代油”运输业务，是衢州市首批低碳转型试点企业。

【客运安全】 2016年春运期间，运管部门周密安排，全面部署，突出重点，强化安全，加强监管，全市共发送旅客131.84万人，确保当天旅客当天走，顺利实现春运期间旅客走得及时、走得安全的目标。完成清明、“五一”、端午、“十一”等节假日旅客运输工作，为旅客出行提供方便。先后组织开展“道路运输行业安全隐患大排查”道路运输专项整治“1号行动”“2号行动”等大排查活动，全面完成第三届互联网大会和G20杭州峰会期间的道路运输行业维稳安保工作，先后71次、226人次对全市的道路运输安全情况进行明察暗访。同时，全年共出动运政执法人员1700多人次，开展480多次道路巡查活动，下发督查整改通知书17份，整改安全隐患24条，对检查中发现的问题，督促企业进行限期整改，整改到位率100%，确保隐患排查不走形式，整改措施落到实处。

（张益萍　毛小红）

铁路工作

【概况】 2016年，抓好重大铁路项目谋划，推进杭长高铁后续工作。杭长高铁江山段获衢州市唯一一条“最美铁路”称号，并得到衢州市市长杜世源的批示肯定。江山铁路建设办公室获2016年度市委市政府工作目标综合考核良好等次，重大项目前期工作考核一等奖，服务业发展工作考核一等奖。

【谋划杭衢高铁江山段项目】 加强与省、衢州市等上级部门联系，反映我市诉求。积极对接铁路总公司、上海铁路局和铁五院等相关铁路单位，争取技术支持。编写相关材料，以省人大代表议案建议形式争取上级对该项目的支持。通过多形式多途径多层面沟通争取，为杭衢高铁延伸至江山项目前期打下基础。

【上铺汽车物流基地扩建项目】 该项目为浙西铁路综合物流园区布局的主要项目之一，共用地约 7.8 公顷，总投资约 1 亿元，2016 年完成投资 2700 万元。积极与发改、国土、规划、开发区、虎山街道等部门单位沟通，克服项目用地征迁难度大、施工场地复杂等困难，做好项目用地报批和征收、15 趟线路杆线迁改、配套建设等相关前期工作。

【公铁联运无水港二期项目】 该项目同为浙西铁路综合物流园区布局的主要项目之一，计划用地约 12.8 公顷，总投资约 1.6 亿元，完成投资 3000 万元。全程做好项目服务，推进先行 4.27 公顷用地报批和征收，部分杆线迁改等工作。

【杭长高铁后续工作】 全力解决工程遗留问题，基本完成地方征迁安置，配合开展拆迁户权证办理工作。做好项目往来资金结算工作。争取增加在江山办客高铁，现高铁江山站办客达到 52 趟，其中 7 对始发终到。另有普铁办客列车 13 趟。全年江山火车站共发送旅客 115.2 万人次，其中高铁 91.5 万人次，最高日发送量达 8632 人次。

【铁路两侧“四边三化”专项整治】 发挥部门牵头作用，共 7 次组织相关部门、杭长高铁沿线乡镇（街道）主要领导或分管领导等乘高铁排查问题，支持配合做好面上问题的排查、整改协调工作。开展杭长高铁江山段“四边三化”“连心·帮学·促创业”活动，完成杭长高铁江山段环境专项整治规划，打造景观节点，完成 600 多个问题点的整改工作。

（毛建军）

杭长高铁江山段（陈春良 摄）

城乡建设

城乡规划

【概况】 2016年，江山市规划局围绕“工业新城、旅游胜地、山水家园”的城市定位，以开展“两学一做”学习教育为载体，强化规划引领，服务全市中心工作，圆满完成全年各项目标任务。先后获得衢州市规划系统年度绩效考核优秀等次、服务业考核一等奖以及“四边三化”、落实全面从严治党主体责任等工作先进单位。

【城市规划】 开展《江山经济开发区空间整合研究》，优化产业布局和近、中、远期开发区发展目标。开展《江山市域幼儿园空间布局专项规划》修编，完善教育布局。启动编制《江山市中心城区“双修”（海绵城市）城市设计》。完成《城北新城控制性详细规划修编》《江贺经济廊道建设规划》《美丽江城风貌长廊整治提升规划》《S315省道两侧建筑立面整治提升规划》《杭长高铁（江山段）环境专项整

S315省道沿线环境新路况提升

治规划》等10多项重点规划。加强城市重要片区、重要区块的城市设计，完成江滨南路虎山段滨水区域（包括快速接线）景观设计、“一江两带”慢道体系及滨水开放城市设计。

【村镇规划】 坚持城乡统筹发展，推进城乡规划一体化。启动编制《小城镇综合整治规划》。指导和推进中心城区8个集聚点和贺村、峡口等集聚点建设，着力破解异地搬迁农民建房难问题。编制完成《江山市特色村风貌保护与整治规划》《市域美丽乡村建设规划》《市域色彩规划》《市域村庄布点规划》修编。完成创AAAAA余家坞村整治规划以及19个村庄规划编制、修编任务。

【规划审批管理】 推进“四张清单一张网”建设，再造规划审批流程，提高审批速度。全年共办结规划审批项目2655件，按时办结率为100%，规划审批窗口4个季度均被市行政服务中心评为五星级窗口。理顺规划管理体制，成立经济开发区规划分局，服务园区项目建设。严格项目全过程监管，严把项目选址、规划条件设定、方案审查、竣工验收四个关口，加强项目批前和批后管理，提高规划管理和监管能力。

【规划监察】 按照“控新减旧”的要求，

联合虎山街道对航埠山小区违建开展整治（毛巨 摄）

建立健全网格式规划巡查模式，实现新增违法建设即查即拆，全年共查处违法建设564起，面积57548.66平方米。配合乡镇（街道）强制拆违行动46次，协助拆除违法建设397起，44474.94平方米。树立“以拆违促征迁”的理念，积极参与通绿门、东接线和火车站片区（上余镇黄陈片区）等市重点项目征迁、全市征迁“清障拨钉”以及创建国家卫生城市工作。

【集镇管理】 围绕打造“最佳门面”和“最美客厅”目标，按照“六个一律”标准抓整治，“洁净集镇”成效初步显现。重点对集镇农贸市场、乱停车等进行专项整治，集镇秩序有所改善。完成106个集镇建设项目，集镇功能和管理进一步完善。

【省级美丽宜居示范村建设】 突出“以点带面”和“典型示范”作用，以中国传统村落、历史文化名村和美丽宜居示范村为重点，全力助推新农村建设。成功申报浔里、秀峰等8个村为第四批中国传统村落，成功申报张村乡张村村为浙江省第5批历史文化名村，成功申报耕读村为国家级美丽宜居示范村，礼贤村、后坂村等2个村为省级美丽宜居示范村，共向上争取资金3400万元。新塘边镇毛村山头村、上平天村、大桥镇陈家村等3个省级美丽宜居示范村通过省级核查验收，其中毛村山头村核查结果为优秀。结合浙西民居特点，完善《农民建房通用图集》，抓好“浙派民居”的落地工作，指导完成10个“浙派民居示范点”的建设落地工作。

【测绘管理】 完成竣工图测绘32项，工程放样82项，验线69项。完成江山市地理国情普查工作。加强“数字江山”地理框架系统的推广应用，新增单位包干区分布信息系统、电动汽车和通信基站3个专题的数据应用、管理功能。完成江山市西北片、物流中心等区块共76.7平方公里1：500地形图坐标转换和江山市山海协作区约18.5平方公里地形图更新修测项目。

（汪建清　叶基兴）

城市建设

【概况】 2016年，江山市住房和城乡建设局（简称“住建局”）共投入城市基础设施建设资金10.5亿元，新建、扩建道路面积17.15万平方米，新建改建供水管网53.3公里，完成城镇污水主管铺设37.52公里，新增绿化面积12万平方米，改造城市里弄路灯3700盏。积极开展结对帮扶共建“中国幸福乡村”活动等工作，共为新农村建设提供资金或物资扶持60.52万元，免费提供绿化设计方案、减免新农村建设的房屋办证费用、免费白蚁灭治各项费用，协助向上争取专项资金补助110万元。年内市住建局先后被授予衢州市平安建设暨综治维稳先进集体、衢州市G20杭州峰会维稳安保先进集体等荣誉称号。

江滨南路建设工程

【重点工程】 开工建设城市基础设施建设项目30项，累计完成固定资产投资10.5亿元，各项政府重点建设工程全面推进。年底，江滨南路顺利通车，全长5公里，总投资2.95亿元。总投资1.85亿元建设站前广场、站前大道工程完成站前大道主体结构和配套景观，大道全长1400米，宽60米；完成站前广场主体施工，总面积约1.4万平方米，设有停车位403个。建设完成西山绿道工程，全长11公里，宽度2.5—5米，总投资4000万元。

【民生实事项目】 实施各项城镇环境整合整治工程，完成永康里、永福里小区景观综合改造，改造面积2.68万平方米，新增停车位188个。完成西市街、市心街、解放南路、解放路、东岳路、环城西路、凝秀北路、江东大道等人行道改造项目，累计完成2500平方米。推进危旧住宅治理，通过维修加固、腾空拆除等方式，共完成98幢2万平方米C、D级房屋的治理改造工作，其中C类68幢建筑面积1.5万平方米，D类30幢建筑面积0.5万平方米。

【房地产业】 贯彻执行上级有关房地产市场调控的方针政策，报请政府出台《关于促进房地产市场平稳健康发展的若干意见》，全面取消限购，落实金融信贷和住房公积金贷款支持，实行个人购房财政补贴，制定“房票”安置政策。全年商品房成交43.95万平方米、金额28.5亿元，同比分别增长34.54%和32.77%，成交面积创历史第二，成交金额创历史新高，成交均价6483.55元/平方米，同比下降1.32%。城区二手住宅成交2914套，34.28万平方米，成交金额202529万元，同比分别上涨67.86%、80.33%和78.8%。继续推进保障房建设，全年基本完成保障房建设699套，新增发放低收入住房保障家庭租赁补贴25户。

【建筑业】 全市建筑业共完成产值 52.6 亿元，上缴税金 1.52 亿元。审批打印建造师注册证书等各类证书 1300 本。全面推进和规范民用建筑节能评估和审查工作，落实节能示范项目 11 项。全年完成上余初中、贺村法庭审判综合用房等 15 项工程的施工招标工作，完成凤林镇社区卫生服务中心、贺村镇镇南拆迁安置小区综合安置楼等 10 个工程的竣工验收。

【城市房屋拆迁】 坚持依法征收、阳光征收、和谐征收，集中力量推进重点征收项目。通禄门片区改造建设工程完成 246 户国有土地上房屋征收，达到 89.8%；完成 8 户集体土地房屋征收；14 家单位房征收全面完成。加快推进征收安置房建设，江城北路安置房和白渡路安置房已完成交付入住。推进金家村棚改项目，该项目涉及被拆迁户 107 户，建筑面积 3.59 万平方米。全年完成签约 95 户，签约率达 88.7%。

市政工程

【市政工程建设】 完成江滨路（北关路至北环路段）西侧人行道改造工程，包括行道砖铺装、绿化，总面积 6000 平方米，停车位布置 70 余个。完社稷坛小区、万商城门口、江东三区、平棋小区、招商局等共 20 处积水点改造；开展截污纳管改造工作，根据排查情况，共完成 11 处排污口截污纳管改造。推进老城小区改造工程，分别对永康里小区和永福里小区进行景观综合改造。其中，永康里小区景观改造总面积为 19800 平方米，改造户数 580 户。总投资 370 万元，新增和改造停车位 118 个、污水管线埋设 1556.5 米，雨水管线埋设 2172.05 米，绿化面积 2331 平方米，砼路面硬化面积 4114.5 平方米，铺装面积 5450.62 平方米，路灯管线埋设 1523.2 米，路灯 50 个。永福里小区环境综合改造面积为 7000 平方米，改造户数 340 户。总投资 180 万元，主要建设内容包括新增停车位 34 个、污水管线埋设 994.5 米，雨水管线埋设 593 米，绿化面积 787 平方米，铺装面积 1359.31 平方米，砼路面硬化面积 3150.28 平方米，路灯管线埋设 576.6 米，路灯 30 个等。

【市政设施管理、维修】 按照创建国家级卫生城市工作部署，开展市政公用设施养护维修工作。维修礼贤路、江东大道、江滨北路等主次干道路面 6500 平方米；采用沥青冷补料修复市区道路大小坑洞 350 多处，共 700 多平方米；修复市心街、西塘弄等背街小巷路面 450 平方米；改造环城西路孝子村、山川坛小区、交通幼儿园等排污排水管道 1800 米，改造市心街、毛家弄等积水明沟 550 米；更换补缺破损、缺失窨井盖 19 个，雨水水箅 41 个，综合井井盖 20 个；清理化粪池 36 座；排查市区封门溪、协里溪、达岭溪、鹿溪渠等内河，对鹿溪渠市后淤段长约 10 米挡土墙和原城关中学小桥下游约 3 米长挡墙进行抢修。

【污水处理】 鹿溪污水处理厂全年处理污水 1438 万吨，削减 COD2656 吨，氨氮 274 吨，出厂水质综合达标率 100%，完成污泥无害化处置 6300 多吨。以污水配套管网建设为重点，加大集镇污水基础设施建设力度，建成城镇污水配套管网 37.52 公里；在完成 12 座集镇污水处理厂提标改造基础上全部安装在线监控监测设备，与衢州智慧环保平台实现联网。

【城乡供水】 全力推进峡口水库引水工程项目建设，该项目管网长38公里，总投资2.37亿元，是江山市第一个基础设施PPP项目。自2015年9月开工以来，已累计铺设管网30.4公里，完成总体形象进度的80%。完成坛石、双塔农民饮水扩面提升工程，铺设进村入户管道189公里；完成江滨路、书院里、山川坛等小区管网改造0.7公里。完善多样化水费收缴方式，采取银行代扣、邮站、报刊亭、超市代收、支付宝等多种水费收缴方式，方便市民。全年安全供水1889万吨，新增用户7853户，完成一户一表改造533户，管网水质合格率100%，管网压力合格率99.8%。

【城乡供气】 持续推进天然气入户进企，投入资金3000万元，新建天然气中压主管道20千米、低压庭院管网6.8千米，完成城北保障房、凯升公馆、金谷山庄等10个小区2082户居民以及百威英博啤酒、赛银门业等13家非居民用户燃气设施配套安装。全市有32个小区约1.2万户居民具备供气条件，20个小区7000多户居民、52家企业和单位开通管道天然气，年用气量270万立方米，同比增长145%。

园林绿化

【绿化建设重点工程】 丰富“西山花海”建设内涵，提升“西山花海”整体环境。春季以虞美人、矢车菊、马鞭草为主，秋季以波斯菊、百日草、法青等为主，打造春秋各异、移步换景的花海景观。完成杭长高铁上余段片岭区块进行彩化节点配套建设，该项目占地面积2.9万平方米，铺设马尼拉草坪26216平方米，栽植花卉10512株，栽植红叶石楠965.7平方米。

【园林绿化养护管理】 新接管电影城景观市政配套工程、城关幼儿园迁建配套工程、凝秀南路道路绿化景观配套等工程。开展建绿补绿工作，年内新增城区绿化面积12万平方米，全市养护管理总面积达162.08万平方米，建成区绿地面积683.8公顷，建成区绿地率43.28%；公园绿地面积190公顷，人均公园绿地12.6平方米，达到国家园林城市要求。

建筑工程

【概况】 2016年，全市建筑业共完成产值62.35亿元，其中市外产值30.21亿元。浙江亿丰园林建设有限公司企业实现市政公用总承包三级升二级，全市共有施工总承包一级企业2家，二级企业17家，三级企业11家。同时，严格基本建设程序管理，全年共办理施工许可证81份，总计建筑面积92.15万平方米，总造价13.72亿元。

【建筑质量监管】 制定年度安全生产工作计划，严格落实安全生产责任制，全年共办理质量监督手续62项，办理安全监督手续63项，办理施工许可手续81项，办理竣工备案64项。实现施工许可网上办理，从源头上规范建筑市场。围绕工程质量终身责任追究制度和工程质量主体责任的落实，开展“两年”行动，与58家本地房建和市政总承包企业签订综合目标管理责任书，组织两年专项检查活动两次，检查建筑工程40余个。发挥招标工作职能，全力助推项目工程建设，共受理建设工程项目招投标备案182项，项目预算投资12.21亿元，经招标后的实际投资额为10.93亿元，降低资金投入1.28亿元；办理24个非政府投资项目的合同备案，涉及合同金额2.27亿元。

市政管理

【卫生保洁】 新接管虎山小区、迎宾广场、大润发周边等共计22.47万平方米的清扫保洁，共承担城区512万平方米道路清扫保洁工作，64座公共厕所清洗保洁、893只分类果壳箱、1400只垃圾桶收集，拆除不达标垃圾房96座。通过城乡24座垃圾中转站中转，年内处理垃圾10.8万吨，日处理垃圾296吨，其中处理城区垃圾5.16万吨，乡镇垃圾5.64万吨，无害化处理率达100%。出台垃圾分类实施方案，选定站前里、机关宿舍及鹿溪山庄等3个居民小区开展垃圾分类收集试点，制订摆放51只垃圾分类收集桶供小区居民分类投放。投入50万元对体育馆、新华路等9座公厕内的设施进行提升改造，投入80万元对9座旱厕进行改建；投资80万元购置垃圾收集车、中转站对接车、环卫清洗监测车各一辆，提升城市保洁作业车辆质量。

【推进国家卫生城市创建】 集中力量对城市市政设施、环卫设施、园林绿化、路灯亮化、建筑工地等领域进行彻底排查整治，全力以赴投身创卫。共清理卫生死角1447处，清理积水容器303处，累计清理城区生活垃圾1730吨，增设果壳箱、垃圾箱1344只，开展“四害”消杀活动725次；整改426处路灯亮化设施；修补破损路面、人行道12240平方米，疏通污水管网10380米；修剪、补植绿地3.138万平方米，平整闲置土地11公顷，修建围墙5200米，制作安装卫生城市宣传画累计1万余平方米。

【完善城市排涝体系】 加快实施城区排涝整治工程，重点突出城区排涝和积水节点治理，完成社稷坛小区、万商城门口、江东三区等19处积水点改造；建设屋顶集雨系统116处，改造、推广节水器具1123套。做好防汛物资储备和抢险队伍建设，加强城市防洪排涝知识宣传，提高全民防灾减灾意识。

【强化安全生产检查】 以全力护航G20杭州峰会为契机，重点做好供水供气保障、出租房流动人员排查，消防安全隐患整改等工作。组成建筑工地安全、市政工地安全、公用设施安全等8个安全巡查小组，共出动各类巡查4400余人次，进行拉网式巡查，组织防恐防暴消防各类演练20多次。严格落实瓶装燃气购气实名登记制度，共登记购气户6.5万户，收缴过期钢瓶数4121个。巡查瓶装燃气经营站点79个，整改安全隐患29个，组织联合执法14次，取缔四都镇和坛石镇3个无证经营点。全面启动“钢瓶去向精准”工作，通过采用二维码实现钢瓶储存、使用、检验、报废等全过程的跟踪追溯，共安装二维码钢瓶数1575个。对自来水厂、江城燃气等重点单位加强资源配置，夯实人防、技防、物防基础。

（杨建兵）

新农村建设

【概述】 2016年，江山市贯彻落实创新、协调、绿色、开放、共享“五大发展理念”和各级农村工作会议精神，以创建省美丽乡村示范县为统领，努力实现幸福乡村环境美、外在美、发展美、内在美、持久美，不断推进中国幸福乡村串珠成链、连线成片，引领推动幸福乡村向景点化、景区化、休闲化方向发展，打造中国幸福乡村升级版。江山市荣获全省首批“美丽乡村示范县”并获得省、衢州市级奖励资金2300万元，同时获省新农村建设优秀单位、省首批光伏小康工程试点县等荣誉称号。

【省美丽乡村示范县创建】 3月8日，召开全市农村工作会议暨创建省美丽乡村示范县动员大会，市委书记吕跃龙号召“要以决战的姿态，以舍我其谁的干劲，乘势而上，克难攻坚，确保成功创建首批省美丽乡村示范县”。围绕“六态六化六美”，全力做好“创建＋基层党建、创建＋全域旅游、创建＋乡村文化、创建＋农民主体”等文章，打造“幸福乡村风光线、保安民国风情线、古镇养生风韵线、世遗江郎风采线、醉美碗窑风行线和村歌文化风俗线”等6条美丽乡村精品线，绿化彩化精品线30多公里，打造线上景观节点20个，以整体化、项目化、品牌化理念推动工程建设，疏通美丽乡村毛细血管，畅通美丽风景微循环。开展整乡推进示范，以全域垃圾分类实施、全域农村环境综合整治、全域提升项目建设、全域家风家训收集整理等为抓手，发挥典型示范带动作用，提升江山市美丽乡村建设整体水平。廿八都镇、新塘边镇被评为省级美丽乡村示范乡镇。建设特色精品村，制定具有江山特色的A级、AA级景区村建设标准，成功创建美丽乡村示范村31个、A级景区村18个、AA级景区村11个，大陈村等5个村被评为省级美丽乡村特色精品村。开展美丽庭院“百千万”巾帼行动，利用废弃轮胎、破损瓦罐、木板竹片等，塑造庭院精致小品。创建美丽庭院示范户1250户，全省美丽庭院现场推进会在江山市召开。推进美丽乡村“一县一带”建设，出台美丽乡村“一县一带”实施方案，启动从虎山街道平棋村至廿八都镇兴墩村的“仙霞古道世遗江郎”美丽乡村风光带建设，联动推进“古道溯源、最江南、世遗江郎、光谷小镇、七彩保安、古镇养生”六大核心景观片区的美丽乡村风光带建设，打造15个景观节点，整治提升45个沿线村，推进43个项目建设。

【中国幸福乡村建设】 制定修改中国幸福乡村复评管理办法。重点对卫生保洁、绿化养护、设施维护、外墙整治、拆违拆旧和新提升项目等方面开展复评。经认定，双塔街道杨敦村等25个村复评结果优秀等次，双塔街道坳里村等49个村良好等次，双塔街道社后村等32个村合格等次，四都镇前岭村等4个村“黄牌警告”（不合格等次），虎山街道彭里村、虎山街道孝子村、虎山街道达道村、上余镇迎宾村、上余镇李坪村、新塘边镇毛家仓村、峡口镇合新村等7个村被直接“摘牌”。

【异地搬迁】 按照“搬得下、稳得住、富得起”的总体要求，坚持“政府引导、农民主体、市场运作”的原则，持续推进异地搬迁工程，累计搬迁8958户、29711人，其中2016年安置606户2000人。共向上争取专项资金15768.68万元、专项土地指标2100多亩，农户拆除原居住地房屋后实施宅基地复垦面积4853.28亩，成立5个异地搬迁安置行政村。在第四届中国民生发展论坛上获得“2016民生示范工程”；在“2016第十一届中国全面小康论坛”上再获“2016中国十大民生决策奖”，全省仅4个项目获此殊荣。

【农村生活污水治理】 按照“扩大战果、争创一流”的工作要求，全面全速全力推进农村生活污水治理，全年有67个村基本完工，新建终端建设227个，主管铺设64.9公里，支管铺设58.9公里，投入治理农污资金约1.65亿元，增加受益农户26691户以上。该项工作得到时任省委副书记王辉忠、省政协副主席王建满的肯定。

【农村垃圾分类】 按照“低成本、可复制、易操作、可坚持”的原则，总结推广“垃圾两分法”，投入垃圾分类资金3156万元，176个村实施垃圾分类，其中示范村50个，建成投入使用太阳能堆肥房84座、垃圾资源化减量化设备7套，配备垃圾分拣员729人，建成垃圾兑换超市184个，全市农村生活垃圾处理工作走在衢州前列，并在12月25日的《浙江新闻联播》头条播出。

【农村环境整治】 在全市24个行政村开展农村保洁资金自筹试点工作，自筹资金68.1万元，破解农村保洁资金短缺和村民卫生意识淡薄两大瓶颈。在292个行政村开展农村“六乱”整治工作，全市共有9万人次直接参与环境整治。深化黄衢南高速公路、杭长高铁、“311”示范线、48省道、46省道、江山港、主要入城口及美丽乡村精品线等道路沿线“赤膊墙”整治，全市“赤膊墙”基本消灭。

【历史文化村落保护利用】 推进勤俭村、枫溪村、枫石村重点村项目建设，分别完成工程总进度的100%，80%；花桥村和凤林镇南坞村两个重点村规划设计已通过省级评审，进入项目实施阶段，完成工程总进度的30%。制定出台《江山市历史文化村落保护利用项目与资金管理办法》，成立历史文化村落保护利用项目专家库，实行项目申报制，确保历史文化村落保护利用项目资金落到实处，实行项目评估不合格退出制，并将扣回原专项下达的该项目补助资金和用地指标，确保项目建设有序规范。摸清家底充实项目库，新增符合入库条件35个历史文化村落。

【农家乐（民宿）经济】 全年新增农家乐特色乡镇2个、农家乐综合体5家，新增三星级农家乐67家、四星级农家乐3家、五星级农家乐2家。年内共有民宿特色村19个，农家乐（民宿）床位数7000张（新增2372张），全年接待游客489万人次，年营业收入2.9亿元，同比增长41%，在省农办考核中被评为优秀等次。加强省级农家乐提升发展重点县、农家乐精品示范区“保安—廿八都”农家乐休闲养生带、农家乐省级特色乡镇石门镇、农家乐省级特色村化龙溪村的培育，廿八都镇、碗窑乡被评为浙江省农家乐特色乡镇。抓经营素质提升，选派全市农家乐民宿优秀经营业主参加省农民大学学历教育，组织参加衢州市农民学院茶艺培训2期32人，组织参加“掌上农家乐”工作培训2期41人。加大产品营销宣传。组团参加“2016长三角乡村旅游博览会”，其规模为历年之最，在上海取得很好反响。加大媒体营销宣传，以电视、报纸、杂志、微信等形式，及时宣传各类节庆活动、特色亮点。借助G20峰会东风，开展对杭州游客免费赠送旅游门票等一系列促销活动，营造农家乐、民宿经济高速发展的良好氛围。重点抓住“人员登记、消防安全、防台涉水”等三个方面，综合运用人防、物防和技防等举措，坚决守住农家乐（民宿）安全防线。市农办获G20杭州峰会维稳安保先进集体称号，陆天军、姜纪坤分别获衢州市、江山市G20杭州峰会维稳安保先进个人称号。

【山区经济】 全市共安排山区经济发展项目19个，其中产业平台建设类10个，特色产业发展类9个，计划总投资12031万元，山区经济计划补助资金4656万元（其中上年度结余资金216万元），自筹及其他资金7375万元。在产业平台建设类项目中，保安乡民国风情线建设工程、保安乡民国特色街配套设施建设工程、日月村户外休闲活动欢乐园等项目进展较快。省农办及省财政厅委托的第三方中介机构对江山市2016年度山区经济发展项目进行绩效评价，对山区经济发展项目管理制度、工作流程、发展绩效等各方面充分肯定，被评为优秀等次。

【扶贫开发】 深入实施低收入农户收入倍增计划，新增3个试点村，全市现有村级资金互助会25个，共有入会农户1512户，其中低收入农户355户，互助资金1285.94万元，累计发放借款3504.3万元，所放借款主要用于发展特色种养殖业。加大小额贷款力度，累计发放低收入农户小额贷款23607.3万元，1514户低收入农户受益。推动来料加工转型升级，共发放来料加工费2.86亿元，累计培养来料加工固定从业人员4.9万人，一、二级经纪人1225名。建立来料加工示范基地33个，实现“个转企”数33家。实施产业发展，确定2016年扶贫重点村产业发展项目53个，涵盖52个扶贫重点村，计划帮助2580户低收入农户增收1044万元。新塘边镇外坞、大桥镇大桥、廿八都镇林丰3个村被列入省际边界村项目，是全省仅有两个立项的县（市）之一。按照“调出一批、补入一批、分析一批”的要求，完成“原4600元以下”低收入农户动态管理工作，现有动态管理后贫困农户553户1273人，按“一户一策一干部”要求已落实帮扶责任人。扶贫热线正常运行，已接群众来电31个，办结31个。至年底，低收入农户人均可支配收入10511元，同比增长19.4%，监测户人均可支配收入超过8000元的有109户，占比达72.6%。

【光伏小康工程】 通过坚持和努力，江山市成为省首批5个光伏小康工程试点县之一，争取专项资金5381万元，已完成项目招标工作。

【“一村一品”和有机农产品培育认证】 加强检查指导，重点推进21个“一村一品”村培育，抓好有机农产品申报认证，加强有机农产品品牌宣传推介。全年新增12个“一村一品”专业村，18个有机农产品认证证书。

【农民培训】 坚持“实际、实用、实效”培训原则，注重特色培训，全年培训农民5046人，其中农村实用人才2865人。培训工种有家政服务（月嫂、母婴护理、养老护理员）、泥木工匠、中式面点、电子商务（淘宝网店）、农村保洁（垃圾分类）、庭园绿化、安全员、应急救护、掌上农家乐、汽车装潢与日常维护、休闲农家乐（民宿）、休闲观光农业等20多个工种，同时组织13期到市外省内先进地区考察学习。

【农村改革】 基本完成“三位一体”改革，市乡两级农合联实现全覆盖，共有会员898名。发挥市乡农合联的作用，使其成为联系农民的桥梁，推动农村经济发展的杠杆。完善“1+19”市乡联通一体的农村综合性产权交易中心，规范土地承包经营权、林权、集体建设用地等农村综合产权，累计交易额1400多万元，促进农民增收。

【赤膊墙整治】 坚持源头控制、农民主体、重点整治、长效管控原则，提高补助标准，强化机制约束，结合“三改一拆”、“四边三化”、农房改造等工作，对黄衢南高速公路、杭长高铁、“311”示范线、48省道、46省道、江山港、城区主要入城口及4条精品线等道路沿线赤膊墙进行全面整治，全年共整治“赤膊墙”1014户、17.52万平方米，全市“赤膊墙”已基本消灭。

（陈荣忠）

三改一拆

【概况】 2016年，全年拆违3669宗113.9万平方米，完成衢州下达年度任务的142.3%。完成“三改”220.62万平方米。其中，城中村71.41万平方米、旧住宅区73.09万平方米、旧厂区76.12万平方米，分别完成衢州市下达任务的116.1%、109.8%、121.8%和117.1%。全市4年累计拆除违建19746宗489.6万平方米，完成“三改”601.8万平方米。19个乡镇街道通过衢州市“无违建乡镇（街道）”考核初评，并通过省“基本无违建市”创建考核组预验收。

【违法典型案例处置】 全市有3起“三改一拆”案件被省级媒体曝光，其中《今日聚焦》曝光3起（贺村镇贮木场内违法建设项目众多案件、江山市白菇种养临时用地被长期挪用案件、大桥镇协力钙品厂非法占地案件），浙江日报《治水拆违大查访》曝光1起（江山市清湖镇江星路两侧有大量木制品企业存在违建和环境污染问题）。曝光后，立即召开整改工作会议，成立专项工作组，制订工作方案，推进落实整改，均在第一时间整改落实到位。

【集镇环境整治】 结合创全国卫生城市、全域旅游、六乱整治等专项行动，开展公共场所乱堆乱放和集镇环境综合整治，全市累计拆除违章搭建及雨棚2877处5.4万平方米、店外广告牌4032个，划定固定停车位1800个，清理卫生死角1300多处，清运垃圾9347多吨，集镇“脏乱差”现象得到改观。

【非法“一户多宅”处置】 至2016年，全市共拆除非法“一户多宅”9612宗121.68万平方米，通过政策处罚农村附属用房、农民少批多建等一户多宅10182宗62.47万平方米，收缴各类处罚款3076万元，1999年1月1日以后农村新建住宅而没有拆除老住宅的非法“一户多宅”，得到全面依法处置，农房确权登记发证工作完成率达94.1%，确权登记率走在衢州市前列。同时，对一批拆除会影响合法建筑以及唯一住宅的违法建筑列入暂缓拆除对象，暂缓处置862宗7.19万平方米。

【涉违重点交办案件销号行动】 集中交办土地卫片执法、涉违信访、影响消防安全、国土“亮剑行动”等重点案件，实行交办案件“销号清零”管理，全年累计完成处置187宗，拆除达20多万平方米，啃下一批攻坚期的“硬骨头”。

【新增违建管控】 新增违建全部按照“即查即拆”规定处置到位。自2013年10月1日以后全市共发生新增违建67起10160.68平方米，均按即查即拆的要求处置到位，处置率达100%。全年卫片执法监督检查违法用地总量8.15公顷，违法占用耕地面积为1.93公顷，没有超过省“基本无违建县（市、区）”标准（违法用地总量不超过10公顷，违法占用耕地面积不超过4.67公顷），违法占用耕地面积占新增建设用地占用耕地总面积的比例为2.75%。

【注重拆用结合】 开展“创建百个示范点，推进百万拆违任务全面完成”活动，重点打造产业转型升级示范点、A级景区示范村、“五水共治”示范点、“四边三化”示范点、拆后利用示范点、重点改造示范项目等6类106个示范点，将拆后土地利用与美丽乡村建设和乡村地域文化特色一体推进。成功创建杨敦猪尾片拆后复垦示范点、明星村木材加工厂、旭派门业等一批成效明显的拆违示范点创建90多个，带动了拆后土地利用率得到迅速提升。

【抓好拆改并举】 完成319户牛头岭片区城中村改造项目，拆除旧房6.2万平方米，提供近2万平方米宅基地用于安置；拆除山川坛、永康里、永福里等老旧住宅小区违建后，迅速开展以绿化、管网改造、休闲场地建设为主要内容的改造，彻底改变了小区脏乱差环境；拆除低小散和高污染、企业29家，新建标准厂房9.9万平方米供拆后企业租用，先后有9家“低小散”企业通过改造入驻工业园区。

【健全制度体系】 制定规范长效的违法建筑处置规定，明确违法建筑的具体认定标准和处置办法，并按要求进行备案，违法建筑处置配套规定覆盖各类违法建筑处置，无制度上的盲区；执法程序完善，对违法建筑的调查认定、拆除、没收、缓拆等依法作出严密的程序性规定；建立“无违建县（市、区）”创建工作不力、存在弄虚作假和严重失职渎职等行为责任追究规定。

【完善规划体系】 各级土地利用总体规划和城乡规划相互衔接有序；中心城区控制性详细规划实现全覆盖；12个建制镇中，有8个镇编制镇区控制性详细规划，覆盖率达66.7%；除下山移民等特殊情况外，乡村规划实现全覆盖；历年卫星遥感执法监督检查违法图斑处置到位率达100%。

【健全防控体系】 依托“智慧城管”、“12345”有奖举报等平台，建立具备受理投诉举报、巡查发现、实时指挥、快速处置和综合督查等功能的“防违控违综合管理系统”。建立多部门合作违法建筑监控信息系统，实现国土、规划、住建、消防、城管等各防控责任单位之间信息共享、联动防控。全市19个乡镇（街道）、经济开发区均按相关要求建立网格化巡查机制。

【完善农民建房保障体系】 严格贯彻落实农民住房“一户一宅”规定。各乡镇（街道）根据统一部署和规划，逐村编制农民建房实施方案；农民建房用地指标实行专项管理、合理配置，对无房户、危房户优先保障；完成峡口、凤林宅基地审批权限下放乡镇（街道）试点工作，开通审批直通车，并在全市各乡镇（街道）推广落实。

（三改一拆综合办公室）

五水共治

【概况】 2016年，江山市以“三百一零”（建设百里生态景观河道、培育百个治水转型示范典型、打造百家清洁生产规模企业，“清三河”零反弹）目标为统领，以巩固“清三河”成果为核心，创新完善持续发力、深处发力的抓手和平台，打出一套“全民治水、全域治水、项目治水、长效治水、转型治水”组合拳。全年，全市完成清污（淤）108万立方米，保留猪场缩减至184个，创建标准化美丽生态牧场20家；排定治水项目54个，投资6.63亿元，交接断面水质考核优秀，“4+1”生猪养殖监管模式、保供水和政协委员参与治水等经验做法先后获省委、省政府领导批示肯定，3次得到央媒报道。

【全域推进清淤除污】 全年筹措财政预算资金1220万元用于“清三河”防反弹，共有50条河道（段）、151座水塘、37座山塘、3座水库、300公里沟渠得到清理，完成清污投资4596万元，清污（淤）108万立方米，完成年度任务112.5%，探索淤泥循环化、资源化、减量化、无害化处理方式，变废为宝，实现改一点美一片、整一处变一景，初步形成就地造景法、上下移位法、培土增肥法、还田消纳法、覆土复垦法和资源再生法等6种淤泥处置方式，代表衢州市接受省考核当中，排名全省前列。

清理蔡家塘

【全速补齐短板】 按照认识再深化、内容再拓展、分工再精确、问责再加码的要求，全面开展“清三河”短板查补。先后开展“清三河”反弹隐患自查、互查、督查三轮行动，共排查隐患问题171个，入河排污（水）口801个。针对江山港水体浑浊问题，组织专项排查分析，对江山港沿线24家洗制砂场进行全部关停并拆除设备，整治低小散作坊10家，涉河临时建筑、乱堆乱放等点位24处。按照分类处理的原则，制定“清三河”短板隐患销号责任表，实行销号管理，补齐一个、打钩一个，全市171个隐患问题已全部销号。

【全面管控畜禽养殖】 推进畜牧业转型升级，打造全省示范标杆，推行控量监管、排放监管、智慧监管、联动监管，创新发酵床“零排放”的“4+1”模式。年底，保留的184家生猪养殖场智慧环保系统全部安装到位，并实现与环保局联网，10月底前，实现零排放全覆盖。该做法得到省委书记夏宝龙的批示推广，成为全省性示范标杆。全面开展美丽生态牧场创建，有2家养殖场被评为国家级标准化示范场（全衢州仅6家），1家被评为全省首批“美丽生态牧场”（全省共20家）。探索实施“南猪北养+北牧南移”模式，在推动养殖业结构调整和转型升级的同时，完成畜禽养殖污染深度治理目标。深化鸭、鸡、鹅、牛、羊等畜禽养殖污染整治。要求大型现代化蛋鸡场配备养殖粉尘的收集处理设施，推广节水旱养等生态养殖技术，全年完成75个规模水禽场整治。

【全力提速污水治理】 加快推进农村生活污水处理设施建设，67个治理村全部完成整治任务，共完成化粪池改造农户20148户，接入农户数26192户，接户管敷设420678米，村内支管敷设58884米，村内主管敷设64884米，安装检查清扫井27422个，建成污水处理池227处、容积3882立方米，人工湿地面积4955平方米。投入项目资金16565万元，完成比例100.4%。建成城镇污水管网37.52公里，日处理能力1.98万吨、采取BOT模式建设的贺村污水处理厂投入使用，12座集镇污水处理站（厂）智慧监控设施安装到位，出水水质全部达到一级A。

百里须江·美丽长廊—江山港流域综合治理

【项目建设全程领跑】 按照“前期实、开工早、推进快、保验收”的工作要求，全力推动项目建设加速奔跑。全年实施各类治水项目54个，完成投资6.5亿元。年底，14个续建项目完工13个，40个新建项目全部开工。着眼全流域生态化改造理念，谋划“十三五”时期治水项目，2016年计划实施各类治水项目54个、投资6.63亿元。重点推荐投资27.42亿元的“百里须江·美丽长廊”项目，该项目已纳入省水利重点项目盘子。

【推进工业污染整治】 突出问题导向和目标导向，制定实施年度涉水行业整治专项方案，推进峡口、四都两个乡镇功能区整治，开展“低小散”企业专项整治，推进石灰钙产业整治提升，强化对现有184家保留猪场的执法监管，组织实施天网工程，实时监控生猪养殖场污水处理设施运行排放情况，推进49家工业化治理模式养殖场的生物发酵床技改，同时配合推进农村“双治”工程。巩固重点化工企业危废管理，开展医疗废物专项检查，严格按规定协调处理好桃源路口医院医疗废物的转移处置和跨省转移处置的问题，全市11家重点危废产生单位开展自查并将库存危废清零，由环保局配合住建部门开展一般工业固废处置场选址工作。创新联合执法机制，先后开展“亮剑1号”“亮剑2号”“执法+督查”和“‘严执法保平安’智慧环保亮剑行动”等专项执法行动，出动执法人员3377余人(次)，检查涉水企业1318家次。

【开展品牌培育】 围绕衢州市提出的“一年治黑臭，两年可游泳，三年成风景”战略目标，将深化全民治水作为基础工程和长效工程，初部署开展“一行一品牌·一乡一看点”创建活动，谋划培育一批可看可学可推广的治水品牌。全市全年19个乡镇、19个部门开展品牌培育，“生猪养殖污染治理零排放模式示范镇”“巾帼护水队”“月满新塘治水转型示范线”“环保达标企业创建”等21个品牌培育打造初具雏形。将发展全域旅游与治水工作无缝对接，启动省“美丽乡村示范县”创建工作，优化农村环境，提升乡村景观，引导村民转型参与发展民宿、农家乐等旅游经济，在全市各村批次形成盆景。年内，全市共创建AAA级风景区5个，制定具有江山特色的A级、AA级景区村建设标准；打造美丽乡村示范村60个、A级景区村40个、AA级景区村20个。

【“河长制”工作】 出台《江山市河长巡查制度》，建立河长履职情况一季一陈述制度。严格执行“一级河长一月二督查、二级河长一旬一检查、三级河长一周一巡查和各地组织河道保洁员、巡河员、网格化监管员等对河道每天开展巡查”。建立镇村两级每日巡查制度，借助网络信息平台，每个一级河长二级河长均建立了QQ（微信）工作联络群，投入“河长制”专项经费150万元，集中采购终端310部，构建河长信息化管理系统。启动入河排污水口标识牌设置工作，先后两次开展全市域排污水口自查行动，并根据排查情况制定封堵与整治方案，统一化标识，全面清理非法排污口，规范全市入河排污（水）口标识牌设置，108个不具备排水功能排水口以及造成严重污染的排污口被封堵，19个有保留必要又存在排污隐患的雨污混合口通过整治。全市剩余的693个排（污）水口中，共设置标识牌468块，其中排水口标识牌407块，排污口标识牌61块。

（治水办）

信息产业

邮　政

【概况】 2016年，中国邮政集团公司浙江省江山市分公司实现邮政业务收入3250万元，同比增长13.55%，完成年计划的103.65%。其中金融业务收入1842万元，储蓄余额13.25亿元，均列衢州地区各县市邮政第一名。包裹业务实现收入423万元，函件集邮业务收入386万元，报刊业务收入251万元，分销业务完成业务收入34万元，信息业务收入137万元，其他业务收入177万元。

【能力建设】 将有限的资金倾向于服务城乡居民设施建设的投入，增加电商、投递网络、金融服务设施，提升城乡服务水平。对石门邮政支局营业厅进行全面装修改造，9月23日正式投入使用。分别在淤头邮政支局、石门邮政支局和峡口邮政支局增设自助存取款机，满足广大用户的需求。改造建设包裹业务新生产作业场地，使用面积达到350平方米，优化快包处理流程，提升快包内部处理效率。人力资源配置倾向包裹投递、代理金融等一线服务人员。在G20峰会期间，全面落实G20峰会安保服务工作，做到一切部门联动，密切协同，通力配合，确保邮政生产平安，被评为江山市G20杭州峰会维稳安保先进集体。

【重点工作】 金融业务以服务“三农”为主题，承办夏粮收购款、粮食补助款、林业补助款、水电费代缴代扣等业务，方便城乡居民日常生活业务办理。包裹业务主动对接思远贸易等电商企业，承接包裹快递揽投业务，助推江山电商产业发展。函件业务全面推进“营改增”及税法宣传月，制作国税局“营改增知识问答”DM和寄递“营改增”知识宣传内容挂号信函；制作财政局税法宣传环保袋和宣传品；与市妇联、团市委、教育局等6个部门联合倡议全市积极开展关爱留守儿童、认领爱心书包献爱心活动。精心设计爱心书包，内有文体生活用品、感恩明信片及留守儿童寄给家长的《江山市创业扶持政策》信件等。制作《江山市民手册》，介绍相关部门单位的一些政策法规和办事流程，提供与百姓吃穿住行相关的生活知识和服务信息，为广大市民提供丰富实用的生活工作指南。完成社保生存认证通知函寄递，为全市8000位需要认证的人员寄递认证挂号信；10月9日是第47届世界邮政日，联合江山市体育局及浙江驰骋控股有限公司举办“一封亲笔信，孝行天下行”免费明信片邮寄公益主题活动。集邮业务加强专业联动，和金融业务活动拓展宣传营销，借势造市，扩大G20峰会产品影响面，线上线下联动助推项目发展；制作江郎山—廿八都景区申AAAAA封片宣传推介江山旅游。

邮政局“留守儿童爱心书包”捐赠

【平台建设运营】 全年共安装E邮柜35个，其中小区站点8个，学校站点9个，单位站点18个。E邮柜的安装使用有效解决”最后100米”配送问题。全市建设邮乐购站点总数163个；实现进销存交易95.03万笔，累计金额2.03亿元；代购7741笔，代购金额47.06万元；发展邮乐会员0.88万名；进货批发金额158.32万元；销售农产品1.53万公斤，累计金额21.06万元。上半年，江山邮政农村电商共完成江山市商务局“村邮网购信息化便民服务点”151个。下半年，根据需要择优选择10个服务点进行”电子商务进万村服务点（提升版）”再完善。通过举办“电商联络员周会制”，培训各项电商新业务、现场答疑日常问题，以此提升电商联络员综合能力。通过“微信营销”＋“制造活动”的模式，培养邮掌柜成为“网购买手”，培育村民的网购习惯。中秋节期间全市通过“邮掌柜进货批发”平台销售月饼1000多筒，销售额2万多元。将江山农产品“猕猴桃”及时入驻邮掌柜进行代销，累计销售猕猴桃0.5万多公斤，销售金额5.78万元。在中国邮政集团公司工会2016年度农村电子商务发展劳动竞赛活动中，长台邮政支局喜获“农村电商最佳推广奖”。

【推进网运建设】 4月，根据省公司统一部署，推进深化网运趟车改革，出台投递员私车公助管理办法，第一批6辆“私车公助”投递面包车投入生产使用，有效缩短邮件运输时间，促使全市12个投递部邮件进口时间提前1—3小时。“双十一”期间，全市日均进口2500个左右总包，邮件转运未出现滚存积压现象。整合长台支局大梅农村邮路1条，富余投递员充实网点大堂保安岗位，拓展商务专段邮路2条，提升江东城乡接合部、山海协作工业园等“三类区域”高端服务投递能力。在中国邮政集团公司开展的提升邮政投递服务质量劳动竞赛中，江山邮政分公司城区投递支局周礼华荣获五星级投递员称号；淤头支局周江龙和坛石支局徐崇平荣获四星级投递员称号；城区投递支局毛正荣和峡口支局吴云根获三星级投递员称号。

（邵明霞）

电　信

【“爱江山——无线城市”WiFi 项目】 2016年，中国电信江山分公司充分发挥中国电信在信息化领域的技术优势、宽带网络品质优势以及电信WiFi接入管理平台的功能优势，为市民打造高品质无线免费WiFi接入服务。8月，在城市公共场所和旅游景点WiFi运行管理工作检查会上，江山分公司“爱江山——无线城市”WiFi项目一期工程顺利通过验收，开启了江山“智慧城市”实质性发展的第一步。

【完成年度退铜任务】 年初，公司制定2016年退铜工作计划，并与支局签订责任书。网运部根据各支局实际情况制定退铜目标，根据目标，每月资源中心提取资料到各支局，各支局根据资源中心的资料正确平移用户，并进行每月退铜完成情况通报，对每月没有完成退铜的支局进行帮扶。通过电缆主干缩熔的方式进行退铜，每月根据资源中心提取的资料，主干电缆利用率少于3%的，派发到支局，由支局进行平移。通过努力，提前超额完成衢州分公司下达的2016年退铜任务。

【严把实名制关】 确保信息安全以高度的政治责任心落实好实名制工作，确保信息安全。确保二代身份证识别设备到位，严格核对身份，严把新用户入网实名关，对已入网的用户做好信息补录工作。实名制规范从受理源头进行把控，每月组织支撑人员巡检各门店的协议受理是否规范，受理单据是否有协议，是否有客户签名及身份证明，并受理单据统一上交归档。根据市公司下发每月实名制客户资料不符规范清单，按客户属性落地，按实名制规范要求整改，实体渠道按受理门店下发清单，渠道经理协助门店进行实名制整改。

【G20峰会维稳安保工作】 为确保杭州G20峰会顺利召开，每周用户实名落实整改情况进行汇报。7月10日，召开临战阶段会议。8月8日，召开实战阶段会议。8月30日，召开G20会峰决战阶段会议，各部门、中心主任经理（助理、财务主管）、各支局长（助理），汇报部署G20峰会维稳安保工作。下发《关于江山分公司启用兼职安全员的通知》等文件。增加视频监控23个，城北门卫增设与“110”联网，增配消防器、安防设备设施。组织相关人员，进行反恐、灭火疏散及应急通信抢修演练。加强值班巡查，强化门卫安保管理，严格人员、车辆进出登记手续，确保公司安全稳定。

（沈鲁东）

移　动

【概况】 2016年，中国移动江山分公司创新工作思路，细化工作管理，加强网络建设，全年实现运营收入18984.17亿元，同比增幅达6.25%，实现利润13901.29万元。4G活跃客户净增6.7万户，新增4G终端客户12万户，宽带用户超过6万。手机上网客户渗透率达到80%，手机上网流量增长率达到120%，手机上网用户DOU户均流量达到0.8GB。

【提升服务质量】 加强服务质量管理，抓营业窗口服务人员的标准化、规范化服务和礼仪服务的落实到位。每天对前台营业人员进行多媒体质检，对于质检中发现的问题及时整改。充分利用服务资源，创新服务形式、服务内容，创造性地开展大客户服务工作，体现差异化服务。通过建立有效的服务监管体系，拓宽服务渠道，创新服务举措，不断提升服务能力。结合“3·15”消费者权益日、“5·17”电信日、“总经理接待日”等活动开展，以现场咨询、进厅体验等形式，加强与用户的面对面沟通。年内，江山分公司签约渠道总量达到165家，累计新建渠道26家。

【网络建设】 行政村新增宽带覆盖93个，

覆盖户数达38500多户。完成农村集会、节假日、人才交流会等大型活动通信保障。全市共有2G宏站642个、4G宏站621个，直放站覆盖延伸232个。

【推动行业信息化应用】 以全省视联网平台为依托，深化智慧乡镇指挥平台应用。利用景区人口动态监测平台、掌上农家乐平台等，助力江山旅游产业发展。利用阳光厨房平台，助力行业监管，提升全市餐饮业服务水平，实现惠民、便民服务。利用教育技防改造平台，打造平安校园，结合“和教育”、数字校园建设，提升全市教育信息化服务水平。在园区打造精品4G+无线网络，提供集上网、固定电话、WLAN与一体的立体通信服务，保障企业高效通信服务。提供手机千里眼，外勤通等全新即时通信产品，助力企业内部管理能力。

【送服务下乡入企】 2016年，组织开展送服务下乡、进企业共300余场次，了解用户对移动手机终端、宽带、资费、服务等方面的意见与建议，现场为用户答疑解惑。同时，参加“慈善一日捐”“助残日”“温暖回家路”及无偿献血等社会公益活动。开展“梦想书屋”捐建、“微心愿”认领活动。回报用户，推出送手机、送话费、送服务，让用户真正得到实惠。

（周　良）

联　通

【概　况】 中国联合网络通信有限公司江山市分公司（简称江山联通）内设综合支撑中心、市场部营销中心、贺村区域营销中心．集团客户一部，集团客户二部。现有员工37人，其中管理系列6人，技术系列3人，经营及服务人员28人。2016年，江山联通围绕“聚焦、创新、合作”发展战略，顺应“互联网+”发展大潮，聚焦4G规模发展、集团攻坚、存量经营、渠道布局、队伍建设等重点工作，持续加强企业党建和廉政建设，优化管理，提升效益。获“2016年浙江联通文明标范窗口”称号。

【网络建设】 响应国家“宽带中国”战略，实现城市有线光宽带100%改造和移动网络行政村100%覆盖。优化网络体验感知，通过铁塔公司基站共享，江山联通无线网络覆盖快速提升，实现市区、县城、工业园区LIE连续覆盖，党政机关、商务楼宇、医院等高流量区域深度覆盖。通过流程优化，宽带转移机及时率达99%，客户感知持续提升。

【推进河长制管理信息系统平台建设】 根据“河长制管理信息系统项目”建设推进工作交流会精神，通过信息通信技术，建立一河一档、一河一策，为全市河长巡河建立“一张网络、一套系统、三级管理”的管理模式，大幅提高河长巡河工作效率。至12月底，江山联通为全市各级河长配备河长制管理信息系统平台手机终端314台。

【推进电话用户真实身份信息登记工作】 根据国家工信部《关于进一步落实电话用户真实身份信息登记规定的公告》的要求，全面加强网络信息保护和用户个人信息安全，保障用户合法权益。自7月起，江山联通全面部署落实电话用户真实身份信息登记工作。公司党员干部带头发挥先锋模范作用，一线员工顶着烈日、冒着酷暑，早6点、晚10点，进社区、下乡村，自发地加班加点，深入到每个村庄，挨家挨户为用户办理实名登记工作。截至12月，江山联通100%完成用户信息实名登记工作。

（郑燕飞）

国土资源

土地开发与耕地保护

【划定永久基本农田】 继续开展永久基本农田划定工作，划定永久基本农田面积为27466.69公顷，示范区面积13646.67公顷，并于11月初通过省国土资源厅质检。完善耕地保护制度体系，出台《江山市耕地保护补偿机制实施办法（试行）》和《江山市耕地保护补偿机制实施细则》等文件。结合农村土地民主管理试点，以贺村镇乌鹰垄村为重点，开展村级存量建设用地再开发潜力调查研究。开展全市低效建设用地、批而未征、征而未供、供而未用等土地全面核查工作，促进土地节约集约利用。

【推进土地整治】 以"五连片"土地开发为重点，继续推进"812"土地整治工程，启动实施"611"耕地保护工程。牵头启动实施"最江南"绿色休闲实验区项目，编制出台土地整治"五年规划和三年计划"实施方案。全年完成垦造耕地验收24个，新增耕地面积140.81公顷，其中水田面积65.78公顷，完成省统筹补充耕地171公顷。完成高标准基本农田建设项目15个，建成高标准基本农田2233.6公顷，超额完成衢州市下达的任务；完成标准农田建设并通过衢州市验收项目8个，建成标准农田293.73公顷，其中建成一等田12.53公顷；标准农田质量提升281.2公顷通过衢州市

高标准基本农田

农业局会审。农村土地综合整治项目完成验收13个，新增耕地面积48.47公顷。实施柑橘园连片整治开发，8个项目143.33公顷已开工建设，其中四都镇埠头村项目5公顷已完工并通过初验，其余7个项目已完成形象进度30%以上。完成表土剥离再利用18.73公顷。

【违法用地整治】 做好G20峰会、世界互联网大会等重大节会期间安全维稳工作，梳理排查各类隐患，落实稳控措施，促进“平安江山”建设。围绕“三四五”专项行动，做好生猪复养反弹、杭长高铁江山段沿线两侧环境、江山港沿岸违法建筑整治等工作，建立新增违法定期通报制度，全面提高案件处置效率。开展“亮剑行动”违法违规用地问题专项清理，清查出历年违法违规用地246宗面积22.44公顷，其中违规临时用地192宗面积12.65公顷，存量违法违规用地70宗面积14.75公顷。全年完成违规临时用地补办125宗，拆除66宗，立案27宗，罚款2宗，其他（含查无此人和经审查为未违法的）4宗，处置率100%;完成存量违法违规用地处置完毕65宗，处置率92.86%。强化卫片执法，卫片执法检查立案率、履职率分别达100%。全年巡查发现新增违法用地31宗面积10815.93平方米、非法采矿31宗，均得到及时制止、处置。加强信访调处特别是做好初信初访的处理，妥善处理和化解矛盾。全年共接收各类信访件134件，与上年相比增长2.3%。其中，受理群众来信75件，同比下降24.4%，接待群众来访56批94人次分别增加64.7%和16%。全年共办理行政复议案件4起、行政诉讼案件9起。

土地规划与土地利用

【落实土地利用规划】 在做好2015年度规划新增建设用地实施情况评估的基础上，向上申请2016年度城乡建设用地扩展边界内规划新增建设用地指标186.73公顷。编制中心城区和上余、四都、贺村、峡口、坛石、大陈、廿八都、保安等乡镇总面积近151.27公顷规划局部修改和落实方案，并通过审批，保障无水港、太极湾江山驿高端休闲度假基地等项目用地需求。

【建设用地报批与供应】 落实省国土资源厅提出的“以项目定计划、以空间定计划、以占补定计划”的“三年滚动”年度用地计划管理新机制，结合江山市经济发展要求建立项目储备库，入库项目136个面积244公顷。除省以上重点项目外，共争取到新增建设用地指标117.93公顷，其中年度计划指标12公顷、存量盘活挂钩计划指标10.47公顷、省统筹委托造地年度奖励指标43.33公顷、历史文化村落保护利用计划指标2公顷、异地搬迁计划指标16公顷、发展考核奖励计划6.67公顷、农民建房专项计划指标22.6公顷、农民建房补助计划指标4.87公顷。开展建设用地的预审工作，共预审项目13个总面积352.67公顷，其中省重点项目3个。2016年，计划第一至十三批次建设用地已获上级批准，面积116.8公顷。坚持做优增量、做足存量的原则，认真落实年度供地计划，及时做好供地和批后服务工作，优化土地资源配置，推进土地利用方式转变。全年完成土地供应90宗总面积98.33公顷，其中招拍挂出让32宗面积71.79公顷，土地出让金12.698亿元；划拨用地41宗26.6公顷；使用集体用地17宗0.8公顷。消化批而未供土地面积70.93公顷，盘活存量建设用地面积42.13公顷，完成城镇低效用地再开发15.67公顷。出台《关于调整规范土地估价委托评估和报告审查备案制度的意见》，进一步规范土地评估审查备案程序。加强农民建房管控，完成无房户、危房户建房审批2733户，完成率109.27%。设施农用地备案134宗334454.7平方米。加大土地征迁力度，完成土地收购、征收共7宗面积10公顷，房屋拆迁53户面积22123.52平方米，支付土地、房屋等补偿款8224.1万元。

【不动产登记和管理】 高度重视不动产统一登记制度改革，按照上级要求抓好工作落实，及时研究制定相关管理制度，明确目标，细化分工，妥善解决工作推进中的困难和问题，各项工作推进顺利有序。1—8月，共完成土地登记8187宗，面积174.11万平方米（其中国有土地登记5534宗，面积150.39万平方米；集体土地登记2653宗，面积23.72万平方米），办理抵押登记39宗面积62.84万平方米，抵押金额3.67亿元。9—12月，共颁发不动产权证书5270本，不动产权证明6652本（其中涉及不动产抵押登记的4331本，不动产抵押金额112.72亿元），办理查询查封4441件。做好工业项目综合（分期）验收及分割办证工作，全年共验收项目21个，其中工业16个，保证了企业融资。按照上级要求的时间节点，做好土地变更调查，夯实卫片执法基础数据。

8月29日，副市长王子平（左四）参加江山市不动产权证书首发仪式

地质资源管理

【矿产资源管理】 全面启动“十三五”时期矿产资源规划编制工作，完成规划初稿并提交审议。有序推进矿业权有偿出让，办理采矿权延续登记8宗、注销登记2宗，变更登记1宗，新立登记1宗。全年征收矿产资源补偿费48.67万元、采矿权使用费1.2万元、采矿权出让金3290.25万元、资金占用费191.37万元、环境治理备用金122.81万元。制定出台《江山市探矿权人信用信息管理制度》，加强矿业权信用信息体系建设。启动实施江山市采矿权开发利用方案监管和资源储量动态监测项目（2017—2019年度），严格实施采矿权、探矿权年检工作。按照上级下达的任务完成绿色矿山创建1宗，至年末，累计完成16宗，绿色矿山建成率达69%。实施废弃矿井治理，完成废弃矿井治理为34个。重点推进“四边三化”矿山生态环境治理工作，完成“四边”裸露山体调查摸底工作，排查区域共75处。完成市“四边三化”重点治理项目市龙塔建材厂后垄采石场矿山地质环境

保护与恢复治理；完成老虎山东矿段废弃矿山治理工程建设，并通过交工验收。

【地质灾害防治】 拟定《江山市2016年度地质灾害防治方案》报市政府发布实施。健全以乡镇长为主要责任人的四级责任体系，严格落实地质灾害“三查”制度。参与市政府举行全市防御小流域山洪和地质灾害应急演练，指导乡镇（街道）对威胁人数10人以上的地质灾害隐患点开展应急演练。邀请省级地质灾害防治专家开展地质灾害防治知识培训。完善监测预警网络建设，建成74个地质灾害隐患点应急广播和5处视频监控系统，实现地质灾害气象风险预警预报信息快速发布，提高预警预报能力，初步形成国土、气象、水利等部门联动的监测预警信息共享平台，建立预报会商和预警联动机制。全年全市共发生（现）22起小型地质灾害，造成直接经济损失约20.5万元。其中，达到统计标准的7起，2处列为地质灾害隐患点。实施地质灾害避让搬迁和地质灾害隐患点治理，全年完成搬迁162户462人、隐患点应急治理2处、应急治理方案设计8处。推进“十三五”地质灾害防治与地质环境保护规划编制。加强地质遗迹保护工作，推进江山金钉子自然保护区建设和管理，启动浮盖山省级地质公园建设、江山市地学科普计划和标示标牌建设，做到保护与开发并重，在开发中提升保护能力。推进石门地热资源勘查，完成野外地质调查和物探设计工作；配合做好全市土地质量地质调查，促进成果运用。

（毛楼卫）

砂石资源管理

【概况】 江山市砂石资源管理办公室（简称“市砂石办”），成立于2012年11月，其职能是负责全市砂石资源开发利用的监督和管理。砂石资源管理的范围为市域范围所有河砂（库砂）、地砂、山砂、河卵石以及卵石、矿石等制成的机制砂石和从事开采、机制、筛洗和砂石资源等行为。

【砂石资源供应情况】 2016年，江山市建设用砂石年需求总量约为240万立方米。其中，本地供应约为160万立方米，占需求总量的67%；外地购入量约80万立方米，占需求总量的33%；用砂量约为120万立方米，其中天然砂用量约100万立方米，机制砂用量约为20万立方米。用石量约为120万立方米。

【集中整治】 制定并落实2016年河道禁采督查计划，防止河道采砂行为在年内的反弹。针对各类违法涉砂行为和主体，坚持市级多部门联合执法模式，明确各级河道的责任主体。加大日常执法巡查力度，严厉打击河道非法采砂行为，严格执行河道禁采令，严守禁采红线。一年来共查处违法违规涉砂行为18起，出动执法巡查1500多人次，下发《责令停止违法行为通知书》13份，核查群众举报15起，核查网上对话平台39起，调处信访案件3起，暂扣涉砂违法机械设备7台，涉砂机械设备部件3件，取缔砂场24家，移送相关部门案件5起（其中刑事案件2起）。建立制砂企业监管长效机制，完善动态巡查机制，每周至少两次对全市所有砂石企业进行巡查，特别注重夜间巡查，来打击、威慑非法盗采砂石行为。

【生态建设】 围绕“两路两侧”“四边三化”要求，开展江山市域涉砂场地堆放情况调查，加强周边销售砂石料无序堆放现象的清理整顿工作，重点整治砂石原料乱堆放、无序堆放和超高堆放。巩固集中整治成果，对已取缔和关停的砂石加工场点，按“还河还田”的原则将土地整改到位，恢复生态。

【健全机制】 结合实践，针对各类违法涉砂行为和主体，监督指导乡镇（街道）、行政村开展监管工作，明确各级河道的责任主体，强化属地管理的责任落实；与重点涉砂乡镇街道、行政村签订监管责任书，加大对镇、村砂石资源管理工作的考核力度，探索砂石资源执法监管模式，保持高压态势，打击和处置涉砂违法行为。

（冯勇卫）

生态环境

综　述

【概况】 2016年，推进环境污染治理，严格环境执法监管，环境质量持续改善。全市19个乡镇交接断面水质全年考核优秀，出境水断面水质主要污染物高锰酸盐指数、氨氮、总磷浓度月均值分别为2.41毫克/升、0.22毫克/升、0.098毫克/升，分别同比下降6.4%、44.1%和20.1%，优于Ⅱ类的天数突破60%以上。市区环境空气质量AQI优良率为88.3%，同比提升5.9个百分点；主要污染物PM2.5浓度均值为44微克／立方米，同比下降13.7%。集中式饮用水源达标率继续保持100%；化学需氧量、氨氮、二氧化硫和氮氧化物排放量削减率完成上级下达的目标任务。

【创建省级环保模范城市】 推进产业结构转型升级、环境质量综合优化、环保基础设施保障、环境污染整治达标、公众满意程度提升、环保管理能力拓展等创模“六大工程”。12月8日，省环保厅验收组对江山市创建省级环保模范城市工作进行现场验收，历经5年的省级环保模范城市创建通过验收，为幸福江山建设再添一张“金名片”。

环境污染治理

【工业污水治理】 围绕“五水共治”治污先行总体部署，开展江山市水十条断面稳定方案编制，全面落实河长制，推进河长制信息管理系统建设，加强32条河长制河流水质监测频次，常态化督查通报，倒逼各级政府和“河长”履行好水环境保护主体责任。抓好工业污水治理，开展江东工业园雨污分流大整治行动，完成雨污分流整改企业50多家；全面推进峡口、四都2个乡镇功能区整治，开展“低小散”企业专项整治，推进石灰钙产业整治提升。强化对现有184家保留猪场的执法监管，组织实施天网工程，实时监控生猪养殖场污水处理设施运行排放情况，推进49家工业化治理模式养殖场的生物发酵床技改，配合推进农村“双治”工程。

【餐饮油烟整治】 市政府出台《江山市城区餐饮业油烟污染集中整治实施方案》，配套制定餐饮油烟处理设施安装财政补贴方案，明确整治目标和整治标准，由环保局、综合执法局、市场监管局、街道组成联合执法组开展集中攻坚月活动，安装油烟净化设施129家，集中整治不符合环保要求的餐饮场所，为江山市通过国家级卫生城市创建验收作出贡献。

环境执法监管

【严格环境执法】 贯彻落新环保法及按日计罚、查封扣押等四个配套办法，先后开展“亮剑”、“执法+督查”等环保专项执法行动，出动执法人员8616人(次)，检查企业3649家次，关停非法生产企业14家，立案查处67起，移送公安1起，查封扣押环境违法企业7家，下达行政处罚决定48件、罚款141.5余万元。

【养殖污染整治联合执法】 由环保、国土、规划、林业、农业、水利和公安等部门执法人员组建养殖污染整治联合执法组，分成8个小组，开展集中整治专项行动，特别是自岱山猪场污水直排大海事件以来，对全市猪场进行了地毯式摸排和集中授课教育，联合执法组共出动执法人员400余人次，检查畜禽养殖场150余家次，对11家生猪养殖场进行立案查处，对鹤鸣养殖场不正常使用污染处理设施罚款5万元，并移送公安机关对业主行政拘留12天。

【G20杭州峰会环境保障】 市政府制订《G20峰会江山市环境质量保障方案》，成立由分管副市长坐镇指挥的G20峰会环境质量保障指挥部，下设综合协调组、污染整治组、执法应急组、监测预警组、效能检查组、宣传后勤组等专项工作小组，完成环境污染源清单摸排，排定一批停产、限产企业并全面落实峰会期间管控措施，开展驻厂监管服务，督促企业做好相关准备和应急预案，实行24小时领导带班值勤、每日会商研判、情报信息每日报告、环境应急保障等制度，确保峰会期间未发生环境问题引发的非（越）访事件，出境水环境质量持续保持优秀，空气环境质量持续保持优良。

【生态环保宣传】 以纪念世界环境日、浙江生态日和江山市清洁家园日为契机，开展了系列纪念宣传活动。其中，在时代广场举办以“改善环境质量 推动绿色发展”为主题的大型广场宣传咨询服务活动，展示生态环保宣传牌20张，发放宣传资料500余份，接受群众环保咨询、投诉200余人次；开展“给二师兄送大礼”专项活动，深入畜禽养殖场发放《环境保护宣传手册》等宣传资料200余份；在《今日江山》等主流媒体推出环保专版，在江山广播电视台开展“整点时段”环保公益宣传。

6月5日，世界环境宣传活动

气象工作

【概况】 江山市气象局主要职责是气象探测资料的采集、气象预报与灾害性天气警报的发布、人工影响天气、雷电灾害防御、相关气象法规的实施等，推进防灾减灾体系建设，做好气象的重点工程和气象现代化建设，为全市经济建设和社会安全提供服务。2016 年，获衢州市气象部门目标管理考核优秀达标等次。

【全年气象服务】 全年，共对外发布气象情况汇报 90 期、预警信号 67 次，对春运、高考、两会、山水旅游节提供滚动专题气象服务。共制作发布气象为农服务材料 81 期。在 5 月中旬发生 3 次暴雨、6 月出现 4 次暴雨的汛期，及时呈送重要气象情况报告，为三大水库开闸泄洪提供依据，确保全市安全度汛。

【重点工程建设】 12 月 8 日，江山市气象防灾减灾中心业务用房项目通过市代建中心招投标。山洪气象工程共迁移新塘边初中等自动站 3 个。暴雨精细化监测预警工程项目完成立项投标工作，与规划局、省气候中心对接开展暴雨强度公式修订工作。

【气象现代化】 新建称重式降水观测设备 1 套，地面观测自动化程度达 80%以上。与水利局共享水情雨情信息，与环保局共享大气成分信息。全市自动气象观测站网平均间距达到 5 公里，气象综合观测自动化程度达到 90%以上，实现全市 19 个乡镇（街道）视频会商系统全覆盖。

（黄竞雪）

经济管理

发展和改革

【概况】 2016年，江山市发展和改革局紧扣“五大发展理念”，坚持议大事、谋发展、抓重点、促落实，主动适应经济发展新常态，聚焦项目改革谋划，创新服务工作机制，发展改革各项工作都取得新的成效。年内，获浙江省发展和改革工作先进单位、江山市集体三等功、部门综合考核一等奖等省市各项荣誉30多项。

【规划前期】 紧扣“十三五”规划纲要确定的主要指标和重点任务，科学编制任务分解落实方案，明确各责任单位承担的主要职责和目标任务要求，以任务清单的模式印发各部门单位。率先开展纲要执行情况的年度评估工作，江山市人大常委会于12月初专题审议纲要年度执行情况报告，江山市人民政府结合审议情况，明确工作重点与对策措施，确保纲要目标任务落到实处。精心编排“十三五”专项规划编制计划，提出以经济发展、民生服务、设施建设等六大领域的30项专项规划编制计划。截至12月底，全市30项专项规划编制任务，其中10项完成批复进入实施阶段，14项规划已向市政府报批，6项规划完成论证并组织修改完善。组织环保、国土、林业、水利、经信等部门，研究提出江山市主体功能调整基本思路，推进“绿水青山”向“金山银山”转化。借鉴开化等地工作经验，建立“多规融合”工作机构，基本完成“三区三线”编制工作。创新构建“规划+项目”的工作体系，整合规划与项目的工作力量，在全省发改系统率先实行规划科室与项目前期办合署办公模式，加强规划的项目支撑，促进项目与规划依据的衔接。围绕各类专项规划编制工作，全市各部门单位谋划重大项目前期1000余个，结合规划论证和评审工作，将200个项目列入规划，同时有6个项目列入省“十三五”规划重大项目库。

【课题调研】 年初，出台《江山市发展和改革局关于印发2016年度“点将调研”课题计划的通知》，安排年度调研课题25个，年终完成35个调研报告（课题），其中13篇送江山市委政研室参加评比。年内，课题调研在《浙江经济》刊登2篇、《江山通讯》刊登5篇，其中《迎接高铁新时代 实现发展新跨越

——“杭长客专”带来的区域影响及对策研究》获2015年度浙江省改革发展优秀调研成果三等奖，5篇荣获江山市2016年度优秀调研成果奖，其中一等奖1篇，二等奖2篇，三等奖2篇。呈送江山市委市政府领导参阅的专报（建议）20多个，15个有主要领导或分管副市长的批示，《关于推进我市餐厨垃圾资源化处理建议的报告》《关于谋划建设月亮湖休闲区及环湖产业带的基本构想》等意见建议已逐步深化实施。

【项目推进机制】 实行“承包化”领衔，39位副处级以上领导，人人有任务，个个联项目，实行“一杆子”到底负责制，全年跟踪，全程督促，全方位服务。实行“梯级化”协处，坚持问题导向，每周、每半月，按照时间节点逐层组织牵头，加强重大项目协处工作。实行“清单化”攻坚，各个项目都建立计划清单、任务清单、责任清单、服务人员清单等“四张清单”，并在项目现场张榜公布，接受社会各界监督。实行“保姆化”服务，精细推行项目服务“店小二”制度，由78名“店小二”落实服务项目80个，从项目前期到投产实行“保姆化”全程帮办或代办。实行“立体化”督查，由市督考办、效能办、重点办、重大项目前期办等组成督查组，强化督查通报。

【重大项目前期】 2016年度安排101个重大前期项目，估算总投资1319亿元。上报衢州市2015年度重大项目前期共50个，总投资306亿元，项目数量名列衢州前茅，预计全年可转化实施23个项目，新增投资15亿元。举行第二届项目论坛暨项目谋划擂台赛，全年共谋划提出新项目1037个，100个优质项目入库。其中，旅游发展项目381个，占比达到36.7%，工业发展项目279个，占比26.9%。

【重点项目建设】 省集中开工项目，江山市共入选15个项目（第一批10个，第二批5个），实际完成投资22.7亿元，完成率111.8%，项目数、投资额和投资完成率均是衢州市领先。衢州市四批集中开工项目94个，总投资249亿元，已经全部开工建设，项目数位居衢州市各县市区首位。1—12月，全市130个“四大百亿”工程，项目开建116个，完成投资76.4亿元，完成年度计划投资91.3%；24个省重点项目开工23个，完成投资28.8亿元，

正泰农光互补光伏电站

完成年度计划投资113.0%；44个衢州市重点项目开工43个，完成投资42.4亿元。完成年度计划投资112.5%。

【政府投资管理】 按照市政府考核目标，结合区域经济实际，分解下达全市2016年固定资产投资目标任务190亿元，同比增长10%以上。全市共完成固定资产投资191.6亿元，占衢州市的1/5；固定资产投资增速11.1%。

【现代服务业发展】 以休闲旅游、现代物流、商贸商务、金融科技和社会民生等为重点的60个江山市服务业510工程，全年开工建设51个，开工率85%，完成投资超25.5亿元，投资完成率超90.1%

【新能源发展】 地面光伏发展势头迅猛，新开工项目3个，全市并网光伏装机规模达到240兆瓦，占整个衢州市的45%。制定《江山市金屋顶光伏富民工程区域划分方案及2016年工作计划》，确定3家入围企业，屋顶光伏、地面光伏协议总投资额31.5亿元。推进新能源汽车分时租赁项目，充分依托上海国际汽车城10多万会员的优势，实现与江山特色旅游的互促共享，共开通50个网点，完成500个充电桩建设。

【PPP项目推进】 坚持PPP项目实施标准，建立PPP项目储备库。餐厨垃圾资源化综合利用和无害化处置、城市停车场改造提升工程、鹿溪污水处理厂、通用航空机场建设工程、综合客运枢纽及基础设施配套工程、城南新城至贺村小城市中压燃气管网及配套管网建设工程、仙霞关（戴笠秘宅）景区游客中心及停车场建设、中医院整体迁建、第三公墓等9个项目入选省2016年第一批政府和社会资本合作(PPP)项目库，总投资达25.95亿元，项目数占衢州市的39.1%。其中，6个项目入选国家发改委第一批向社会资本推介传统基础设施领域PPP项目库，总投资21.25亿元。位列全省前列、衢州市第一，项目数占衢州市60%。

【特色小镇建设】 按照分级分类培育的思路，发动部门乡镇围绕江山木业、消防、机电、旅游养生、新能源等主导特色产业开展特色小镇谋划，初步培育“光谷小镇”“木艺小镇”“江郎山养生小镇”“耕读田园小镇”等14个小镇，形成了“2+6+6”（省级+衢州+江山本级）培育框架。其中，光谷小镇被列入第二批省级创建名单，江郎山养生小镇、木艺小镇、廿八都民俗风情小镇等被列入衢州市级特色小镇创建培育名单。

【重点领域改革】 制定出台《江山市县域经济体制综合改革工作实施方案》《关于创新江山经济开发区行政管理体制的意见》《关于完善江山经济开发区财政体制的意见》等；编制《江山市投资项目涉及中介服务事项及机构目录（2016年版）》，建立网下涉批中介机构超市。经济开发区、莲华山工业园和高新园区实现“三区合一”，153家中介机构在行政服务中心大厅挂牌，集中办公。完成118个车改方案的报批及参改人员公务交通补贴发放信息审核工作；9月10日前完成全市所有处置车辆的封存，并牵头完成市机关公务用车集中保障中心109辆车的选调及中心驾驶员的招聘、中心运营等工作，完成封存停驶车辆的处置工作、司勤人员安置工作。

【争列省级重点试点】 成功争列省服务业强县试点、首批省级餐厨垃圾资源化综合利用和无害化处置试点、首批光伏小康工程建设试点，光谷小镇成功争列省第二批特色小镇创建名单。24个项目被列入2016年省重点建设项目计划，其中9个项目被列入2016年新增省重点建设项目计划名单；10个项目被列入省重大工业项目计划；5个项目被列入省服务业重大项目计划盘子，6个项目被纳入省“十三五”重点建设项目计划；9个项目被列入省2016年政府和社会资本合作项目（第一批）名单，6个项目被纳入国家发改委向社会资本推介传统基础设施领域PPP项目名单，项目数均居衢州各县（市、区）首位。

【争取基金资金】 第三批共有7个项目通过国家专项建设基金审核，争取资金额度8.12亿元，位居衢州第一。其中，江山港流域综合治理项目获得3.36亿元，是衢州市获得资金最多的项目。全年，共争取各类补助资金2亿元以上。

【民生价格服务】 建立收费单位收费情况公示清单制度和收费单位收费执行情况报告制度，开展民办高中生均培养等4个成本监审，核定2项收费标准，制定旅游专线票价，出台污水处理费调整方案及工业企业实行差别化分类征收污水处理费方案。召开听证会，做好居民用管道天然气价格定价、水价、电价等管理工作。做好价格认证、景区明码标价、价格投诉等工作，景区100%实现明码标价，价格投诉100%按时办结，满意率达100%。

（毛旭水）

市场监督管理

【概况】 2016年，是江山市市场监督管理局由原工商行政管理局、食品药品监督管理局、质量技术监督局“三局合一”后全面运行的第一年。全系统推进改革快融合，紧扣创新促发展，严格监管保安全，立足高位抓质量，用心服务惠民生，实现全年食品药品安全零事故、特种设备安全零事故、产品质量安全零事故，圆满完成各项目标任务。被授予“全省食品药品监督管理系统先进集体”，获得“2016年度江山市法治政府建设先进单位”“信访维稳先进集体”“创建双拥模范城先进单位”等称号，先后被浙江省质量技术监督局、衢州市市场监管局、江山市委市政府授予G20工作先进集体，驻市行政服务中心注册窗口获“群众最满意窗口”称号；峡口分局被评为五星级规范化市场监管所，双塔所、城北所被评为三星级规范化市场监管所。

【推进三合一机构改革】 3月31日，市政府新三定方案正式出台后，推进机构改革进度，整合优化干部队伍，激活干部队伍工作活力。按照事权清晰、权责统一、基层减负、简便可行的原则合理划分科、所事权，制定出台2016年度工作目标考评办法，明确目标、落实责任。开展星级规范化市场监督管理所创建试点，加大资金投入，统一外观标志标识，设置休息室、阅览室、运动室等多项硬件配套设施，配齐执法装备，提升基层执法能力。峡口分局成功创建五星级规范化市场监管所，城北所、双塔所成功创建三星级规范化市场监管所。同时，引导乡镇（街道）食安办开展规范化建设，双塔街道、四都镇等12个乡镇（街道）成功创建基层规范化食安办，推进基层食品安全综合协调及监管执法体系建设。

【服务经济社会发展】 优化行政深化流程，全市新设立登记各类企业1135户，（其中国有集体企业72家，私营企业1063家），注册资本（金）385582万元。新设立个体工商户3469户，注册资本（金）48563万元；新设立农民专业合作社46家，注册资本（金）2803万元。全市共登记发放食品经营许可2293份；办理股权出质登记16件，商标质押登记3件，动产抵押登记428件，累计帮助企业融资19亿余元。清理核销“僵尸”主体，在全省率先对长期“失联”未年报、名存实亡的“僵尸企业”“僵尸个体户”“空壳”农民专业合作社等市场主体进行全面清理，全年依法注销、吊销各类“僵尸主体”2063家，其中各类企业356家，农民专业合作社346家，个体工商户1361户，缩小市场主体统计水分，市场主体年报公示取得新突破，企业年报率、个体工商户年报率和农民专业合作社年报率分别达到97.57%、90.67%和86.04%，同比上升3.52%、4.15%和32.09%，企业年报率位居衢州第一。

【推进“三强一制造”】 实施质量强市、标准强市、名牌强市工程，推进质量升级、标准提档、品牌增效。组织科润电力申报衢州市政府政府质量奖评选，完成科力汽配、福赐德蜂业、天蓬集团（复评）、浙江驰骋控股有限公司（复评）2016年江山市政府质量奖评选。推进企业网上自我公开产品标准151个，《白银耳鸡蛋鸡标准化养殖示范推广》在衢州市农业标准化示范区项目中成功立项。组织24家企业参加衢州名牌产品复评、16家企业参加浙江名牌产品新申报和复评，年内新增3个浙江名牌（天际互感器、伦宝管业、齐嘉消防）。开展守重企业培育指导，推荐省AAA级“守合同重信用”公示单位5家，衢州AA级“守合同重信用”公示企业7家。成功申报第二批“浙江制造”品牌培育试点县，印发三年行动计划和实施方案，将木业、消防器材等确定为培育重点，在衢州地区率先出台奖励政策，明确给予新获“浙江制造”品牌认证和牵头制定“浙江制造”产品标准的企业10万元一次性奖励。对欧派门业、金凯门业制定的《实木复合烤漆门》《木质复合免漆门》召开评审会，获准制定。帮助3家工业企业获得财政补助资金30万元，帮助4家农业企业获得财政补助资金37万元。

【指导帮扶企业创牌】 完善宣传服务平台、行政指导平台、梯队培育平台、银企对接平台、部门合作平台，全力指导帮扶企业创牌。全市商标注册申请量达952件，创历年新高；有效注册商标总量达6134件，创衢州各县（区）新高。指导浙江天际互感器有限公司、浙江科润电力设备有限公司、浙江赢牌体育用品有限公司争创中国驰名商标。成功帮扶浙江百家万安门业有限公司的“雅帝乐”商标、浙江宇安消防装备有限公司的“江山得利”商标、江山市江山多娇体育用品有限公司的“江山燕”商标，被认定为2016年度浙江省著名商标。帮扶6家企业创衢州市著名商标，指导9家企业延续认定省著名商标，11家企业延续认定衢州市著名商标。成功帮扶江山欧派门业股份有限公司的“欧派（门业）”、浙江希尔化工股份有限公司的“希尔”、浙江简爱酒店连锁有限公司的“简爱”等3件商号，被认定为2016年度浙江省知名商号。全市累计有中国驰名商标4件，省著名商标36件，衢州市著名商标109件，浙江省知名商号18件。

【扶持小微企业发展】 开展商事制度改

革，全面实行注册资本认缴制；认真落实“先照后证”“一址多照”和“一照多址”等举措，简化住所登记手续，放宽登记条件；有效开展“五证合一”“两证整合”登记模式，方便办事群众。营造育小、扶小、活小、强小的小微企业成长环境，持续推进小微企业三年成长计划工作。全市共发展小微企业932家，完成“个转企”登记146户，注册资本（金）16857万元。在146户“个转企”企业中，公司制企业达128家，注册资本（金）16352万元，分别占“个转企”总数的87.67%和97.00%。

【圆满完成G20峰会安保任务】 围绕G20杭州峰会维稳安保工作，深入开展食品药品、特种设备、涉恐敏感物质（火柴、水管堵头、钢珠、电点火头）等安全隐患排查，全程管控保障供会食材安全，向峰会总仓运送的2959公斤食材合格率和接收率均达100%，派出1名干部参加杭州核心区餐饮安全保障。实行特种设备安全重大隐患交办制度，完成15年以上老旧电梯安全评估申报工作，对410家大型商场、酒店、气瓶充装站等844台特种设备进行详查，消除安全隐患170余处。在江山大润发超市举办自动扶梯逆行事故应急救援联合演练，在须江游乐园举办大型游乐设施故障应急演练，在江山小商品市场开展消防演练。

【食品药品安全形势平稳向好】 全年未发生重大食品药品安全事件，累计抽检1592批次，合格率98.5%。启动浙江省食品安全市创建；开展食品安全隐患大抽检大排查大整治严打击专项行动（“三大一严”专项行动），突出重点环节、品种、时节，开展“清源”“扫雷”“利剑”“清网”行动及“三小行业”、药用原辅料、疫苗、医疗器械专项整治等，净化生产经营环境保障食药质量安全；开展“你点我检”进家庭活动，提振消费信心。加强药品（医疗器械）不良反应（事件）上报，累计上报药品及医疗器械不良反应669例。严格把控，实现重大活动饮食保障监管零事故，圆满完成96餐次6.2余万人次的用餐安全。

【查处违法违章行为】 建立稽查大队与基层所联合互动办案机制，出台案件线索移送考核办法，构建“大稽查+大监管”工作格局，全系统共查处各类违法案件225件，罚没款437.4万元，均创历史新高。开展网络食品安全专项整治，抽调执法人员成立专案组，在半个多月内，行程达2000多公里，锁定相关证据100多份，查办12家淘宝网店、200多个品种的虚假宣传、虚假标注食品，最终确定涉及的违法主体有7家，全部被行政立案，罚没款金额达11万元。开展成品油专项整治行动，检查复核辖区内有资质成品油经营企业60家，抽样送检成品油18批次，立案查处违法案件4件，取缔无证照自备加油点53个，取缔无证照成品油运输车15辆，查获涉案金额达500余万元的传销大案，依法移送公安机关予以立案追诉。

【推进创国卫和创 AAAAA 景区工作】 以创建国家卫生城市为契机，加速全市18家农贸市场改造提升，编印2万余份告知书、创卫“十不”歌宣传画，创设双塔、虎山“餐饮微信群”，加大宣传力度。按照市政府部署，对市心街菜市场进行拆除，对城区农贸市场软硬件设施进行改造提升，增聘管理保洁人员。打造江滨路、东岳路、江东大道餐饮示范街，对千余家餐饮店进行排查整治，采取以奖代补举措，提升餐饮安全系数。以创建AAAAA旅游景区为契机，在长台、峡口设立旅游监管站，选派4名干部参加联合执法，加强旅游环境监管；对江郎山、清漾、廿八都景区和周边180余家经营单位进行监督指导，开展创AAAAA景区餐饮单位规范达标整治。

检查食品店

【加大消费维权力度】 3月15日，联合24个单位在老火车站广场开展大型宣传咨询服务活动，现场受理投诉，共接受咨询4000人次，发放宣传资料10000余份。依托“一会两站”，开展消费宣传“五进”活动，开设“消费课堂”，组织“消费体验”，发布消费警示，强化教育引导工作。组建农资消费维权义工队、社区老年消费维权义工队、快递行业消费维权义工队、洗染行业消费维权义工队、装修装饰义工队、金融消费义工队，全市拥有各类消费维权义工80名，广泛参与快递行业、电信行业、旅游行业、金融行业的服务质量调查。全年共受理消费者各类投诉、举报共1105件，结案率100%，为消费者挽回经济损失31万元，接待消费者来访咨询528人次。贺村市场监管分局成功调处一起跨省消费纠纷，获得大连市12家企业联名表扬。

【提升检验检测能力】 推进市食品药品检验检测中心建设，加快实验室改扩建进度，配备专业检测和管理装备，新招聘6名检测人员，提升检验检测的综合技术水平和能力。完成国家级出口木门示范区建设工作，江山物品编码联络站获全省物品编码先进机构三等奖，市林产品检测中心获第一批省级“当场许可”产品承检资质，完成国家质检总局下达的《消防水带产品质量监督抽查实施规范》和《手提式干粉灭火器产品质量监督抽查实施规范》的编制任务，参加省、衢州市5项能力验证、计量比对等均获全满意结果。发挥技术优势，累计为53家企业提供法律法规、质量管理、标准创新、产品质量改进及免费培训等质量帮扶服务。

【完善智慧监管体系】 在全市70家学校食堂、大型餐饮单位建成“阳光厨房”，建成率达63.64%。携手贺村镇政府联合建设银行，在贺村镇镇南农贸市场推出首家“智慧菜场”，消费者可以刷卡买菜，并留存交易记录，便于查询追溯。在城区7个农贸市场，建立食用农产品质量安全追溯体系和快速检测体系，750余家经营户全部纳入“双体系”监管，有效保障老百姓“菜篮子”安全。

（祝远金）

安全生产监督管理

【概况】 2016年，全市累计发生各类生产安全事故47起、死亡34人、受伤20人，同比分别下降57.66%、19.05%、75.90%。其中，发生工矿商贸事故4起、死亡4人；发生道路交通事故43起、死亡30人、受伤20人。无较大及以上生产安全事故发生，全年安全生产形势平稳向好。

江山市政府在衢州市2016年度安全生产工作考核中位列6个县市区第一名，代表衢州市政府接受省安委会督查组的考核，并顺利通过检验。江山市安监局荣获衢州市G20维稳安保工作先进集体、2016年衢州市安全生产工作先进集体。

【安全生产责任体系建设】 市委、市政府建立以书记、市长为第一责任人的安全生产工作岗位职责，明确党委、政府班子成员的安全生产工作分工。调整安委会成员，新增各副市长为安委会副主任，分别领导线上安全生产工作；由市长与各副市长签订安全生产责任书，各副市长与分管部门签订责任书。重新制定《江山市安全生产目标管理责任制考核办法》，在原有考核单位基础上，将监察、信访、组织等54个部门单位一并纳入考核，明确各单位安全生产工作责任，推动“一岗双责”“三个必须”要求的落实。编制完成《江山市安全生产“十三五”规划》，深化重点高危行业安全综合整治，提高源头管控能力。

【平安护航G20峰会】 围绕平安护航G20峰会，组织开展全市安全生产综合整治大行动。以建筑施工、危险化学品、非煤矿山、烟花爆竹、道路交通、消防、特种设备、有限空间等为重点，组织开展安全生产大检查和隐患专项治理工作。组织对重点乡镇、重点部门和企业的G20峰会专项综合督查，先后向交通运输局、江山经济开发区、商务局等单位发出4份行业安全隐患整改督办函，及时整改消除安全隐患。开展松香水等涉恐敏感物资安全监管，要求全市200多家涉及销售松香水经营店严格执行实名制登记销售，规范安全经营行为。落实G20峰会期间全市禁售烟花爆竹工作，收回125家烟花爆竹零售点的经营许可证，并回收烟花爆竹产品6208箱，由2家烟花爆竹批发公司统一入库安全管理。同时，强化峰会后安全生产工作，按照企业复产复工“五个一”底线措施，确保全市G20峰会期间安全生产形势的平稳有序。

【创新安全生产社会化服务工作】 将安全生产社会化服务工作列入年度安全生产工作重点，相继出台《江山市安全生产社会化服务工作方案》和《江山市安全生产“绿色保险”社会化服务工作实施方案》，在工矿商贸领域构建以“市场主导、企业自主、政府推动、社会参与”的安全生产社会化服务长效机制。通过创新融合“安全生产责任保险+社会化服务”的“绿色保险”服务新模式，推动非煤矿山、危险化学品、烟花爆竹、加油站等重点监管领域的企业落实安全生产主体责任。配套建立“绿色保险”工作方案、安全中介机构管理办法、“绿色保险”月度例会、“绿色保险”服务网、“绿色保险”合作指导意见、社会化服务（绿色保险）备案管理等六大管理工作制度，实现安全生产“绿色保险”工作在19个乡镇（街道）和经济开发区的全覆盖应用，安全生产“绿色保险”工作同时受到新华网、《中国安全生产报》等国内主流媒体专题报道和宣传。全市共有1034家企业参与安全生产社会化服务工作，42家企业（单位）参与“绿色保险”服务工作，同期工矿商贸领域生产安全事故发生率下降50%，安全隐患整改完成率提高了60%。

【防范遏制重特大事故】 完成经济开发区化工集聚区安全风险评估和产业安全布局规划，对6家重大危险源企业实施视频监控。完成8处列入省、市、县“三级”政府挂牌督办的重大安全隐患单位的整治工作。全年投入150多万元，购置225套“智慧用电”系统，用于26家公办养老机构和3A级以上景区接待中心的用电线路安全设施改造，降低因电气线路引发的火灾事故发生率。选定存在职业病危害因素的65家企业作为重点监管对象，全面实施职业病危害防治工作。

【安全生产监督检查】 年初，成立安全生产“执法年”活动领导小组，制定《2016年安全生产执法年活动实施方案》，重点主抓危化、矿山、烟花爆竹、竹木加工、建材等行业的严执法，倒逼企业落实安全生产主体责任。全年对企业实施执法检查282家次，查出安全隐患533处，开具限期整改指令书235份、现场整改指令书26份，责令现场停止使用相关设备8处，完成隐患整改509处，非事故处罚1起、罚款5万元。

【安全生产宣传培训】 全年举办全国第十五个“安全生产月”、第十四个《中华人民共和国职业病防治法》宣传周活动，采取多种宣传形式，宣传贯彻新修订的《浙江省安全生产条例》和新《中华人民共和国安全生产法》，累计发放各类安全生产宣传资料25万份，组织安全生产专题讲座、咨询活动4场，发送安全信息15万条。依托安全生产教育培训中心，举办一般生产经营单位负责人、安全管理人员、特种作业人员、安监员等培训班共33期，培训人数达2713人。

【事故查处和应急救援】 严格按照国务院第493号令、省政府310号令等有关要求，及时、规范上报每一起安全生产事故情况。按照“四不放过”原则，严肃处理事故责任企业和责任人，依法办结4起企业一般生产安全事故案件，实施罚款85万多元。12月1日，在江山南方水泥有限公司北蕉石灰石矿成功组织开展露天矿山高处坠落应急救援演练，并授牌成立“江山市矿山应急救援队”。

审计管理

【概况】 2016年，全市共完成审计项目164个，核减工程款3454万元，比上年增加15%；督促被审计单位开展整改，整改率达到90%以上；推动相关单位建章立制65项，促进解决“老大难”问题4个。信息宣传被各级采用125篇次，比上年度提高2.6倍。

【财政审计】 在财政预算执行和其他财政收支情况审计中，重点审查预算编制、财政管理、项目资金分配和使用、国有企业管理，提出公款竞争性存放管理政策执行不到位、国资部门对国有企业监管较弱，导致企业用工、工程招投标、外包服务委托、国有资产管理失控等问题。上报的审计专报《我市国有企业监管亟待加强》得到市委书记、市长的双重批示。通过审计促进相关部门出台《关于同意完善江山市国有资产监督管理办公室内设机构等事项的批复》《江山市国有企业内部审计管理办法（试行）》《江山市国有企业外派监事管理办法（试行）》《江山市预算单位银行账户管理暂行办法》等制度。

【经济责任审计】 制定《江山市审计局领导干部经济责任审计流程操作办法》，对9个单位12名领导干部实施经济责任审计，重点围绕决策程序规范化、资源配置市场化、操作行为规范化和投资绩效情况、未纳入市会计核算中心管理资金的“收支管用效”、单位内部控制制度、负债风险以及领导干部遵守财经纪律和廉政自律情况等进行审计。全年共查处管理不规范资金13286万元，收缴财政资金32.36万元，诫勉谈话2人。上报审计结果报告16篇，专报8篇，提出审计建议21条。办理35个单位84名领导干部经济责任离任交接手续，促使离任者清晰交卷、接任者明白接手。审核89个单位107名领导干部的经济责任年度报告，并配合市委组织部做好领导干部的监督管理工作。

【政府投资审计】 提请市政府修订《江山市政府投资审计监督办法》，明确政府投资审计重点从工程结算审计逐步向工程项目预算执行审计、跟踪审计、竣工决算审计转变，将结算审计标准由50万元提高至200万元，200万元以下项目由建设单位委托社会中介机构审计，同时加强对社会中介机构执业质量的监督，市审计局每年按照不少于5%的比例进行抽查复核。完成江郎山游客中心及配套设施建设项目预算执行审计、“五水共治”政策落实跟踪审计（包括医疗废物处理管理专项审计调查、饮用水水源保护专项审计调查）、农村饮用水专项审计调查、第二污水厂BOT项目竣工决算审计等4个项目，移送问题线索1件、出具审计建议书1份、审计专报6篇。固定资产投资审计中心实施完成政府投资项目工程结算审计142个，送审造价45053万元，核减3453万元，核增345万元，审定41945万元。

【行政事业单位审计】 实施公务支出公款消费审计项目，对全市100个一级预算单位和53家下属单位公务支出公款消费自查汇总，并组织对40个一级预算单位和23个下属单位，以及全市26家行业协会实施审计。发现存在公务接待费、公车运行维护费、会议费、培训费管理不规范，公车运行维护费、培训费超预算或超控制指标，编外用工超控制数，协会公务接待费管理不规范等方面的问题。

【社会保障基金类审计】 开展有关民生、社保、保障性安居工程、水库移民、医疗等资金和项目审计，以计算机辅助审计，运用AO、SQL Server等数据库提高审计效率与质量，查出不符合条件的对象入住保障房，完成计算机审计案例2篇，其中1篇案例入选2016年度省审计厅计算机审计成果案例，移送问题线索1起，促进市政府及相关部门出台管理办法2个，部门建立规章制度1个，报送审计信息被采用3篇。

【内部审计】 制定《江山市内部审计工作考核办法》，促进相关部门单位做好内部审计基础工作，加强内部审计质量管理，提升内部审计工作成效。全年实施内部审计项目128个，促进增收节支340万元，落实审计整改措施239条。江山农商行撰写的信息化成果展示材料《推进信息化审计技术方法　提升农商行内部审计价值》获2016年省内审协会评比三等奖。江山农商行2015年实施的江山农商银行员工行为管理专项审计获省内审协会评比优秀奖。推荐参加衢州内审协会交流论文及案例9篇，获衢州一等奖1篇，二等奖2篇，三等奖2篇，优秀奖2篇。年度组织内审业务培训班10期，参训人员120多人次，其中省培训8期，100多人次，衢州培训2期，20多人次。

（王　晶）

统计管理

【概况】 2016年，市统计局全力投身全民“创业创新”活动，积极落实上级统计部门工作要求，创新工作理念，全力打造与江山市经济发展新常态相适应统计新体系，为建设惠及全市人民的“幸福江山”提供良好的统计保障。年内，获衢州市统计工作综合考核“特等奖”、衢州调查队业务综合评价“特等奖”、江山市机关部门工作目标综合考评“优秀等次”、扩大有效投资先进单位和服务业发展工作“一等奖”等荣誉。

【提升统计服务水平】 探索现代化服务型统计工作发展的新路子，打造统计服务精品，全年共撰写《江山统计》54篇，编发《世界木屋主题公园》等6期金点子建议，其中“木屋童话森林公园”荣获江山市第二届项目谋划擂台赛一等奖。配合市委“5 · 18”创业创新日活动，重点围绕“工业转型、三产突起、三农提升、城市新貌和民生改善”五大领域，制作完成“全民创业创新”发展成果展板，在各大公开场合进行展示。同时，还将5个篇章成果展编印成册，制作出“全民创业创新”发展画册，分发至各乡镇（街道）、市机关各部门。

【加强统计法制建设】 印发《江山市统计法治宣传教育第七个五年规划（2016—2020年）》，开展全市统计法治宣传教育工作，推进全面依法行政和法治化进程。开展“数据造假、以数谋私”专项治理行动，要求执法人员在执法过程中严格遵守《统计执法检查注意事项》等规定和要求，增设统计廉政执法“防火墙”，强化监督“紧箍咒”，树立正确的权力观和服务观。利用统计从业人员继续教育、统计年报布置会等时机，宣传统计法律法规，提高各级领导干部和社会各界的统计法律意识和统计法制观念。全年报名参加初级、中级、高级职称考试12人。坚持运用法治思维和法治手段开展统计执法检查。采取轮流授课、案卷评查等方式，组织专兼职执法人员集体业务学习，交流执法实践中遇到的特殊问题，实现主动学习、积极沟通、经验共享的工作氛围和效果。

【落实各项统计调查】 发挥统计调查在社会管理、民生事业发展中的信息咨询作用，关注民意、反映民情，先后组织“幸福江山”满意度专项调查、浙江省全民健身状况调查、全省企业发展环境调查、时尚产业摸底调查、“平安江山”群众安全感满意率、1%人口抽样调查、2016年浙江省党风廉政建设民意调查等多个民情民意调查项目，涉及调查样本约2.5万余个。开展江山市2016年度“五水共治”群众满意度电话调查，全市共调查19个乡镇（街道），共计2080份有效样本。开展第三次农业普查工作，全市19个乡镇（街道）、292个村组建普查机构，保质保量完成在凤林镇组织的第三次农业普查综合试点培训，举办全市各普查员业务培训，全面完成清查摸底工作，举办全市乡镇（街道）和行政村普查员的PDA业务培训。

【夯实基层统计基础】 贯彻落实省市政府关于进一步加强和改进统计工作的文件精神，开展“双强双型”、乡镇（街道）统计规范考核、乡镇（街道）统计规范化建设等活动。对照上级主管部门的要求，重点突出基层统计力量配备、乡镇（街道）统计工作规范等基层基础工作，引领和强化乡镇（街道）、部门和企业统计基层基础建设，通过三年的努力，实现全市19个乡镇（街道）统计规范化建设全面覆盖。以衢州市统计局联合湖南大学经济统计学院举办的全市统计系统能力提升研修班为契机，组织局机关干部参加了研修班的学习。培育指导统计事务所建设，将会计事务与统计事务所进行有机结合，在委托中介服务机构开展统计调查、开展统计人员继续教育等。

【提升统计数据质量】 做好固定资产投资方法制度和能源统计制度改革工作，围绕改革目标，以提高数据质量为核心，主动对接、推进统计制度方法改革。加强和完善基层基础工作，建立健全原始记录，制发统计台账，保证数据源头的真实可靠。开展基层统计人员业务培训工作，利用召开各专业年度会议，强化统计业务知识的培训，参加培训人数达900多人次，提高统计人员业务素质。运用江山统计信息网、江山统计微信公众号、报刊杂志等媒介，规范数据发布程序，增加发布内容，丰富信息和新闻发布形式，提高统计信息发布的广泛性、实用性，努力推动“数字文字化”向“数字图像化”转变。

（朱　伟）

口岸管理

【概况】 2016年，衢州海关江山联络处围绕“立足实情、根植本地、坚持特点、突出创新、全面发展”20个字的工作思路，紧密联系地方经济发展实际，拓展属地业务，做好海关监管、服务工作。经过努力，联络处实现企业报关“一公里”，取得令人满意的成果。

【业务运行】 2016年，共受理企业管理业务105件，其中新企业注册备案45家，企业信息变更60家，累计接待接访企业230余次，受理年报逾期28家，100%严格落实下场核验手续和法人代表约谈机制。自3月份引入2家报关机构开通属地报关业务以来，努力提高受理和办理效率，属地通关业务量质并举，共有健盛集团、欧派门业、雷士灯具等12家企业，在江山完成共计52票属地报关业务，共计出口集装箱168个标箱，累计出口金额619.65万美元。

【统计信宣】 立足自身工作职能，健全落实进出口监测预警长效机制，及时通报地区性、行业性预警信息，提升统计工作支持重点行业、重点企业的发展水平，全年共向江山市地方政府报送12篇《统计信息呈报》（江山专刊）海关统计分析。认真做好信息宣传工作，全年有146篇“互联网”和23条“舆情”信息被总关和总署录用，总计得分2680分，已超额完成年初制定1700分目标任务。认真撰写海关学会论文，参与完成杭州海关2016年关级课题《中华优秀传统文化作用于现代化海关管理创新研究》。

【企业帮扶】 通过宣讲会和走访调研等形式做好政策宣讲和企业帮扶，累计开展7场政

衢州海关对江山申达电气有限公司开展一般认证

策宣讲会，培训面向150余家企业，现场解决企业在外贸进出口过程中存在的难题50余个。配合衢州海关做好危化品监管工作，推进江山市健康蜂产品有限公司和申达电气集团等2家企业高资信培育工作。

【融入地方】 加强海关内部联动机制，参与承办6次杭州海关职能部门大型集中工作（会议），共参与接待300余人次；参与地方共建，配合衢州海关关领导带队连续赴江山保安乡对平安综合治理工作情况进行专题调研和检查4次；主动对接衢州海关派员赴江山市开展“双联系双服务”活动，共计到6个乡镇开展“两学一做”教育活动，走访16个村和20余家乡镇外贸企业。

检验检疫

【概况】 2016年检验检疫江山办共受理出境货物报检2845批，同比减少4.8%。货值1.14亿美元，同比减少26.4%。签发检验检疫证单3395份，签发各类原产地证书2725份，申报货值1.21亿美元，同比分别增长48.7%和28.5%，为江山出口产品在进口国享受到605万美元的关税减免优惠。受理检测样品454批次，出具实验室检测报告637份，包括免收检验检疫费150万元在内，共为江山进出口企业节约外贸成本680万元。

【推行贸易便利化举措】 推行“无纸化”报检签证工作举措，为企业节约报检成本20%。贯彻加快推行检验检疫一体化改革要求，升级改造业务信息化系统，使办事处具备推行检验检疫系统内“三通”（通报、通检、通放）、与口岸局“两直”（出口直放、进口直通）业务模式的基本条件，免去企业二次申报换单手续，实现“即报即放”，企业出货时间自定，物流环节可控，节约通关时间和成本。

【成功创建“木业”“蜂业”示范区江山样板】 成功创建国家级出口木门质量安全示范区，首创企业“帮扶小组”，推动地方政府将示范区创建工作纳入地方财政保障，解除企业的后顾之忧。通过创建工作，江山木业实现辖区企业零通报、零退运，不合格检出率同比下降75%，检验检疫信用A级企业达到示范区企业总数的88%，最终以零整改项顺利通过质检总局专家组的考核验收。2016年，“国家级出口蜂产品质量安全示范区”迎来复检工作。衢州检验检疫局江山办事处实地考察，推行蜂场巡回检查和“产品质量跟踪卡”制度，根据日常工作中获得预警信息，实施“协会+合作社+企业（产销联合社）”的新型产业化模式，解决蜂产品初加工和营销，使江山蜂业从分散化、合作化实现集团化的飞跃，提升江山蜂业的整体素质。12月，江山“国家级出口蜂产品质量安全示范区”顺利通过复检。

参加“江山市创建国家级出口木门质量安全示范区工作情况汇报会”

【开展“企业服务月”活动】 根据江山市委《关于推进全民创业创新的决定》，结合质检总局、浙江局、衢州局关于适应外贸新常态做好检验检疫帮扶工作的一系列重要决定和部署，成立工作小组，制定活动方案，确定“企业服务月”“全民创业创新日”活动10项具体内容。分批分层次指导出口企业建立风险管理计划，根据“一企一策”要求，帮助企业完善质量管理追溯体系，跟踪验证企业质量管理“短板”整改情况。以“服务大产业、大企业、大订单”为工作重点，联合产业协会、国际商会组织16家江山木门出口企业赴湖州安吉考察学习，开拓企业家转型升级的思路和对接国际市场的眼界。通过“一对一”服务措施，确保龙头企业承接的委内瑞拉国家采购大订单顺利交付。在农业局、林业局等相关部门配合下，举办江山市农产品国际市场开拓宣讲会，分享衢州柑橘出口创汇经验，宣讲生态原产地保护和出口果园基地备案知识。

【加强队伍建设和内部管理】 立足江山办事处新成立的实际情况，着眼新进人员的全面发展和江山外贸的长远发展需要，派员参加国家局、省局组织的各类业务培训；每位新进人员有一位丰富岗位从业经验、熟练岗位技能的指导老师传帮带，以便尽快进入工作角色。建立固化学习例会制度，主动传达地方重要会议、业务知识培训、廉政纪律要求等文件精神，推进党风、行风、作风再上新台阶，向市政府报送出口质量分析报告及检验检疫情况专报4期，向市级以上媒体刊登宣传信息90余条。年内，成功创建国检先锋示范岗、衢州市青年文明号，获“全国检验检疫系统标准化工作示范窗口”称号。

（市检验检疫江山办事处　供稿）

综合行政执法局

【概况】 江山市综合行政执法局组建于2015年12月。2016年，市综合行政执法局紧抓综合执法体制改革这根主线，以优化城市市容环境和服务全市中心工作为重点，着力“理顺管理体制、提高执法水平、创新治理方式”，全面完成年度各项工作任务，先后获得浙江省智慧城管工作先进集体、江山市护航G20杭州峰会维稳安保工作先进集体、江山市2016年度信访工作先进集体、江山市2016年度结对帮扶共建中国幸福乡村工作先进集体等称号。

【推进执法体制改革】 浙江省和衢州市先后下文批复，基本框定江山市综合行政执法局三定框架，确定具体执法事项22项。11月，江山市人民政府发布通告，市容环境卫生、城市绿化、市政公用、建筑业、房地产业、城乡规划、人防、室外公共场所无照经营、犬类管理、人行道违法停车10项职能涉及的479项行政处罚及与之相关的行政强制、行政监督检查职权自12月10日起，统一由江山市综合行政执法局行使。原江山市城市建设管理监察大队和江山市规划监察大队人员随编划转。及时对接编办、住建、规划、公安、人防、市场监管等部门，协同制定综合执法协助配合机制，有序交接执法职能。

【服务中心工作】 立足综合行政执法职能实际，主动融入市委、市政府中心工作。抽调精干力量200余人次，配合大陈、四都、峡口、石门、廿八都、开发区等乡镇部门开展镇容镇貌及两路两侧整治，推进小城镇环境整治、“四边三化”“三改一拆”等重点工作。查出规范沿街洗车点店外洗车357次，严查沿街饭店在城市道路上乱排乱倒污水行为，防范各类污水进入城市排水管道或直流溪渠。协同住建等部门开展联合执法，对全市瓶装液化气经营点进行集中整治，查出违法案件3件，同时做好G20杭州峰会安全保障。

【开展城市容貌整治】 克服人员少，任务重等困难，上下同心、鼓劲加压，坚持班子领导靠前指挥，落实“朝六晚十”值班制度常态化，严格执法，教罚结合，扎实开展市区占道

规范流动摊点

经营、倚门设摊、马路市场等城市顽疾集中整治和户外广告、乱贴乱画等专项整治。全年出动执法队员32800人次，发放限改通知书1512份，清理城区流动摊点7722个（次），规范跨门占道经营16747户次，清理乱堆放杂物、垃圾等493车5533立方，清理广告、雨棚471处，实施行政处罚154起（含简易处罚）。

【创新优化管理措施】 深化市容秩序网格化管理模式，把管理落实在常态，把成果保持在长期。秉持“人人都要当好巡查员、人人都要当好宣传员、人人都要当好服务员”的执法理念，变“以管为本”为“以服务为本”，疏堵结合、以疏为主，教育惩戒结合、以教育为主的城市管理模式。加强协调，协同相关部门选址确定江城临时菜场疏导点，规劝引导城区各菜场周边摊点到疏导点经营，保障农民自产自销产品有去处。向社会购买服务参与城市管理，年内完成城区菜场周边秩序管理服务外包、新一轮城市“牛皮癣”清洗保洁外包、数字城管信息采集服务外包。结合衢州市首部地方性法规《衢州市城市市容和环境卫生管理条例》颁发，开展宣传活动，全年发放各类宣传资料10000余份。

【回应民众诉求】 做好矛盾纠纷调解，全年调处装修邻里矛盾纠纷20多起。畅通“12345”市长热线、应急联动、数字城管等渠道，高效受理、交办、反馈各类投诉举报。全年共受理“12345”市长热线148件，及时响应率、办结率均100%；受理群众来信10件，接待到访群众500多人次，矛盾纠纷调处率达100%；数字城管受理城市管理问题16554件，结案解决16246件，解决率99%，应处理案件16254件，按期处理15807件，按期处置率97%。同时，依托电视、报纸、信息网、微信公众号等平台，宣传报道执法动态和成效，传递综合执法正能量。

财政税务

地方财政

【概况】 2016年，江山市财政局围绕“建设幸福江山，打造活力城市”的战略目标，践行“五大发展理念”，遵循“促进发展、保障民生、科学理财、加强监管”的理财观，依法组织财政收入，持续强化财税管理，努力优化收支结构，推进财税改革，提升服务水平，圆满完成各项工作任务。全市财政总收入24.10亿元，下降0.7%。一般公共预算收入15.86亿元，增长3.3%，占财政总收入的比重为65.8%，其中税收收入10.72亿元，下降16.6%，占一般公共预算收入的比重为67.6%。全市一般公共预算支出42.00亿元，增长10.5%。

【组织财政收入】 关注“营改增”后续影响、房产税改革及结构性减税等税收政策调整因素，开展税收弹性、行业税负和税收关联分析；开展重点行业税源调查，做好房地产、建材、化工行业的调研和分析；加强重点税源监控，监控面达80.4%。全年一般公共预算收入中税收收入10.72亿元，占比67.6%。加强税收征管信息化建设，推进金税三期优化版成功上线；完善个人所得税全员全额扣缴申报管理；开展企业所得税年度汇算清缴及后续审核，汇算应补缴税额6035万元；完成资源税改革调研测算，25户矿产企业全部进行专项申报。提高土地出让社会保障风险金的计提比例，增强风险防范能力；落实土地出让收支国库管理，规范土地出让金的征收、缴库、清算和支出程序。深化非税收入收缴电子化改革，加快统一公共支付平台应用扩面，政府非税收入2.88亿元，同比下降52.1%；加强社保费征收和结算，做好失地农民基本养老保险费征缴，社保费收入11.38亿元，增长5.7%。

金税三期优化版平稳上线（周茜 摄）

【振兴实体经济】 筹措落实“四大百亿”工程和政府投资重大项目建设财政性资金；支

持交通工程、城市建设、保障性住房等基础设施和民生工程建设；下发政府投资项目预算安排，审批建设资金28.15亿元，推进重大项目计划实施；发布PPP项目库，并推动对外招商，总投资311亿元。参与制定实施创新驱动加快工业转型发展意见，加快培育工业龙头和单打冠军企业；设立规模为3亿元的政府产业发展基金，推进产业发展和科技创新；设立规模为2亿元的基础设施投资基金，助力PPP项目建设；降低江山市担保中心担保费收取比例，缓解中小企业融资难；实行城镇土地使用税分类分档差别化减免政策，加大对“亩产税收”贡献大、符合产业转型升级导向企业的扶持力度，提高土地资源的集约节约利用效率。兑现涉企财政补助奖励资金，审核补助资金2.32亿元；落实税费优惠政策，共减免各类税费2.18亿元；完善企业搭桥资金管理办法，调度资金29.42亿元，为企业转贷34.50亿元。

【保障改善民生】 全年一般公共预算用于民生保障支出33.06亿元，占比78.7%。拨付农业资金8.40亿元，保障“五水共治”和“三农”工作资金需求；开展村级公共设施运行管护、农村公共服务有效供给新途径等试点；做好一事一议财政奖补助推美丽乡村建设，竞争性择优确定13个示范村、24个特色村创建名单；支持省级美丽乡村示范县创建。加大农业基础设施建设投入，推进中小河流治理、病险水库除险加固、中央小型农田水利重点县建设。推进机关事业养老改革，在职人员基本养老保险和年金已全面纳入地税征缴；启动基层医疗机构财政补偿机制改革试点和公立医院改革；投入专项资金2650万元，推进残疾人全面小康进程；支持“学在江山”品牌建设，健全普惠性民办幼儿园投入保障机制；推进教育布局调整项目、薄弱学校改造及农村集体办幼儿园建设；支持文化产业和广播电视、体育等事业，完善城乡公共文化服务体系。保障G20杭州峰会安保资金；推进“天网”工程实施，打造“平安江山”。加大生态建设投入，着重向环境保护、城市供水、城市保洁、绿化等民生项目倾斜；安排资金用于企业节能减排、农村河道整治“河长制”、污水处理厂运营费用及城乡垃圾收集处理；做好农村生活污水治理，共拨付资金1.14亿元。预算安排7000万元专项用于生猪养殖污染整治和规范整规；完善公共自行车服务系统，落实城市公交相关资金，缓解城市拥堵。

【推进财政改革】 加强全口径预算管理，实现一般公共预算、政府性基金预算、国有资本经营预算、社会保险基金预算“四本预算”的“统筹、统编、统批、统管”。推进预算编制功能科目细化到“项”级科目，对基本支出按经济分类细化到“款”级科目。推进部门预决算公开。深化国库集中支付改革，建立支付动态监控系统，杜绝违规支出发生。推进预算单位公务卡扩面，切实提高公务卡使用率。推进乡镇公共服务平台建设，共纳入平台发放管理项目29个，发放补助8435万元。建立财政资金竞争性存放评委库，规范市级财政资金竞争性存放，累计竞争性存放资金15.90亿元。

【深化国资管理】 制定国有企业外派监事管理办法和内部审计管理办法，完善监管制度体系。开展国有企业定岗定员，规范企业用工管理。委托中介机构对国投公司2015年度财务报表及经营性国有企业2014年、2015年的国有资本收益情况进行审计。开展国有企业三公经费检查。加强行政事业单位资产管理，开展行政事业单位资产清查及办公用房搬盘整合。

【强化财政监管】 做好“三公经费”支出统计监测，全年实际支出3473万元，下降13.3%。加强政府投资项目评审，评审总价10.50亿元，节减财政支出3532万元。强化政府债务管理，规范政府举债行为。开展乡镇财政资金监管工作自查，完善乡镇财政资金监管机制。强化政府采购预算管理，加强现场监管，全年累计纳入监管资金2.91亿元，节约资金3259万元，节约率11.2%。严格执行上级公务用车购置规定，一般公务用车做到零购置。推进全市新增事业单位内部控制建设。

（徐　平）

地方税务

【概况】 2016年，江山市地方税务局围绕组织收入中心工作，不断优化纳税服务，着力完善征管措施，圆满完成各项工作任务，获2016年度全省地税系统先进集体称号。全年共组织各项收入23.15亿元，下降6.8%，其中：税收收入10.72亿元，下降16.6%；社保基金收入11.38亿元，增长5.7%。

【税源分析】 全年分税种看：营业税入库1.64亿元，同比下降50.5%，原因是2016年5月全面实行“营改增”；企业所得税入库1.95亿元，增长15.2%；个人所得税入库1.49亿元，下降38.6%；地方七税入库3.20亿元，下降3.4%；契耕两税入库2.27亿元，增长8.4%。全年分行业看：制造业入库3.20亿元，增长7.6%；房地产业入库2.50亿元，下降29.4%；建筑业入库1.24亿元，下降26.6%；金融业入库1.13亿元，增长20.5%；批发零售业入库2519万元，下降21.9%；其他行业入库1.60亿元，下降41.9%。

【加强税收分析】 发挥税收大数据作用，关注“营改增”后续影响、房产税改革及结构性减税等税收政策调整因素，加强税收收入影响评估，探索税收弹性分析、行业税负分析、税收关联分析方法。执行税收征管质量分析例会制度，提高税收征管质量。强化“抓大、评中”税源管理，做好房地产、建材、化工等重点行业的调研和分析。加强重点税源监控，监控重点税源259户，监控面达80.4%。

【强化税费征管】 推进税收征管信息化建设，实现金税三期优化版平稳上线。完善个人所得税全员全额扣缴申报管理，完成年所得12万元以上个人所得税自行申报。开展企业所得税年度汇算清缴及后续审核，汇算应补缴税额6035万元。完成调整城镇土地使用税政策、促进土地集约节约利用工作方案。完成资源税改革相关税费的调研测算，25户矿产企业全部进行资源税专项申报。开展纳税评估，提升“以评促管，以评促征”能力。加强社保费征管绩效指标月度考查，推进社保费精细化管理。做好失地农民基本养老保险费征缴，全年一次性补缴收入1.71亿元。

【优化纳税服务】 践行财税“放、管、服”改革，落实税收征管、纳税服务、国地税合作等工作规范，促进税收管理和服务公开统一，推进“五证合一、一照一码”商事登记制度改革。结合税收宣传月、工业大会、纳税人满意度调查，开展“便民办税春风行动”“暖企行动”“问需求、优服务、促改革”等活动，共走访规模以上企业1687家，发放调查问卷300多份，召开企业家座谈会3次、部门座谈会1次、金融机构座谈会1次。推进财税库银横向联网电子退税业务。推广应用“银税互动”守信激励措施，共为25户小微企业办理贷款1170万元。

【深化国地税合作】 通过加强国地税联动，完成“营改增”工作。建立国地税信息共享、合力清缴欠税、共建办税大厅等全面合作的长效机制。多次召开国地税合作工作会议，分别就营改增、税收宣传、税收征管、纳税服务、税务稽查、税源管理等合作事项交换意见，明确重点合作事项。联合推行信息管税，建立内部信息交换共享机制。加强税收风险管理，委托国税代征地方税费，共同管理非正常户，联合清理欠税。联合国税开展纳税信用等级评价，共评价纳税人2300户。

【坚持依法治税】 开展权力清单事项库信息梳理，实施税收执法督察、行政许可和行政处罚案卷评查，规范行政执法行为。完善规范性文件管理，落实规范性文件动态清理机制。开展“七五”普法和“浙江法制宣传月”等法制宣传教育活动。制定合同管理暂行办法，形成规范合同管理的有效机制。规范机关内部运行，建立“1+8+x”内控基本制度体系，加大内审力度，构建权责清晰、流程规范、监督有力的内控监督机制。做好“两法平台”案件录入工作。

【规范税务稽查】 制订2016年税收专项检查工作计划，明确税收专项检查重点。加强举报案件查处，开展打击发票违法犯罪活动。开展省局重点税源企业自查工作、税务稽查“积案”清理百日专项行动、“个转企”百日专项行动和国地税联合稽查工作，共办理案件78件，查补收入641万元。完善国地税联合进户稽查工作机制，落实税收违法“黑名单”和联合惩戒机制。探索“互联网+税务稽查”新模式，通过稽查绩效管理评价系统，推进稽查质效提升。

【强化廉政建设】 贯彻落实党风廉政建设责任制，开展“两学一做”教育实践活动，巩固党员政治信仰。健全反腐败领导体制和工作机制，履行党委主体责任和纪检组监督执纪责任。落实领导干部“一岗双责”要求，细化班子成员党风廉政建设责任，层层签订党风廉政建设责任书。建立中层以上干部个人廉政档案，副科以上干部在江山“廉政在线”诺廉。参加党章、党规、党纪轮训班，组织全体党员干部学习《中国共产党廉洁自律准则》和《中国共产党纪律处分条例》。开展内部监督检查，全年完成7个科室（单位）的检查任务。加强正风肃纪工作，不定期对局机关、直属单位进行明察暗访。

国家税务

【概况】 2016年，江山市国税局打赢组织收入、营改增、金三上线“三场硬仗”，抓实“两学一做”、绩效管理、国地税合作、法治建设“四件大事”，圆满完成各项税收工作任务。年内共组织税收总收入112623万元，同比增加7556万元，增长率为7.19%。共办理各类减免退税68509万元，同比增加9334万元。先后获得2011—2015年浙江省法治宣传教育先进集体、第二批省级“法治文化建设示范点”、全省国税系统“六五”普法先进单位、2016年度江山市“最佳满意部门（单位）”等荣誉称号。

【推进税制改革】 5月1日起，在全国范围内推开营业税改征增值税试点，全市共有4804户纳税人参与此次改革。按照全面推开营业税改征增值税试点工作实施方案要求，做好营改增试点各项工作。成立两个层面领导小组，对53项具体工作开始时间、主要内容、牵头单位、配合单位作了明确规定，实行建账销号、对表推进，宣传、培训同步推进，在税制转换前做好充足的准备；在税制转换工作过程中，及时做好办税提醒，合理配置办税资源，充分提供办税便利；税制转换后切实抓好动态分析，确保改进完善。组织纳税人对税负测算表填报进行培训，对纳税人的主行业、主征收品目进行逐户界定，对纳税人申报数据实时跟踪，分期分批开展人工实地核实。对税负增减变化及时开展分析，确保税负动态分析准确有效。

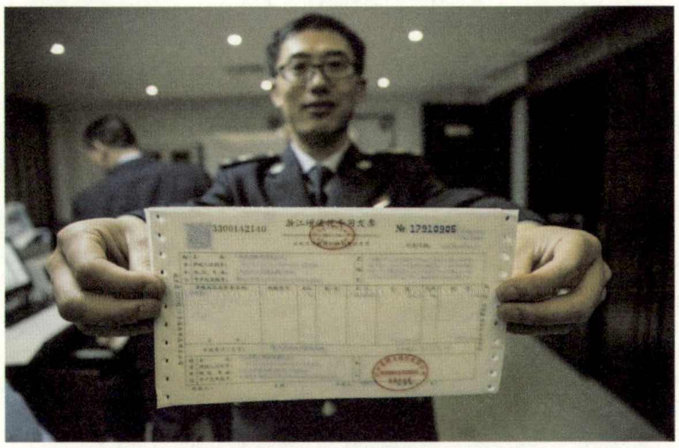

5月1日，开展营改增零点行动，江山金陵大酒店成功开出第一张增值税专用发票

【强化税收征管】 10月8日起，金税三期税收管理信息系统在全市正式上线运行，新旧系统平稳切换；深化国地税征管体制改革，国地税51项合作事项全部按规定落实到位。同时，结合地方实际，探索国地税共用基层服务资源新模式；持续强化稽查评估工作。主动与公安、海关等多部门合作，开展联合打击骗取出口退（免）税违法犯罪活动等，提高稽查工作质效。全年稽查查补入库税款1035万元，选案准确率与查补入库率皆为100%；建立适合江山市经济情况的评估指标和行业评估模型，实施多税种联评、征退税联评。年内共评结企业137户次（含注销清算62户），有问题补税企业75户次，入库税款、滞纳金共887万元，调减以前年度亏损407万元。

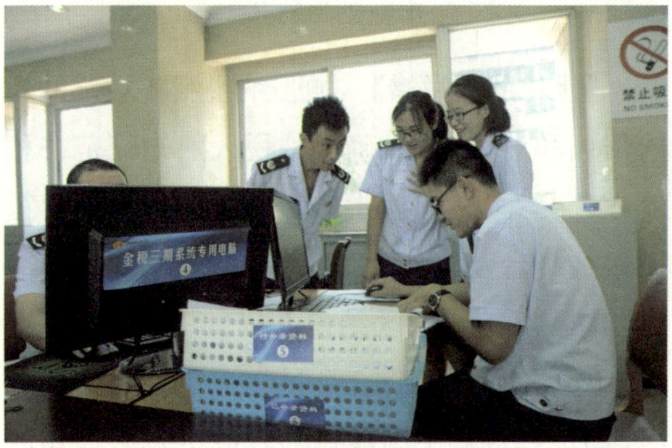

8月16日，“金三”双轨运行首日，办税服务厅工作人员进行双系统录入工作

【规范税收执法】 加强对税收政策执行情况的跟踪和分析，梳理符合优惠政策条件的纳税人，做好落实优惠政策回头看和审核工作，确保小微、固定资产加速折旧企业优惠政策正确、足额享受；深化税务行政审批制度改革，结合推行权责清单制度，做好清理和规范工作，对保留的行政许可事项做好优化和公示工作；加强税收执法监督，提高风险防范能力，做到执法的程序、依据合法；搭建法治税务文化宣传平台，完善基地建设台账，制作法治教育宣传片，推动江山市中等专业学校、国网浙江江山市供电公司等企业、学校、社会机构共

建法治税务示范基地，法治税务文化影响力不断扩大，先后吸引20余批省内外、系统内外人士前来参观交流。

开展税收辅导

【优化服务举措】 加强纳税服务规范的对内培训和对外宣传，确保纳税人熟知规范办税流程，尽享办税便利；完善“郑师傅专窗”、微服务平台及服务队“三位一体”的郑师傅服务团队品牌，为辖区纳税人提供更专业、更及时、更贴心的涉税服务。科学评定纳税信用等级，与地税局和中国建设银行股份有限公司江山支行、江山农商银行、金华银行、市银监办事处建立银税框架合作机制，全面开展税银合作助力小微企业发展，解决小微企业融资难问题，全年共为24户B级以上小微企业发放信用贷款1170万元。

【加强队伍建设】 坚持从严治党，扎实开展“两学一做”专题教育。初步建立起痕迹管理、问题追溯、责任倒查的制度机制；根据从严治党要求，开展党组织关系集中排查、党代表和党员违纪违法未给予相应处理排查、基层党组织按期换届专项检查和党费收缴使用管理专项检查，年内累计补缴党费20.62万元；通过强化组织领导、强化理论武装、强化党员带头、强化服务质效、强化廉政教育和强化党建文化建设等六大强化手段，结合开展“九问一评”、专题教育等多种形式活动，确保“两学一做”学习教育入脑、入心、入行；切实抓好党风廉政建设责任制落实。研究制订党组、纪检组两个责任实施方案，明确60条主体责任清单和31条监督责任清单，夯实“一岗双责”工作机制。

（徐善创　吴珮）

金 融

人民银行

【概况】 中国人民银行江山市支行积极引导金融机构落实好稳健货币政策，推进依法行政，推动经济转型升级。2016年，江山市金融系统人民币存款余额394.51亿元，比年初增加44.63亿元，同比增长12.75%；贷款余额302.27亿元，比年初减少8.32亿元，同比下降2.68%。年内，被评为“浙江省人民银行系统先进基层党组织”“衢州市治安安全先进单位”“江山市‘六五’普法工作先进单位”。

【新增两家银行业金融机构】 12月28日，浙商银行股份有限公司衢州江山支行成立，内设综合管理部、公司业务部、小企业业务部、个人业务部、营业部，员工19人。12月30日，北京银行股份有限公司衢州江山支行成立，内设综合部、业务部、营业部，员工15人。

【传导货币政策】 先后促成“发展普惠金融、绿色金融，不断丰富金融业态”的内容，分别写入市委全会报告、“两会”政府工作报告和“十三五”规划。通过金融支持创业创新专题调研提出的关于“完善小微企业贷款风险共担机制”的建议，得到市人大领导高度重视，将相关意见纳入向政府建议材料。提出“人民银行牵头建设企业信用信息共享平台”的建议，被列入江山市2016年度国民经济和社会发展计划，并确定为市政府十大专项工作之一。提出“探索建设企业基础信用信息数据库，推进信用江山建设”的建议，被市政协列为2017年政协提案征集重点线索。

【改进“窗口指导”】 年内先后制定《关于金融支持工业企业经济发展的实施意见》《江山市商标专用权质押贷款工作实施意见》《江山市创业担保贷款实施办法》等文件，推动金融机构增加对实体经济的有效投入。积极向上争取扶贫、支小再贷款支持，全年累计发放全市扶贫再贷款余额5000万元，累计发放支小再贷款1亿元。引导地方法人机构转变理念，通过主动负债工具拓宽资本金来源渠道，壮大支农支小实力，指导江山农商行启动二级资本债发行工作，探索提升“窗口指导”效果的新路径。9月，支行主导金融系统基层工会联合会会同市总工会制发《关于开展金融系统“普惠金融暖企暖心”百日竞赛的通知》，组织金融干部职工集中精力推进小微企业与“三农”

产品服务创新、智慧支付项目、应收账款融资服务平台推广等三项重点工作。牵头每季召开政银企对接会，分批邀请企业主代表提出金融需求、咨询金融政策，政府部门、各金融机构作出回应解答、共商对策措施，并在更广层面上对货币信贷政策及工作开展情况的定期通报。

【维护金融稳定】 落实金融风险防控措施，持续跟踪担保链风险，适时下发风险提示函，要求各金融机构摸清风险底数，及时报告风险；督导落实主办银行会商制度，推动各方达成共识，体现金融意愿，平稳有序开展出险企业处置及困难企业帮扶；建立小贷公司经营情况月报制度，通过加强对主要经营指标的日常监测，防范小贷公司风险突发；切实承担副组长单位职责，组织配合开展互联网金融专项整治的各项工作。以加快金融债权案件处理为目标，会同法院、银监部门召开全市金融司法联动协作机制座谈会，院银交流问题难点，共商打击逃废债措施；与市法院签署《关于共同推动供给侧结构性改革 防范金融风险的合作框架协议》，推动达成“四个共识”，即建立院银定期会商制度、研究出台联手打击逃废债操作办法、协同处置不良资产、配合加快僵尸企业市场退出；建立“四项机制”，即金融案件审执联动机制、金融纠纷多元化解协作联动机制、实行金融司法培训联动机制、金融司法宣传联动机制；组织各银行机构配合市法院对31个执行主体、2.85亿元的不良贷款开展为期一个月的金融债权专项执行行动。

【推进依法行政】 以股室为单位建立覆盖基层央行各专业条线的季度例会制度，及时传达贯彻上级工作要求，定期总结分析金融运行和业务发展情况，并形成专门会议纪要。坚持重大事项报告制度，确保第一时间发现、第一时间上报、第一时间处置，全年备案辖区金融重要事项33次（个）。按政策性银行、国有商业银行、股份制银行、法人机构4个类别，实施对银行机构的分类综合评价。按计划保质保量完成对7家金融机构、11次专项执法检查任务。强化外汇管理服务，明确将“控流出、扩流入、严打击”作为年度工作重中之重，按照上级局指引，跟踪督导外汇指定银行加强跨境资金流动监管，协助上级局开展对大额资金异动企业的调查摸排。实施外汇局服务优化工程，认真落实“展业三原则”，组织外汇指定银行建立外汇重点监测企业的月访季谈制度，及时了解企业需求，加快各项外汇管理便利化措施在江落地。探索“网格化”联合监管机制，会同国税、海关、商务等部门召开联席会议，通过集中走访企业、定期互换信息、实施联合核查等方式，提升合规监管的有效性。确保国际收支统计申报数据质量，组织外汇指定银行和部分企业举办国际收支统计申报业务培训班。年内，对1家未规范开展该项业务的外汇指定银行实施行政处罚。

【全力支持重点企业、重点项目】 对重点企业，继续组织辖内各银行实行名单制支持。按照市委市政府确定的江山“四大百亿”产业集群，筛选184家重点支持企业，对名单内企业开辟金融服务“绿色通道”，给予“申请办理优先、额度优先、利率倾斜”政策。截至11月末，全市各商业银行累计向名单内企业发放贷款15.68亿元，占年初贷款意向的86.02%。支行促成市政府设立总额5000万元的“单打冠军和龙头骨干企业信用贷款担保基金”，由该基金提供担保，已落实两家承办银行对首批1家企业发放信用贷款1000万元。对重点项目，引导商业银行积极介入PPP模式，支持地方重大基础设施、城市发展和主导产业项目建设。年内，指导交通银行对衢州辖内唯一的省级重大水利工程——江山市峡口水库引水工程民生项目，给予1.4亿元的信贷资金支持。

【创新抵押担保方式】 继上年度在衢州辖内率先实现“零”的突破后，指导江山农商行办理衢州农合系统首笔商标权质押贷款。截至11月末，全市商标权质押贷款余额650万元，惠及企业2家。在风险可控的前提下，鼓励商业银行推广应用基于纳税、缴费、付薪记录等“基础信用信息大数据”的无抵押、无担保信贷产品。截至11月末，全市各银行机构共办理该类贷款28.80亿元。结合农村地区出现的新情况和新特点，改进金融支农服务，探索激活农户小额贷款需求，带动农民增收。引导主要涉农机构介入江山市“金屋顶光伏富民工程”，针对农村留守老人占比大且参与工程“有心无力”的状况，开发专门的“光伏养老贷”产品。7月以来，共办理贷款146.5万元，惠及农户15户，助推“阳光红利”走进农户。截至10月末，涉农贷款余额232.02亿元。11月末，小微企业贷款余额10.07亿元，占全市贷款总量的31.86%。

【推进智慧支付工程】 制订《江山市“智慧支付”工程实施方案》，综合江山智慧城市规划、金融技术条件，以点带面推进智慧支付在各领域的使用推广。年内，顺利完成智慧支付+商务服务、智慧支付+生活应用、智慧支付+公共交通、智慧支付+旅游服务4大示范工程。截至11月末，贺村镇南菜市场的“智慧菜场”项目，布放电子溯源秤POS终端17台，交易1353笔、金额12万元；“智慧公交”项目实现城乡线路全覆盖，交易22417笔、金额4万元；主要旅游景区的“智慧旅游”项目，布放自助售票机2台。锦鹏小区的“智慧社区”项目，实现社区居民物业及日常生活缴费电子化。“智慧商圈”项目引导广大民众使用扫码支付工具取得进展，其中江山工行通过扫街模式布放“闪付”服务终端3865台，交易46585笔、金额8524万元，走在系统前列；江山农商行布放升级版智能POS135台，客户体验更加丰富便捷。

调研智慧菜场

【普及教育金融知识】 完善金融产品与服务创新备案制度，定期更新《江山市金融产品服务推介宣传手册》，将其作为金融宣传的常备资料，增进社会各界对最新金融改革发展成果的了解运用。坚持把金融知识普及教育作为金融消费权益保护的基础工作，组织社区、农村“金融墟日”专场，除摆摊设点宣传外，邀请社区居民、种养大户、新型农业主体代表召开金融需求座谈会，现场答疑解惑，精准推介产品服务。组织2016年度“金融知识普及月”活动，指导全市金融机构统筹采用营业网点和主流媒体阵地宣传、“六进”上门宣传以及“厅堂微沙”、冠名趣味运动会、“普惠金融讲坛”表演 PK 大赛等主题活动特色宣传的方式，提升金融知识普及教育效果。

【推进支付环境建设】 参照创建标准，开展金融服务示范村和银行卡助农服务点星级评定验收工作，通过实地抽查，督导两家承办银行机构及时整改检查发现问题。年内，全辖验收合格金融服务示范村 24 个；星级评定服务点 53 个，其中五星级 6 个、四星级 8 个、三星级 39 个；申报电子支付应用示范村 11 个，数量居各县（市）之首；江山经济开发区顺利通过第二批“省级网上支付应用示范区”验收。同时，贯彻落实个人银行账户分类管理新政，配合相关部门开展无证经营支付业务机构排查，运用反洗钱非现场监管系统发现的可疑线索协助打击治理通讯网络新型违法犯罪。年内，通过“大商户结算”入网形式，帮助 1 家疑似无证经营支付业务企业及时稳妥完成整改工作。

【探索信用体系建设】 探索建设小微企业基础信用信息数据库，牵头并会同税务、水务、电力、电信、法院、海关、环保等部门组建专门的信息联络员队伍，建立数据资料报送采集机制。连续 3 个季度对首批涉及 9 个部门、291 家规上企业开展欠薪、欠息、欠费、欠税等“四欠”信息数据的手工采集，为银行真实掌握企业情况以及地方政府帮扶困难企业提供信息数据支撑。截至 11 月末，引导农商行评定信用村 186 个，其中创建省级信用乡（镇）2 个，省级信用村 4 个，衢州市级信用村 14 个，评定农户数 100199 户，授信总额 53.11 亿元，发放小额信用贷款 22.57 亿元。

【严格经理国库】 以贯彻落实新《中华人民共和国预算法》为契机，做好财政存款账户情况监测及财政专户清理，严把财政存款账户开设源头，指导商业银行规范开户资料留存。密切跟踪“营改增”对银行经营行为的影响，及时向上提供决策参考。加强国库经收处日常管理，规范代理国库业务行为。加强国债发行与兑付的监督管理，定期巡查承销机构网点的发行组织和宣传部署情况，将检查结果纳入季度评价考核。

【加强人民币流通日常管理】 坚持实施“持币安心、用币舒心”行动，开展人民币流通示范区的创建工作。针对零币兑换难问题，通过“机器换人”推进人民币流通便利化，指导部分银行机构配置小面额人民币自助兑换机具，方便日常小额兑换需求。做好纪念币发行各项工作，确保纪念币兑换稳妥有序开展。完善“人民币反假网络建设工作领导小组、银行网点联络员（指导员）、反假币工作站义务宣传员”的三级管理模式，开展人民币反假宣传活动。

（郑　华）

银监办

【概况】 2016 年，衢州银监分局江山办事处贯彻落实国家宏观金融监管政策和市委市政府的工作要求，增强责任意识，突出监管重点，优化监管方式，保持辖内银行业持续稳定发展的良好态势。年末，全市银行业存款余额 396.75 亿元，比年初增长 13.83%；贷款余额 302.33 亿元，比下降 2.79%。全市不良贷款余额 11.35 亿元，比年初增加 4.75 亿元；不良贷款率3.76%，比年初增长1.63个百分点。

【推进还款方式创新工作】 引导各银行业金融机构持续开展还款方式创新工作，配合江山市政府建立搭桥专项资金，帮助企业解决银行贷款转贷问题，降低企业筹资成本。对各银行业机构工作进度进行按月统计督促。至12月末，各银行机构按还款方式创新进行转贷的贷款累计1095笔，金额共计46.42亿元，占当年续贷金额的51.53%。

【抓好授信总额管理】 组织辖内各银行机构授信总额管理工作纳入衢州市第三批授信总额联合管理试点工作中，实现辖内授信总额的增量扩面，加强防控多头授信、过度授信的作用。年末，辖内各银行机构根据授信总额主办行管理办法，已签订协议24户，授信总额39.85亿元。

【提高银行业合规经营意识】 组织全辖银行业金融机构开展合规文化建设专项行动，要求各银行机构自主开展宣传教育，组织员工开展讨论，举办合规文化优秀征文，并对现有的规章制度进行重新梳理。各银行机构以多种形式组织员工进行合规文化教育，促进从业人员提升合规意识，力求做到全员合规、人人合规，有效防范各类风险事件，确保银行的稳健经营发展。

【完善金融组织体系】 2016年，新增浙商银行、北京银行两家江山支行，两家银行机构共招聘员工39人。鼓励金融科技合作，邮储银行江山市支行与江山建信村镇银行发放科技互惠贷11笔，金额合计995万元。实施企业帮扶工作，协助挂联帮扶解决转型升级资金缺口，增加银行授信730万元。推进普惠金融工作，改善农村支付结算环境，拓宽农村市场服务渠道，构建农村网点、布放ATM机及POS机，推广网上银行，为农户提供更方便快捷的服务。

（林 璇）

工商银行

【概 况】 中国工商银行江山支行(简称市工行)，现有内设机构3个，分别为综合管理部、公司市场部、个人业务部；下辖网点6个，包括直属营业部、城区二级支行4个、集镇二级支行1个；支行辖区9个无人银行。至2016年末，市工行各项本外币存款55.22亿元，新增3.89亿元；各项贷款余额38.82亿元。获衢州市行旺季竞赛第一名、浙江省分行旺季劳动竞赛一等奖。

【转型发展推进银企政合作】 紧抓“五水共治”和“城镇化建设”机遇，支持市政重点工程项目及工业园区发展，开展投融资及银企签约活动，创新产品，支持中小（微）企业发展，推进方便企业的“网贷通”“易捷贷”“固贷通”“抵押余值贷款”业务，为企业分忧解难，实现经营转型和风险的有效防范。

【重点项目营销成果丰硕】 成功投放江山棚户区改造项目贷款2.4亿元；江山市政府产业引导基金——江山联成创业股资基金（江山第一只产业基金托管账户）落户市工行。

【率先推进移动支付业务】 适应新经济、新金融发展要求，加快推进互联网金融发展，持续开展互联网移动支付宣传推广工作，新增020商户、融E联客户、手机银行客户，E支付客户，融E行客户，均位列衢州分行第一，总量领先同业。

【参与普惠金融宣传】 组织开展“3·15”金融消费者主题宣传教育活动，高端客户“财富驿站”活动、工银俱乐部活动，组织开展“阳光助残五个一”社会公益活动、植树节活动、六一节慰问儿童活动“江山慈善一日捐”活动，参与“创建全国卫生城市”活动，扩展金融的品牌影响力。

（胡卫新　林　森）

农业银行

【概况】 2016年中国农业银行股份有限公司江山市支行内设5个职能部室、下设1家营业部，6家二级支行，5家离行式自助银行，两家乡镇金融便利店。年末，人民币各项存款余额45.12亿元，比年初增5.9亿元。各项贷款余额37.99亿元，比年初增9606万元。

【拓展优质重点项目贷款】 对江山市筛选出的四大百亿工程项目、创业创新融资对接会签约企业建立跟踪服务机制，“一户一策”地制定金融服务方案。组建金融服务团队，主动加强对接，定期了解项目进度和实际资金需求。江山市畅通建设有限公司道路基础设施建设项目成功落户市农行，成功授信6亿元，已发放贷款3亿元。

【开展企业帮扶解困】 对于经营管理规范，符合转型升级要求，但出现暂时性资金困难的中小微企业，争取上级行信贷政策支持，总计对10个特色产业企业执行利率零上浮，对18家企业执行上浮幅度在20%以内的优惠利率；落实监管部门“七不准”“四公开”等有关小微企业收费政策，严格执行明码标价的有关规定，在政策容许的范围内，主动降低费率和利率，帮助企业降低成本。全年共为50余个小微企业上报了账户及产品使用费减免申请，累计为企业节省费用13万元；对小微企业客户实行“一次调查、一次审查、一次审批”的审批模式，并在企业贷款到期前提前完成授信工作，尽最大可能缩短企业贷款周转发放的时间；围绕“走千企访万户”活动方案，将全行客户经理分成若干服务团队，要求客户经理每周走访3家以上存量客户，主动入企、问企、帮企，找准、解决小微企业融资需求；深入分析企业金融需求和经营实际，从为企业节省成本的角度出发，为企业配套承兑汇票、信用证、保函、票据池等融资工具，综合解决客户融资需求。市农行结合双氧水有限公司、江山化工发展需要，开办票据池融资业务，累计金额1775万元。

【加强普惠金融建设】 在“惠农通+农村金融自治”的普惠金融服务模式基础上，落实惠农网贷、快贷的推广工作，拓宽惠农金融服务的辐射范围。全年共采集村民档案信息11984户，完成预授信10223户；顺应农业规模化和集约化经营发展趋势，运用家庭农场贷、农易分、小额农户贷等在解决农村市场担保难题方面的优势，加大对示范性家庭农场、专业合作社、种养殖大户等新兴农业经营企业的支持力度。全年新支持农村生产经营户46户，发放利率优惠的“三农”贷款2423万元；坚持落实惠农通工程建设，通过抓星级率、在线率、有效率等措施巩固惠农通渠道优势；继续加大宣传力度，以推广促进品牌提升，以品牌提升加快惠农通推广。全年新增有效惠农通商户82户，拓宽农村市场服务范围，为农村居民创造良好的支付结算环境。

【拓展金融服务渠道】 市农行充分发挥金融便利店地域优势，以集开卡、理财、基金、电子银行、外汇、转账、查询及部分特殊业务于一身，兼具现有发卡机、自助通所有功能，基本实现个人非现金业务全覆盖的“超级柜台”为载体，不断创新惠农产品及服务方式。年内，成功通过金融便利店营销发放首笔农户小额贷款20万元，引起江山电视台等媒体关注。

（毛坤亮）

中国银行

【概况】 2016年，中国银行江山支行有在岗员工83人，支行内设综合管理部、公司业务部、个人金融部、营业部，下设贺村支行、解放路支行、虎山支行、鹿溪中路支行4个经营性支行。年末，支行本外币各项存款余额28.3亿元，其中个人存款余额12亿元，对公存款余额16.3亿元。本外币各项贷款余额33.1亿元，其中个人贷款余额14亿元，企业贷款余额19.1亿元。国际结算业务量22351万美元，市场份额达49.5%，市场份额连续多年保持当地金融机构首位，并列入衢州辖内行之首。跨境人民币业务量32769万元，市场份额83%，居衢州辖内行第一。

【拓展各项存款】 参加行政事业单位存款招投标，共参与行政事业单位存款投标8次竞标成功6次，竞标成功金额2.61亿元。年末，支行行政事业机构存款余额较年初新增2.05亿元，日均新增7886万元。关注土地拍卖信息，全年累计营销土地指标款0.63亿元，土地出让及履约保证金达2亿元。抓好代发业务的拓展，全年共实现代发薪5.3亿元，代发薪同比增量为1.2亿，增长率为26.58%。

【做大、做新同业业务】 成功营销江山农商行共叙做金融机构表内理财业务12亿元，新增8.4亿元，增长达到333%；成功分销中行承销的企业债券9000万元；3月，由省行与江山农商行签署理财计划托管合同，营销成功与农商行理财计划托管业务，在省行开立托管账户，并为衢州分行辖内首次完成首单理财托管合同。截至12月末，共争取到农商行发行的9期理财产品托管业务，托管资金达11.95亿元。

【加强自身队伍建设】 在全行选拔一批年轻有为的中层干部，充实一线担当重任，优化和充实了现有基层机构的管理队伍。加快基层党组织的建立，所有一线网点成立党组织机构，健全一线党员承诺书和党员学习园地。每年两次组织全行员工参与江山市廿八都镇的农村孤儿一对一爱心结对帮扶活动，鼓励支持员工参与各项文体活动和创建全国卫生城市活动。

（姜晓芳）

建设银行

【概况】 2016年，中国建设银行股份有限公司江山支行有员工99人，内设办公室、公司业务部、个人金融部3个部门，下辖6个营业机构。年末，市建行本外币一般性存款余额50.73亿元，其中企业存款27.46亿，个人存款23.27亿；各项贷款余额36.75亿，其中对公贷款19.91亿，个人贷款16.83亿；全年实现税前利润10531.34万元。

【推进智慧转型】 在营业网点加大智慧柜员机的投放，通过加强客户业务引导和习惯培养，加快 STM 交易量的提升和柜面业务的分流。加大对手机银行及网上银行的推广力度，移动金融交易占比达 59.97%，较 2015 年上升 20.81 个百分点；在贺村南农贸市场设立智慧菜场，实现了衢州地区智慧菜场的首次尝试；在江郎山、清漾景区设立 3 台自助售票机，提升旅客的支付便利，助力智慧旅游城市升级；与市区民办学校进行接洽，完成多所民办学校“善微付”学费缴纳；推广手机银行“悦生活”的党费缴纳、生活出行费用缴纳等。

贺村南农贸市场设立智慧菜场

【加强机制创新】 在扶持小微企业发展上进行有益尝试，有效利用信贷新产品，拓宽融资渠道；探索还款方式创新，解决企业转贷难等问题。利用提供的大数据，拓展“善融贷”“结算透”等“七贷一透”客户；强化与税务部门的合作，发展一批“税易贷”客户，全年发展“税易贷”客户 17 家，金额总计 935 万元，发放再融资业务 13 笔，金额 5246 万；利用政府搭桥资金，帮助企业顺利转贷。推动搭桥资金的使用，使符合政策条件的企业 100% 享受到该项政策。全年，共计完成搭桥资金使用 147 笔金额 7.27 亿。

【加强合规建设】 夯实合规基础，在支行设立合规官，在办公室、公司部设立专门的风险合规岗。深化“合规建行，人人践行”创建活动，推进“红线问责四十条”的宣传教育和培训，使“内控合规零容忍”“让合规成为一种习惯”等理念根植于员工心中，营造全员、全面、全过程的内控合规文化氛围。重点排查员工参与民间高息借贷、非法集资、以客户名义套取信贷资金、违规代客办理业务、与关系人进行利益输送、与信贷客户等发生经济往来等违规违纪行为。

农商银行

【概况】 2016 年，江山农商银行各项存款余额 155.2 亿元，比年初增 21.2 亿元，存款余额和存款新增额市场占有率分别达到 39.4% 和 47.9%；各项贷款余额 97.3 亿元，市场占有率达到 32.2%；各项贷款新增 6.1 亿元（全市银行业金融机构净降 8.4 亿元）；涉农贷款余额 90.29 亿元，超出各项贷款平均增速 0.13 个百分点；小微企业贷款余额 45.73 亿元，超过各项贷款平均增速 3.58 个百分点。在促进地方经济社会发展的同时，实现了自身“十三五”时期发展的“开门红”。年内，获得江山市纳税 10 强企业、江山市最佳满意单位等各级荣誉 30 余项；多家营业网点成功创建“全国送金融知识下乡金融服务站”“浙江省青年文明号”“普惠金融先进网点”等称号；“普惠快车贷款”“小营生早班车贷款”分别获得人行衢州中支年度十佳创新信贷产品二等奖、三等奖。

【农村信用体系建设得到专家肯定】 从

2012年开始，江山市政府与衢州市农办联手成立相关领导小组，农业、工商、粮食等多部门参与，逐步形成“政府牵头、银农合作、部门参与、农户为主、三级信用整体联动”的农村信用体系建设工作机制。1月16日，国家开发银行原副行长、中国普惠金融促进会筹备组组长刘克崮一行7人就衢州普惠金融发展情况莅临江山农商银行现场调研。他在调研中指出，衢州的普惠金融可以以江山农商银行农村信用体系建设为例，并认为江山农商银行农村信用体系建设抓住了“信用户”基本面和“信用村”核心点，其中“三联评四授信五结合”的信用户创评模式、“信用村”的星级管理模式以及信用奖惩、信用恢复等机制建设，成绩显著。

中国普惠金融会长刘克崮(右二)考察农商银行丰收驿站

【对接智慧旅游项目】 10月，江山农商银行与江山市廿八都古镇旅游开发有限公司签署《智慧旅游战略合作协议》。根据协议，江山农商银行已为廿八都景区提供自助购票机2台，游客通过银联卡在线支付或者网上订票现场取票的方式即可快速购买景区门票，有效缓解景区现场购票排队的窗口压力，游客体验和景区档次得到提升。

【融入农村社会治理体系】 江山农商银行全面参与和推动农村生产、供销、信用合作“三位一体”改革，积极参与市本级和乡镇级农合联的组建。6月，江山市19个乡镇（街道）农合联及江山市级农合联组织、全部成立，构建起江山市“三位一体”农合联服务体系。江山农商银行及其辖属乡镇所在地各营业网点分别成为市本级农合联、乡镇级农合联的副理事长单位。

【“普惠讲坛”送金融进村】 7月14日，江山农商银行在石门镇长山源村举办首场“普惠讲坛”活动，把反假币、反洗钱、防诈骗、防范非法集资等普惠金融知识宣传，存款、贷款、汇款、银行卡、电子银行业务等基础金融产品推介等内容有机融入小品、相声、三句半、一问一答、情景剧等形式新颖、寓教于乐的节目之中，通过员工自编自导自演及活动现场与村民互动，让村民在轻松、欢快的氛围中一起听金融、学金融、懂金融、用金融。全年，共举办“普惠讲坛”活动60多场次，参加活动的村民累计达到6000多人次。

【创新担保方式】 江山农商银行积极创新担保方式，主动与市国税局、地税局对接，就银税合作达成一致协议，签订《税银征信互用合作框架》，由税务部门搭建起辖内中小微企业纳税信用评价查询平台，结合实地调研情况，为企业推出“税银贷”贷款。“税银贷”根据小微企业纳税信用以及涉税信息直接发放企业信用贷款，无需提供担保和抵押，授信额度以企业的全年纳税额为主要依据，实现“以税定额”，激活企业的纳税信用资源。

【服务大众创业】 通过与市供销联社、农产品经纪人协会合作，开展农产品经纪人信用星级评定，对不同星级的农产品经纪人给予规模优先、利率优惠、授信倾斜、担保灵活等政策，助推农产品经纪人提升创业创新的综合实力；与市财政、农业、工商等部门建立支持家庭农场发展合作关系，联合制定《家庭农场贷款管理办法》《支持家庭农场发展实施办法》《家庭农场信用等级评定与授课信管理办法》，开展“双百家示范家庭农场”金融培育创建工作，安排专项信贷资金支持家庭农场发展；推出“桔融通”专项贷款产品，助推柑橘产业转型升级、提质增效和橘农持续增收；结合电商发展情况，推出“电商创业贷”及“电商成长贷”产品，以电商在网络平台的信誉度、销售额、利润、快递出单量为授信主要依据，以信用或准信用方式发放贷款支持电商发展，培育思远贸易、健康蜂业、林师傅蜂业、红盖头农业科技等一批潜力电商客户；推出“两高两免两专四优”新生代企业家专项金融服务套餐，对新生代企业家创业创新、转型升级进行重点培育扶持，促进企业实现可持续发展；对接乡村旅游信贷需求，出台《“乐享民宿”专项贷款管理办法》，推出“乐享民宿”专项贷款，加大对农村生态旅游产业、农村休闲产业、农家乐的扶持力度。全年累计向农产品经纪人、规模橘农、家庭农场、新生代企业家、民宿经济等不同创业主体发放贷款40141万元。

【帮助企业减负】 推行“循环额度”贷款、企业搭桥专项资金等两种创新还款方式。为进一步降低“循环额度”贷款准入门槛，重新核定计划新增符合无缝对接循环贷款客户132户，金额10.46亿元。完善企业搭桥专项资金管理实施细则，全年共发放循环额度贷款157笔，金额7.69亿元，利用企业搭桥专项资金累计对接企业21户，信贷支持2.11亿元，为企业减少财务成本190多万元。

（蒋泽荣）

农发银行

【概况】 2016年末，中国农业发展银行江山市支行（简称市农发行）各项贷款余额12.25亿元，比年初增加0.96亿元，增幅8.52%；各项存款余额6.56亿元，比年初增加3.73亿元，增幅132.02%；实现账面利润1945万元，比上年增加222万元。被市委、市政府评为“2016年度最佳满意部门（单位）”。

【支持粮食收储】 年末，市农发行政策指令性贷款余额6889.14万元，较年初下降1038.86万元，其中省级储备粮贷款2806万元，地方储备粮贷款936.14万元，财务挂账贷款3147万元。支持江山市粮食收购计划，支持储备轮换，保证收购资金及时足额供应，全年累计发放储备粮贷款6038万元、收回储备粮贷款7076.86万元，完成17700吨省级储备粮收购订单以及3298吨县级储备粮、5000吨省级储备粮的轮换。

【支持政府重点建设项目】 发挥农业政策性银行职能作用和优势，支持市重点项目建设。全年共获批项目1个，即江山经济开发区城郊片区土地整理项目3.8亿元，累计发放中长期项目贷款4.3亿元，重点支持市经济开发区的基础设施建设及土地收储整理。参与政府成立的“市基金办”，积极与市发改局、项目主管部门及省市分行进行项目对接，落实中国农发重点建设基金项目的申报工作。全年共获批基金项目 1 个，即江山港流域治理项目 3.36 亿元。同时，该基金期限达 10 年，年利率仅为 2.8%，每年可节省 700 多万元的财务成本。

【优化信贷结构】 根据上级行的信贷管理要求，市农发加强与自营性贷款企业的沟通联系，制定符合企业实际的贷款退出计划。按计划有序退出绿业、德生、天蓬、健康、恒亮等 5 家企业，合计 6250 万元自营性贷款。年末，全行自营性贷款企业 2 家，比年初减少 5 家；自营性贷款余额 4250 万元，比年初减少 7500 万元，减幅 63.83%；自营性业务占全行贷款占比 3.47%，较年初下降 6.94 个百分点。

（姜轶赓）

邮储银行

【概况】 2016 年，中国邮政储蓄银行股份有限公司江山市支行共有 13 个网点，24 个自助银行，129 个助农服务点。年末，资产总额 25.44 亿元，存贷款规模近 40 亿元。年内，被评为“浙江省卫生先进单位”和“衢州市精神文明单位”。

【深化普惠金融】 继续加大农村新型电子支付工具的推广，荷塘村在金融支付示范村的基础上中报了电子支付示范村，得到市人民银行的肯定。继续与粮食局合作，筹划粮食订单电子化支付项目。夏粮收购通过企业网上银行累计进行转账交易 13560 笔，交易金额约 5589 万元，共收购粮食约 2070 万公斤。在完成夏粮收购电子结算的同时，推行手机银行、商易通、POS 等结算工具，提升农村地区非现金结算业务环境。

【创新信贷产品】 促进整村授信、保证保险贷款、信用消费、税贷通、增信贷等信贷新产品的落地，全年发展整村授信目标村 4 个。与贺村镇政府合作的农房集聚项目进入双方协议签订阶段，为贺村农户整体房屋改造助力。

【成功落地公交 IC 卡】 7 月，由邮储银行独家承办，江山市绿色公交 IC 卡成功落地，正式上线运行。该项目现已发放公交 IC 卡 3000 余张。

（徐雪梅　徐洋溪）

建信村镇银行

【概况】 浙江江山建信村镇银行（简称江山建信）设有营业部、贺村支行、峡口支行 3 个营业网点。为延伸乡村业务服务平台，设立支农点 28 家，建信支农点 2 家。至 12 月末，存贷款规模 11.53 亿元，其中各项人民币存款余额 6.07 亿元，贷款余额 5.46 亿元，户均贷款余额 38.17 万元。

【支持小微企业发展】 江山建信业务发展体现“支农、支小、小额、分散”的特点，年末，发放小微企业贷款余额 3.85 亿元，帮扶企业近 800 户。在服务小微企业方面，突出服务重点，支持家庭农场、农业龙头企业、专业合作社、现代农业园区以及战略性新型产业发展。

【服务“三农”】 扩大信用村覆盖范围，加大农户信用贷款投放力度，扩大农贷受惠面积，全年共发放涉农贷款 5.32 亿元，占全行贷款余额的 97.48%；有贷户 1431 户，户均贷款余额 38.17 万元。全年向人民银行争取扶贫资金 4500 万元，充分结合自身特点，突出产业带动，找准县域乡镇的特点，支持特色产业，实现精准帮扶。截至12月末，共发放扶贫贷款107笔，共计3041.5万元。年内召开支农顾问座谈会，成立浙江江山建信村镇银行支农顾问联合会秘书处，下设参事与督查委员会和采购与培训委员会，在全市289个行政村签约339个支农顾问，覆盖264个行政村，覆盖率达到91.35%。

【创新金融产品】 为满足不断涌现的“三农”新主体和新需求，陆续创新推出小额农户信用贷款、家庭农场金助力贷款、农业机械贷款、喜事乐贷款、“惠粮贷”种粮大户贷款、科技互惠贷贷款等一系列服务“三农”的好产品。为江山市峰田家庭农场新添农业机械、扩大种植规模提供资金支持；支持江山市穗丰牧业有限公司发展成蛋鸡养殖、销售为一体的农业龙头企业。全年家庭农场金助力贷款余额2383.7万元，受惠51户家庭农场。

【社会宣传】 开展各类宣传活动，利用微信公众平台、营业网点利用LED屏、通过客户经理走街串巷、沿街摆摊等，提高金融知识普及率。深入农村，联手支农顾问、村委村干部等开展宣传活动；不间断地走访各片区商户，开展各项存贷产品的营销；为维护金融市场稳定，建立反假币宣传工作站，向群众发放宣传材料，参与人行组织的金融墟日等活动。继续做好送电影下乡活动，在全市各乡镇进行56场次的电影放映，涉及40多个行政村。

（郑贞芬）

交通银行

【概况】 2016年，交通银行衢州江山支行（简称市交行）紧扣“创新促发展、转型创特色、管理增质效”主题主线，深入践行“深化改革、转型发展、从严治党”战略部署，各项存贷款余额8.84亿元，比上年新增1.87亿元，尤其是贷款余额较上年新增1.57亿元，增长率达到88.78%。当年获准千佳网点、省级模范职工小家等荣誉称号。

【服务地方经济】 市交行坚持执行“支持实体经济，支持转型发展”经营原则，成功发放江山市首笔PPP项目峡口水库引水工程项目贷款1亿元，助力江山市积极探索采取PPP模式一次成功实践，帮助政府节省近5000万元财政支持，并加快实现城乡供水一体化，让全市人民喝上安全、放心的自来水。为降低企业转贷成本，推荐小企业、个人经营性客户办理快捷抵押贷，将审批时效性最快缩短至三天，融资利率控制在30%以内，直接降低了企业利息支出。针对票据较多的企业，市交行推荐票据池业务，入池票据金额2亿元，帮助减轻企业财务人员工作压力，降低企业财务成本；同时充分利用贴现专项额度，以较低票据贴现利率为小企业客户降低财务成本，办理贴现1.5亿元，为客户节省费用近20万元。

【财富管理】 除为上市公司、大型企业配套理财业务外，又通过开展“对公理财季”活动提升小微企业资金收益，间接降低企业财务成本，全年合计申购理财7.2亿元，将企业的资金收益提高8倍以上，为企业创造理财收入约265万元。累计为3000余位客户办理理财业务，全年累计销售个人理财产品11亿元，为个人客户相比同期定期存款多创造收入2000余万元。

【普惠金融】 通过进学校、进社区、进企业等“三进活动”，聚焦周边11个社区、市区

饮食店金融宣传(刘峰 摄)

十大政府机关系统、九大居民小区的老年、职业女性、学生、小企业主等金融知识相对偏弱群体开展金融服务与普惠金融宣传，举办金融讲座、反假防骗宣传、现场开卡、现场手机银行激活等活动，全年共开展各类普惠金融活动52场次，参加群众2327人次；柜面杜绝冒用他人身份证开卡2起；收缴各类假币13张，面值865元。

(徐天文)

浦发银行

【概况】 2016年，浦发银行衢州江山支行全力以赴补短板，基本实现“业务有起色，项目有落地，员工有信心”的初步目标。截年末，支行各项存款余额8.25亿元，较年初增加1.94亿元，各项贷款余额9.38亿元，较年初增加2.45亿元。

【实现重大客户及项目营销落地】 中机国能江山热电有限公司PPP项目贷款1.19亿元成功落地，实现当年提款9500万元，该项目不仅是支行首笔中长期项目贷款，也是分行首笔PPP项目债务融资项目；江山市教育行业首个PPP项目——江山市文溪初级中学（筹）1.1亿元项目贷款，实现当年授信，当年1.1亿元全额提款。

【重点产品】 全年支行办理“汇通利”业务7500万元，办理“商融通”业务12000万元，合计带动负债业务19500万元。做好E企付和单位结算卡拓展，年末，支行营销E企付客户14户，办理单位结算卡4张。做好单笔期权业务营销，通过办理单笔期权业务，实现中收金额55万元。积极对接总行绿色信贷项目，全年实现办理绿色信贷金额9750万元。

【抓好人住房按揭贷款业务】 为个人住房按揭贷款业务突破该项短板业务，多次走访开发商和二手房中介，在零售银行部和社区银行员工在合作楼盘开盘销售期间，天天派员驻点，以每天最早进场、最晚收摊的精神，拓展客户。同时，支行自身按揭贷款余额也取得进步，年末支行个人住房按揭贷款余额6809万元，较年初增加6289万元。

【推进社区银行】 支行首家社区银行——阳光新城社区银行于10月20日正式对外营业，社区银行立足服务社区的理念，通过与街道社区、物业公司合作开展金融知识宣传、包饺子等活动，使社区银行员工与社区客户关系更加人性化。社区银行员工除做好日常柜面服务外，还通过深入到社区居民，为居民的衣食住行、休闲娱乐和商贸往来提供帮助。对于有特殊需求的客户，社区银行通过提供个性化的金融服务，有专业人员进行一对一的理财咨询服务，满足个性化金融需求。年末，社区银行实现营业净收入86万元，金融资产日均2327万元，个人贷款余额12904万元。

(毛梦尔)

泰隆银行

【概况】 2016年末，泰隆商业银行江山支行存款余额6.67亿元，贷款余额6.36亿元。存贷规模达13.03亿元，较年初增长2.28亿元，存贷规模增幅21.19%。存贷规模在城商行序列中占比达48.3%。其中，贷款余额占城商行序列总量的47.33%，增量占城商行序列总增量的71.63%。

【坚持支农支小】 自2012年开业，累计向江山小微企业发放贷款29.29亿元，累计服务小微企业2177户，小微企业贷款客户数占比达87.07%。小微企业申贷获得率95%以上；涉农贷款余额4.03亿元，涉农贷款占总贷款的63.35%，户均贷款25.56万元，突出支小支农的经营理念。

【落实"三个下沉"】 机构下沉，年末，在江山区域物理网点已达到3家，实现县域支行-乡镇小微支行-社区支行架构模式。人员下沉，完善小微企业金融服务考核激励机制，通过放宽小微不良贷款容忍度，设置农村支行薪酬系数等一系列措施，增强队伍下沉的牵引力。服务下沉，将服务触角向下延伸，深入社区、村镇，突出"支农、支小"，服务当地实体经济，增强客户黏合度与金融获得感。

【着力"四个创新"】 模式创新，年初，对组织矩阵进行战略性调整，组建普惠金融业务、公司业务等板块，分设小企业团队和普惠团队，普惠团队专做100万元（含）以下的业务，100万元以上的业务由小企业团队负责。践行"两学一做"、金融助力"三农"，率先创新开展"党建+金融""普惠金融示范村"项目建设。渠道创新，与江山市经济与信息化局、江山市中小企业贷款担保基金管理服务中心合作，以列入江山市单打冠军培育的企业为合作对象，向其发放用于采购原材料、购买机器设备或其他正常经营所需的贷款。产品创新推出设备抵押、林权抵押、税易贷、商标质押，将企业的无形资产变有形财富。推出"接力贷"产品，实现无信用不良客户到期续贷的实时转贷、无缝对接。针对不同类型需求研发量身定制产品，推出"易农贷"和消费类贷款"乐农贷"，针对党员群体的推出先锋卡、先锋贷，针对异地消防客户资金需求推出消防客户乡情贷等。服务创新。优化审批流程，将信贷管理环节进行合并、前移和同步，实现半个工作日内审结的贷款达到90%以上。推进Pad金融移动服务站上线，大幅提升作业效率，年末，共通过Pad金融移动服务站发放贷款438笔合计金额4801万元。

（何琳琳）

招商银行

【概况】 招商银行江山支行成立于2015年，2016年末，各项贷款余额2.5亿元，各项存款余额1.2亿元，存贷比220.16%，高于全市平均存贷比75.93%，144个百分点。表外理财业务5.3亿元。全年无不良贷款，实现净利润400万。

【创新支持小微企业】 对符合条件的小微企业主实现无抵押房贷，一次给予3年授信，采取自助放款模式，随借随还，降低小微企业的融资成本。对有抵押的客户，采取客户一次申请，20年内可实现自助放款，无需每年重新提交资料申请。针对小企业主每年转贷压力大的现状，向小微企业发放10年期的中长期贷款，省去每年转贷的环节。对于随借随还的客户，在授信期限内符合条件的客户，贷款到期后，系统直接转贷，无需客户筹集一份资金。

【扶持电商产业】 对江山市政府“大众创业 万众创新”工程力推的电商产业，支行按照“树立典型，带动发展”思路进行扶持，根据这一思路，对江山重点扶持电商予以信贷支持，促进江山市猕猴桃、蜂产品、金针菇等土特产品销售，增加农民收入。

【加大对小微企业帮扶力度】 江山小微企业和个体工商户占比高达95%以上，这些小微企业和商户大多从事与民生息息相关的食品日用品批发、零售经营行业，或是能带动本地特产销售的电商、能促进消费的中小农家乐、饭店。通过摸底，确定哪些小微企业需要资金支持、需要银行信贷重点支持。年末，支行面向小微企业投放的贷款占总贷款的50%左右，其中80%是100万元以下的小微企业贷款。

【助力全民创业创新】 江山市委市政府提出“万众创业，大众创新”活动后，支行除加大信贷支持外，积极与政府部门对接，了解到江山市政府计划牵头成立产业基金用于支持创业创新、产业升级，主动请求成为该项目基金托管方，为政府管好、用好产业基金，解决政府后顾之忧，支持创业创新活动顺利开展。全年为该基金托管资金1.8亿元，向投资企业划转资金1000万元。

【开展金融服务体验】 通过与江山城区主要电影院合作，签订“一元看电影”协议，在居民中推广“百特汇·汇享生活”联名卡和招行信用卡，“爱周三”活动，并在刷卡消费过程中给予打折优惠等。同时，探究客户关注点，举办健康讲座、丝巾搭配讲座、亲子财商计划、金葵花客户回馈等一系列活动，立足客户所需，邀请各行业专家为客户子女教育、健康生活、投资理念提供全方位、专业化的服务。

（徐彬璐）

金华银行

【概况】 2016年，金华银行江山支行围绕总行的“做大零售，做强小微，做好公司”的业务战略转型，着力创建支行特色服务，提升团队获客能力和业务市场占比。年末，各项存款余额15195万元，各项贷款余额15110万元，中间业务收入全年完成184万元。

【抓好零售客户经理的队伍建设】 积极拓展百灵卡、惠农贷等个贷业务。年末，支行新增个人贷款户数203户，其中百灵卡162户，惠农贷26户；新增个人贷款授信3357万元，其中百灵卡新增授信2616万元，惠农贷新增授信105万元。

【支持中小企业发展】 参照重点支持、审慎介入、限制禁止的投向要求重点支持和扶持科技型、节能环保型、诚信纳税等一批具有行业特点区位优势明显的、发展前景理想的中小型企业。年末，支行新增小微企业户数6户，新增贷款121.81万元，其中新增“税信贷”户数3户，金额130万元。

【合理配置存量信贷资源】 对存量信贷结构调整优化，充分运用现有优势金融产品的基础上，针对评级和非评级公司客户对不同类别行业实行差异化客户准入标准，以“区别对待，有保有压”。年末，支行压缩存量贷款客户 14 户，压缩贷款金额合计 822.5 万元。

【加快不良贷款清收工作】 支行不良贷款清收小组在强化责任清收制度的同时，抗住压力，腾出精力，做到一户一议，通过制定可行的具体清收计划及方案，平移转化、贷款重组等手段，努力降低不良贷款占比。参与政府协调化解转化的企业贷款有：同意万商集团的破产方案，浙江易和家居有限公司不良贷款 500 万元平移至浙江杰丰实业有限公司，浙江家园门业有限公司不良贷款 400 万元平移至浙江齐嘉消防科技有限公司，浙江华顺有机硅 850 万元转化，浙江龙祥电气有限公司办理第三顺位抵押贷款 130 万元等，全年共清收不良贷款 209.62 万元，重组贷款 1795 万元。

【重点营销诚信纳税等级 B 级以上优质客户群】 以“百灵卡”为推手，重点营销中高层次的个人客户，以“惠农贷”为载体覆盖农村市场，在方式上，注重实效，增加客户参与度。年底，支行拓展江山市化工股份有限公司、江山市市场服务中心、机动车检测中心、中小企业担保中心等机构存款营销工作。同时以 POS 收单业务、信用卡、百富通、理财、双龙盈等产品为载体，以此带动储蓄存款增长，夯实基础客户群体。

【提升综合管理水平】 健全完善工作机制，保证支行规范健康的发展，结合支行实际情况，参照总分行相关规定，对支行的各项工作制度进行修订完善，在员工工作纪律、文明服务、环境卫生、安全保卫、业务培训方面加强管理和监督，做到制度管人，有规可依。加大在软硬件上的投入，全年组织员工两次进行安全消防演练和“三防一保”每月培训，健全员工八小时之外管控及每年两次家访，每月员工谈心制度。在 G20 峰会期间，推行 24 小时领导值班制度，支行获得江山市 2016 年度安全保卫先进单位。

（黄书友）

担保中心

【概况】 2016 年，江山市中小企业贷款担保基金管理服务中心（简称市担保中心）资产总额 13360 万元，同比增长 3%；负债总额 2448 万元，同比增长 6%；所有者权益 10912 万元，增长 2%；实现收入总额 428 万元。

【做好担保主业】 市担保中心自成立以来，累计担保发生额突破 20 个亿，担保基金立项支持小微企业近 2500 户次。2016 年累计办理中小企业贷款担保 153 笔 24333 万元，同比增加 17 笔 3869 万元增长 18.9%，12 月末担保余额 138 笔 20793 万元，同比增加 7 笔 989 万元增长 4.99%；全年累计办理再就业小额贷款担保 18 笔 165 万元，12 月末担保余额 18 笔 165 万元；全年累计办理农业贷款担保 15 笔 494 万元，12 月末担保余额 15 笔 494 万元。

【服务创业创新】 落实“工业大会”明确的优惠政策，努力降低小微企业和农业企业融

走访企业

资成本，对小微企业贷款担保项目担保费从2‰/月降至1‰/月，并对符合创业创新条件的企业免收10%的会员基金；农业贷款担保项目担保费从1.5‰/月降至1‰/月。实施《妇女创业创新小额担保贷款实施细则》，对妇女创业创新项目给予5万—10万元的贷款担保，银行实行基准利率，担保中心不收取任何费用，对从事微利项目的，由市财政据实给予全额贴息，由担保中心代为办理贴息手续。

【推进银保合作】 凭借规范运行和良好信誉，与金融机构建立良好的合作关系，有效化解企业融资担保瓶颈，促进银担合作共赢。与工行、中行、农商行、温行、建信村镇银行、交通银行、浦发银行、金华银行、泰隆银行等9家金融机构开展业务合作，使中小微企业担保贷款选择范围进一步扩大。

【加入省担保集团】 历时半年、历经多次谈判，担保中心与浙江省担保集团有限公司签署再担保协议，按照协议约定，省担保集团对担保中心申报的项目进行再担保，实现分担风险、规范运营、抱团增信的目标，促进担保中心，更好地服务江山中小微企业发展。

（程　翔　金旻毓）

人保财险

【概况】 2016年，中国人民财产保险股份有限公司江山支公司保费收入达到2.2亿元，占据半壁江山财险市场。公司全年处理理赔案件17382件，累计支付赔款9932万元，案件处理率100.18%。年内，获浙江省文明单位、江山市最满意单位、江山市“十佳调解组织”，系统内集团标杆销售团队、省级先进基层党组织等称号。

【坚持创新发展】 通过创新产品、创新渠道、创新管理，主动融入地方经济社会发展，先后推出政府公务用车保险、林业系统森林消防队员意外伤害保险、公安局民警人身意外伤害保险、重度残疾人大病医疗商业补充保险、自然灾害政府救助责任保险、农村聚餐食品安全责任保险、农村文化礼堂公众责任保险、小微企业出口信用保险、校园系列保险等服务政府管理和服务民生的保险产品。

【认真服务“三农”】 完善“三农”服务体系，借助公司经营政策性农险的农网平台，创新开发适合农村市场销售和农户需求的保险产品，为广大农户提供涉农保险保障，提高农户的保险意识，让人保品牌扎根农村市场；深入农户与村民面对面开展保险服务宣传，搭建保险与群众面对面的对话服务平台，从农业、农村和农民的实际出发，以现场服务、讲解咨询、发放保险宣传资料等多种形式送保险服务进农村；把开展农险业务作为服务“三农”的突破口，组建覆盖全市19个乡镇的292名农村协保员队伍，面对面开展农业保险承保、理赔等专业知识培训，大力推进产品、服务和人员三下乡。

保险服务下乡

【做好人才引领】 着力实施“长青工程”，立足“专业、精干”，加大对专业化人才的培养力度，加强对新员工企业文化、保险基础知识和综合素质培训和指引，最大限度发挥人才效能。强化以人为本的理念，把人才纳入公司战略层面进行统筹布局，通过建立岗位练兵制度，以练促训，以赛促学，鼓励员工考取各种专业职称，建成一支业务精、能力强的专业化人才队伍，提升了公司的销售能力和竞争能力。

（孙　莉）

人保寿险

【概况】 2016 年，中国人民人寿保险股份有限公司江山市支公司保费收入 5005.3 万元，比上年同期增长 2.4%，其中健康险收入 3003.64 万元，同比增长 3.23%；满期给付金 3999 万元。银保、个险、团险、收展、互动 5 部门设立完整，实现全面拓展营销的主渠道，为客户提供美好生活、健康一生、无忧一生、百万身价等近 200 个保险产品服务。

【渠道设立】 与工农中建国有四大银行及各中小银行均有业务合作关系，通过银行渠道销售占领市场份额、普及保险产品；与人保财险实行双向互动，整合资源，财寿拓展营销双赢；顺应市场需求，发展个险队伍，个险代理人队伍发展精益求精队伍基础夯实；团险市场在法人客户经营上以行业为主线突破；收展渠道建设基本完善，专人服务与新单拓展齐头并进。

【活动举办】 关注百姓健康，持续大病险销售推广，坚持普及健康知识“防癌筛查”知识讲座，帮助客户健康为本的钢需理念；“3·15”消费者权益保护日在各社区设摊布点宣传保险知识帮助消费者提升自我保护意识；7 月 8 日，保险公众宣传日的保宣宣传活动丰富多彩。2016 年，共举办各种形式活动 62 场，做到城乡结合，保险相关政策信息及时传递。

【服务宗旨】 2016 年，大小理赔案件共 18 件，均以医疗报销为主。理赔服务一对一，中小简易理赔案件 3 日内完成。遵循人民保险服务人民宗旨理念，加强职业道德培训，反非法集资培训，规范公司业务经营和人员管理，对投保客户实行 100%回访，确保投保客户对投保保险的真实认知。

（赵　陵）

财通证券

【概况】 财通证券股份有限公司江山营业部内设综合管理部、财富管理部、金融产品部、客户服务部，现有员工 20 人，客户总数约 37864 户，资产总量约 27 亿元。2016 年新开账户 4213 户，金融产品销售 9.62 亿元，实现考核收入 3332.50 万元。全年共向当地税务部门缴纳税金 886.75 万元，其中企业所得税 569.49 万元，增值税 81.43 万元、营业税及附加 88.9 万元、个人所得税 146.93 万元

【优化业务结构】 营业部致力于创新转型，不断调整、优化业务结构，提升区域发展竞争力。把产品销售作为网点主要转型方向，以“控制风险，稳健投资”和“为客户提供多层次理财服务”为经营理念，开发并推介各类机构申购财通资管理财产品，满足客户全方位、个性化理财需求。同时，推广中小企业私

募债、OTC 等业务，向企业主推荐更有利于企业发展的投融资渠道，为企业规范经营，走向资本市场出谋划策。

【提升服务水平】 通过飞信、微信、qq群以及投顾在线直播、江山广播电台连线、财富沙龙授课等形式，为客户提供消息解读、决策参考。针对两融客户，除专门提供两融交易策略研究和操作指导外，做细做实风险提示工作，帮助客户获得超额收益。

【策划专项营销】 全年先后开展“金猴献瑞 赢在阳春”“奋斗与梦想”“疯狂八月 再创辉煌”等 10 个专题营销活动，采取团队 PK 与个人积分相结合的形式，调动员工参与的积极性和主动性。在巩固现有银行渠道外，尝试营销活动向周边县、市拓展，为有意向客户进行营销说明，扩大网点业务的影响及辐射面。“财通证券江山营业部”官方微信，关注会员已达 2.4 万人。

（何新星）

浙商证券

【概况】 浙商证券江山南市街证券营业部成立于 2011 年 11 月，2016 年有员工 33 人。全年市场占有率同比上升 90%，融资融券日均余额同比上升 80%，期货 IB 业务日均客户权益同比上升 27%，实现非交易类产品和交易类产品销售同比上升分别为 15%、60%。营业部被公司评为“美丽营业部”荣誉称号。

【服务企业】 在服务于广大客户买卖股票、投资理财的同时，为企业客户提供企业改制上市、公司再融资、并购重组财务顾问等投融资服务，形成“证券+期货+基金+创投”四位一体的金融产业布局。在大众创业、万众创新的大潮中，营业部努力为创业创新氛围营造助推剂，组织人员对 20 多家企业进行新三板等新业务宣导，成功推助浙江希尔化工上新三板。

（周洋燕）

教育　体育

教育工作

【概况】 江山市共有中小学校 64 所，包括普通高中 7 所，职业中学 2 所，九年一贯制学校 2 所，初中 13 所，小学 40 所。有特殊教育学校 1 所，幼儿园 82 所，教师进修学校 1 所。64 所学校中有衢州市级以上名校 14 所。中小学、幼儿园在校（园）生 82261 人。全市义务教育阶段入学率、巩固率保持 100%，三残儿童入学率 98.71%，全市学前三年幼儿园入园率 97.06%，初中升高中比率 97.01%。省级特色示范高中 4 所，省标准化学校 54 所。

【通过浙江省基础教育重点县验收】 2016 年，江山市成功通过浙江省基础教育重点县验收。江山市被评为浙江省教育技术装备规范管理示范县（市）。其中，江山中学被评为中国青少年创客培育基地，江山二中和城南小学入选全国学校体育工作示范校，江山少体校入选首批全国田径少儿撑竿跳高基地，江山市实验小学和江山市恒泰学校成功创成全国安全教育示范学校，城关幼儿园被评为全国幼儿体育实验园，四都初中荣获“全国最美十大书香校园”称号。浙江省第一个“关爱儿童之家”建成揭牌仪式在保安小学成立。

【高考成绩创历史新高】 2016 年，江山市高考上线人数、上线率和上重点人数均取得明显的提升和突破。全市高考文理第一批上线人数为 452 人，比 2015 年增加 19 人，再次刷新历史。全市体艺类上线 175 人，两类第一批上线人数合计为 627 人，首次突破 600 大关。职业高中单考单招共有 389 人上线，其中有 41 人进入本科院校录取名次。初中毕业生学业水平考试中，语文、社会学科名列衢州市第一，数学、科学名列第二，英语名列第三。

【师资队伍建设】 全市中小学、幼儿园教职工 6403 人，其中普通中学 2395 人，职业教育 392 人，小学 2011 人，特殊教育 31 人，幼儿园 1574 人。全市正式在编教师 4142 人。招聘新教师 232 人，其中硕士研究生学历 20 人。实施农村教师特岗津贴，全年发放金额 246.66 万元，共有 24 所学校 584 名教师受益。年内顺利撤销学区乡镇学校管理体制，原有 12 个学区（乡镇学校）全部撤销，新设 5 个督学中心，督学中心主任实行况聘上岗，人数从原来的 89 人减少到 34 人，精减 55 人充实到一线岗位。中山小学等4所城区小学和10所农村初中升格为市属学校，农村初中实行“校长组阁制”。1人被评省杰出教师，1人被评为省师德楷模，1人被评为省绿叶奖，3人被评为省春蚕奖，1人被评最美衢州人，2人被评为衢州市最美教育人，6人被评为衢州市师德楷模，11人获江山市中小学师德楷模称号，10人被评为衢州市第六届名师，20人为评为江山市第四届名师，3个项目获衢州市第二届创新奖，15个项目获江山市创新奖。以“两学一做”学习教育为契机，开展百名“五项标杆”党员评选活动，评选出100名优秀标杆党员教师。21位教师在江山市“七一颂”纪念建党95周年暨“两学一做”学习教育书法比赛中获奖，10人在“讲党史、知党情、跟党走”江山市青年微党课大赛中获奖，教育局党委被评为江山市2016年度基层党建工作先进集体。

【平安校园建设】 全年未发生群体性事件和安全责任事故，平安校园创建率达到100%。全面完成千万学生饮食放心工程，建成阳光厨房51家，省餐饮示范食堂9家，衢州市餐馆示范食堂5家。年初，市政府将校园安全保障工程列入为民办实事工程，总投资1700多万元，基本实现智慧“三防”建设。至年底，全市中小学（含公办幼儿园）共配有驻校专职保安221人，建有校园警务室108个，新增200万高清摄像头3902个，校园视频监控室68个，配备执法记录仪73台，校内警铃156套，来客访问系统73套，防护器械70套，安装电子围栏1000多米，新购校车30辆，改造非专用校车120多辆。下发《关于开展平安护航G20安全专项整治工作的通知》，具体部署峰会前后的校园安保维稳工作。教育局被衢州市委、市政府评为2016年度“平安建设”先进集体，在安全生产、食品安全、消防工作年度考核中获得优秀等级。

办学条件

【概况】 2016年，全市中小学（含幼儿园）实施基本建设项目35个，计划施工面积31万平方米，计划总投资95510万元，年内计划完成投资22917万元。截至年底，共完成投资28197万元，在建项目19个，施工面积13.074万平方米；竣工项目7个，竣工建筑面积2.3778万平方米。

【布局调整】 根据新修编的《江山市学校布局专项规划（2013—2020年）》及《江山市幼儿园空间布局规划（2008—2020年）》，全年共实施中小学（幼儿园）布局调整项目15个，建筑面积约25.5万平方米，项目总投资

1月18日，江山中学与杭州学军中学签署创新人才联合培养协议，市委书记吕跃龙（左三）到场祝贺

约8.2亿元，其中城北小学新建项目按时投入使用，教师进修学校迁建、贺村第二小学新建、城北幼儿园新建、贺村镇南幼儿园新建等4个项目快速推进，上余初中新建、贺村育仁职业学校迁建、文溪初中新建、清湖小学扩建等4个项目及时开工建设，峡口小学迁建、四都九年一贯制学校扩建、开发区小学新建等3个前期审批项目有序推进，窑里小学迁建、贺村高级中学新建、江山市幼儿园成长中心等3个项目按时启动。

【教育信息化】 全年投入资金达3520.9万元，生均投入本年度新增学校录播教室3个，添置计算机1128台，更新多媒体（电子白板、电视一体机）160套，学生移动学习终端7个班级（平板电脑322个），新增纸质图书113205册，各类实验室11个，专用教室68个。完成中小学255个教室的灯光改造工程。完成第五批标准化实验室创建验收，共有6所学校获得江山市标准化实验室称号；开展教育技术装备“走出来、用起来”活动；建设淤头小学、保安小学、城北小学的创新实验室，一批3D打印机、无人飞机、小车床等创客设备在江山落地。

【教育经费】 2016年，全市教育经费总投入117334.2万元，比上年的102625.09万元，增长14.33%，其中公共财政预算教育事业费拨款98084.4万元，增长14.62%。全年政府对教育的投入实现“三个增长”。公共财政预算教育经费拨款增长比例高于财政经常性收入增长比例12.62个百分点，生均公共财政预算教育事业费：普通小学12964.83元，比上年的9606.27元，增长34.96%；普通初中16028.95元，比上年的11831.05元，增长35.48%；普通高中17819.26元，比上年的11258.51元，增长58.27%；中等职业学校9154.35元，比上年的6398.46元，增长43.07%。生均公共财政预算日常公用经费（不含校舍建设费用）：普通小学931.61元，比上年的903.58元，增长3.1%；普通初中1222.32元，比上年的1206.24元，增长1.33%；普通高中676.98元，比上年的518.32元，增长20.61%；中等职业学校1913.83元，比上年的1890.81元，增长1.22%。全市公共财政预算教育经费拨款占财政支出的比例为23.35%，比上年增长了0.83个百分点，国家财政性教育经费投入占国内生产总值的比例为3.57%，比上年增长0.2个百分点。

教学科研

【课程开发】 坚持把推进课程改革作为提升教育内涵发展的重要抓手，组织学习宣讲省市深化课程改革有关意见精神，开展义务教育课程改革精品课程评比活动。推行“1+X”义务教育课程开发机制，举办教研员课程开发、微课制作评比活动。举办学校拓展性课程开发与实施提升培训，开展中职学校课程改革深度调研，举行普高与职高教师的同课异构活动，促进“普职融通”。开展“幼小衔接”“小初衔接”“初高中衔接”系列活动。加强综合实践活动课程的管理和指导。年内，在衢州市义务教育学校课程方案评审中，全市有5所学校获一等奖，3所学校获二等奖。《“1+X”课程开发机制》被浙江省教研室评为2016年20项市县教研工作亮点项目，《浙江教育报》作了报道。

【课堂教学改革】 推进课堂教学由模式向要素转化，开展小学骨干教师“教育故事”风采展示活动和初中骨干教师学科主题论坛活动。加强信息技术与学科教学融合应用的研究，继续开展“一师一优课、一课一名师”活动，推动信息技术与课堂教学深度融合，全市有2节“优课”被评为部优课、23节“优课”被评为省级优课，获奖数量位列衢州各市县前茅。年内有2人获国家级说课比赛一等奖，1人获全国数字课程资源评比特等奖，6人获省级课堂教学评比一等奖，22人获衢州市级课堂教学评比一等奖，13人获衢州市教师业务能力比赛一等奖。

【教育科研成果】 年内共有立项课题354个，其中省规划课题8项、教研课题10个、衢州重点课题14项、一般课题27项、个人小课题43项。完成结题评审224个，其中获衢州市奖43个，推荐省级评比7个。开展精品课题研讨活动4次，课题研究中期检查5次。规范论文、课题评审，完善论文课题异地评审制度。

基础教育

【学前教育】 2016年，全市共有幼儿园82所，其中公办幼儿园3所，集体办幼儿园10所，民办幼儿园69所；在园幼儿人数15579人，学前三年入园率为97.06%。有等级幼儿园79所，其中一级园5所，二级园29所，三级幼儿园45所，等级幼儿园入园率为99.65%。幼儿园专任教师928人，学历合格率为100%，持证率为95.02%，职称拥有率为66.59%，大专及以上学历占比为88.67%。衢州市学前教育示范乡镇（街道）5个。

【义务教育】 全市共有小学49所，在校生32677人，校均规模667人。小学毕业生实行免试就近入学，小学入学率、巩固率、小学升初中比例均达到100%。新增1所城北小学，筹建贺村第二小学，江东小学并入城东实验学校。全市共有初中15所，在校生18166人，校均规模1211人。初中入学率、巩固率均达到100%，初中毕业生升入高中段比例为97.01%，其中升入普通高中比例为51.66%，升入中等职业技术学校比例为45.34%。义务教育阶段全部免除学杂费、课本作业本费，全市继续统一组织实行初中毕业考试和升学考试两考合一的办法，综合素质测试分为审美与艺术、运动与健康、探究与实践、劳动与技术四部分进行，按照A、P、E三个等级打分。年内，新增标准化学校4所。

【普通高中教育】 全市共有普通高中7所，在校生9413人，班级数211个，校均规模1345人。以高考质量为考核依据，按“统筹兼顾、奖扣结合、一校一策”的原则科学制定教学质量奖励专项资金使用管理办法，以奖励促提升。4月，江山滨江高级中学、江山清湖高级中学成功创建省二级普通高中特色示范学校。

【特殊教育】 2016年，江山市义务教育阶段共有残疾学生388人，入学人数383人，入学率为98.71%。其中，接受残障学生就读的普通中小学校有50所，随班就读学生数202人，随班就读比例为52.1%；全市实施送教上门任务中小学校31所，送教上门88人，送教上门比例22.7%。全市现有1所特殊教育学校—培智学校，被列入省首批“个别化教育信息管理”实验学校，是省“医教结合”实验学校。全市现建有示范性随班就读资源教室 9 个，已批建示范性资源教室 2 个。12 月，省特殊教育医教结合研讨会在江山市召开。

职业教育

【概况】 全市现有全日制中等职业教育学校 2 所，其中公办职业学校 1 所（江山中专），民办职业学校 1 所（江山职教中心），2016 年毕业生 2352 人，招生 2375 人，在校生 6295 人。中等职业教育学校教职员工 392 人，其中专任教师 365 人；另有外聘兼职教师 27 人。

【职教改革】 江山职教中心的省级改革发展示范校建设、江山中专的省级现代学徒制试点等工作稳步推进。江山中专的省名校、省名师（张容特级教师工作室）和江山职教中心的硅酸盐工艺与工业控制（商砼方向）专业等 3 个项目被列为省中职“三名工程”立项建设项目。截至年底，各校共开发校本教材 63 本，其中 3 本被列为省级示范（精品）教材；共开发选修课程 160 门，开设选修课 190 门；共开设“3+2”“五年一贯制”中高职衔接班 9 个，招生 370 人。1 人获首届浙江省黄炎培职业教育杰出教师奖；1 人获省级“最美教师”提名奖；1 人被评为衢州市第六届名师，并入选衢州市第十二批省特级教师培养人选。在全国中职学校教师“创新杯”说课大赛中，2 人获一等奖，1 人获二等奖；在省级职业技能大赛上，3 人获三等奖。

【服务地方经济建设】 贯彻落实市委、市政府发展新战略，推动中职学校专业设置与地方产业需求的紧密对接工作，按照“做强主体专业、拓展新兴专业、提升传统专业”的思路，撤销人力资源管理专业，新增城市轨道交通运营管理专业。各职业学校和成人教育学校积极参与社会培训工作，先后举办成人“双证制”教育培训、家政培训、电子商务培训、新型农民培训等。

成人教育

【成校建设】 2016 年，重新组建双塔、虎山、贺村、峡口、石门等 5 所中心成人文化技术学校，负责指导全市 19 个乡镇（街道）成校工作。清湖镇成校、碗窑乡成校、塘源口乡成校、张村乡成校、廿八都镇成校、保安乡成校等 6 个成校被确认为省级标准化成校，标准化成校创建率达到 100%。

【农民素质工程培训】 2016 年，虎山中心成校和贺村中心成校被确认为省现代化成人教育学校；虎山成校的家政服务培训和长台成校的老年人服务流动课堂两个项目被评为省成人教育品牌项目。据统计，全市全年共开展各类成人教育培训 9 万多人次，其中成人双证制学员培训 652 人，家政服务培训 4000 多人次。

【扫盲工作】 全市各乡镇（街道）成校继续做好扫盲工作。截至 2016 年底，全市文盲率降至常住人口的 1.7%。

【高等教育自学考试】 共组织各类自学考试 5 次，其中高等教育自学考试 2 次，总报名 1561 人次、2478 课次；全国英语等级考试 2 次，报名人数 800 人；剑桥少儿英语等级考试 1 次，报名人数 21 人。全年共办理自学考试毕业 4 人，报考率、合格率等各类数据均在衢州各县市中处于领先。全年报名、考试、教材征订发放、成绩发布、转免考办理、毕业审核等各项考试工作均实现零事故、零差错、零投诉。

【成人高校招生考试】 继续采用考生直接在网上报名的办法，报名人数142人，全部为高中起点升专科考生。在江山二中考点考试，设考场数6个。实际参加考试137人，录取人数112人，录取率为81.75%。

电　大

【概况】 2016年，江山电大春季录取新生221人，秋季录取新生290人，秋季学期在校生人数1642人。全年毕业学生762人，累计毕业学生10402人。年内，被评为2014—2016年度全省电大系统先进办学单位、2016年度衢州电大系统先进办学单位、2016年度衢州电大系统招生管理工作先进单位、2016年度衢州电大系统教务管理先进单位、2016年度衢州电大系统办学规模先进单位；有3名教职工分获“全省电大2015年度招生工作先进个人”“2014-2015年度全省电大开放教育优秀班主任”荣誉称号。

【招生工作】 学校注重形象宣传和招生宣传，年投入8万余元，常年通过江山电视台、江山信息网、今日江山等主流媒体开展全方位多角度的宣传，并制作招生短片利用微信平台开展宣传，提升电大的知名度和美誉度，让更多求学之士选择电大。全年开放教育共招生511人。

【教学管理】 春季学期有95个班级，注册及报考课程7510门；秋季学期有95个班级，注册及报考课程6638门。加强教学管理，落实教学过程各环节。做好兼职教师的聘用考核工作，加强学生面授课管理、网上学习过程落实、班主任导学助学工作等，提升学校办学质量。

【考试管理】 春学期组织考试123场，参考4002人次；秋学期组织考试109场，参考3896人次。按照要求，组织实施开放教育纸质考试、基于网络考试、奥鹏考试等各类考试，强化责任意识，严肃考风考纪，保证各类考试安全平稳有序进行。1月，省电大校长叶宏、衢州电大校长刘炳炎等到校检查指导期末考试工作。7月，省电大副校长眭宝良、衢州电大党委书记汪权龙等到校检查指导期末考试工作，对校期末考试组织工作、考风考纪建设给予肯定。

（郑　丽）

体育工作

【概况】 2016年，全市承办国际性比赛5次，全国性比赛5次，省级比赛1次，衢州市级比赛5次，共16782人次参与。举办第三届工人运动会等市级体育活动26次，9897人次参加。全年江山市运动员参加全国、省级、市级比赛44次，共获得国际级金牌1枚，银牌1枚，国家级金牌3枚，银牌4枚，铜牌1枚，4个名次奖；省级金牌17枚，银牌19枚，铜牌31枚，113个名次奖；衢州市级金牌151枚，银牌94枚，铜牌78枚。

【承办中日韩国际友好举重比赛等国际性赛事】 12月1—3日，2016年中日韩国际友好举重比赛在市体育馆举行，来自中日韩三国的70多运动员参赛，这是江山市首次承办正式洲际赛事。同时，还相继承办 MaXi-Race China 江山 100 国际越野跑、第十一届浙江国际传统武术比赛、全球户外休闲旅游大会江山峰会、仙霞古道国际徒步大会、中美篮球对抗赛等赛事活动。

11 月 30 日，代市长舒畅（前中）出席“江郎山杯”2016 年中日韩国际友好举重比赛

【承办全国新年登高健身大会】 1 月 1 日，“中国体育彩票”2016 全国新年登高健身大会南北中心主会场分别在江山市江郎山景区和北京八达岭长城举行。江郎山景区与北京八达岭长城齐名，共同为 2022 年北京冬奥会、杭州亚运会助力加油。国家体育总局党组书记、局长刘鹏亲临江山出席开幕式，浙江省副省长郑继伟、衢州市委书记陈新等领导全程参与各项活动。中央电视台体育频道对活动进行现场直播。活动期间，刘鹏等到凤林镇白沙村、廿八都古镇、仙霞关等地进行调研，肯定江山市体育+旅游、体育+休闲发展工作。

【承办全国男子举重锦标赛暨里约奥运会选拔赛】 4 月 14—19 日，中国·江山“江郎山杯”2016 年全国男子举重锦标赛暨里约奥运会选拔赛在市体育馆举行，有来自全国 30 支代表队 225 名运动员参赛，12000 人次观赛，其中 2000 人为外地举重爱好者。比赛共打破三项全国纪录，打破三项亚洲和世界纪录。

【承办 2016 年全国重阳登高健身大会】

10 月 9 日，2016 全国重阳登高健身大会中心主会场在江山市西山健身公园举行。大会由中华全国体育总会主办，中国登山协会、中国老年人体育协会、浙江省体育总会、江山市人民政府、衢州市体育局共同承办。中国奥委会副主席、中华全国体育基金会理事长吴齐出席开幕式。

【举办江山市第三届工人运动会】

10 月 17 日—11 月 1 日，江山市“红盖头·葛饮料杯”第三届工人运动会举行。赛事设置拔河、气排球、体能、力量等 12 个大项，共有 40 支企业职工代表队 1739 名运动员参赛，产生 60 个小项的金牌。

【参加群众性赛事】 组织参加全国广场舞比赛，获得 3 个一等奖。参加浙江省全民健身浙西片区活动，浙江省幼儿体育大会象棋、轮滑、足球等项目的比赛和省社团运动会。参加衢州市第二届体育大会气排球、健身健美、健身气功等 8 项比赛，获得 7 金 10 银 4 铜 218 分，金牌总数列衢州市第二。

【推进全民健身活动】 11 月 28 日，市政府下发《关于印发江山市全民健身实施计划（2016—2020 年）的通知》。全年举办江山市第十二届乒乓球大赛、幼儿园啦啦操联赛、五人制足球比赛、“益学堂杯”亲子徒步大会、马拉松长跑迎新春、新春个人象棋赛、冬泳启动活动等系列活动。举行羽毛球协会、老年体协的换届工作，支持成立江山市马拉松队、公益救援促进会、冬泳协会等体育社团，组织马拉松迎新长跑、围棋棋王赛、象棋迎新赛、“7・16”畅游须江、体育舞蹈锦标赛、五人制、八人制足球联赛等。

【抓好基层体育创建工作】 抓好群体性体育活动，塘源口乡被命名为省级体育强镇，凤林镇通过省级体育强镇复评；清湖镇被评为省级现代化体育乡镇；碗窑乡被命名为省级特色体育乡镇；双塔街道赵家村中心村体育休闲公园被命名为省级中心村体育休闲公园；西门社区被命名省级社区体育健身俱乐部；新塘边镇永丰村等10个村级体育俱乐部被评为省级村级体育俱乐部；坛石镇横渡村、新塘边镇新塘边村老年健身俱乐部被评为老年活动中心俱乐部；浙江红盖头农业科技有限公司体育俱乐部被评为省级星级职工体育俱乐部。

【组织青少年体育运动】 全年组织学生参加全国举重夏令营、全国举重训练营活动2次，承办衢州市中小学羽毛球积分排名赛、衢州市田径苗子精英赛及衢州市羽毛球二级裁判员培训等活动3次，组织举办江山市级青少年比赛12次，2993人次参加。田径项目有1人次破江山市同龄组纪录；举重项目1人破江山市最高纪录同时破衢州市最高纪录。新注册运动员90名，在册运动员达到638人，6名运动员在省队训练，其中2名正式队员，1名试训队员，4名长期集训队员。8人申请审批二级运动员，1人申请审批一级运动员。少体校被命名为全国少儿田径撑高跳高基地。

【毛倩倩获国际赛场首枚金牌】 12月1日，江山籍举重运动员毛倩倩在江山举行的2016年中日韩国际友好举重比赛中，以抓举75公斤、挺举96公斤、总成绩171公斤收获女子48公斤级冠军，这是江山籍运动员在国际赛场上收获的首枚金牌。同时，江山籍选手姜灵伟以抓举133公斤、挺举160公斤，总成绩293公斤获得男子69公斤级比赛第二名。10月13日，毛倩倩还在陕西渭南举行的2016年“昊康杯”全国女子举重冠军赛上，以抓举80公斤、挺举102公斤、总成绩182公斤获得20岁以下组48公斤级比赛冠军。

【江山市成为全国首个共建登山户外产业示范城市】 6月21日，江山市与国家体育总局登山运动管理中心签订关于共建全国登山户外产业示范城市的合作协议，成为全国首个共建登山户外产业示范城市，合作为期5年。主要内容包括每年共同组织全国性（或国际性）登山户外全民健身活动、专业赛事、行业培训、论坛及会展，并将启动“攀岩进校园”和“户外运动进校园”计划等。

【发展体育旅游产业】 围绕体育+旅游，邀请上海体育学院专家指导制定出台《江山市体育产业“十三五”规划》，将江山运动休闲设置成一心两带四区多点的格局，打造全国一流的运动休闲目的地。江郎山被评为2016年中国体育旅游精品项目，2016年全国男子举重锦标赛暨里约奥运会选拔赛被列入省体育产业发展资金项目库，浮盖山省级运动休闲基地通过复查，江郎山登山、仙霞古道徒步被评为省运动休闲优秀项目。成功开辟江郎山后山健身步道、江郎山—廿八都徒步登山赛道，西山绿道、峡口绿道、毛村山头村攀岩墙等基本建成。

【打响中国江山体育品牌】 10月9日，中央电视台新闻联播以23秒的珍贵时间播出了以江山中心主会场为主的重阳登高健身大会活动盛况。央视新闻频道（央视13套）新闻直播间就滚动播出重阳登高健身大会相关内容，当天央视体育频道的体育新闻以2分多钟的时长深度报道活动过程。央视体育频道对承办的全国新年登高健身大会、全国男子举重锦标赛进行现场信号录制，全年央视直播7场、录播2场，累计有6亿人次通过央视直播观看比赛。直播时长达560分钟，按照央视广告每5秒15万元计算，折合广告费用超10亿元。除央视直播外，人民日报、新华社、中新社、中国体育报等30余家媒体近300人次记者到江山参与赛事报道。江山体育工作年内五次登上中国体育报头版，一次登上《浙江日报》头版，多次被浙江卫视新闻联播采用。全年累计有3篇信息先后被省政府政务信息采用，1篇信息被省体育局采用，其中《江山市白沙村发展全民体育获身体乡风致富三丰收》得到副省长郑继伟批示。

（毛武俊）

科　技

综　述

【科技计划项目】 2016年，市科技局共组织推荐申报各级各类项目170项，其中省级项目89项，衢州市级项目3项，江山市级项目78项。获得上级立项项目57项，其中省级项目17项，衢州市项目3项；获得上级资金支持3010万元。下达江山市级科技计划项目40项，安排项目补助资金266万元。开展江山市科技创新创业大赛，对6个获奖项目安排扶持资金227.5万元。组织验收各级各类科技计划项目42项。

【科创主体培育】 建立“十三五”期间高新技术企业培育库，推行企业梯度培育制度，促进科技型企业、高新技术企业培育常态化。全年共培育国家高新技术企业7家，其中新增3家；新增省科技型企业33家。申报省级农业重点企业研究院1家，新增省级高新技术企业研发中心2家。开展市级研发中心和重点创新团队的认定评选，认定江山市创新型企业6家，企业研发中心6个，重点创新团队2个。

【科技成果】 获得衢州市科技进步奖7项，其中人民医院完成的成果“骨科带内植物I类切口抗菌药物使用问题的研究”获得一等奖，同景公司的“太阳能倾角单轴跟踪控制系统项目”等6项成果获三等奖。评出江山市2014—2015年度科技进步奖12项，其中一等奖2项、二等奖3项、三等奖7项，按领域分工业类项目6项，农社类项目6项。申达电气集团的“220kv三相节能变压器的关键技术研发与产业化”和同景新能源集团的“太阳能倾角单轴跟踪控制系统”成果获得一等奖。

【科技特派员】 全年选派第八批市级科技特派员15人。通过项目抓手充分发挥科技特派员指导服务农村经济建设的作用，共实施科技特派员项目27项，下拨科技特派员项目经

1月20日，江山市召开全市科技特派员工作会议

费 76 万元。通过项目实施，各科技特派员在水稻、白菇、猕猴桃、茶叶和畜牧水产等我市特色优势产业开展一系列的技术开发。

科技创新

【科技创新券】 规范科技创新券管理，完善兑现相关流程，增加专业会计师事务所审计程序。至年底，共发放科技创新券 1715 万元，涉及 617 家次企业，兑现科技创新券 221.65 万元，涉及 60 家企业，带动企业研发经费投入 1500 多万元。

【科技风险资金池】 开展“科技互惠贷”和“保证保险贷”两大产品业务，建立 1000 万元的科技风险资金池，资金池项目授信总额达到 5000 多万元，累计为 54 家企业发放贷款 7660 万元。

【科技创新基金】 以政府资金为引导，引进社会资本，设立 2 支科技创新基金，用于投资初创小微企业。其中江山市恒创投资合伙企业（有限合伙）基金总额为 1.8 亿元，江山市联成创业投资中心（有限合伙）基金总额为 2.25 亿元。全年两支基金对外投资浙江康慈医疗科技有限公司医疗器械项目等 9 个初创期企业项目，共计 10830 万元。

《江山食用菌产业提升技术集成与应用推广》通过省科技厅组织的专家验收

知识产权与专利

【创建国家知识产权试点城市】 1 月，开展国家知识产权试点城市创建启动大会，与各职能部门签订责任书，分解工作目标任务，拟订试点方案。周家青社区被认定为衢州市知识产权宣传试点社区。开展宣传培训，借助“4·26”世界知识产权日，在中山小学、文溪实验学校举办专利知识进校园宣讲活动；成立一支 10 多人的知识产权宣传服务志愿者队伍。在大润发、东方时代等大型商场超市开展专利行政执法检查和员工宣传培训。

【培育专利示范企业】 浙江宝威电气有限公司认定为省级专利示范企业，浙江为康制药有限公司等 9 家企业认定为衢州市专利示范企业。省级专利示范企业达到 12 家，江山市级以上专利示范企业达到 54 家。

【专利申请与授权】 结合科技项目实施、高新技术企业认定，推进专利工作上台阶。全市专利申请量首次突破 2000 件，达到 2021 件，其中发明专利申请 178 件，分别比上年增长 94.5%和 38.0%；专利授权 946 件，同比增长 25.3%；发明专利授权新增 42 件，万人发明专利拥有量达到 3.46 件，同比增长 30.6%。举办知识产权培训班 2 次，查处假冒专利、调处侵权纠纷案件 8 个。

技术合作

【科技合作】 助力“走出去”，组织企业参加北京科博会、国际工业（上海）博览会、深圳高交会、重庆高交会、浙江网上技术市场活动周、宁波浙洽会等科技展会，全市共有50多家企业负责人参与技术对接，企业攀高亲、寻合作的热情高涨，其中输配电产业、门业产业、大健康产业等三大百亿产业企业唱起合作主角。引进沈阳变压器研究院、上海技术交易所、快速制造国家工程研究中心、公安部天津消防研究所等行业权威科研院所，与江山市共建江山分院、江山分中心、江山协同创新工作站等，将技术服务层面从单个企业向整个产业延伸，推进产业整体技术创新。

【网上技术市场】 在省科技厅组织的春季拍卖会上，为康制药以80万元拍得“硫酸羟氯喹片”研发成果、三禾生物以25万元拍得“功能性红曲提取物与DHA联合抗乳腺癌技术的研发”研发项目；在秋季拍卖会上，为康制药再次以300万元拍得“苯磺酸氨氯地平片”研发成果、江化公司以45万元拍得“两段全回收变压吸附气体分离方法”研发成果、欧派门业以90万元拍得“全供应链CCPM进度管理系统”研发成果、江变公司以80万元拍得“基于自然油循环的油浸式变压器高效冷却技术”研发成果。

【科技孵化器建设】 完善孵化器建设，建成审批“一站式”、建设管理“一条龙”、企业投产“保姆式”服务体系。创新创业园引进

11月3日，组团参加第18届国际工业博览会

“快速制造国家工程中心—江山示范中心”等27个优质项目入园，在孵企业27家；科技孵化中心在孵企业8家，毕业企业3家。创新创业园制定工业设计产业发展规划，开展省级工业设计基地建设。

防震减灾

【地震科普宣传】 在5月12日全国“防灾减灾日”，开展“防震减灾”宣传活动，对各乡镇街道、经济开发区及有关单位进行世界知识产权日、防灾（震）减灾日宣传活动的统一部署，形成全市宣传氛围；印制“防震减灾”地震科普挂图200份共1600张，购置地震科普书籍，分发到各乡镇（街道）、学校、社区及重点企事业单位。

【地震应急演练】 选取不同场所举办地震应急演练活动，模拟应急疏散逃生过程，使群众熟悉紧急避险、有序疏散、抢险救灾的程序和方法。5月，在江山市中山小学举行“江山市教育系统防震应急疏散演练”活动，举办地震知识讲座和地震救护知识培训，全市共有2400余人参与。在虎山街道和新塘边镇分别举办地震、地质灾害防灾避险应急演练。在双塔街道周家青社区阳光新城小区和城北红塔超市举行防震应急疏散演练活动。

【虎山地震台】 保证虎山地震台正常运转，及时解决出现的问题。增强双塔街道周家青社区衢州市内首个“国家地震安全示范社区”应对突发地震灾害的防御能力，指导建成2个地震应急避难场所、1个应急物资储备库、1支地震应急救援队。

（姜爱武）

卫生 计生

卫生工作

【概况】 2016年，江山市卫生计生系统牢固树立“创新、协调、绿色、开放、共享”的发展理念，抓卫生、推项目、优服务、强保障，各项工作取得满意的成效。全年卫生计生系统荣获衢州市级及以上集体和个人荣誉38项。年末，全市共有各类医疗卫生机构265家，包括市疾控中心、卫生监督所、卫校、保健办、卫生信息中心、4家市级医院、2家街道社区卫生服务中心、18家乡镇卫生院、4家民营医院、6家社区卫生服务站、162家村卫生室、5家综合门诊部，2家口腔门诊部，62家诊所。

【国家卫生城市创建】 年初，江山市启动国家卫生城市创建攻坚工作。4月22日，通过衢州市级初评；6月16日，通过省级评审；9月27日，以816.5分的好成绩一次性通过国家级暗访。创卫过程中，成立由市委书记、市长任主任的国家卫生城市创建工作委员会和相关市领导任组长的6个创卫专项工作组，形成了全市一盘棋、网格化、全覆盖的工作机制。下发《江山市创建国家卫生城市工作规划(2015—2017)》和《江山市创建国家卫生城市工作实施方案》，明确路线图、时间表和责任状。全市所有部门单位和乡镇（街道）干部全员参与，参加全城创国卫集中攻坚行动，共整治问题点8000多个，清运垃圾3000余车，规范店外店700多家，查处各类交通违法行为1000余起。市卫生计生局作为创卫的重点责任部门，承担整个创建工作谋划、组织、参与和督导工作。局党委成立专门创建班子，主要领导亲自抓，分管领导分别牵头联系病媒生物

11月，副市长毛正彩(左三)督查国家卫生城市创建工作

防制、重点公共场所管理、医疗与公共卫生服务、健康教育与健康促进、包干区卫生整治等工作，各医疗卫生计生单位全面动员、对标整改、规范整治，行业创卫工作成效突出。开展市容市貌专项整治，禁止公共场所违规设置大排档等摊点，禁止沿街和广场周边经营户“店外店”行为；加强农贸市场及周边环境整洁卫生；加强城区道路车辆停放管理，规范市区主次干道、人行道车辆停放。开展食品安全专项整治，加强对大中型餐饮单位、农家乐、学校幼儿园等重点单位的经常性监管。全面实施餐饮业卫生监督量化分级管理，开展阳光厨房建设。

【卫生体制改革】 加强与省级医院的合作办医，更好满足群众多层次、多样化的健康需求。全年县域内就诊率80.08%，4家公立医院业务收入5.18亿元，增长6.25%；门诊人次94.59万人，增长6.6%，住院人次41763人，增长4.7%；药占比36.1%，下降1.2个百分点；门诊均次费用247元，增长1.47%；住院均次费用7634.2元，下降0.39%。市人民医院、中医院基本药物收入占比均为50%以上。全市20家基层卫生院(含社区卫生服务中心)医疗业务总收入1.6亿元，增长7.32%；药品收入占比46.6%，提高0.9个百分点，门诊人次107.53万人，下降4.74%，住院人次1.17万人，增长2.03%。门急诊人次占全市医疗机构（除诊所、卫生室等）总人次的50%，住院人次占全市总数的16.2%。贺村、淤头、峡口、长台4家中心院成功创建群众满意卫生院。市人民医院与邵逸夫确定了ICU、妇产科、骨科等第二批3个重点扶持科室。12家基层卫生院与江山市、衢州市级医院建立了重点合作办医关系。市县两级医院全年累计下沉专家358人次，其中副高以上243人次，累计诊疗2300余人次，开展教学查房231次，推广基层适宜技术7项次，手术示教或疑难病例讨论20余例次。率先出台《关于转发江山市基层医疗卫生机构补偿机制改革试点工作实施方案（试行）的通知》，在体现多劳多得、多劳多补、优劳优酬的基础上，用“最低保障水平”来保障偏远、山区、人口稀少的卫生院职工队伍的稳定。

【公共卫生工作】 全市共报告法定传染病16种1789例，下降9.55%。正式实施艾滋病定点治疗管理，出台《江山市2016年老年人HIV监测方案》，全市共报告AIDS/HIV47例。做好全球基金耐多药项目，全年报告肺结核258例。组织全市12个乡镇102个村开展了春秋季查灭螺工作，有螺面积为4.79万平方米。完善卫生应急处理机制，局应急办与市应急指挥中心、“120”指挥中心、市疾控中心实现无缝对接，开展以登革热为主题的突发公共卫生事件应急演练，全年共处置6起疑似食物中毒事件，排除1起，确诊5起。在衢州地区率先启用疫苗冷链全程实时监控系统，实现24小时无盲点的监测。上余、新塘边2家卫生院顺利通过省三星级接种门诊的评审验收。做好国家基本公共卫生服务项目绩效考核，全市电子健康档案建档率90.51%，高血压、糖尿病发现率分别为9.18%、2.12%，规范管理率68.40%、67.24%。全市孕产妇、儿童系统管理率分别为97.78%、93.99%。提高危重孕产妇和围产儿抢救水平，共抢救危重孕产妇134人。全市登记在册严重精神障碍患者共2857人，规范管理率86.6%，治疗率65.0%。

【医疗卫生工作】 贯彻实施“进一步改善医疗服务行动计划”。推广优质护理和临床路径管理，做好预约诊疗和双向转诊服务，落实抗菌药物临床应用分级管理，开展处方点评，提高点评质量和效率。继续贯彻村卫生室每诊疗人次4元补助和每月800元固定补助，保障乡村医生执业待遇。改进村卫生室规范化指导和管理，每季度一次对村卫生室阳光用药、抗生素使用、输液情况、处方病历管理等医疗服务工作进行检查指导，规范其执业水平。10月，正式启动以24家公立医疗卫生机构为共同体的药品集中采购工作，严格按照省政府办公厅《关于改革完善公立医院药品集中采购机制的意见》等文件要求，制定采购实施办法，成立采购共同体管理委员会和办公室。在采购过程中，一律做到重大事项24家单位集体论证、集体完善、集体通过，完成了集中采购目录遴选。贝林医院、邦尔骨科医院、桃源骨科医院、康复医院等4家民营医院医疗业务稳步发展。医疗业务总收入1.76亿元，增长18.6%；门诊人次14.46万人，下降7.3%；住院人次1.73万人，增长12.24%；药品收入占比29.91%，下降3.24个百分点。全市医疗机构核定床位数共2201张，其中民营医疗机构500张，占比为22.7%。

【卫生资源配置】 市人民医院住院综合楼项目已完成最后的装修和配套建设，并于12月底投入试运行。市第二人民医院基本完成土建工程，通过二次装饰工程图评审。积极谋划市中医院迁建PPP项目建设，该项目被英国莫特麦克唐纳公司确定为浙江省医疗发展融资创新项目的试点项目。完成凤林镇卫生院迁建项目中消防验收问题的整改，实现12月份整体搬迁并投入使用。长台中心卫生院住院综合楼项目已通过初步验收，完成手术室净化安装工程招投标。全年卫生计生系统共招聘到位大学毕业生123人，其中公开招聘62人、提前到医学院校招聘51人(包括8名硕士研究生)、定向培养10人。积极开展浙江省151人才、浙江省卫生领军人才、浙江省医坛新秀、衢州市拨尖人才推荐选拔工作。完成2015年度享受市委、市政府人才津贴的名医、名中医、专家、正高职称人才津贴申报工作，共发放各类人才津贴136.1万元。通过基层医疗机构补偿机制改革试点、智慧医疗惠民工程两大信息化项目，完成一系列信息系统建设及升级改造。实施完成绩效考核平台一期项目，对基层医疗单位工作量进行标化。提供一个公众自助查询个人健康信息的综合服务平台；完成金苗平台建设及区域HIS系统、居民健康档案系统等的升级改造等。

9月6日，市委常委、常务副市长俞根君(右一)实地检查邦尔骨科医院消防安全工作

计划生育

【概况】 2016年，全市共出生7218人，其中计划内出生6870人，计划生育率95.18%，全面二孩新增820人，不符合政策多孩154人，多孩违法生育发生率2.13%。

【完善目标责任制考核】 细化乡镇街道一把手负总责的内容和要求，将考核指标分解到各乡镇（街道）和医疗卫生计生机构。签订计划生育目标管理责任书，下发目标管理责任制考核方案，理顺与公安、民政等部门的信息共享制度。严格执行计划生育一票否决制，共审查57批次评优评先对象，否决集体14个、个人127人。因违法生育开除党员7人。

【加强实数计生建设】 坚持每月召开一次统计专干工作例会，提高乡镇统计专干的业务能力。邀请省卫计委指导处来江举办培训班，对全面两孩新政下的生育登记、数据监测、统计口径、一票否决等基层业务工作进行专题培训。衢州市在江山市召开卫计信息融合工作现场会并推广江山市的卫生计生信息融合模式，现已在省级层面基于全员系统进行开发部署，首次实现全省出生信息的共享。

【做好奖特扶、公益金和抚养费征收】 全市符合奖励扶助对象4983人，奖励扶助金额478.368万元；符合特别扶助对象340人，特别扶助金额246.48万元；对402户计生特困家庭和20户独生子女意外死亡家庭开展走访慰问，对947户符合计划生育公益金条件的家庭进行补助，共发放公益金57.396万元。全年共征收社会抚养费1054.95万元，结案226件。做好计划生育案件程序的规范审理和依法执行，共申请法院强制执行案件154件。

【做好出生人口性别比综合治理工作】 与市场监管局、公安局、妇联等部门组成联合检查组，对全市各医疗机构、药店进行全面专项检查。重点检查B超管理使用登记情况、终止妊娠、取环批准制度的执行情况、围产期保健及接生情况等。并将检查出的问题当场反馈，限期予以整改。2016年，全市出生人口性别比为106.69。

【完善流动人口管理机制】 全市流入人口共13078人，其中育龄妇女7047人；流出人口共87936人，其中育龄妇女42977人。组织上报3个示范企业、1个示范学校、10户示范家庭创建国家流动人口健康促进示范单位。全面推进流动人口均等化服务工作。

【发挥计生协会群团作用】 采取多种形式广泛宣传全面两孩政策。助学帮困，为10名计生困难家庭大学新生每人发放3000元助学金；省福利基金会“春苗计划”为20名新生每人每年资助1000元。对384户计生困难家庭发放慰问金9万元。在中小学和社区举办青少年家长青春健康大讲堂27场次和青少年性与生殖健康教育课程36节次。江山二中被确定为衢州市唯一一家省计生协青春健康教育基地。

（郑升升）

文化 新闻

文 化

【概况】 江山市文化广电新闻出版局是主管文化、广播电视、新闻出版、文化遗产保护等行政管理工作的市政府工作部门，内设办公室、行政审批服务科（广电与新闻出版管理科）、社会文化科、文物管理科4个职能科室，下属文化馆、图书馆、博物馆（文保所）、婺剧研究院、文化市场行政执法大队（文物监察大队）、历史文化研究所、非物质文化遗产保护中心7个事业单位。2016年，文广新局围绕"文化强市"建设这一目标，以年初确定的各项目标任务为抓手，开展基层公共文化服务，加强文化遗产保护传承，规范文化市场管理，加强队伍建设，各项工作都取得明显成效。

【基层公共文化服务】 出台《关于加快构建现代公共文化服务体系的实施意见》《江山市推进乡镇（街道）综合文化站、村（社区）综合性文化服务中心建设实施方案》等文件，成立公共文化服务体系建设协调组，明确各部门职责，制定议事规则及工作方案，规划引领、统筹布局全市公共文化服务体系建设。实施公共文化服务重点乡镇及薄弱乡村文化建设"十百千"工程，提升薄弱乡镇（街道）、村（社区）的文化建设水平，补齐公共文化服务短板，顺利通过省第六次乡镇综合文化站评估。"江山村歌，中国乡村好声音的流行曲"成功创建为浙江省公共文化服务体系示范项目。至年底，全市19个乡镇（街道）综合文化站实现每周42小时对外开放，农家书屋实现全覆盖，省级中心镇图书分馆建成使用。开展"流动文化加油站""文化赶集"等创新公共文化服务品牌活动，推进公共文化服务标准化、均等化建设。全年共送电影4100场，送戏171场，送流动图书22538册，送展览讲座95次；举办全市性群众文艺活动18场、市级文化走亲21次；图书馆接待读者24万人次，外借图书26万册；博物馆接待观众22.1万人次，举办临时展览9次；推动从"送文化"到"种文化"的转变，先后组织、指导凤林镇南坞"三月三"活动、大陈麻糍文化节、佛堂村民俗文化节、乡村春晚、文化礼堂现场会等文艺活动30余场次；围绕市委市政府中心工作，服务江山发展大局，配合做好歌曲《那里有个名叫江山的地方》的宣传推广工作，主动参与

2016全国新年登高健身大会、2016全国重阳登高健身大会文艺演出，主动参与文化礼堂建设各项工作，打造一批精品文化礼堂。在贺村镇永兴坞村建成衢州市首个市级家风家训展览馆；在大陈乡大陈村——双塔街道赵家村—碗窑乡碗窑村——廿八都镇浔里村建成了“最美村歌线”；在贺村镇永兴坞村——新塘边镇日月村——新塘边镇爱丰村——新塘边镇毛村山头村建成“最美家风线”。在全市上下创“国卫”工作、建党95周年会议、创AAAAA景区行动、新春团拜会活动、第三十一届“三山”艺术节举办中，文化人都以精彩的节目和积极的身影参与其中。全系统积极策划举办“花样文化·点亮生活”系列活动，推进年度系列活动向品牌化、规模化发展。活动包括“‘交响的力量’音乐会”“‘刻画鲁迅’美术展”“‘从远古走来’博物馆奇妙周”“‘天天阅读·天天向上’全民阅读活动”“‘江山好腔调’婺剧振兴行动”“‘家风好故事’征集大汇”等。

【“江山村歌”唱响人民大会堂】 12月11日，江山村歌应邀参加全国首届“美丽乡村好声音”村歌会演，走进北京人民大会堂，江山市选送的《江郎与须女》《碗窑美》《谜一样的廿八都》《千年清漾》等4首村歌被列入“江山如画”篇章，精彩的演绎，打响“中国乡村好声音”品牌。浔里村村歌《谜一样的廿八都》在第八届全国村歌大赛暨2016中国“美丽乡村好声音”会演中荣获金奖；《碗窑美》应邀参加2017年全国乡村春节联欢晚会。在杭州G20峰会中，10首“江山村歌”被作为国礼赠送给各国元首和各位嘉宾品赏。

【文艺精品创作】 探索群众文化活动精品化提升工作，通过与省高端院团开展广泛、深入的合作，引进省级高端演出，提升江山群众文化品质，打响江山群众文化品牌。通过与北京、杭州等地专业人士合作，江山投资250余万元创编大型原创音乐剧《寻孝》，以“音乐剧+婺剧”的形式展现，以年轻人更容易接受的方式带动传统戏剧的普及，培养年轻人对传统戏剧的兴趣与喜爱。在内容上坚守以中华民

12月11日，在北京人民大会堂首届“美丽乡村好声音”汇演

族传统孝道为主题，感召更多人传承和弘扬孝道文化，传播中华文化精髓。该剧是浙江省第十三届戏剧节约50部参赛剧目中唯一的一部音乐剧，引起国家级专家学者和媒体的高度关注。

【文物保护工作】 市文物保护工作取得突破性进展，国家级文保单位三卿口制瓷作坊修缮工程启动；省保单位新塘边姜氏宗祠修缮工程竣工；张村黄氏宗祠、周氏宗祠及保安龙井客栈旧址等10余处文保单位修缮方案编制完成；廿八都姜遇鸿旧宅等文保单位成为微电影小镇的拍摄基地；申报茅坂徐氏宗祠成为第七批省级文物保护单位；杨氏宗祠等11处国保、省保单位保护范围及建控地带划定内容，经省人民政府批复同意；国保单位南坞杨氏宗祠“四有”档案通过省文物局审查；凤里姜氏宗祠、县前粮仓群、泉井（含周氏宗祠）、和睦陶窑群、礼贤城隍庙等5处省保单位“四有”档案编制完成并报送省文物局；塘源毛氏宗祠等文物建筑保护工作有序开展；配合规划等部门申报中国传统村落，峡口镇枫石村、柴村村，张村乡先峰村、秀峰村，塘源口乡洪福村等8个村被列入中国传统村落。

【非遗保护传承】 践行“婺剧振兴从娃娃抓起”的理念，推进“婺剧进校园”活动，在10所学校建立婺剧传承保护基地。各基地通过婺剧课、婺剧操等多种方式，常态化开展“婺娃娃”培育项目，多次在省市比赛中获佳绩。11月23日，衢州市“婺剧进校园”活动现场会暨“江山好腔调”婺剧振兴行动在江山市举行，在现场交流会上，展演婺剧折子戏《拾玉镯》、诗词婺韵联唱《回乡偶书》《咏柳》等“婺剧进校园”节目。探索“非遗”保护传承方式，多形式推动“非遗”保护工作。推出“书香·婺韵·茶艺——‘有味道的日子’创意生活大晒”，举办“‘匠人艺心’民俗风情集市”，吸引游客逾万人次。江山市西砚堂雕刻厂成为衢州地区唯一一家入选第二批浙江省非物质文化遗产生产性保护基地单位。

【文化市场管理】 文化市场行政执法大队联合公安、消防、市场监管等部门开展夜间检查、凌晨检查、错时检查。开展“扫黄打非”净网、护苗、清源、秋风、固边等专项行动；加大广播电视安全播出工作的检查和指导。全年出动执法人员975人次，检查各类文化单位1416家（次）；行政处罚立案12起，结案12起；发现并整改安全隐患6起，责令停业整顿1家，吊销许可证1家。全年广播电视安全播出无事故。江山市文广新局获得省“扫黄打非”先进集体和省文化市场综合执法先进集体。

11月23日，衢州市婺剧进校园活动现场会暨“江山好腔调”婺剧振兴行动

【文化队伍建设】 开展文化干部和文艺骨干专业培训，抓好文化馆干部进文化礼堂辅导工作，提升基层文化队伍综合业务素质。举办文化系统“给力学堂——‘两学一做’大课堂”等学习教育活动，创编教育活动主题曲《我是党员》助力江山“两学一做”活动开展。

加强党风廉政建设，支持驻局纪检组工作，健全党务和纪检干部队伍，强化廉政教育，规范干部监督管理，推动干部能上能下。全年，共培训文艺骨干 5200 人次，2 人被评为江山市第十批拔尖人才，全市累计有 5 人取得正高级专业技术资格。

（周江晶）

广播电视

【概况】 2016 年，江山广电在市委、市政府和市委宣传部的正确领导下，以“深化创新创优年”活动为主抓手、主载体，突出宣传工作主业，着力做强内容、搞活经营、深化融合、优化队伍，广电事业发展在原有基础上取得了新进展、新突破。

江山广电下辖媒体平台包括江山电台、江山电视台、江山信息网、江山手机台，另承办江山发布。江山电台为调频 FM104.7 兆赫，属于新闻性综合台，办有《江广新闻》《走进新农村》《校园麦克风》等栏目和《1047 健康馆》《1047 音悦汇》《1047 幸福下班路》《1047 遇见洪小莹》等直播栏目，全天播音时间为 16 小时。江山电视台有主频道、副频道、图文频道 3 个频道，办有时政新闻栏目《江山新闻》，民生新闻栏目《民生 360》，专题栏目《锦绣江山》，综艺类栏目《江山大舞台》，对农栏目《须江农话》，咨询服务类栏目《新视点》等，各频道全天累计播出时间均在 17 个小时以上。江山信息网创办于 1999 年，为新闻综合类网站，网站的品牌栏目有“西南论坛”“全媒体抢鲜报”等，网站的日点击量保持在 10 万人次以上。江山手机台属新闻综合类手机端。江山发布为江山市人民政府新闻办公室官方微信，2016 年交由江山广电承办以来，全年累计发布篇数 1212 篇，累计阅读数 139 万次。江山广电先后获 2016 年度全省广播电视新闻协作先进集体县级电视二等奖、2016 年度全省广播电视新闻协作先进集体县级广播三等奖。《走进新农村》栏目在省对农节目服务工程建设考核中再次获广播优秀奖，并在省广播电视政府奖对农栏目评选中荣获三等奖。《江山新闻》《民生 360》《幸福调频——品茶》《阡陌弦歌》《面有长度 爱有温度》5 档栏目获 2016 年度浙江省广播电视节目技术质量金鼎奖三等奖。

【创办江山手机台】 互联网背景下，江山广电紧抓媒体融合的趋势，把建设江山手机台作为深化媒体融合的切入口和主抓手，并于 11 月 24 日正式上线江山手机台。截至 12 月底，江山手机台点击量突破 100 万，手机台安装注册用户达 15000 户，最高日点击率达到 66781 次，单条新闻点击量突破 9 万。江山手机台是衢州地区广电台第一个推出的移动新媒体平台。通过打造手机台，形成“一网”（江山信息网）“三台”（电台、电视台、手机台）的全媒体新格局。

江山手机台上线仪式

【系列主题专题宣传】 广播、电视、网站相继策划推出“全民创业创新”“聚焦五件大事补齐八块短板”“全力推进五水共治”“扎实推进四边三化”“强势推进三改一拆”“创建国家卫生城市”等系列主题报道，在浓氛围、壮声势、促推进上下力气，多角度立体式进行宣传，营造出较好的舆论氛围。其中，电视专题栏目以坚守乡土，讲好江山好故事，发出江山好声音为主担当，全年为市委市政府以及相关部门完成省美丽乡村示范县、省级农产品质量安全放心县、省级生态循环农业示范市等20多个专题汇报片的拍摄制作，美丽乡村示范县创建专题片在全省美丽乡村示范县评选中，得到省农办领导和所有评委专家的一致赞赏。

【《美丽乡村行》新闻行动】 5月初，江山广电为配合创建省美丽乡村示范县，启动《美丽乡村行》新闻行动，整合广播、电视、网站等平台所有采编力量，启动《美丽乡村行》新闻行动。按照“讲述鲜活故事、展示成果经验、剖析发展短板、寻找提升之策”活动定位要求，记者历时半年走遍了全市19个乡镇街道，共采制39条有思想、有温度、有品质的新闻报道。

【民生宣传】 秉持“民生视角、温暖传递”的理念，关注百姓心声，聚焦民生热点。全年，相继推出《民生答卷暖人心》《创卫在行动》《创卫不停步》《高温下的劳动者》《拆出新天地 改出新面貌》等系列报道，子栏目《今日聚焦》《创卫监督哨》《文明随手拍》《小林说治堵》《凡人凡事》等记录改革中的破题故事、发展中的民生情怀、变迁中的百姓生活，突出新闻的厚度和张力。

【技术网络安全】 完善落实安全制度，全面排查整改各技术系统和广电设施的安全隐患，开展安全播出演练提高应急处置能力，全力确保G20峰会重要保障期广播电视节目的安全播出，实现全年全媒体安全刊播零事故。完善非编网、媒资管理系统的业务流程；完成广播节目网上直播机系统安装调试；配合做好手机台广播电视信号源的提供及相关设备的配套。对全台网络进行统一管理，对核心业务系统进行重点侦测，对其中的关键部位进行定期的安全体检。8月初，技术员在日常检查中发现信息网虚拟主机被黑客入侵的情况，迅速组织人员按程序及时处置应急情况，避免重大网络安全事故的发生。

【对外宣传】 加强与上级媒体的沟通联系，及时掌握编稿动向和关注重点，有的放矢地勤发稿、多发稿。全年在浙江卫视用稿135条，在浙江电台用稿110条，在衢州台综合用稿1160条，位列衢州地区第一。其中，电视节目中心完善外宣工作的相关激励机制，充实调整外宣力量，专门成立3人外宣小组，集中力量做好各项外宣工作。全年有8条新闻上央视，其中《全国重阳登高健身活动》《空中看年味：舞龙闹新春古村年味浓》两条新闻被央视《新闻联播》采用播出。此外，央视经济频道对全市“五水共治”工作进行较大篇幅的专门报道。

【栏目联办】 4月，与市委督考办联办的建设性舆论监督电视栏目《本周聚焦》正式开播，紧扣市委、市政府中心工作和群众反映的热点难点问题开展新闻监督，全年播出40多期。省电视节目评议中心专门为《本周聚焦》编发了一期简报，总结做法和经验。广播《校园麦克风》栏目巧借外力发展，和市教育局建立联办机制，将节目的参与面扩展到全市各个乡镇共32所小学，同时探索栏目和校园的互动，组织播音主持人走进校园，开展为孩子们上课，传授朗读知识，和孩子们编竹编，为孩子们送书等活动。

【活动举办】 成功举办少儿才艺电视大赛，吸引40多个中小学的1200多名学生参赛。12月底，举行少儿迎新晚会暨颁奖典礼，活动圆满完成，得到上级领导的肯定及广大观众的好评。配合市委市政府的文艺宣传工作，录制播出文化礼堂带头人才艺大赛、庆祝建党90周年大合唱、微党课颁奖典礼等活动。与市委宣传部共同承办2017年市委市政府春节团拜会，整个活动在表现形式上突出江山广电在视频制作方面的优势，并在访谈环节上作了较大创新，得到与会领导的较高评价。参与省台流动大舞台走进耕读的录制，广播部门参与了省台“万朵鲜花送雷锋”“一杯水公益行动”“笑脸迎G20”“寻找‘折翼天使’”等活动。其中，“一杯水”公益行动，广播策划组织近百个网点参加，总得分位居全省各县市台首位。

（王睿宁）

新闻报道

【概况】 2016年，市新闻中心围绕市委、市政府中心工作，坚持“三贴近”，弘扬主旋律，凝聚正能量，唱响好声音，全年共编辑出版《今日江山》254期。在2016年度机关部门工作目标综合考评中获优秀等次，被市委、市政府评为2016年度“最佳满意部门（单位）”；江山新闻网获浙江在线“优秀支站”称号，江山新闻网微信公众号被评为浙江在线支站优秀微信公众号。

【开展重大节会宣传】 相继做好市委、市政府全体会议，市党代会和人大、政协全会等全市性重要会议宣传报道，并为全国新年登高健身大会、全球户外休闲旅游大会·江山峰会、江山100国际越野跑、村歌进京展演等一系列影响深远的大型活动，采取会议“盯落实”、活动“求影响”的报道方式，让原本枯燥的节会报道更加鲜活生动。

【开辟“聚焦五件大事 补齐八块短板”系列专栏】 市委市政府全会召开后，市新闻中心报网联动，推出4篇评论员系列文章，分别从加快发展、精准发力、强化落实补短板等方面着手，引导全市上下深刻认识抓好“五件大事”、补齐“八块短板”的重大意义。开辟“聚焦五件大事 补齐八块短板”专栏，推出3个小系列：深入贯彻全会精神系列，重点宣传各级各部门在抓大事、补短板中的具体举措；“大干五个月、冲刺二百亿”项目攻坚系列，重点报道各级各部门推进项目建设的做法和经验；“推进招商引资大突破”系列，重点报道各级各部门在招商引资方面取得的成绩。

【开展创国家全域旅游示范区宣传】 在国家全域旅游示范区创建动员大会召开前，《今日江山》在一版刊登“我市党政代表团赴桐庐天台仙居考察旅游业的启示”3篇系列报道，并配以短评，介绍3地发展全域旅游业的好经验好做法；会中，一版又推出3篇评论员文章，其中前两篇放在头条位置，造强全市创建全域旅游示范区的声势；会后，在一版推出“创建国家全域旅游示范区”栏目，以及相关部门乡镇负责人系列访谈，共刊登典型报道50多篇。

【开展创国家卫生城市工作宣传】《今日江山》在一版开设“创建国家卫生城市”专栏，及时宣传市委、市政府创卫工作的重要部署、重大举措，挖掘创卫先进典型、感人事迹。根据创卫工作的推进情况，适时在二版推出多个图片专版，再现干部群众放弃中秋假期、放弃双休，参与创卫的火热场景。在创国卫通过省级考核后，针对社会上出现了“松一松”“创卫是作秀”“创卫劳民伤财”等牢骚怪话，在头版显著位置连续推出《为什么要花大力气创“国卫”》《如何实现卫生状况不反弹》《如何引导广大市民自觉参与》等多篇评论员文章。同时，还以项目化理念，策划推出创国卫迎国考十大重点攻坚项目和创国卫应急建设工程采购项目系列报道，宣传街道、部门全力查补创卫短板的成功做法。

整治不规范经营行为(姜层层 摄)

【开设“江山新闻人”专栏】 在第17个记者节到来之际，《今日江山》及江山新闻网开设了“江山新闻人”专栏，介绍新中国成立以来，江山涌现的一批在全省乃至全国有影响力的新闻老前辈，讲述他们将青春与激情奉献给新闻事业的温情故事。专栏推出以来，先后报道郑梦熊、何东君、汪东林、王田良、汪锡华、何志平等一批江山籍新闻界的翘楚。该批采访对象大多60岁以上，有几位已年逾八旬，开设该专栏具有“抢救性”意义，刊发时，图文并茂，并配以“人物名片”。

【媒体融合得到深化】通过策划话题，促进报网融合，增强新闻的可读性和参与度，策划晒毕业照、用地名编五字经、10年高考照片比对，以及寻找“最江山”美食等主题，其中晒毕业照一个话题，短短一周内，就收到网友投稿400多件，点击量达5万多人次；寻找“最江山”美食话题，共策划推出“野生石斑鱼干”“紫苏‘蛤蟆’”等10多种江山乡土特色美食，并以图文、视频等多种方式，全方位展示美食的制作过程及其背后的文化和民俗，推出后网友好评如潮，阅读量超10万人次。

【新媒体实现扩容】 在报纸纸质版、数字版的基础上，新开通微信版，方便网友直接通过微信平台阅读报纸，并创建微信矩阵，整合全市机关部门、乡镇街道、学校医院、企业主体等本地100多个微信公众号，在江山新闻网微信公众号上集中推出，方便网友获取本地信息。同时，借助腾讯、浙江在线等大平台的力量，在今日头条、天天快报等主流新闻客户端，先后开通头条号、企鹅号等，将江山新闻更好更快地传播到全国各地。据统计，全年共有300多篇报道被浙江新闻手机客户端、浙江在线等媒体采用并转发。

【新创办《江山骄子》杂志】 2016年，经市委常委会研究决定，《江山骄子》杂志由市新闻中心承办，并于6月份成功创刊。中心组织精干采编力量，前往北京、深圳、杭州等10多个城市采访在外江商18人次，全年共出刊3期（80页/期），每期发行3000本。

（姜　龙）

旅 游

综 述

【概况】 2016年，市旅游局实施“两轮驱动”战略，坚持以江郎山·廿八都旅游区国家AAAAA级景区创建为统领，推进“景区旅游”向“全域旅游”转型升级。全市接待国内外游客数1244.2万人次，旅游经济总收入75.5亿元，分别同比增长22.8%和25.8%；景区累计接待游客101.3万人次，实现门票收入4011.1万元，分别同比增长24.4%和25.6%。

【景区创建】 年内，江郎山·廿八都旅游区国家AAAAA级旅游景区创建通过国家旅游局组织的暗访；国家旅游局局长李金早在江山旅游工作情况汇报材料上作出重要批示：“江山市委、市政府改革创新，真抓实干，全域旅游有声有色，成效显著，经验值得总结宣传。此件可登《中国旅游报》《中国旅游之声》。”江郎山景区入选国家旅游局“十一”假日旅游“红黑榜”旅游服务最佳景区。新塘边镇“月满新塘”景区、清湖镇和睦彩陶景区通过衢州市旅游区（点）质量等级评定委员会评定，被正式批准为国家AAA级旅游景区。至此，市域内共有AAAA景区5个，AAA景区5个。江郎山景区被国家体育总局体育文化发展中心评为2016中国体育旅游精品景区入围项目。廿八都镇乡村丽景农家乐，碗窑乡穗丰农庄被评为第七批浙江省四星级和五星级农家乐经营户（点）。廿八都镇、碗窑乡被评为第二批“浙江省农家乐特色乡镇”。浙江人尔生态科技股份有限公司被评为2016年全国休闲农业与乡村旅游三星级示范企业（园区）。江山市秋实家庭农场被评为第二批“浙江省果蔬采摘旅游基地”。江郎山登

8月11日，副市长楼健（左二）带队督查AAAAA级景区创建工作

山和仙霞关古道徒步项目，被评为浙江省运动休闲旅游优秀项目；浮盖山—浮盖山峡谷漂流—山里河马场，通过浙江省运动休闲旅游精品线路复评。

【旅游项目招商】 对接银江集团、上海国际汽车城等大企业集团，成功引进江山微电影艺术小镇、新能源电动汽车分时租赁系统等旅游项目。重点推进廿八都古镇二期、仙霞关游客接待中心、江郎山国际文化休闲养生城、江山古城等一批重大旅游项目招商。

景点建设

【江郎山游客中心及配套设施建设】 完成江郎山入口区提升工程建设，该项目包含游客中心、江郎山入口区停车场、江郎山入口区道路连接线及相关配套设施，总投资约9000万元。其中，游客中心及配套设施占地3295平方米，总建筑面积6010平方米，分东西两区，包括游客中心以及地质博物馆、餐饮购物、换乘区等配套设施。8月22日，新游客中心投入试运营。

【廿八都古镇保护与旅游开发二期基础设施建设】 6月，旅游局会同廿八都古镇旅游开发公司相继完成南入口区景观整治（市政园林、园林仿古）等工程的招投标工作。7月初，组织施工单位、监理单位进场，开展对丁家大院等8处文物建筑陆续进行保护和修缮。7月28日，启动廿八都古镇南入口区建设。项目主要建设内容包括修缮古镇历史建筑、新建枫溪古街保护管理中心、新建枫溪村公共活动中心、新建古镇南入口管理中心、征迁安置、景观绿化及相关配套设施建设等，总投资约2000万元，

【仙霞古道修缮整治】 4月·14日，召开仙霞关景区游客服务中心及配套设施项目规划论证会，启动仙霞关（戴笠秘宅）景区游客中心及停车场建设、仙霞古道修缮整治等重大项目前期工程。

市场营销

【机会营销】 抓住杭州G20峰会举办契机，联合《都市快报》面向杭州市民推出“G20旅游红包·江山周”活动，让利超过1000万元。针对杭州市民施行“免费游”“一元游”等政策，吸引15万杭州游客到江山游览。5月，赴绍兴柯桥开展江山旅游（柯桥）推介会暨职工疗休养推荐会，组织旅游企业参加浙江（上海）旅交会、义乌国际旅游商品博览会、衢州旅游进杭州社区等活动。

【节会营销】 3月12日，举办全球户外休闲旅游大会·江山峰会。11月26日，举办MaXi-Race China江山100国际越野跑。12月3日，举办第二届廿八都古镇民谣音乐节等重大活动。1月1日，协办2016全国新年登高健身大会。10月9日，协办2016全国重阳登高健身大会，并通过中央电视台、新华社、新华网、中国旅游报、浙江卫视等权威媒体宣传造势。

【政策营销】 面向旅游企业推出11项江山旅游优惠政策，新出台企事业疗休养、幸福江山5日疗休养、大学生市场、研学游4项政策；陆续推出江山旅游特惠卡、“衢州人游江山”、大学生“50元游江山”等优惠活动。

全域旅游

【体制机制完善】 7月14日，召开全市旅游产业发展大会暨国家全域旅游示范区创建动员大会，出台创建实施方案。完成旅游发展公司组建及实质性运营。与浙旅集团开展战略合作，探索推进景区托管模式，实现景区所有权和经营权的全面分离。

【乡村休闲旅游】 完成全市乡村旅游资源普查工作，共梳理出116处旅游资源单体，并包装出三卿口瓷文化创意区、彩陶文创产业园等一批项目对外推出招商。丰富乡村旅游产品，策划举办新塘边“荸荠节”、长台“韵香梨花节”等一批乡村旅游特色活动，吸引杭州、上海、宁波等多地游客参与。

【旅游公共服务】 加快城市旅游咨询服务平台及智慧旅游城市建设，启动全市37个城市旅游咨询服务点，及一期357个城市免费WiFi热点设置。完善旅游交通网络，完成首批9个新能源汽车分时租赁点、40辆新能源汽车投放。深化旅游厕所革命，完成17个景区旅游厕所的提升改造。

（黄亚峰　周 超）

乡镇（街道）

双塔街道

【概况】 双塔街道位于市区北部，区域总面积75.9平方公里。下辖2个经济合作社、5个社区，20个行政村，共23487户，户籍人口67993人。当年出生805人，死亡311人，人口自然增长率7.3‰，计划生育率97.14%。2016年，街道完成年度固定资产投资8.54亿元，农民人均纯收入21368元，比上年增9.2%；城镇居民人均纯收入38813元，比上年增10%。街道景观众多，其中寒武系江山阶“金钉子”是全球第65枚、中国第10枚“金钉子”，并有“海底世界”奇石林、普诺旺斯生态休闲园、养生古泉白马官泉、大青坑森林公园等。年内获衢州市百个乡镇（街道）分类争先考核一等奖、江山市乡镇（街道）工作目标综合考评一等奖，城北社区获全国社区侨务示范单位，周家青社区获全国地震示范安全社区，街道各单位新获评省级荣誉4个、衢州市级荣誉11个。

【工业经济】 培育单打冠军和龙头企业，

青山秀丽新农村（何佩璋 摄）

其中申达电器集团有限公司被市政府评为全市工业龙头培育企业，浙江国石磁业有限公司被市政府评为“单打冠军”培育企业。做强产业园孵化功能，推进“腾笼换鸟”“退二进三”，推动辖区有实力的工业企业逐步向市工业园区迁移，继续加强成长型中小企业的孵化培育。全年工业技改投资完成2.16亿元，完成计划任务104%；完成规上工业企业产值5.4亿元。

【服务业经济】 坚持全市域定位，高起点规划，统筹谋划整合城市、乡村、景区旅游资源，着力打造“环城北乡村休闲旅游带”，构筑“一带两片一线”的全域旅游新格局。与东华理工大学建立战略合作关系，规划编制《江山双塔石林地质公园可行性研究报告》，着力打造“旅游+研学”品牌；做深大青坑“森林浴场”项目前期，路垄村八卦田休闲项目已经成型；投资100多万元的海底世界游步道建设工程完工，街道资源串点成线，串线成面。发展新兴产业，加快“电商换市”步伐，打造“一园两带三村”电商大格局，全街共有各类企业（网店）151家，其中年销售额500万元以上的3家、200万元以上的10家。全年服务业企业营业收入实现35.45亿元，比上年增21.5%。

【“五水共治”】 继成功创建全市唯一一个纯“无猪街道”后，根据省、市相关部署，纵深推进治水工作。70个山塘水库全部建立塘（库）长制，万方以下池塘按属地管理纳入村庄保洁范围，全面实现网格化管理，探索建立基层治水体系的“双塔模式”。开展“清千塘美百河”春季治水大会战行动，组织街村两级力量排查排污（水）口108个，清理水塘18个、沟渠24条，提升河道景观1条。全年“五水共治”综合排名位列全市第二。

【“四边三化”】 发动群众在“四边区域”全面开展整治行动，全年累计拆除“四边”区域违章搭建面积2.33万平方米，复垦土地2.59万平方米，绿化提升4.8万平方米，清理乱堆乱放面积2.55万平方米，绿化面积0.23万平方米，立面粉刷3万平方米。辖区内315省道江山段入选衢州最美公路，江山市东入城口入选衢州最美入城口，杭长高铁江山段被评为衢

家乡美(许真 摄)

州市唯一一条最美铁路，江山城区环城西路花海节点入选最美交通节点，108个倾心打造的亮点工程（315省道江山段）入选省级精品示范道路，年度“四边三化”工作在全市乡镇（街道）督查量化排名中名列前茅。

【“三改一拆”】 开展“亮剑行动”，以即时部署拆除、即时清理清运、即时复垦复绿“三个即时”，全面开启“三改一拆”工作新模式。全年拆除处置各类违章建筑328宗，72797.8平方米，列全市第一。辖区27个行政村（社区、经济合作社）全部达到“无违建村（社区）”创建要求。

【项目工作】 年内完成招商引资项目6个，实际引资额2.89亿；前期推进的亿元项目—灵泉生态旅游休闲中心，年内基本完成土建主体；正泰居民屋顶光伏项目，街道任务为160户，实际完成276户，完成率达172.5%。提前完成城北区块双塔2015003#、004#、005#以及双塔五家山村上湖坂区块共计5.14公顷土地征收及交付工作，加快推进金家棚户区改造项目。挖掘土地开发资源潜力，推进土地开发项目建设，接连完成杨敦村、路垄村共43.67公顷的高标准农田建设，路垄村1.87公顷垦造耕地项目，以及郑村、缸甫底两村6.67公顷的农村土地综合整治项目。

【创建国家卫生城市】 举全街道之力创建国家卫生城市，以5个社区、2个经济合作社、1个城中村创卫攻坚队为主力军，集中一切可以集中的力量，开展地毯式排查、整治。累计出动人员4965人次，清理乱堆放3950处，乱搭乱建390处，清理垃圾9865吨，城市面貌明显改观，顺利通过省暗访组暗访，“创国卫”首战告捷。

【社会稳定】 注重工作创新和整体推进，平安综治和维稳工作实现“一覆盖、两下降、三清零”：“一覆盖”，即网格管理全覆盖；“两下降”，即信访总量下降、老信访户下降；“三清零”，即安全生产事故清零、非法传销活动清零、信访村（社区）清零。全力做好市委护航G20峰会“十大专项工作”，获衢州市“护航G20”先进集体。

【“两晋双停”】 在全市创新出台《在村级组织届中考察中实行“两晋双停”政策的意见》。“两晋”具体指的是工资晋档、岗位晋位；“双停”具体指的是停止履职、停发薪酬。把讲规矩、守纪律作为底线，把平安稳定工作作为衡量标尺，把“三改一拆”、“五水共治”、征地拆迁等重点工作落实情况作为试金石，检验、考察村级班子。年内，已对25个村（居）的两委干部诫勉谈话8人、暂停履职5人、重用9人，有效解决不认真、不作为、不用心、不担当“四不”问题，着力打造一支对党忠诚、自身干净、敢于担当的干部队伍。

【社会事业】 定期举办“送温暖”活动，实现城乡居民社会养老保险全覆盖，完成12个志愿者家园、10个文化礼堂、6个居家养老服务日间照料中心建设。街道在全市体育运动会、农民运动会等群众性体育运动上成绩优异。移民、殡改、慈善、残疾人等工作细致平稳推进。食品安全管理机制健全，对城区293家小餐饮店和42家药店进行核对摸底和登记。落实公路建设养护“三硬化、四维护”要求，做好新48省道——长达线等3条农村联网公路建设工程竣工质量验收，打造文明公路。

【团队建设】 把家庭文化融入街道人文关怀，坚持一个目标引领，分工不分家，把“这是我的责任”当作身体力行的口号，敢于担当，勇挑重担，打造“简单、尽责、激情”的双塔大家庭。以办公室为单位，推行“以老带新、以新扶老”的传帮互助方式，要求年轻干部传承老一辈兢兢业业、活力激情的态度，通过联村和写作“一武一文”两条途径快速成长。通过对老干部生活上多关心、多帮助，激发老干部们“活到老学到老”的动力。坚持以项目工作论英雄，使每位干部做到“善学习、有担当、能自律、会合作”，营造一个互相感染、互相促进的工作氛围，凝聚“双塔铁军”精气神，锤炼一支合力攻坚、同舟共济的双塔微团队。

（姜　瑜）

虎山街道

【概况】 虎山街道位于江山市区南部，下辖 11 个行政村、8 个社区。行政区域总面积 62.56 平方公里，户籍人口 6.65 万人，常住人口 8.73 万人。2016 年度，农民人均纯收入 21068 元，城镇居民可支配收入 38080 元，财政总收入 68306 万元。街道先后获得浙江省省级文明街道、浙江省十佳和谐社区示范街道、“平安衢州”暨社会治安综合治理工作先进集体、虎山司法所被评为全国先进司法所，周克俊被浙江省委省政府授予“浙江省 G20 杭州峰会工作先进个人”荣誉称号，虎山街道桐岭社区徐萍荣获浙江省第二批“千名好支书”荣誉，虎山街道安泰社区毛晓英被省委“610”办公室聘任为省级教育转化帮扶能手及被省妇联评为浙江省“最美妇女主任”。

【基层党建】 深入开展“两学一做”学习教育，始终坚持党建引领，规范运行基层党组织，严抓党员干部管理，努力耕好“责任田”、种好“自留地”。狠抓“四风”整改，加强作风建设，扎实推进党风廉政建设和反腐败建设，创建具有街道特色的廉政文化氛围。创新性地推行基层“党建+3+X”工作模式，基层党建工作效果明显，全年实现抓手新、举措实、亮点多的“整街推进”党建工作新局面。毛金旺被评为 2016 年度全市基层党建先进个人。

【工业经济】 全街道工业总产值 924185 万元，其中规模以上工业企业总产值 464612 万元。固定资产投资 58307 万元，其中工业投资 36430 万元、服务业投资 21877 万元。2016 年工业企业 785 家，其中规模企业 27 家，已形成以建材、化工、机电、注塑、竹木加工、食品、纺织服装等为主导产品、有一定规模优势的工业体系。浙江虎山集团和江山虎集团年生产水泥近 400 万吨，浙江化工股份有限公司是中国最大的有机胺生产基地，DMF 和 MA 的产量和质量位居全国榜首。江山市 70%以上的大型商贸流通物流企业落户在虎山街道。

【农业经济】 全街道粮食种植面积 1326.67 公顷，其中早稻种植面积 18.87 公顷.完成江山市笑生家庭农场、江山市花兰家庭农场农产品质量安全追溯示范点建设工作，农产品质量安全快速检测 200 个蔬菜样品的送检工作。抓好春季“加拿大一枝黄花”的春季药除面积 85.84 公顷. 抓好动物防疫工作，免疫注射散养户生猪 506 头次、散养牛 129 头次、散养羊 611 头次、犬类 1200 多头次、散养家禽 4.03 万羽次。存栏梅花鹿 7 头、豪猪 100 多头、蛋鸽 4500 多对，饲养蛋鸭 4 万多羽、蛋鸡3500多羽、白毛乌骨鸡3500多羽、蜜蜂1.34万多箱。平原绿化面积15.67公顷。完成店前村标准农田质量提升23.7公顷，里坞畈土地整理62.98公顷。

【抓好动物防疫工作】 督促规模畜禽养殖场严格按程序免疫，抓好春、秋二季散养户集中免疫工作，同时开展犬类集中整治免疫行动。全年，共免疫注射散养户生猪506头次，散养牛129头次，散养羊611头次，犬类1711头次，散养家禽40326羽次。应免密度分别为猪瘟和口蹄疫100%、牛口蹄疫100%、羊口蹄疫100%、家禽禽流感98%。开具领疫苗证明24户次465瓶11.625万毫升、水鸭133500羽次。

【项目征迁】 实行一个项目一个牵头领导、一个工作班子、一套实施办法的工作机制，把项目征迁作为锤炼干部的“练兵场”，充分发扬“不等、不推、不靠、不怕”和“5+2”“白+黑”连续作战精神，完成景星东路西侧、西入城口、南入城口、西山路南段4个区块的拔钉清零。在开展“清障拔钉”行动中，街道上下齐心，措施得当，被评为2016年度全市征地拆迁先进集体。

【五水共治】 根据劣五类水体排查情况，针对每个劣五类水体制定相应整治计划，各村立即开展劣五类水体剿灭行动，全年共计清淤3.15万余立方米，清理河道垃圾20吨，完成2个池塘的绿化工作，街道41个山塘水库已全部落实库长制。打好“清千塘美百河”治水大会战，全街道69个整治水塘投资50万元，基础清理全部到位，24个重点整治的，已完成16个，打造了以何家山大塘、溪东村景观塘、江山底村上横塘为代表的精品河塘。推进生猪复养反弹整治，全年退养清运生猪共计1056头，其中对徐某某等5户上年遗留重点户共527头生猪，以“零容忍”态度坚决予以关停退养，并对保留的徐某猪场新建异位生物发酵床车间900立方米，实现“零排放”模式，成功创建为标准化美丽生态牧场示范场。

【四边三化】 在推进“四边三化”进程中，坚持分级落实、分步推进，对辖区315省道、221省道、杭长高铁等主要干道环境问题进行全面整治。按照拆改治乱先行要求，集中力量拆除沿线乱搭乱建13500平方米，清理垃圾及杂物5000余吨，清理破旧广告牌50处，改善了主干道沿线的“脏乱差”现象。突出绿化美化跟进，有序抓好沿线两侧的脏乱点、绿化断档点的增绿复绿，共新增复绿各类苗木10多亩5000多株，基本消灭沿线村庄赤膊墙，通过节点打造，全线提升，努力将江山底—彭里—店前—何家山打造成城市郊区乡村休闲旅游风景线。

【三改一拆】 树立违章必拆的理念，对占地1.07公顷，涉及78家承租户的乌基塘违建聚焦案件，连夜上门做工作、促搬迁、抓整改，25天内基本完成违建拆除、垃圾清运。同时，以管控新增违建为目标，以“三改一拆”为主抓手，设机构、定制度，抓考核、强监督，抓重点、攻难点，抓长效、重维稳，形成“创拆结合、拆改结合、改管结合”的工作模式。4年来共拆除违建856宗321853.74平方米。其中，2016年共拆除违建141宗，面积达75675.26平方米，基本实现“基本无违建”目标。

【招商引资】 成功引进计划投资6400万元的东华理工大学江山产学研基地项目和计划投资1.5亿的百恋谷度假休闲体验园项目，东华理工大学项目已基本完成土地征用和坟墓迁移工作并形成初步方案。实现到位引资额1.065亿元，其中当年新引进且实到固定资产投资1000万元以上项目1个，为江山市鸿丰机械有限公司年产8500万套光伏支架项目（总投资4100万元）。原有招商引资企业当年技改且实到固定资产投资2000万元以上项目2个，为江山市蜂农世家保健品有限公司年产300吨蜂王浆冻干粉生产线项目(总投资3000万元)、衢州金捷门业有限公司年产3000米电动门1000台电动机3000套道闸3000米旗杆项目（总投资3550万元）。成功推进万商集团重组工作。

【安全生产】 贯彻落实G20峰会安保工作部署，确保G20峰会期间辖区的社会治安稳定，虎山街道分阶段超前部署，全面落实各项稳控措施。街道11个行政村和8个社区(总计110个网格)，全面实现网格化管理，提升群防群治水平。有效解决矛盾纠纷421起，调解成功率达98%。8月18日起，街道、村（社区）干部及平安志愿者、基干民兵等组成不少于7人的夜巡队伍，每天20: 00—24: 00在辖区开展“平安一号”行动，预防各类违法犯罪事件发生。累计安排排查人员847人，印发排查资料2万余份，排查单位6479个，列出问题清单3518个，对发现的消防隐患实行“零容忍”，第一时间整改问题766个。印发森林禁火令告知书7000余份，张贴“点火罚款、烧山坐牢”宣传标语750多份，佩戴红消防安全臂章共计500多个，严密防范违规用火，开展林区和农田巡查，严禁一切野外用火。对重点人员集中开展学习教育劳动，听取专题教育讲座，观看教育片，参加创卫工作和夜间巡查共196人次。同时，街道派出2个工作组赶赴杭州和新昌，做好“在外”重点人员稳控工作。峰会期间，参与企业检查人员近456人次，与企业新签订责任书456份，组织开展各类行业隐患排查10余项，查改各类隐患400余个；停产企业26家，限产1家。对检查中发现不符合安全生产要求的3家企业，责令其搬离原生产经营场所，彻底消除安全隐患。

检查消防工作

【创建国家卫生城市】 在创建国家卫生城市工作中突出重点，逐个击破，加大死角垃圾、违规种菜、放养家禽、乱搭乱建、占道经营、流动摊贩等整治力度。全年累计出动人员21500人次，整治问题点3350个，清理完成小区105个，处理违规饲养家禽360起，清理乱堆乱放2355处，清理乱搭乱建620处，清运垃圾1730车、重达8300余吨。推进安泰社区永康里、南门社区永福里等老旧小区改造，把创卫工作向广度和深度全面推进，做到经费落实、人员落实、措施落实，创国卫明察暗访阶段顺利通过。

（李　波）

上余镇

【概况】 上余镇地处江山市东北部，镇域面积155.8平方公里，其中耕地面积1866.67公顷。总户数20218户，总人口41125人，下辖21个行政村293个村民小组，1个党总支，31个党支部1559名党员。2016年，实现生产总值18亿元，同比增7%；完成财政总收入6723.66万元，同比增23.15%；全社会固定资产投资3.71亿元；农村常住居民人均可支配收入20283元，同比增11%。镇党委、政府围绕“让乡村面貌变得更美丽、让人民生活变得更美好”的“两美”上余建设总目标，着力打造“经济发展质量好、乡村生态环境好、人民生活水平好、社会综合治理好、党建工作基础好”的“五好”上余，先后被评为衢州市征兵工作先进集体、G20杭州峰会维稳安保先进集体；江山市基层党建工作先进集体、征地拆迁工作先进集体、“四边三化”工作先进集体、平安建设暨综治维稳工作先进集体。获衢州市2016年百个乡镇（街道）分类争先考核三等奖和江山市2016年工作目标综合考核一等奖。高铁江山站两侧配套提升工程房屋拆迁工作组被江山市委、市政府授予“铁军”荣誉称号。

李坪村吉源家庭农场荷花亭（杨庆远 摄）

【发展三大经济】 全力推进城区、园区、山区三大经济发展，启动实施江山市上余平滩旅游综合体项目，做强做响吉源葡萄园、李坪土制红糖、老有所依康复疗养院等特色品牌，李坪休闲农业园（吉源家庭农场）被评为省级示范农场、衢州市级休闲农业示范点、江山市级休闲农业与乡村旅游示范园。评定三星级农家乐3家，上余胴骨煲、樱花山庄、凝秀人家等6家规模农家乐全年接待游客数11.43万人次，营业收入达853万元。发展山区特色农业，有序推进江村生姜种植、塘二猕猴桃和塘三高山蔬菜等党员创业示范基地建设，在市区建成3个直销点，农产品供不应求，辐射带动低收入农户就业1000余人。

【抓好专项整治】 “五四三”专项整治成效显著，区域内的4条河道“清三河”稳定达标，完成“一村一重点”河塘整治21个，河湖塘库清淤整治14个；提升生猪养殖整治场9个；关停河道沿线涉砂场点9个；完成生活污水治理村13个、生活垃圾分类村9个，“清塘美河”工作分别在衢州和江山电视台专题报道，得到衢州市委常委、常务副市长赵建林的肯定。完成“四边三化”上级交办整治点493个，全力打好杭长高铁上余段环境整治攻坚战，成功拆除违建菇棚1.15万平方米、鸭棚1.85万平方米、片岭违规企业用房5.3万平方米。完成315省道沿线农房立面改造320户，创建美丽庭院40户，S315上余段被评为省级精品示范道路。全年共拆除各类违建184宗，改造旧住宅区、旧厂房1.1万平方米，完成年度拆违任务8.2万平方米，三改任务4.529万平方米，完成率达150%。“黄基畈鸭场变彩色稻田”、“片岭违建厂房变城北草原”成为专项整治示范点，是江山市“四边三化”“三改一拆”一张“金名片”。

【推进项目攻坚】 全年共承担各类项目45个，其中土地征迁项目12个。完成上余初中迁建、江东工业园五期等土地征收39.13公顷、迁移坟墓316穴；完成高铁江山站两侧配套提升工程房屋拆迁68户。深化“店小二”服务，建立重点项目领导挂联服务机制，保障富达化工、中机国能、中电投渔光互补光伏发电站、上余初中迁建等市重点项目顺利动工建设。全年谋划上报各类项目30个，入市重点项目库2个，其中《沙苑风情湾》项目获2016年市项目谋划擂台赛三等奖第一名。新引进1000万元以上项目3个，其中大项目1个，计划总投资2亿元，实际到位资金2.8亿元。

【提升镇村面貌】 开展镇域总体规划和21个村村庄规划编制工作，稳步推进主集镇区综合整治工程，完善提升集镇功能。投资32万元，完成集镇污水中转站监控设施；投资300余万元，完成集镇重要接口绿化工程；投资160万元，完成龙溪街人行道铺装工程；投资120万元，完成龙溪街污水管道及综合管线改造预埋工程；投资70万元，完成集镇广告牌整治工程；投资85万元的兴余二路道路硬化工程也在12月动工建设。实施“312”绿化，新增平原绿化5.5万株，创建衢州森林村庄示范村2个。加强农民建房管理，完成“赤膊墙”整治20幢，粉刷面积3028平方米。开展美丽乡村创建，完成湖珠、陶村“美丽乡村示范村”及湖珠村A级景区村创建工作。

【深化社会事业】 全镇医疗、养老保险参保人数分别达30425人和13520人。加大低收入群体、低保户和优抚对象救助，全年共发放救济、补助款173万元。投资130多万元推进余家园小区、雁塘小区基础设施配套建设，投资60多万元完成农村公路建设与养护，实施“一事一议”项目2个。望江村被评为“全国民生示范工程”江山“异地搬迁”工程示范

望江村

村。及时发现贫困现象，巩固提升消除“4600元以下”，被评为2016年度巩固“消除4600”先进单位。坚持实行优秀教师“镇长特别奖”表彰制度，教育教学质量稳步提升，上余初中中考上省一级重点高中分数线27人。开展人口和计生新旧政策衔接工作，计划生育率95.6%，办理全面二孩服务卡232人。整合宣传、统战、人民武装、工青团妇等党建资源，突出以“建设一座礼堂，唱响一首村歌”为载体，提升群众文化自信，《大夫第之歌》在浙江省电视台教育频道播出，湖珠村、望江村分别获市文化礼堂带头人才艺比赛金奖和铜奖。

省级示范道路-315省道上余段

【夯实党建基础】 4月，在市委吕跃龙书记亲自点题、市委组织部的精心指导下，率先在迎宾村试点开展“两学一做”暨“九问一评”专题教育实践活动。围绕“入党为什么、在党干什么、为党留什么”等主题，引导和要求党员打牢“学”这个基础，依托“问”这个抓手，抓实“评”这个保障，突出“改”这个重点，全镇1559名党员全方位多角度拷问灵魂，解决党员队伍在思想、组织、作风、纪律等方面存在的问题。该项工作在全市推广，相关做法被《江山通讯》《浙江日报》《浙江卫视》及共产党员网、人民网等媒体专题刊登报道。深化实施“星级党支部”和“平安示范村”创建，在纪念建党95周年活动中，评选表彰100名优秀共产党员和100名优秀网络员，有7名党员干部被评为江山市级以上优秀共产党员、优秀党务工作者。

【创新社会治理】 开展安全生产、社会治安防控、社会应急管理、信访维稳、食品药品监管等五大安全工程，着力建设“平安上余”，G20期间全力协助并平稳妥善处置服刑人员李某在金华监狱正常死亡事件，金华监狱专门发来感谢信，并得到时任省司法厅副厅长陈钟的批示肯定。加强专职消防队、塘岭片区半专业森林扑火队和各村志愿消防队伍建设，落实平安志愿者网格化巡查机制，做好G20峰会期间消防安保工作，被评为衢州市平安护航G20杭州峰会森林消防安保先进单位。整合人力资源，落实专职消防队“一日三巡”制度，维护好集镇秩序，上余镇专职消防队获2016年度多种形式消防队伍建设先进单位。严格执行村级事务准入制度，深化“幸福江山连心服务”工程建设，着力打造“三民工程”标准化升级版。落实镇村干部接待群众制度，全年排查受理各类矛盾纠纷253起，受理各类信访件93件，化解省信访积案2件。扎实开展农村基层作风巡查，按照“动真、精准、管用”的要求，举一反三、建章立制，确保巡查工作实效。

（陈珍珠）

四都镇

【概况】 四都镇地处江山市的东北端，东连柯城区华墅乡，北邻常山县青石镇和招贤镇，区域总面积42.8平方公里。下辖8个行

腰鼓比赛

政村，79 个自然村，127 个村民小组，8 个党支部 743 名党员。2016 年，实现地区生产总值 6 亿元，同比增长 9%；完成财政总收入 7301 万元，其中地方财政收入 2418 万元，同比增长 31%。农民人均纯收入提高到 2.1 万元，同比增长 11%。

【工业经济】 全年实现工业总产值 18.5 亿元，其中规上企业 14.47 亿元。共谋划出 10 个项目，其中逍遥谷急速运动休闲度假区项目获市第二届项目谋划大赛二等奖；编排明年计划实施的项目本，成功引进小微企业 2 家入驻镇小微企业孵化基地，总投资 4200 万元的奥科电力项目已完成签约备案；重点实施一批技改项目，力促上美、热威、港亨等企业完成技改升级，明源机械、天泰消防、金能利安等 3 个“四大百亿”工程全部完成预期目标，宏电环保公司成功中标江山市农村污水运维工程。

【农业转型提升】 围绕农业增效、农民增收转型提升发展主线，不断优化空间布局、全力改善生产条件、加快发展现代高效农业。全年共完成低效橘园改造 133.33 公顷、淘汰低效橘园 80 公顷、流转橘园 106.67 公顷、推广优质柑橘品种 1.67 公顷、新增家庭农场 14 家。

【乡村休闲旅游】 明确“运动+休闲养生”为主题的定位，深挖镇湖山、冷泉、沙滩、柑桔等特色旅游资源，“湖山云隐”民宿已完成 100 余间民宿房间的改造，埠头村已完成景观厕所、景区指示牌、“百亩油菜花田”等建设。全镇共有 3 家农家乐被评为衢州市星级农家乐。同时按照《四都镇乡村休闲旅游规划》，谋划五家岭高山户外运动旅游、儒村水库自然风景区、沙滩乐园等旅游节点，拓宽旅游深度。

傅筑园村休闲广场

【项目谋划实施】 制定《四都镇向上争取项目资金奖励办法》，招商引资、农业转型、旅游提升等专项考核办法，抓细抓实项目前期，抓紧抓牢项目实施。五家岭逍遥谷急速运动休闲度假区项目在市首届及第二届项目谋划大赛中获得二等奖，基本完成四都九年一贯制学校、天泰消防等项目土地征迁工作，累计征迁土地 6 公顷。

【集镇建设】 铁腕推进集镇整治，拆除北街 21 间临时商铺以及影响道路交通的两幢民居，解决多年来老大难问题；开展“三街一市场”联动提升工程，规范沿街占道经营 100 余户，新建集镇停车场 4000 平方米，画设行驶线 3000 余米，新增停车位 50 个，并对沿街雨篷及广告牌统一拆除规划，拆除遮阳雨篷 128 个 2830 平方米；基本完成桐村坂小区基础设施配套建设，推出桔香·绿苑（老粮站）高档住宅小区一期项目，成功拍卖16套。建成集镇500吨污水处理终端，受益农户达1000户，同时组建集镇巡查队伍，采购巡逻车5辆，集镇集聚效应明显增强。

【农村综合环境提升】 打赢"生猪整规"攻坚战，关停退养生猪养殖保留场2家，核减生猪饲养量200余头，拆除猪舍、猪栏共1186平方米，剩余7家保留场全部完成"生物发酵床"建设，彻底整治生猪复养反弹现象，成功创建"无猪村"4个；成功打造一村一美塘，全镇交接断面水质连续11个月优秀以上，辖区地表水由III类提升为II类；重视高铁、高速、双江沿线环境整治，共排查"两路两侧""四边三化"问题点187个，完成整治181个，整治赤膊墙89户、28000平方米，清理乱堆放垃圾3100平方米，完成立面整治1439平方米，绿化面积920平方米，整改蓝色屋面8000平方米；完成"三改一拆"任务，共拆除违法建筑284宗，面积25495.6平方米，完成率达102%；投入366万元；成功打造美丽庭院48户，并对埠头村150余户外墙进行翻新粉刷，粉刷面积达6.1万平方米。

【社会事业】 完成确权登记面积705.67公顷，测绘地块7702块；建成8个村级公益慈善站；全镇养老保险、医疗保险参保率均达96%以上，参加低保人数550人，全面消除4600以下贫困户，实现符合条件的困难户应保尽保。注重农民诉求，启动"村庄三化""第三批小农水建设""农村精神文明建设"等项目，完善农田水利设施、完成埠头村移民点、江北村方家山、前岭村肩头岭、金山村和平湖道路硬化修复工程；投资50余万元，在上峰、埠头、江北安装太阳能路灯140余盏；完成江北村文化礼堂建设，《心中的江北美如姑娘》获市文化礼堂才艺比赛银奖。

【平安四都建设】 开展护航G20平安大巡防行动，落实昼夜值班制度，组建巡防队伍130余人，做好安全生产监管、重点人群维稳、营业场所监管、流动人口排查、森林防火管控等工作，获2016年衢州市G20维稳安保先进集体。 （梅 杰）

集镇新貌

大陈乡

【概况】 大陈乡区域总面积30.9平方公里，下辖6个行政村，总户数2773户，总人口8715人。当年出生94人，死亡56人，计划生育率92.78%，人口自然增长率4.4‰。2016年，全乡实现地区生产总值12000万元；财政总收入1672.33万元，同比增长3.57%，其中财政税收收入413.56万元，同比增长121.16%；完成固定资产投资5575万元。2016年，大陈乡被评为全国农村基层团建示范乡镇，被列为省“两学一做”示范点，江山市文明乡镇，衢州、江山两级G20杭州峰会维稳安保先进集体。大陈村被评为全国百个宣传思想文化工作示范点、浙江省美丽乡村特色精品村、浙江省36个生态示范村。

【富裕大陈】 推动传统企业技改升级、引进新型生态工业。旺林生物科技年产300吨植物炭黑生产线项目顺利投产，绿意竹炭当年进出口达35.2593万元，根根包装瓦楞纸箱年产3000万平方米一体化瓦楞纸箱自动生产线项目已完成投资430万元；夏家村白虎山底意通加油站建设项目，已挂牌出让；南方集团北蕉矿在原来产值基础上再上台阶。全年累计投资138多万元，完成农业基础设施建设项目1个，加快农业规模集约经营，流转土地2000余亩，引进现代设施农业2家，新增市级示范性家庭农场3个；注重培育有机农业和“一村一品”，成功打造大唐“常山胡柚”一村一品专业特色村，有机农产品认证再添大陈杨梅，杨梅、枇杷、中草药等初具规模特色，柑橘产业改造升级强势推进；成立全市首个农合联组织，率先完成农村土地确权工作。全年把发展全域旅游作为“富民强项”第一产业来抓，打造“全域旅游风情小镇”，新增民宿床位80张，打造2家三星级农家乐，大陈萃文养正居进军市级农家乐综合体，江山·乌龙谷、田园里—大陈乡休闲农庄亲子乐园项目乡村休闲旅游项目顺利落地；承办“交响的力量”浙江交响乐团浪漫江山行之乡村之旅、“幸福乡村·文化大陈”首届东魁杨梅采摘文化节、2016第八届大陈麻糍文化节，参加上海长三角休闲农业与乡村旅游博览会等多次乡村休闲旅游节庆和宣传推介活动；与上海锦江、驴妈妈等知名旅行公司合作，打造上海——江山双塔、大陈“村歌文化风俗线”精品线旅游项目，累计接待游客2万余人次。

【文化大陈】 秉持“文化大陈幸福乡村”目标引领，加强阵地建设，夏家村文化礼堂建成并投入使用，继续弘扬村歌文化，做到村村都有村歌，人人会唱村歌，年末一台六村联办村晚上了央视及浙江省《新闻联播》。《妈妈的那碗大陈面》在献礼G20峰会后，又被拍摄成全省首部文化礼堂古装电影，在各大平台播放。优化文化走亲品牌，走出去与引进来两手抓，全年共举办“文化迎亲”文艺专场演出共20余次，多次受邀外出参加江山、衢州以及省内外各地的文艺演出。《大陈村书》编撰工作成功启动，彭邦卿影展如期开馆，承办“中华名城行”走进衢州文化礼堂开机仪式、全省基层宣讲工作走进文化礼堂经验交流会、省美丽庭院现场会等多个大型现场会。借势发力，由乡村两级联手倾力打造大陈中式婚庆基地，并对古村内清代至民国时期的76幢古建筑和街巷的20多条青石路进行全面修缮。积极探索“文化+”模式，从工作与生活中挖掘题材，创作治水歌、扫把舞、劳动号子等深入人心的节目。

【美丽大陈】 抓紧抓实农村生活污水治理、河湖库塘清淤美化等工作，全乡6个行政村全部完成生活污水管网化处理工作；坚持按照“一点一策”的要求，拆违2110平方米，清理乱堆放3000多平方米，立面整治10000多平方米，整治蓝色屋面1300多平方米，新增绿化7000多平方米，完成大陈旱田坂溪改造、大陈岭入口节点打造、S221示范道路“三个一”示范工程建设；坚持“改、拆、转”相结合的工作方式，拆除违法建筑37宗，面积达24525平方米，处罚违建173宗，面积达5912.42平方米，全乡6个村均成功创建“无违建村”。继续以大集镇理念，将大陈、旱田坂村域有机纳入集镇范围，启动赏荷平台、大陈溪旱田坂段滨水休闲区两个特色项目，拓展集镇核心区面积；按照“浙派民居”标准，实施集镇外立面改造，对街面房子外墙统一粉刷，绘制大陈特色风物墙绘，统一制作仿古店招，美化集镇景观。以长久持效抓好集镇日常管理，新建农贸市场及配套公厕已投入使用，配备3名集镇专职工作人员负责集镇日常巡查及维护，定期不定期开展集镇综合环境整治专项行动。通过废物利用营造庭院景致，鼓励农户从“单一绿化”向“景观美化”转变，打造风格各异的美丽庭院百余户，省美丽庭院现场会大陈点尤其突出，先后接待省内外参观考察团10余个；垃圾分类全面铺开，各村均建有垃圾分类积分兑换超市。在村庄原有绿化基础上，大唐、夏家、红星纷纷打造美丽村口、美丽村道，提升旱田坂村休闲文化广场周边绿化、环境美化。

【幸福大陈】 城乡居民医疗保险深入人心，参保率达98%，社会养老保险、农村住房保险及农业政策性保险覆盖面进一步扩大。低保扩面及残疾人两项补贴到位，有218户356人被纳入低保体系，为138个低保残疾人办理困难补助和131人办理护理补贴，低收入农户认定年前顺利完成。领导接访、包案、定期分析等机制得到落实，平安浙江APP、综治“平安通”等安全监控网络日益完善，群防群治水平不断加强，社会不安定因素减少。全年共排查40件民事纠纷，成功调处40件，调处成功率达100%；共收信访件10件，均全部按期报结，报结率达100%。“教育强乡”创建扎实推进，实施大陈小学校舍改造工程，新建学校艺术楼、塑胶跑道等，开展校际结对共建，教学环境得到改善，质量得到提升。“医在大陈”品牌进一步打响，基本医疗和公共卫生服务得到保障，蛇伤肝病特色专科的知名度和辐射力不断扩大。定期举办计生、司法等各类专题活动15次，印发相关政策法律、法规宣传提纲500多份。

【活力大陈】 大陈村被列为省委组织部“两学一做”联系点，结合本乡实际，创新开展“党员1＋7”“三寻一补比贡献”“优学优做积分法”“党员户挂牌”等特色举措。新建大陈、旱田坂村的党建文化广场，将党员权利义务、党建基本情况、党员优学优做计分考核等内容进行上榜，作为村党建工作展示点成为展示基层党建工作的重要窗口，将红军，大陈纪念官打造成党员示范教育基地，举办“两学一做”主题歌《我是党员》新歌首唱式。加大对基层党建工作的考核力度，浓厚党建工作氛围，建立健全党组织书记抓党建工作的“党建项目清单”制度和基层党建“述职评议”制度，强化党组织书记的第一责任人意识。落实基层党组织星级评定制度，加强工作力量，对软弱涣散的党组织进行转化整顿，形成一级抓一级，层层抓落实的基层党建工作格局。落实党风廉政建设党委主体责任和纪委监督责任，建立健全党风廉政建设相关体系，制订出台党员干部行为规范和日常管理制度，组织开展“正风肃纪专项行动”和“基层作风巡查活动”，全乡受到党纪处分15人。

碗窑乡

【概况】 碗窑乡位于江山市区东南郊，区域面积110.05平方公里，耕地742公顷，林业6719公顷。下辖12个行政村，总户数6273户，总人口20031人。当年出生235人，死亡141人，人口自然增长率4.69‰，计划生育率94.89%。完成生产总值3.6亿元（第一产业7953万元、第二产业10872万元、第三产业17262万元）。财政总收入1412万元，农民年人均纯收入16603元。2016年，取得“省级农家乐特色乡镇”“衢州市文明乡镇”等称号，同时获得农村生活污水治理、异地搬迁、普法依法治理、信访、扩大有效投资等“先进单位”荣誉。

【工业经济】 全乡共有工业企业18家，其中规模以上企业1家，主要产业为保健品，产值超千万的企业有浙江千红蜂产品有限公司，全年完成工业总产值23275万元，固定资产投资6683万元，全年招商引资引进资金5500万元。

【农业经济】 全乡农作物播种总面积1859公顷，其中粮食作物面积1153公顷，总产量7340吨；油料326公顷，总产量482吨；棉花1公顷，总产量1.8吨；甘蔗21公顷，总产量885吨；蔬菜268公顷，总产量4095吨；食用菌总产量1263吨；果用瓜33公顷，总产量623吨；茶园26公顷，茶叶产量12吨；果园234公顷，水果总产量3495吨（柑橘1761吨，猕猴桃721吨）；羊存栏数591头，出栏数219头；家禽存栏数4.7万羽，出栏数27.3万羽；养蜂年末存1.2万箱。全年，完成农业总产值10071万元。

【乡村旅游发展】 做优做美乡村休闲旅游，做特做精“旅游+体育”文章，加快全域旅游发展。新增中国乡村旅游金牌农家乐1家、省老年养生旅游示范基地1家、省工业旅游示范基地1家、五星级农家乐1家。配合做好月亮湖旅游度假区项目规划和申报，推进环月亮湖体育运动休闲基地建设。完成“渔家乐一条街”改造提升及达河溪滨水休闲区项目建设任务。出台《推进碗窑乡民宿经济发展的实施意见》政策，与上海旅游公司签订合作协议，承接上海、杭州等地疗养团。

碗窑村渔家乐(毛慧莉 摄)

【生态建设】 启动治污治泥歼灭战，对全乡2条重点河道进行景观提升，4条渠道清淤疏浚、水系连通，开展6个池塘清淤整治，结合江山港防洪堤工程实施桑淤村河道清淤工程，共清理河道淤泥3250立方米，共清理山塘淤泥1100立方米。整治“四边三化”问题点276个。拆除违法建筑193宗，拆除面积39903.31平方米。注重拆后利用和疏堵结合的原则，全年共复垦耕地面积1.81公顷，新审批农民建房133户，面积12923平方米。集中开展“六乱”整治，清理乱堆乱放200余处，拆除乱搭乱建1500平方米，清除乱贴广告200余张，清运垃圾30余吨。成功创建“无猪乡”，共处置生猪860头，其中母猪79头，拆除猪舍1850平方米。农村生活污水工程有序推进，多次接受省、衢州市考核评估，其中6个村竣工验收。开展太阳能垃圾减量化工程建设，完成10个村垃圾分类兑换超市建设并配置分类垃圾桶。推进洁美集镇建设，整治集镇店铺89间、统一店招132个，拆除集镇临街违章建筑2100多平方米，清理其他构筑物、堆放物料、广告牌、占道经营等88宗。

达河溪河道清淤(周丽珍 摄)

【项目建设】 完成重点区块江滨南路延伸重点工程和源村土地征迁取土工作，征用两个区块，面积3.17公顷。完成江山港流域治理工程—碗窑段切滩土方堆土场租用工作。加大旅游基础项目建设，打造碗窑渔家乐一条街项目，共投资79万元，绿化1500平方米，对醉美碗窑景区的主要道路江碗线进行美丽庭院改造提升，投入43.9万元，共美化绿化2000平方米。在景区的重要节点打造两个项目，其中碗窑溪亲水平台项目，投资200余万元，改造游步道600多米，建造1000平方米的平台；达河天然游泳池项目投资200多万元，涉及陆地及水池面积达到20000多平方米。同时在景区范围开展集中整治和长效管理，针对水库坝底等重要节点进行沿线的绿化美化提升，新增民宿床位100张。投资500多万元完成集镇人行道改造提升、集镇排污排水改造提升、农贸市场改造提升、店招改造、休闲广场改造提升、江碗线绿化提升及美丽庭院建、天然滨水游泳池建设、停车位标线等工程。

【招商引资】 重点引进绿色、生态的乡村休闲旅游业项目，做好项目落地的跟踪服务工作。谋划江山市肉羊循环经济产业链建设项目、锦鲤主题俱乐部、青少年素质教育培训基地、江山市文化体育中心等项目8个。其中，云起家庭农场猕猴桃种植基地转化为落地项目，总投资约5000万元；江山市肉羊循环经济产业链建设项目，完成5000万元在江山公司注册；锦鲤主题俱乐部项目，也已初步完成可行性报告和规划设计。

【民生事业建设】 新建并验收协里、碗窑2家文化礼堂。完成“醉美碗窑”风行线沿线村的建设提升工作，在风行线沿线打造美丽庭院示范户 40 户，碗窑村、府前村成功创建了美丽乡村示范村。加快异地搬迁步伐，搬迁 11 人，安置 46 人；继续推进完善凤凰山异地搬迁小区二期基础设施配套，实施第三期异地搬迁小区道路硬化、绿化亮化、排水排污等配套建设，硬化道路 1100 米，建设挡土墙 1500 米；调解各类矛盾纠纷 216 件，调解率 100%，调解成功率 99.5%。组织开展护航 G20 平安宣传活动，参与群众 2000 多人。开展各类安全大巡查，整改安全隐患 128 处，搬离柴火堆 25 处，督促 7 家企业停工停产进行整治。做好森林消防工作，印发防火告知单 4500 份，宣传消防安全知识 500 条次，张贴标语 200 多条，在江碗线两侧竖插宣传彩旗 200 多幅，实现森林消防零火情。

（周丽珍）

贺村镇

【概况】 贺村镇域面积 129.52 平方公里，下辖 45 个行政村，1 个中心社区，总人口 95576 人，户籍人口 87198 人。当年出生 1094 人，死亡 473 人，人口自然增长率 7.1‰，计划生育率 94.61%。2016 年，全镇完成地区生产总值 50.41 亿元（第一产业 3.71 亿元，第二产业 36.26 亿元，第三产业 10.4433297 亿元），工业增加值 32.9 亿元，全社会固定资产投资额 35 亿元，财政总收入 5.13 亿元，城镇居民人均可支配收入 33297 元，农村常住居民人均可支配收入达到 21916 元。年内，贺村镇被评为省小微企业监测工作基层优秀单位、省预拌混凝土下乡第一批试点达标乡镇、衢州市平安示范乡镇、衢州市食品安全规范化乡镇、衢州市 2016 年度多种形式消防队伍建设先进单位、2015—2016 衢州先进基层党校，并荣获浙江省森林城镇称号。镇农贸市场被评为省四星级农贸市场、耕读村获衢州市第一批“五水共治”示范教育基地称号、贺村图书分馆被评为 2016 年浙江省公共图书馆“读者最喜爱的乡镇图书馆”。

【工业经济】 以衢州绿色产业集聚区江山片区——莲华山工业园区与狮峰工业园区、丰益工业园区、淤头工业园区为核心的“一园三区”工业平台日益完善。2016 年全镇规模以上企业 73 家，亿元以上企业 20 家，完成工业总产值 80 亿元，其中木（门）业、消防器材、文体用品三大特色产业产值占 59%。木业市场稳居全国前三强，其中欧派门业在上交所主板上市，成为中国木门业第一股，总投资 12 亿元的欧派产业园项目正在建设，江山门艺小镇争列省级特色小镇。

【农业经济】 农作物播种总面积 7382.47 公顷，其中粮食作物面积 4601.8 公顷，总产量 3.23 万吨；油料 1438.13 公顷，总产量 2574.9 吨；棉花 91.2 公顷，总产量 188.6 吨；甘蔗 53 公顷，总产量 1845.6 吨；蔬菜 883.33 公顷，总产量 1.196 万吨；果用瓜 116 公顷，总产量 2331.7 吨；茶园 42.67 公顷，产业产量 32.5 吨；果园 158.2 公顷，水果总产量 3955.7 吨。全镇生猪饲养总量 17.4 万头，年末存栏数 3.3 万头；牛年末存栏数 470 头，年内出栏数 388 头；羊存栏数 2369 头，出栏数 2567 头；家禽存栏数 85.5 万羽，出栏数 169 万羽；养蜂年末存 1.9 万箱。新发展家庭农场 8 家，衢州市级示范性家庭农场 1 家。完成友爱村、山底村、礼贤村粮食高产示范片以及省级 315.13

公顷、市级 473.2 公顷粮食生产功能区建设，新培育百亩以上种粮大户 8 户。投资 1300 余万元实施国家“千亿斤”粮食田间工程，实施严麻车、后源、贺山头、三塘等村田间排灌渠改造、机耕路硬化等。

【重点项目建设】 总投资 1.18 亿元的瑞优可餐厨垃圾处理项目落户贺村，建成后可实现年处理餐厨垃圾 3.6 万吨。以上市公司欧派门业为主体，投资 12 亿的欧派产业园项目一期工程开工建设，引领江山门艺小镇建设。投资 5000 万元对金塘山、鹿马山、黄柏山贺村三大工业平台进行园区基础设施配套，增进工业引资的氛围。时代电工和鼎邦木业完成企业技改，实现产值快速增加。吸收村级股份制经济，成立众贺管理公司，以“电商换市”为契机，建设贺村镇小微企业创业基地，为小资创客搭建创业平台。

【招商引资】 招商引资工作突出服务至上、创新方式，在转型升级、培育龙头、江商回归、优化投资环境上大作文章，做大文章，干在新常态，赢出新状态。全年，共引进新项目 10 个，实到引资额 6.9 亿元，其中 10 亿元项目 1 个、5 亿元项目 1 个、亿元项目 1 个，5000 万项目 4 个。坚持“产业、设施、服务”一体配套，在江东新城新建江山市第二人民医院、贺村第二小学、育仁卫校、镇南幼儿园，着力打造产城融合、宜居宜业的生态工业新城，新建万人集聚区项目，全力保障企业用工需求。

【“五水共治”】 全力推进生猪养殖污染“百日攻坚”专项行动，镇域内原有的 86 万头生猪已减至 20 万头，生猪养殖场从 2629 家锐减至 59 家，基本消除黑臭河。全力推进 45 个村农村生活污水治理和“清塘美河”专项行动。

【耕读品牌】 在成功创建 AAA 级景区基础上，耕读村推进“五水共治”“四边三化”“三改一拆”“清洁家园”“美丽庭院”和景区建设等重点工作。完成农村生活垃圾资源化处理站和生活污水治理工程，投资 150 万元实现垃圾分类化处理和农村生活截污纳管；投资 750 万元完成村主干道拓宽及白改黑、村主入

耕读村

口景观改造及 4500 平方米停车场；投资 60 万元左右完善景区指示牌等辅助设施；对全村农民生活用水的水塘、水井清淤修复；投资 500 多万元对中心村海棠湖清淤改造；投资 25 万元对村主干道路段绿化提升；多次组织人员对高铁沿线进行六乱整治；多村庄范围内的违建、赤膊墙进行拆违、粉刷，共投入资金 8 万多元；举行“美丽庭院创意大比拼活动”，并投资 15 万元完成农户美丽庭院创建工作；北入村口停车场绿化投资 126 万；投资 350 万元完成主干道旁垃圾站以及节能环保厂搬迁；投资 15 万元完成主要路段文化墙建设。

【城市建设】 优化城市基础设施配套，增强小城市功能建设。打造贺村东入城口，建设完成贺滨东路连接江山至贺村的又一交通命脉。加强贺村镇南农贸市场的规范管理，创新

香樟花苑小区

智慧菜场模式，实现“零现金”交易，创衢州乡镇首个“四星级”农贸市场。延续“BT”模式建设镇北农贸市场并在年内启动施工。投资300多万元，修建贺村美食城，建筑面积2000余平方米，停车场3400平方米，新增集镇停车位100余个。总投资1.2亿元的东方时代贺村店11月23日正式营业，营业面积达1.2万平方米，成为浙西地区首个乡镇大型商贸综合体；实施横渡溪、内溪截污纳管，大成路、贺坛路等集镇道路雨污分流工程，全年共计铺设雨污管道3公里。第二医院、第二小学、育仁卫校、镇南幼儿园等民生配套工程快速推进，年内全部完成主体建设。同时，在全市率先启动小城镇环境综合整治工作，共清理乱堆乱放580多处，清运垃圾1400多车，清理规范户外广告700多个，处理僵尸车38辆，实现“洁净有序”的整治目标。

【新农村建设】 以美丽乡村示范县创建为契机，全力打造“幸福乡村”升级版。通过绿化美化村庄环境，建设幸福乡村风光线和乡村休闲旅游精品村，五年来共创建“幸福乡村”15个，单项村16个，严麻车等8个村通过A级、AA级景区村验收。永兴坞村投入2000多万，打造“魅力永兴”品牌，现已成功通过AAA级景区村资源评估，准备迎接国家AAA级风景区的最终验收。耕读村成功创建AAA级景区，获浙江省美丽乡村特色精品村等荣誉，成功举办衢州市乡村休闲旅游现场会。永兴坞村开展“三改一拆”和无违建乡镇、村创

永兴坞村

建。至年底，共拆除违章建筑3031宗，面积达112万平方米，拆违治违总量居全市首位。

【“互联网+”产业】 培育发展“互联网+”产业，全年新增8家网店家，电子商务营业额达7000多万元。全国首个互联网C端农产品集散中心“冒个泡”项目启动建设，项目建成后年销售额可达亿元以上。

（姜林楠　郑瑜）

清湖镇

【概况】 清湖镇位于江山市城区南郊，是江山市的城南新城、工业新区，区域总面积73.42平方公里，下辖26个行政村1个居委，总户数12089户，总人口41074人。2016年，全镇实现国内生产总值17.58亿元，完成社会固定资产投资15.6亿元，地方财政收入1.25亿元，农民人均纯收入18200元。是国家级生态镇、浙江省历史文化名镇，被评为2011—2015年全省法制宣传教育先进集体、省预拌混凝土下乡第一批试点达标乡镇，衢州市2016年先进基层党组织，江山市2016年度征地拆迁、“四边三化”“五水共治”、信访维稳、妇女工作及基层党建等工作先进集体，获2016年度衢州百个乡镇分类争先考核二等奖，江山乡镇（街道）工作目标综合考评一等奖。

【工业经济】 全镇工业企业有392家，其中规模以上企业22家，清湖工业基地已形成注塑、机电、木门为支柱三大产业区块，培育了宇安消防、纪元电气、宝威电气、万通机械、王牌门业等行业龙头骨干企业。全镇实现工业总产值达42亿，其中规上产值24.8亿元；招商引资成效显著，引进7个，协议引资6.3亿元，到位资金2.8亿元，其中引进亿元项目1个（江山市红叶塑胶有限公司投资1.2亿元年产2万吨塑料管件项目）。

【农业经济】 基本形成“一村一品”，食用菌、蔬菜、瓜果、甘蔗等四大产业构成全镇效益农业的基本框架。全镇共有农作物播种面积3750公顷，粮食作物播种面积2177.73公顷，总产1.33万吨；豆类235.73公顷，总产433吨；薯类184.67公顷，总产719吨；油料658.6公顷，总产1125吨；棉花30.87公顷，总产43吨；蔬菜663公顷，总产16692吨；食用菌4358吨；果用瓜86.93公顷，总产2685吨，花卉苗木12.2公顷，茶园25.27公顷，总产34吨；果园17.53公顷，总产2959吨。全年肉类产量4241.6吨，其中猪肉2100吨，生猪年末存栏7963头，年内生猪出栏数32311头。牛年末存栏数278头，出栏191头。

【乡村休闲旅游资源】 清湖码头是钱塘江航线南端的起点，入选徐霞客游线标志地。古时，“清湖镇，为浙闽要会，闽行者自此舍舟而陆，浙行者自此舍陆而舟，繁盛胜于县城。”万商云集，百货星罗，是当年仙霞古道上的一颗明珠。清湖古街区是第三批省级历史文化保护区，区内有小江郎、老虎山、青草洲、宾肠洞等8处独特的自然风光。千年陶村——和睦彩陶文化村，现仍保存有60余座“馒头窑”，建有国内规模最大的仿古彩陶制作基地，其保持的制陶工艺，堪称原始制陶的“活化石”，成功创建AAA级旅游景区。花园岗村是移民新村，省级全面建设小康示范村，秋园酒家已成为三星级农家乐，各项乡村休闲设施配套齐全。

【重点项目推进】 清湖是经济开发区大工

业平台的主战场，已为山海协作园、城南新城、基础设施项目等累计征收土地800公顷，拆迁房屋900多户。通过实施“百日攻坚”、领导包干等形式，敢担当，敢负责，“5+2”“白+黑”，全年完成市级重点征迁项目25个，征用土地79.33公顷，租用土地62公顷，拆迁房屋96户，迁移坟墓445穴，为健盛产业园、福斯特光伏等8个亿元项目提供了用地保障。

【“五四三”推进】 纵深推进“三改一拆”，全年拆除违建141宗15.8万平方米，其中制止新增违建68起7750平方米，复垦复绿8.9万平方米。深入开展“四边三化”，全年完成问题点整治362个，其中省交办点7个，衢州市交办点137个，黄衢南高速、S315省道、通景公路及河道沿线周边乱搭乱建、绿化缺失等现象基本消除。落实“一场一干部，一周一巡查”工作机制，全镇23个生猪养殖保留场全部推行“生物发酵床”治污技术，实现“零排放”。开展清塘美河大会战，完成29个清塘美河点和13个河湖库塘清污（淤）点的清淤。

【农村电商发展】 实施“互联网+”战略，全镇初步形成电商产业链，现有阿里巴巴“诚信通”用户5家、跨境电商企业1家，天猫商城店铺5家，淘宝集市店铺30多家。支持清泉村投入200万元建设2500平方米淘宝综合楼，设置了便民服务大厅、网商办公区、产品展示区、仓储配送中心、会议室、电商培训区等六大功能区，已入驻11家电商企业，销售收入突破1亿元。筹建农民电商特色园1个，培训电商人才900余人次。年内，新塘底村、清泉村成功创建浙江省电子商务专业村，新塘底村获评“中国淘宝村”称号。

【“红色物业经济园”建设】 集体经济薄弱村“红色物业”经济园（标准厂房）建设项目，被列为2016年市委书记的党建示范项目，选址在清湖镇工业园区龙飞路，建设规模为二层框架结构标准厂房5幢，总投资3650万元，总用地面积20203平方米，出让用地面积17933平方米，总建筑面积23452平方米，11月正式动工。

（余 奇）

新塘边镇

【概况】 新塘边镇位于江山市西南面，距江山市区26公里。全镇区域面积47.88平方公里，下辖19个行政村，164个自然村，233个村民小组，9806户，人口32408人，当年出生430人。2016年，全镇实现地区生产总值8.6亿元，农民人均纯收入20165元。年内，获浙江省首批美丽乡村示范镇、江山市综合目标考核一等奖、江山市最佳满意乡镇，同时获评衢州市法治宣传先进集体，江山市“五水共治”“四边三化”、基层党建、纪检监察、平安建设、信访工作、G20峰会维稳安保等先进集体，毛村山头村获省美丽乡村精品村，日月村获衢州市十佳森林村庄。

【工业经济】 帝亿消防、永汇消防两个“四大百亿”项目完工并投入生产。以消防产业为招商引资工作重点，做好“新商回归工程”文章，新引进万联消防、尚泰消防、永安消防二期等项目，协议引资1.5亿元。在工业用地指标较为紧张的情况下，争取到用地指标100多亩，筹措基地建设资金，累计投资200多万元，完成日月路延伸、园区大排渠、绿化

消防园区(毛家佳 摄)

等基础设施配套建设，工业基地污水管网工程完成规划设计。

【农业经济】 农作物播种面积3049.13公顷，其中粮食作物面积2014.53公顷，总产量13415吨。谷类1720.67公顷，总产量12025吨；豆类118.6公顷，总产量360吨；薯类169.27公顷，总产量1030吨；油料501.8公顷，总产量943吨；棉花3.93公顷，总产量5.3吨；甘蔗4.07公顷，总产量284吨；蔬菜407.53公顷，总产量12825吨；食用菌总产量4835吨；果用瓜4.47公顷，总产量316吨；茶叶118.53公顷，总产量161吨。肉类产量1560吨，其中猪肉产量1117吨，禽肉产量440吨，生猪饲养总量21720只，出栏生猪17190只，年末存栏4530只；年内牛出栏12只，年末存栏61只；年内羊出栏65只，年末存栏352只；年内活家禽出栏352510只，年末存栏221250只，禽蛋产量569吨；淡水产品产量1182.2吨，其中鱼类1178吨，甲鱼4.2吨。

【美丽乡村创建】 结合市域美丽乡村建设规划、村庄布局规划、村庄建设规划、农村住房改造建设规划，分类推进村庄建设。在精品线沿线5个重点村精心布点，组织镇机关党员干部开展“一户一策”结对帮扶创建工作，成功打造100户美丽庭院示范户。深化党建“五+”行动，党员联片包户带头推进垃圾分类处理、家禽圈养、乱堆乱放整治。启动精品线道路两旁绿化、美化、亮化工程建设，完成休闲驿站、景观亭、景观湖的建设，提升沿线村道的美丽景观。结合“五四三”等专项行动，推进村庄面貌提升改造，完成外立面改造近20000平方米。

毛泽东像章珍藏馆

【乡村旅游发展】 在创建“月满新塘”AAA级景区基础上，投入2000多万元项目资金，相继建成大草原、百花园、垂钓乐园、甲鱼观 光园和抗战碉堡等项目。向上争取项目资金，启动建设全国首个村级户外拓展训练基地——毛村山头村攀岩基地及华东地区最大的毛泽东像章珍藏馆（勤俭村）。同时，探索“旅游+节会”模式，举办桃花节、西瓜节、荸荠节等节会活动，成功举办全域旅游推进会。

【生态环境建设】 开展“清塘美河”春季大会战活动，对新塘边溪、道塘山溪、东亭溪按照“一河一策”要求，投入1560多万元，完成35个库塘、12条渠道的清淤整治，4条河道的生态得到修复，并完成日月村蔡家塘“河湖库塘”示范点申报和创建工作。畜禽养殖实现长效管理，全镇12个生猪养殖保留场全部推行生物发酵床技术，加强源头防控，实现养殖污水零排放。累计投入4200万元，铺设管道21.7万米，受益群众7050多户，新增分类垃圾桶3000只，实现农村“双治”全覆盖。启动实施“四边三化”三年行动计划，重点对淤八公路、新耕公路沿线进行整治提升，日月村、勤俭村沿线景观带相继建成。

【民生事业】 继续深化结对帮扶困难群众活动，全年累计走访慰问132户困难家庭，走访慰问困难党员20名。推进居家养老服务照料中心扩面工作，完成18个村居家养老照料中心建设，为农村老人颐养天年提供良好场所。做好计生工作，新旧政策得以有序衔接、平稳过渡。教科文卫投入力度不断加强，中考平均分居全市农村初中第一，成功打响“学在新塘边”品牌。文化礼堂活动丰富多彩，毛村山头村锣鼓队、爱丰村排舞队开展巡回演出，举办新塘边“百姓村晚”，为村民献上文化大餐。

【集镇建设提升】 推进集镇建设“六个一”工程，加大集镇投资建设力度，投资3000万元的集镇商贸综合体及新塘小镇项目已完成主体工程建设，成立集镇新亮点。投资350多万元完成集镇污水管网、人行道、标线等基础设施建设，投资229万元的姜氏宗祠完成修缮工作。先后组织500多人次参与集镇环境卫生综合整治行动，清理广告牌、废弃堆放点等问题85个，绿化树苗1万株，改善集镇沿线道路的环境面貌。成立监管队伍，定期巡查维护集镇秩序，脏、乱、差现象得到明显改善。

【姜氏文化活动】 10月，中国·江山首届姜氏文化节暨迎亲祭祖大典在新塘边村姜氏宗祠成功举行。活动旨在抒发心中对于先人的景仰与怀念，发掘姜氏宗族积淀深厚的历史文化与传统。大典上，颁发宗谱、咏诵祖训等7个流程依次举行，来自宁波、温州、兰溪等地以及江山本地的700余名宗亲代表嘉宾参加活动。

（毛家佳）

坛石镇

【概况】 坛石镇位于江山市境西北部，距市区19公里，东邻虎山街道、双塔街道、大陈乡，南临贺村镇，西接大桥镇，北连常山县白石镇、天马镇、新都办事处。全镇区域总面积124.6平方公里（耕地1324公顷，林地9282公顷）。下辖行政村13个，总户7901户，总人数25607人。2016年，全镇实现财政总收入1221万元，全社会固定资产投资1.501亿元，农民人均纯收入1.9286万元。

【工业经济】 全镇有各类法人及产业企业195家，规模以上1家，主要产业为制塑等。骨干企业有众联竹木业有限公司、华潭砖厂、星光塑业有限公司、江山市华敏塑胶有限公司等。全镇完成工业总产值4.5亿元（规模以上企业总产值3370万元），全社会固定资产投资

1.501 亿元。

【农业项目】 深化土地流转，新增百亩以上种粮大户 3 户，百亩大户达 13 户，新增面积 43.12 公顷，总面积达 210.26 公顷，增幅达 25.80%。开展农村土地综合整治，完成上溪等村 4.2 公顷农村土地综合整治项目的前期准备和立项工作。推进高标准基本农田建设，完成上王、上溪两个村高标准基本农田立项及测绘任务。推进低丘缓坡开发项目，完成新叶村大龙山和郭丰坞村马鞍山低丘缓坡开发项目前期及立项等工作。

【农业经济】 2016 年，全镇农作物播种总面积 3696.73 公顷，其中粮食作物面积 2345.8 公顷，总产量 1.34 万吨；油料 651.6 公顷，总产量 1172.1 吨；棉花 14.06 公顷，总产量 14.6 吨；蔬菜 383.33 公顷，总产量 1.61 万吨；食用菌 0.45 万吨；果用瓜 15.73 公顷，总产量 523.6 吨；果园 284.13 公顷，水果总产量 1515.5 吨（柑橘 375 吨、枇杷 253.5 吨、果用瓜 523.6 吨）；桑园 10.67 公顷；茶园 93.4 公顷，茶叶产量 35.8 吨。全年生猪饲养总量 9.13 万头，年末存栏数 2.31 万头；牛年末存栏数 340 头，年内出栏数 138 头；羊年末存栏数 972 头，年内出栏数 1124 头；家禽存栏数 37.1 万只，出栏数 130.74 万只；养蜂年末存 3015 箱；水产养殖 371.8 吨。

【农民饮用水扩面提升】 项目建设大型提水泵 1 座、小型管道泵站 5 座。输配水管网 289.34 公里，覆盖横渡、五圳、上溪、鳌头、上王、占村、郭丰、新叶等 8 个村。受益农户 4700 余户 13000 余人。项目于 10 月份基本实现通水。

【农村“双治”工作】 农村生活污水治理工程顺利通过省资金审查，全镇 13 个村全面完成工程建设。农村生活垃圾分类覆盖面扩大，占村、上溪、郭丰、横渡等 4 个村垃圾发酵房建设并投入使用，新启动上王、鳌头、坛石、新叶等 4 个村垃圾分类，投资 10 多万元的集中垃圾发酵房已完成主体工程。开展垃圾分类培训，与镇中心小学联合举办“大手牵小手”活动，举办分村培训班 12 期 500 余人次。同时，发动镇域企业家、乡贤等各界人士捐资 10 多万元，完成坛石溪洋桥段清淤植绿工作。

【创建美丽乡村】 共排查问题整治点 530 个。其中省交办点 1 个、衢州交办点 120 个，全年共拆除各类乱搭乱建、违法建筑 32998 平方米，整治蓝色屋面 44601.73 平方米，完成“赤膊墙”整治 15640 平方米，清理清运垃圾 41189 立方。同时，全镇累计拆除“两违”5.8 万平方米，13 个行政村全面完成“无违建村”创建。

【洁净集镇工作】 完成镇污水管网铺设、集镇垃圾中转站建设、3500 平方米临时停车场和游步道建设。总投资 73 万元的第四期集镇污水管网铺设项目基本完工。开展集镇环境大整治，做好以广告牌规范摆放、店外店整治、有序停车、河道清淤等为重点的综合整治。

清塘美河

【民生保障】 聘用两名综治经验丰富的退休乡镇干部，成立“老娘舅”工作室，充实调解员队伍。全年，共发生各类矛盾纠纷140起，成功调处140起，调处率达100%。无信访积案、无重点人员去省进京上访和群体性事件发生，治安刑事发案率大幅下降。“12345”热线、对话平台等群众满意度较高。完成G20峰会维稳安保任务。聘用4名专业消防员成立专职消防队，充实遇灾除险队伍，增强火灾应急能力、应变能力和处理能力。推进“天网工程”“幸福大喇叭”“平安直通车”全覆盖。建立各个层次的平安创建标准，命名表彰一批平安企业、平安村和平安家庭。抓好文化礼堂“建管用”工作，新建上溪、郭丰、上王3所各具特色的文化礼堂。开展各种基层群众性文体活动，承办江山市“清塘美河”春季治水大会暨集中义务植树活动、江山市“垃圾分类”进校园启动仪式活动，上溪村举办“留住乡愁·品味上溪”市第二届“巧媳妇”厨艺大赛暨坛石·上溪旅游节、亲青恋·为爱相约骑行小镇联谊活动、江山市体育局组织的第二届工人自行车比赛，上王竹子林接待各地“庆七一”迎建党95周年活动18批500余人次，郭丰、新叶等9个村开展美丽庭院、安全教育、才艺比拼等内容丰富的暑期“春泥计划”活动。上王村王炳亮、坛石初中学生李俊杰、刘鑫辉入选月度“最美衢州·身边好人”候选人名单。

（李秋子）

大桥镇

【概况】 大桥镇总面积80.6平方公里（耕地1159公顷、林地5193公顷）。下辖行政村15个，总户数6004户，总人口19933人。2016年，全镇实现生产总值49000万元，其中第一产业11760万元，第二产业17640万元，第三产业19600万元，财政总收入2714.19万，农民人均纯收入19362元。全年，获得各项荣誉48项。

【工业经济】 全镇有各类工业企业12家，其中规模以上企业2家（为民木业有限公司和协力水泥有限公司），完成工业总产值3.9亿元，社会固定资产投资1.55亿元，地方财政收入492.3万元。全年完成25个项目谋划包装上报，3个招商引资项目落地建设。

【农业经济】 2016年，全镇农作物播种面积2919.33公顷，其中粮食作物面积1868公顷，总产量12054吨，油料486.33公顷，总产量919吨；棉花11.67公顷，总产量18吨；甘蔗2.4公顷，总产量140吨；蔬菜381.87公顷，总产量19034吨；食用菌产量3500吨；果园43.8公顷，总产量2755吨。全年生猪饲养总量203293头，年末存栏50500头，其中开盛生态农业发展有限公司年平均存栏50500头，年出栏商品猪100000头；羊存栏数1180头，出栏2135头；家禽存栏数542320只，出栏1727675只；其中穗丰牧业存栏蛋鸡30万只，季蛋产量1170吨；养蜂年末存量2125箱。

【农业基础项目建设】 完成4个山塘除险加固和3个池塘整治工程。完成大桥镇陈家畈高标准农田建设项目进度的70%，基本完成大桥溪桥头段1100米综合整治、集镇至上仓江西交界处2.5公里重点山洪沟防洪治理项目。完成粮食功能区生态补贴项目。完成陈家、冷水、上仓、大桥、湖游5个行政村的高标准农田建设，新增高标准农田10000亩，启动并完

成涉及10个村的仕阳尾畈和福塘畈高标准农田建设项目各项前期工作，推进长塘坞垄土地开发及仕阳矿山复垦项目

【新农村建设】 完成黄石、西坂等村村口拓宽绿化工程、桥头一事一议助推美丽乡村建设工程，提升西坂梅花拳馆，建成陈家景观塘，改造古树群工作，完善村庄配套设施。开展驻村干部“1+1”联动助力庭院绿化、垃圾分类等活动，带动村两委干部主动参与美丽乡村建设行动，桥头、黄石、西坂、陈家4个景区创建村分别以商旅、义士、武学、粮食文化为中心，就地取材，扮靓村庄。4个景区创建村和7个垃圾分类试点村获得省验收组的肯定。

12月，副市长宁晔（中间）在大桥镇冷水村调研

【小城镇环境综合整治】 开展“洁美集镇”建设，对照“五个一律”原则，组织镇村干部入户宣传，引导商户使用统一规格的广告牌，促进集镇环境标准化、统一化。加强集镇基础设施建设，多次召开户主会议，听取群众心声，制定整治计划。启动集镇农贸城、立面整治等1200多万元的小城镇建设项目，规范墟日经济，解决占道经营等难题，推进集镇街道和江青线集镇段的“绿化彩化亮化”工程，新建花箱100只，铺设人行道240米，规划停车位80个，全面夯实集镇基础。加强集镇保洁员队伍的建设，增添保洁员2名，施行“全天”保洁机制，健全保洁绩效考核办法。成立由3名退职干部组成的集镇管理队伍，以卫生和秩序为突破口，推进小城镇环境综合整治。

【“五四三”中心工作】 全面开展农村生活污水治理项目扫尾工作，加快仕阳、福塘两村农村生活污水工程建设。完善“河长制”、河道保洁等长效机制，在全镇15个村开展“三色治水千人大会战”专项行动。开展生猪养殖污染防反弹攻坚行动，全镇共拆除复养猪舍3630平方米，成功创建“无猪村”11个，整治规范养殖场7个，抓好畜禽生态养殖长效管理。围绕“一线一镇”区域，开展蓝色屋面、农村六乱等专项整治行动，投资35万元，动用人力350人次、机械设备122台（次），拆除蓝色屋面和乱搭乱建广告牌165块805平方，消灭六乱点位345个，清理卫生垃圾78吨，江青线补种苗木600棵，外立面改造2700平方，一线一镇环境面貌明显提升。全年共拆除违法建筑161宗、33380.8万平方米，15个行政村完成市无违建村的初验。及时清理拆违建筑垃圾，拆后利用面积居全市前列。

【民生保障】 完成低保户183户、346个人口的核查工作，做到应保尽保，开展低保提质扩面工作。全镇共有重残对象120人转入低保，新审批低保187户、259人。完成医疗救助办理36人次，乡镇临时救助46户，资助资金分别为217139元、7万元，实施老年人意外保险，参保率达69%。新建3个居家养老服

务照料中心，实现所有行政村居家养老服务照料中心实现全覆盖，加强敬老院管理，提升服务水平。落实城乡居民医保和养老保险政策，全镇现有 15427 人参加城乡医保，参保率为 93.2%，9950 人参加养老保险登记。

（柴海龙）

凤林镇

【概况】 凤林镇位于江山市境西南部，地处浙、赣两省交界，区域总面积 92.68 平方公里，耕地面积 32803 亩，下辖 18 个行政村，总人口 41557 人。2016 年，实现地区生产总值 6.8 亿元，完成财政总收入 2551 万元，农民人均可支配收入 19486 元，比上年增长 9%。先后获得浙江省第二批省级特色小镇、衢州市第一批特色小镇，乡镇（街道）工作目标综合考评复合型乡镇一等奖，成为浙江省农村土地民主管理试点单位、全省农业水价综合改革试点单位。镇司法所被评为浙江省五星司法所，白沙村被评为浙江省国防教育基地，南坞村被评为浙江省历史文化名村。《中国名村志丛书白沙村志》被列入中国名村志文化工程，11 月举行编纂启动仪式，此为第三部《白沙村志》。

《中国名村志丛书白沙村志》编纂启动仪式

【工业经济】 全镇现有重点企业 30 家，其中规模以上企业 5 家。全年完成固定资产投资 6.5 亿元，完成规模以上工业总产值 4.46 亿元。引进落地项目 7 个，招商引资资金 24.6 亿元。

【农业经济】 2016 年，粮食作物播种面积 2792.6 公顷，产量 18790 吨。种植有机茶 220 公顷，投资 4500 万元种植 200 公顷的铁皮石斛、白芪等中药及 200 公顷的绿叶肥种植，培育“红美人”柑橘、蓝莓等优质果蔬 86.13 公顷，培育食用菌 570 万袋。进行高标准农田建设，2016 年新开工项目并验收的有 133.33 公顷。完成标准农田质量提升 309.13 公顷，新增设施农业 31.93 公顷，流转土地 1413.33 公顷，委托流转 1100 公顷，流转率 67%。投入 479 万元实施江山市第六批小农水重点镇工程。扎实推进土地确权工作，基本完成卅二都、政棠等 18 个村 2000 多公顷土地经营权的确权测绘工作。新增百亩以上大户主体 2 户，创建省级生态循环农业示范区 1 个，新增示范性家庭农场 1 家。打造“美丽农业”，促进“美丽经济”，拓展彩色稻艺内涵，摸索油菜花艺、油麦拼盘新布局，宣传桃源稻田蟹、凤林白茶甜茶等特色农产品。

【开发光谷小镇】 完成光谷小镇、江山如画、光能绿道等规划编制，光谷小镇基础设施建设项目获国家发改委批准，谋划光谷慢城、小镇客厅等项目，“光伏+旅游”格局基本构成。杭开集团“金屋顶”光伏富民工程落地，在中岗村、白沙村安装屋顶光伏 300 多户，完成投资 500 万元。成立江山凤林光谷投资发展有限公司，争取国家专项资金 1.5 亿元、省公建补助资金 5000 万元。完成小镇客厅用地征迁2公顷，小镇入口节点用地征迁6.67公顷。发挥光伏产业辐射带动作用，引进隆泰农业园，株树现代农业园等主体，形成“光伏+种植”模式。

【建设文化名镇】 启动南坞省级历史文化名村重点村建设，完成规划编制，开工建设月眉湖、停车场，改造和居巷，修缮百贤坊。借助白沙村被评为省级国防文化示范村、全省唯一一个村级国防教育基地之机，积极推进招商引资。彩色稻田“中国梦”荣登央视猴年春晚，成功策划“稻立方”乡村休闲旅游节系列活动，茅坂、凤祥等村种植中国梦、金猴迎等8幅彩色稻艺献礼杭州G20峰会。举办“南坞三月三”、官田麻糍节、农民体育节等主题节会。引进隆泰千亩药园、天润四季果园、浙江坤辉旅游等休闲旅游项目和主体。开展文化礼堂、排舞运动、休闲健身活动，桃源村《桃源如画》获全市文化礼堂带头人才艺大赛获银奖，凤林镇获江山市移民村排舞大赛优秀组织奖，获江山村歌走进G20杭州峰会MV拍摄，白沙村健身点被评为浙江省五星级生态休闲健身点。“文化+”“旅游+”“体育+”的发展模式初步形成并日趋成熟。

南坞三月三巡游（沈天法 摄）

【打造美丽乡村】 全面开展“清塘美河”、生猪整规、农村“双治”等行动，完成48个山塘沟渠整治；退养生猪3032头，拆除猪场面积6330平方米；搬迁清退砂场5家；启动第三批农村生活污水治理工程，对9个村生活垃圾进行分类试点。推进“三改一拆”，先后集中拆违20次，拆除违建213宗6.52万平方米；完成土地拆后利用6.26万平方米，其中复垦耕地1.73公顷，复绿1.33公顷，创建6个拆后利用示范点。以205国道、贺峡线、清南线为中心开展“四边三化”行动，共排查整改问题点140个，拆除乱搭乱建1200平方米，完成清南线、卅二都溪、白沙片3个“三个一”示范工程，205国道1个“311”示范工程。实施中岗村清南线沿线40余户美丽庭院、特色墙绘等工程。实施集镇建设“六个一”工程，新建6个阳光堆肥房，投资200多万元实施集镇主干道1000米人行道铺设、破损路面修补、两侧绿化等工程，完成江山港凤林段2000多米河堤修建、游步道建设和路灯亮化工程，完成集镇污水管网建设。成立集镇现场管理办公室，整顿店铺200余家，拆除集镇范围内影响镇容村貌违章建筑6441平方米。白沙村成功创建美丽乡村AA级景区村，凤里村、游溪村成功创建美丽乡村示范村。

【铸就魅力凤林】 农村居民合作医疗保险参加人数3.42万人，参合率达100%；全面巩固“消除4600”成果，对现有326户低收入农户和低保人员进行再核查、再增减，共发放低保264.55万元，通过程序新增低保人员155人。承办“96345”“12345”热线和对话平台来电100多件，办结率达99.6%。排查各类矛盾纠纷254件，成功调处247件，成功率

97.64%，实现全年无非访及群体性访事件，各类社会风险防控到位。完成官田、游溪、苗青头等3个农村文化礼堂建设，其中官田村文化礼堂被评为示范性文化礼堂。开展家政服务、排舞、救护、农家乐、电脑、电子商务培训，丰富村民生活，提高村民技能与素质，促进就业与创业。开展群众性文体活动和农村节日教育活动，举办送歌到军营、文化礼堂才艺带头人比赛、巧媳妇厨艺比赛等群众性文艺活动18次，参加人数1000余人次。

（夏钰茜）

峡口镇

【概况】 峡口镇是浙江省小城镇综合改革试点镇，列省级中心镇培养名单。2016年，全镇实现财政总收入3091万元，农村常住居民人均可支配收入2.05万元，完成工业总产值27亿元，其中规模以上工业产值12.89亿元。获得全国生态文明先进乡镇、两美浙江特色体验地等国字、省字号荣誉，以及江山市2016年度乡镇（街道）工作目标综合考核一等奖和衢州市百个乡镇分类争先中心镇组三等奖。

【国家卫生镇创建】 组织“千名党员助力国家卫生镇创建誓师大会”。针对停车难、乱停车问题，迎宾路和望江路等集镇主要街道两侧人行道共划定非机动车停车位300个，联合交警部门开展集镇车辆乱停整治行动。新建占地面积2000多平方米的临时农贸市场、面积700平方米的建材市场一期工程。开展集镇整治专项行动，镇机关干部连续3个多月上街维护整治集镇秩序，劝导商户规范经营，清理集镇街道、小巷、商店以及农户门口乱堆乱放，

峡口镇千名党员助力国卫创建暨平安护航G20誓师大会（朱赛前 摄）

完成镇域范围内96个简易厕所拆除改造。

【精品集镇建设】 加大基础设施投入力度，迎福路人行道连丰段东侧提升工程全面竣工，新华北街“白改黑”工程春节前基本完成人行道铺装和绿化苗木种植；推进集镇水系滨水景观工程建设，建成连丰段滨水休闲平台，实施江山港峡口段、三卿口溪集镇段绿化、道路铺装，亮化沿江人行道2公里。完善峡北江山港露天游泳场绿化等配套。探索无土安置模式，完成2幢农民公寓房建设，启动水香畈四区市政配套建设。从美化集镇环境入手，拆除不规范广告牌80余幅，迎宾路两侧新设置落地LED宣传灯箱40只，在主要道路节点、违建拆除面、裸露卫生角等处种植花卉、绿化苗木2800平方米。

【项目投资工作】 组建项目工作办公室，创新“项目选将”机制，出台“鞭赶慢牛”系列举措。全年完成项目投资3.2亿元，其中途家斯维登度假公寓4月份建成并投入营业，17个村联建的“红色物业”—小微企业孵化基地，在投资1300余万元建成一期厂房13300平方米基础上，二期工程动工建设并完成年度投资计划；地山岗砖厂投资5500万元的非黏土烧结（页岩）多孔砖技改项目完工；浙诚家

居投资 1.25 亿元的高档竹木复合生态门项目完成一期主体建设等；生态工业园区征收土地 5.09 公顷，平整土地 6.87 公顷，完成主干道路灯安装。风动水城、百岁山风水小镇、运动小镇 3 个项目成功纳入江山市重点项目库，其中“峡口运动小镇”项目获市第二届项目论坛暨项目谋划擂台赛二等奖，先后争取集镇建设、水利、山区经济等一批项目资金扶持。

【美丽乡村建设】 “五水共治”长抓不懈，开展“清塘美河”千人大会战，抓好生猪养殖污染整治防反弹工作，14 个村均实现真正意义上的“无猪村”，关停不合格采制砂企业 2 家。“四边三化”强势攻坚，清理乱堆放 1.2 万余平方米，绿化种植 2.5 万余平方米，历次督查排名居全市前列，“三比三看一规范”活动中获省领导充分肯定。“三改一拆”持续推进，全镇累计拆除违建 7.9 万平方米，超额完成年度目标任务。推进峡里风主题公园建设，周边种植花草美化彩化，完成民宿用房装修改造和托管保底承包经营，建设新能源汽车充电站。成功举办樱花节亲子节等乡村休闲旅游节会，承办 2016MaXi-Race China 江山 100 超级越野跑、2017 新年登高·中国天空跑系列赛(江山站) 等赛事。完成峡风瓷韵 AAA 级景区创建各项工作，有序推进三卿口古瓷村保护开发项目，完成通景区换乘车道和黄氏宗祠修缮工程。

【招商引资工作】 紧扣“风”“水”等生态资源禀赋以及区位、产业基础优势抓招商，新引进项目 11 个，其中亿元项目 4 个。引进峡岭龙隐生态休闲度假区、山水青休闲农业旅游示范园、峡里风主题公园房车营地等 3 个项目，房车营地项目成功纳入 2017 年国家房车营地项目库。“风动水城，木屋世界”项目签订全域旅游战略合作框架协议。工业方面，牧马人家居、日丽家居、御尚园门业、杭开光伏等一批项目实现落地。

【平安建设】 树立稳定第一责任意识，坚持将网格管理、群防群控作为深化平安创建的主抓手，将矛盾积案化解作为源头防范各类事端的主切点，开展法制宣传教育和各类安全隐患排查，实现社会平安、稳定、和谐目标。峡口司法所成功复评浙江省五星级司法所，峡口镇被列为浙江省行政规范性文件管理试点单位。获衢州市杭州峰会维稳工作先进集体以及衢州市级平安示范乡镇等荣誉。

【民生文化工作】 峡口小学迁建项目取得重大进展，完成土地征收和清表工作。启动涉及 2200 余人的大峦口村水库避险解困项目，年底完成一期公寓楼试点安置。完成峡口镇中心敬老院消防设施改造，硬件环境全面提升。实施“文化聚力”工程，组织开展峡里风文化节、王村村文化礼堂文艺演出等主题活动，新建成“文化礼堂”2 个，王村村作为精品村打造了竹编非遗特色展厅，柴村、合新 2 个村文艺节目在全市文化礼堂带头人才艺大赛上获奖。春节期间，在集镇主干道悬挂主题灯笼，

王村村文化礼堂文艺演出(朱定一 摄)

营造欢乐祥和的节日氛围，组织新春唱大戏、婺剧表演、农民趣味运动会等活动。

【队伍活力建设】 选配一批年轻干部参与中心工作，在国家卫生镇创建、“五四三”专项治理、乡村休闲旅游发展等工作中挑大梁。围绕“党建+好山水”，创新党员作用发挥载体，部署开展党员“1+X”网格联户治乱先锋行动，党员联系到农户网格，按照党员带头“做美点上”、网格推进“带动面上”、全员参与“覆盖全域”三个步骤，开展“六乱”整治。治乱行动与国卫创建、美丽乡村示范县创建实现紧密结合，推进中心工作落实。发挥党员引领“美”的作用，打造党员“美丽庭院”42户。

（毛淑华）

保安乡

【概况】 保安乡东北邻峡口镇，东南连廿八都镇，西接江西省广丰县。辖区内有“东南锁钥”—仙霞关、省级自然保护区—仙霞岭、戴笠秘宅、石鼓国家级森林公园、鳌顶李氏宗祠及慕仙桥等历史文化和人文景观，2016年，地方财政收入69.1万元，同比增长20%；完成固定资产投资17770万元；农民人均可支配收入达16094元，同比增长10.5%。仙霞关景区成功创建AAAA级景区，仙霞岭创建省级自然保护区，保安乡被评为衢州市护航G20峰会森防工作先进单位，西洋村被评为省级民主法治村、后坂村被评为浙江省美丽乡村特色精品村、衢州市级民主法治村。

【农业经济】 2016年，全乡农作物播种总面积775.53公顷，其中粮食作物面积511.93公顷，总产量3164.3吨；油料55.26公顷，总产量125吨；中草药材面积15公顷，总产量169吨：蔬菜152公顷，总产量1756吨；食用菌25吨；茶园133.33多公顷，茶叶产量80吨；果园90.33公顷，水果总产量1356吨。

【全域旅游】 全年仙霞关景区接待游客数约16.4万人次，同比增长25.7%，景区门票收入突破424万元。以民国风情为特色，依托自然资源对基础设施进行改造升级，投资2000余万元实施七彩保安风情线建设项目，包括保安路口形象提升、集镇外立面改造和三线下移等工程。加强旅游基础设施配套，完善集镇和景区的旅游标志标识，加快仙霞关游客接待中心建设等，改善旅游基础设施配套，“保安风情小镇一日游”被评为全省休闲农业与乡村旅游精品线路。先后承办国际越野跑、全球户外徒步大赛、衢州市“庆祝第17个中国记者节微信登山大赛暨表彰大会”、红红火火过大年、绿牡丹开茶节等一系列节会活动。成立保安乡民宿协会和龙井民宿协会，实施十大精品民宿评选、“干部挂联赛民宿”等系列活动。全乡共有民宿特色村4个，完成民宿房间改造324间，床位数469张。新认定衢州级三星级农家乐10个，衢州市农家乐特色村（点）2个，保

保安路口景观

安乡被评为江山市民宿建设工作先进乡镇，化龙溪村、后坂村被评为民宿建设工作先进行政村。

【小城镇综合整治】 聘请规划设计专家围绕“七彩保安 民国小镇”定位高标准设计新区规划，以项目为王，先后实施民国风情集镇外立面改造、三线下移等工程，改变过去杂乱的集镇外观，坚持扎实有序开展无违建乡镇的创建，全年共拆除违章建筑达1.5万平方米，全乡7个村全部通过市无违建村的验收，化龙溪村被评为农村社区建设示范村。以“四边三化”为抓手，重点对沿线秩序和卫生死角进行集中整治，完成上级交办的问题点213处。推进绿化彩化工作，加强对保安沿线整体景观设计，种植樱花、红枫、栾树等10余种彩化苗木，新增绿化面积5.8万平方米，补植绿化彩化面积1万平方米，新增中国结亮化工程，提升保安集镇的颜值。开展洁净保安建设行动，深化“河长制”，全年累计组织约3500余人次开展集中行动50余次，共清理沟渠塘16处，清淤总长度11690米，清理淤积2203立方米，完成全年河湖库塘清污(淤)工作目标的110%，新建立生态堰坝8座，实现境内无黑河、臭河和垃圾河的目标。

【美丽乡村建设】 成功创建AA级景区村1个，A级景区村2个，美丽乡村示范村2个。年初，制定《保安乡创建美丽乡村示范乡实施方案》，7个村同步争创美丽乡村，全乡打造美丽庭院70户，完成家风家训上墙418户，投资1000多万元，实施保安入口形象提升工程、保安路口至集镇路口两侧绿化提升工程、农业观光园入口观景平台工程、集镇中心广场建设、集镇外立面改造工程（一期）和集镇三线下移改造、龙井民宿改造工程（三期）、龙井村道路拓宽及绿化提升和龙井游步道及仙霞古道修复工程等9个项目。累计投资800余万元实施农村生活污水治理工程。

【平安保安建设】 在全乡范围安装25套视频动态监控系统，推进“三网融合”，配备专职网格员12个，每季度至少开展一次相关业务培训。加强和改进人民调解和信访工作，完善矛盾纠纷调处机制。利用幸福大喇叭、村LED显示屏、村三务公开栏、村法制宣传栏和文化礼堂文化墙等，开展“七五”普法宣传教育。每月联合安监站开展消防安全检查，强化“网格化”排查机制，明确乡、村、企业各级网格负责人及网格管理员职责。开展安全大排查、平安大走访、平安夜巡等活动，共发放宣传资料300余份，张贴安消防全宣传标语50条。通过大排查，共排查安全隐患点43个，并全部整改到位。全乡72家民宿农家乐，已经全部安装独立式烟感报警器，合计500个。

【创业创新】 举办保安乡第一届项目谋划擂台赛，共谋划项目16个，参加擂台赛8个。积极与上级部门对接沟通，完成3个山区经济发展项目申报，2个“一村一品”项目申报。继续推进“暖企行动”，开展“店小二”服务，精准服务业主，促进乡村休闲旅游发展。在建、拟建的重点项目由1名班子成员牵头，1—2名干部负责跟进项目建设的审批、立项、后续服务，实行“点对点”服务。推行“每周一走访、每月一分析、每季一小结”工作法。全年累计开展项目走访201次，召开主题研讨会91次，帮助项目主体解决实际困难23个。

【“月月访”活动】 延续和深化进村入户“月月访”活动，规定班子成员每个月必须分别走访8户以上群众，其余干部每个月必须分别走访12户以上群众，要求乡机关干部要真正做到沉下身去，将自己融入基层一线，并且规定每月10日为集中化解矛盾日，由联村领导、驻村干部、责任干部和村两委一道，全力化解农村矛盾纠纷。全年共走访农户1636户，走访覆盖面97.8%，共收集意见、建议共152条（155条次），帮助基层解决问题35个，落实为民办事项目16个。

（王璐姗）

廿八都镇

【概况】 廿八都镇位于浙闽赣三省交界处，区域总面积186.5平方公里，其中耕地面积578.51公顷，山场面积12235公顷。全镇辖9个行政村，130个自然村，143个村民小组，总户数3674户，总人口12336人。2016年，全镇地区生产总值29400万元，农民人均可支配收入16450元，完成地方公共财政收入655万元。2016年，获全国第三批美丽宜居小镇、浙江省美丽乡村示范乡镇，成功创建仙霞岭省级自然保护区，枫溪村、花桥村被列入第三批中国传统村落名单，浔里村被列入第四批中国传统村落名单，浔里村歌《谜一样的廿八都》获全国村歌大赛金奖。

【农业经济】 全镇粮食种植面积889公顷，总产量4745吨，其中谷物3721吨，豆类295吨。毛竹1850.47公顷；油茶108吨；茶叶102公顷；果园153公顷，水果总量381吨；当年存栏牛410头、羊336头，家禽12903羽、兔495只，蜂蜜1600箱。全镇农业总产值7723万元。

【古镇保护与管理】 启动枫溪村第二批提前征迁工作，坚持“依法、阳光、和谐”宗旨，邀请中介机构全程做好征迁服务工作，实行“三公告四公示”，推行“分组包干”“双向协商“工作法，耐心动员、全心服务，在第一批成功安置33户基础上，第二批又签约安置42户。丁家大院抢救性修缮、南入口景观改造等一批重点项目建设加速推进。对古镇区违法建设行为“零容忍”，快速拆除景区边1宗顶风违章建筑。

【乡村休闲旅游发展】 全年旅游接待人数31.54万人次、经营收入1806.8万元，分别比上年同期增长15.8%、16.5%。全镇新增民宿床位354张，新增三星级以上农家乐10家。以“古镇—浮盖山—兴墩”养生风韵线为主线，邀请国内顶尖乡旅设计团队高标准规划，投资1000多万元启动兴墩村百寿步道、浮盖山村村民广场改造等11个重点项目建设，打造乡村旅游精品线路。谋划精品项目，加大旅游主题招商力度，引进太极湾江山驿、岭上云间风栖坞两大亿元项目。健全完善项目分工、店小二服务、周比月评等工作机制，加快推进重点项目建设。投资500多万元，启动2000平方米的枫溪村物业综合用房建设，完成枫岭路400米人行道改造及绿化提升，种植近百棵珍贵景观苗木，打造风情一条街。做足“旅游+”文章，举办年货节、漂流节、定向赛等各类节会活动，引进山地自行车赛、半程马拉松等体育赛事，开发森林养生游、峡谷漂流游、徒步越野游等旅游项目，实现旅游与体育、文化、养生等产业融合发展。深化与上海、杭州等地知名旅行社的合作，紧密对接职工疗养市场，抢抓G20杭州峰会周边旅游“黄

AAAAA级创建誓师大会（王天林 摄）

金期”，推广“五天四夜”兴墩避暑游，刺激淡季旅游人数增长。

【环境整治与生态建设】 继续打好“五水共治”“四边三化”“三改一拆”“六乱整治”组合拳，加快推进环境综合治理，全面优化乡村人居环境，成功创建省首批美丽乡村建设示范乡镇。以国道高速、县乡道为重点，持续开展六乱整治，清理乱堆乱放121处、绿化改造2处、拆除乱搭建6处，完成3个“三个一”示范工程建设。狠抓生猪养殖反弹整治，62头复养生猪全部处置到位，拆除4户复养猪场，巩固“无猪乡镇”成果。加快存量违建销号清零，加强新增违建巡查防控，抓好拆后土地利用，全年拆违2.06万平方米，成功创建4个示范点。定期对景区内外进行集中整治，拆除违章搭建49处，拆除更换不协调广告牌55处，改造11幢景区周边不协调房屋外立面，在主要街道划出57个停车位和各类道路交通标线，安装交通标牌20多个。出台《廿八都镇渔业资源保护和管理办法》等制度，建立11支河道巡逻队，加大对“电、毒、炸”违法行为打击力度。严格落实“河段长”分级负责制，全面推行常态化河道保洁机制，确保河道干净、河岸整洁。完成枫溪、周村2个村农村生活污水治理，全镇污水治理全覆盖。建立“路段长”负责制，严格落实“五式五到位”工作机制，持续改善两路两侧环境。

【新农村建设】 全镇9个村全面推行垃圾分类，统一下发1500个家庭垃圾分类桶和400个分类中转桶，建成林丰、兴墩两处太阳能垃圾减量化处理站，各村均设有垃圾兑换超市。按照“节点绿化、通关美化”要求，全镇平原绿化植树7万株，其中205国道、溪东线等主通道上补植花卉苗木3万多株，完成4个A级景区村、2个AA级景区村创建，创建美丽庭院示范户85户，美丽乡村呈现“五朵金花”景象。全年流转土地24.73公顷，全镇累计流转土地306.67公顷，占家庭承包经营土地面积51.49%。以文化礼堂为载体，加快推进基层公共文化服务发展，完成坚强村文化礼堂建设，浔里村文化礼堂承办全省基层宣讲工作暨宣讲进文化礼堂经验交流会。挖掘传统文化，培育村歌文化，落实专项经费保护好山歌、民舞、旱船、花灯、剪纸、木偶等民间艺术，定期组织民间艺人在景点演出，浔里村歌《谜一样的廿八都》获全国村歌大赛金奖，并代表江山市村歌参加浙江省“村歌”创作演唱大赛，获创作金奖、演唱银奖，兴墩村歌《请到兴墩来》获江山市第二届村歌大赛金奖。

【平安廿八都建设】 加强镇专职消防队建设，新招3名消防队员，完成古镇消防设施扩容，新增消防栓35处，签订《消防安全责任书》80多份，向各农家乐、宗教场所、竹器厂等场所发放灭火器近200个。开展重点行业和领域安全隐患大排查，排查出各类安全隐患105处，落实措施全部整改到位。严格执行重大项目事前社会风险评估，重点抓好劳资、医疗、征地等领域的矛盾纠纷和信访问题化解，全年调处各类矛盾纠纷73起，调处成功率100%，办理信访件9件，报结率100%，12345政府服务热线受理29件，即时响应率、按时办结率、满意率均为100%。G20杭州峰会期间，开展反恐防暴、治安问题整治、安全生产整治、公共安全整治、重点人员教育稳控、矛盾纠纷排查化解、群防群治等“七大清患”行动，组建10支维稳安保志愿者队伍，设定固定岗哨33个、流动岗哨100多个，每天都有500余名安全员上岗值勤，构建全区域、全天候、无死角的安全防控网，实现五个“零”目标。实施《森林禁火令》期间，扑火队员驻点待命，对进山道路严防死守，与农户签订禁火承诺书，确保森林火灾“零”发生。

【农民素质工程培训】 深入实施“一村一品”战略，发展绿色、有机、无公害农业，重点扶持猕猴桃、茶叶、板栗等特色产业振兴发展，促进现代农业发展。启动浔里村电商专业村培育工作，完成普及培训100人次、初级培训30人次，引导鼓励各经营主体线上线下双线发展，促进农村电商发展。加大农民创业就业帮扶力度，鼓励引导各类人才创业，以创业带动就业，促进农民增收。扶持周村、山峰等村红色物业建设，盘活资源改建枫溪村物业用房，变“输血”为“造血”，增强经济薄弱村自我发展能力。

【社会保障】 完成低保扩面110人，低保人数比例从2.5%提高到3.5%，实现应保尽保、按标施保的目标。排查录入137名农村留守儿童信息，救助重残儿童、低保家庭儿童8人。完成老人意外伤害险参保1350人，在全市名列前茅。新增计划生育奖励33人次，开展“优生优育知识大讲堂”活动，走访慰问计生困难家庭9户，征收社会抚养费73106元。完成适龄青年兵役登记111人，登记率100%，完成夏季征兵任务。

（柴海勇）

长台镇

【概况】 长台镇区域总面积62.38平方公里，其中耕地867.93公顷，林地4601.2公顷，森林覆盖率达80%。下辖9个行政村，1个居委，总户数5891户，总人口18999人。2016年，全镇实现地区生产总值3.97亿元，完成社会固定资产投资1.7亿元，农民人均纯收入19036元。先后被评为国家级生态镇、省级文明镇、省体育强镇、省级蜂业特色农业强镇、省体育特色乡镇、省级科普示范乡镇、省农业特色优势产业强镇（食用菌）、省小康型老年体育乡镇、省老年体育特色项目之乡。

【工业经济】 全镇有各类企业45家，规上企业6家，分别是：浙江江山健康蜂业有限公司、江山自动化仪表厂、江山市甬江食品有限公司、江山市忠伟木材加工厂、江山有蜂缘蜂业有限公司、江山市成林木业有限公司。2016年完成工业总产值10.5亿元，招商引资实际到位资金6000万元。开展“暖企”服务，协助成林扩大规模，在贺村新建4000多平方米分厂，解决企业用地难、产能不足的问题；协助华发木制品厂新建办公大楼，由原来的

500多平方扩建至4500平方；帮助三晟化工、合力印刷等企业争取贷款1000万元，解决企业流动资金短缺的燃眉之急；帮助云峰网印厂转型，从原来的污染类化工生产企业转型为酒产品加工企业。继续鼓励支持来料来样加工，全年共发放加工费达1.4亿元。

【农业经济】 农作物播种总面积1969.67公顷，其中粮食作物面积1290.4公顷，总产量8116吨：豆类53.47公顷，总产量119吨：薯类44.4公顷，总产量239吨：油料264.07公顷，总产量426吨；棉花28.27公顷，总产量41吨：蔬菜239.73公顷，总产量6275吨：食用菌815万袋，总产量6466吨：果用瓜17.27公顷，总产量469吨；花卉26公顷：茶园23.2公顷，茶叶产量25.3吨。果园261.8公顷，水果总产量1550吨。全年肉类产量1817.7吨，其中猪肉997吨。生猪年末存栏5202头，年内出栏数1.5万头；牛年末存栏头数103头，年内出栏数118头：羊年末存栏头数452头，年内出栏数291头：家禽年末存栏18.8万羽，年内出栏62.1万羽。年内，共培育发展家庭农场47家，被列入示范性农场5家，其中省级1家，衢州级2家，江山市级2家。成立长台镇农民合作经济联合会，吸纳会员31个。

【农村环境整治】 打好“五四三”等转型升级“组合拳”，年内关生猪散养户19户，能繁母猪减量102头，生猪存栏减量1570头，6户保留场实施发酵床“零排放”养殖模式，完成1户美丽生态牧场创建。“五水共治”群众满意度大幅提高，全年出境水检测均为优秀。农村生活污水治理工程有序推进，9个行政村已全部实施。强势推进“三改一拆”，拆除“两违”建筑4.6万平方米，三改1万平方米，9个村全部成功创建“无违建村”。推进“四边三化”，黄衢南高速、水张线、通景公路及河道沿线周边乱搭乱建、绿化缺失等现象基本消

清塘美河大会战（伍俊斐 摄）

除，新建水张线沿线示范性隔离栅栏600余米。全面开展六乱专项整治工作，共整治卫生死角300多处，清运垃圾150多吨，清理整治乱堆放3200多处。

【集镇建设】 开展拆违拆旧、户外广告、市场秩序、交通秩序、建筑立面等多项整治。全年共拆违拆旧120处，拆除户外广告128处，统一制作店面招牌165块，划立停车位50多个。投资1000多万元有序推进集镇建设“六个一”项目，完成文化广场舞台、牌坊建设，对长台溪两岸绿化、亮化进行整体面貌提

长台溪（沈天法 摄）

升，实施集镇街道景观整治提升工程，完成通昌路沿线人行道铺设和文化墙建设等。建成电动汽车专用停车位 11 个，开通电动汽车分时租赁，推进绿色出行。

【异地搬迁】 新增下山搬迁户 34 户，安置人数 119 人。同时，加大资金投入，完善小区基础设施配套，先后投资 120 万元完成污水管网工程建设，投资 47 万元完成金檀村连心塘建设，投资 46 万余元完成八期道路硬化工程建设，投资 46 万元完成村文化广场建设。启动集镇营盘山扩容点建设，7 月 4 日举办第一期宅基地选位仪式，安置张村、塘源口下山搬迁户 26 户。

【美丽乡村示范县创建】 配合全市开展美丽乡村示范县创建工作，扎实推进长台、长安美丽乡村示范村创建及长台 A 级景区村创建。打造美丽庭院示范户 40 个，其中党员美丽庭院示范户达 16 户以上。推广垃圾分类处理，创建垃圾分类示范村 5 个。培育乾湖“香榧种植专业特色村”。做好长台村历史文化村落保护与开发，投资 100 多万元对柴望墓、古道、古牌坊、柴大纪故居进行保护性修缮。

【发展乡村休闲旅游】 按照“农旅结合、接二连三”的理念，大力发展“可看可采、可玩可游”的休闲观光农业，巩固传统产业，引进新兴品种，打造香榧、杨梅、百香果、树莓等休闲游基地，串点成线，实现农业与观光旅游结合。推进车窗景观带建设，加快实施通昌路改造工程和健康广场绿化提升工程，在水张线建成富有长台特色的车窗景观。与碗窑乡联合实施月亮湖西环湖绿道建设——深渡至岭后道路，拉长碗窑农家乐产业链。配合做好月亮湖省级旅游度假区创建工作，加快推进“最江南”绿色休闲实验区前期工作。谋划长坑垄水库水上休闲旅游园项目。

（伍俊斐）

石门镇

【概况】 2016 年，全镇实现区域生产总值 9.545 亿元；地方财政总收入 2116.81 万元；固定资产投资 3.5 亿元；农村居民可支配收入 20517 元。年内，石门镇成功跨入衢州市特色小镇行列、江郎山——廿八都国家 AAAAA 级景区创建项目顺利完成，村歌《千年清漾》《江郎与须女》成为江山献礼 G20 杭州峰会的文化产品，并唱进北京人民大会堂，参加“让世界听到中国幸福乡村的声音系列活动”。

【工业经济】 全镇有各类企业 47 家，新增规模企业 1 家，以家具木业为主。骨干企业主要是：江山伟峰家具有限公司、江山市振德家具厂、江山市恒力手套厂、江山市铁木林家具厂、江山市安旭门业、江山市永明电工等。2016 年完成工业总产值 3.2 亿元，招商引资实际到位资金 6500 万元。

【农业经济】 农作物播种总面积 3798.34 公顷，其中粮食作物面积 2694 公顷，总产量 16356 吨；薯类 123.6 公顷，总产量 396.1 吨；油料 291.4 公顷，总产量 440.6 吨；棉花 70 公顷，总产量 102.9 吨；蔬菜 248.2 公顷，总产量 6522.5 吨；食用菌 1300 万袋，总产量 6530 吨；果用瓜 44.93 公顷，总产量 980.5 吨；花卉 321.87 公顷；茶园 106.67 公顷，茶叶产量 161 吨。果园 96.93 公顷，水果总产量 1296.5 吨。生猪年末存栏 2.68 万头，年内出栏数 8.29 万头；牛年末存栏 215 头，年内出栏 321 头；

羊年末存栏123头，年内出栏145头：家禽年末存栏25.4万羽，年内出栏118.9万羽：兔子年末存栏1300只，年内出栏2330只。

【生态旅游业蓬勃发展】 2016年，乡村休闲旅游工作取得同类乡镇考核排名第一的好成绩。红心火龙果基地、烟雨江郎国际生态旅游度假区等一批特色项目建设旅游综合体，发展乡村休闲游。组建石门民宿协会，民宿农家乐增至48家。协助承办全国新年登高健身大会，提升石门旅游的知名度、美誉度。此外，薰衣草、雪藕、清水鱼、滕本豆等特色种植养殖产业发展势头良好，农业旅游结合效益明显。

【优化生态环境】 关停养殖场355家，剩余10家保留场率先在全省全面实施异位生物发酵床“零排放”技术。抓好10家美丽牧场建设，举办全市美丽生态牧场创建暨异位生物发酵床零排放治理模式推进会。全镇15个行政村总计投资3000多万元，先后实施生活污水工程和集镇污水处理工程，受益农户8500多户。5年投入资金3500多万元，实施了清三河、清洁家园、洁水养鱼、清塘美河等专项工作。集中开展“四边三化”大整治行动，完成省、市、县交办点440余处，绿化面积2万多平方米，江郎山通景公路被评为“衢州最美公路”。

【信访维稳成绩显著】 秉承“打邪气、树正气、硬底气”的综合治理理念，开展专项信访攻坚、“三重三联”活动，实行“警官任村干部”机制，探索建立四级调解机制，实行重奖重罚。信访案件逐年下降，由原来的每年近100件，下降到2016年的58件，下降率达42%，做到了“小事不出村、大事不出镇、矛盾不上交”。全国“两会”、中央全会、世界互联网大会、G20杭州峰会等重要节会均实现维稳目标。

【集镇综合整治有序推进】 开展集镇综合整治，共投资500多万元，抓好“四二二”工作，即进行集镇洁化、绿化、硬化、亮化提升，加强秩序整治、违章整治，推进石门溪改造工程、集镇生活污水处理工程，改善了集镇面貌。

【重点项目有序推进】 江郎山——廿八都国家AAAAA级景区创建项目、“最江南”绿色休闲实验区项目等一系列对石门发展影响深远的重大项目逐一攻克。结合农办、农业、水利、移民办项目，实施了1266.67公顷高标准农田提升工程、村庄道路硬化工程和部分水塘水渠修复整治工程等20多个农业基建项目，完善各村基础设施建设。

【社会事业不断发展】 加大文化资金投入，完成据家岗、清漾、长山源等7个村的文化礼堂建设，村歌《千年清漾》《江郎与须女》成为江山献礼G20杭州峰会的文化产品，并唱进北京人民大会堂，参加“让世界听到中国幸福乡村的声音系列活动”。加强民生项目建设，实施石门镇敬老院改造工程，建设完成13个村级居家养老服务照料中心。消除4600、低保提质扩面、残疾人救助、失地农民保险、医疗养老保险等工作有序开展，提高低收入人群和弱势群体的生活水平。

张村乡

【概况】 张村乡区域总面积274.9平方公里，其中，耕地458公顷，林地1.21万公顷，是江山市面积最大的乡镇，属典型山多田少山区乡。下辖行政村11个，总户数4122户，总人口12008人。当年出生145人，死亡99人，人口自然增长率2.3‰，计生率93.3%。2016年实现农林牧渔业增加值7115万元，财政总收入1331万元，其中，地方财政收入1189万元，农村常住居民人均可支配收入14547元。被江山市委授予“最满意乡镇”称号；获“衢州市学前教育示范乡镇”、落实全面从严治党主体责任先进集体、民宿工作建设先进单位、G20杭州峰会维稳安保先进集体等荣誉称号。

【工业经济】 全乡有企业41家，当年新增2家。有张村电站、东坞坪电站、皮石曲电站、河碓电站、老佛岩电站5家电站，年发电量1400余万千瓦时。全年完成工业总产值1975万元，比2015年增长5%；完成工业销售产值1915万元，比2015年增长5.8%；完成固定资产投资5010万元，完成市计划的102%。

【农业经济】 农作物播种面积1380公顷，其中粮食作物面积929.5公顷，总产量5196吨；蔬菜348公顷，总产量6880吨；果用瓜5.5公顷，总产量100吨；油料78公顷，总产量159吨；茶园246公顷，茶叶总产量234吨；果园474公顷，水果总产量2617吨（其中猕猴桃2410吨）。全乡以黄秋葵、油茶、茶叶、猕猴桃四大农产品为主导，以“龙头企业+专业合作社+家庭农场主+种植大户”的发展模式发展山区现代有机农业，带动山区群众增收致富。位于秀峰村的秀地生物科技有限公司是国内首家进入资本市场的黄秋葵民营企业，入选G20杭州峰会食材总仓供应企业，负责峰会期间的黄秋葵供应。

【古村落文化】 境内共有97处文物点，14项非物质文化遗产普查项目，有1座古塔、2座牌坊、5条古街、20多条巷弄、6座古水碓、5座古戏台、8座石拱桥、6座古亭、9座祠堂、12幢大厅大堂、16座寺殿庵和10多处山水名胜。有江南木雕之典范的黄氏宗祠、周氏宗祠，现为省级文物保护单位。7月，浙江省政府批准张村村为第五批浙江省历史文化名村。11月，住房和城乡建设部村镇司将张村先锋村、秀峰村列入中国传统村落名录，并将两个村列入中央财政支持范围。

【基层党建】 利用衢州市党史教育基地、江浦县委旧址——洪岩顶的优势资源条件，组织开展党员培训教育活动，推进“两学一做”学习教育活动，提高基层党组织战斗堡垒作用。秀峰村、琚源村党支部书记分别荣获省千名好支书称号，先锋村、琚源村党支部书记获市先进党务工作者荣誉称号，秀峰村、太阳山村党支部获市先进基层党组织荣誉称号，张村乡党委也被评为江山市2016年度基层党建先进集体。7月，承办市委组织部主办的“建党95周年暨江浦县委成立80周年纪念活动”，市四套班子领导、市委组织部、市档案局、市机关工委及全市乡镇（街道）主要领导前往洪岩顶江浦县委旧址参加活动。

【乡村休闲旅游】 新一届乡党委政府以

梯田风光

建设祈福圣地、天然氧吧、快乐老家的大美张村为奋斗目标，制定《张村乡全域旅游发展规划》，发展以太阳名山寺、琚源古寺为核心的礼佛、养生、观光生态游。精心打造秀峰文化长廊、古村古道特色带、历史文化名村组成的一廊一带一村的集镇风情线。积极创建太阳名山AAA级景区，重点建设以洪岩顶江浦县委旧址红色教育基地、双合丰王坛玉隐龙潭高端民宿、秀地美红豆相思谷为特色的旅游景点，全年吸引游客50万人次，实现旅游收入2500万元。

【环境整治】 打好生态环境综合治理组合拳，建设宜居宜业的人居环境。开展“五水共治”“四边三化”“三改一拆”生猪养殖污染整规等专项工作，全年投入环境整治、生态保护资金150余万元。建立健全“五位一体”农村生活污水治理设施运维管理体系，完成秀峰、太阳山、先锋、琚源、双合丰、安顶、塔山、玉坑口8个村农村生活污水治理工程建设，铺设污水管道55003米，接入农户2348户，农户受益率达80%。退养生猪散养户36户78头，拆除猪舍1280平方米，全面完成生猪整治的目标任务，成功创建“无猪乡镇”。完成秀峰、太阳山、琚源、双合丰、塔山5个村垃圾分类处理，累计增加分类垃圾桶720个。开展大气污染防治，淘汰黄标车59辆。

【民生工程】 全面消除“4600元以下”贫困现象，完成433户598人的低保核查工作，全年发放低保、五保金额210多万元，发放救济救灾补助金3.7万元。走访困难党员、困难群众130多人，发放各类物资款项5.8万余元，农村弱势群体的基本生活得到保障。全乡居民医疗保险参保率达98%。保障文化活动经费投入，组织农民运动会，开展传承黄家拳、太极拳等一系列文体活动，培育多才多艺的文艺队伍，丰富山区干部群众的体育文化生活。7月，张村乡武术队参加“江郎山杯”第十一届浙江国际传统武术比赛，夺得25金3银的成绩，被授予“传承中华武术、弘扬民族精神”贡献奖。

【太阳山庙会】 太阳山庙会在每年的农历六月十五日至六月廿日举行，高峰期为六月十九日。2016年庙会，6天时间有3万多人上山朝拜，其中农历六月十九日有9000多人。香客除江山各地外，还来自衢州、兰溪、金华等地。乡党委、政府协同上级部门做好安全及后勤保障工作，在通往庙会的主要路段和节点安排人员24小时值守，保障香客往来、行车、礼拜等方面的安全。

（毛一萍）

塘源口乡

【概况】 塘源口乡区域总面积105.6平方公里，耕地面积676公顷，林地1055公顷，下辖9个行政村，总户数3312户，总人口10590人。2016年，全乡实现地区生产总值2.04亿元，完成社会固定资产投资5000万元，财政总收入2349万元，地方财政收入999.3万元，农民人均纯收入14762元。被评为省G20杭州峰会森林消防安保工作先进单位、市信访工作先进集体等，成功创建洪福村衢州市民宿特色村、衢州市农家乐特色村、江山市乡村休闲旅游特色村和江山市AA级景区，仓坂村市美丽乡村示范村。

【农业经济】 2016年，全乡农作物播种总面积 715.2 公顷，其中粮食作物面积 378.6 公顷，总产量 2142.5 吨；油料作物面积 120.2 公顷；总产量 205.1 屯；蔬菜面积 195.73 公顷，总产量 3863.8 吨：茶叶面积 173.2 公顷，总产量 51 吨。为进一步保护生态环境和饮用水资源，全乡实现生猪全面退养，成为“无猪乡”。家禽存栏 10533 羽，出栏 9611 羽；蜂 2632 箱。全年农业产值 13260 万元。

【提升猕猴桃特色产业】 按照“面积一万亩，产量一万吨，亩均产值一万元，人均增收一万元”的“四个一万”战略目标，以国家级示范性合作社——神农猕猴桃专业合作社为龙头，成功建成仓坂村猕猴桃核心示范基地：并且不断向周边各村延伸，建成省级东部现代休闲农业综合区，逐步把园区变成景区，扩大猕猴桃产业叠加效应。全年新种植猕猴桃 65.93 公顷，新搭架 67.87 公顷，架改猕猴桃 130 亩 8.67 公顷，新建喷滴灌 7.33 公顷，推行猕猴桃授粉新技术 66.67 公顷；发挥专业合作社的主寻作用，形成政府引导、合作社主导、家庭农场和果农为主体的产业化发展体系，做到栽培技术、品牌销售、产品包装等“八个统一”。年末，全乡共有猕猴桃种植户 1387 户，从业人员达 4418 人，种植面积达 600 公顷，猕猴桃产量达 6000 吨，实现产值 5000 万元，占全乡农业总产值的 65%，种植面积占全市总面积的 1/3 以上。林氏果园猕猴桃成为 G20 杭州峰会特供果，猕猴桃真正成为塘源口乡特色农业的金字招牌

【发展乡村休闲旅游】 塘源口乡以项目建设为抓手，以品牌建设为目标，以文化建设为支撑，全力发展乡村休闲旅游，实现旅游产业的大发展。完成仓坂猕猴桃特色园区第一游客接待中心和泉塘垄水库景观提升项目，一期 3 幢度假小木屋、公用停车场即将交付使用，启动建设园区第二游客接待中心。完成洪公休闲广场、村中心停车场、旅游公厕等景区配套设施。完成市级文保单位塘源村毛氏宗祠的修缮，建成塘源口溪集镇段河道的堰坝、游步道等景观提升工程。加大对洪福村基础设施建设的投入，完成游客接待中心、景区停车场、景观桥、景区公厕等节点的初步改造提升。推进并成功创建洪福村民宿特色村，完成 2 座夯土墙古屋改造及福石岭主干道房屋仿泥色立面改造，全年新增民宿 6 户，房间 23 个，床位 56 个；鼓励发展农家乐，农家乐增加至 12 家，其中三星级以上农家乐 4 家，洪福村被评为衢州市农家乐特色村。全年接待游客 3 万余人次，创旅游综合收益约 600 多万元。　加快旅游产业业态融合，全力做好“旅游+农业”“旅游+体育”“旅游+文化”等工作。

【改善农村环境】 以仓坂村 A 级景区、洪福村址级景区创建为起点，逐步在全乡范围内推进“美丽乡村”示范县创建工作。全乡完成“美丽庭院”示范产 30 户，通过了市创建办的验收。所有行政村都建立“村级版”权力清单制度，实现权责清晰明确。组建塘源口乡农民合作经济组织联合会，完成联合会会长、理事的选举工作。全面开展农村土地确权登记颁证工作，各村全部完成前期确权登记资料的收集，部分村已完成土地登记工作。开展春季“清塘美河”大会战，完成小微水体整治 10 余个，基本实现了“一村一清塘、一乡一生态”示范河道的目标，建立河道护渔财政奖补机制，严查电、毒、炸、网等各类违法捕鱼行为，有效维护了塘源口水体生态。

【规范“洁净集镇”建设】 以圩日秩序整治为突破口，乡、村干部连续多个圩日黎明时分上街维护秩序，促使各商贩养成了线内经营习惯，圩日交通拥堵状况得到极大改善。同时，对店外占道经营行为进行整治，清理各类落地广告、乱堆乱放，有效提升集镇整体环境。实施集镇绿化提升工程，在部分重要节点新建了花坛，原有绿化带缺失进行补植；集镇生活污水处理工程也在加紧推进，为整个集镇污水排放打下良好的基础条件。

【推进“四边三化”工作】 针对本辖区内乱搭乱建、乱堆乱放、乱采乱挖、维修养护管理和绿化缺失等问题，以市级示范路段仓坂——塘源口公路沿线乱堆乱放、乱搭乱建整治为突破口，不断深入推进主子道沿线环境整治提升，通过领导带队、干部包产、挂图作战的多次集中整治，共拆除违建房屋、简易棚、钢棚2200多平方米，整治乱堆乱放节点30个，沿线乱搭乱建、乱堆乱放现象得到有效改善。全年累计拆除违建151宗，1.51万平方米，全面完成市“三改一拆”办下达的拆违任务，并建成拆后利用示范点和景区示范点各1个。

【完善“民生保障”体系】 全面做好低保救助扩面提质工作，总救助产达到288户，其中2016年新增救助低保户107户；实施重残、瘫养、助学、无固定收入等各类残疾补助300多人，其中年内新增近百位残疾救助对象；抓好大病救助工作，完成救助26人，共发放救助款18余万；“七一”期间，走访慰问困难、年老党员33户，共发放救助款2.88万元。积极推进城乡居民合作医疗工作，参保9939人，参保率达到96.1%。

【兴办“四大节会”活动】 在原有猕猴桃采摘节系列活动的基础之上，利用大力构建全域旅游新局面的契机，挖掘境内丰富的旅游文化资源，年内组织举办“匠人艺心”民俗风情集市、全城猕恋第二季——猕猴桃集市开市活动、毛氏宗祠弘扬孝道文化宣讲活动和第二届“美利达”杯自行车爬坡赛四大节会活动。其中，“匠人艺心”民俗风情集市在短短2天时间内，吸引来自省内外的4000多名游客前来赏玩，提高“桃气小镇”塘源口对外知名度、美誉度和影响力，为塘源口乡乡村休闲旅游和猕猴桃特色产业“双轮驱动”发展打下坚实基础。

（柴兴荣）

人　物

人物传

【李庄临】（1930—2016）江山市上余镇人，高级教师。1949年5月参加革命工作，1986年12月加入中国共产党。历任第二野战军军政大学第五分校分队长、文工队队员，第二野战军第五兵团政治部文艺新闻训练班分队长，贵州军区物资清点委员会分队长，贵州军区兴仁军分区文化干事、副排长，四十九师一四五团三营副排级文化教员、教员副组长、组长，西南军区第五文化速成中学教务处教员、理化组长，南开大学生物系助教。1957年“反右运动”中被调回原籍劳动，1978年落实政策后，在江山县上余中学任教，离休前任江山教委教研室生物教研员、兼职督学。

李庄临在工作中，发表《遗传教学应注意种子颜色与种皮颜色的区别》《‘极体’现‘极核’辨析》等生命科学方面的论文，表发《岳飞“满江红·马怀”新证》论文，亦著有长篇小说《红旗与铁蹄》、中篇小说《塔尸疑踪》《沉舟之谜》等。1952年创作的《首家参军》获文化部、中国文联颁发的全国音乐创作奖。

李庄临曾任中国音乐家协会成都、天津、浙江各分会会员，中国不明飞行物体（UFO）研究会理事，中国动物学会会员，衢州市生物学会副理事长，政协江山县第二届委员。事迹被收录《中国专家人才库》及《世界优秀专家人才名典》。

【郑　校】（1903—1937），原名开运，字惜夫。双塔街道召石村人。1937年10月，任国民党中央军校教导总队第二旅旅部少校副官，在守卫南京城时牺牲。2016年9月8日，中华人民共和国民政部评定为烈士。

郑校襁褓丧父，幼而好学。就读浙江省立（衢州）第八中学初中师范科，接受“五四”民主科学思想。1926年考入黄埔军校6期，属第一总队交通大队第三中队。1929年2月毕业，5 月回江山参与公路建设，建设江山—广丰、淤头—峡口、新塘边—毛家仓三条公路支线，为江山早年交通发展做出贡献。

1931 年“九一八”事变后，郑校投笔从戎。1934 年赴南京，进国民政府中央军校教导总队，任第二旅旅部少校副官。1937 年 10 月，调南京补充兵训练处工作。12 月，日军进攻南京，在守卫南京战斗中，郑校所在教导总队官兵正面抗击日军，坚持到最后，才遵照命令撤至浦口。后又返回南京接应总队长桂永清，在再次渡江中遭遇日机轰炸，不幸阵亡，时年仅 34 岁。

郑校牺牲后，牌位被安放江山县忠烈祠。1938 年 10 月 11 日，国民政府晋升郑校为中校，每年发给遗属抚恤金。后又将灵位安置台北圆山的忠烈祠。2005 年，侵华日军南京大屠杀遇难同胞纪念馆进行扩建，郑校的英名被镌刻该纪念馆陈列厅“守卫南京城时牺牲的部分爱国将士名录”。2014 年开始，郑校亲属向民政部门提出请求，经多方调查核实，2016 年 9 月 8 日，郑校被评定为烈士。

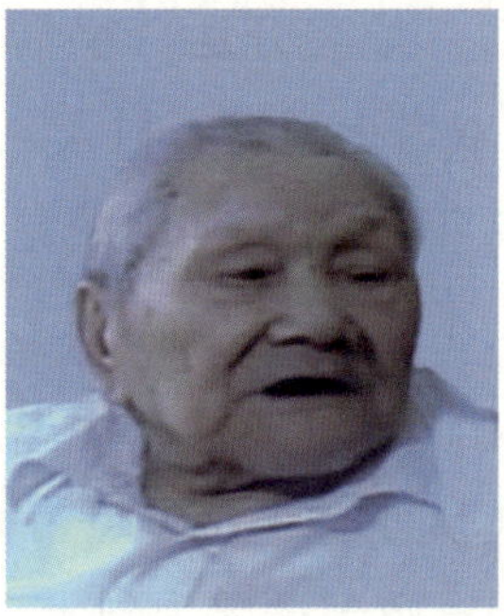

【张建祥】（1914.10—2016.1），山东省微山县人。抗战老兵，原江山县燃料公司离休干部（享受副处级待遇）。1943 年 9 月参加山东临城铁道游击队，在微山湖一带参加过三次阻击战，两次光荣负伤。鲁南军区八师二十四团副班长、班长、副排长、排长，中国人民解放军第二十二军一九零团参谋、副营长、营参谋长。

1944 年夏，在沙沟战斗中，八路军伤亡很大，在担架连的张建祥与近百名后勤战士冲上前线，与日军展开肉搏战。这次战斗，张建祥的小腹被日军迫击炮弹片击中，肠子露出，昏死过去，后被战友用担架抬下火线，送往后方医院治疗。

在解放战争中，张建祥历任鲁南军区八师二十四团副班长、班长、副排长、排长，中国人民解放军第二十二军一九零团参谋、副营长、营参谋长。转业后，任浙江省铁工厂总务科科长，江山县人民政府建设科科长，县燃料公司干部等职务。

人物录

【姜永妹】 女，获 2016 年 6 月“中国好人榜”。姜永妹是江山市新塘边镇的孝顺媳妇，现年 73 岁，她的婆婆 107 岁。在婚后 50 余年里，无论生活怎样艰苦，她对婆婆始终不弃不离，恪尽孝道，奉如生母。对婆婆嘘寒问暖，为婆婆端茶倒水，洗漱喂饭，从早到晚精心照料，直到婆婆入睡了，姜永妹才上床休息。她用勤劳和真心赢得了婆婆的心，也成为左邻右舍夸奖的好儿媳，在当地传为佳话。

【朱小平】 男，江山市长台初中英语老师，获第五届“最美衢州人”十大年度人物奉献奖。因患小儿麻痹症双腿残疾，自学成才，获得大学文凭，拄双拐上讲台，从教 32 年，从一个代课教师转为正式老师。他爱岗敬业，业务能力强，教学业绩突出，是衢州市英语学科带头人。他爱生如子，资助困难学生。他乐观进取，先后获得“中国好人”、浙江省春蚕奖、衢州市最美教育人等称号。

【周 珍】 女，江山市人民医院妇产科医生，获第五届“最美衢州人”十大年度人物之责任奖。2016年6月17日夜里，她一连接生3个新生儿，彻夜未眠。凌晨6时，又赶到坛石镇出诊，处理一个黄体破裂出血的孕妇，一路照顾病人回医院急救。就在救护车停在医院时，连续工作近20个小时她累倒在救护车旁。旁人想上前搀扶，周珍阻止了，口中直念叨：“别管我，赶紧把病人送到病房去！”

艺　　文

诗　歌

那里有个名叫江山的地方

作者：毛光烈（省人大常委会副主任）

那里有个名叫江山的地方
江爱着亘古守望的江郎
山傍着绵延的须江
古镇悠悠述说先贤风范
雄关默默记载古道热肠
啊江山我的故乡
古老的乡音把我滋养
啊江山我的故乡
梦中的山花烂漫芬芳
那里有个名叫江山的地方
风捎来白发母亲的牵挂
雨记下父亲的刚强
清风明月留下儿时的记忆
风流人物书写今朝辉煌
啊江山我的故乡
家乡的叮咛记在心上
啊江山我的故乡
游子的眷恋山高水长

登江郎山巅

作者：钱建民（省住房和城乡建设厅厅长）

巨崖雄立势惊天，
一线穿游人犹仙。
半盏清茶来激我，
登顶问天崛起年。

江郎山印象

作者：钱建民（省住房和城乡建设厅厅长）

此处丹霞不寻常，
山如巨笋向天长。
沉沉岩色年虽老，
淡定坦然大气场。

遇见江山阳光

作者：吕跃龙（江山市委书记）

让我们以元旦的名义
集合起壮美长城多娇江山
集合起八达岭江郎山
集合起冬日的暖阳

蓝天白云绿水青山
集合起美丽中国锦绣江山
与太阳同行
让我们以元旦的名义
集合起燕赵壮士江郎须女
集合起幸福的婚纱
柔美瑜伽炫酷轮滑
集合起健康中国如画江山
与太阳同行
让我们以元旦的名义
集合起奥运冠军五星红旗
集合起天下的英雄
登顶问天论剑江郎
集合起梦想中国小康江山
与太阳同行

最美的雪

作者：吕跃龙（江山市委书记）

我愿意有一场大雪如期而至
就像微信上所说的那样
气温会降到零下 11 度
就像童年时那样
大雪说来就来一下就是一整夜
地上的庄稼像盖上一床厚被子
老房子的屋檐下挂满了冰凌子
我们就在门口池塘的结冰上
比试英雄的胆量
我愿意有一场大雪如期而至
就像白居易说的那样
小火炉点起来红曲酒喝起来
就像主席写的那样
千里冰封万里雪飘 江山如此多娇
满屏的信都说
昨晚，最美的雪下在了江山
下在雄奇的江郎 神奇的古镇
下在亭亭浮盖漫漫仙霞
我愿意有一场大雪如期而至
飘扬在最美江山人奋斗的红旗上

难忘江山

作者：吕海峰（“全球人居环境论坛”秘书长）

仙霞雄关镇东南，
天郎佛手泽闽赣。
韶山认祖清漾后，
国共两脉汇江山。

清漾村

作者：黄亚洲（中国电影文学学会副会长、
中国作家协会影视委员会副主任、
《诗刊》编委）

特意选一个风雨天走近你，但我仍然
不能断定
天上这滴滴答答下来的
是民国无奈的眼泪，还是
民国疲惫的汗滴
或许就是为
更深邃地领会这个断论
一个村子，承载了整整一部民国史
我才一路撑起了雨伞
只听见，伞面上，跳动着
辽沈、平津、淮海战役的密密麻麻的弹片
甚至，清漾村毛太公为我翻动族谱的声音
也是滴滴答答，风雨大作

他没有点错，他细长的指甲点到了56代孙
说这就是润之了，湖南韶山的那一支
同样的56代孙，说这就是福梅了，她嫁入蒋门
生下的儿子叫蒋经国
浙东奉化的那一支
这时候风雨便更甚了
天边有雷，好似炮声
百万雄师正在横渡长江
我在江山市的这个村子里
准确地说，在毛氏宗祠里
听毛太公翻动江山
族谱的每一页
都是军事地图
箭头所向，不是子孙，而是江山
黄昏了，满村升起炊烟
怎么闻，也是硝烟
说白了，不论是胜是负
都是村东村西的事情
都是毛太公一声叹息的事情
说白了，一个村子
是一个国家
一支炊烟
是一场战争
也就是说，江山是中国的锁
清漾是钥匙

散　文

江郎山的雨

作者：李烈钧（系台湾著名作家）

刊《解放日报》

2016年1月24日

曾经听闻江郎山、攀登江郎山、评说江郎山、醉卧江郎山……这一回，冬日的风，绵密的雨，云雾氤氲中，又到江郎山。山不在高，奇特则名。2010年8月，江郎山作为世界自然遗产，作为6个中国丹霞地貌风景区之一，经联合国审定，列入《世界遗产名录》，转瞬已5年。

江郎山独有的丰姿和玄机，是大自然的造化。春花秋月，先后领略一座山，该是一段缘；雨中感悟江郎山的气息，又一种际遇——江郎山的雨，可观赏、可聆听、可遐想。

雨中江郎山，裹挟着浓浓淡淡的雾，伴随着飘飘渺渺的云，很有山水素描的意趣。雨中登山，伫留“会仙岩”，八洞神仙聚会处，岩顶流水淅沥，犹如珠帘当户。山谷雨雾升腾弥漫，转眼间，十米之外已是茫茫一片。苍翠的山峦起伏，满眼的绿树斑驳，朦朦胧胧，忽隐忽现，与天相接，与地相连。云遮雾罩时，一切倏然遁匿。于是，只能追忆：神州丹霞第一峰的“三爿石”郎峰、亚峰、灵峰，如何像刀砍斧劈，拔地冲天；传说的三兄弟，如何呈“川”字形排列，化为三柱擎天；三峰耸峙，间隔天余一线，如何被地质学家勘定为“中国一线天之最”。

出了一线天，该是“登天坪”。古人欲登天，可望不可即。江郎绝顶，人迹罕至，郎峰最早涉足，是两位采药人，攀援三天三夜。如今，天堑已不足惧。须晴日，游客可以沿开凿在朗峰绝壁的3500余级险峻石阶，蜿蜒登上海拔824米的峰巅。

一路风雨，行行复停停。雨滴骤密，在伞上轻盈地弹奏，似鸣筝奏乐，悠然飘忽，如身边的雾。恍觉叮咚一响，声如玉振，急抬头看，却是一树斜枝，从雾中顽皮闪出，悠悠地颤着，痴痴地笑。风过松林合奏，则是波涛起伏的开阔，如一曲《广陵散》。

微信传来照片：此刻，省城已然飘雪。禁不住，捧接一手雨点，凉了掌心，湿了情怀。踉跄湿滑中上不了山，和同行的伙伴们一样，躲雨听雨，竟也兴高采烈。想到宋末词人蒋捷的词，“而今听雨僧庐下，鬓已星星也。悲欢离合总无情，一任阶前点滴到天明”。蒋捷流露寂寞孤独；而《红楼梦》中的林妹妹又喜欢李义山的“留得残荷听雨声”。故而，佛说“物随心转，境由心造”，信然！

雨是可以用来听的，古今亦然，词牌《雨霖铃》便可佐证。是夜，“颂江山”诗歌朗诵会，一位中国诗歌网浙江频道的年轻诗友，上台拿着话筒说，参观清漾毛氏文化村老宅，他到天井旁听雨，听到“咚咚、铛铛、叮叮”之声，这是音乐，极有诗意，云云。

江郎山北麓的清漾毛氏，出过8位尚书、83位进士；毛氏著作，多部多卷收入《永乐大典》和《四库全书》；风动雨勤，笙箫丝竹，管弦宫商，焉得不声声悦耳？更何况，江郎山有领袖书法石刻摩崖，有伟人头像惟妙惟肖，风雨洗涤滋润，满山松柏舞之蹈之，风萧萧兮衢水暖，岂无音律唱和萦绕？

若说江郎无情，情尽云烟；若说江郎有情，情满沧海。江郎山的雨，在大陈村文化礼堂同时洒落。古朴的祠堂，雨帘映衬，红灯高挂，鼓乐阵阵。男女老少，载歌载舞，村歌悠扬，独唱、重唱、领唱、合唱……领头的帅哥村支书，一招一式，全场应和，气场十足，俨然是上了央视的草根明星。礼堂屋檐廊道遮风挡雨，帅哥唱着唱着，唱到了回廊中间，踩着湿漉漉的青石板，任飘洒的雨水润湿脸颊，眉眼间尽显自豪愉悦。米酒醉人，麻糍诱人，雨中村歌更感人。

有如江郎山的申遗成功，大陈村的村歌唱出了精气神，被誉为“中国村歌发祥地”，成为浙闽赣交界又一胜景。“古祠文化，幸福乡村”，江山全市292个行政村，160个拥有自己的村歌，获得拥趸万千，大奖无数，全省顶尖，全国扬名。

历史是根，文化是魂，一方山水育一方人。绿水青山就是金山银山，葱茏蓊郁的江郎山，阴晴雨雪都是故事；拢一手雨珠，珍藏呵护，岁月染霜，诗心依然。

江山，一个神奇的地方

作者：曾红雨（《吉林日报》东北风周刊副主编，高级编辑）

刊《吉林日报》

前些时日，看央视新闻联播“重读抗战家书”，张治中将军的长孙张庆宜诵读爷爷家书，“无论做好做坏，一定求良心的安慰……国家到了如此地步，除我等为其死，毫无其他办法……”面对镜头，古稀老人数度哽咽，内心曾经的荒芜自不必言。蓦地，就回忆起一个月前在江山的见闻。

江山，地处浙闽赣三省交界，境内有世界自然遗产江郎山，廿八都古镇，仙霞古道。古村落比比皆是，干净安宁的小巷随处可寻，泰然从容的农人抬头即见。空山无人，水流花开，美而不艳，卓尔不群。总觉得，清淡之中的江山多了些孤高的气质，纵然，发生过那么多血雨腥风的往事。

这是一个奇特的地方，经历过奇特的事，生活过奇特的人。

仙霞岭北麓山脚保安乡有原国民党军统局局长戴笠亲手设计的故居秘宅，有其亲自统领培训的名震海内外的女特务训练营。在他的带领和影响下，民国时期以三毛一戴（毛人凤、毛森、毛万里、戴笠）为代表的江山籍国民党少将以上将领有65人。戴笠秘宅300多平方米的主楼，竟有122扇窗、85扇门，间间相通，环环相扣，暗道机关遍布。

江郎山下的清漾村，百多户人家，皆为毛姓。村庄里，白墙黛瓦，小门小窗，两叠的马头墙朴素内敛，远没有那些闻名世界的徽派古村落的高大豪气。斑斑苔痕的石阶和青砖掩映在村前的一条小水塘中。水塘前，铺了一地正在晾晒的梅干菜，清香袭人。塘边石梁上坐着聊天的村民，安稳散淡，朴素中有少有的大气。这里是江南毛氏发祥地、毛泽东祖居地，历史上出过8位尚书，83位进士。毛泽东系清漾毛氏第56代嫡孙，与蒋介石原配夫人毛福梅同辈。

在清漾，看老宅，探族谱，观山观水观民风，怡然自得得很。从毛氏故居出来，导游带领的人群还没有走过来，我与几个同伴在水塘边坐了一会儿，又走向毛氏故居右侧很不起眼的毛子水故居。

这是一栋建于清末的单层民居，毛子水先生的卧室、书房、其父母卧室及客房中的家具与摆设极其简朴。厅堂正中有毛子水的雕像，屋中央悬挂着他亲笔书写的“虚静恬澹”四字。这四个字好多人题写过，当日一见，便觉非常喜欢，待看到先生的其他墨宝“诗书名世，清白传家”“与人为善，以友辅仁”“善以为宝，和而不流”时，醍醐灌顶，心生暖意。陈列物品中除一般的图片、实物外，还有台湾地区领导人连战、马英九、王金平为毛子水故居作为纪念馆对外开放的题字。于此知悉，毛子水（1893-1988），国学泰斗，清漾毛氏第56世后裔，与毛泽东、毛福梅同辈。历史，在姓氏上这般地纠连，徒令后来人唏嘘！

回去后，恶补，然后汗颜。毛子水毕业于北京大学数学系，留学德国，研究数学、物理，这期间对中西方文史哲学的钻研，使他愈发体会到国学的博大精深，归国后在母校任教并兼任北京大学图书馆馆长。一生致力于学术，人称五四时代“百科全书式学者”，“罕有的读书读‘通’了的人”，其学术代表作《〈论语〉今注今译》是当今海峡两岸最权威的《论语》诠释本之一。

1948年，北平解放前夕，蒋介石着手制订与共产党争夺人才的“抢救大陆学人计划”，胡适、毛子水等列入其中。清漾至今流传着这样一件事，1949年2月，毛子水去台湾前夕专程返回清漾老家看看。行近村庄时，他对弟弟毛延武说：“弟弟，我们下车走一程回家的路。”说罢泣不成声。此去一别，再无归程。

1996年，毛子水的夫人张菊英遵照丈夫

生前遗愿，克服种种困难，不顾腿疾和路途遥远，亲自将变卖家产所得的12万美元悉数捐赠给宁波大学，设立“毛子水先生清寒优秀奖学金”基金，旨在帮助经济贫寒的优秀学子顺利完成学业……

那日，从毛子水故居走出，抬头见到胡适题写的“清漾祖宅”匾额，端正悬挂于祖宅门楣上，超逸儒雅，舒缓释然。子水先生是胡适的得意弟子，也是胡适学术思想的最佳阐述者。胡适的墓志铭字字珠玑，广为流传，即是毛子水先生所撰写：“……我们相信形骸终要化灭，陵谷也会变异，但现在墓中这位哲人所给予世界的光明，将永远存在。”子水先生又何尝不是这样的人呢。

神奇江山，令人惊叹，就如同那首歌：“沿着江山起起伏伏温柔的曲线……面对冰刀雪剑风雨多情的陪伴。”

江城人物小谱

作者：王红

刊《人民日报》

2016年2月15日24版

祝家奶奶

新塘边镇祝家奶奶，像某个作家不小心弄丢了的人物原型。

三月的一天，我们本是去采访她儿子祝王飞，一进门，就看到了祝家奶奶。她打着两根细长的辫子，戴了一顶烟灰色的粗线帽，衣服领子层层叠叠，跟一件件往事似的。胸扣那里还加缝了两个花色结子，结子上很神气地挂着两串钥匙，一长一短，钥匙的位置显眼极了，瞅着挺骄傲——她掌管着楼房和附属房的所有钥匙。

祝家奶奶这一身行头和打扮，很有文艺风尚。她的出现极具镇场效果，在刹那间吸引了所有人的注意力。

我们围着四方桌坐下，祝家奶奶显得特别忙，连她站着都能让人感到身上带着风。我还没明白过来，她就从一个房间内拎出一个编织袋，从里面不断地掏出冻米糖待客。她弯腰掏东西的时候，辫子和挂在衣上的钥匙都悬空了。本来就是枯发打成的辫子，没有一点垂感，她弯腰后，两根辫子一直在肩头犹疑着，看着挺让人操心。两串钥匙倒是很威风，重重地吊在半空中。我忽然醒悟，原来祝家奶奶是有意把钥匙串挂成一长一短，这样就不会相互碰撞发出嘈杂声了。

很快她走完一圈，把冻米糖分给在座的每一个人。我不忍心拂她意，尝了一片，那甜，真善良。

祝王飞为村里做了一堆好事。我和她儿子聊起来，她也很想对我们说点什么，只可惜话头不在她这里。有一回，她逮着一个机会，用眼睛把我们盱一圈，然后微笑着打岔几句，儿子说这，她说那，调调和儿子反着走，对儿子的称呼都用第三人称“他”。我总算听明白了，祝家奶奶是埋怨儿子的钱不是花在自家人身上，而是大把撒出去帮村里修路。她不乐意儿子这么做，但爱屋及乌没办法。

那儿子也不生气，每次都让着老妈把话说完，才接话茬子，“别听她乱说”，“不要扯东扯西”……

一室的人都笑了。谁都听明白，她对儿子

明着埋怨暗着赞。

祝家奶奶的气场很立体。看到她，我突然有点想写篇小说了。

关 关

某日，天将雨，雷声隆隆。江滨一对耄耋夫妻相遇。老头在堤上慢悠悠地走，手臂上搭件线衣，老太在堤下，急匆匆。老头眼尖，先看到了他那瘦小的老太。“嗨——”感觉老头平时不习惯叫老太的名字，还感觉老头喜用语气词“嗨”老太那么两下子来表示亲昵。

“哪去了？到处找不见你。”老太的“天”突然不见了，她当然有点着急。在意外相逢时，她的潜意识里是惊喜的，不过，她还是撒娇似的生着气。

老头看上去快被岁月缩干水分，根本没有肌肉感了，那支撑着的骨架仿佛即将被太阳晒干，变得易碎。老太看着反而没有老头那么飘，步伐让人放心。

又有一天，在须江公园行至林深叶茂处，耳闻鸟鸣，“啾——”啼得很大胆，很具进攻性。停顿几秒后，前方树林中就有唱和响过来，“啾”的一声，一定是雌鸟在表心迹，声音羞涩涩地，完全是软语派。这啾来啾去，倒像阿诗玛与阿黑对山歌似的，其他鸟在这时都集体噤声。

我一下子觉得，某日的那对耄耋夫妻，多像这些鸟儿在“关关”，多像《诗经》里写到的美好爱情。

春风去过那里

作者：王红

刊《人民日报》

2016年4月25日24版

荒地上的菜畦

前些年，城北双塔底有很多土地荒芜着，最近却都被挖了种菜。要开垦这里是比较麻烦的，因为很多爬藤，还有茅草、恶草等都长得密匝匝的。有人为省事干脆一把火点燃，烧个干净。在灰烬里，还要再仔细地挑拣泥土中的小石块才能播种。

立春那天站在这里，已难得见到荒芜，一片接一片的青翠，仿佛是绵绵绿云遗落。在铺张的绿色中，冬天退到边角，除了灌溉点冷空气，它实在没有可拿手的东西。绕着菜畦边的尺许小路走，有萝卜缨子拂着鞋面，窣窣之声时断时连。舍不得这些声音消失，我又折回去重走一遍。

当然，菜园子里并不全都是翠绿。玉米田的废秆、及膝细草、爬藤，有些尚立着，有些倒伏，小格局的枯黄色供应着菜园子的色彩流。现在差不多已经枯尽绿来。除了人工培植的青菜，还有土生土长的婆婆纳、繁缕、油麦草、通泉草等野草，我喜欢它们在枯色当中缓慢的绿意。

往往在菜畦中，有一簇簇树木混搭其中。香樟树是飞鸟停靠的驿站，风儿弹奏的乐器。橘子林是鸟儿的衣食父母，在深冬时节，树上还挂着没人摘的果子，多半是被遗弃了，正好成为鸟儿的过冬粮食。

通常，鸟儿在秋天时就会被养得肚圆身重，它们选择在这里生活，实在是食源丰富，眼睛一睁，就能找到吃的，吃饱整天躲在林子中，很少飞翔。特别是鹧鸪，灰灰的影子掠起时简直笨重。人们为防止这伙不劳而获的鸟儿，在地头巧扎各种稻草人看紧果实，有些甚至把不听的碟片绑到木棍上吓唬鸟雀夺粮。这些沿袭了许多年的土法，并没有让鸟族望而却步，它们在这里采集食物，对地形和食源相当熟悉。入冬之后，虽然粮食都被归仓，但地头田间的“遗珠”，随便扒一扒，就能翻出来。所以这伙鸟在最寒冷时也体会不到迁徙之苦，俨然成为菜园子的常住居民。

收到一枚太阳

久不见晴，忽地在一个清晨，收到城北菜园子上的一枚太阳，心里顿时泛起很多无处落地的爱意，像要马上铺开信纸把太阳囫囵写下寄给谁，才能抓到真实。

菜畦在阳光下慢慢洇亮了，那铺地的绿锦仿佛是凝露的寓所，阳光给它们搭起柔和的淡金色纱幔。我路过纱幔，无意窥探到镶着亮片的安怡。

青菜按自己的逻辑生长，从土里来的逻辑真是美好，棵棵壮硕，叶叶相安。白菜的叶茎如白瓷汤勺，萝卜亦如白瓷娃娃，大白菜被草绳箍紧有点反讽式，我立刻眷恋并深情起来，一下子从脑中调度出小时候家门口的菜园子，仿佛我又要演一次十几岁的人生。那时我妈把零零碎碎的时光都花在菜园，攒下很多青菜，还有几棵很梵高的向日葵。我没事的时候，就会在菜园子待一会儿，仿佛这里是我家的后花园。后来菜园变成了叔叔家的“三间六”，也因此结束了我那段白银一样的时光。后来，只要看到菜园，意识里都会警觉起来，好像要给小时候早逝的菜园补偿点什么。

民国女慈善家毛彦文

作者：戴明桂

刊《半月选读》2016年第2期

慈善事业是一项高尚、圣洁的事业，也是一项艰辛、坎坷的事业。慈善济世，不图回报。江山作证，大爱无疆。民国时期，浙江籍人士毛彦文就是一位仁心大爱、倾情贫者的女慈者。

毛彦文（1898—1999），女，小名月仙，号海伦，浙江省江山市人。毛彦文为中华民国前国务总理熊希龄夫人，北平香山慈幼院院长，国民政府民选国大代表，我国现代著名慈善家，著有自传《往事》。

毛彦文于1898年11月出生在江山县城关一书香门第，父亲毛华东和二叔毛华芳均为晚清秀才，母亲朱琼佩也是大家闺秀，能书写和背诵许多唐诗宋词，母女俩均有“江山才女”、“江山美女”之称，其表哥朱君毅，系留美博士，曾与毛彦文恋爱，后感情不和与毛脱离关系，后任国民政府统计局局长。

1917年，毛彦文从杭州女子师范学校转浙江湖郡女校求学，与熊希龄前夫人朱其慧的侄子朱曦同住一室，成为密友。1920年，毛彦文从湖郡女校毕业后，考入北京女师，假期中，在朱曦陪同下，到熊希龄家作客，受到熊希龄夫妇和其女儿熊芷的热情招待。熊一家对毛彦文的学识、举止、美貌十分喜爱，多次约请她到熊家度周末。

1922年秋，毛彦文考上南京金陵大学。1925年毕业后，受聘于南京市江苏第一中学，后又先后任浙江省政府司法科科员，民政厅科员，由于文学基础好，曾为《浙江民报》主笔。

1929年，在胡适、吴宓等教授的帮助下，毛彦文远渡太平洋，赴美国密歇根大学专攻教育行政学，二年后获硕士学位。

1931年8月，熊希龄夫人朱其慧在北平病故，此时，毛彦文刚回国到上海，聘任为国立暨南大学教授，后又兼任上海复旦大学教授和女生指导。在这期间，与朱曦、熊芷姐妹相称，时常通信联系。

再说熊希龄自夫人朱其慧病故后，时常寝食不安，心摇不定，在慈善事业上也想找一个好助手。正逢1932年，中日沪战爆发，熊希龄担心毛彦文的安全，便发了电报，叫她辞去上海工作，到北平香山慈幼院任教。毛彦文犹豫再三，终未答应。

1934年，熊希龄突然萌发了向毛彦文求婚的念头，其侄女朱曦也多次代熊希龄向她求婚。毛彦文惊惶失措，回想起自己与朱曦、熊芷有深厚的同学、姐妹情谊，熊希龄是她心目中的慈祥伯伯，便率直拒绝。

谁知熊希龄情真意切，几乎天天向毛彦文寄了情意浓厚、惜词恳切的求爱信，有时还附上意境隽永的诗词，其中一道《菩萨蛮·怀人柬彦文》中云：

沉沉消息眉峰蹙，灯前试向牙牌卜。起后复重眠，梦多魂未安。

取书将欲读，瞬又心他属。辗转似轮驰，思君无断时。

此时，熊希龄的女儿熊芷也专门坐车到上海，为其父游说。毛彦文手捧着熊希龄10多封求爱信感慨万分，加之也有志向于慈善事业，芳心才动摇，答应与其结合。

1935年2月9日，毛彦文与熊希龄在上海西藏路慕尔堂举行婚礼。当天上海社会名流吴铁城、黄郛、李石曾、梅兰芳、冯玉祥、章士钊、杜月笙、虞洽卿等500多人参加婚宴。因熊希龄当年66岁，又是前任国务总理，毛彦文才38岁，大学教授，两人的婚事，一度成为上海《申报》《晨报》等大报的重大新闻。一位友人曾撰一妙联。

联云：老夫六六，新妇三三，老夫新妇九十九；

白发双双，红颜对对，白发红颜眉对眉。

1935年3月，毛彦文与熊希龄回江山县探亲。因江山上年大旱，许多农田颗粒无收，饥荒甚重。熊希龄和毛彦文利用探亲访友之机，深入长台镇等农村专题调查研究，详细了解灾情，并以国民政府赈济委员会委员的名义，专题向浙江省政府主席黄绍竑作了报告，同时筹得浙江省赈款22000元，上海各界募捐的大米2000担，运到江山，支援灾民。事后，江山各界人士决议设立《甲戌救灾纪念碑》志之。其中碑文结尾中写道：

天灾流行，玉叶焦枯。
遍地哀鸿，声闻凄楚。
幸遇吉人，仁声久着。
大力盘旋，登高呼吁。
乃集巨资，沛同甘澍。
移粟万钟，免费阿堵。
图陈郑侠，恩深召父。

毛彦文与熊希龄结婚后，受爱心人士的深切感染，身影不离，追随熊先生从事慈善事业，先后任北平香山慈幼院董事、香山慈幼院董事会驻沪事务所等职。香山慈幼院的慈悲济世、扬善之举在国内外有重大影响。据 1935 年统计，香山慈幼院共收养孤儿 3813 名，通过细心抚养，认真教育，从慈幼院小学、中学、师范毕业者 3491 名，考取大学者 80 名。

1936 年，毛彦文随熊希龄赴青岛，参加中华慈幼协会主办的第二届全国慈幼大会，专题发表题为“儿童习惯之养成”的演讲，对儿童生活习惯之训练、儿童心理之培育、儿童思想和知识之造就等方面，作了精辟的阐述，赢得了与会者的好评。

1937 年 1 月，毛彦文陪同熊希龄出席远东禁贩妇孺会议。4 月，与熊希龄到青岛市洽谈中华慈幼协会与青岛市政府合办婴儿保育等事宜。7 月，陪同熊希龄出席上海全国各界救护妇孺协会成立大会，熊希龄当选为协会理事长，宋美龄、宋霭龄聘为名誉理事长。这一年“八一三”抗战爆发，毛彦文又冒着战火，协助时任世界红十字会中华总会会长的熊希龄，做好红十会的救护工作。通过努力，先后筹款创设伤兵医院 4 所，难民收容所 8 处，共抢救伤员 6000 多人，收容各地难民 2 万余人。在这国难当头的非常时期，毛彦文将家中的客厅改作为厂房，添置有关设备，组织力量缝制寒衣、制作面饼，支援前线抗日军队。12 月，南京失守，毛彦文又随熊希龄取道香港，继续募集抗日救亡经费，并创造条件筹建香山幼慈院长沙分院。谁知 12 月 25 日，熊希龄因长期劳累，在九龙宾馆突发脑溢血，经抢救无效不幸去世。毛彦文强忍悲痛，决心将发展慈善事业作为自己的精神支柱，坚持不懈地继承好熊希龄的慈善事业。

1938 年春，北平香山慈幼院董事会在上海举行临时会议，决定由毛彦文继任香山慈幼院院长。4 月，毛彦文筹资创办香山慈幼院桂林分院，6 月，毛彦文决定将湖南芷江双陵小学改为香山慈幼院芷江分院，经费全部由熊氏私产收入支出。8 月，毛彦文又决定在香山慈幼院桂林分院增设幼稚师范班，并在柳州创办香山慈幼院桂林分院革命功勋及抗战遗族子弟学校。

1939 年，浙江省政府推选毛彦文为省临时参政会参议员。1940 年 6 月，毛彦文在回江山为父亲治丧期间，应江山县政府之邀，以“妇女工作如何做”为题发表演讲，在妇女界引起了强烈反响。

1943 年至 1944 年，抗日战争将进入胜利时刻，毛彦文为筹措慈幼院经费，常年奔波在桂林、重庆、香港、上海等地，并将天津的房产出售，应付各项慈善开支。

1945 年抗战胜利后，毛彦文在上海撰“祭先生熊公秉三文”，将抗战胜利的消息祭告熊希龄先生在天之灵，同时在熊希龄先生遗像前保证：“吾当吾力之所及，重整慈幼，藉继君造福孤寡之遗愿，亦以报相知于天上人间也。”

1947 年，毛彦文主持恢复香山慈幼院第一校家庭总部，共分设 5 个家庭，每个家庭招收 40 名孤儿，聘请清华大学、燕京大学、北京师范大学的优秀毕业生任教，目标将这些孤儿培养成高质量的国家人才。这一年，国民政府实行宪政，毛彦文致力于慈善事业成效显著，被当选为国大代表。

1949 年 4 月，毛彦文与胞弟毛长庚赴台湾定居，后又赴美国谋生，先后为旧金山加州大学女生指导，华盛顿大学远东系研究员等。1960 年，因身体不适，又回台湾定居，先后聘为台湾复旦大学、私立实践女子家政专科学校英语老师。退休后，热心两岸同胞的交流、合作、联谊工作，被聘为江山旅台同乡会名誉会长。1983年7月，在毛彦文的努力下，《北平香山慈幼院院史》在台湾出版。

1999年10月3日，为慈善事业奋斗的毛彦文与世长辞，慈者长寿，享年102岁。

著　作

《行旅书》

作者：柴薪。本书是作者行旅散文作品专集。

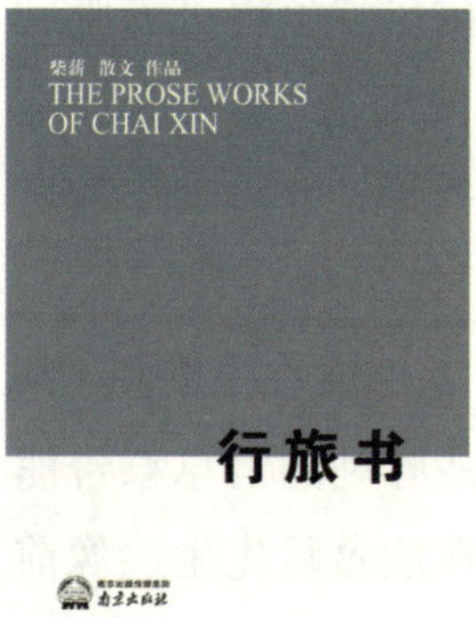

笔下所涉及的种种，无论是大漠荒原，还是古道野渡，抑或春花秋月、风霜雪雨，甚至一条小路、一只乌鸦、一个小诊所、一座老教堂……无不在看似纯粹的“物”的描绘之中，让人感受到深层的“神”的所在；而其自然而然的叙述，虽有意无意，却绝不刻意，虽廖廖数语，却淋漓尽致，虽几笔素描，却意境全出；而这些浓缩得像诗的短文，却让读者既体味到空间的辽阔，又体验了时间的无限，于是得其所得，感其所感，悟其所悟……真可谓方寸之间有大自在也！2016年3月由南京出版社传媒集团出版发行。16开本，16万字，208页。

《心路》

作者：祝维安在二十世纪八十年代的中后

期，一批年轻的高中生，在毕业之后，有的考上大学，圆了大学梦；有的没考上大学的城市居民国家分配给工作，到厂矿企事业单位去上班；有的家住农村的农民子弟回家乡种田、自谋职业。该长篇小说通过讲述一批年轻人企业和爱情故事，展现特定历史时期，青年人的艰辛经历和自强不息。2016年1月由现代出版社出版发行。32开本，320页。

《酷爱》

作者：毛在瑞。本书是一部全英文自传体

小说，讲述主人翁英语学习、英语教学、英语研究的经历。一个农村小男孩，对英语学习充满向往，发奋努力，考上重点中学。受英语启蒙老师影响，报考师范专业，成为一名英语教师。从教期间，出国进修，出版专著。最后，潜心研究中学英语教学策略。本书展示了这样一个主题：激情和毅力决定人的生活。本书情节生动感人，语言浅显晓畅，既可作为学生课外读物，也可用作高中选修教材，同时又能专业人员研究外语教学法的一手资料。2016年7月，由浙江工商大学出版社出版发行。小32开本，46.9万字，509页。

《古稀汉驾着“吉利”登上第三极》

作者：罗道儒。这是一部游记，作者是位有严重心脏病的75岁高龄的退休干部，甘于向人生境遇挑战，携妻驾国产吉利车游历过全国29个省市自治区后，又向世界“第三极”挑战，并成功驾驶国产“吉利全球鹰”游历青藏高原，登上布达拉宫，该书记载一路旅途中所见所闻所思，是他上部游记《古稀汉驾吉利游全国》的姐妹篇。2016年12月由现代出版社出版发行。32开本，16万字，156页。

《水枪》

作者：周建新。这是一部电视剧本，根据长篇小说《打铜修锁》改编而来，剧本共30集，分上、下两部，各15集。作品塑造了调皮捣蛋、不爱学习的少年姜水昌，由于生活所迫，辍学拜师学习打铜修锁手艺。他头脑灵活，心怀壮志，讲义气，重感情，后改行进入消防器材行业，艰苦创业，顽强拼搏，终于收获事业的辉煌和爱情的甜蜜。2016年12月，由中国文联出版社出版发行。16开本，25.5万字，342页。

《樱桃树下》

作者：王保利。该书收录作者所著诗、散文、随笔、自序、后记等作品。作者是个爱书如痴的藏书达人，《樱桃树下》里面有几篇小文《战争与和平》《拿破仑传》《家谱里的两页纸》述了作者在那个无书可读的岁月里追寻梦想、到处寻找好书的故事。2016年6月由现代出版社出版发行。32开本，233页。

《朱剑蓉诗文集》

戴明桂主编。该诗文集是编者经过一年多的调查、查档、搜集、整理、筛选、修改、校对，挖掘、抢救江山县在民国时期任民从教育馆馆长、图书馆馆长、江山抗战作家协会理事长、《号角》主编朱剑蓉的诗文、简历和生平历史，抢救了民国时期江山县一段文化历史，留下了一份宝贵的文化遗产。2016年10月，由中国文联出版社出版发行。16开本，22万字，225页。

《雅儒诗声》

刘毅编注。这是一本江山刘氏先人的诗词作品集，由刘毅从古籍中抢救采录并作断句、标点、注释。所收录作品的作者主要是晚清民初的“江山三刘”，即刘佳、刘履芬、刘毓盘。前两者的著作为《清史稿》所著录，后者为民初北大教授，其著作《词史》，曾一度影响中国词学的发展，被国家出版署纳入《中国现代学术名著丛书》，做系列出版，与之比肩入编的数十位大家有鲁迅、胡适、郭沫若、梁启超诸君。近年研究刘毓盘的国内知名教授更不乏其人。《雅儒诗声》由湖北籍武汉大学教授、中国词学研究会副会长兼秘书长陈水云先生作序，本书同时附录由《浙江大学学报》发表的陈先生论文《浙江江山刘氏与晚清民初词学》。本书的出版，对挖掘江山文化，宣传江山历史，讴歌江山人文，弘扬江山精神，具有积极的意义。2016 年 5 月由中国文史出版社出版发行。33.4 万字，411 页。

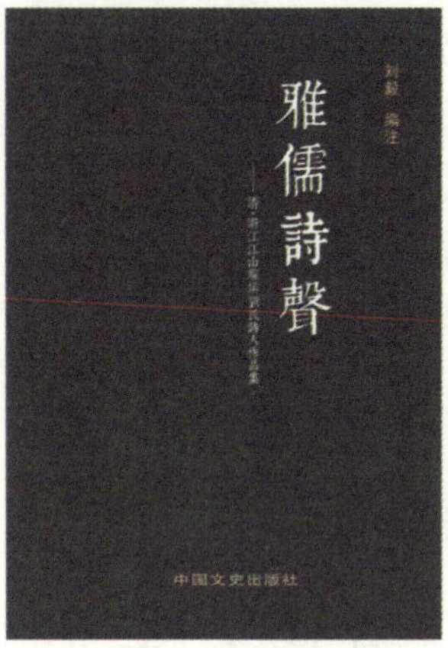

《抗战记忆》

祝王飞编著。七十多年前日本军国主义发动的侵华战争是绝灭人性的战争。日寇在中国犯下的累累罪行罄竹难书，江山人民深受其害，新塘边更是“重灾区”，日本军惨绝人寰的烧、杀、奸、掠无恶不作。作者通过深入民间调查访问，记录当年情景，以记实的形式撰写了《〈抗战记忆〉—铁蹄下的新塘边》一书，揭露日军罪行，颂扬民众的抗战热情。这是一部难得的好书，值得一读。这是是一部让人们记住历史、不忘过去的作品。只有国家强大才是硬道理。2016 年 9 月由五洲传播出版社出版发行。16 开本，238 页。

文件选辑

江山市创建省美丽乡村示范县实施方案

为贯彻落实市委十三届十次全会精神，积极打造幸福乡村升级版，争创首批省美丽乡村示范县，根据《浙江省美丽乡村创建示范县评价方法（试行）》，结合我市美丽乡村建设实际，特制定本实施方案。

一、指导思想

全面贯彻创新、协调、绿色、开放、共享“五大发展理念”，以打造中国幸福乡村升级版为载体，以“盆景”变“风景”为工作主线，围绕生态、形态、业态、文态、常态、状态，着力推进生态环境、农村景观、产业经济、乡风文明、管理机制、工作作风升级转型，努力实现幸福乡村环境美、外在美、发展美、内在美、持久美、协作美，引领推动幸福乡村向景点化、景区化、休闲化方向发展，确保我市新农村建设继续走在全省、全国前列。

二、创建目标

对照《浙江省美丽乡村创建示范县评价方法（试行）》，找补“短板”，狠抓落实，确保在2016年内达到评审标准，实现首批省美丽乡村示范县创建目标。

三、主要任务

（一）大美生态，增进幸福乡村环境美

1. 全面完成农村“双治”。全面完成农村生活污水治理建设任务，行政村覆盖率达100%，农户受益率达到80%以上。加强生活污水治理设施长效管护，建立健全“五位一体”市域农村生活污水治理设施运维管理体系，确保设施运行常态、治污效果良好、群众受益广泛，全市32条主要河流出境水质达标。加快农业面源污染和畜禽规模养殖场排泄物治理步伐，全面推行村庄内禁养生猪，创建“无猪乡镇（街道、村）”。全面推广农村生活垃圾分类处理，大力开展垃圾减量化、资源化、无害化处理，实现分类收集、定点投放、分拣清运、综合利用，基本做到生活垃圾“日产日清”。选择4个乡镇开展垃圾分类处理全镇域示范，每个乡镇（街道）打造5个以上垃圾分类示范村，积极探索“可学习、可复制、可推广”垃圾分类模式，年内垃圾分类实施村达到

150 个以上，农村生活垃圾集中有效处理覆盖所有行政村。坚持每月督查通报制度，将农村垃圾分类处理工作做得更扎实、更精细、更长效。

2. 全面创建美丽村庄。持续推进农村绿化、彩化、美化、洁化、序化。根据“亮点集聚、特色鲜明、内涵丰富”的要求，大力开展村庄道路、水体沿岸和庭院绿化。通过拆旧建绿、见缝插绿、拆违透绿等措施，扩大村庄绿地面积，提高绿化档次。开展美丽庭院评比，打造美丽庭院示范户 1000 户，其中党员美丽庭院示范户达 400 户以上。

3. 全面推进综合整治。按照“村点出彩、沿线美丽、面上洁净”的总体要求，统筹推进“五水共治”“四边三化”“三改一拆”等工作，着力开展农村“垃圾乱扔、污水乱排、杂物乱摆、衣服乱晒、电线乱牵、广告乱贴”等六个乱专项整治，形成整齐有序、视觉清新的村庄新气象。按照连片谋划、连片整治、连片整合、连片造景的思路，深入推进集镇环境整治，切实抓好重点集镇综合改造一条主要街道、建成一个休闲绿地公园、提升一个污水处理系统、实施一个拆改用结合项目“四个一”建设。

（二）大治形态，打造幸福乡村外在美

1. 优化村庄规划。适应城市化和城乡一体化发展趋势，编制完善市域美丽乡村建设规划、市域村庄布局规划、市域村庄建设规划、市域农村住房改造建设规划。分类推进村庄建设，中心村、历史文化名村、传统村落等长期存在或必须长期存在的重要村庄，要加大建设或保护力度；高山远山村、城中村等短时期内要消失或应该要消失的村，不再安排基础设施建设；对目前难以确定的，不进行重点打造。

2. 突出线路布局。坚持全面惠及与突出重点的统一，从旅游角度建设农村，制定具有江山特色的 A 级、AA 级景区村落标准，从 117 个幸福乡村中培育富有旅游风情、业态功能的景区村。年内打造美丽乡村示范村 60 个、A 级景区村 40 个、AA 级景区村 20 个，培育美丽乡村示范乡镇 4 个。要以沿核心景区、沿乡村休闲旅游热点、沿人文古迹等为区域重点，启动美丽乡村“一县一带”创建行动，推进中国幸福乡村串珠成链、连线成片，打造美丽乡村风景线，把沿线建成风景长廊，把市域建成美丽景区。年内重点提升幸福乡村风光线、七彩保安风情线、古镇养生风韵线、世遗江郎风采线等“3+1”条精品线，启动醉美碗窑风行线和村歌文化风俗线的建设。以“农地重整、村镇重建、要素重组”为路径，以连片规划、连片整治、连片流转、连片整合、连片造景为主导，加快推进“最江南”绿色休闲实验区项目建设。

3. 美化农房设计。实施“浙派民居”改造工程，按照“彰显特色、凝固（传承）文化、经济适用、美观安全、符合民意”的要求，推行现代建筑本土化、传统建筑现代化、建筑用材本地化，利用生态环境和自然山水的脉络，依山就势，沿水而居，就地取材，体现人与自然相互协调的和谐美感，完成“浙派民居”建设规定的年度目标任务。坚持传承创新和彰显特色的理念，积极探索村庄整体风貌下的农房单体设计，重点是外立面设计，着力形成“浙派民居”新范式，切实改变千村一面、千户一面、千房一面现象。

（三）大兴业态，实现幸福乡村发展美

1. 做大做强美丽经济。立足资源禀赋、生态条件和产业基础，顺应“互联网+”新趋势，大力发展以“休闲度假、参与体验、生态观光”为主要内容的农家乐乡村休闲旅游，新建3个以上农家乐民宿特色村。不断拓展社区服务、养老养生、运动健康、文化创意等新业态。推进“电子商务进万村工程”，加快农村电商网络发展和销售平台建设，完成70个村淘宝站建设，乡镇电商创业平台和村电商服务点实现基本覆盖。优规划、强投入、重创建，切实抓好农贸市场改造提升工作，创建星级农贸市场2个。

2. 大力发展生态农业。以农业“一区一镇”为目标，深化提升农业“两区”建设，建成粮食生产功能区14万亩和现代农业园区5.27万亩，建成农业特色小镇1—2个。拓展农业功能，推进蜜蜂、茶叶、粮食等产业全产业链发展，实现一二三产联动发展。发展生态循环农业，农业“两区”土壤污染加重趋势基本得到扭转。深入实施传统农业产业振兴计划，加快构建“5+X”农业产业体系。推进无公害农产品、绿色食品、有机农产品培育认证。因地制宜发展家庭农场，培育壮大农业龙头企业，强化农业品牌建设，培育农业上市公司，推进农业规模化、标准化和产业化经营。

3. 广泛开展村庄经营。实施“红色产业”培育计划，大力发展物业经济，加快农村存量建设用地的“挖潜增效”，以土地、资产入股等形式参与发展美丽经济或配套产业，着重消灭村集体经济经常性收入5万元以下的村。依托资源挖潜力，立足村情，因村制宜，引导各村抢抓惠农政策、借力发展项目，重点开展集体资源盘活型、物业经济发展型、乡村旅游增富型、存量资金运作型、村办主体运作型和市级平台联动型等集体经济发展模式，逐渐形成“一村一品、一村一业”的发展格局，实现村级集体经济的持续增收。

4. 全力抓好精准扶贫。坚持共享理念，提高与农民利益联结的紧密程度，扩大合作创业，大力支持能人在创业再创业中采取股份合作制形式，吸纳低收入农户入股参与创业。扩大灵活就业，鼓励来料加工经纪人、农家乐经营户吸纳低收入人员从业，实现就地就近就业。扩大异地搬迁，加快改变低收入农户生产生活条件。加快城镇化步伐，完善小城市、中心镇的集镇基础设施建设，提高集聚、辐射、带动能力。扎实做好扶贫结对帮扶，落实好“一村一计一部门”“一户一策一干部”制度。不断增强“农民素质提升工程”培训实效，着力提高农民创业就业能力和层次。强化兜底思维，研究实施健康扶贫的具体办法，切实解决疾病致贫返贫问题。建立健全“4600110”等贫困户的“发现机制”，及时采取帮扶措施，坚决防止贫困现象反弹，不断巩固扩大扶贫成果。全年实现农村常住居民人均可支配收入增幅9.5%以上，确保高于衢州市平均增幅水平，低收入农户人均纯收入增幅达22%以上。

（四）大创文态，丰富幸福乡村内在美

1. 传承地域传统文化。挖掘整理地域民风民俗、名人名流、手技手艺、特产特品，继承创新雅俗共赏、兼容并蓄的乡土文化。在历史文化村开展乡村故事汇编、乡村档案整理工作，全面盘点和记录村域基本概况、文化基因和历史元素。按照“建管用一体化”的要求，加大农村文化礼堂建设力度，推动文化娱乐、教育教化、乡风乡愁、礼仪礼节、故事档案等进礼堂，年内完成文化礼堂建设及提升村16个。落实市历史文化村落保护利用与发展总体规划，切实加强历史文化村落保护，各批次启动建设的历史文化村落重点村和一般村完成形象进度任务。

2. 弘扬美丽党建文化。以“五项规范”建设全面落实农村基层党建“浙江二十条”，实现基层党建工作“整乡推进、整县提升”。打造“党建+好班子”“党建+好门路”“党建+好服务”“党建+好乡风”和“党建+好山水”为主要内容的“党建吾家”建设，推动各级党组织和党员干部争先进位，共同致力于美丽乡村建设。在基层党员中全面开展“党员五带头”行动和“亮身份、晒承诺”活动，推动各级党员带头服从大局、带头创业致富、带头服务群众、带头尊老爱幼、带头美化庭院，充分体现党员的先锋模范作用。使美丽乡村示范点、示范村、示范乡镇、示范带都成为融美丽生态、美丽业态、美丽文态和美丽党建于一体的复合型示范典型。

3. 推进精神文明创建。挖掘、传播、践行家风文化，广泛开展好家风建设活动，引导农民群众立家规、传家训、树家风，促进家庭和睦、亲人相爱、邻里相望。大力挖掘村歌文化，以村歌展示幸福乡村新面貌，提升群众精神文明享受。开展“好媳妇、好儿女、好公婆”、“寻找最美家庭”等评选表彰活动，凝聚起向上、崇善、爱美的强大正能量。充分挖掘乡贤资源，发挥乡贤作用，以乡贤嘉言懿行垂范乡里、教化乡民、涵育乡风。加快发展农村公共文化，广泛开展送戏下乡、村歌比赛、文化走亲等活动，深入开展全民教育、卫生和科技普及活动，丰富群众精神生活。

（五）大抓常态，力求幸福乡村持久美

1. 建立长效机制。推进长效管护机制常态化，制订中国幸福乡村复评管理办法，坚持倒逼和引领相结合，对已被命名为“中国幸福乡村”的，实行星级评定，根据星级实行差异化资金补助。对考核不合格的，一次不合格给予“黄牌”警告，二次实行摘牌处理；对未实现“无猪村”、无违建村创建，未完成“双治”任务等的直接摘牌。实行创建中途退出和增补机制，确保创建质量和品质。加强村庄卫生保洁、设施维护和绿化养护等工作，落实相应人员、制度、职责、经费，探索建立以村集体和群众为主、政府补助为辅的筹资机制，确保垃圾、污水等处理设施正常运行。

2. 加强基层自治。全面建立“村级版”权力清单制度，规范村两委职责和村务决策管理程序，加强村干部行使权力的监督制约。规范落实村务公开制度，对涉及财务预决算、美丽乡村创建、重大工程建设等村级重大事务，及时向村民公开，接受村民监督。全面开展民主法治村创建，修订完善运行村规民约，实现村民自治。深入推进“平安村”建设，进一步健全社会矛盾纠纷调处机制，实现综治维稳长效化。

3. 深化农村改革。深化供销合作社和农业生产经营管理体制改革，组建市、乡镇（街道）两级农民合作经济组织联合会，形成生产、供销、信用“三位一体”农民合作经济组织体系并有效运转，确保农合联“农有、农治、农享”。整合农业公共服务职能，推进供销社系统改革，组建农民资金互助会，构建新型农村合作金融体系，健全完善政府支持政策，促进农合联健康发展。严格依法依规，实现农村土地承包经营权确地到户，基本完成农村土地承包经营权确权登记颁证工作。完善“1+19”市乡联通一体的农村综合性产权交易中心，规范土地承包经营权、林权、集体建设用地等农村综合产权通过交易中心实现有序流转，确保交易量超过衢州市年度平均增幅。深化林权制度改革，鼓励开展农业经营体制、农村产权制度、乡村治理机制、扶贫开发体制等体制机制突破性改革试验项目。

（六）大提状态，弘扬幸福乡村协作美

1. 激发干群活力。联系各乡镇（街道）的市领导为该乡镇（街道）美丽乡村示范县创建的责任领导，要深入基层调查研究，加强工作指导，及时帮助基层破解工作难题，不断调动基层干部和广大群众的积极性创造性。乡镇（街道）主要负责人为本乡镇（街道）美丽乡村示范县创建第一责任人，要把更多精力放在美丽乡村示范县创建上，采取务实措施，积极开展工作，带领村级组织和农民群众建设美好家园。

2. 强化部门协作。各有关部门要本着“建设共担，成果共享”的理念，按照“计划对接、规划衔接、项目配套”的要求，有针对性地搞好建设项目的部门协作，捆绑落实建设计划，不断形成建设合力。同时，各有关部门要结合各自职责，加强对美丽乡村示范县创建的技术指导和服务，简化审批手续、降低规费标准、优化服务质量。

3. 凝聚各方合力。创新基层治理机制，使农村法治、德治、自治成为一个有机整体。充分发动群众，通过民主恳谈、民情沟通、民主听证、村民议事会等民意表达方式，充分发挥民智民力在美丽乡村示范县创建中的作用。深入开展结对帮扶共建幸福乡村活动，广泛动员和引导工商企业、民营企业家、爱心人士等参与支持美丽乡村示范县创建，汇全市之力、聚各方之财、集全民之智，确保完成创建目标。

四、实施步骤

（一）前期准备阶段（2016年1月—2016年2月）

成立创建省美丽乡村示范县领导小组，抽调人员组建创建办公室；制订创建示范县实施方案；签订军令状，分解落实相关目标任务；召开全市动员大会，开展多种形式的宣传活动，营造良好的创建氛围。

（二）全面实施阶段（2016年3月—2016年8月）

在市创建示范县领导小组领导下，按照《浙江省美丽乡村创建示范县评价方法(试行)》及本《实施方案》要求，各部门、乡镇（街道）开展各项创建工作，确保期内各项指标全部达到评审验收标准。

（三）申报评审阶段（2016年9月）

对照示范县评价办法和所分解下达的目标任务，组织自查，邀请衢州市进行初验，及时整改存在的不足，做好创建验收各项准备工作；各相关部门、乡镇（街道）收集完善创建资料；报请省“千村示范万村整治”工作协调小组对创建示范县工作进行评审。

五、保障措施

（一）加强组织领导。为加强对示范县创建工作的领导和组织协调，成立以书记、市长为组长的江山市创建省美丽乡村示范县领导小组，抽调人员成立专门的创建办，集中办公，负责综合协调、政策制定、进展统计、现场督导、宣传简报等工作。各乡镇（街道）也要成立相应创建组织，制定创建具体工作计划，协同联动、形成合力。

（二）加强要素保障。市财政设立创建专项资金2000万元，同时统筹整合中国幸福乡村建设、民宿发展、“五水共治”、传统村落保护、乡村休闲旅游发展、一事一议助推美丽乡村建设以及农林水相关产业发展资金等，全面加强创建工作资金保障。对创建工作及示范点打造中所需要的土地指标等要素，优先调整划拨。

（三）加强督查考核。将示范县创建工作纳入市委、市政府对各乡镇（街道）和相关部门年度综合考核的重要内容。强化督查推动，市创建办每月要对各地、各部门工作进展情况进行通报。对工作不力、行动迟缓的，要通报批评；对未完成任务的，要严肃追究有关领导和相关人员的责任。

江山市美丽乡村“一县一带”建设实施方案

（2016—2018年）

为全面贯彻衢州市委、市政府《关于推进美丽乡村“一县一带”建设的实施意见》（衢委发〔2016〕15号）精神，落实“全域旅游”发展思路，推动美丽乡村建设聚点成线、连线成片，把“盆景”打造为“风景”，市委、市政府决定，全面实施“一县一带”建设，着力打造幸福乡村升级版，助推首批省美丽乡村示范县创建。特制定本实施方案。

一、指导思想

全面贯彻“创新、协调、绿色、开放、共享”五大发展理念，以创建省美丽乡村示范县，打造中国幸福乡村升级版为载体，以“盆景”变“风景”为工作主线，以“生态美、发展美、人文美”融合发展为导向，着力推进环境整治、产业培育、人文挖掘、体制创新、组织建设升级转型，推动幸福乡村向景区化、景点化、休闲化方向发展，确保我市新农村建设继续走在全省、全国前列。

二、总体目标

坚持“全域旅游”为统领，按照“统筹规划、区块联动、重点培育、连线成景、争创品牌”的要求，围绕“一条主线”，实施“六大核心景观片区建设”，发挥核心景区世界自然遗产地江郎山、仙霞关、廿八都古镇、浮盖山洞群和千年仙霞古道的辐射作用，按照“一年成型、两年成品、三年成景”思路，通过3年努力，建成以“仙霞古道世遗江郎”为主题的美丽乡村风光带，推进中国幸福乡村串珠成链、连线成片，把沿线建成风景长廊，把乡村建成美丽景区。

三、基本原则

（一）统筹规划、连片推进。以“全域旅游”理念为引领，按照“五连片”的思路，精心选择基础条件较好、发展前景广阔、联通城乡、覆盖3个以上乡镇且具有一定纵深的片区，以美丽乡村“一县一带”建设为抓手，聚点成线、连线成片，明确主题、提升品质、打响品牌。

（二）集聚集成、融合推进。坚持多规融合破壁垒，一张蓝图绘到底，将环境整治、产业培育、人文挖掘、体制创新、组织建设等各类农村发展元素在“一县一带”上科学布局、统筹推进，不断丰富美丽乡村建设内涵，发挥示范引领带动作用，构建美丽乡村繁华景致、优势亮点一路看尽、一览无余。

（三）深化改革、创新驱动。以改革创新的思路推进美丽乡村“一县一带”建设，把农村改革创新的成果在“一县一带”全面展现，以“一县一带”的创新实践成果，引领推动面上的“三农”改革创新。

（四）整合资源、共建共享。坚持依靠群众、发动群众、服务群众，市、乡、村上下聚力联动，部门协同推进，整合社会力量，加大资金、项目、力量等要素保障力度，形成人人参与、共建共享，合力建设美丽乡村“一县一带”的良好工作氛围。

四、主要任务

（一）突出精致化，大力实施美丽风景打造工程

1. 科学规划布局。以市域总体规划和“最江南绿色休闲实验区”建设规划为主导，以发展乡村休闲旅游为目标，充分考虑各地特色，从全局和整体上规划“仙霞古道世遗江郎”美丽乡村风光带。该风光带北起虎山街道平棋村老虎山东麓，南至仙霞古道廿八都镇兴墩村，区域面积312.3平方公里，人口11.1万人，沿线区域覆盖虎山街道、清湖镇、长台镇、石门镇、凤林镇、峡口镇、保安乡、廿八都镇等8个乡镇（街道），60个村。

2. 打造美丽风景。按照“点上经看、线上好看、面上能看”的思路，建设“六大核心景观片区”。根据各地不同的资源优势、品牌特色，开展“古道溯源、最江南、世遗江郎、光伏小镇、七彩保安、古镇养生”六大核心景观片区建设。打造19个景观节点。围绕“古道、古韵、古文化”，在六大核心景观片区打造“虎山公园、清湖码头、清湖绿岛、清泉农庄、和睦彩陶、艺术农业、江郎揽胜、马场会友、清润农场、薰衣草园、光谷慢城、峡里风情、台湾农场、保安路口、民国古街、古道人家、廿八都古镇、浮盖山景区、长寿兴墩”等19个景观节点，着力串点成线，连线成景，达到“游古道，赏美景；品古韵，忆乡愁”的效果。创建21个景区村。在沿线打造21个景区村，其中A级景区村15个、AA级景区村6个。根据江山市A级和AA级景区村建设标准，围绕生态、形态、文态、业态和常态提升，打造花园岗村党建富民、后坂村山水忘忧、化龙溪村古道竹海、兴墩村养生福地等特色品牌。整治提升39个沿线村。围绕村庄环境、文化特色、美丽庭院、美丽党建等开展整治提升工作。

3. 完善交通脉络。发挥交通先行作用，加强路网梳理完善。结合国土部门土地综合开发项目、交通局美丽公路、水利局“百里须江美丽长廊”等项目建设，实施花峡线改造和景区

村公路联网工程，推进“仙霞古道世遗江郎”内60个村连线成带。建设江郎山通景公路等一批景观公路，打造“百里须江美丽长廊”全线绿道、峡口枫石骑行线、江郎山登山、窑岭至窑岭脚、仙霞关至龙井古道探幽等运动休闲精品线路。

4. 建设“浙西民居”。实施浙西民居改造工程，依山就势，沿水而居，就地取材，彰显特色。着眼治旧控新，加大外立面改造力度，加快“赤膊墙”“水泥墙”整治，打造一批规划统一、风格协调、视觉清新和富有乡愁记忆、地域特色的“浙西民居”。突出村庄的个性特色，让它各美其美、各成其景。

（二）突出景观化，大力实施美丽村庄提升工程

1. 全面创建美丽村庄。从旅游角度建设新农村，制定具有江山特色的“景区村”建设标准，在沿线21个景区村，推进农村绿化、彩化、美化、洁化、序化、景区化。根据“亮点集聚、特色鲜明、内涵丰富”的要求，大力开展村庄道路、水体沿岸和庭院绿化。通过拆旧建绿、见缝插绿、拆违透绿等措施，扩大村庄绿地覆盖率，着力打造村庄绿化节点。结合“百里须江美丽长廊”项目，沿江山港建设骑行绿道，以绿为线，把点上的“盆景”串成面上的“风景”。制订“美丽庭院”建设标准，开展“美丽庭院”评比活动，打造美丽庭院示范户1000户，其中党员美丽庭院示范户达400户以上。

2. 全面推进综合整治。按照“村点出彩、沿线美丽、面上洁净”的总体要求，沿线60个村统筹推进“五水共治”“四边三化”“三改一拆”等工作，彻底整治“脏乱差”现象，彻底消除“垃圾河、黑臭河”，巩固“清三河”达标县创建成果。着力开展农村环境“垃圾乱扔、污水乱排、杂物乱摆、衣服乱晒、电线乱牵、广告乱贴”等六乱专项整治，把农村环境整治工作由表及里，推向纵深，努力形成整齐有序、视觉清新的村庄新气象。突出集镇龙头，按照改造一条主要街道、建成一个休闲绿地公园、提升一个污水处理系统、实施一个拆改用结合项目“四个一”建设要求，加快农村集镇改造提升，深入推进保安民国风情小镇、峡口创建国家卫生城镇和廿八都集镇项目建设，改善农村集镇整体形象，着力打造一批“最美会客厅”。

3. 全面发力农村“双治”。全面完成农村生活污水治理建设任务，行政村覆盖率达100%，农户受益率达到80%以上。加强生活污水治理设施长效管护，建立健全“五位一体”市域农村生活污水治理设施运维管理体系，确保设施运行常态、治污效果良好、群众受益广泛，区域内主要河流出境水质达标。加快农业面源污染和畜禽规模养殖场排泄物治理步伐，全面推行村庄内禁养生猪，创建“无猪乡镇（街道、村)”。全面推广农村生活垃圾分类处理，大力开展垃圾减量化、资源化、无害化处理，积极探索“可学习、可复制、可推广”的垃圾分类模式，实现分类收集、定点投放、分拣清运、综合利用，“一县一带”沿线村确保全覆盖。

4. 全面深化“五水共治”。总体目标是“三百一零”：建设百里须江美丽长廊、培育百个治水转型示范典型、打造百家清洁生产规模企业，“清三河”零反弹。完善“河长制”，推进河长管理信息系统建设，探索三级河长“巡

河工作联动化、巡河问题清单化、整改落实一体化”机制，变“河长制”为“河长治”。开展“一行一品牌・一乡一看点”创建活动，培育打造一批可看、可学、可复制的江山治水品牌。

（三）突出绿色化，大力实施美丽产业发展工程

1. 做大做强美丽经济。围绕打造全国一流休闲旅游目的地目标，立足资源禀赋、生态条件和产业基础，顺应“互联网+”新趋势，迎合快旅慢游休闲时代，引导乡村旅游个性发展、差异竞争、特色生存、品牌营销。建设农家乐民宿特色村，集聚人气，打响品牌，使美丽乡村成为江山旅游产业的新亮点、新卖点。不断拓展社区服务、养老养生、运动健康、文化创意等新业态，大力推进“电子商务进万村工程”，建好用好“淘宝特色馆”、“网上菜篮子”、“网上农博会”等平台，区域内完成 25 个村淘宝站建设，乡镇电商创业平台和村电商服务点实现基本覆盖。

2. 大力发展生态农业。推进农业供给侧结构性改革，提升农业“两区”，扩建粮食生产功能区和现代农业园区，着力打造凤林万亩光伏基地，通过板上发电、板下种植，实现农光互补；打造泉家垄村休闲农业观光体验园，石门火龙果种植基地、江郎山薰衣草基地等一批现代农业综合园区。打好“传统牌”，深入实施“一桃两业三白”传统产业振兴计划，重在品牌保护、品种优化和良种培育。继续抓好“一村一品”、家庭农场、有机农产品培育。念好“山水经”，利用土地、林地资源和水域面积，因地制宜推广开发葛根、中草药以及林下种植、林下养殖、洁水渔业。唱好“联结戏”，按照让利于农、兼顾各方的原则，以自愿、平等、互利为核心，积极探索推广蜂农“二次返利”、风险预警救助等形式多样的利益分配模式，强化利益联结机制，使农户得到更多实惠。

3. 不断提升农民收入。巩固消除“4600”成果，发挥扶贫专线及时发现贫困、民生社保兜底保障等作用，确保家庭人均年收入“4600”以下农户不返贫、真脱贫。在确保贫困现象不出现反复的基础上，把工作重心转到帮扶低收入人口增强自我发展能力上来。深入实施低收入农户收入倍增计划，持续通过发展乡村休闲旅游、现代农业、来料加工以奖代补、农村实用人才培训、小额贷款贴息等方式，积极推广电商扶贫、旅游扶贫、光伏扶贫、金融扶贫等新产业、新业态、新途径，确保农村常住居民人均可支配收入增幅超过江山市平均水平。

（四）突出特色化，大力实施美丽文化弘扬工程

1. 传承地域传统文化。全方位挖掘整理、传承创新地域民风民俗、名人名流、手技手艺、特产特品等个性乡土文化。深入推进历史文化村落保护利用，把“一县一带”内有条件的村庄列入历史文化村落保护利用项目，完成 7 个历史文化村落建设工作。要留住乡愁，延续文脉，在沿线历史文化村中开展乡村故事汇编、乡村档案整理工作，全面盘点和记录村域基本概况、文化基因和历史元素，形成具有浓郁乡土气息、体现历史文化积淀的农村文化景象。

2. 弘扬美丽党建文化。把“两学一做”学习教育作为美丽乡村“一县一带”建设的坚强组织保障，全面推进美丽乡村与美丽党建融合共促，实现乡村美、党建美，把美丽乡村示范

点、景区村建设成为融美丽生态、美丽业态和美丽党建于一体的复合型示范典型。

3. 建设美丽精神家园。加大农村文化礼堂建设力度，推动教育教化、乡风乡愁、家风家训、礼仪礼节等进礼堂，切实把农村文化礼堂建成美丽乡村的新窗口、会客厅，百姓文化的赶集地。要高度重视农村意识形态领域的斗争，大力整治农村非法宗教、封建迷信、铺张浪费等陈规陋习以及“黄赌毒”等不良习气。广泛开展好家风好家训、寻找最美家庭等评选表彰活动，凝聚向上、崇善、爱美的强大正能量。提升农村公共文化均等化水平，广泛开展送教、送医、送戏、送科技下乡、村歌比赛、文化走亲等活动，丰富充实群众精神文化生活。

（五）突出法治化，大力实施社会治理规范工程

1. 加强基层党建。认真落实浙江农村基层党建20条经验，发挥基层党组织和党员的先锋模范作用，整乡推进、整线提升基层党建工作，把“一县一带”打造成基层党建示范带。

2. 加强依法治理。健全农村公共法律服务体系，规范村两委职责和村务决策管理程序，加强对村干部行使权力的监督制约，建立“村级版”权利清单制度，将村级重大事务向村民公开，依法保障农民群众在“一县一带”建设中的知情权、参与权、管理权、监督权。

3. 加强基层自治。大力推进“平安江山”、“法治江山”、基层组织建设，全面开展民主法治村创建，推进法治德治自治“三治”融合，创新乡村治理体系建设。切实推进农村基层民主政治建设，提高依法建制、以法制治村能力，确保村级各项工作健康顺利开展，使乡村治理进一步制度化、规范化、法治化。

（六）突出长效化，大力实施农村改革创新工程

1. 深化农村改革创新。加快推进生产、供销、信用“三位一体”农民合作经济组织体系构建，抓好农村宅基地使用权确权登记颁证、农民持股计划、林权制度改革等改革试点，全面完成农村土地承包经营权确权登记颁证。

2. 广泛开展村庄经营。树立“经营村庄”理念，大力发展物业经济，加快农村存量建设用地的“挖潜盘活增效”，以土地、资产入股等形式参与发展美丽经济或配套产业，实现村集体经济的持续增收，消灭村集体经济经常性收入5万元以下的村。积极培育“乡贤经济”，引导在外乡贤积极投身家乡建设，实现互促共进、良性发展。

3. 建立健全长效机制。制定《江山市中国幸福乡村复评管理办法》，对已被命名为“中国幸福乡村”的，实行星级评定，根据星级实行差异化资金补助。对考核一次不合格，给予“黄牌”警告，二次不合格实行摘牌处理。对未实现无猪村、无违建村创建，未完成双治任务等的，直接摘牌。实行中途退出和增补机制，确保质量和品质。同时，加强村庄卫生保洁、设施维护和绿化养护等工作，落实相应人员、制度、职责、经费，探索建立以村集体和群众为主、政府补助为辅的筹资机制，确保垃圾、污水等设施正常运行。

五、实施步骤

（一）前期准备阶段（2016年3月—2016年5月）

成立市美丽乡村“一县一带”建设领导小组，抽调人员组建办公室；制订“一县一带”建设实施方案；召开全市动员大会，分解落实

相关目标任务；开展多种形式的宣传活动，营造良好的工作氛围。

（二）全面实施阶段（2016年6月—2018年6月）

按照《关于推进美丽乡村“一县一带”建设的实施意见》（衢委发〔2016〕15号）及本《实施方案》要求，各部门、乡镇（街道）开展各项建设工作。

（三）总结提升阶段（2018年7月—2018年12月）

对照衢州市《实施意见》和本《实施方案》，总结前阶段建设工作，查找“短板”，及时整改存在的不足，做好验收各项准备工作，各相关部门、乡镇（街道）收集完善工作资料，迎接衢州市检查验收。

六、保障措施

（一）加强组织领导。成立由市四大班子领导及有关部门一把手组成的美丽乡村“一县一带”建设领导小组，由市委书记、市长任组长，市委副书记兼任办公室主任，抽调相关部门乡镇骨干集中办公专抓“一县一带”工作。

（二）加强要素保障。市财政设立“一县一带”建设专项资金2000万元，同时统筹整合中国幸福乡村建设、山区经济、“五水共治”、传统村落保护、乡村休闲旅游发展、一事一议助推美丽乡村建设以及农林水相关产业发展资金等，全面加强建设工作资金保障。对建设工作及示范点打造中所需要的土地指标等要素，优先调整划拨。拓宽资金来源渠道，鼓励工商资本、社会资本通过各种渠道参与“一县一带”建设。

（三）加强督查考核。将“一县一带”工作纳入市委、市政府对各乡镇（街道）和相关部门年度综合考核的重要内容。强化督查推动，市创建办每月要对各地、各部门工作进展情况进行通报。对工作不力、行动迟缓的，要通报批评；对未完成任务的，要严肃追究有关领导和相关人员的责任。

中共江山市委关于补短板的若干意见

（2016年8月8日中共江山市委第十三届十一次全体会议通过）

中国共产党江山市第十三届委员会第十一次全体会议，认真学习贯彻省委十三届九次全会、衢州市委六届十次全会精神，结合江山实际，研究了补短板有关工作，提出如下意见：

一、总体要求

认真贯彻党的十八大和十八届三中、四中、五中全会精神，深入学习贯彻习近平总书记系列重要讲话精神，按照“干在实处永无止境，走在前列要谋新篇”的使命要求，以五大发展理念为指导，以工业强市建设、国家5A

级景区创建、省美丽乡村示范县创建、城北新城建设、重大项目建设等“五件大事”为主线，以推进全民创业创新为主抓手，深入实施“两轮驱动”发展战略，坚定不移走“绿水青山就是金山银山”发展道路，遵循标杆导向、问题导向、品质导向、效果导向，努力补齐制约江山发展最关键、百姓需求最迫切、今后五年必须突破的八块短板，确保与全省同步高水平全面建成小康社会，为建设幸福江山、打造活力城市奠定更加扎实的发展基础。

二、主要任务

根据上述要求，“十三五”期间，重点补齐“两轮驱动”、有效投资、科技创新、生态环境、城市工作、公共服务、农民增收、改革落地等八个方面短板。

1. 补齐“两轮驱动”短板。推进工业强市、旅游富民“两轮驱动”是我市加快转型发展的重要战略部署，是确保全面实现“十三五”目标任务的核心动力。要针对工业发展层次低、旅游带动能力弱等驱动力不足的短板问题，着力强化工业发展大会、全域旅游大会专题部署工作的深度落实，全力以赴推进工业转型升级、旅游跨越发展。

加快工业转型发展。紧紧围绕打造工业强市“升级版”这一目标，认真落实《关于实施创新驱动加快工业转型发展的若干意见》，推进“三个培育”。聚焦产业培育，集中力量和政策资源，着力培育输配电、门业、健康三大百亿产业，支持输配电企业融入国家电网、南方电网产业链，支持门业企业向高端制造、全产业链整合方向发展，支持食品饮料、生物医药、文体用品等健康产业加速发展，力争到2020年实现三大产业产值均达到百亿以上。持续推进传统特色产业转型升级，不断壮大新能源、新材料以及电子信息等战略新兴产业，加快构建具有较强竞争力的现代产业体系。深化平台培育，纵深推进开发区体制机制改革，加快开发区与委托授权部门间的磨合衔接，累积汲取管理运营经验，加强配套建设，提升园区管理服务功能和水平，优化平台软环境。抓紧谋划推进“一城三园”空间布局整合，推进产城公共服务等基础设施共建共享，全面提升开发区平台承载力和带动力，打造浙西南（县域）第一工业平台。加强主体培育，坚持招商引资和激发内生动力并重，落实《关于培育工业龙头企业和单打冠军企业的实施意见》，培育一批工业龙头企业和单打冠军企业，及时兑现奖励政策，激发企业干事创业激情。支持产业链上下游配套企业集聚发展，抓好科技型、成长型企业育强做大，着力形成层次合理、链条完善的企业梯队结构。加大困难企业帮扶力度，切实帮助企业解决融资难等问题，充分发挥政府产业引导基金和科创基金的带动作用，用好企业搭桥专项资金，做大中小企业担保中心，加快构建企业上市服务体系，推动更多企业进军多层次资本市场。同时，切实优化工业投资结构，完善工业投资项目决策咨询服务制度，严把企业准入关，致力淘汰落后产能，推进供给侧结构性改革，夯实工业转型发展基础。

构建全域旅游发展新格局。坚持规划引领，按照旅游产业发展全市域覆盖、全要素整合、全产业融合、全社会共建共享和全方位管理服务的要求，加快编制全域旅游发展规划；注重与四省边界旅游资源的联动对接，深化江郎山国际文化旅游集聚区建设，加强旅游交通等基础设施配套；致力做精“旅游+”文章，深化旅游协调、管理、投融资体制机制改革，启动运行旅游发展公司，确保年内创成江郎山——廿八都国家 AAAAA 级景区，2017 年跻身首批国家全域旅游示范区。持续加快乡村休闲旅游发展，积极鼓励工商资本投资乡村休闲旅游，精心打磨幸福乡村风光线等六条美丽乡村精品线，扎实推进美丽乡村“一县一带”建设，开展美丽乡村整乡推进示范，筑实乡村休闲旅游基础。加强全域旅游重大项目建设，高规格、高品位、高质量启动推进“最江南”绿色休闲实验区、“百里须江・美丽长廊”、月亮湖省级旅游度假区、廿八都古镇二期、旅游特色小镇等一批项目招商和建设，加快完善“吃住行游购娱”服务配套，力争旅游重大项目投资取得实质性突破，进一步打造极具市场竞争力的全域旅游核心产品。优化全域旅游发展环境，认真开展旅游资源普查和挖掘，切实摸清家底，做好优质资源规划、评估和管控；规划、建设好市区及核心景区旅游集散中心，完善交通标识标牌，全面深化旅游厕所革命，加快发展智慧旅游。加大全域旅游宣传力度，不断创新、丰富旅游营销，主动对接省内外职工疗休养等带薪休假政策，精准拓展目标市场，着力提升江山旅游主题形象，打响“中国・江山”品牌。

2. 补齐有效投资短板。今天的有效投资关系着明天的产出、后天的发展。我市外来投资比例不高、支撑区域发展的有效投资和重大项目不足、项目推进速度不快等问题比较突出，已成为制约经济社会加快发展的一块明显短板。要紧紧扭住有效投资这个关键不动摇，积极开展项目谋划，全力加快项目建设，不断加大向上争取力度，千方百计开展招商引资，全力调整优化投资路径、结构和方式，确保投资持续较快增长。

着力完善以交通为重点的基础设施。加大战略性重大项目谋划和向上对接力度，抓住全省实施“四大交通走廊”建设、“万亿综合交通投入”机遇，重点打造省际县际大通道、城区园区大通道、美丽交通大通道、城镇经济大通道等“四大通道”，加快推进绿色产业集聚区贺村姜家公路、江山至凤林通景公路以及江山至玉山、江山至遂昌、衢州至江山沿江通道、205 国道外移等重大交通项目建设，全力争取启动金（义）衢上高速、杭建衢城际铁路延伸至江山、江山江航道、通用机场等重大战略性项目，加快建设浙西铁路综合物流园区、城市生产性综合物流基地等一批重大项目，着力构建多元化立体综合交通格局。把握当前国家、省水利建设契机，加快江山港流域综合治理，统筹谋划并全力争取一批水利设施项目落地，积极筹建第三水厂，着力构建水利现代化网络体系。合理布局光伏、风能电站，谋划实施抽水蓄能电站等新能源项目，加快推进城区、工业园区和部分重点乡镇燃气管道铺设，全面加强现代能源设施建设。加快物联网、云计算、大数据等新一代信息基础设施建设，加强网络与信息安全，夯实基础保障能力。

全力推进重点项目建设。突出以省、衢州市集中开工项目、市“四大百亿”项目重点，坚持领导挂帅作战不动摇，全面落实“互学互看”、督查通报、专项考核等工作机制，加大力度“大干项目、干大项目”，加快完善项目落地决策机制和审批程序，切实提高科学化决策能力，全面提升项目落地效率。着力破解要素制约，深化土地“拔钉清障”专项行动，加大 PPP 项目推广力度，深挖国资平台融资潜力，设立市基础设施投资基金，积极探索企业债券融资、股权融资模式，全力争取国家专项建设基金、国际金融组织和银行信贷支持，为项目落地提供资金、土地保障。

提升招商工作实效。坚持市领导挂帅招商，严格落实领导干部外出招商制度，切实发挥好三个驻外招商分局作用，加快重点城市异地商会建设，积极与招商中介机构开展合作，持续强化招商工作合力。围绕国家战略、产业政策，立足我市产业发展方向，主动对接国际国内 500 强企业、重点央企和行业龙头企业，深化山海协作、浙商回归、江商回归工程，吸引更多优质资本关注、央企名企驻足、优秀企业家回乡创业。切实发挥好以商引商作用，大力推进平台型企业招商、资源招商、产业链招商，提升招商工作成效。突出精准招商、高效服务，完善落实快速反应决策机制。深化简政放权，健全政府和社会资本合作机制，全面优化招商工作环境。

3. 补齐科技创新短板。创新是引领发展的第一动力，科技创新在全面创新中发挥着引领作用。企业创新能力不强、创新平台支撑作用不明显、创新人才匮乏等一直是我市创新发展的突出短板。要大力实施创新驱动战略，牢牢抓住科技成果转化这一关键，持续加大创新投入，加快优化创新体系，整合创新资源，增强创新能力，提升创新绩效。

全面提升企业创新能力。强化对企业创新的引导和扶持，严格执行各项“减负”政策，加大科技创新券发放面和受惠面，逐步扩大科技金融信贷规模。加强企业自主创新能力建设，持续推进“两化”深度融合、“互联网+”行动和“四换三名”工程，积极争取国家、省科技项目和创新领域实验室落户江山。着力提升企业科技成果转化应用水平，鼓励企业与科研机构、高校广泛开展合作，加快组建产业技术创新联盟。推进企业研究院、重点创新团队建设。提升对外开放水平，创新机制融入国家和区域开放战略，引导企业积极参与“一带一路”和长江经济带建设，努力成为连接长三角经济区和海西经济区的战略平台，构建区域联动发展格局。

大力推进创新平台建设。加快推进科创园建设，强化招商引智力度，积极引进一批研发（设计）、检测检验、科技服务项目，着力将科创园打造成为集高端人才集聚、新兴产业孵化和创业创新服务于一体的创新极核。切实发挥好输配电、门业等重点产业公共服务中心作用，加快培育一批科技企业孵化器、众创空间和青创工场，健全完善科技信息服务、产学研技术合作等平台，努力为创新成果转换提供强大支撑。大力实施“引进来”“走出去”战略，挖掘吸引外资和技术潜能，推动境外研发机构、境外销售网络、境外生产基地建设，提升企业国际合作水平。

加快集聚创新人才。高度重视企业家队伍建设，尊重、爱护企业家，抓好企业家特别是“创二代”培训工作，不断提升企业经营管理者素质。完善人才政策，健全柔性引才用才机制，大力引进高端人才、实用型人才，注重分层分类选拔培育乡土人才。加强人才队伍建设，真诚关心人才、爱护人才，以创新人才的总量倍增、结构优化促进产业升级、发展增效。

4. 补齐生态环境短板。良好的生态环境既是“金名片”，也是“易碎品”。我市仍存在长效管控机制薄弱，资源整合能力、生态优势转化能力不足等短板问题。要以创建省首批美丽乡村示范县为抓手，统筹生态治理和幸福乡村建设资源，建立健全长效治理机制，持之以恒抓好生态环境建设，加快发展生态经济、美丽经济，确保人民群众共享“绿色福利”。

强化环境综合治理。深化“五水共治”，强化源头治理，认真抓好生猪养殖污染防反弹，全面推行生猪养殖“4+1”长效管控模式，打造美丽牧场。深入推进“清塘美河”行动，严格落实“河长制”，巩固扩大“清三河”、农村“双治”工作战果，确保一江清水持续送出江山。持续抓好“四边三化”行动，突出高铁、高速公路、河道沿线、景区周边等重要节点绿化提升，推进平原绿化、人工造林，实现环境整治与绿化提升同步。继续开展“三改一拆”攻坚，紧盯“全市域基本无违建”目标，注重拆后土地利用，推进拆改结合、拆建结合、拆用结合。打好节能降耗攻坚战，积极开展环境保护大排查、大整治，严控高能耗项目审批，开展重点行业节能改造，实行化工、建材等行业用能总量和强度双控；提高清洁能源使用比重，积极推广绿色照明、绿色建筑和绿色交通；全面提升大气污染防治控治水平，统筹推进“五气共治”，切实在源头上强化生态环境保护。

健全生态保护机制。划定生态保护功能区红线，建立健全仙霞岭省级自然保护区保护利用机制，优化生态保护和经济发展空间布局。完善生态补偿和奖惩机制，实行领导干部生态环境保护“一票否决制”和环境损害责任终身追究制度。严格执行“空间、总量、项目”三位一体的环境准入制度，完善环境保护管理体系。健全环境监管网格化制度，创新实施项目环境影响评估制度，建立环保约谈通报制度，落实环境损害赔偿和企业环保信用等级评价等制度。大力开展生态文明宣传教育，全面提升社会生态文明意识。

加快发展美丽经济。积极探索“生态+”模式，扎实推进“腾笼换鸟”、节能降耗工作，加快发展新兴替代产业，推进省清洁能源示范县建设，积极构建零排放绿色产业链。树立美丽乡村村庄经营理念，依托田园风光和历史文化村落资源，大力发展农家乐、民宿经济，丰富乡村休闲旅游业态。抓住生猪养殖“4+1”模式推广契机，推进“零排放”技术服务和设备生产本土化、效益化，促进生态农业“接二连三”转型发展。

5. 补齐城市工作短板。城市是区域发展的重要引擎，已成为衡量地区发展水平的重要标志。我市仍存在着城市化率低、城北新城繁荣度不高、老城改造进度缓慢、服务业占比低等突出短板。要认真贯彻落实中央、省委和衢州市城市工作会议精神，遵循城市发展规律，提升城市发展质量，加快建设宜居、宜业、宜游的美丽江城。

持续聚焦城北新城建设。把建设好城北新城作为检验未来五年江山城市建设水平的重要标尺，着力干好“城北新城建设”这件大事。加快推进站前广场及地下停车库工程实施，抓紧启动综合客运枢纽等项目建设，着力提升江山高铁站功能。紧盯双塔主题公园、多多亚太娱乐城、衢州东方城市综合体等重大招商项目，细化落地建设方案，着力提升商贸休闲功能。抓紧实施城北医学康复中心、文化艺术中心二期等一批项目建设，切实完善公共服务配套，着力提升社会事业功能。

加大旧城改造力度。扎实推进老城改造、棚户区、老旧小区改造，完成通禄门项目征迁工作。积极探索城市建设投融资体制改革创新，适时谋划推进市心街改造、小商品市场迁建等项目，进一步优化老城布局、提升城市品质。注重文脉延续、生态相融，持续扮靓“一江两带”，加快西山生态休闲景观带二期工程，打造城市绿道，优化城市水系，深化城区“五水共治”，争创国家、省级海绵城市试点，进一步彰显城市“好山好水好风光”。积极探索建立经济社会发展规划、城乡建设规划、土地利用规划、环境保护规划等相衔接的市域“多规合一”体系，搭建共建共享、互联互通的空间信息平台，以“多规合一”体系建设引领和带动市区一体化发展。

创建国家卫生城市。切实把握机遇，全力推进创建工作，确保2017年创成国家卫生城市。充分发挥创建工作对城市管理提升的牵引作用，持续加强城市交通和市容环境综合整治，加快疏通城市通道，打造中心城区“五纵八横”交通格局，建设城市建筑垃圾消纳场、城市废品收购站和临时大型停车场。建立健全市政公共设施长效管理办法、城市管理养护财政投入机制，进一步理顺城市管理执法体制，构建多元互动的“大城管”格局。整合城市管理智能化平台资源，推进智慧城市建设，着力提升城市治理能力。加强社会主义核心价值观宣传普及，不断提高市民文明素质，提升城市文明程度。

加快城市融合发展步伐。把促进产业发展集聚与加快城市化进程紧密结合，着力推进产城融合发展。抓紧完工城区至贺村小城市快速通道，启动江贺经济走廊综合整治、西山西路改造提升等城市主干道建设，努力促进中心城区、城南新城与贺村小城市一体化发展。推进贺村小城市跨江发展，加快第二人民医院、贺村第二小学等项目进度，促进镇园互动、功能共享。加大特色小镇培育力度，加快凤林光谷小镇、江郎山养生小镇、保安民国风情小镇建设步伐，把特色小镇打造成为产城融合发展的重要平台。积极融合互联网、创新、文旅、金融等高端要素，着力培育以商贸商务、休闲旅游、文化创意、现代物流等为重点的现代城市产业体系。

加强集镇改造提升。科学规划集镇建设，推进集镇“六个一”项目建设，加快完善基础设施配套，深化环境卫生等问题整改落实，规范集镇管理，优化集镇环境，切实补齐集镇建设短板。加强中心镇建设，加快万人集聚区建设进度，努力促进人口向城镇集聚。扎实推进峡口国家卫生镇创建工作，不断提升集镇建设管理水平。

6. 补齐公共服务短板。公共服务水平直接影响着人民群众获得感和幸福感的提升。与群众日益增长的需求相比，我市公共服务有效供给仍显不足。要坚守民生底线，保证每年财政支出增量的70%以上用于民生，坚持社会化、多元化导向，扩大基本公共服务覆盖面，提高基本公共服务能力和均等化水平，让发展成果更多更好惠及全市人民。

大力发展民生事业。深化“学在江山”教育品牌建设，加快基础教育重点县“摘帽”，启动推进省教育现代化市创建，提升基础教育水平。持续优化城乡教育布局，完善督学中心、学校管理体系建设，深化各学段课程改革，启用城北小学、城北幼儿园、教师进修学校等教育硬件设施，加快实施峡口小学迁建等项目，推进普惠性幼儿园建设，解决“幼儿入园难”问题。深入实施课程改革，加强新高考背景下的教学研究，统筹各类教育优质均衡发展，不断提高教育教学质量。加强基层医疗卫生体系建设，扎实推进“双下沉、两提升”工作，加快推行分级诊疗和责任医生签约制度，深化公立医院综合改革，提高民办医院医疗服务水平，加快构建多元办医格局，优化医疗卫生资源供给。繁荣发展文体事业，深化“文化礼堂”建设，厚植群众文化基础，构建现代公共文化服务体系。加快群众体育事业发展步伐，积极固化一批赛事资源，不断做深“体育+”文章，积极争创省体育强市。大力发展公共交通事业，推进各类媒体融合发展，提高舆论阵地建设能力。积极推进文化、体育、交通、信息等公共服务向农村下沉、基础设施向农村延伸，加快推进城乡公共服务均等化。继续实施村级公益性一事一议财政奖补政策，优先解决群众最需要、见效最快的公益事业建设项目。

加大社会保障力度。提升就业创业保障水平，强化帮扶工作精准度和针对性，搭好就业创业服务平台，帮助就业困难群体、零就业家庭、高校毕业生、退役军人等重点人群实现就业。加强创业创新教育培训，积极营造全民创业创新的浓厚氛围。建立健全更加完备的社会保险制度，完善各类保险待遇正常调整机制，加强各项保障政策的统筹和衔接。加快健全城乡社会救助体系，不断提高社会救助整体水平。高度重视人口老龄化问题，构建以居家养老为基础、社区养老为依托、机构养老为补充的养老服务体系。完善以公共租赁为主的多层次住房保障体系，扩大住房保障覆盖面，改善群众居住条件。大力强化残疾人保障，突出残疾人幼有所学、壮有所业、病有所治、老有所依，扩大救助覆盖面，加强残疾人教育培训，加强社区康复、残疾儿童康复机构建设，完善配套服务设施，积极开展残疾预防基础工作，全面完善残疾人社会救助体系。

夯实公共安全基础。深化平安江山、法治江山建设，推进社会治理体系和治理能力现代化。全面实施重大决策社会稳定风险评估机制，推行幸福江山连心服务工程、村级事务准入，加强网格化基层治理。健全立体化社会治安防控体系，加强“天网”工程建设，提高治安防控能力。完善矛盾纠纷多元化解工作体系，加强改进信访工作。落实安全生产制度，推进安全生产社会化服务，认真抓好安全生产、消防安全、食品药品安全、校园安全等领域的防范工作。增强应急反应处置能力，完善应急预案，推进防灾减灾知识宣传和能力提升工作。深入推进信用体系建设，稳控民间借贷等资金链风险。

7. *补齐农民增收短板*。促进农业稳定发展和农民持续增收是全面建成小康社会和统筹城乡发展的必然要求。我市农民收入水平总体偏低，收入结构不合理，农民创业创新能力较弱，持续增收难度较大。要以增强农民自我发展能力为重点，推进农业产业转型发展，拓宽农民增收渠道，实施精准扶贫，促进农民收入水平持续上升。

发展生态高效农业。扎实推进省级现代农业园区、特色园区和农业特色小镇建设，开展以生态化、园林化、智慧化、特色化为导向的现代园区建设，加快低效园地整治开发，大力推进培育家庭农场，着力发展“一村一品”，全面提升现代农业发展水平。突出以猕猴桃、蜜蜂、茶叶、中草药等特色农产品为重点，抓好品质提升，积极开展无公害食品、绿色食品、有机食品认证，推进农产品向精深加工和产业化经营方向发展，提高农业综合生产力和市场竞争力。

拓宽农民增收渠道。通过深化改革盘活农村山水资源，推进土地连片流转，发展村级物业经济，整合土地、资金等要素，引导带动更多社会资本和项目投入“三农”，提高农民财产性收入。通过发展休闲农业与乡村旅游、来料加工业和农村服务业，提高农民就业能力和就业层次，增加农民工资性收入。鼓励农民网上创业，不断发展壮大农村电子商务，引导广大农民积极发展精品特色农家乐、精品民宿经济，推动农民收入结构不断优化，全面提升农民经营性收入。创新扶贫模式，实施光伏小康工程，抓好金屋顶光伏富民工作，实现农光互补。推进农业资产抵押担保，拓宽农业企业融资渠道，引导发展农业股份制企业，鼓励农业企业上市，建立完善金融支农体系。不断强化基层农技队伍建设，加强对农业主体、农民等专业技能和实用技术培训。

促进低收入农户增收。继续深化异地搬迁工程，深入实施“低收入农户收入倍增计划”，建立健全精准帮扶长效机制。强化政策兜底，深入开展“一户一策一干部”结对帮扶，切实加强产业帮扶、科技帮扶、创业帮扶，建立健全贫困户的发现机制、消除机制和巩固机制，动态消除年收入4600以下贫困人群，确保低收入农户实现年均收入增长15%以上。推进金融扶贫，建立市级资金互助联合会，提升村级资金互助发展能力。

8. 补齐改革落地短板。改革是发展的引擎，改革落地是拉动引擎的关键举措。要以供给侧结构性改革为总抓手，凝聚共识、汇聚合力，明确改革主体责任，建立改革落实机制，全力推动重点领域和关键环节改革落地见效，加快释放改革创新动能。

狠抓重点改革项目落地。重点围绕国家知识产权城市、县域经济体制综合改革、省综合交通改革与发展、省农村土地承包经营权确权登记颁证改革、省首批服务业强县培育、省级园区循环化改造等国家、省级试点工作以及行政职能改革、国资改革、公车改革、基层医疗机构补偿机制、“三位一体”农民合作经济组织等关乎发展和民生的重点改革项目，进一步对照检查，坚持以责促行、以责问效，对改革推进中的矛盾和问题，列出清单、限定时间、加快推进，确保各项改革举措落地生根，充分释放改革红利。进一步解放思想、大胆探索、抢抓机遇、勇于实践，积极争取各类国家级和省级改革试点，力争在关键领域和重要环节抢占有利先机、取得新突破。

完善改革工作机制。建立领导联系重点改革项目制度，实行“一个项目、一名领导、一个团队、一抓到底”的工作机制，加强对改革工作的联系指导和协调督促。建立完善重大改革项目“年报告、季通报、月联系”制度，及时掌握进展情况。健全改革创新容错免责机制，严格区分干部改革失误与失职渎职行为，鼓励担当、允许试错、宽容失败，引导干部争当改革的促进派与实干家。

强化改革督查落实。建立重点改革项目责

任分工制度，健全改革落实全流程、高效率、可核查责任链条体系，强化各部门改革的主体责任，确保改革项目落实到人、到点。建立分类分层协调制度、分级分项目督察制度和分块分领域实绩考核制度，确保争取一项、改成一项、见效一项。完善改革考核评价体系，及时开展改革效果评估，探索建立改革项目公众意见征询和第三方评估制度，畅通公众参与改革、监督改革的开放式通道，汇聚全社会支持改革的正能量。

三、加强领导

切实加强党的领导，为补齐短板提供根本保证。要强化看齐意识。深入学习贯彻习近平总书记重要讲话精神，紧密结合“两学一做”学习教育，把坚定党的理想信念具化到对“建设幸福江山、打造活力城市”发展实践的认知、认同上来，汇聚干事创业强大合力。四套班子要率先垂范补短板，发挥人大、政协一线作用，激发群团组织优势，激活全市干部干事创业积极性，一级做给一级看，一级带着一级干，以虎口夺食、猛虎扑食的劲头，切实增强争得要素、争创一流的意识和能力，在拉高标杆中捕捉先机、补齐短板。要强化担当意识。以“实”的精神抓落实，坚持项目化理念，把查补短板的行动落实到每一个具体项目上，一件一件落实，一项一项突破，久久为功，积小胜为大胜；以“严”的担当抓落实，充分用好考核指挥棒，围绕补齐八块短板的要求，确立时间表、路线图和责任人，明确责任、严抓细管、严格执行，以五件大事的推进力度来衡量补短板的实际成效。以“快”的干劲抓落实，抢抓机遇、立说立行、只争朝夕，高效率、快节奏推进各项工作，特别要把稳增长、扩投资放在更加突出位置，坚决落实省、衢州市目标要求，持之以恒打赢有效投资攻坚战。强化自律意识。要风清气正比作风，敢于舍得个人利益、局部利益，当战士不当绅士，体制改不了改机制、机制改不了改方法、方法改不了改措施，以难事的办成来比拼优质服务的水准。要挺纪在前抓规矩，坚持把纪律和规矩挺在前面，不断健全完善“两个责任”落实机制，强化干部日常教育监督管理，狠抓正风肃纪，紧盯“四风“问题”隐形”“变种”，加大治庸、治懒力度，坚决查处为官不为情况。要导向鲜明用干部，继续加强干部能力提升，更加突出实绩导向、一线导向，进一步完善干部选拔任用和考核评价体系，善于在补短板工作中发现和考察干部，让想干事者有机会、能干事者有舞台、不干事者让位子。

中共江山市委关于制定我市国民经济和社会发展第十三个五年规划的建议

（2016年1月15日中共江山市委第十三届十次全体会议通过）

中国共产党江山市第十三届委员会第十次全体会议，认真学习贯彻党的十八届五中全会、省委十三届八次全会和衢州市有关会议精神，紧密结合江山实际，研究了“十三五”时期我市发展的一系列重大问题，就制定“十三五”规划提出以下建议。

一、践行五大发展理念，开创江山发展新局面

1.“十二五”时期我市发展取得显著成就。“十二五”时期，面对错综复杂的宏观环境和艰巨繁重的改革发展稳定任务，市委始终坚持以科学发展为统领，紧紧围绕建设幸福江山和打造华东地区最具活力城市的奋斗目标，团结带领全市人民，主动适应经济发展新常态，抢抓重大时代机遇，推进全民创业创新，经济持续平稳健康发展，社会保持和谐稳定，“十二五”规划主要目标任务基本实现。经济发展质量稳步提升，全市地区生产总值突破260亿元，人均生产总值超过42000元，工业强市建设扎实推进，旅游业“二次创业”成效明显，现代农业加快发展，三次产业结构持续优化，全民创业创新活力得到进一步激发。新型城镇化建设步伐加快，城北新城焕然一新，交通路网不断健全，杭长高铁江山站启用运行，开创县级城市高铁始发北京的先河。统筹推进贺村小城市、峡口省级中心镇及重点特色镇建设，城镇集聚效应显著增强，中国幸福乡村创建持续深化。生态文明建设卓有成效，生态环境质量持续改善，生态竞争力不断增强，荣获“全球绿色城市”国际大奖。社会民生事业加快发展，基本公共服务水平和均等化程度明显提高，社会保障体系更加健全，基层公共文化服务走在全国前列。全面深化改革有力推进，体制机制创新取得阶段性成果，法治江山建设不断深入，“平安江山”夺得五连冠。党的建设持续加强，全面从严治党要求得到贯彻落实，群众路线教育实践活动扎实有效，党员干部干事创业的精气神明显提升。

尤为重要的是，党的十八大以来，我们认真学习贯彻习近平总书记系列重要讲话精神，坚持“四个全面”战略布局，深入践行“绿水青山就是金山银山”的重要思想，以创业创新激活力，以生态建设促转型，为在新的历史条件下推动江山加快科学发展累积了经验、提供了遵循。

2. “十三五”时期发展环境的基本特征。从国际看，全球经济进入后危机时代，世界格局更趋复杂，保护主义、地缘政治以及能源、气候、粮食、极端恐怖组织等各种不稳定不确定不安全因素有所增多，但和平、发展与合作仍是世界主流，特别是新一轮科技创新和产业变革蓄势待发，全球治理体系深刻变革，将为我们利用国际资源、开拓国际市场、吸纳高端要素、推进科技创新提供有利的外部环境。从国内看，经济发展进入新常态，增速有所放缓，传统产业转型压力持续加大，结构性产能过剩、房地产库存、企业成本高企、金融杠杆风险等问题仍较突出，但总体上经济长期向好的基本面没有改变，我国正处于全面建成小康社会决胜阶段，以习近平为总书记的党中央审时度势，科学决策，不断创新宏观调控方式，推动形成经济结构不断优化、发展动力持续转换、发展方式加快转变、消费结构逐步升级、新技术新业态新模式大量涌现的良好态势，将为我们加快经济转型升级、发展战略新兴产业带来难得的历史机遇。从浙江省及周边看，我省以续写“八八战略”为总抓手，统筹推进全省协调发展，进一步加大重大基础设施建设力度，在市场化改革、倒逼转型和发展信息经济等方面形成先发优势，特别是省委通过对 26 个欠发达地区集体“摘帽”，出台差别化扶持政策和激励考核办法，为我们今后发展指明了方向，提供了动力。同时，我省提出打造四省边界国家东部生态文明旅游区，有望上升为国家战略，以及衢州市委抓好“四件大事”的战略布局，这些都为我们深入推进全民创业创新，加快工业强市建设和发展生态休闲旅游，创造了难得的发展条件和广阔空间。

“十三五”期间，我市将逐步从工业化中期的初级阶段向中后期阶段迈进，这一阶段是新常态下新旧动力转换、发展方式转变、工业化与城市化、信息化深度融合的关键时期，同时也是社会转型时期各种发展矛盾、社会矛盾交织频发的凸显期。我市发展既面临着“互联网+”、高铁加密提速、旅游生态休闲和新兴产业发展等重大机遇，也存在一些固有或新的困难挑战，主要是新旧动力转换步伐不快，经济尤其是工业经济下行压力持续加大；束缚全民创业创新的体制性机制性障碍尚未从根本上消除；城镇化进入瓶颈期，财政保障压力增大，要素制约更加突出；城乡基本公共服务水平、社会治理能力有待提升，幸福江山建设和群众期盼还有一定差距；作风建设长效机制还有待完善，落实从严治党的要求需进一步努力。

综合判断，“十三五”时期我市正处于增长动力转换期、转型升级关键期、生态文明提升期、城乡统筹优化期、社会民生攻坚期，既面临重大机遇，也面临严峻挑战，总体上机遇大于挑战，仍处于可以大有作为的重要战略机遇期。我们要切实增强机遇意识和忧患意识，科学把握发展规律，主动适应环境变化，有效化解各种矛盾，继续集中力量办好自己的事情，更加奋发有为地推进“十三五”时期我市经济社会更大的发展。

3. “十三五”时期发展的指导思想。高举中国特色社会主义伟大旗帜，以邓小平理论、“三个代表”重要思想和科学发展观为指导，深入贯彻落实习近平总书记系列重要讲话精神，以“四个全面”战略布局为统领，以“八八战略”为总纲，以“干在实处永无止境，走在前列要谋新篇”为新使命，始终突出加快发展第一要务、开放创新第一动力、主体培育第一任务、生态文明建设第一优势、维护稳定第一责任、党的建设第一保障，践行创新、协调、绿色、开放、共享五大发展理念，推进全民创业创新，确保与全省同步高水平全面建成小康社会。

坚持创新发展、协调发展、绿色发展、开放发展、共享发展，是国家发展全局的一场深刻变革，是落实“四个全面”战略布局的必然要求。必须认真践行五大发展理念，把创新摆在发展全局的核心位置，加大统筹协调发展力度，坚定走生产发展、生活富裕、生态良好的文明发展道路，发展更高层次的开放型经济，使全体人民在共建共享中有更多获得感，推动发展迈上新台阶。

推进全民创业创新，是破解经济新常态下江山发展偏慢、确保高水平全面建成小康社会的现实路径，是全面落实五大发展理念在江山的具体实践，是落实“八八战略”、转变发展方式、增强发展活力的主要抓手。必须始终紧紧围绕建设幸福江山和打造华东地区最具活力城市的重大战略部署，深入实施产业引领、主体培育、平台建设、改革深化、环境优化五大工程，以更大力度、更高层次、更实举措推动全民创业创新，引领江山加快发展、转型发展、品质发展。

4. “十三五”时期的发展目标。到2020年，确保经济社会持续健康较快发展，确保与全省同步高水平全面建成小康社会，加快建设幸福江山，全力打造华东地区最具活力城市。具体目标是：

——经济实力更强。经济保持中高速增长，到2020年全市地区生产总值、人均生产总值、城乡居民收入确保年均增速高于全省、衢州市水平，地方财政预算收入年均增长7.5%左右，全社会固定资产投资年均增长10%以上。全民创业创新活力进一步增强，产业结构进一步调整优化，产业能级进一步向中高端迈进，新产业新业态发展取得重要突破。

——生态环境更美。生态环境质量保持全省领先，生态环境状况指数95%以上，空气质量优良率85%以上，稳固保持江山港出境断面水质达标率、城区生活垃圾处理率、主要污染物减排指标完成率“三个100%”，森林覆盖率、平原绿化率、城乡生态环境质量、美丽乡村建设水平进一步提升。

——人民生活更好。中国梦和社会主义核心价值观更加深入人心，人民文明素质和社会文明程度显著提升。城乡一体化水平、公共服务均衡化水平、社会消费水平进一步提高，城乡居民收入差距进一步缩小。劳动人口受教育年限明显增加，居民健康水平明显提高，创业就业质量不断提升，社会保障体系更加健全。低保水平逐步提高、低收入群众收入持续较快增长。

——开放水平更高。深入对接、融入国家、省区域发展战略，借力发展能力显著增强，城市对外知名度、美誉度进一步提升，国际化水平明显提高，打响“中国·江山”品牌。开放包容发展理念深入人心，招商引资取得重大突破，经济外向度、活跃度进一步提升。

——治理体系更优。重要领域和关键环节改革取得决定性成果，治理制度化、规范化、程序化、法治化、信息化水平不断提升。人民民主更加健全，法治政府基本建成，司法公信力明显提升。党的建设制度化水平显著提升。

5. “十三五”时期发展的基本要求。

一是坚定不移照着“绿水青山就是金山银山”的路子走下去。坚持“绿色发展、生态富民、科学跨越”不动摇，持续推进生态治理，深入发掘生态优势，做深做透生态经济，不断优化城乡环境，构建绿色发展方式和生活方式，努力把绿水青山护得更好，把金山银山做得更大，实现环境绿、生活富、城乡美的有机统一。

二是坚定不移实施工业强市和旅游富民“两轮驱动”战略。坚持以建设“升级版”工业强市和全国一流休闲旅游目的地“两大目标”为指引，坚决扭住招商和项目两个“牛鼻子”，动员全市上下“大招商、招大商”“大干项目、干大项目”，不断增强“两轮驱动”牵引力，持续推进增量做大、存量做优，切实提高我市工业和旅游业发展的包容性和支撑力，努力构建现代新型产业体系。

三是坚定不移集中力量办好大事、要事。坚持重点突破和整体推进有机结合，聚焦江山工业新城建设、城北新城建设、省级美丽乡村示范县创建、江郎山—廿八都 AAAAA 及城乡基础设施建设等事关江山长远发展的大事要事，强化统筹意识和协作意识，千方百计整合集中有限资源，强化资金、土地、人力等要素保障，以点带面推动发展水平全面提升。

四是坚定不移把改善民生福祉作为一切工作的出发点和落脚点。坚持普惠性、保基本、均等化、可持续为方向，通过更有效的工作举措和制度安排，投入更多财力用于保障改善民生，不断完善基本公共服务体系，增加公共服务供给，提高公共服务均等化水平，让全市人民共享改革发展成果。

五是坚定不移深化重点领域、关键部位的改革创新。坚持目标导向、问题导向和效果导向，以束缚创业创新活力、群众反映强烈、影响社会和谐安定的重点难点问题和体制机制障碍为突破口，进一步解放思想、大胆探索，积极对接争取，蹄疾步稳地推进重点领域和关键部位改革创新，以改革促发展、惠民生、防风险、保稳定。

六是坚定不移打造忠诚干净担当干部队伍。坚持以营造华东地区最好的干事创业环境为方向，认真贯彻全面从严治党要求，狠抓思想、组织、作风、反腐倡廉和制度建设，大力培育好班长好班子好梯队，切实打造一支过得硬、打胜仗的“狮子型”团队，带领全市人民更广泛参与创业创新全过程，形成推动发展的强大力量。

二、坚持创新发展，加快经济大转型

创新是引领发展的第一动力。坚持把创新摆在发展全局的核心位置，深入实施创新驱动战略，着力形成以创新为引领和支撑的经济体系和发展模式。

1. 大力推进产业创新。深入推进工业强市建设。健全完善现代产业培育体系，积极对接“中国制造 2025”和“中国制造 2025 浙江行动纲要”，顺应产业深度融合发展趋势和差异化发展要求，加强供给侧结构性改革，坚决淘汰落后产能，深入实施“四换三名”工程，着力推进省“两化”深度融合国家示范区建设，促进主导产业高端化、特色产业集群化、传统产业高新化、新兴产业规模化发展。按照现代产业集群的培育思路，创新完善产业引导和政策扶持，整合集中优势资源，加快推进健盛产业园、欧派产业园和新江化等一批重大集群产业项目建设，努力打造1—2个百亿现代产业园，力争到2020年，全市工业总产值突破750亿元，建设“升级版”工业强市。

深入推进旅游富民。做大做强核心景区，主动对接浙闽赣皖四省边界国家东部生态文明旅游区规划，加快江郎山国际文化旅游产业发展集聚区建设，确保江郎山—廿八都旅游区成功挂牌国家AAAAA景区，大力谋划和引进一批重大旅游项目，提升核心景区能级。做优做美乡村休闲旅游，深入发掘生态底蕴和中国幸福乡村内涵，加快保安、廿八都旅游风情小镇建设，积极推进徐霞客游线申遗，做精“1+3”乡村休闲精品旅游线，鼓励和引导工商资本和高端要素发展乡村休闲旅游，加快培育特色民宿、旅游营地等新型旅游业态，实现乡村休闲旅游提档升级。做特做精“旅游+体育”文章，立足我市旅游资源特色，积极谋划、实施一批“旅游+体育”融合发展项目，力争固化一批国内外精品体育健身赛事承办权，加大节会、高铁、知名媒体、互联网等营销力度，提升旅游产业融合度和影响力。

加快发展现代高效农业。稳步提升粮食综合产能，加快农业产业结构调整，大力发展绿色、有机、无公害农业，实施猕猴桃、蜜蜂、茶叶等特色产业振兴计划，深化现代农业功能拓展，着力构建“6+X”农业产业体系，补齐农业现代化“短板”。创新农业经营方式，着力培育种养大户、家庭农场、合作社、龙头企业等现代农业经营主体，培养新型职业农民。完善农业社会化服务体系，加强农业标准化、信息化建设，推进农业技术创新，提高农业机械化水平。

打造现代服务业新引擎。实施江山“互联网+”行动计划，突出发展电子商务，加快物联网、云计算、大数据等产业发展，促进互联网和经济社会深度融合。强化金融创新，着力发展普惠金融、绿色金融，不断丰富金融业态，进一步畅通资本对接创业创新渠道，营造良好信用环境，切实提高金融服务实体经济水平。大力发展信息、物流、会展等生产性服务业，扎实推进省生产性服务业集聚平台试点建设，重视支持养老、家政、教育文化等生活性服务业加快发展，推动生产性服务业向专业化和价值链高端延伸、生活性服务业向精细化和高品质转变。

2. 大力推进企业转型创新。构建企业上市服务体系，把企业上市作为推进企业转型升级、提升市场竞争力的重要途径，加大政策帮扶力度，加强企业股份制改造，制定实施企业上市梯队培育计划，全力引导和支持企业对接多层次资本市场，推动各类创业型、成长型、创新型企业在境内外资本市场、新三板和省股权交易平台等融资平台挂牌交易，努力实现主板、新三板上市企业数量新突破。

着力培育发展大企业大集团。建立和完善大企业大集团培育机制，坚持内生、外引并重，积极稳妥推进企业优胜劣汰，更加注重运用市场机制和经济手段，推动一批实力企业开展行业整合、鼓励一批中小企业参与战略重组、支持一批企业破产盘活，通过引进高端主体和新型产业项目，全面盘活存量资产和低效用地。加大对传统企业的引导力度，以培育大企业和转型发展为方向，积极构建现代企业制度，鼓励企业向新能源、新材料、新装备等新兴领域跨界发展，持续提升企业核心竞争力。

3. 大力推进科技创新。健全完善产学研技术合作等平台，加快推进科创园建设，积极筹建创业创新总部基地和重点产业公共服务中心，打造集科技孵化、创业加速和公共研发（工业设计）于一体的区域科技创新综合体，提高科技创新平台服务能力。强化企业创新主体地位，深入推进产学研合作，鼓励和支持企业加强与高等院校合作，通过共建、托建等多种形式，加快建立企业研发中心、工程技术中心、院士工作站等科研机构，引导企业建立产业技术创新联盟，引进培养高端科技人才，推动各种创新要素向企业集聚，加快培育一批具有行业竞争力的创新型龙头企业和科技型中小企业。

深化科技体制改革。建立健全政府科技资金投入稳定增长的机制和管理使用、绩效考评机制，落实高新技术企业税收优惠、企业研发费用加计扣除政策，完善科技创新券制度，做大科技风险资金池规模，逐步扩大科技金融信贷覆盖面和受惠面。立足质量强市、品牌立市，深入实施知识产权战略，扎实推进国家知识产权试点城市建设。

4. 大力推进县域经济体制综合改革。深化简政放权、放管结合、优化服务为主要内容的政府改革，建立健全“四张清单”动态调整机制，拓展完善政务服务网功能，探索开展负面清单、准入标准制等核准目录以外企业投资项目不再审批改革，切实规范涉批中介服务行为，不断提升审批效能。积极推进政事分开改革，切实将政府经济工作着力点放在规划引领、布局优化、平台构筑和环境创造上。深入推进资源要素配置市场化改革，全面落实城镇土地使用税、节能减排等差异化政策，建立健全以“亩产效益”为导向的资源要素差别化配置体制机制。积极鼓励和引导民间资本参与公共领域投资。

深化全民创业创新政策激励。持续优化全民创业创新生态系统，降低各类市场主体创业成本，实质性减轻企业负担。继续推进市场主体升级，深入实施小微企业成长计划，推动中小微企业不断成长、持续壮大。提升民营企业家素质，大力培育新生代企业家和职业经理人队伍，引导民营企业加强管理创新。推进产权保护法治化，依法保护企业家财产权和创新收益。

推进投融资体制为重点的国资改革。坚持国有资产资本化价值化方向，健全完善国有资本投融资和运营平台，探索建立多元化的投融资体制和资本运作机制，做好做深资源资产化、资产资金化、资金资本化、资本证券化“四资”文章。创新国资营运商业模式，有效整合盘活国有优质资产，加强国有资本与央企、省企和大企业大集团合作，推动国有资本向关键领域和优势产业集聚，实现国有资本保值增值。

推进农村产权制度改革，深化“三权到人户、权跟人户走”改革，全面完成确权登记颁证工作，依法赋予抵押、担保、流转、转让等权能，支持引导进城落户农民依法转让“三权”。积极稳妥推进农村土地制度改革，加快集体经营性建设用地入市，创新和完善农村宅基地制度。深化供销合作社和农业生产经营管理体制改革，积极构建“三位一体”农民合作经济组织体系。建立城乡公用事业长效化运营、维护、管理机制，理顺市政公共产品和服务价格形成机制。

三、坚持协调发展，推进平台大融合

协调是持续健康发展的内在要求。坚持城乡一体、产城共建、基础设施建设与区域经济发展协同推进，在协调发展中补齐短板、拓展空间，着力构建和谐共融的生活生产平台。

1. 推进城乡协调发展。强化规划引领。按照全市一张图、一盘棋要求，启动新一轮城镇空间布局总体规划修编，完善主体功能区定位，增强城市规划的科学性和权威性。完善集镇和村庄布局规划，科学布局基础设施、文教卫体等配套空间，着力提高规划布点水平，切实保障空间、规模、产业有序布局，生产、生活、生态和谐共处。更加注重规划的引领与支撑作用，探索建立经济社会发展规划、城乡建设规划、土地利用规划、环境保护规划等相衔接的“多规合一”体系，强化规划刚性执行。

深化美丽江城建设。优化城市功能配套，提高城市治理能力，完善城市治理体系，发展城市经济，着力解决“城市病”等突出问题，促进房地产市场健康发展，提高城市发展宜居性，全面提升中心城区能级和首位度。按照“一带五片、一主两辐”城市空间布局，重点填充繁荣城北新城，完善商贸商务功能配套，改造提升老住宅区、老旧街区，协同推进江东片区和城南片区开发建设，进一步拉大城市框架。规划建设“日”字形环城快速通道，加快实施北泉街、江滨南路、西山西路、江电路等城市道路建设，进一步完善城市交通网络。推动城市建设与自然山水体系、独特历史文化相融合，全力推进“百里须江、美丽长廊”景观带、西山休闲区和站前广场等一批精品项目建设，进一步彰显城市“好山好水好风光”。

全面提升美丽集镇和幸福乡村建设水平。加快城市基础设施向镇村延伸，补齐集镇建设“短板”，积极发展特色产业，加强政策研究，努力促进农业转移人口在城镇落户，着力培育一批个性鲜明、人口集聚、辐射有力的特色精品小镇。加快贺村小城市建设步伐，支持峡口争列小城市、石门争创省级中心镇。坚持标准不降，加大扶持力度，持续推进中国幸福乡村创建，不断扩大覆盖面和受益面，积极打造幸福乡村“升级版”，争创首批省级美丽乡村示范县。高度重视历史文化村落保护利用，突出自然风貌和文化特色，着力打造具有江山文化记忆、彰显山水特色、富有独特韵味的精品美丽乡村。

2. 推进产城协调发展。加大产业平台整合力度，深化开发区“三区合并”，坚持“以产兴城、以城聚产”，进一步理顺开发区管理体制机制，加快建设中部工业园和高新技术园，优化提升山海协作产业园，深化江贺经济走廊整治提升，适时推进园区间隔地带整合，着力推动城南工业新城与贺村小城市一体化发展，实现公共服务设施共建共享。适度拓展峡口、四都工业功能区发展空间，加快乡镇小微企业创业基地建设，完善“一体两翼”平台设施配套。

优化现代服务业、现代农业空间布局。集聚发展优势，依托中心城区和贺村、峡口等重点集镇，规划建设休闲旅游服务中心、城北商业综合体以及O2O商城、综合物流园区、电子商务产业园、智慧产业园等一批服务业发展平台，全力打造服务业发展主阵地。突出乡镇为单元，推进农业“两区”扩面提质，深入实施“旱改水”等耕地质量提升项目，全面完成粮食生产功能区和现代农业园区建设任务，着

力打造智慧农业平台。

加快推进特色小镇建设。按照企业主体、资源整合、项目组合、产业融合的原则，把特色小镇作为县域经济发展重要的战略性、支撑性项目，主动对接省、衢州市特色小镇培育计划，依托优势资源和特色产业，在全市规划建设一批具有文化内涵、旅游功能、社区特征的特色小镇。

3. *统筹重大基础设施建设*。牢固树立大交通理念，主动对接外围交通布局网络，综合公路、铁路、水路、航空等多种运输方式，重点推进江郎山、仙霞关等通景公路建设，开工建设江山至玉山等省际县际通道，规划西移48省道，扎实开展农村公路“四个一百”工程建设；积极谋划金衢上、丽江上高速项目前期，全力争取杭建衢江城际铁路项目实施，江浦铁路、动车运用所纳入前期，更多高铁列车始发、停靠江山；适时启动通用航空机场、江山江航道开发建设，着力构建三省边际多元化立体综合交通枢纽。探索开展海绵城市建设试点，统筹抓好防洪减灾、饮水安全、农田灌溉，加快实施峡口水库引调水、城南城北水系连通、第三自来水厂以及山塘水库除险加固等一批水利基础设施建设，着力构建水利现代化网络体系。合理布局光伏、风能电站，谋划实施抽水蓄能电站等新型能源项目，加快推进城区、工业园区和部分重点乡镇燃气管道铺设，全面加强现代能源设施建设。

四、坚持绿色发展，打造美丽大生态

绿色是永续发展的必要条件和人民对美好生活追求的重要体现。坚持把生态作为江山最大的优势来打造，持续推进环境治理和生态建设，切实加强资源节约集约高效利用，健全完善生态文明体制机制，促进天更蓝、山更青、水更绿、江山更美。

1. *深化生态环境治理*。持续深化“五水共治”，完善河长制等常态化长效化治理机制，实现城镇截污纳管和农村生活污水处理全覆盖，加大畜禽养殖等农业面源污染治理力度，加快江山港及主要支流的环境整治和生态修复，确保一江清水持续送出江山。继续强势推进“三改一拆”，大力实施城中村、旧厂区和旧住宅改造，深化“一户多宅”整治，注重拆改并举、拆用结合，确保实现全市域基本无违建目标。深入实施大气污染防治计划，统筹推进工业废气、汽车尾气、餐饮油烟、秸秆焚烧和建筑扬尘“五气共治”。全面实施土壤污染防治行动计划，推进化肥和农药减量使用，确保全市耕地土壤环境质量继续保持稳定。深化“清洁家园”运动，加大农村“双治”工程力度，施行餐厨垃圾资源化利用和病死猪无害化处理，实现城乡垃圾分类处理全覆盖。坚持总量和质量双控，实行污染减排刚性约束，深化重污染行业整治，全面完成污染物总量控制目标。

2. *加强生态屏障建设*。严格落实环境功能区划，建立生态保护红线体系，加大重点生态功能区、生态环境敏感区和脆弱区保护力度，严格实施湿地保护规划，确保三大库区等重点区域维持原生态，新建国家级湿地公园1处。深化“四边三化”、彩化江山建设，全面加强连片生态园和环主城区、沿主要通道绿化带建设，推进彩色城市、特色村庄、绿色社区和美丽庭院创建。扎实推进平原绿化和森林扩面提质，实施生态公益林保护工程，大力推进森林城镇、森林村庄建设，稳步提升森林覆盖率，争创国家森林城市。强化水土流失治理、湿地修复和保护、矿山生态保护与恢复治理，不断提高生态系统服务功能。大力推进国家级自然保护区和全市域国家地质公园创建。强化环境风险管控，坚决守住环境风险底线。

3. 发展生态循环经济。大力发展美丽经济。顺应绿色循环低碳发展趋势，积极探索“生态+”模式，大力发展生态旅游、生态农业、生态文化等产业，努力培育生态经济新业态，着力形成新的经济增长点。依托资源禀赋，拓展、延伸光伏发电、水资源产业等产业链条。大力发展现代农林经济，带动山区林农增收致富。

提高资源开发使用效率。加快发展循环经济，扎实推进省级园区循环化改造试点，全面推广清洁能源和能量梯级利用项目，鼓励企业废水、废渣、废气再利用，提高资源能源循环化利用水平。深入推进节能降耗，建立健全激励和约束机制，开展重点用能企业能效对标活动，加快调整淘汰高耗能、高污染的落后产业和工艺，最大限度节约能源，提升资源综合利用效率。集约节约高效利用土地，提高土地产出效率。

4. 健全生态文明体制机制。落实中央、省、衢州市委有关生态文明制度的各项部署，努力形成政府、企业、公众共治共建的生态保护治理体系。落实领导干部生态环境保护“一票否决制”和环境损害责任终身追究机制，建立生态文明综合评价指标体系。严格执行“空间、总量、项目”三位一体的环境准入制度，强化区域开发和项目建设环境风险评价，构建资源环境承载力监测预警机制，启动实施排污许可证、排污权有偿使用和交易等制度，切实加强环境执法监督，进一步完善环境保护管理体系。探索建立财政转移支付、流域生态补偿、生态效益补偿、异地开发等多样化生态补偿制度和耕地保护补偿机制。

提高全社会生态文明意识。大力开展生态文明宣传教育，增强全社会对生态文明的价值认知和心理认同。积极倡导绿色低碳的生活方式，推动形成勤俭节约的社会风尚，提高全民生态文明素养。健全生态环境国家审计监督、社会监督、环境信息公开等制度，强化社会监督和公共参与，充分发挥公众、新闻媒体和社会组织作用，全方位构建生态环境社会监督体系。

五、坚持开放发展，融入区域大合作

开放是繁荣发展的必由之路。从更大的格局推动江山发展，充分发挥三省交界、海上丝绸之路的陆路通道等区位优势，主动融入经济全球化和区域合作发展战略，努力塑造全方位、多领域开放格局。

1. 积极探索国际交流合作。主动顺应国内外深度融合发展趋势，用好世遗江郎山、全球绿色城市等国际金字招牌，强化城市宣传推介，加快搭建对外开放平台，积极推进国际友好城市建设，全方位深化开放合作，凝聚更多国际目光，不断提升“中国·江山”品牌形象。提升开放型经济发展水平，转变外贸发展方式，鼓励引导我市企业树立国际化理念，瞄准国际市场，加强与海外人才、产业、技术、经贸合作，加强对重点产品的出口分类指导，引导企业提高产品质量和档次，加快形成以渠道、品牌、技术、质量、服务为核心的出口竞争新优势。实行积极的进口政策，创新进口模式，大力培育进口平台，引导企业扩大先进技术、关键设备、紧缺物资、节能降耗环保产品进口。加快搭建利用外资平台，创新利用外资方式，优化利用外资结构，鼓励外资重点投向高端制造业、高兴技术产业、现代服务业，提高利用外资规模和质量。

2. 积极融入国家和区域开放战略。依托高铁效应，主动对接“一带一路”和长江经济带，积极融入浙江海洋经济发展示范区、舟山群岛新区、义乌国际贸易综合改革试点和温州金融综合改革实验区等四大国家战略，找准切入点，寻求产业发展新支撑点和新的发展机遇。全面对接省重大开放平台，借鉴吸收省重大开放战略体制、政策、模式的做法经验，构建区域联动发展格局。

推进区域融合发展。深化与北京、上海、杭州等中心城市的互动联系，深入对接金华-义乌都市圈、义甬舟大通道，加强区域对接融合力度。抓住四省边界国家东部生态文明旅游区建设重大机遇，探索建立开放型旅游发展模式。发挥区域优势，进一步加强我市与浙闽赣三省地区、长江流域地区以及台湾地区的合作交流，全面融入长三角经济区和海西经济区。

3. 深化借力发展战略。深化实施山海协作工程，坚持资源互通、信息共享、优势互补，持续抓好江山—柯桥山海协作园区建设，开展项目、技术、人才等多层次合作，提升山海协作实效。积极探索与上海、杭州等发达地区建立产业转移、园区建设、科技平台和金融服务等方面的合作共建，形成长效合作模式。

加大招商引资力度。坚持“招商引资第一工程”和市领导挂帅不动摇，进一步创新完善招商引资机制，推动“招资”“招企”向“招智”“招产”转变。完善招商引资方式，继续开展全员招商、驻点招商和中介招商，积极推行定企招商、产业链招商和存量招商，探索区域协调招商，不断提高招商实效。深入实施“江商回归”工程，加快在外商会等联谊平台建设，强化与在外江山人对接交流，持续推动“江山人经济”变成“江山经济”。

六、坚持共享发展，建设幸福大民生

共享是中国特色社会主义的本质要求。坚持把普惠发展成果作为共享发展的目标取向，切实推进教育、医疗、体育和文化事业大发展，稳步提升社会保障覆盖面，提升社会管理水平，不断增进人民群众的获得感和幸福感。

1. 推进社会事业改革发展。优先发展教育事业。围绕教育质量提升核心，全面深化教育综合改革，持续加大教育投入力度，优化学校布局调整，加快现代化学校建设，高质量普及15年基础教育，大力推进学前教育普惠化、城乡义务教育均衡化、中等职业教育现代化、特殊教育个性化，普通高等教育办学“零突破”，进一步打响“学在江山”教育品牌。紧密结合高考招生制度改革，及时跟进初中和普通高中教育方式转变，稳步提升中高考成绩。深化产教融合、校企合作，提升职业教育服务工业、旅游发展能力。鼓励支持民办教育，探索多元参与的办学机制，规范社会培训机构管理。全面加强教师、校长队伍建设，注重培养名师、名校长，健全完善教师关爱、流动机制，不断提高师德水平和业务能力。

提升发展医疗卫生事业。围绕省卫生强市建设，进一步深化医药卫生体制改革，加大医疗卫生基础设施投入，努力引进和培育高层次技术和管理人才，促进以人民医院为龙头的市属医院医疗水平不断提升；加快乡镇卫生院标准化、规范化建设，合理布局医疗网点，健全完善公共卫生服务网络，切实保障城乡居民享有满意、均衡、便捷的医疗卫生服务。坚持开门办医，鼓励社会力量创办特色化、规模化、高端化医疗机构，发展各类养老机构，加强居家养老服务，大力推进医养融合发展。

繁荣发展文体等事业。持续深化以中国梦为主题的中国特色社会主义宣传教育，大力弘扬江山精神，积极培育最美风尚。深入实施文化强市战略，加快文化设施建设，巩固充实基层文化阵地和网络舆情阵地，积极发展特色文化产业，鼓励文化精品创作，着力构建现代公共文化服务体系。大力发展群众体育事业，努力争取承办更多国家级、省级知名赛事，积极引进国际赛事活动。同时，统筹推进人口计生、档案、老干部、残疾人、红十字、慈善、关心下一代等各项社会事业全面发展。

2. *加大社会保障力度*。全力促进充分就业。加强创业创新教育培训，实施创业就业帮扶工程，全力支持各类人才在江创业，以创业带动就业，推动城乡居民普遍持续增收。全面推进公共就业服务体系建设，实施就业信息化工程，完善劳动保障平台。做好以高校毕业生、农村转移劳动力、困难人员、退役军人等特殊群体就业。创新劳动关系协调机制，努力构建和谐劳动关系。

稳步提高城乡居民收入。完善收入分配制度和劳动报酬增长机制，健全工资决定和正常增长机制，提高居民财产性收入。完善强农富农政策，深入实施农民素质提升工程，促进农民持续增收。创新扶贫开发机制，强化扶贫制度建设，增强低收入人群自我发展能力，大力推进低收入群体增收。

不断完善社会保障体系。建立健全更加完善的社会保险制度，扩大社会保险覆盖面。建立健全多缴多得、多缴多报的保险机制，适时提高城镇职工基本医疗和城乡居民医疗保险报销比例。加快完善城乡社会救助体系，健全城乡最低生活保障制度，创新临时救助政策。加大优待、抚恤工作力度，完善退役士兵安置政策体系，稳步提高优抚保障水平。完善以公共租赁为主的多层次住房保障体系，改善群众居住条件。

3. *加强公共安全保障*。牢固树立安全发展理念，加强全民安全意识教育，健全公共安全体系。完善和落实安全生产责任和管理制度，加大监管执法力度，强化危险化学品和化工企业生产、仓储安全监管，及时排查化解安全隐患，有效防范和坚决遏制重特大安全事故发生，切实维护人民生命财产安全。建立最严格的覆盖全过程的食品药品监管制度，保障人民群众饮食用药安全。深入推进防灾减灾体系建设，普及应急救护和防灾减灾知识，提升防灾减灾综合能力。

七、加强和改进党的领导，为实现“十三五”规划提供坚强保证

全市各级党组织要始终把发展作为第一要务，把推进全民创业创新摆在突出位置，不断深化对发展规律的认识，提高领导能力，强化执行能力，健全完善工作落实机制，发挥基层首创精神，充分调动各方积极性，全面完成“十三五”规划各项目标任务。

1. *完善党委领导经济社会发展工作体制机制*。坚持党委总揽全局、协调各方，充分发挥党委（党组）领导核心作用，加强制度化建设，改进工作体制机制和方式方法，强化全委会决策和监督作用，进一步形成党委领导下的人大、政府、政协各司其职、团结奋进的工作格局。提高决策科学化水平，完善党委研究经济社会发展战略、定期分析经济社会形势、研究重大方针政策的工作机制，健全决策咨询机制。从严从实推进好班长好班子好梯队建设，优化领导班子功能结构，加强干部队伍专业化建设，注重培养选拔优秀女干部、年轻干部和党外干部。深化干部人事制度改革，健全促进科学发展导向的干部考核机制，推进干部从严管理，深入治理“不作为”“乱作为”，推进干部能上能下，打造具有“干事创业、务实创新”鲜明特质的干部队伍。全面加强基层组织和基层政权建设，强化基层党组织领导核心作用和服务功能，提高基层带头人队伍和党员队伍能力素质。大力推进两新组织党的组织和工作覆盖，引导两新组织更好履行社会责任。

坚持党要管党，全面从严治党，增强党章意识，贯彻执行《中国共产党廉洁自律准则》和《中国共产党纪律处分条例》。严明党的纪律和规矩，把纪律和规矩挺在法律前面，严格落实党风廉政建设主体责任和监督责任，强化权力运行制约和监督，扎实推进改进作风常态化长效化建设，巩固深化正风反腐成果，构建不敢腐、不能腐、不想腐的有效机制，为经济社会发展营造良好政治生态。

2. 高质量实施“人才强市”战略。全面推进人才资源优先开发，推动人才工作品牌化、人才投入项目化、人才评价主体化、人才关爱制度化，建立指向准确、富有特色、更具活力的人才生态机制。突出“高精尖缺”导向，依托市场力量和企业主体，更大力度引进海外高层次人才和精英团队。抓好实用型人才培养，大力选拔各领域、各行业青年拔尖人才，构建梯形育才体系。

3. 运用法治思维和法治方式推动发展。坚持依宪执政、依法执政，加强社会主义民主政治建设，推动领导干部做尊法学法用法的模范，提高党员干部法治思维和依法办事能力。加快法治政府建设，依法全面正确履行政府职能，加强和改进规章制度建设，完善依法决策机制，改革和完善行政执法体制机制，深化综合行政执法改革。积极稳妥推进司法体制改革，优化司法职权配置，健全司法权力运行机制，切实推进公正司法。全面推进公共法律服务体系建设，加强法治宣传教育，增强全民法治观念，在全社会形成良好的法治氛围和法治习惯。

4. 加强和创新社会治理。完善“党委领导、政府负责、社会协同、公众参与、法治保障”的社会管理体制，更高水平推进平安江山建设，力争拿到“银鼎”、冲刺“金鼎”。建立全市“一张网”的基层社会治理网络体系，推进乡镇（街道）社会服务管理中心规范化建设，深化平安建设信息系统与“网格化管理、组团式服务”两网融合，提升社会治理信息化水平。大力培育社会组织，扎实推进社会组织登记管理体制改革，加强社区、社会组织、社会工作专业人才队伍建设，推进政府向社会组织购买服务，积极探索多元主体参与社会治理模式。坚持源头预防和末端治理相结合，健全调解、仲裁、诉讼等机制有效衔接、相互协调的多元化纠纷解决体系。实行社会风险隐患清单式管理，完善风险排查化解管控工作体系，落实重大决策社会稳定风险评估机制，有效防控各类社会风险。深化信访制度改革，推动网上信访成为主渠道。健全立体化社会治安防控体系，加强公共安全视频监控网络建设和联网应用，完善校园安保、民警训练基地等安全基础设施，健全突发事件预警和应急处置机制，依法严厉打击各类违法犯罪活动。强化互联网信息管理，加强舆情引导。

5. 确保“十三五”规划建议的目标任务落到实处。制定“十三五”规划纲要和专项规划，要坚决贯彻党中央和省委、衢州市委决策部署，落实本建议确定的基本要求、主要目标、重点任务、重大举措。各类规划要增加明确反映创新、协调、绿色、开放、共享发展理念的指标，把市委全会确定的各项决策部署落到实处。

始终坚持党的群众路线，提高宣传和组织群众能力。创新群众工作的体制机制和方式方法，注重发挥工会、共青团、妇联等群团组织作用。巩固和发展最广泛的爱国统一战线，全面落实党的知识分子、民族、宗教、侨务等政策，充分发挥民主党派、工商联和无党派人士作用，促进政党关系、民族关系、宗教关系、阶层关系、海内外同胞关系和谐。推进协商民主广泛多层制度化发展，加强经济社会发展重大问题和涉及群众切身利益问题的协商。积极支持国防建设和军队改革，深入开展双拥工作，推动军民融合发展。调动一切积极因素，最大限度凝聚全社会推进改革发展、维护社会和谐稳定的共识和力量，把“十三五”目标任务和政策举措转化为广大干部群众的生动实践。

干在实处永无止境，走在前列要谋新篇。全市广大干部群众要更加紧密地团结在以习近平同志为总书记的党中央周围，开拓创新，真抓实干，奋力赶超，为高水平全面建成小康社会而努力奋斗。

文件选目

市委重要文件目录

市委发〔2016〕1号　关于印发《关于制定我市国民经济和社会发展第十三个五年规划的建议》的通知
市委发〔2016〕2号　关于表彰2015年度落实党风廉政建设责任制先进集体和先进工作者的通报
市委发〔2016〕3号　关于建立“两会”期间临时党委的通知
市委发〔2016〕4号　关于认真贯彻落实中央和省委文件精神加强市乡人大工作和建设的若干意见
市委发〔2016〕5号　关于2015年度乡镇（街道）工作目标综合考评结果的通报
市委发〔2016〕6号　关于2015年度市机关部门工作目标综合考评结果的通报
市委发〔2016〕7号　关于公布2015年度中国幸福乡村考核及复评结果的通知
市委发〔2016〕8号　关于印发江山市创建省美丽乡村示范县实施方案的通知
市委发〔2016〕10号　理论学习中心组2016年学习计划
市委发〔2016〕11号　关于印发实施创新驱动加快工业转型发展若干意见的通知
市委发〔2016〕12号　关于印发培育工业龙头企业和单打冠军企业实施意见的通知
市委发〔2016〕13号　关于加快江山经济开发区跨越式发展的若干意见
市委发〔2016〕14号　关于创新江山经济开发区行政管理体制的意见
市委发〔2016〕16号　关于命名第二十七批文明单位（乡村）的决定
市委发〔2016〕17号　关于调整市委反腐败协调小组组成人员的通知
市委发〔2016〕18号　关于印发《关于推进企业实用人才队伍建设的意见》的通知
市委发〔2016〕19号　关于授予吴水根等10位同志“第二届全民创业创新十大先锋”荣

誉称号的通知

市委发〔2016〕20 号　关于调整市委政法委员会组成人员的通知

市委发〔2016〕21 号　关于中共浙江省江山经济开发区管委会委员会更名的通知

市委发〔2016〕22 号　关于印发《江山市关于深化供销合作社和农业生产经营管理体制改革构建“三位一体”农民合作经济组织体系的实施方案》的通知

市委发〔2016〕23 号　关于印发进一步推进异地搬迁工作的实施意见的通知

市委发〔2016〕24 号　关于印发江山市美丽乡村“一县一带”建设实施方案（2016—2018年）的通知

市委发〔2016〕25 号　关于印发 2016 年度乡镇（街道）工作目标综合考核评价办法的通知

市委发〔2016〕26 号　关于印发 2016 年度经济开发区工作目标综合考核评价办法的通知

市委发〔2016〕27 号　关于印发 2016 年度市机关部门工作目标综合考核评价办法的通知

市委发〔2016〕28 号　关于印发《江山市开展“党建 5+”建设全面推进基层党建“整乡推进、整县提升”工作的实施意见》的通知

市委发〔2016〕29 号　关于表彰优秀共产党员、优秀党务工作者、先进基层党组织的决定

市委发〔2016〕31 号　关于成立乡镇换届工作领导小组的通知

市委发〔2016〕32 号　关于中共江山市新闻信息中心党组更名的通知

市委发〔2016〕33 号　关于中共江山市行政服务中心党组更名的通知

市委发〔2016〕34 号　关于印发《中共江山市委关于补短板的若干意见》的通知

市委发〔2016〕35 号　关于调整市委依法治市领导小组组成人员的通知

市委发〔2016〕36 号　关于成立市委全面深化改革领导小组的通知

市委发〔2016〕38 号　转发《中共江山市委依法治市领导小组关于在全市公民中开展法治宣传教育的第七个五年规划（2016—2020 年）》的通知

市委发〔2016〕41 号　关于成立江山市换届工作领导小组的通知

市委发〔2016〕42 号　关于印发《中共江山市委巡察工作实施细则（试行）》的通知

市委发〔2016〕45 号　关于做好中国共产党江山市第十四次代表大会代表选举工作的通知

市委发〔2016〕46 号　关于做好江山市出席中国共产党衢州市第七次代表大会代表推荐选举工作的通知

市委发〔2016〕47 号　关于成立市委巡察工作领导小组的通知

市委发〔2016〕49 号　关于支持人民法院基本解决执行难工作的实施意见

市委发〔2016〕50 号　关于做好推选党的十九大和省第十四次党代会代表候选人初步人选工作的通知

市委发〔2016〕51 号　关于表彰全市双拥工作先进单位和先进个人的通报

市政府重要文件目录

江政发〔2016〕1 号 关于调整全市最低工资标准的通知
江政发〔2016〕4 号 关于同意启用江山市城北小学校名的批复
江政发〔2016〕5 号 关于表彰 2015 年度江山市政府质量奖获奖企业的通报
江政发〔2016〕8 号 关于开展第三次农业普查的通知
江政发〔2016〕9 号 关于公布 2016 年市政府民生实事项目实施计划的通知
江政发〔2016〕10 号 关于授予江山欧派门业股份有限公司等 39 家企业市长特别奖的通
江政发〔2016〕11 号 关于给予江山经济开发区等 3 个单位和王永华同志记功嘉奖的决定
江政发〔2016〕12 号 关于同意江山市 2016 年审计项目计划的批复
江政发〔2016〕13 号 关于印发江山市国民经济和社会发展第十三个五年规划纲要的通知
江政发〔2016〕18 号 关于江山市 2016 年度国有建设用地供应计划的批复
江政发〔2016〕19 号 关于江山市上余初中迁建工程规划与建筑设计方案的批复
江政发〔2016〕22 号 关于文溪初中 PPP 项目财政承受能力论证报告的批复
江政发〔2016〕23 号 关于文溪初中 PPP 项目物有所值评价报告的批复
江政发〔2016〕24 号 关于文溪初中新建项目 PPP 模式实施方案的批复
江政发〔2016〕25 号 关于 2016 年卫生计生事业单位人才招聘计划的批复
江政发〔2016〕26 号 关于定向培养基层卫技人才的批复
江政发〔2016〕27 号 关于抓好 2016 年粮食生产工作的通知
江政发〔2016〕28 号 关于 2016 年教师招聘计划的批复
江政发〔2016〕30 号 关于“府院联动”加快处置“僵尸企业”助推经济转型升级的意见
江政发〔2016〕31 号 关于印发江山市政府投资项目审计监督办法的通知
江政发〔2016〕32 号 关于授予张剑星等同志“十二五”制造业十大功勋企业家称号的通知
江政发〔2016〕33 号 关于完善江山经济开发区财政体制的意见
江政发〔2016〕34 号 关于上余镇塘岭三村等 8 个建设用地垦造耕地项目立项的批复
江政发〔2016〕35 号 关于印发江山市 2016 年度地质灾害防治方案的通知
江政发〔2016〕36 号 关于江山市 2016 年度国有土地房屋征收计划的批复
江政发〔2016〕38 号 关于安顶村安顶际崩塌地质灾害隐患点避让搬迁安置方案的批复
江政发〔2016〕39 号 关于江山市农村饮水安全巩固提升工程十三五规划的批复
江政发〔2016〕40 号 关于收储上余镇李家和湖川头粮站存量国有仓储用地的批复
江政发〔2016〕41 号 关于公布江山市 2016 年度农村五保集中供养标准的批复
江政发〔2016〕42 号 关于四都镇总体规划局部调整设计方案的批复

江政发〔2016〕43 号　关于表彰 2015 年度江山市法治政府建设（依法行政）先进单位和先进个人的通报

江政发〔2016〕44 号　关于市住房公积金管理中心向合作银行申请授信融资的批复

江政发〔2016〕45 号　关于上余镇方家村等 5 个高标准基本农田建设项目立项的批复

江政发〔2016〕46 号　关于下达江山市 2016 年地方财政收入计划的通知

江政发〔2016〕48 号　关于废止江政发〔2014〕61 号文件的通知

江政发〔2016〕50 号　关于贺村镇成立江山市振贺建设投资有限公司的批复

江政发〔2016〕55 号　关于建设浙江省“两化”深度融合国家综合性示范区的实施意见

江政发〔2016〕56 号　关于调整土地出让金中社会保障风险金计提比例的通知

江政发〔2016〕57 号　关于江山市水利工程标准化管理实施方案的批复

江政发〔2016〕58 号　关于成立江山市须江水利投资发展有限公司的批复

江政发〔2016〕60 号　关于同意成立浙江江山多娇投资发展有限公司的批复

江政发〔2016〕62 号　关于江山市 2016 年度公共租赁住房申请工作实施方案的批复

江政发〔2016〕67 号　关于江山市文溪初中（暂定名）新建工程规划及建筑设计方案的批复

江政发〔2016〕68 号　关于贺村十里牌居住小区规划及建筑设计调整方案的批复

江政发〔2016〕76 号　关于房管处位于乡镇直管公房移交所在乡镇管理的批复

江政发〔2016〕77 号　关于调整市政府领导分工的通知

江政发〔2016〕78 号　关于江山市育仁职业技术学校一期建设工程规划及建筑设计方案的批复

江政发〔2016〕79 号　关于要求核拨市级预留规划新增建设用地指标的批复

江政发〔2016〕80 号　关于百里须江·美丽长廊—江山港流域综合治理规划的批复

江政发〔2016〕82 号　关于南坞村省级历史文化村落保护利用重点村规划的批复

江政发〔2016〕83 号　关于同意开通旅游交通专线的批复

江政发〔2016〕84 号　关于同意浙江省锦绣江山外国语学校校名的批复

江政发〔2016〕87 号　关于印发江山市政府投资项目工程变更管理办法（试行）的通知

江政发〔2016〕88 号　关于廿八都镇花桥村历史文化村落保护利用重点村规划的批复

江政发〔2016〕89 号　关于加快推进残疾人全面小康进程的实施意见

江政发〔2016〕90 号　关于全面建立困难残疾人生活补贴和重度残疾人护理补贴制度的实施办法

江政发〔2016〕91 号　关于印发江山市支持大众创业促进就业的实施意见的通知

江政发〔2016〕92 号　关于江山市气象事业发展“十三五”规划的批复

江政发〔2016〕94 号　关于老三友和城北小学北侧地块规划及建筑设计方案的批复

江政发〔2016〕95 号　关于公布江山市第四届中小学名师评选结果的通知

江政发〔2016〕105 号　关于贺村镇耕读村废弃矿山等 5 个建设用地垦造耕地项目立项的批复
江政发〔2016〕106 号　关于印发江山市国有企业外派监事管理办法（试行）的通知
江政发〔2016〕107 号　关于印发江山市国有企业内部审计管理办法（试行）的通知
江政发〔2016〕110 号　关于江山市通信基站布点规划的批复
江政发〔2016〕111 号　关于贺村镇石后茶园等 15 个垦造耕地项目立项的批复
江政发〔2016〕114 号　关于公布江山市基准地价更新结果的通知
江政发〔2016〕115 号　关于贺村 2011 建新区块 11-1#地块规划及建筑设计方案的批复
江政发〔2016〕118 号　关于同意江山市城北新城控制性详细规划修编方案的批复
江政发〔2016〕119 号　关于下达江山市“十三五”期间土地整治五年规划和三年计划任务的通知
江政发〔2016〕120 号　关于江山市峡口水库管理局 2016 年度维修养护工程实施方案的批复
江政发〔2016〕121 号　关于江山市碗窑水库 2016 年度维修养护实施方案的批复
江政发〔2016〕122 号　关于加快发展现代职业教育的实施意见
江政发〔2016〕123 号　关于大桥镇大桥村协力钙品厂等 3 个建设用地垦造耕地项目立项的批复
江政发〔2016〕124 号　关于江山市安全生产“十三五”规划的批复
江政发〔2016〕126 号　关于同意江山市文化事业发展“十三五”规划的批复
江政发〔2016〕127 号　关于江山市 2016 年度小型水库山塘管理和保护范围划定方案的批复
江政发〔2016〕128 号　关于江山市峡口水库管理和保护范围划定方案的批复
江政发〔2016〕129 号　关于印发江山市全民健身实施计划（2016—2020 年）的通知
江政发〔2016〕133 号　关于凤林镇大悲山等村等 3 个高标准基本农田建设项目立项的批复
江政发〔2016〕134 号　关于贺村镇淤前等村高标准基本农田建设项目立项的批复
江政发〔2016〕141 号　关于江山市消防事业发展“十三五”规划的批复
江政发〔2016〕153 号　关于江山市污水处理收费征收方案和江山市工业污水实行分类分档及多因子复合计收污水处理费实施意见的批复
江政发〔2016〕156 号　关于江山市老龄事业发展“十三五”规划的批复
江政发〔2016〕157 号　关于江山市民政事业发展“十三五”规划的批复
江政发〔2016〕158 号　关于江山市“十三五”质量标准品牌发展规划的批复
江政发〔2016〕159 号　关于江山市振贺建设投资有限公司增加注册资本的批复
江政发〔2016〕160 号　关于同意江山市电力设施布局规划（2016 年—2020 年）的批复
江政发〔2016〕164 号　关于江山市农村饮用水水源保护范围划定方案的批复
江政发〔2016〕166 号　关于印发江山市信息化发展“十三五”规划的通知

市委办公室重要文件目录

市委办〔2016〕2号　关于打造村级（社区）便民服务中心升级版的通知

市委办〔2016〕5号　关于党政机关和党员干部严格执行燃放烟花爆竹有关规定的通知

市委办〔2016〕10号　关于印发江山市行政复议诉讼应诉工作规则的通知

市委办〔2016〕12号　关于印发吕跃龙同志在市委十三届十次全体（扩大）会议上的报告的通知

市委办〔2016〕13号　关于建立江山市异地商会、乡镇（街道）商会挂联服务制度的通知

市委办〔2016〕15号　关于成立发展“江山人经济”工作领导小组的通知

市委办〔2016〕16号　关于启用中共江山市综合行政执法局委员会印章的通知

市委办〔2016〕17号　关于印发《江山市市区烟花爆竹禁限燃行动方案》的通知

市委办〔2016〕18号　关于进一步严肃“两会”期间有关纪律的通知

市委办〔2016〕19号　关于开展“暖企”专项行动的通知

市委办〔2016〕20号　关于召开中共江山市第十三届纪律检查委员会第六次全体（扩大）会议的通知

市委办〔2016〕22号　关于印发《市委十三届十次全体（扩大）会议重点工作分工抓落实安排》的通知

市委办〔2016〕25号　关于表彰2015年度招商引资等7项重点工作先进集体和先进个人的通报

市委办〔2016〕26号　关于表彰2015年度全市优秀调研成果的通报

市委办〔2016〕28号　关于表彰江山市2015年度招商引资工作先进单位的通报

市委办〔2016〕31号　关于表彰2015年度全市党委信息工作先进集体和个人、外宣报道优秀通讯员、《江山通讯》优秀通讯员的通报

市委办〔2016〕32号　关于表彰2015年度“最佳满意部门（单位）、乡镇（街道）”的通报

市委办〔2016〕33号　关于表彰2015年度市机关涉企服务部门“十佳”中层干部的通报

市委办〔2016〕34号　关于调整江山市经济责任审计工作联席会议成员的通知

市委办〔2016〕35号　关于表彰点将招商先进单位和个人的通知

市委办〔2016〕36号　关于召开省委第一巡视组巡视江山市情况反馈会的通知

市委办〔2016〕37号　关于调整江山市关心下一代工作委员会成员的通知

市委办〔2016〕40号　关于召开市委政法工作会议暨平安信访工作会议的通知

市委办〔2016〕41号　关于表彰2015年度江山市信访工作先进集体和先进个人的通报

市委办〔2016〕42 号　关于表彰 2015 年度平安建设暨综治维稳工作先进集体和先进个人的通报
市委办〔2016〕43 号　关于进一步加强审计工作的意见
市委办〔2016〕44 号　关于公布 2015 年江山市“一村一品”专业特色村名单的通知
市委办〔2016〕46 号　关于成立省委巡视反馈意见整改工作领导小组的通知
市委办〔2016〕47 号　关于表彰 2015 年度中国幸福乡村建设工作等十九项先进的通知
市委办〔2016〕48 号　关于开展“清塘美河”春季治水大会战暨集中义务植树活动的通知
市委办〔2016〕50 号　关于实施星期二基层民主协商议事日制度的意见
市委办〔2016〕51 号　关于印发《全市机关干部大会暨招商引资工作动员会重点工作分工抓落实安排》的通知
市委办〔2016〕52 号　关于印发《2016 年市委、市政府重点工作督查计划安排》的通知
市委办〔2016〕53 号　关于印发《六个十大专项责任分工》的通知
市委办〔2016〕54 号　关于召开全市农村工作会议暨创建省美丽乡村示范县动员大会的通知
市委办〔2016〕55 号　关于召开省委巡视组反馈意见整改工作部署会的通知
市委办〔2016〕58 号　关于成立江山市创建省美丽乡村示范县领导小组的通知
市委办〔2016〕59 号　关于印发江山市中国幸福乡村复评管理办法的通知
市委办〔2016〕62 号　关于印发江山市 2016 年重大项目领导“挂帅作战”活动实施方案的通知
市委办〔2016〕63 号　关于表彰全市对台工作先进单位和先进个人的通报
市委办〔2016〕64 号　关于印发《中共江山市委江山市人民政府政协江山市委员会 2016 年度协商工作计划》的通知
市委办〔2016〕65 号　关于 2015 年度江山市矛盾纠纷调处工作双“十佳”的通报
市委办〔2016〕66 号　关于办好建设性舆论监督电视栏目《本周聚焦》的通知
市委办〔2016〕67 号　关于印发 2016 年度农村环境整治月度互查考核办法的通知
市委办〔2016〕68 号　关于调整市领导和机关部门联系点的通知
市委办〔2016〕70 号　关于调整“百名局长联百家企业帮扶”活动安排的通知
市委办〔2016〕71 号　关于印发江山市 2016 年招商引资工作考核办法的通知
市委办〔2016〕72 号　关于印发江山市创建国家卫生城市工作规划的通知
市委办〔2016〕73 号　印发关于进一步完善招商引资工作机制意见的通知
市委办〔2016〕74 号　关于印发江山市创建国家卫生城市工作实施方案的通知
市委办〔2016〕75 号　关于认真组织学习周吉云同志先进事迹的通知
市委办〔2016〕77 号　关于交办 2016 年第一批“店小二”服务项目的通知
市委办〔2016〕78 号　关于印发《江山市 2016 年重大前期项目市领导挂帅领衔谋划专项

活动工作方案》的通知

市委办〔2016〕81号 关于召开全市“两学一做”专题党课暨学习教育部署会的通知

市委办〔2016〕82号 关于召开全市宣传思想工作会议暨农村文化礼堂建设推进会的通知

市委办〔2016〕83号 关于调整江郎山——廿八都旅游区创建国家AAAAA级旅游景区工作领导小组成员的通知

市委办〔2016〕84号 关于成立江山市创建国家卫生城市工作委员会的通知

市委办〔2016〕85号 关于徐水波等同志职务任免的通知

市委办〔2016〕86号 印发《关于在全市党员中开展“学党章党规、学系列讲话，做合格党员”学习教育的实施方案》的通知

市委办〔2016〕88号 关于开展“5·18”全民创业创新日系列活动的通知

市委办〔2016〕89号 关于举行创业创新大讲堂专题讲座的通知

市委办〔2016〕90号 关于成立勤俭村等历史文化村落保护利用工作领导小组的通知

市委办〔2016〕91号 关于室务会议成员分工调整的通知

市委办〔2016〕92号 关于召开江山市创建国家卫生城市工作动员大会的通知

市委办〔2016〕95号 关于印发《关于加快柑桔产业转型发展的实施意见》的通知

市委办〔2016〕96号 关于印发江山市2016年美丽乡村示范村及景区村创建考核办法的通知

市委办〔2016〕97号 关于开展2016年结对帮扶共建中国幸福乡村活动的通知

市委办〔2016〕101号 关于启用中共浙江省江山经济开发区工作委员会印章的通知

市委办〔2016〕102号 关于“五四三”等重点工作责任分工和督查事项的通知

市委办〔2016〕105号 关于成立江山市美丽乡村“一县一带”建设领导小组的通知

市委办〔2016〕106号 关于市社会管理综合治理委员会更名为市社会治安综合治理委员会的通知

市委办〔2016〕109号 关于机关企事业单位积极参与国家卫生城市创建活动的通知

市委办〔2016〕110号 关于印发江山市2016年度市领导挂帅招商计划的通知

市委办〔2016〕111号 关于印发江山市国家园林城市复查迎检工作实施方案的通知

市委办〔2016〕113号 关于印发《江山市推进市外职工疗休养游江山工作实施方案》的通知

市委办〔2016〕114号 关于印发江山市农业传统产业振兴三年（2016—2018年）行动实施意见的通知

市委办〔2016〕117号 关于印发《2016年党风廉政建设和反腐败工作组织领导与责任分工》的通知

市委办〔2016〕118号 关于召开全市庆祝中国共产党成立95周年大会的通知

市委办〔2016〕119号 关于成立江山市见义勇为工作领导小组的通知

市委办〔2016〕120 号　关于建立工业困境企业组团式、个性化帮扶机制的通知
市委办〔2016〕122 号　关于启用江山市创建国家卫生城市工作委员会和江山市创建国家卫生城市工作委员会办公室印章的通知
市委办〔2016〕123 号　关于举行“法律服务暖企”专项行动启动仪式暨企业法律风险防范专题讲座的通知
市委办〔2016〕124 号　印发《江山市关于开展“为官不为”专项整治行动方案》的通知
市委办〔2016〕125 号　关于成立江山市全域旅游发展工作领导小组的通知
市委办〔2016〕127 号　关于认真组织学习贯彻《习近平总书记在庆祝中国共产党成立 95 周年大会上的讲话》的通知
市委办〔2016〕130 号　关于印发《杭长高铁江山段“路长制”实施方案》的通知
市委办〔2016〕131 号　关于召开全市旅游产业发展大会暨国家全域旅游示范区创建动员大会的通知
市委办〔2016〕132 号　关于印发江山市创建国家全域旅游示范区工作实施方案的通知
市委办〔2016〕133 号　关于启用江山市“最江南”绿色休闲实验区项目指挥部和江山市“最江南”绿色休闲实验区项目指挥部办公室印章的通知
市委办〔2016〕134 号　关于调整市委市政府美丽江山建设领导小组组成人员的通知
市委办〔2016〕135 号　关于印发 2016 年度乡镇（街道）、经济开发区、机关部门工作目标综合考评实施细则的通知
市委办〔2016〕136 号　关于调整江山市人口和计划生育工作领导小组成员的通知
市委办〔2016〕137 号　关于 2015 年度计划生育工作先进单位和先进个人的通报
市委办〔2016〕138 号　关于印发《江山市 2016 年计划生育目标管理责任制考核实施方案》的通知
市委办〔2016〕140 号　关于印发吕跃龙同志在市委十三届十一次全体（扩大）会议、市十五届人民政府十次全体（扩大）会议上的报告的通知
市委办〔2016〕142 号　关于王倩等同志职务任免的通知
市委办〔2016〕143 号　关于认真贯彻落实《党风廉政建设党委（党组）主体责任和纪委（纪检组）监督责任清单》的通知
市委办〔2016〕145 号　关于印发《市委十三届十一次、市十五届人民政府十次全体（扩大）会议重点工作分工抓落实安排》的通知
市委办〔2016〕146 号　关于陈新华同志分工的通知
市委办〔2016〕147 号　关于姜富旺等同志职务任免的通知
市委办〔2016〕148 号　关于认真学习贯彻《中国共产党问责条例》的通知
市委办〔2016〕149 号　关于启用中共江山市新闻中心党组印章的通知

市委办〔2016〕152号　关于印发《关于加快构建现代公共文化服务体系的实施意见》的通知
市委办〔2016〕153号　关于启用中共江山市行政服务中心管理办公室党组印章的通知
市委办〔2016〕154号　关于成立江山港流域综合治理工作领导小组的通知
市委办〔2016〕157号　关于开展“大干五个月、冲刺二百亿”项目攻坚活动的通知
市委办〔2016〕158号　关于切实做好野外火源管控加强森林消防工作的紧急通知
市委办〔2016〕159号　关于做好2016年衢州县（市、区）综合考核指标分解落实工作的通知
市委办〔2016〕166号　关于印发《2016年度落实党风廉政建设责任制检查考核细则》的通知
市委办〔2016〕167号　关于印发《江山市深化国税、地税征管体制改革实施方案》的通知
市委办〔2016〕168号　关于建立“谁执法谁普法”责任清单制度的通知
市委办〔2016〕169号　印发关于加快推进“三社联动”创新社会治理的实施意见的通知
市委办〔2016〕170号　关于成立2016年下半年江山市承办重大体育赛事活动工作领导小组的通知
市委办〔2016〕171号　关于召开全市乡镇党委换届工作部署会暨业务培训会的通知
市委办〔2016〕174号　关于王汪建同志职务任免的通知
市委办〔2016〕175号　关于召开G20杭州峰会江山市总结大会的通知
市委办〔2016〕176号　关于成立江山市小城镇环境综合整治行动领导小组的通知
市委办〔2016〕177号　关于召开十八届六中全会期间信访工作部署会的通知
市委办〔2016〕179号　关于推荐2016年度调研课题成果的通知
市委办〔2016〕181号　关于举办首届“创业梦·江山行”创业创新大赛的通知
市委办〔2016〕182号　关于印发《江山市公务用车制度改革总体方案》和《江山市机关公务用车制度改革实施方案》的通知
市委办〔2016〕183号　关于切实做好房屋安全隐患排查和风险防范工作的紧急通知
市委办〔2016〕185号　关于召开第三届世界互联网大会期间维稳安保工作部署会的通知
市委办〔2016〕186号　关于全面深化农村环境整治建立长效保洁机制的实施意见
市委办〔2016〕187号　关于印发《江山市小城镇环境综合整治行动实施方案》的通知
市委办〔2016〕188号　关于印发《江山市开展动态管理贫困农户结对帮扶活动的实施方案》的通知
市委办〔2016〕189号　关于成立江山港流域综合治理工程建设指挥部的通知
市委办〔2016〕190号　关于成立江山市部分乡镇行政区划调整工作领导小组的通知
市委办〔2016〕191号　关于认真学习宣传党的十八届六中全会精神的通知

市委办〔2016〕192 号　关于报送 2017 年度人民政协政治协商议题建议的通知
市委办〔2016〕193 号　关于调整市应急联动工作领导小组成员的通知
市委办〔2016〕194 号　关于召开市乡两级人大换届选举工作会议的通知
市委办〔2016〕195 号　关于开展 2016 年度乡镇（街道）、市机关部门（单位）履职情况评价暨群众满意度评议活动的通知
市委办〔2016〕196 号　关于在全市开展 2016 年度“慈善一日捐”活动的通知
市委办〔2016〕197 号　关于成立江山市第十四次党代会筹备工作领导小组的通知
市委办〔2016〕198 号　关于切实做好 2017 年度党报党刊发行工作严格规范报刊发行秩序的通知
市委办〔2016〕199 号　关于召开全市领导干部会议的通知
市委办〔2016〕203 号　关于召开全市领导干部会议的通知
市委办〔2016〕204 号　关于召开党代表选举工作会议的通知
市委办〔2016〕205 号　关于做好 2016 年度乡镇（街道）、经济开发区、机关部门工作目标综合考评工作的通知
市委办〔2016〕207 号　关于表彰江山市“六五”普法先进集体和个人的通报
市委办〔2016〕208 号　关于认真做好中国共产党江山市第十四次代表大会代表提案征集与办理工作的通知
市委办〔2016〕209 号　关于召开中国共产党江山市第十四次代表大会的通知
市委办〔2016〕210 号　关于启用中共江山市委巡察工作领导小组和中共江山市委巡察工作领导小组办公室印章的通知
市委办〔2016〕211 号　关于召开江山市第十四次党代会代表履职培训会的通知
市委办〔2016〕212 号　关于严肃党代会期间有关纪律的通知
市委办〔2016〕213 号　关于印发《江山市乡镇（街道）“四个平台”建设工作实施意见》的通知
市委办〔2016〕214 号　关于开展 2016 年度招商引资等 7 项重点工作先进集体和先进个人评选工作的通知
市委办〔2016〕215 号　关于参加“中国体育彩票”2017 全国新年登高健身大会浙江江山南方中心主会场开幕式的通知
市委办〔2016〕216 号　关于做好 2017 年元旦春节期间有关工作的通知
市委办〔2016〕202 号　关于做好江山手机台推广使用工作的通知
市委办〔2016〕201 号　关于组织做好党的十八届六中全会精神宣讲工作的通知

市政府办公室重要文件目录

江政办发〔2016〕1号　转发关于加强廿八都古镇保护管理的实施意见的通知

江政办发〔2016〕3号　关于同意增补2015年市政府土地储备计划项目的批复

江政办发〔2016〕4号　关于印发江山市行政事业单位公款竞争性存放管理暂行办法的通知

江政办发〔2016〕5号　印发关于加快江山市电子商务产业示范园发展的若干政策意见的通知

江政办发〔2016〕6号　关于启用江山市综合行政执法局和江山市综合行政执法大队印章的通知

江政办发〔2016〕7号　关于印发江山市市长特别奖评选办法的通知

江政办发〔2016〕8号　关于印发江山市突发公共事件人员基本生活应急保障行动方案的通知

江政办发〔2016〕9号　关于表彰2015年度服务业发展工作先进单位的通报

江政办发〔2016〕11号　关于调整江山市安全生产委员会成员的通知

江政办发〔2016〕12号　关于印发江山市2016年春运工作方案的通知

江政办发〔2016〕13号　关于成立江山市国家知识产权试点城市工作领导小组的通知

江政办发〔2016〕14号　关于成立江山市"最江南"绿色休闲实验区建设工作领导小组的通知

江政办发〔2016〕15号　关于表彰2015年度项目服务活动十佳"店小二"的通知

江政办发〔2016〕16号　关于表彰2015年度安全生产工作先进个人的通报

江政办发〔2016〕17号　关于申报2016年度市政府规范性文件制定计划建议项目的通知

江政办发〔2016〕18号　关于印发开展调整城镇土地使用税政策促进土地集约节约利工作实施方案的通知

江政办发〔2016〕20号　关于公布2016年重大火灾隐患整改单位的通知

江政办发〔2016〕21号　关于表彰2015年度重大项目前期工作获奖单位的通报

江政办发〔2016〕22号　关于印发江山市"小微企业三年成长计划"（2015—2017年）的通知

江政办发〔2016〕23号　关于转发衢州市2016年度政府集中采购目录及标准的通知

江政办发〔2016〕24号　关于印发江山市2016年度重大项目前期工作计划的通知

江政办发〔2016〕25号　关于印发2016年四大百亿工程实施计划的通知

江政办发〔2016〕26号　关于表彰2015年度扩大有效投资工作先进单位和先进个人的通报

江政办发〔2016〕27号　关于公布2016年第二批重大火灾隐患整改单位的通知

江政办发〔2016〕28 号　转发浙江省人民政府办公厅关于进一步加强消防安全工作的通知
江政办发〔2016〕29 号　转发浙江省人民政府办公厅关于深化权力清单责任清单工作意见的通知
江政办发〔2016〕30 号　关于启用江山市人民政府第三次农业普查领导小组及其办公室印章的通知
江政办发〔2016〕31 号　关于印发 2016 年市政府重点调研课题安排的通知
江政办发〔2016〕32 号　关于表彰 2015 年度全市政务信息工作先进单位和先进个人的通报
江政办发〔2016〕34 号　关于表彰 2015 年度行政服务先进窗口单位和先进个人的通报
江政办发〔2016〕36 号　关于成立江山市城镇危旧住宅房屋治理改造推进工作领导小组的通知
江政办发〔2016〕37 号　关于印发江山市县域经济体制综合改革工作实施方案的通知
江政办发〔2016〕38 号　关于进一步加强特种设备安全工作的通知
江政办发〔2016〕39 号　关于开展江山市犬类管理集中整治行动的通知
江政办发〔2016〕41 号　关于转发江山市基层医疗卫生机构补偿机制改革试点工作实施方案（试行）的通知
江政办发〔2016〕42 号　关于开展森林资源规划设计调查工作的通知
江政办发〔2016〕43 号　关于成立江山市省级低碳试点工作领导小组的通知
江政办发〔2016〕44 号　关于印发江山市市场监督管理局主要职责内设机构和人员编制规定的通知
江政办发〔2016〕45 号　关于印发江山市第二届项目谋划擂台赛工作方案的通知
江政办发〔2016〕46 号　关于印发江山市 2016 年扩大有效投资考核办法的通知
江政办发〔2016〕47 号　关于成立江山市创建国家级出口木门质量安全示范区工作领导小组的通知
江政办发〔2016〕48 号　关于认真做好 2016 年度血防工作的通知
江政办发〔2016〕49 号　关于印发江山市工业项目综合（分期）验收及分割办证暂行办法的通知
江政办发〔2016〕50 号　关于印发 315 省道（衢江公路）江山段专项整治方案的通知
江政办发〔2016〕51 号　关于成立江山市政策性融资担保体系建设工作领导小组的通知
江政办发〔2016〕52 号　关于印发江山市 2016 年度服务业 510 工程项目工作计划的通知
江政办发〔2016〕53 号　关于印发江山市 2016 年度市政府规范性文件制定计划的通知
江政办发〔2016〕54 号　关于印发江山市 2016 年度城市建设项目和土地储备出让计划的通知

江政办发〔2016〕55号　关于成立江山市全面推行水利工程标准化管理工作领导小组的通知
江政办发〔2016〕56号　关于开展行政规范性文件清理工作的通知
江政办发〔2016〕57号　关于成立江山市综合交通改革与发展领导小组的通知
江政办发〔2016〕58号　关于进一步完善政府部门与各民主党派工商联知联会对口联系制度的通知
江政办发〔2016〕59号　关于调整江山市防汛防旱指挥部成员的通知
江政办发〔2016〕60号　关于印发2016年度无偿献血工作指导性计划的通知
江政办发〔2016〕61号　关于推进江山市公共体育设施和学校体育场地设施向社会开放的实施办法
江政办发〔2016〕62号　关于成立江山市营业税改征增值税工作领导小组的通知
江政办发〔2016〕65号　关于印发江山市2016年污染减排目标责任计划的通知
江政办发〔2016〕66号　关于成立江山市中药材产业发展领导小组的通知
江政办发〔2016〕67号　关于公布江山市第十三批科技型中小企业的通知
江政办发〔2016〕68号　关于印发江山市推进安全生产社会化服务工作方案的通知
江政办发〔2016〕69号　关于印发江山市2016年搞活流通扩大消费系列活动方案的通知
江政办发〔2016〕70号　关于认真做好2016年早稻订单工作的通知
江政办发〔2016〕71号　关于印发江山市"蓝色屋面"专项整治行动方案的通知
江政办发〔2016〕72号　关于印发江山市工业政策大宣讲活动方案的通知
江政办发〔2016〕73号　关于表彰2015年度全市政府法制信息宣传工作先进单位和先进个人的通报
江政办发〔2016〕74号　关于印发江山市国民经济和社会发展第十三个五年规划纲要主要目标任务分解落实方案的通知
江政办发〔2016〕75号　关于印发江山市2016年政府和社会资本合作模式（PPP）项目库的通知
江政办发〔2016〕76号　关于公布江山市企业创业2016年绿卡名单的通知
江政办发〔2016〕77号　关于印发江山市城镇危旧住宅房屋治理改造规划的通知
江政办发〔2016〕78号　关于印发江山市"四边三化"双月专项整治提升方案的通知
江政办发〔2016〕79号　关于印发浙江省江山经济开发区管理委员会主要职责内设机构和人员编制规定的通知
江政办发〔2016〕80号　关于印发市县行政审批层级一体化改革承接落实工作方案的通知
江政办发〔2016〕81号　关于印发江山市2016年国家专项建设基金项目申报工作方案的通知

江政办发〔2016〕82 号　关于印发江山市 2016 年环境污染专项整治工作方案的通知
江政办发〔2016〕83 号　关于成立江山市落实最严格水资源管理制度领导小组的通知
江政办发〔2016〕84 号　关于在全市开展“四张清单一张网”改革专项检查工作的通知
江政办发〔2016〕85 号　关于印发江山市临时救助实施办法的通知
江政办发〔2016〕86 号　关于印发江山市成品油行业专项整治行动方案的通知
江政办发〔2016〕87 号　关于市政府办公室（法制办）班子成员分工的通知
江政办发〔2016〕88 号　关于印发江山市松材线虫病防控应急预案的通知
江政办发〔2016〕89 号　关于印发江山市政务信息工作考核评比办法的通知
江政办发〔2016〕90 号　关于下达江山市 2016 年度土地整治项目建设工作任务的通知
江政办发〔2016〕91 号　关于印发江山市疾病应急救助制度实施意见的通知
江政办发〔2016〕92 号　关于印发 2016 年浙江政务服务网江山平台建设工作要点的通知
江政办发〔2016〕93 号　关于成立金家村棚户区改造项目推进工作领导小组的通知
江政办发〔2016〕94 号　关于成立推进金屋顶光伏富民工程工作领导小组的通知
江政办发〔2016〕95 号　关于印发江山市 2016 年度服务业发展工作考核细则的通知
江政办发〔2016〕96 号　关于印发 2016 年度“店小二”项目服务工作考核办法的通知
江政办发〔2016〕97 号　关于成立峡口镇创建国家卫生镇工作协调小组的通知
江政办发〔2016〕98 号　关于成立江山市“亮剑行动”违法用地专项清理和农民建房排查整治工作领导小组的通知
江政办发〔2016〕99 号　关于开展“亮剑行动”违法用地专项清理整治的通知
江政办发〔2016〕100 号　关于开展农民建房集中排查整治的通知
江政办发〔2016〕102 号　关于印发江山市创建浙江省食品安全市工作方案的通知
江政办发〔2016〕103 号　关于成立江山市政府性资产搬盘整合工作领导小组的通知
江政办发〔2016〕104 号　关于印发 2016 年度行政执法监督检查工作计划的通知
江政办发〔2016〕105 号　关于印发江山市 2016 年度重大项目前期工作考核实施细则的通知
江政办发〔2016〕106 号　关于调整市道路交通安全工作领导小组的通知
江政办发〔2016〕107 号　关于印发江山市农村应急广播系统运行管理办法试行的通知
江政办发〔2016〕108 号　关于加快推进农村土地承包经营权确权登记颁证工作的通知
江政办发〔2016〕109 号　关于印发江山市城镇住宅房屋使用安全常态化网格化管理制度的通知
江政办发〔2016〕111 号　关于印发江山市统一政务咨询投诉举报平台建设实施方案的通
江政办发〔2016〕112 号　关于做好原“4600 元以下”低收入农户动态管理工作的通知
江政办发〔2016〕113 号　关于公布 2016 年第三批重大火灾隐患整改单位的通知

江政办发〔2016〕115号 关于印发江山市军人抚恤优待实施细则的通知
江政办发〔2016〕116号 关于印发2016年江山市政务公开工作要点实施方案的通知
江政办发〔2016〕117号 关于开展2012至2015年江山市人大议案建议和政协提案办理工作回头看活动的通知
江政办发〔2016〕118号 关于公布江山市第一批工业龙头企业和单打冠军企业培育名单的通知
江政办发〔2016〕119号 关于切实做好高温天气应对工作的紧急通知
江政办发〔2016〕120号 关于成立江山市互联网金融风险专项整治工作领导小组的通知
江政办发〔2016〕121号 关于成立江山市综合客运枢纽项目推进工作领导小组的通知
江政办发〔2016〕122号 关于调整市消防安全委员会成员的通知
江政办发〔2016〕123号 关于印发市域空间性规划“多规合一”工作方案的通知
江政办发〔2016〕125号 关于举办江山市第三届工人运动会的通知
江政办发〔2016〕127号 关于印发2016年江山市整建制推进现代生态循环农业发展实施计划的通知
江政办发〔2016〕129号 关于印发江山市耕地保护补偿机制实施办法（试行）的通知
江政办发〔2016〕130号 关于启用江山市人民政府金融工作办公室印章的通知
江政办发〔2016〕131号 关于启用江山市新闻中心印章的通知
江政办发〔2016〕132号 关于印发江山市城区餐饮业油烟污染集中整治实施方案的通知
江政办发〔2016〕133号 关于启用江山市行政服务中心管理办公室印章的通知
江政办发〔2016〕134号 关于认真抓好下半年各项重点工作落实的通知
江政办发〔2016〕135号 关于启用江山市铁路建设办公室印章的通知
江政办发〔2016〕137号 关于成立江山市推进国税、地税征管体制改革工作领导小组的通知
江政办发〔2016〕138号 关于启用江山市人民政府外事侨务办公室印章的通知
江政办发〔2016〕140号 关于印发江山市金屋顶光伏富民工程实施方案的通知
江政办发〔2016〕141号 关于印发江山市加强地名文化保护整治不规范地名工作实施方案的通知
江政办发〔2016〕142号 关于印发江山市金屋顶光伏富民工程实施区域划分方案及2016年任务计划的通知
江政办发〔2016〕143号 关于启用江山市信用江山建设领导小组办公室印章的通知
江政办发〔2016〕144号 关于印发江山市推进乡镇（街道）综合文化站村（社区）综合性文化服务中心建设实施方案的通知
江政办发〔2016〕145号 关于印发江山市推进安全生产绿色保险社会化服务工作实施方

案的通知
江政办发〔2016〕146号　关于组织参加2016年中国义乌国际装备制造业博览会的通知
江政办发〔2016〕147号　关于报送过去五年工作总结和今后五年工作思路的通知
江政办发〔2016〕148号　关于下达2016年度森林采伐限额的通知
江政办发〔2016〕149号　关于成立江山市县域经济体制综合改革领导小组的通知
江政办发〔2016〕150号　关于印发江山市2016年度县域经济体制综合改革实施方案计划任务分解表的通知
江政办发〔2016〕152号　关于调整江山市国家知识产权试点城市工作领导小组成员的通知
江政办发〔2016〕153号　关于印发江山市国家知识产权试点城市工作实施方案的通知
江政办发〔2016〕154号　关于要求立即开展石灰制品等行业企业集中排查整治专项行动的紧急通知
江政办发〔2016〕155号　关于印发江山市完善行政规范性文件合法性审查机制示范点工作实施方案的通知
江政办发〔2016〕156号　关于征集2017年市政府民生实事项目的通知
江政办发〔2016〕157号　关于进一步加强乡镇（街道）学前教育管理工作的意见
江政办发〔2016〕158号　转发关于进一步完善我市建设行业农民工工资支付保证金制度的通知
江政办发〔2016〕159号　关于调整江山市创建省教育现代化市工作领导小组成员的通知
江政办发〔2016〕160号　关于印发江山市农药废弃包装物回收处置实施方案的通知
江政办发〔2016〕161号　关于印发江山市城镇住宅小区配套幼儿园建设与管理办法的通知
江政办发〔2016〕162号　关于成立江山市户籍制度改革工作领导小组的通知
江政办发〔2016〕163号　关于印发江山市乡村教师支持计划（2016—2020年）实施办法的通知
江政办发〔2016〕164号　关于建立审计整改工作领导小组的通知
江政办发〔2016〕165号　转发浙江省人民政府办公厅关于加强食品安全社会共治的指导意见的通知
江政办发〔2016〕166号　关于印发江山市特邀行政执法监督员工作规则的通知
江政办发〔2016〕167号　转发浙江省人民政府法制办公室关于浙江省行政执法全过程记录工作办法（试行）和浙江省重大行政执法决定法制审核办法（试行）的通知
江政办发〔2016〕168号　关于印发江山市2016年度法治政府建设考核办法的通知

江政办发〔2016〕169 号	关于转发浙江省人民政府办公厅关于全面推行“双随机”抽查监管的意见的通知
江政办发〔2016〕170 号	关于印发江山市农业投资项目备案办法（试行）的通知
江政办发〔2016〕171 号	关于印发江山市综合行政执法工作实施方案的通知
江政办发〔2016〕172 号	关于公布 2014-2015 年度江山市科技进步奖获奖项目的通知
江政办发〔2016〕173 号	关于成立江山市城市智能停车和鹿溪污水处理厂存量 PPP 项目推进工作领导小组的通知
江政办发〔2016〕175 号	关于印发江山市幼儿园建设提升“十三五”规划方案的通知
江政办发〔2016〕176 号	关于调整市农村公路养护与管理工作领导小组的通知
江政办发〔2016〕177 号	关于启用江山港流域综合治理工程建设指挥部和江山港流域综合治理工程建设指挥部办公室印章的通知
江政办发〔2016〕178 号	关于公布市政府及市政府办公室行政规范性文件清理结果的通知
江政办发〔2016〕179 号	关于进一步加强全市电力线路通道树竹清理工作的通知
江政办发〔2016〕180 号	2016 年江山市法治政府建设工作要点及分工抓落实安排
江政办发〔2016〕181 号	关于印发江山市安全生产监督管理局主要职责内设机构和人员编制规定的通知
江政办发〔2016〕182 号	关于公布江山市第二届项目谋划擂台赛评选结果的通知
江政办发〔2016〕183 号	关于印发江山市计划生育公益金管理办法的通知
江政办发〔2016〕184 号	关于建立县乡两级行政执法统筹协调指挥领导小组的通知
江政办发〔2016〕185 号	关于参加中国江山首届“创业梦·江山行”创业创新大赛决赛的通知
江政办发〔2016〕186 号	关于成立江山市 PPP 项目推进工作领导小组的通知
江政办发〔2016〕187 号	关于加快推进政府和社会资本合作的实施意见
江政办发〔2016〕188 号	关于转发衢州市欠薪应急周转资金管理办法（试行）的通知
江政办发〔2016〕189 号	关于公布江山市 2015 年度工业企业绩效综合评价结果的通知
江政办发〔2016〕190 号	关于印发关于开展各类事业单位统一登记管理制度试点工作的实施意见的通知
江政办发〔2016〕191 号	关于在全市推广钉钉移动智慧办公系统的通知
江政办发〔2016〕192 号	关于聘请市政府特邀行政执法监督员的通知
江政办发〔2016〕193 号	关于认真学习贯彻《衢州市城市市容和环境卫生管理条例》的通知
江政办发〔2016〕194 号	关于推进责任医生签约服务工作的实施意见
江政办发〔2016〕195 号	关于全面实施分级诊疗制度的实施意见

附　　录

江山金名片

全球绿色城市
世界自然遗产地
全国双拥模范城市
全国绿化模范城市
国家级生态示范区
国家园林城市
中国金融生态城市
全国休闲农业与乡村旅游示范县
中国最具投资潜力中小城市百强
中国优秀旅游城市
中国最佳文化旅游胜地
中国蜜蜂之乡
中国白菇之乡
中国猕猴桃之乡
中国白鹅之乡
中国木门之都
中国水泥之乡
浙江十大生态旅游名城
浙江省示范文明城市
浙江省卫生城市
浙江省森林城市
浙江省级生态市

2016 年度江山市所获重要荣誉

浙江省首批美丽乡村创建先进县
国家魅力新农村十佳县市
省级 PPP 工作示范县
省平安县铜鼎
省“腾笼换鸟”先进市
省清洁能源示范市
省环保模范城市
国家级出口木门质量安全示范区
省“两化”深度融合国家示范区

2016 年度“市长特别奖”获奖企业

社会贡献奖

一等奖

浙江江山化工股份有限公司
江山欧派门业股份有限公司
浙江雷士灯具有限公司

二等奖

江山市双氧水有限公司
江山南方水泥有限公司
浙江万厦建设有限公司
江山虎集团有限公司
浙江江山变压器股份有限公司
浙江健盛集团江山针织有限公司
贝林集团有限公司

亩均效益奖

一等奖

江山易登针织有限公司
浙江雷士灯具有限公司
江山市华顺有机硅有限公司

二等奖

江山热威电热科技有限公司
科润电力科技股份有限公司
浙江江山变压器股份有限公司
浙江江变科技有限公司
江山欧派门业股份有限公司
江山市友和机械有限公司
浙江健盛集团江山针织有限公司

企业上台阶奖

工业企业上台阶奖
首次达1亿元获奖企业
浙江同景新能源集团有限公司
商贸流通企业上台阶奖
首次达1亿元获奖企业
江山润良商业有限公司

技术创新奖

一等奖

浙江宇安消防装备有限公司
浙江科力车辆控制系统有限公司
浙江宝威电气有限公司

二等奖

浙江江山三友电子有限公司
申达电气集团有限公司
江山菲普斯照明有限公司
浙江天际互感器有限公司
浙江江变科技有限公司
浙江江山变压器股份有限公司
浙江伦宝金属管业有限公司

企业成长奖

工业企业

浙江同景新能源集团有限公司
浙江健盛集团江山针织有限公司
江山市双氧水有限公司
浙江为康制药有限公司
江山欧派门业股份有限公司

现代农业

江山市穗丰牧业有限公司
浙江秀地生物科技有限公司

休闲旅游

江山金陵大酒店有限公司
江山市八方旅游有限公司

电子商务

浙江冒个泡电子商务有限公司
浙江江山健康蜂业有限公司
浙江全盛商贸有限公司
浙江宝格商贸有限公司

出口规模奖

浙江江山五福门业有限公司
浙江杰瑞进出口有限公司
江山亚东进出口有限公司

第二届全民创业创新十大先锋

吴水根　江山欧派门业股份有限公司董事长
毛赛春　浙江天际互感器有限公司董事长
王　荣　浙江科润电力设备股份有限公司董事长
王继森　浙江国石磁业有限公司董事长
徐昌福　衢州康源旅游开发有限公司董事长
林项霞　江山项霞家庭农场农场主
祝森根　浙江红盖头农业科技有限公司董事长
饶浚浙　江山金陵大酒店董事长
黄方有　江山方达物流有限公司董事长
严子良　浙江杰特机电有限公司董事长

2016年度江山市第三批创新型企业

浙江江山华安电器制造有限公司
江山顺泰化工机械工程有限公司
申达电气集团浙江换热器有限公司
浙江新华新材料科技有限责任公司

图书在版编目（CIP）数据

江山年鉴．2016/ 江山市档案局（史志办）编．--北京：方志出版社，2017.11

ISBN 978—7—5144—2669—4

Ⅰ．①江… Ⅱ．①江… Ⅲ．①江山—2016—年鉴 Ⅳ．①Z525.54

中国版本图书馆 CIP 数据核字（2017）第 280723 号

江山年鉴（2016）

编　　者：江山市档案局（史志办）

责任编辑：刘方圆

出 版 人：冀祥德

出 版 者：方志出版社

地址　北京市朝阳区潘家园东里 9 号（国家方志馆 4 层）

邮编　100021

网址　http//www.fzph.org

发　　行：方志出版社图书经销中心

电话（010）67110500

经　　销：各地新华书店

印　　刷：浙江江山鑫华印刷有限公司

开　　本：889 × 1194　1/16

印　　张：31.25

字　　数：665 千字

版　　次：2017 年 11 月第 1 版　2017 年 11 月第 1 次印刷

印　　数：0001 ～ 1000 册

ISBN　978—7—5144—2669—4　　定价：198.00 元